고대 제주도의 언어와 역사

– 일본 등 주변지역과의 비교를 통한 재구 –

■ 김공칠 저작집 8 (팔순기념)

고대 제주도의 언어와 역사

– 일본 등 주변지역과의 비교를 통한 재구 –

김공칠 지음

백산출판

책머리에

제주도의 지리적 위치의 수월성을 감안할 때 제주도 자체도 그냥 주저앉아 있지 않았고 주변지역에서도 절해고도의 변방으로 내버려두지 않았을 터인데, 아직까지 고대로부터의 그러한 사연이 깃든 내막이 알려져 있지 않으며 그에 따른 언어와 역사의 실상도 드러나 있지 않고 있다.

한국의 정사(正史)는 신라, 백제, 고구려의 삼국을 주축으로 엮어졌기 때문에 이들 나라가 각축한 시대를 삼국시대라고 해서 전해왔지만 가락국이나 탐라국도 이들 나라에 못지않게 엄연히 국가적 체제를 갖추고 있었으므로 삼국이 아닌 오국의 시대라 할 수 있는데도 그러지 못했다.

신라, 백제, 고구려는 삼국사기에 의해서 그들의 역사적 실상을 어느 정도 파악되고 있고 가라는 삼국유사에 단편적이나마 기록을 남기고 있는데, 이에 대해 탐라는 부수적 기록으로만 앞서의 사서에 나타날 뿐 탐라국 자체를 대상으로 한 기록은 남아있지 않아서 국가적 위상이 우리나라의 역사에서 미약하게 비추는 게 현실이며 그것은 그 내막에 대한 궁금증을 더하게 한다.

제주도에도 나라가 있었기에 사관(史官)이 있고 대외 대내 사항의 중요사를 기록해 두었을 터인데, 어떻게 그것이 사라져 버렸는지 궁금하기 짝이 없다. 만일 그 일부분이라도 남아있었다면 큰 도움이 되었겠지만 그러지 못한 처지이니 각도를 바꿔서 생각할 필요가 있지 않을까 한다. 곧 우리의 선주민이 진출한 일본의 땅에서 뭉쳐서 씨족과 부족을 이루고 일본의 국가 성립에 어떤 형식으로든 기여하였을 터이니 그 나라의 정사(正史)에 무슨 형식으로든 반영되었다고 볼 수 있다. 그래서 주변지역 특히 신라와 가라의 관련 사서 외에 특히 일본의 고대사서(史書)인 고사기나 일본서기에 나오는 신명(神名), 왕명, 지명 등에서 제주도의 국명, 신명(神名), 지명과 연계 가능한 부분을 찾아내고 그러한 자료들의 시대적 상황에 맞추어 고대 제주도의 내막의 일부분인 언어나 역사의 편면만이라도 소박하게나마 재구해보려는 것이다.

곧 일본의 역사의 주인공인 왕의 이름이나 근거지의 해석을 통하여 제주도적인 요소가 발견된다면 제주도가 해당 왕대의 발원지가 될 가능성이 있고 그 행적의 해석을 통해 역으로 발원지인 제주도의 역사를 재구할 수 있다고 본다. 필자는 고대사 연구에서 언어자료가 기여하는 바가 매우 중요하다고 생각하고 있으며 그래서 문헌에서 추출되는 언어자료와 그 해석을 통하여 역사의 재건에 도움이 되는 바를 모색하고 있는 것이다.

필자의 이러한 소박한 소견과 시도에 관심있는 이들의 호의적인 주목과 비평을 기대하여 마지않는다. 그리고 이 책을 쓰는데 필자가 팔순의 나이를 거쳤기에 팔순 기념의 책자로 삼고자 한다.

또한 이 자리를 빌어서 졸고를 가다듬고 편집과 교정의 어려운 일을 잘 수행한 권송이 책임편집인에게 깊은 사의를 표한다.

2014년 12월

지은이 씀

차 례

머리글

여기서 하는 일은 한국이나 주변국 특히 일본의 고대 사서에 나오는 신명, 왕명과 지명을 단서로 해서 제주도의 고대의 언어와 역사를 재구하는 것이다. 어떻게 보면 이러한 작업은 먼저 역사적 문헌을 뒤져서 그것을 분석하고 언어학적으로 해명하는 작업에서 비롯되는 것이라고 할 수 있으나, 제주도의 고대의 언어나 역사는 이와 관련된 직접적 자료가 없어서 그 점에 관한 한, 정확하게 연구하기는 어려운 일이다. 따라서 주변 지역의 문헌자료를 뒤져서 제주도와 관련된 내용을 찾아서 그것을 이용할 수밖에 없다. 그러한 분석에서 비록 얻어지는 내용이 있더라도 연대가 비교적 확실하게 알 수 있는 중국의 것과의 연대적 대비는 어느 정도 가능하다 하더라도 그러한 연대적 대비가 확실하지 않는 일본측 자료를 이용하였을 때는 연대를 맞추기에 어려운 면이 없지 않다. 그것은 국내 자료의 해석에서도 빚어질 수 있다. 기존의 필자의 연구(김공칠 1999)의 일부분이 이 책에서 수정, 인용되는 부분이 있는데 그것도 연대적 대비의 약간의 어긋남에서 온 것이다.

한편으로 일본의 고문헌을 이용하는 경우 거기에 나오는 신명, 왕명, 지명 등에서 한국어를 이중적으로 번역한 소위 침사적(枕詞的) 표기로 된 것이 있어서 그것을 통하여 한국어를 복원할 수 있으므로 그것을 잘 이용하면 당시의 언어와 역사의 편린(片鱗)을 살펴볼 수 있다. 다만 그러한 해독이 그리 간단한 일이 아니어서 문제는 있다.

예를 한 가지 들어보면, 삼국유사(권2)의 가락국기에 가라의 민중들이 김수로왕을 맞이하여 부른 노래(迎神歌)가 4구체로 한역(漢譯)되어 남아 있다((1)의 ①). 그것을 보통 (1)－②처럼 풀이하지만 필자는 (1)－③처럼 풀이하고 있다.

(1)

①	②	③
1. 龜何龜何	1. 거북아 거북아	1. 거북(ᄀᆞᆷ) 거북이(ᄀᆞᆷ이여) 볼올나 볼올나
2. 首其現也	2. 머리를 내어라	2. 그 ᄆᆞᄅᆞ레 나ᄐᆞ시오
3. 若不現也	3. 아니 내면은	3. 안 드러나(ᄃᆞᆫ)
4. 燔灼而喫也	4. 구워서 먹으리라	4. ᄉᆞ르리라

원래 ③과 같이 5행의 내용이었는데 구하가(龜何歌)로 한역(漢譯)할 때는 4구체로 압축한 것으로 보인다. 5행으로 보는 것은 다음의 일본의 가사와 대조했을 때 한 행을 따로 세울 수 있는 데서 온다.

이제, 일본인이 자랑하는 최고(最古)의 가요집인 만엽집(萬葉集)의 제1번가(番歌)의 원문((2)－①)과 독음((2)－②)을 보이면,

(2)

①	②
1. 籠毛與 美籠母乳	1. katamayo mikatama moti
2. 布久思毛與 美夫君志持	2. pukusimoyo mipukusimoti
3. 此岳爾 菜採須兒	3. konowokani natumasuko
4. 家吉閑名 告沙根	4. ihekikana norasane

(2)－①의 원문을 어떻게 읽었는지 아는데 힘들었을 것인데 (2)－② 처럼 읽고 다음의 (2)의 ③처럼 훈독하고 있다. (2)－④는 현대어역한 것이다(小学館 1971 참조).

((2)의)

③	④
1. 籠(ko)もよ み籠持(mo)ち	1. 籠も良い籠を持ち
2. ふくしもよ みぶくし持ち	2. ふくしも良いふくしを持ち
3. この岡(woka)に 菜(na)摘(tu)ます児(ko)	3. この岡で菜をお摘みの娘さんよ
4. 家(ihe)聞(ki)かな名(na)告(no)らさね	4. 家を聞きたいお名のっておくれ

(2)의 ②에서 '籠'를 kata로 읽었는데 여기서는 ko로 읽고 있다. 훈독하는 차이인데 필자는 kata쪽이다. (2)－④를 한국어로 대역해 보면,

1. (1). 광주리도 예쁜 광주리를 가지고
2. 호미도 예쁜 호미를 가지고
3. (2). 이 언덕에서 나물 캐는 아가씨여
4. (3). (네)집이 어딘지 듣고 싶구나
   (4). 이름을 말해주오

여기서 앞 번호는 (2)의 ③에 맞춘 것이고 ( )안의 번호는 (1)－③에 맞춘 것이다. 어느 쪽이나 한 행이 더 있다.

일본어의 현대어역(그리고 한국어의 대역)을 보면 이 가사는 예쁜 바구니와 호미를 가지고 언덕에서 나물캐는 아가씨에게 마음이 들어서 어느 집안이고 이름이 무엇인지 알고 싶음을 노래한 평범한 노래가 되는데, 총 가수가 4천 여수가 넘는 대가요집의 머리 곧 제1번가의 자리를 장식하는 이 노래에 대해 그 내막에 특별한 사연이 있지 않은가 하고 관심을 갖게 되는 것은 당연한 일이다. 이 일본의 가사를 필자는 한국어의 2중 번역인 침사적(枕詞的) 표현으로 보고 살펴본 결과(김공칠 2004 : 43－52), (2)의 ①(그리고 ②의 훈독)의 가사는 (1)－①의 4구체의 한시의 바탕이 되는 (1)－(3)의 한국어를 이중번역한 것으로 나타났다. 그러한 풀이의 자세한 것은 필자의 풀이(김공칠 2004)를 참조하고, 여기서는 참고로 가사의 2행(일본의 경우 3행)과 3행(일본의 경우 4행) 그리고 4행(일본의 경우 4행에 이어진 부분)을 대조적으로 풀이하는 예를 보이기로 한다.

a.

그	ᄆᆞᄅᆞ레
この	岡に

b.

나	ᄐᆞ	시	오
菜	摘ま	す	兒

c. 안	드러	나(ᄆᆞᆫ)
家	聞か	な

d. ᄉᆞ르리	라
告らさ	ね

a.의 ‘ᄆᆞᄅᆞ’에는 ‘머리(頭, 首)’와 ‘마루(嶺)’의 중의성이 있다. 한역가는 ‘首’로 되어 있다. 일본어의 중역은 ‘岡’(언덕)으로 대신하고 있다.

c.에서는 ‘안(否)’의 부정어를 일본어에서는 ‘內(家)’로 대신하고 있다.

d.의 ‘ᄉᆞ르다’에는 ‘燒’(사르다, 태우다)와 ‘白’(사뢰다)의 중의성이 있다. 한국어의 한역가는 “燔灼”(굽다)로 한역하고 있으나 본래의 가사는 ‘사르다’임을 알 수 있다. 일본어에서는 ‘告’(말하다)로 대신하고 있다.

이와 같이 일본쪽에서는 한국어의 본래의 가사를 어휘별로 중의성을 이용하여 동음이의어(同音異義語)로 바꿔서 나타내는 식으로 해서 일본어의 가사를 만들어낸 것이다. 한국의 한역가는 고대하는 영도자가 민중 앞에 모습을 드러내지 않는 것을 거북의 머리에 비유하고, 일본의 중역가사는 부지런히 일하는 순박한 여성(아가씨)에 비유한 다름은 있지만 영도자의 출신이나 됨됨이를 알고 싶어하는 민중들의 소망을 나타내고 있는 점에서 통하는 바가 있다고 볼 수 있다.

이러한 해독과정을 정리하면 한국어의 ‘龜何歌’의 한역가의 원 한국어 가사는 (1)－③인데 한국에서는 원 한국어 가사는 사라지고 그것을 4구체의 틀로 한역한 것이 남아 있다는 것이 된다.

일본쪽에서 보면 (1)－③의 가사를 일본어로 직역한다면 대략 다음과 같이 될 것인데,

(3) 1. 龜(神)龜(神)よ
2. 首長 首長よ
3. かしらが 現われなされ
4. 現わねば 燒かむ

이것이 (2)－①의 만엽집 1번가 가사처럼 변형되어 있는 것이다.

다시말해서 (1)의 ③과 같은 가라의 전송가사를 (3)처럼 직역하지 않고 (2)의 ①(萬葉kana의 가사), ③(訓讀文)과 같이 2차적으로 각 어휘를 동음이의어로 바꾸는 식으로 번역하고 있는 것이다.

지금부터 2천여년 전의 일을 확실하게 그렇다고 할 수는 없을지 모르되 삼국유사에 구하가(龜何歌)의 한역가와 그것을 원 가요로 만중들이 부른 기록이 남아 있는 점, 그리고 그 후 약 800년이 지났지만 일본의 만엽집의 1번가와 그것에 이어지는 2번가가 일본의 새 영도자를 찾고 또 그 영도자가 다스리는 국가의 찬미가로 되어있는 점에서 이들 가사가 새로운 시대를 여는 분위기를 띄우고 있는 점에서 거의 틀림이 없는 것으로 보아진다.

이렇게 가라의 영신군가가 중역되어 만엽집의 1번가로 등재한 것을 미루어 만엽집의 편찬 당시의 왕대나 편자들이 친가라계라는 것을 알 수 있다. 그 뿐만 아니라 친가라계가 일본의 국가의 건국의 주인공이었다는 것을 방증해 주고 있다.

이처럼 침사적 표기의 해석을 통하여 우리가 알 수 없었던 2천여년 전의 가라의 민중들이 새 임금을 맞이하여 부른 전승가요를 재구할 수 있게 되는 것이다. 그것은 일본에서 침사적 표기로 원래의 가사 내용을 변형시킨 자취를 만엽집 1번가로 남겼기에 그것의 역분석을 통하여 가능하게 되는 것이다.

일본의 만엽집 가사에는 가사 전체가 이와 같은 식으로 한국어 가사를 중역한 것도 있지만, 보통은 특정 명사의 수식어 부분이 중역되고 있다. 필자는 그 중에 많은 것을 풀이하였지만 아직도 풀이되지 않는 것도 남아있다. 수식어 부분은 대개 4내지 5음절의 것인데 이를 보통 침사(枕詞)라고 부르고 있어서 그러한 쓰임을 보통 침사식 표기라는 말을 쓰고 있다.

이러한 침사적 표기 방식이 일본의 고문헌 심지어는 정사(正史)의 신명, 왕명, 지명 등에도 쓰이고 있다. 앞서의 만엽집 1번가의 침사적 표기의 해석을 통하여 원래의 한국의 전승가요의 원형을 불완전하지마는 재구해 냈듯이, 정사에 쓰인 역사의 주인공인 왕이나 신앙의 대상이며 수호신인 신이나 그 무대를 침사적 표기의 분석을 통하여 그 유래와 함께 밝혀낸다면 당시의 언어는 물론, 사서의 기록 내용과 맞추어서 당시의 역사도 재구할 수 있는 것으로 생각된다. 더욱이 이 책에 다루는 내용에는 제주도의 신명이나 가라의 왕명에 관련되는 부분이 있어 이를 단서로 제주도와 관련되는 언어와 역사를 재구해 볼 수 있다.

침사적 표기는 일본의 정사인 고사기나 일본서기에도 보이지만 원칙적으로 이 두 사서는 중국어의 문어체인 한문체로 된 것이다. 그렇지만 그 안에는 순한문체의 문장 외에 일본어적인 어순, 주기(注記), 표음(表音)식 표기 등이 섞여 있는 경우가 있다. 그것은 고사기쪽이 보다 현저하여 일본서기는 순한문체, 고사기는 변체한문체로 대비적으로 보기도 한다. 이 책에서는 이 두 사서가 많이 이용되고 있는데 변체적인 기술에 유의하면 한국적인 요소 곧 제주도적인 요소를 추출할 수 있는 것으로 기대된다. 곧 문장은 중국어식이라 하더라도 그 훈독은 한국에서는 한국어식으로, 일본에서는 일본어식으로 읽는 것인데, 만일 훈독에서 한·일 공통적인 부분이 있다면 서로가 비슷한 말을 쓰고 있다는 것도 되어서 그것을 활용할 수 있다.

그리고 또 한 가지, 일본서기에는 특정 시대에 간간이 백제3서의 언급이 있다. 이 백제3서의 출처는 한국내에서는 나타나지 않는데서 일본쪽에서 백제, 가라, 탐라의 기록을 참조하였을 가능성이 없지 않다. 비록 백제3서의 기록이 단편적으로밖에 인용되고 있지 않지만, 만일 그러한 책이 실존했다면 일본사의 많은 부분이 이를 사료 내지 대본으로 삼았을 수도 있다.

한반도에서 많은 이주자들이 일본으로 건너가면서 특히 제 나라의 멸망과 더불어 자기들이 소유한 기록자료들을 품은 채 건너갔으리라는 것은 당연히 예측될 수 있고, 이들 문화인이 일본역사의 기록의 작업에 참여하였다면 어떤 형식으로든 자기들의 견식이나 기록의 자취가 반영되었다고 보는 것은 무리가 아니다.

한편 중국의 고문헌 예컨대 위지 동이전의 기록은 중국인이 쓴 것이므로 당시의 중국어의 문장이다. 다만 필자가 보기로는 당시의 한반도와 일본의 국명, 지명, 인명 등은 중국어가 아닌 현지 한국어 또는 일본어의 발음을 적은 것이므로 모두 표음주의의 원칙으로 되어있다고 본다. 다시 말해서 중국인들은 현지의 발음을 존중해서 그 발음에 가까운 중국문자를 가지고 애써 표기하였을 것이다. 그러나 고유명사의 표기는 모두가 하나의 원칙으로 표기될 수 있는 것이 아니기에 훈용(訓用)의 것도 있을 수 있다. 그리고 음표기의 한자음은 시기적으로 보아서 상고 한자음(나중에는 중고 한자음)으로 볼 수 있다. 일본문헌의 경우는 성립시기로 보아서는 중고한자음(경우의 따라 상고한자음의 반영도)이 쓰인 것이 아닌가 싶다. 따라서 문헌 여하와 이용 방법의 여하에 따라 한자음의 시대성도, 그리고 훈음독 여부도 분간할 필요가 있다. 간혹 한반도의 마한시대의 국명에서 월지국(月支國)이나 초산도부리(楚山塗夫里)처럼 한자의 훈과 음을 이용한 것이 보이나 그 경우의 훈은 물론 중국어식이 아닌 한국어식의 것이다.

이러한 점들을 유의해서, 비록 고대 제주도의 언어와 역사에 관한 직접적인 자료가 남아 있지 않더라도 한반도 및 주변국가의 문헌 자료의 활용 여하에 따라서는 간접적으로 수합될 수 있는 내용들을 얻을 수 있는 일이다. 이러한 데 착안하여 수합되는 내용을 가지고 비록 단편적이기는 하나 고대 제주도의 언어와 역사의 재구를 시도하려는 것이다.

이 책은 머리글과 끝맺음 외에 9장으로 되어 있다. 각 장 모두 이해되기 쉽도록 내용과 요지를 앞에 제시하였다. 이들 중에서 제1장은 국내에서 발표한 바 있고(김공칠 2009(일부 補訂)), 제3장은 일본에서 일문으로 발표하고(김공칠 2007) 국내에서 국역해서 발표한 바 있다(김공칠 2008). 제7장도 그 주 내용은 발표한 바 있으나(김공칠 2004) 여기서는 다른 자료가 이용되고 있다. 그 외는 모두 미발표의 것이다. 기 발표문의 후미에는 미발표문에 보이는 언어와 역사의 재구 부분에 해당하는 것을 추기 형식으로 간략하게 적었다. 제5장으로부터 제9장까지는 주로 고대일본의 사서에 입각하고 있는데 역으로 말해서 신대기(神代記)의 내용은 물론 서기 2세기 이후 7세기까지의 일본의 역사의 한 모습을 엿보는데 이용될 수 있다. 마지막 끝맺음에서는 제주도의 고대의 역사의 흐름의 줄기를 정리하고 있으며 언어부분은 따로 어휘목록으로 총괄하였다. 그것은 각 장에서 추출한 어휘를 각 장마다 제시해 놓은 것을 종합적으로 수합하고 음순으로 배열하고 비교어례나 간결한 설명 등을 추가하였다. 목록으로 수록된 어휘에는 본문에서 *표시를 뒤에 붙였고 목록에는 페이지를 표시하여 쉽게 대조해 볼 수 있게 하였다.

이 책은 한글 위주로 서술되고 있으며 의미의 분간에 필요한 한에서 괄호에 한자를 넣었다. 여기서 참고로 적어둘 것은 일본의 왕명과 인명, 지명의 표기 방식이다. 그것들은 모두 한자로 나오는 것이기 때문에 한글 독음을 먼저 쓰고 괄호 안에 한자를 표기한 다음 일본어의 독음(음독/훈독)을 로마자로 적었다(보기 추고(推古, sukiko)왕). 동일 왕명이 반복적으로 나올 경우 혹은 드물게 나올 경우 한글 독음 또는 일본어음만으로 표기하기도 하였다. 지명의 경우도 이와 같지만 익히 알고 있는 것은 한글만으로 표기하였다. 로마자 표기방식은 필자의 일본어 음운 표기의 방식(김공칠 1983 : 101 참조)대로이다. 단 고대의 ha행음은 한국어와의 대비를 위해서 어두 혹은 어중에서도 p(간혹 h)로 표시하기로 하고 촉음(T)과 발음(N)은 소문자로 표기하였다.

참고문헌의 인용표시는 필자가 늘 하는 식으로 단행본은 발행연도 : 페이지수로, 논문은 논문집의 발행연도 : 페이지수(소책자 기타에서 페이지수 생략하기도)로 하였다.

찾아보기에서의 제시어는 인명은 한글로, 일본지명 그리고 특정용어는 로마자로 쓰기도 하였다.

제1장 탐라(耽羅)의 명칭

내 용

1. 머리말
2. 제주도의 고칭(古稱)
3. 탐라의 명칭의 사용 실례
4. 탐라의 명칭의 유래
5. 탐라의 명칭의 음의(音義)
   - 5.1. 선행학설
   - 5.2. 음형(音形)과 어의(語義)의 고찰
   - 5.3. 비교언어학적 관점
6. 맺는말

〈요지〉

국내외의 고대문헌에 나타나는 제주도에 관한 명칭들을 모아서 그 명칭들의 공시성(共時性)과 통시성(通時性)을 살펴보고 그 중심핵을 이루는 명칭의 변천 곧 통시성(通時性)도 다음과 같이 간추려 보았다.

1. 州胡(주호)	– 乇羅(탁라)	– 耽羅(탐라)	– 涉羅(섭라)	– 儋羅(담라)
2. təka	– takna	– təmna	– tjəmna	– tamna – tjəmna
3. 덕(하)	– ᄃᆞᆨ(나)	– ᄃᆞᆷ(나)	– 뎜(나) – 접(나) – 셥(나)	– 쳠(나) – 셤 – 섬

1.은 문헌상의 한자명(괄호 안은 현대음)을 시대순으로 그 변천을 보인 것이고,

2.는 1.의 음가를 중국의 상고 / 중고 한자음에 입각하여 맞춰 본 것이고,

3.은 1.과 2.의 한자의 자형이나 음가와 무관하게 사람들이 쓰는 말의 변동을 추정해 본 것이다.

그리고 2.와 3.의 관계는 개요음(開拗音)의 개재 여부의 차이이다. 고대에는 요음의 음운적 변별성은 약하다고 보았으며 직음 / 요음은 자유이음적이었다고 보

고 있다. 쉽게 말해서 옛적에는 '덕하'로 발음하거나 '덕(하)'로 발음해도 큰 차이를 느끼지 않았다는 것이다. 이들 명칭의 중심적인 뜻은 섬(島)이었다고 보며, 후미의 '나'(羅)는 '땅, 지방, 나라'의 뜻인데 국명에 쓰인 때는 나라를 나타냈다. 전체적으로 섬나라의 뜻이다. 그러나 이상의 명칭들을 제주도 내외에서 듣고 말하는 사람들은 변동되는 명칭에서 오는 연상으로, 높은 섬, 둥근 섬, 옥돔이나 고등어가 많은 섬, 담집이 많은 섬, 보물의 섬, 상세(常世)의 나라 등으로 가지가지로 이해하여 쓰기도 하였다고 본다. 이 중에서 보물의 섬, 상세(常世)의 섬, 섬산 등의 호칭은 일본의 고대문헌에도 나타난다.

그리고 앞의 2., 3.에서 보인 제주도의 명칭의 변동의 패턴은 일본의 도명(島名)의 분포와도 상관관계를 이룬다.

對海(대마도)	— 度(島)	— 玉(島)	— 志麻	— 思麻(斯麻)
taka	— taku(sima)	— tama(sima)	— cima	— sima
	— 竹島			
	— take(sima)			

이러한 상관관계를 보아서도 제주도의 탐(라)의 문헌상이 기록이 보여주는 본뜻은 섬(나라)을 뜻한 것이었다고 본다.

1. 머리말

고대 제주도의 호칭으로 문헌상에 남아있는 것은 여러 가지 있지만 오늘날 널리 사용하는 것은 탐라이다. 격음화되기 이전의 '담나'라는 소리의 가락이 단아하고 유려하다. 그래서 제주도 선인들의 감각에 맞아서 애용되었는지도 모른다. 고대의 긍지를 계승하는 보수적인 정서도 한몫 끼었을 것이다. 그래서 선인들이 후세에 남긴 탐라의 명칭에 대하여 그 본래의 음형과 의미를 되새겨 볼 필요를 느낀다. 그 유래를 더듬다 보면 제주도 선인들의 뿌리와 언어의 흐름을 알게 되고 그들의 심성도 드러낼 수 있을지 모르기 때문이다.

그렇지만 한반도의 수많은 옛 국명의 본뜻도 아직 제대로 천착하지 못하고 있는 지금의 상황에서 과연 탐라의 음의(音義)를 제대로 풀이할 수 있을까 염려된다. 언어연구에서의 어원론은 방법의 객관성의 결여로 기피되는 경향에 있다. 그래도 가능한 한, 객관적으로 바라볼 수 있는 어떤 상관관계를 구하여, 할 수 있는 데까지 시도해볼 수밖에 없다. 이에 유의하면서 다음과 같은 방법으로 객관성을 높이려고 한다.

1. 탐라의 표기 글자는 중국 글자이고 특히 고대의 것은 그 발음이 중국 사람의 발음과 큰 차이가 없었을 것이니 먼저 중국 고대한자음을 이해하고 이에 입각하여 기술한다. 어떤 준거에 입각하는 것은 그만큼 객관성을 높이는 것이 된다. 한편, 차자(借字)임은 분명하니 한국어의 고대음운체계를 고려하여 선인들의 실지 사용한 음을 추정할 필요는 있다.
2. 탐라의 호칭은 당시의 선인들이 구사한 어휘목록의 일부분이다. 불행하게도 지금 알 수 있는 고대의 탐라어의 어휘목록은 빈약한 형편이어서 상관적으로 고찰할 수 있는 형편이 못된다. 다만 언어라는 것은 교통성이 있는 것이어서 어느 한 군데에 머물러 있지 않다. 그렇다면 한반도의 언어와 탐라의 언어는 교통하고 있었을 것이고 나아가서는 이웃나라 일본에도 그 자국을 남겼을 것으로 볼 수 있다. 이러한 언어들을 잘 조사하면 탐라어와 상관되는 어휘목록을 구할 수 있을 것이다. 그 중 제주도의 옛 호칭에 관한 한, 중국문헌이나 일본문헌에 다양하게 보이므로 그것들과 탐라의 호칭과의 관련성을 구하고 그 안에서 상호관계를 알 수 있다면 고립적, 단례적(單例的)으로 고찰하는 것보다 훨씬 객관적으로 바라보는 것이 된다.
3. 사람이 쓰는 언어는 시간의 흐름에 따라 그리고 지역적 분산에 따라 변하기 마련인데 서기 5세기의 국명으로 남아 있는 것을 시간적, 공간

적 간격이 큰 처지에서 헤아린다는 것은 보통 어려운 일이 아니다. 다행히 언어의 변화에는 규칙성이 있기 때문에 방법 여하에 따라서는 그 규칙을 더듬어 예전 상태로 소급해 올라갈 수 있다. 그 규칙성의 발견에는 변이형이 이용되는데 그들 상호관계의 추구를 통하여 분화 이전의 원형을 알아낼 수 있다.

한 가지 예를 든다면 고려사에 정종(靖宗) 즉위년(1034년)에 탐라국, 동 9년(1043년)에 탁라국의 호칭이 쓰이고, 그것이 고려사절요(정종 9년)에는 '탁라 곧 탐라'라는 기술로 나타나는데 이와 같이 같은 임금대의 정사에 두 호칭이 쓰이고, 탁라는 곧 탐라라고 기술한 점을 미루면 이 두 호칭은 분명히 변이형의 관계로 인식하고 있었지 않았나 싶다. 따라서 이들 두 호칭 사이의 분화된 규칙을 더듬어 보면 그 상호관계뿐만 아니라 탁라 이전 혹은 탐라 이후의 호칭과의 연계성도 구할 수 있어 그만큼 방법상의 객관성을 높이는 것이 된다.

여기서는 이상과 같이 가능한 객관적 방법을 모색하여 탐라의 명칭의 음형과 의미가 과연 무엇이었는지 추구해 볼 것인데, 그 수순으로 먼저 제주도의 고칭을 일별해서 연계성을 구할 수 있는 여부를 보고, 그 중에서의 탐라의 명칭의 자리를 살피며 그것이 문헌에서 요긴하게 실존하는 여부와 다른 호칭과의 상대적 비중으로 보는 해독의 중요도 여하도 헤아려 본 다음 본격적으로 명의(名義)의 풀이에 들어가고자 한다. 명의의 풀이에서는 먼저 선행학설을 검토한 다음 미진한 점이 있다면 그것을 참고로 해서 어형과 의미의 양면에 걸쳐서 고찰하기로 한다. 그 다음에 그것이 비교언어학적 관점에서 어느 정도의 객관성이 보장되는지 알아보고 끝에서는 이상의 고찰을 요약하고 그러한 연구의 뜻이 무엇인지 간추리기로 한다.

2. 제주도의 고칭(古稱)

현존하는 국내외 고문헌에 남아 있는 제주도의 고칭으로서는 주호(州胡), 탁라(乇羅), 탐라(耽羅), 탐모라(耽牟羅), 둔라(屯羅), 제주(濟州), 섭라(涉羅), 담라(躭羅), 담모라(躭牟羅), 담라(儋羅), 탐부라(耽浮羅), 침미다례(忱彌多禮), 영주(瀛州), 단주(亶州), 상세국(常世國) 등이 보인다. 이 중에서 제주(濟州), 영주(瀛州)는 일단 차자(借字)표기가 아닐 수 있어서 덮어둔다. 일본 문헌에서의 상세국(常世國)은 정훈(正訓)인 tokoyo로 읽고 있어서 차자표기로 볼 수 없는 것 같으나 지명 표기를 위한 훈차자(訓借字)로 볼 수 있기 때문에 여기에 포함시킨다. 여기서는 이들 호칭에 대한 천착을 의도하지 않고 탐라의 호칭의 분석과의 상관성만이 관심사이다. 따라서 이들 호칭 등이 실려 있는 문헌과 이들 호칭의 음형(音形)에 대하여 일별하는 수순에서 끝낸다.

주호(州胡)는 중국의 서진(西晋)사람 진수(陳壽)가 서기 3세기경에 편찬한 삼국지위지(三國志魏志)의 동이전(東夷傳) 마한조(馬韓條)에 나오는 도명(島名)이다. 이 표기는 표의표기가 아닌 표음표기로 본다면 중국의 상고한자음으로 t̂əka에 가까운 음이다. 기이하게도 제주도를 비롯해서 한반도 해안 그리고 일본 해안에는 이와 비슷한 도명들이 많다. 대마도의 고명(古名)도 tuəkai(對海)이다. 제주도, 한반도, 일본 해안에 죽도(竹島)의 도명이 많은데, 이는 한국 발음으로 tjuk, 일본어로 take이다. 이외에도 일본의 도명에는 taku(度島), toku(德島), tiga(値嘉) 등 유사형이 많다. 한국에서의 닭섬, 독도, 토끼섬, 뚝섬, 지귀도(知歸島) 등에 상응하는 것들이다. 예전에는 무슨 tVka*(다가 / 더가 / 도가 / 두가 / 디가)로 불렸던 것이 수식어는 사라지고 중심어인 섬의 음형만 그것도 어말모음의 탈락형으로 남은 것으로 본다. 이렇게 보았을 때 주모음이 애매모음으로 있는 t̂əka 주호(州胡)형이 이들 도명의 원형을 이룬다고 할 수 있다.

탁라(乇羅)의 호칭은 고려 충렬왕 11년(1285년)에 중 일연(一然)이 지은 삼국유사 권1 마한조에 나오는데 해동안홍기(海東安弘記)를 인용하여 구한(九韓) 중의 네 번째 이름으로 제시되고 있다. 삼국유사 권3 황룡사9층탑의 제4층명으로 탁라(托羅)가 나온다. 이들을 표음 표기로 본다면 중국 상고음으로 전자는 takna, 후자는 t'akna에 가까운 것인데, 고대 한국어에는 유기음의 음운적 변별성이 없는 것으로 본다면 공통적으로 takna에 가깝게 읽었을 것으로 본다.

한편, '乇' 음에는 tjək(集韻의 陟格切 참조(丁度 1968 : 1513))음도 있었던 듯하니 결과적으로는 '州胡'의 어말모음 탈락형과 같아지게 된다. 그렇다면 '乇'은 '州胡'의 계승형으로 볼 수 있고 섬의 뜻을 지닌 것으로 할 수 있다. '羅'는 본래 ra음이지만 자음접변 환경에서 na가 될 수 있으므로 na의 표기자이다. na는 통구스어, 한국어, 일본어 공통의 '땅, 장소, 나라'의 뜻을 지니는 말이다. 다만 여기서 유의할 것은 고대에는 한국어, 일본어, 아이누에는 j계 요음(반모음)의 변별성이 없었거나 있었더라도 약했다고 보기 때문에 '州胡'－'乇'의 음은 지역에 따라 그리고 시간의 흐름에 따라 애매모음의 변이로 닥(댝)－덕(뎍)－독(됵)－둑(듁) 등으로 교체되었다고 보는데 앞서의 도명의 예가 그것이다. "乇"의 중국 상고 / 중고음은 Karlgren(1940 : 329)에 의하면 tăk / t̂ɐk이다. ă는 단음의 여린모음, ɐ는 한국어의 ᄋᆞ 모음에 비슷하니 여기에 요음이 가미된 음은 야 / 여 / 요의 기저형과 같아서 앞서의 도명이 실현되는 계기를 제공한다.

다음 탐라의 호칭에 대하여는 나중에 다루기로 하고 탐모라(耽牟羅)에 대해 언급해 두고자 한다. 이 호칭은 고려 인종 23년(1145년)에 김부식 등이 편찬한 삼국사기 백제본기 동성왕 20년(498년)에 '耽羅卽耽牟羅'의 기술에서 보인다. 중국 상고음으로 '耽'은 təm이며 '牟羅'는 mi̯ôg－ra이다. 후자에서 개요음 i̯와 陰類운미 (g)를 무시하고 o / u의 교체현상까지 고려한다면 ᄆᆞ라 / 머라 / 모라 / 무라 / 부라의 음역에 있다. 백제어의 '毛良'에는 '高'의 뜻(高敞縣本百濟毛良夫里縣)이 있고, 신라어의 '牟羅'에는 '城'의 뜻(城曰健牟羅)이 있으며, 일본의 고문헌에 보이는 산명 mure (居曾山 ko_2so_2mure)에는 산의 뜻이 있다(한국에서는 모리 / 뫼). 제주도 수망리의 옛이름이 무우라, 일본의 '村'도 mura라고 한 것 등을 참조하면 山 / 城 / 村·邑의 뜻이 함유된 것임을 알 수 있으니 산간 지대에 형성된 읍성(邑城)의 뜻이었다 할 수 있다. 따라서 탐모라는 '耽'의 '山 / 城 / 村·邑'의 뜻이 될 것이고 '國'으로서의 탐라의 국명 이전에 쓰인 그리고 그 이후에도 병행해서 쓰인 '耽'의 '山城·山邑'의 뜻이 될 것이다. 이 읍성이 확대 또는 승격하면서 탐라가 된 것이니 '耽羅卽耽牟羅'의 뜻은 '耽羅는 이전의 또는 흔히 말하는 耽牟羅이다'라는 문맥으로 풀이할 수 있다고 본다.

'耽羅 : 耽牟羅'의 관계에 견주어 '乇羅 : 乇牟羅'의 관계가 성립함직한데 '乇牟羅'의 문헌상의 실존이 안 보인다. 필자는 일본의 창세신(創世神)이 강림한 takamapara(高天原)가 '乇羅'의 '山 / 原'임을 논한 바 있다(김공칠 2001 : 28). 그것은 '高天'의 takama는 takna와의 어중 n / m 교체로 보고, '原'은 정훈(正訓)문자 또는 훈차자(訓借字)로 보면 pər*(原), pɐr*(山)을 나타내는 것으로 보기 때문이다. 한국어의 이러한 폐음절에 기생모음이 부가된 것이 일본어의 형식이다. 이러한 조어 패턴이 있었더라면 또 하나의 탁라의 '山·城·邑'을 나타내는 '乇牟羅'의 호칭이 존재하였을 가능성은 충분히 있다. 실지 현존하는 제주도 지명 탁ᄆᆞ루(한경면 楮旨里의 楮旨岳, 닥말 / 당ᄆᆞᆯ이라고도 함)가 존재하는 점에서 충분히 뒷받침된다. 그렇다면 그 음형은 대략 닥(ᄃᆞᆨ)ᄆᆞᄅᆞ – 당ᄆᆞᄅᆞ – 담ᄆᆞᄅᆞ로 변하게 마련인데, 그렇게 되면 '耽牟羅'의 형식과 비슷하게 되어 간다.

다음 둔라(屯羅)는, 우리나라의 고대로부터의 문물제도를 다룬 증보문헌비고(增補文獻備考)(1908년)의 권15에, 제주도의 고칭은 '乇羅'인데

'乇羅'의 '乇'은 '乇'의 잘못이라고 언급되어 있는 부분에서 제주도에 대한 호칭으로서 사용된 일이 있음을 알 수 있다. '耽牟羅'가 '乇牟羅'의 자음접변형이라면 '乇羅'는 '乇羅'의 자음접변형(그리고 요음성이 가미된)이다. 현대한자음으로 본다면 모음의 차가 크지만 '乇'의 중국 상고음의 모음은 문부(文部)의 주모음 *ə로 추정되므로(李方桂 1980 : 30) 결국은 입성운미(-k)와 양류운미(-n)의 차이 뿐이다.

다음은 담라(躭羅)와 담모라(躭牟羅)의 호칭인데 수서(隋書)(636년)의 백제전에 중국 전함 한척이 표류하여 동쪽의 '躭牟羅國'에 정박하였다는 기록과 백제의 남부 해안에서 석 달을 가면 '躭牟羅'가 있다는 기록에서 확인된다. 왜국전에서도 중국에서 왜국에 사신이 갈 때에 백제를 지나서 죽도(竹島)에 이를 때 '躭羅國'을 남쪽으로 바라보면서 지난다고 했다. 여기서도 '躭羅 : 躭牟羅'의 상관관계를 얻는다. '躭'은 '躭'(현대음 담)의 속자이고 '躭'은 '耼'(현대음 담)과 같다고 하는데(張三植 : 1975 : 1484-5), Karlgren에 의하면 耼의 중국 상고/중고음은 t'nâm / t'âm이다(Karlgren 1940 : 285). '耽'하고는 상고음에서는 차가 있지만 중고음에서는 무기음과 유기음의 차이뿐이다. 수서는 7세기의 것이므로 이때는 중국에서 중고음의 시대에 들어가 있는 시기이다. 제주방언에서의 어두 유기음화현상이 한자의 선택에 영향을 주었을 것이다. 여기서 주목할 일은 중국의 무기음의 '耽'은 한국에서는 유기음의 '탐'으로 전승되고 중국의 유기음의 '躭·躭·耼' 등은 무기음의 '담'으로 전승된 점이다. 한글 창제 이전의 한국한자음을 정확히 알 수는 없어도 이들을 미루어 고대에는 무기음 : 유기음의 음운적 변별성은 없었다고 볼 수 있다. 그리고 주모음 â는 후설모음인 점에서 '耽羅'의 덤(뎜)나에서 '躭羅'의 ᄃᆞᆷ라(羅 na의 어원의식도 희미해지고), '躭牟羅' ᄃᆞᆷᄆᆞ라로 바뀌어 가고 있음을 보여주고 있다.

다음의 담라(儋羅)의 호칭은 신당서(新唐書)(1060년) 동이전 유귀조(流

鬼條)에 신라 무주(武州)의 남도(南島)상에 있는 국명으로 나온다. '儋'의 중국의 상고 / 중고음은 t̂'i̯am / tśi̯am이다. 서기 11세기는 이미 중고음 시대이므로 두자음의 구개음화와 모음의 요음화, 전설모음화가 진전되었음을 반영하고 있다. 곧 '耽'의 덤(덤), '躭'의 둠에서 '儋'의 '쳠'으로 변화하여가는 것을 보여준다. 이것은 무엇을 의미하는가 하면 일반 사람들이 부르는 호칭은 발음의 순리에 따라 덤 / 둠〉쳠으로 변해 갔는데, 한자어는 나름대로 따로 탐(耽), 담(躭·儋), 첨(儋)(儋은 擔과 같고 瞻과 통함.(張三植 1975 : 114. cf. 新增類合 瞻볼쳠))으로 고정되어 갔다는 것이다. 곧 우리가 고문헌에 남아있는 제주도의 고칭을 현대 한자음으로 읽어서 옛적부터 그렇게 불러왔던 것으로 오해하기 쉬우나, 하나의 한자음의 변동과는 무관하게, 동일대상에 대한 호칭의 변동의 반영에 불과하다. 그것은 그 호칭들 사이에 역사적인 음변화의 자연성이 보장된다면 그들 호칭도 나름대로 연계적인 변화를 하여 왔다는 것을 뜻한다. 이조 정조 때의 실학자 한치윤(韓致奫)(1765－1814년)이가 저술한 해동역사(海東繹史) 권16에 '涉羅·躭牟羅·儋羅·耽浮羅' 등 호칭이 나오는데, 모두 '乇羅'와 한 가지로, '耽·涉·儋'은 동국(東國)방언에서의 섬의 음인 '剡'(현대음 섬)과 상통한다고 하였다(韓致奫 1982 : 248). 여기서의 '涉'은 중국 상고 / 중고음으로 d̂iap / źi̯äp으로 대충 뎝〉졉(〉셥〉현대음 섭)의 음에 가까우니 상고음으로는 耽자 하고 운미의 순음 m : p의 차이(자음접변시에는 동음)에 불과하며, 중고음으로는 '儋'자 하고 어두의 무기음 : 유기음의 차이(운미의 차이는 자음접변시 동음화됨)에 불과하다. 그리고 훈몽자회(訓蒙字會)(1527년)에 '셤 島', 신증유합(新增類合)(1576년)에 '건널셥 涉'이 나오는 만큼 '耽·涉·儋'이 '剡'과 상통하여 섬을 가리킨다 함은 일리가 있다. 현대의 한자음은 '탐·섭·첨·섬'이어서 상통한다고 할 수 없으나, 과거의 음가를 더듬어 올라가면 '뎜'으로 소급하고 그것이 '졈〉셤〉섬'으로 파찰음화, 마찰음화했다고 본다면 자연적인 음운변화과정을 거친 것이 되어 원래는 상통했다고 할 수 있다. 또 의미면에서도 일관적으로 '섬'의 뜻을 지녀왔으니 더욱 그렇다 할 수 있다. 오늘의 '섬'이라는 어휘가 과거에 그와 같은 음운과정을 거쳐서 형성된 것이라는 점을 일러주는 셈이다.

다음에 일본의 일본서기(日本書紀)의 신공기(神功紀)와 응신기(應神紀)에 보이는 침미다례(忱彌多禮 / 枕彌多禮(일본음은 təmitare*))에 대해 언급하기로 한다. '忱'은 중국의 상고 / 중고음으로 di̯əm / źi̯əm이고 '枕'도 ti̯am / tśi̯am으로 모두 뎜 / 졈에 가까운 음이다. 따라서 '忱彌·枕彌'는 '耽·儋'의 기생모음 첨가형이다. 이것이 '백제기'를 인용한 일본 정사인 일본서기에 남아있는 것은 이들 호칭의 음가의 상관성을 확실하게 보장하는 증거가 된다. '多禮'는 '山'의 뜻인 tar*에 역시 기생모음이 첨가한 형태이다. 전체적으로 한라산의 별칭 두무악(頭無岳)에 상응하는데(김공칠 1999 : 137) tar에는 고조선의 수도 아사달(阿斯達)의 경우처럼 산이라는 기본적 의미를 지니면서 아침의 양광(陽光)을 잘 받는 고지라는 뜻이 있다. asa(/ɐ)tar*이 고지에 자리잡은 아침의 양광을 잘 받는 으뜸의 읍지(邑地)·왕읍(王邑)을 뜻한다면(김공칠 1999 : 137) '枕彌多禮'는 '耽의 tar' 곧 '頭無岳'의 고지에 자리잡은 邑地라는 뜻도 있었다고 본다. '耽牟羅'의 의미도 이와 비슷하였다. 탐라기년(耽羅紀年)에 보이는 '耽浮羅(躭浮羅)'는 '耽牟羅'하고는 어중 순음 m / p의 교체관계에 있는 것인데 이 역시 산의 뜻인 pur / pɐr의 반영일 수 있다.

삼국지(三國志) 오지(吳志) 제2(오주전 2)에 나오는 '亶(州)'은 중국 상고 / 중고음으로 tân / tân이다. 모음이 후설모음으로 'ᄋᆞ'음에 가깝다고 본다면 'ᄃᆞᆫ'이 되어 '耽'하고는 말자음 m / n 교체관계로 연관지을 수 있다.

이외에, 필자가 새로이 제주도의 고칭으로 내세우고 싶은 것이 몇 개 있다. 하나는 탐라지(耽羅志)에 있는 '京 西那'이다(김공칠 1999 : 140). 신라의 국호가 삼국유사(三國遺事)에 서라벌(徐羅伐), 서벌(徐伐)로 나타나는데, 삼국사기에는 서나벌(徐那伐)로 나타난다. 원래는 '알내' 부근 동천(東泉) 소재의 지명이었는데 그것이 경명(京名) 내지는 국명으로 확대한 것으로 보기 때문에 제주도의 경명(京名)도 국명일 수 있었다고 본다. 신라의 '徐那'와 마찬가지로 '東原·東土·東國'의 뜻을 지녔을 것이다. 지금의 제주시 민오름 동편의 서사라와 사라봉에 이르는 지대의 호칭이면서 국명이었을 가능성이 있다. 이 호칭은 다분히 보통명사적이어서 외부에서는 다른 지방의 유사 호칭과 혼동될 경우가 있을 수 있다.

또 하나는 지금 한림읍 금악리에 남아있는 '거머리'(거믄오름·금악·거막)의 호칭이다. 이는 아라동의 금산의 'ᄀ마로·걸머리'(금산물·알새미가 있다), 구좌읍 덕천리의 '거머리'(큰 물이 있다), 성산읍 수산리의 거머리물과도 어떤 상관이 있는 것인데 용천(湧泉) 곧 신수(神水)가 있는 곳이라는 뜻을 간직한 것으로 본다. '거머리'의 호칭이 어떻게 제주도의 고칭의 하나로 볼 수 있는가 하면, 일본의 고사기(古事記)(712년)와 일본서기(720년)의 서두에 있는 일본 창세신(創世神)의 마지막 신 이사나기(伊邪那岐, izanaki)를 가라국의 최후의 임금인 구형왕(仇衡王)의 장손인 솔지공(率支公)으로 풀이하면(김공칠 2007 : 39), 그가 일본에 망명해서 새로이 건국하기 이전에 제주도를 그 거점으로 삼았을 때 그 여신(女神)이 제주도 서쪽으로 돌아서 포섭한 데가 '거머리' 그 다음은 가파도인데, 모두 마음에 차지 않아서 일본쪽으로 돌아섰다는 것을 은연중 암시하는 대목이 두 사서에 보이기 때문이다. 물론 이는 필자가 새로이 시도한 풀이이지만(김공칠 2002), 옛적에 제주도 주민들이 사용한 토속적인 호칭이 있었을 것이니 여기의 호칭도 그 중의 하나일 수 있고 오히려 대표적인 것이 아니었나 싶다. 고조선의 도읍지 아사달을 금미달(今彌達)이라 했고(삼국유사 권1 고조선), 백제가 개국한 곳도 금마산(金馬山)(삼국유사 권1 마한)이며, 가라의 중서(衆庶)들이 구하가(龜何歌)를 부르면서 금수로왕을 맞이한 곳도 'kɐmmɐrɯ(/ɐ)*'(龜旨峰)인데, 제주도의 거머리(/ᄀ마로)도 이와 같은 계열로 볼 수 있기 때문이다. 고조선 유족이 이룩한 초기 신라 'ᄉᆡ나'의 호칭과 비슷한 제주도의 '西那' 등의 호칭도 아울러 생각하면 이들이 대내적인 원초적인 호칭일 수 있다.

이외에 민간에서 부르는 호칭에 '이여도'가 있었다고 본다. 일본 고사기 서두에 나오는 별천신(別天神)의 두 번째 신명인 고어산소일신(高御産巢日神)(일본서기 일서(一書)에는 고황산영존(高皇産靈尊))은 삼성설화에서의 고을나(高乙那)의 훈역인데(김공칠 2001 : 301) '高御産巢日神'의 후손으로 일본의 신찬성씨록(新撰姓氏錄)(815년)에 대반(大伴 ohotomo)(左京神別中), 옥조(玉祖 tama)(右京神別 上), 이여부(伊與部 iyo)(右京神別 下) 등이 나온다. 그 '伴(to_2mo_2), 玉(tama), 伊與(iyo)'는 모두 제주도의 호칭 '耽'(təm / tam) '이여도'와 연계될 수 있는 점에서 이여도의 호칭도 있었다고 본다. 이외에 일본 고문헌에 투영되고 있는 것으로 상세국(常世國, tokoyo)과 '天의 浮橋'가 있다. 이에 대하여는 관련 부분에서 후술하기로 한다. 이처럼 많은 제주도의 고칭 가운데서 일부의 국지적, 토속적 호칭을 제외하고는 모두 통시적·공시적 변이형으로 다룰 수 있는 가능성을 보여주고 있어서 탐라의 명칭의 분석에 유력한 단서를 제공한다.

그 외에 삼국유사(권1. 제4 탈해왕)에 기록된 용성국(龍城國)(혹은 正明國, 玩夏國, 花厦國)의 이름이 나오는데 이에 대하여는 제3장에서 자세히 언급되어 있다. 용성국은 성명(城名)에 입각한 것이고 나머지는 '耽'의 호칭과 관련되는 것들이다.

어떻든, 현재의 탐라의 한자음에 얽매임없이 처음 사용했을 때의 명의(名義)를 짚어보고 그것이 시간의 흐름에 따라 한자음과는 별도로 어떻게 발음이 변해갔으며 그에 따라 어떤 뜻이 파생되어갔는지를 알아볼 것이다.

3. 탐라의 명칭의 사용 실례

먼저 제주도의 그 많은 호칭 중에서 한반도의 왕조의 정사인 삼국사기와 고려사에 정식으로 쓰인 탐라의 호칭의 실존을 확인하고 그것과 병행적으로 쓰인 다른 호칭과의 상관관계도 알아보고자 한다. 우선 삼국사기로부터 보이면,

文周王2년 …… 夏4月, 耽羅國獻方物. (百濟本紀 4)(탐라국이 지방의 산물을 바치다.)(476년)

東城王20年 …… 8月, 王以耽羅不修貢賦, 親征至武珍州, 耽羅聞之, 遣使乞罪乃止. 耽羅卽耽牟羅. (百濟本紀 4)(왕은 탐라에서 공부(貢賦)를 수행하지 않으므로 친히 출정하여 무진주에 이르다. 탐라에서 이를 듣고 사신을 보내어 사죄하므로 중지하였다. 탐라는 곧 탐모라이다)(498년)

文武王2年 …… 2月, 耽羅國主佐平徒冬音律(一作津)來降. (新羅本紀 6)(탐라국주 좌평도동음률(률을 진이라고도 함)이 와서 항복하였다)(662년)

文武王5年 …… 秋8月, 於是仁軌領我使者及百濟, 耽羅, 倭人四國使. 浮海而還. (新羅本紀 6)(유인궤는 우리 사자와 백제, 탐라, 왜인의 네 나라 사자를 거느리고 배를 타고 서쪽(당나라)으로 돌아가다)(665년)

文武王19年 …… 2月, 發使略耽羅國. (新羅本紀 7)(사자를 보내서 탐라국을 경략하였다)(679년)

哀莊王2年 …… 冬10月, 耽羅國遣使朝貢. (新羅本紀 10)(탐라국이 사자를 보내어 조공하였다)(801년)

탐모라의 호칭은 앞서의 백제본기 4의 동성왕 20년의 기록 외에 백제본기 5의 다음 것이 있다.

威德王36年. 隋平陳. 有一戰船漂至躭牟羅國. (百濟本紀 5)(수가 진을 평정하였다. 한 전선이 표류하여 탐모라국에 이르다)(589년)

위의 기록들을 보아서 알 수 있듯이 백제(본기)에서 신라의 호칭과 동격의 탐라의 호칭을 쓰고 있고 조공할 때는 탐라국, 하지 않을 때는 탐라로 쓰고 있다. 어느쪽이든 그 호칭에 국가의 뜻이 함유되기는 매한가지다. 신라본기에서도 자기네 국호와 동격이 되는 탐라의 호칭을 쓰고 있으며, 한 국가로서 특별히 대접할 때는 탐라국이라는 호칭을 쓰는 것 같다. 일반적인 관점이나 제3자적 관점에서는 탐모라(국)를 쓰고 있어서 국가 이전의 한 지역의 명칭으로 일반이 이해되기로는 탐무라 / 탐모라 쪽이 아니었나 싶다.

다음에, 고려사에는 어떻게 그 호칭이 실존하며 앞서와 같은 구별적인 사용이 보이는가를 보기로 한다.

太祖8年 …… 11月己丑, 耽羅貢方物. (탐라가 지방산물을 바쳤다)(925년)

太祖21年 …… 冬12月, …… 耽羅國太子末老來朝. 賜星主王子爵. (탐라국의 태자 말로가 내조하니 성주왕자의 작위를 하사하였다)(938년)

앞에서, 백제·신라는 탐라가 조공할 때는 탐라국으로 호칭하였으나 여기서는 고려의 국가체제 정비 시기이므로 탐라를 쓰고 있다. 어느 정도 시일이 지나고서는 탐라의 태자가 내조할 때는 탐라국으로 대접하고 있다. 이후 왕대에 따라서 쓰임이 다른 경향이 있으므로 탐라에 관련된 호칭들을 왕대별로 정리해 보기로 한다(cf. 高昌錫 1995). 여기에는 대체로 네 가지의 시대상의 구획에 따른 특징을 엿볼 수 있는데, 그 첫 번째로 고려 초기(918년)부터 22대 강종 때(1213년)까지는 다음과 같은 호칭들이 보인다.

耽羅 (현종 10, 12, 18, 20, 21년, 문종 12, 27, 32년, 선종 5년, 숙종 6년, 의종 22년)

耽羅酋長 (현종 15년)

耽羅世子 (현종 20년)

耽羅民 (현종 20년)
耽羅國 (獻方物) (정종 즉위년, 2년, 문종 10, 31년)
乇羅國星主 (獻方物) (정종 9년)
耽羅國振威校尉 (문종 3년)
耽羅國歲貢 (문종 6년)
耽羅國王子 (문종 7년)
耽羅國首領 (문종 9년)
耽羅星主 (문종 16, 17, 22년, 선종 9년)
耽羅勾當使 (문종 33년)
乇羅遊擊將軍 (선종 3년)
乇羅勾當使 (선종 7년)
乇羅 (獻方物) (헌종 즉위년, 원년, 숙종 4, 5년)
乇羅星主 (숙종 원년, 6년)
耽羅民 (숙종 2년, 고종 3년)
乇羅島 (예종 8년)
耽羅叛 (명종 16년, 신종 5년)
耽羅縣令 (명종 16년)
耽羅按撫使 (신종 5년)

역시 '獻方物' 시에는 대접으로서 '國'자를 붙여 쓰고 있다. 문종 시대에는 '國'으로 잘 대우하고 있고, 선종 때부터는 '乇羅'의 호칭이 잘 쓰이고 있다. 거기에 어떤 사정이 있었는지는 여기서 언급할 바가 못되고 다만 '乇羅'의 호칭도 끈질기게 사용되고 있는 것은 주목된다.

같은 왕대(선종, 숙종시)에도 탐라와 탁라가 공용되는 것을 볼 수 있다. '乇羅島'의 어례를 보게 되면 '乇羅'쪽이 섬으로서의 지역적인 인식하에서 사용된 것 같다.

두 번째는 23대 고종(1214년)부터 24대 원종 15년(1274년)까지의 시기이다. 20대 신종 5년(1202년)에 제주도에서 일어난 반란 이후 고종 16년(1229년)에 '濟州'의 호칭이 고려사에 나오기 시작하는 시기인데, 이후 탐라의 호칭은 토속적이거나 문제적인 경우에만 나타나고 제주의 호칭이 일반적으로 보인다.

耽羅 (원종 9, 12, 14년)
耽羅縣令 (원종 14, 15년)
濟州 (고종 16년, 원종 원년, 11, 13, 14, 15년)
濟州副使 (고종 31년, 원종 원년)
耽羅神祇 (고종 40년)
濟州人 (원종 10, 13, 14년)
濟州逆賊詔諭使 (원종 13년)
耽羅賊諜 (원종 13년)
濟州賊 (원종 13, 14년)
濟州招諭使 (원종 13년)
濟州逆賊 (원종 13년)
耽羅之策 (원종 13년)
乇羅 (원종 14년)
濟州人物 (원종 14년)
濟州百姓 (원종 15년)
濟州軍民 (원종 15년)

위에서 보듯이 24대 원종 14년에는 탐라·탁라·제주의 호칭이 모두 쓰이고 있다. 토벌의 대상지역으로는 탐라, 진도와 병행해서 섬으로는 탁라, 행정적으로는 제주를 쓰고 있다.

원종 14년(1273년)에 원 나라의 탐라총관부와 목마장이 제주도에 설치되고 난 이후부터는 탐라의 호칭이 원칙적으로 쓰여서 제주 대신에 탐라의 호칭이 일반화되었다. 따라서 세 번째로 구획되는 시기는 원종 다음 25대 충렬왕 대가 된다(1275－1308년).

耽羅 (충렬왕 원년, 3, 4, 6, 8, 9, 10, 18, 19, 20, 21, 28년)
耽羅賊黨 (충렬왕 원년, 2년)
濟州達魯花赤 (충렬왕 원년, 4, 10, 11, 34년)
耽羅星主 (충렬왕 2년)
耽羅人物 (충렬왕 2, 19년)
耽羅防護軍 (충렬왕 3년)
耽羅大饑 (충렬왕 3년)
耽羅達魯花赤 (충렬왕 3, 4, 6, 9, 13, 18, 19, 20년)
耽羅罪囚 (충렬왕 4, 5년)
耽羅鎭戍軍 (충렬왕 7, 8년)
耽羅防衛軍 (충렬왕 8년)
耽羅防守軍 (충렬왕 8년)
耽羅香樟木 (충렬왕 9년)
耽羅按撫使 (충렬왕 15년)
耽羅都指揮使(충렬왕 19년)
耽羅人 (충렬왕 20년)
耽羅王子 (충렬왕 20년)
濟州牧使 (충렬왕 21년)
濟州方物 (충렬왕 21년)
耽羅牧畜 (충렬왕 22년)
耽羅皮貨 (충렬왕 22년)
耽羅馬 (충렬왕 22년)
耽羅牛 (충렬왕 23년)
耽羅酢油 (충렬왕 23년)
耽羅牛肉 (충렬왕 23년)

위에서 달로화적(達魯花赤 다루가치(몽고의 관직))의 경우에는 탐라를 얹힌 경우와 제주를 얹힌 두 경우가 있는데, 고려편에서 볼 때는 제주를 얹힌 것으로 보아진다. 제주목사와 제주방물(方物)의 경우도 제주도가 고려에 환속된 충렬왕 20년(1294년) 직후의 것임을 유의할 필요가 있다. 환속을 계기로 제주도의 특산물의 헌납이 현저히 증가하는 것도 주목된다.

제주도가 고려에 다시 환속됨으로 해서 제주의 호칭이 탐라의 호칭과 함께 다시 쓰이게 된다. 여기서 26대 충선왕(1309년) 이후 고려 말기(1392년)까지를 네 번째 시기로 구획할 수 있다.

耽羅 (충숙왕 4, 8년, 충혜왕 후원년, 공민왕 5, 18, 19, 21년, 우왕 3, 4, 5, 12, 13, 공양왕 2, 4년)
濟州 (충혜왕 후4년, 충목왕 4년, 충정왕 원년, 공민왕 4, 5, 6, 11, 15, 16, 18, 22, 23, 우왕 3, 7, 12, 14년, 공양왕 원년, 2년)
濟州牧使 (충선왕 2년, 공민왕 즉위년, 원년, 6, 11, 21년)
耽羅牛肉 (충선왕 원년)
濟州副使 (충숙왕 5년)
濟州民 (충숙왕 5년)
濟州賊 (충숙왕 5년)
耽羅賦 (충숙왕 5년)
耽羅存撫使 (충숙왕 5년)
濟州萬戶 (충숙왕 10년, 우왕 2, 10년)
濟州人 (충숙왕 10년, 공민왕 5, 21년, 우왕 원년, 7년)
濟州按撫使 (충혜왕 2년, 공민왕 6년)
耽羅酢油 (충혜왕 2년)
耽羅馬 (충목왕 3년, 공민왕 21년, 우왕 12년)
濟州都巡問使 (공민왕 5년)
濟州星主 (공민왕 6년)
耽羅牧胡 (공민왕 11년)
耽羅萬戶 (공민왕 11, 12년)
耽羅之島 (공민왕 19년, 우왕 14년)
濟州官吏 (공민왕 19년)
濟州體覆使 (공민왕 21년)
濟州物 (공민왕 21년)

耽羅牧子 (공민왕 21년)
濟州馬匹 (공민왕 22, 23년)
濟州牧胡 (공민왕 23년)
濟州馬 (공민왕 23년)
耽羅國 (공민왕 23년)

고려 말기에도 탐라국의 호칭이 보이는 것은 토벌의 대상이니까 거창하게 '國'으로 일컬은 듯싶다.

이상, 고려사에 보이는 탐라의 호칭과 그와 뒤섞여 나타나는 탁라·제주의 호칭들을 그것과 복합된 어휘를 나열하는 식으로 예시하였다. 그것들은 당시의 행정적, 산업적 상황의 편린을 보여준다.

호칭 혼용의 시대적 변천의 모습을 앞에서 구획한 네 시기별로 보이면 다음과 같다.

시기	1	2	3	4
호칭	탐라(국) 15 / 36 탁라(국) 6 / 10	제주 7 / 19 탐라 5 / 8 탁라 1 / 1	탐라 2 / 43 제주 3 / 7	1. 제주 15 / 45 2. 탐라(국) 11 / 26

사선 상단이 숫자는 그 호칭이 단독으로 또는 복합적으로 쓰인 어휘의 이어수(異語數)이며, 하단의 숫자는 그와 같은 어휘의 사용 전수(全數)를 나타낸다. 이러한 숫자가 당시의 사용 실태를 직접 반영한다고는 할 수 없고 또 기록자에 따라서 왕대의 분위기에 따라서 또 어휘사용의 과도기적·관용적인 용법도 있을 수 있는 것이니 여기서의 제시는 대체적인 경향의 이해를 위함에 불과하다.

어떻든, 탐라와 제주의 호칭의 시대별로 교호(交互)적으로 우열이 바뀐 것을 알 수 있는데, 탁라는 제주의 호칭의 등장으로 쇠퇴해 갔다. 초기의 '耽羅國 : 乇羅國', '耽羅星主 : 乇羅星主'와 같은 병용이 말기에는

'濟州萬戶 : 耽羅萬戶', '濟州馬 : 耽羅馬', '濟州按撫使 : 耽羅按撫使' 등의 병용으로 변하고 있다.

이러한 호칭 변화의 경향으로 보아서 '乇羅'가 보다 오래 전부터 쓰여온 것임을 알 수 있다. 보다 오래된 탁라는 토속적인 것에, 탐라는 대외적이며 행정적인 것에 사용되었던 것으로 보인다. 제주의 호칭이 등장하면서는 그 위상이 반전되어 탁라의 호칭처럼 탐라는 토속적인 것에 쓰이게 되고 대외적이며 행정적인 것은 제주가 대신하게 된다. 다만 원(元)의 탐라총관부 설치 시절에는 탐라의 호칭이 절대적이었다.

이처럼, 탐라의 호칭은 탁라의 호칭과 더불어 오래전부터 끈질기게 사용되어온 것을 알 수 있으며, 고려 말기에도 탐라국의 호칭이 쓰인 것을 보면 하나의 '國'과 거의 동격의 뜻으로 쓰여온 것을 엿볼 수 있다. 곧 제주도를 중앙에서는 언제나 하나의 '國'으로서 의식해온 것을 생각할 수 있다.

다음은 고대 일본의 정사인 일본서기에 나타나는 탐라의 호칭을 왕대별로 뽑아보기로 한다.

繼體紀2年12月, 南海中耽羅人, 初通百濟國. (日本書紀 卷17)(12월 남해에 있는 탐라인이 처음으로 백제와 통하였다)(508년)

齊明紀7年5月乙未朔 …… 丁巳, 耽羅始遣王子阿波伎等貢獻. (日本書紀 卷26)(5월 23일 탐라가 처음으로 왕자 아파기 등을 보내어 공물을 바쳤다)(661년)

天智紀4年秋8月 …… 耽羅遣使來朝. (日本書紀 卷27)(추8월 탐라가 사신을 보내어 내조하였다)(665년)

天智紀5年春正月戊辰朔戊寅 …… 是日, 耽羅遣王子姑如等貢獻. (日本書紀 卷27)(춘정월 11일 이날 탐라가 왕자 고여 등을 보내어 공물을 바쳤다)(666년)

天智紀6年秋7月乙未朔己巳, 耽羅遣佐平椽磨等貢獻. (日本書紀 卷27)(7월 11일 탐라가 좌평 연마 등을 보내어 공물을 바쳤다)(667년)

天智紀8年3月己卯朔己丑, 耽羅遣王子久麻伎等貢獻, 丙申, 賜耽羅王五穀種. 是日, 王子久麻伎等罷歸. (日本書紀 卷27)(3월 11일 탐라가 왕자 구마기 등

을 보내어 공물을 바쳤다. 18일 탐라왕에게 오곡의 종자를 주었다. 이날 왕자 구마기 등이 귀국하였다)(669년)

天武紀2年閏6月乙酉朔壬辰 …… 耽羅遣王子久麻藝都羅于麻等朝貢. …… 秋8月戊申, …… 因命大宰, 詔耽羅使人曰, 天皇新平天下, 初之卽位. …… 仍在國王及使者久麻藝等, 肇賜爵位. 其爵者大乙上. (日本書紀 卷29)(윤6월 8일 탐라가 왕자 구마예·도라·우마 등을 보내어 조공하였다. 8월 25일 대재에 명하여 탐라의 사신에게 이르기를 천황이 새로이 천하를 평정하여 처음으로 즉위하였다. …… 고 하였다. 그리고 본국에 있는 왕 및 사자 구마예 등에게 처음으로 작위를 주었다. 작위는 대을상이다)(674년)

天武紀4年8月壬申朔, 耽羅調使王子久麻伎泊筑紫. …… 9月壬寅朔戊辰, 耽羅王姑如到難波. (日本書紀 卷29)(8월 1일 탐라의 조공사 왕자 구마기가 축자에 도착하였다. 9월27일 탐라의 왕 고여가 난파에 당도하였다)(676년)

天武紀6年8月辛卯朔 …… 戊午, 耽羅遣王子都羅朝貢. (日本書紀 卷29)(8월 28일 탐라의 왕자 도라를 보내어 조공하였다)(678년)

天武紀8年9月戊寅朔 …… 庚子, 遣高麗使人, 遣耽羅使人等, 返之共拜朝庭. (日本書紀 卷29)(9월 23일 고(구)려에 보낸 사신, 탐라에 보낸 사신들이 돌아와 함께 조정에 배례하였다)(680년)

天武紀13年冬10月己卯朔, …… 辛巳, …… 是日, 縣犬養連手繈爲大使, 川原連加尼爲小使, 遣耽羅. (日本書紀 卷29)(동10월 5일 이날 현견양연수강을 대사로 하고 천원연가니를 소사로 하여 탐라에 보냈다)(685년)

天武紀14年8月甲戌朔 …… 癸巳, 遣耽羅使人等還之. (日本書紀 卷29) (8월 20일 탐라에 보낸 사신들이 돌아왔다)(686년)

持統紀2年8月丁亥朔 …… 辛亥, 耽羅王遣佐平加羅, 來獻方物. 9月丙辰朔戊寅, 饗耽羅佐平加羅等於筑紫館. 賜物各有差. (日本書紀 卷30)(8월 25일 탐라왕이 좌평 가라를 보내어 방물을 바쳤다. 9월 23일 탐라의 좌평 가라 등에게 축자관에서 향응하고 물건을 하사하였는데 각각 차등이 있었다)(688년)

持統紀7年11月丙戌朔 …… 壬辰, 賜耽羅王子佐平等各有差. (日本書紀 卷30)(11월 7일 탐라국의 왕과 좌평 등에게 (물건을) 하사하였는데 각각 차등이 있었다)(693년)

(일본서기는 持統王代에서 끝나므로 그 이후의 일은 잘 알 수 없다.)

이상과 같이, 신라 문무왕 2년(662년)에 탐라가 신라에 항복한 이후에도 독자적으로 일본과 교류를 한 것을 보면 외교적 체제는 그대로 유지된 것을 알 수 있고 따라서 국제적 위상은 지탱된 것으로 보인다.

그런데, 유별히 일본의 천지왕(天智王)과 천무왕(天武王) 때에 왕래가 빈번한 것을 보면 당시의 일본 왕조와 탐라가 긴밀한 관계에 있었다는 것을 짐작하게 한다. 천지왕은 제주도와 유관한 성을 지닌 서명왕(舒明王)(息長足 okinagatarasi)의 태자였다. 제주도와 연관된다고 보는 신공왕후(神功王后)의 성도 okinagatarasi이다(김공칠 1999 : 221). 천무왕은 천지왕의 동생이며 '大海人皇子'라 불리었는데 그 호칭에는 제주도와 유관한 천정중원(天渟中原, amanonunapara), 영진인(瀛眞人, okinomapito)이 보인다. '瀛' = okino는 매우 암시적이다. 천지왕의 딸이면서 천무왕의 왕비가 되고 나중엔 천무왕의 뒤를 이어 왕위에 오른 지통왕(持統王)(高天原廣野姬天皇)의 호칭도 제주도의 것과 관련되는데, 그 '高天原'(takamanopara)는 takna(乇羅)에, '廣野'는 제주도의 광양(廣壤) 땅에 상응한다. 이 여왕의 어린 때의 이름 '鸕野讚良皇女'에서도 '鸕野'(unono)는 '감나볼'에, '讚良'(sarara)는 제주도 지명 sara*에 상응한다. 이렇게 3대에 걸친 왕명이 모두 뭉뚱그려서 제주도적이라고 하는 것은 단순한 우연일 수 없다고 본다. 이러한 친 제주도계의 왕조에 탐라에서의 출입이 잦은 것은 당시의 제주도의 정세가 급박한 때였으므로 적극적으로 일본으로의 활로를 찾은 탓도 아닌가 한다. 곧 서기 660년에 백제가 신라에게 망하고 탐라 역시 서기 662년에 신라에 항복하고 서기 679년에는 신라에게 정복당하는 일련의 사건이 벌어진 시기이다.

어떻든, 오래전부터의 제주도의 국내외의 교통성은 대단했던 것으로 보며 그래서 탐라의 명칭은 비단 국내뿐만 아니라 비록 시기적으로 동시대적인 것은 아니지만 일본은 물론이고 원나라 그리고 명나라에도 미쳤다. 고려 공민왕 21년(1372년) 4월과 9월에 명나라와 고려 사이에 주고 받은 문서에도 탐라의 호칭이 나오는 것을 보면 그것은 오랫동안 널리 제주도의 국제적 호칭으로 통용되어 온 것임을 알 수 있다.

여기서 국내외에서 공인되는 제주도의 전통적인 호칭 탐라의 유래와 명의(名義)에 대하여 한번 되돌아볼 필요를 느낀다. 과연 어떠한 음형(音形)과 의미를 지니던 것이었는지, 그리고 어떻게 대내외적으로 이해되고 있던 것이었는지 매우 궁금하다. 한편, 민간에는 이외에 나름대로 쓰인 호칭들이 있었을 터이니 그것도 알아볼 필요가 있다 하겠다.

4. 탐라의 명칭의 유래

앞에서, 탐라의 명칭이 국내외 문헌상의 실존과 고려시대에서의 시대별 성쇠를 보았다. 그 중에서 삼국시대 이후의 탁라 대 탐라의 전래적 : 공식적 호칭관계가, 고려 고종 때에 제주의 호칭이 등장한 이후로는 탐라 대 제주의 관계로 바뀌는데 이는 탁라의 호칭의 선행성을 시사한다.

탁라의 호칭이 보이는 삼국유사에는 탐라의 호칭이 안 보이고 탐라의 호칭이 보이는 삼국사기에는 탁라의 호칭이 안 보이는 것은 단순한 우연일까? 하나는 관찬의 정사이고 다른 하나는 사찬의 야사이다. 민간전승의 처지에서는 탁라가 씌었을 것이고, 정치적·행정적 차원에서는 탐라가 씌었을 것으로 보인다. 그래서 민간전승 차원에서도 탁라쪽이 보다 오랜 것으로 보아진다. 따라서, 탐라의 호칭의 유래를 더듬기 위해서는 탁라의 호칭에 소급하지 않을 수 없다. 그렇지 않고 탐라의 호칭 그 자체에만 한정시켜 그 유래를 찾는다면 다분히 중동무이적이다. 예컨대, 탐라의 호칭이 출항지가 아닌 기항지인 탐진(耽津)의 지명에서 왔다는 민간어원설과 같은 이야기가 나올 수 있고, 탐라라는 음상이 환기하는 어떤 지시물의 형상이나 이미지에서 명명되었다고 하는 이야기도 나올 수 있다.

그러한 하나의 예로 탐진(耽津) 지명유래설이 있다. 그것은 신라의 성시(盛時)에 15대 후손인 고후(高厚)·고청(高淸) 등 형제 3인이 배를 타고 바다를 건너 신라에 입조(入朝)하니 이들에게 성주(星主)·왕자(王子)·도내(都內)의 칭호를 주고 그들의 읍(邑)을 탐라라 호칭하였는데, 그것은 그들이 신라에 올 때 처음 탐진에 정박하였기 때문이라는 고려사지리지 탐라현(권 11, 지리 2)의 기사에서 연유한다. 여기의 탐진의 위치에 대하여는 삼국사기(권 26)에 '躭津縣本百濟冬音縣', 고려사(권 57)에 '耽津縣本百濟冬音縣'의 기록이 있고 그 곳이 후세에 '康津縣'으로 개명되었기에 전남의 강진으로 보고 있다.

한편, 이와 연계되는 삼국사기(권 6, 신라본기 6) 문무왕 2년 기사를 보게 되면 해당 지명 부분이 동음의 관명으로 나타나고 있는 듯 싶다. 예문을 옮기면,

> 文武王2年2月, 耽羅國主佐平徒冬音律(一作津)來降. 耽羅自武德以來, 臣屬百濟故以佐平爲官號. 至是降爲屬國. (三國史記 新羅本紀 6)
> (탐라국주 좌평도동음률(률을 진이라고도 함)이 와서 항복하였다. 탐라는 무덕 이래로 백제의 신속하여 이에 좌평으로서 관호를 삼았다. 지금에 이르러 신라의 항복하여 속국이 되었다)

여기서 좌평은 백제의 관호이고 '冬音律' 또는 '冬音津'은 고유의 관명으로 보는 것이다. '律'의 일본어 고훈(古訓)에 nori가 있다(沢潟外 1967 : 568)(法·律·法則·度方·制 등을 nori로 훈독한 예가 보임). 법(法)이며 noru(宣·言)의 명사형이다. 모음은 을류의 o이므로 한국어음으로 ᄂᆞ리에 상당한다. 한국어에도 니ᄅᆞ- '謂'가 있는 점에서 고대한국어에도 고대 일본어의 'nɐri'와 같은 어휘가 있었던 것으로 추정된다. 치정자(治政者)의

말이 곧 법이기 때문에 '나리가 ᄂᆞ리는 닐릏'이 곧 '律'이라는 상관관계로부터 재구된다. '津' 역시 한국어로 나르·나루·나리 등으로 부르기 때문에 '律'과 '津'은 같은 격이 된다.

이 나리/ᄂᆞ리의 관명은 원시일본어에도 보인다. 위지동이전(魏志東夷傳) 왜인조에 투마국(投馬國)의 관(官)은 미미(彌彌), 부관은 미미나리(彌彌那利)라는 기록이 있는데, 한국어의 나리도 왕자를 높여 부르던 말이기도 했으니 제2인자를 가리키는데 쓰이지 않았나 싶다.

그러면, 그러한 뜻을 지니는 '律' 또는 '津' 앞에 있는 '冬音'은 어떤 음이었으며 무슨 뜻을 지니고 있었을까? '冬'은 반절 상자(上字)로서 두자음을, '音'은 반절 하자(下字)로서 운을 나타낸 것이라고 본다면, '音'의 중국 상고/중고음은 i̯əm/i̯əm이므로 결국 '耽'의 음과 같아지고 '冬音律'(또는 津)은 덤나리(təmnari*)란 뜻이 된다. 삼국사기에서의 이와 같은 관명이 고려사에서 지명으로 바뀔 수 있는 것은 동음관계였기에 가능했을 것이다. 따라서, 지금의 전남 강진의 고명에서 탐라라는 칭호가 유래하였다는 주장은 성립하기 어렵다. 그러한 내력이 있는 문무왕 2년(662년) 이전인 백제 문주왕 2년(476년)에 이미 탐라의 호칭이 사용되고 있기 때문이다. 다만 그 지명은 제주도의 고칭 및 관명과 동음관계였기에 그것이 촉매가 되어 국명으로 명명되었다고는 볼 수 있다. 비록 고기록을 인용한 것이지만 적어도 고려의 정사에 실려 있는 이상 신뢰할 수밖에 없는데, 그렇더라도 그것은 다만 제주도의 고칭 또는 관명의 반사체로서 탐진이 이용되었을 따름이라고 생각한다. 어쩌면 제주도의 해상 지배력이 그쪽에까지 미쳐서 제주도의 일부분으로 인식하였을 수도 있다.

요컨대, 탐진지명 유래설은 종전의 해석대로 강진현의 고명에서 왔다는 관점에서는 성립하기 어려우나, 제주도의 지명이나 관명과의 유사성에서 또 제주도의 해상 교역의 근거지, 해상 지배력의 영역의 인식 등이 촉매로서 그 고명이 작용했다면 그 가능성은 충분히 있다. 삼국사기에서처럼 관명으로 보든 고려사에서처럼 지명으로 보든 결국은 '耽'의 어원의 풀이 여하에 달려있다 하겠다.

그 다음에 생각할 수 있는 것은 도형(島形)의 형상 묘사설이다. 특히 제주도의 입면(立面)을 묘사한 데서 유래하였다는 것인데 해면에 우뚝 서 있는 모습을 상징적으로 뚝, 닥으로 나타낸 데서 온다는 것이다. 이 경우는 탐라의 전신 탁라와 주호를 염두에 두고 있다. 도형(島形)의 고형(高形) 의미설도 여기에 속한다. 입면(立面)은 높으니 높다라는 tak에서 왔다고 보기도 한다. '耽(羅)'의 전신인 '乇(羅)'의 음이 '高'의 tak과 유사한 점에서 그럴 듯하다.

이외에도 '耽'의 어형에만 매달려서 거기서 환기되는 원형(圓形) 또는 읍성(邑城)의 성담 그리고 물고기 등 구체적인 지시물의 이름을 취하여 지어졌다는 탐명(耽名) 지시물 유래설이 있다.

이상이 주장들은 모두 일리가 있으나, 어느 것은 틀리고 어느 것은 맞다고 가늠하는 척도가 없다. 선인들이 그런 식으로 지어냈다고 하는 그 심성·감성을 헤아릴 길도 없고 탐진 지명유래설 이외에는 그 내용들을 시사하는 기록도 남아 있지 않으니 하나의 가상적인 이야기로 끝날 염려가 있다.

여기서, 탐라의 호칭이 갑자기 튀어 나온 것으로 보지 않고 그 이전의 고명(古名)을 전승하는 가운데 음리(音理)의 자연성에 따라 생성되어 온 것으로 보고자 한다. 하나의 고명(古名) 전승설이다. 이것의 장점은 우선 고문헌의 기록에 남아 있는 실존 명칭의 어느 하나에만 의존하지 않고, 이들 명칭이 상호 연관된, 통시적·공시적인 틀 안에서 그 연계성을 포착함으로써 단일의 명칭의 해석에서의 우연성·독단성을 배제하고 탐라의 명칭이 출현하게 되는 필연성과 그 명의(名義) 해석의 객관성을 확보할 수 있다는 데 있다.

제주도의 최고(最古)의 호칭으로 생각되는 '州胡'가 과연 제주도를 가리키는지 문제되는 바가 없지 않으나 '州胡'의 음이 다른 호칭 '乇羅·屯羅·耽(牟)羅'와 음운변동면에서 잘 연계되는 점에서 '州胡'를 일단은 지금의 제주도였다고 가정한다. 이 '州胡'의 풀이에 대하여는 첫째로 중국어로 보는 것이 있다. 현지의 호칭과는 관계없이 중국에서 오랑캐섬 또는 변방의 섬나라란 뜻으로 '州胡'로 표기하였다고 보는 것이다. 동이전에 나오는 지명들이 거의 중국어가 아닌 현지음에 입각한 것을 고려하면 이 풀이는 배제되기 쉽다. 둘째는 현지의 호칭대로 표기하면서도 이왕이면 지명의 뜻을 살릴 수 있는 한자를 골라 썼다고 보는 것이다. 곧 현지의 t̂aka의 발음을 한자로 표기하는데 이왕이면 섬의 뜻을 지니는 '州', 오랑캐의 뜻을 지니는 '胡'자를 골라 썼다고 보는 것이다. 그렇다면 t̂əka라는 발음을 지니는 어휘가 과연 존재하였는가를 생각해 보아야 한다. 앞에서 언급한 바와 같이 제주도를 비롯해서 한반도 연안, 일본 규우슈우 연안에는 이와 연관될 수 있는 도명들이 많이 보인다. 모두 tVkV의 형식적 상관성으로 포착될 수 있다. 그 제1음절의 모음의 변화 외에 제2모음의 탈락에 따라 한국어의 '닥·덕·독·둑'으로, 제2모음의 변화에 따라 일본어의 take·taku·toku·tika로 실현된다. 원래는 섬마다 무슨 섬이라고 하는 수식어가 얹혀 있었을 것인데 그것이 오랜 세월이 흐르는 동안 그 수식어의 의미가 바래져 떨어져 나갔거나 어중모음의 변이를 통하여 섬의 구별을 지었거나인데 그 여부는 지금으로서는 알 수가 없다.

그럼, 이들 도명의 바탕이 되는 tVkV의 어휘는 어디서부터 어떻게 유래하였을까? 언어는 결국 사람이 쓰는 것인데 이렇게 광범하게 공통된 바탕 위에 도명이 성립한다는 것은 당시의 사람들이 빈번하게 교통하고 있었다는 것을 말한다. 곧 이러한 도명이 각기의 언어환경에서 묘사적으로 붙인 이름이 공통적으로 나타날 수도 있고 어떤 기점으로부터 사람의 왕래에 의해서 전파될 수 있다고도 볼 수 있다. 후자의 관점에서라면 어느 곳의 도명이 그 연원이 될까? 지금으로서는 제주도에서 가까운 지역의 언어 중에 그러한 어휘는 안 보인다. 다만 6-16세기 간의 고대 몬어의 판독을 통해서 선행학자가 추출한 어휘사전(Shorto 1971 : 166)에 섬의 뜻의 'tko' 1455, tka' MM. tka' 1557'의 예시(비문의 연대와 언어명이 부기됨)가 보인다. 몬·크멜족은 기원 전후에 중국의 양자강구를 장악하고 제해권을 쥐고 있었기 때문에 양자강 이북의 연안 지역을 북상하여 한국의 서해안을 거쳐 남해안과 일본에까지 미칠 수 있었다고 보면(Parker 1930 : i-ii) 그들의 어휘를 이쪽에 전파시켰거나 아니면 이쪽의 어휘를 자기들이 차용하여 기록에 남겼거나 그 어느 한가지 일 것이다. tka의 어두 이중자음 구조는 지금의 한국어나 일본어에 맞지 않은 것이다. 그것을 한국어나 일본어쪽에서 모음삽입을 통하여 tVka*로 만들었거나 아니면 반대로 한국어·일본어쪽의 tVka의 원형을 몬어쪽에서 제1모음을 탈락시켜 tka로 재구조화했거나 했을 것이다. 어떻든, 고대에 그러한 어휘의 존재가 있음으로 해서 앞서의 여러 가지 도명들의 파생형을 포괄하여 일괄적으로 설명할 수 있다. 이런 점에서 제주도의 고칭 '州胡'의 존재는 귀중한 언어학적 자료를 제공한다. 바로 tVka의 전형적인 예가 되기 때문이다. 곧 '州胡'의 제1모음의 ə는 애매모음으로 그것이 인지 여하에 따라서는 소실될 수도 있고 주변 음역의 다른 모음으로 쉽게 바뀔 수도 있기 때문에 앞서 열거한 도명의 추상형으로 내세울 수 있다.

이 '州胡'의 음형 t̂əka는 일본의 고사기의 수인왕조(垂仁王條)에 나오는 '常世國'의 호칭 to_2ko_2[təkə]에 투영되어 있다. '常世國'(tokoyonokuni)은 일본에서는 바다 저편에 있는 이상의 나라(가장 고귀한 나라)로 여겨온 곳인데, 여기에 신하 다지모리(多遲毛理)를 보내서 겨울에도 여는 귤을 구하게 했다고 한 데서 이는 실재한 서해 중의 귤의 나라 제주도를 가리킴이 분명하다.

이 '州胡'의 호칭이 연대의 흐름에 따라 음형이 조금씩 다르게 변해간다. 곧, 한반도에서의 소국가(小國家) 발흥에 맞추어 '國'을 뜻하는 접미사 na가 접미함으로써 음형의 조정이 있게 된다. 이 na의 형태는 국내의 고문헌에 '州·壤'의 훈차자(訓借字)와 '奈·那·惱·奴'의 음차자(音借字)로 나타나는데, 퉁구스제어에서는 '地·地方·國·土地·野·耕地·場所'의 nā(Cincius 1975 : 572-3)가 있고, 일본어에서는 '地'의 na, 아이누어에는 '水·川'(nai)의 na(Batchelor 1938 : 300)가 있다. 강가에 농경취락지가 형성되고 그것이 확대되어 지방·국가가 된 것이니 한국어의 '나리', '나라'라는 말도 이와 관련되는 것으로 본다. 신라, 가라의 '羅'의 형태도 na에서 연유할 것이다.

'州胡-國'의 어휘형성은 자연히 tək(a)-na*의 음형을 유도한다. 제2음절의 a는 페음절 중심의 한국어 구조에서는 원래가 기생모음적인 것이었다. 복합어를 형성할 때 그 구실은 사라진다. 그 복합어를 음차자로 기록한 것이 삼국유사에 나오는 '乇羅'이다. 이 경우의 제1모음은 ə-ɐ-a의 음역에 있다. 일본에서는 taka가 존재한다. 태평양 연안 중 이바라키현(茨城県)·시즈오카현(静岡県)·아이치현(愛知県)·미에현(三重県) 지역의 방언은 바다에서 바라볼 때의 육지를 taka(德川 1989 : 1365)라고 하는 것이 있다. 한편, 일본에서는 '高'의 뜻의 taka는 있어도 여기서의 taka하고는 무관하다.

이러한 음형의 '乇羅'와 병행적으로 '*乇牟羅'의 존재를 가정할 수 있다. '耽羅 : 耽牟羅'가 실존하듯 '乇羅 : 乇牟羅'가 존재하였다고 보는 것이다. '乇牟羅'의 가정은 '國'으로서의 '乇羅'와 다른(또는 그 이전의) '山·邑城·村'으로서의 가정이다. 이 호칭이 실존했을 가능성은 앞에서 언급한 바와 같이 일본의 고사기에 takama(takana와 어중 m / n 교체) '高天原'에 투영되어 있고, 제주도 지명에 닥ᄆᆞ루(한경면 저지리의 楮旨岳 닥ᄆᆞᆯ / 당ᄆᆞᆯ)가 존재하여 그러한 조어형식이 성립한다는 데 있다. 닥ᄆᆞ루 / 당ᄆᆞᆯ이의 변이형에서 '*乇牟羅 / 耽牟羅'의 변이형을 유추할 수 있다. 이에 맞추어 '國'으로서는 乇羅 / 耽羅로 굳어져 간 것으로 볼 수 있다.

요컨대, 탐라의 명칭의 생성은, '州胡'의 호칭에 '山·城·村' 또는 '地·地方·國'을 뜻하는 접미사들이 접합하는 과정에서 말모음의 탈락하여 '*乇牟羅 / 乇羅'가 형성되어서 국명으로서는 乇羅 / 耽羅의 어형쪽으로 굳어져서 이루어진 것으로 본다.

5. 탐라의 명칭의 음의(音義)

지금까지, 탐라의 명칭의 유래에 대하여 이는 신라에서 비로소 지어준 것이 아니고 그 이전부터 제주도에 있던 고칭에서 유래한 것인데 국가로서의 성립을 계기로 국명으로 굳어져 간 것으로 보았다.

이제 이러한 관점이 정당하게 성립하는가를 언어학적 측면에서 검증할 필요가 있다. 먼저 탐라의 명칭의 풀이에 대한 선행학설을 일별하고 다음에 본격적으로 이 명칭의 음형과 어의의 본형이 무엇이었는지 고찰하고 그 다음에 그러한 풀이가 비교언어학적 관점에서 얼마나 보장될 수 있는 것인지 살펴보기로 한다.

5.1. 선행학설

연대순으로 고찰하면 첫 번째는 '海島國說'이다. 이는 조선 정조 때의 실학자 한치윤의 해동역사(권16 세기16 탐라)에 피력되어 있다(韓.致奫 1982 : 248, 朴趾源의 燕岩集 6에도 동일한 것 있음). 한문의 원문을 풀이해 보면 "탐라는 '海島國'이다. 후위서(後魏書)에는 섭라(涉羅)라 칭하고 수서(隋書)에서는 담모라(躭牟羅)라 칭하고 당서(唐書)에는 담라(儋羅)라 칭하고 또 담부라(躭浮羅)라 칭하는데 '乇羅'와 모두 같은 것이다. 동국(東國)방언에 '島'를 '剡'(섬)이라 하고 '國'을 '羅羅'(나라)라 하니 '耽·涉·儋'의 세 소리는 다같이 '剡'과 유사하니 대개 '島國'을 말하는 것이다. 고기(古記)

에 처음에 탐진(耽津)에 정박하고 신라에 입조(入朝)하였기에 탐라라 일컬은 바라고 하나 이는 곧 이치에 안 맞는 것을 억지로 끌어다 맞춘 설이다"라고 하였다.

이 주장이 옳고 그르든 간에 몇 가지 문제점이 있다. 첫째는 '耽·涉·儋'의 각 한자는 당시는 별개의 음이었는데 어떤 근거로 유사한 음으로 보았는지 언급이 없다. '耽'과 '儋'은 상고음에서는 두자음이 설음의 단모(端母)인 점에서는 같으나 운부에서는 전자는 침부(侵部) 후자는 담부(談部)여서 다르다. 중고음에서는 모두 같은 함섭(咸攝)의 '覃 / 談'운이므로 같은 음이 되지만, '耽'자는 백제 문주왕 때에 보이니 상고음과 중고음이 과도기의 것이고, '儋'은 '唐書'에 보이니 중고음의 시기의 것이므로 시기적으로 어긋난다. 이를 동음으로 맞추는 것이 문제다. '剡'의 운부에 가깝기는 상고음으로서의 '耽'쪽이다.

'耽'과 '涉'의 관계도 마찬가지다. 운부는 운미의 m / p의 양류(陽類)와 입성(入聲)의 차이 말고는 핵모음이 거의 같다고 하더라도 두자음은 전자는 단모(端母) 후자는 선모(禪母)이다. 물론 이들은 크게는 설음(舌音)에 속하나 '禪母'는 정치음(正齒音)으로 따로 세우기 일쑤이다. 응당 이들의 관계에 대한 언급이 있어야 했을 것으로 본다. 더욱이 이들 음이 '乇'의 음과 같다고 한 대목도 그렇다. 물론 당시의 학자들은 한학에 능하고 고금 자음(字音)에 통달하였다고 보므로 그들은 당연한 것으로 여겼기에 설명을 붙이지 않았을지도 모르나 어떻든 당시로는 다른 음이었으니 고대음에 대한 한마디 언급은 있어야 했을 것으로 본다.

다음으로, '耽津由來說'을 부회(附會)한 설이라 한 대목이다. 탐진에 대한 정확한 풀이가 이루어지지 않는 상태에서 배제시키는 것은 문제된다고 본다. 탐진이 제주도일 수 있고 따라서 강진(康津)의 '冬音縣 〉 耽津'과도 우연히 같은 이름이 될 수도 있다. 뎜나라에서 왔다든지 뎜나리가 왔다든지 하는 이야기를 신라인이 듣고 '康津'의 '冬音縣'이 연상되어서 그 이름으로 국명을 부여한 것으로 생각할 수도 있어 이는 탐라의 호칭의 동음성의 문제다. 그 때의 '덤'이란 무슨 뜻이냐 하는 것은 명의(名義)로서 따로 따져볼 문제라고 본다.

두 번째 학설로는 탐라는 대양(大洋)이 원의(原義)이고 대양중의 섬의 뜻으로 전의(轉義)하였다고 보는 '大洋原義說'이 있다. 이는 일인 학자 Cuboi(坪井)의 주장으로(坪井 1924 = 1971 : 857 – 900) 삼한의 고지명은 대개가 Cham어로서 일본 본토에 쓰이던 Cham어가 삼한에 옮긴 것이라고 주장한다. 전형적인 일본유래설의 한 보기가 된다. 일본의 고지명은 대개가 Cham어로서 몬·크멜어는 매우 적었으며 삼한의 고지명도 사정은 마찬가지라고 하였다. 한편, 몬·크멜어에 대하여는 아시아대륙 동남부의 원시어로서 넓은 의미에서는 드라비다어계에 속하며 드라비다어는 또한 우랄·알타이어와 희미하게나마 먼 관계가 있다 하였다. 몬·크멜인이 산스크리트어를 한국에 가져온 말로 블(伐·夫里·火) skt. pur 'fort', 牟羅, 牟禮, skt. mula 'cleaving', 'plantation', 히 skt. hari 'sun', 'day' 등을 예시한다.

그런데, 산스크리트어는 드라비다어와는 이계(異系)이며, 인도유럽어족에 속하는 언어이다. 앞서의 어례들은 드라비다어로는 palli 'villlage' (O.K. puri / piri, ur – u 'villige'), malei 'hill'(Kor. mu – i), nayir 'sun', nal 'day'(Kor. nar 'day')로 나타나고 있으니(Hulburt 1905 : 116 – 123), 그 어느 한쪽에서 왔다고 하기는 힘든 일이다. 그 어느쪽에서 왔건 몬·크멜어를 이와 결부시키려 한 것은 주목되나 몬·크멜어는 이와는 다른 계통이다. Cham어 역시 이들과는 별계의 남도(南島)어족으로서 또는 몬·크멜어와는 가까운 언어로 보기도 하므로 위의 주장들은 확실한 것이 못된다.

문제의 탐라에 대하여는 Sem.어의 물의 뜻을 지니는 tom, tōm과 Cham어의 다수를 뜻하는 lō, rō가 합쳐진 말로 결국 탐라의 tomlō는 대양(大洋)을 원의(原義)로 하고 그것이 대양중의 섬으로 전의된 것으로 보고 있다. 그리고 탐라의 도민(島民)은 인도지나반도의 원주민인 Negrito 부족으로 보고 있다.

크게는 남방어족에 속하는 언어라 하더라도 이쪽저쪽 것을 합쳐서 맞춰대는 것은 좀 무리가 있다. 그런 식이라면 다른 어떤 것하고 맞아 들어가는 우연성이 많아진다. 그리고 탐라의 도민을 쉽게 어느 부족과 결부시키는 것도 너무도 단순하고 안이하다 하겠다. 부족 문제는 언어뿐만 아니라 인류학, 고고학, 민족학, 기타분야의 종합적인 고찰의 기반위에서 다루어져야 하기 때문이다.

언어명도 원문에 sem.의 약자로 적혀있어서 몬·크멜어족의 Semai어를 가리키는 것인지 Semnam어 아니면 Semang어 또는 다른 언어를 가리키는 것인지 확실하지 않지만 Negrito 족의 언어를 이전에 비칭으로 Semang어로 했다니까 그것을 가리키는 것으로 본다. 어떻든, 이들 언어는 크게는 몬·크멜어족에 속하므로 모음 ə, ɔ, o의 구별의 있다고 본다면 앞서의 tom의 음형을 가지고 '耽'에 맞추는 것은 무리한 이야기가 된다.

세 번째 학설로는 일인 학자 Takahasi(高橋)가 주장하는 '靑魚國說'이 있다(高橋 1956 : 393－400). 탐라의 앞요소 '耽'에 대하여는 '冬音'의 차자로 보고 '冬音'은 돔으로 읽어서 청어(靑魚) 1련(連) 10미(尾)의 호칭 '씀'에서 왔다고 한다. 그 '씀'은 신라시대에 청어를 지칭한 것으로 추정하고 '씀'이 곧 돔이고 이를 청어로 보는데 청어는 고명(古名) '古道魚·古刀魚'인 고등어와 같은 것이라 하였다. 뒷 요소 '羅'는 나라의 뜻으로 보고 결국 탐라는 청어의 나라, 청어를 많이 생산하는 나라로 풀이하였다. 그리고 탐라국주(國主) '冬音律'은 곧 '靑魚律'이라 하였다.

'冬音'을 돔으로 읽는 것은 문제가 있다. 冬音이 1음을 나타낸 것이라면 첫 자는 음(두자음)을, 둘째자는 운(모음과 종성)을 나타내는 것이 보통인데 그렇다면 '冬'은 ㄷ을, '音'은 중국 상고 / 중고음으로 i̯əm(염 / 엄)을 나타내므로 돔이 아니라 뎜 / 덤으로 읽는 게 마땅하다. 물론 일본글자에는 이러한 음을 나타내는 것이 없기 때문에 개략적으로 표기하였다고 하면 그만일지 모르지만 엄밀성을 결했다는 비판은 면치 못한다. 고대일본어에서는 o와 ə의 구별의 방법이 있었으므로 돔 아니면 덤의 어느 하나인지를 언급했어야 했다.

다음 문제점으로는 청어 1련 10미의 호칭 '뜸'을 돔과 연결시킨 점을 들 수 있다. 이들은 음리(音理)상 돔 / 덤으로 소급할 수 있지만 이에는 복잡한 설명이 요한다. 과연 그러한 음운과정을 거친 것인지 알 수 없으니 이에 대한 언급이 있어야 했다.

의미면에서 '뜸'이라는 음형에서 환기되는 청어에 바로 탐라를 연결시켜서 청어의 나라로 풀이하는 것도 문제다. '뜸'의 음형으로 이외에 환기되는 것으로는 띠나 부들 따위의 풀로 기적처럼 엮어서 바람을 막거나 기타에 쓰이는 '뜸'이 있으니, 탐라를 그러한 '뜸'으로 덮여 있는 집이 많은 곳이라 한다든지, 큰 마을 근처에 이루어진, 몇 집으로 되어 있는 동네를 '뜸'이라고도 하므로 탐라를 띄엄띄엄 마을이 형성된 곳이라 한다든지 얼마든지 임의적 풀이할 수 있는 빌미를 제공한다. 그 자신은 논문 말미에서 앞서의 '大洋原義說'을 비판하고 있다. 그 요지는 한국의 지명을 전연 한국어와는 무관한 나라나 민족의 언어에 있어서의 단 몇자의 음형을 가지고 그 기원을 찾으려 한 것은 지나친 독단이라고 하고 있는데 그 말은 그 자신에게도 돌아가는 이야기가 된다. '뜸'이 고등어의 1련 10미의 뜻이 있다고 해서 그 유사형 '돔'이 고등어의 뜻을 지닌다고 하는 것이나, 탐라의 첫자가 돔과 같으니 탐라는 바로 고등어의 나라로 풀이하는 것 등은 1대 1의 유사형만 가지고 접근하는 방식에서는 매한가지이기 때문이다.

네 번째 학설로는 박용후의 '島山說'이 있다(박용후 1960 : 472). 이는 일찍이 조선 순조 때의 실학자 박지원(1737－1805년)의 '燕岩集' 6에서 주장한 '島國說'(그 내용은 앞서 언급한 한치윤의 해동역사의 것과 같다)에서의 '耽' = 섬에 대해 동의하되 '羅' = 나라에 대해서는 견해를 달리하여 '羅'는 나라가 아니라 '牟羅'의 '무'가 생략 또는 탈락한 것으로 보고 그래서 탐라를 섬나라가 아닌 섬무라로 보고 있다. 이 '무라'에 대해서는 위지동이전이나 광개토왕비에 나오는 무라(牟盧, 牟羅) 또는 모라(模盧, 莫盧), 일본서기에 나오는 무레(山), 모리(山)와 같은 것으로 보고 '山'으로 풀이한다. 이 중에서 한국어에는 모리가 남아서 모리 〉 모이 〉 뫼의 과정을 거쳐서 변한 것으로 본다. 결국, 탐라는 탐무라에서 온 것인데 탐무라는 곧 섬무라요 이는 섬뫼(島山)를 뜻한다 하였다. 그리고 섬무라는 섬뫼의 뜻 외에도 섬성(島城)의 뜻도 내포하였다고 부언하고 있다.

'耽'의 풀이에 대한 자세한 언급이 없는 점에 대해서는 '島國說'에서 지적한 바 있지만, 이는 여기에도 해당된다. 진작 요긴한 '耽'의 한자음이 어떤 것이었는지 또 그것이 어떻게 섬과 연결되는지는 언급하고 있지 않다. 그리고 본래의 '耽牟羅'에서 '牟'가 생략 또는 탈락해서 '耽羅'가 되었다고 보고 있는데 어떤 조건이나 이유 때문에 그렇게 되는 것인지 설명이 필요하다. 아마도 그 설명은 어려울 것이다. 이보다는 탐모라를 섬산으로 치되 이와 별도의 섬나라라고 하는 '탐라'의 말이 별도로 있었다고 보는 게 어떤가 한다. 원래는 산에 근거를 둔 탐모라라는 호칭이 있었는데 평지로 이동하면서 구역－國으로서의 탐라라는 호칭이 별도로 생겼다고 볼 수 있지 않을까 한다.

또 다른 문제점으로는 '耽牟羅'의 무라가 어떻게 산의 뜻인 모리(〉뫼)로 변했는가이다. 예전에는 무라·모라(일본에는 무레, 모리)가 있었다고 가정하고 있는데 그러한 가정에는 고대의 한자 표기에 대한 해독과 현존 어휘로부터의 음운적 소급이 가능해야 한다. 나중에(朴用厚 1968 : 172－3) 가라 / 가리, 나라 / 나리, ᄀᆞᄅᆞ 〉 가라(ᄀᆞ리의 오식인 듯), ᄂᆞᄅᆞ / 나리(ᄂᆞ리의 오식인 듯)의 병존형이 있는 점을 들어서 모라 / 모리의 성립의 가능성을 제시하고 있다. 그러나, 그것이 어말모음의 교체에 의한 것인지 또는 다른 이유가 있는 것인지 밝혀 있지 않아서 그 사연을 알 수가 없다. ᄀᆞᄅᆞ와 ᄂᆞᄅᆞ의 경우 ᄀᆞᆯ리, ᄂᆞᆯ리도 존재하니 그것과의 관계도 언급할 필요가 있다. 소견을 보태두면, 모라 / 모리의 경우 그 원형을 ᄆᆞᄅᆞ로 보고 싶다. 마루의 경우는 제1음절은 마, 제2음절은 루로 변한 경우이다. 어두음절의 ·〉ㅏ, 말음절의 ·〉ㅡ의 변화는 대체적인 경향이다. 모리의 경우는 제1음절은 모로 제2음절은 주격형의 i가 접미하면서 말모음이 탈락하여 '리'로 되었다고 본다. 제1음절의 ·〉ㅗ는 어두순음에 의한 원순음화의 영향으로 그럴 수 있다. ᄀᆞᄅᆞ / ᄀᆞᆯ리, ᄂᆞᄅᆞ / ᄂᆞᆯ리의 예를 보면 ᄆᆞᄅᆞ도 일단 어말모음이 탈락한 다음에 i접미사가 부가하여 ᄆᆞᆯ이[ᄆᆞᆯ리]가 되고 그것의 연음과정을 거쳐 모리가 이루어진 것으로 볼 수 있다.

다섯 번째 학설로는 김태능의 '城村說'이 있다(金泰能 1964 : 169). 앞서의 대양(大洋) 중의 섬, 섬나라, 고등어의 나라, 섬의 산이 뜻의 풀이는 외관적인 입장에 선 것임을 지적하고 그보다는 제주도에서 자생하여 외부에 알리게 되었다는 관점에서 고쳐볼 필요가 있다고 하였다. 곧 본래 제주 일부 지역에 담무라라는 호칭이 있고 그것이 제주도 전역으로 또 외부로 퍼져서 그것이 제주도를 지칭하는 이름으로 되었다고 보고 있다.

담무라의 뜻에 대하여는 양서(梁書) 신라전(新羅傳)의 '其俗呼城曰健牟羅'(사람들은 성을 건모라라 불렀다)의 기록이 '大－村' 곧 읍성(邑城)을 의미하는 것에 비겨서 제주지역에는 돌이 많으므로 수부지(首府地)에 돌로써 성의 구실을 하는 담을 둘렀을 터이니 그러한 담을 두른 무라가 곧 담무라로 호칭되었다는 것이다. 그 문헌적 근거로 이조태종실록의 "置郡之初, 漢拏山四面凡17縣, 北面大村縣築城, 以爲本邑"(太宗 卷31, 16年 5月의 기사임. 필자주)(제주의 군을 설치한 초기에는 한라산의 4면으로 모두 17개현을 두었으며 북면의 대촌현에 성을 쌓고 본읍으로 삼았다)와 동국여지승람(東國輿地勝覽)

의 "州人謂城內爲大村"(卷28, 濟州牧古跡 大村, 필자주)(고을 사람들이 성안을 대촌이라고 한다)을 제시한다. 여기서의 '大村'은 신라의 '健牟羅'에 상응한다고 보아 성내(城內) 부근 지역에 그러한 큰-무라, 담무라가 있었으며 이것이 확대되어 제주도의 호칭이 되었다고 하는 것이다. 그리고 이 담무라의 호칭이 '담무' 두 음의 합음과정을 거쳐서 생략되어 '담' 으로 바뀌고 담라가 된 것으로 보고 있다. 결과적으로 담무라와 담라 두 명칭 사이에는 특별한 차이점이나 의미상 다른 점이 없으며 동일한 것이라 하였다.

이러한 주장에도 몇 가지 문제점이 있다. 제주도의 중심지역의 명칭이 담무라였다면 어째서 현존 지명에 흔적도 남김이 없이 사라져버렸을까 하는 것이다. 그리고 '耽'의 중국음이 '떰' 또는 '떤'이고 한국한자음은 담이라고 한 부분도 어느 시대음을 가리키는 것인지 그 전거가 제시되어 있지 않다. '떤'은 아마도 근대 중국음을 가리키고 있는 듯한데 시대적으로 좀 무리가 아닌가 싶다. 서기 5세기경의 한자음은 중국과 한국 사이에 그렇게 차이가 있었다고 보지 않는데 우리말로 '담'이란 음형을 표기하는데 그와 좀 거리가 있는 '耽'자를 골라 쓴 이유가 애매할 수밖에 없다.

그리고, 조선 태종 때의 삼도(三徒)를 합친 성내의 대촌의 정황을 서기 5세기에까지 소급시켜 유추하는 것은 무리라고 생각한다. 당시는 보다 산간지대가 중심이었을 가능성이 있기 때문이다. 그리고 신라에서 성을 건모라라 한 것을 유추하여 제주도의 성리(城里)를 돌담의 무라라고 불렀다고 본 것도, 그런 뜻이라면 현존 어휘로 잣(城)도 있으니 오히려 잣의 무라(城邑)로 불렀을 것이 아닌가 싶다. 구태여 대촌의 뜻에 치중한다면 건모라에 유사한 거ᄆᆞ로(걸머리, 금산물 / 알샘이 있다. 아라동)가 이에 상당하지 않나 싶다. 이곳이 옛적의 중심지였을 가능성이 크기 때문이다(김공칠 1999 : 196). 이 거ᄆᆞ로의 옛음이 '검'일 수 있고 그렇다면 '健牟羅'와 유사하게 된다. 그리고 어두자음의 k : t 교체에 의해 '덤'과도 동일시되어 신라인에게는 '耽津'이 연상되었는지 모를 일이다. 방언

내부에서 또는 방언 사이 및 그리고 언어 사이에도 k : t 교체 예는 흔한 일이다(김공칠 1992 : 32).

다음 담무라의 호칭과 담라의 호칭을 등식으로 보고 담무라가 축약하여 담이 되었다고 한 부분도 문제점이다. 담을 두른 무라의 뜻이 담이 두른 나라라는 뜻으로 변해서 담무라→담라로 복합형식이 달라졌다고 하면 모를까 소리만이 축약되었다고 하는 것은 어떤가 한다. 곧 어엿한 자립형태소 무라의 일부분을 절단시켜버릴 수가 있겠는가 하는 것이다. 이상의 문제점은 있지만, 종래의 풀이는 외부관찰적인 관점에서 풀이한 데 지나지 않다고 지적하고 자생적인 관점에서 탐라의 명칭을 살펴보려고 한 것은 좋은 점이라고 생각한다.

여섯 번째 학설로는 현평효의 '高地(國)說'이 있다. 제주도의 원명 '耽羅·儋羅·乇羅·耽牟羅·躭牟羅, 耽浮羅·躭浮羅·屯羅·涉羅' 등은 모두 동명이사(同名異寫)로 한결같이 높은 곳이라는 뜻을 지닌다고 하였다(현평효 1972 : 60－4). 다만 음형에서는 '耽羅·儋羅·耽牟羅·躭牟羅·耽浮羅·躭浮羅'는 담나의 동음이사(同名異寫)로 보고 있다. '乇羅'는 닥나, '屯羅'는 둔나, '涉羅'는 섬나와 같이 별개로 읽고 있다. 앞 요소 담·닥·둔·섬 등의 음은 달라도 모두 높다의 뜻을 지니는 것으로 보고 있으며, 후접한 '羅'는 나로 읽고 '地'를 의미하는 말이라 하였다. 옛 지명을 포괄적으로 설명하려고 하고 한자음의 전거를 제시하려고 한 점은 좋았다고 생각한다.

여기에도 몇 가지 문제점이 보이는데 첫째가 '耽牟羅'의 '牟'가 '耽'의 말음첨기라 하여 탐라와 탐무라는 같은 발음의 것으로 보았는데, 耽자 자체가 m종성을 지니고 있는데 구태여 번잡하게 牟자를 첨기하면서 m 종성을 나타낼 필요가 있었겠느냐 하는 점이다. 말음첨기의 예는 대개 음형이 드러나지 않는 정훈자(正訓字) 아래에 첨기하여 그것의 종성을 보임으로써 음형을 가늠하도록 하는 것이 예사다. 둘째는 한자음의 독음을 중국의 중고음이 반영되어 있는 반절음(廣韻·集韻)에 근거하고 있는 점과 음가의 추정이 좀 애매한 점이 있다는 것이다. '耽'과 '冬音'에 대해 '耽'은 담, '冬音'은 둠 혹은 듬으로 읽고 있는데, '冬音'은 보다 옛 음으로 읽는다면 '耽'과 동음이 될 수 있는데도 다르게 읽고 있다. 박지원이가 '耽·涉·儋'의 3음을 상류(相類)로 본 것은 너무 비약적인 해석이라고 비판하고 있는데, 그것은 관점의 차이로서 현대적인 공시적(共時的) 관점에서 볼 때는 그러한 비판을 받아 마땅하지만 옛 시대의 변이형 또는 통시적인 변화형으로 볼 때는 충분히 상류로 다룰 수 있다.

이상의 선행학자의 주장들은 오늘의 관점에서 볼 때는 미비한 점이 있어 보이지만 당시의 연구현황으로 볼 때는 모두 참신하고 또한 후학들에게 시사하는 점이 많은 것이었다고 본다. 그리고 앞으로의 연구에도 항상 괘념해야 할 과제들을 일깨워준 선구적인 연구임에 틀림없다. 이하의 필자의 소견 개진에도 도움되는 바가 적지 않으며 이하의 필자의 소견에도 역시 여전히 앞서의 문제점들을 안고 있다 해도 과언이 아니다.

5.2. 음형(音形)과 어의(語義)의 고찰

선행연구의 문제점을 짚으면서 탐라의 명칭의 음형과 어의에 대한 필자 나름의 소견을 피력하고자 한다.

먼저 전제로서 내세우는 것은 탐라의 호칭을 개별적인 것으로 보지 않고 다른 제주도의 고칭과 함께 포괄적으로 파악하는 것으로 한다. 그만큼 객관성을 높이려는 것이다. 제주도에 관한 고칭들을 각각 별개로 지어졌다기보다 근원이 동일한 호칭의 시대적인 변화형으로 본다.

두 번째로 탐라의 호칭과 그 이전의 호칭들의 한자표기는 중국의 상고음에 입각해서 씌여 있다고 보는 것이다. 시기적으로 중국의 상고음에서 중고음으로 넘어가는 과도기의 것이라는 점과 문헌에 정착된 표기의 보수성 등을 고려해서 그렇다. 그리고 중국의 상고음은 한국에서도 상호간의 음운구조상의 어긋남이 없는 한, 대체로 비슷하게 씌었을 것으로 본다.

세 번째는 음형과 어의의 두 측면에서 고찰하되 음운과 조어(造語)상의 규칙의 자연성 그리고 기본의 외에도 연상적 의미까지 고려한다.

이제, 문헌에 보이는 호칭의 시대 순에 의해 주호와 탁라를 먼저 살피고 또 그들의 연결성이 후대의 호칭에도 이어지는지 보기로 한다.

5. 2. 1. 주호(州胡). 이 호칭은 제주도의 고칭으로서 문헌상 최고(最古)의 것이다. 이 표기에 대하여는 표의적인 것으로 보는 의견과 표음적인 것으로 보는 의견이 있다. 전자의 의견이라면 이는 중국말이 되어버린다. 곧 섬의 오랑캐란 뜻이 될 것이다. 위지동이전의 지명 표기가 대부분이 표음적이다. 그것은 외부관찰적으로 현지인들이 쓰는 말을 중국인이 들어서 기록했다고 보아 이 표기는 표음적으로 본다.

그럼, '州胡'의 표기형은 과연 어떤 발음을 나타내고 있을까? 중국인이 쓴 것이니 중국음에 입각하고 있는 것은 분명하다. 그리고 위지동이전의 성립시기는 서기 3세기지만 그 기사 내용은 보다 전대(前代)에 소급하므로 중국 한자음의 역사적 위치로 볼 때 상고음으로 씌어 있다 보아 틀림없다.

그런데, 중국의 상고음의 연구는 그 출발점을 중고음인 절운계(切韻系) 반절음(1008년의 廣韻에 집성됨)에 입각하고 있으나 상고음의 재구면에서는 학자에 따라 약간씩 다른 면이 있다. 따라서 여기서는 먼저 용자(用字) 하나하나에 대하여 중고음이 반영되어 있는 운도(韻圖)인 운경(韻鏡)(馬淵 1970년)에서 어느 위치(轉次)에 있는가를 보고 그 성모와 운모를 보이기로 한다.

州 周 (職流切) 37平 齒音淸 (照母) / 尤3等

胡 戶吳切 12平 喉音濁 (匣母) / 模1等

이들에서 재구되는 상고음을 학자별로 제시하면,

		Karlgren(1940)	董同龢(1944)	王力(1980)	李方桂(1980)	余迺永(1985)
州	照	t̂	t̂	ȶ	tj	tj
	尤	i̯ôg	i̯ŏg	i̯ou	əw	jəɦ
胡	匣	g'	ɣ	ɣ	g	ɦ
	模	âg	âg	a	ag	aɦ

이를 참조해서 '州胡'의 음을 추정한다면 ti̯əga(/t(i̯)əka*) 곧 뎌가에 가까운 음임을 알 수 있다. 각 운미의 끝에 있는 -g는 ∅운미에서 -k계 운미의 입류(入類)(-k), 양류(陽類)(-ŋ)와 상대시켜서 가정한 음류(陰類)의 유성자음이다. '州'의 ə음은 중설중모음으로 구강내의 중앙에 위치하는 소리다. Karlgren은 후설적인 ô모음, Dongtonghe(董同龢)는 여린 ŏ음으로 재구하고 있어 ə-o(경우에는 u에 가깝게)-ɔ-ɐ 영역과 교차하여, 지방에 따라 뎌가 / 댜가 / 됴가 / 듀가에 가깝게도 발음되었던 것을 알 수 있다. 중국의 한자음 표기상에는 요음(拗音)이 있으나 과연 당시의 한국어에 요음이 음운으로 존재하였는가는 의문시되므로 ᄃᆞ가 / 다가 / 더가 / 도가 / 두가와도 같이 자유이음(自由異音)적으로 씌었을 것이다. 서기전 600년 이전에 성립한 것으로 보이는 중국 시경의 '洲'의 글자(州와 同類)의 음가를 *tju로 재구하는 이도 있다(Baxter 1992 : 583). 그는 주모음 체계를 간소화하여 주모음 ə를 인정하지 않기 때문에(Baxter 1992 : 180) 그런 결과가 나온 것으로 보며 어떻든, ə-u의 교체가 있을 수 있음을 보여준다. 만일에 요음에 힘주게 되면 '디가'로도 실현될 수 있다. 이들 변이형은 한반도 연안에서, 일본 규우슈우 연안에서, 여기의 '州胡' 외에 '對海'(대마도의 古名), 차귀(遮歸), 독도(獨島), 토끼섬, 죽도(〈듁도)(竹島), 뚝섬, 닭섬, 度(taku)島, tika(値嘉), siga(〈ciga)(志賀), 지귀(知歸)의 도명으로 반영되어 있다(이들에 대해 후술한다. cf. 김공칠 1990 : 237).

이 중에 고대 문헌에 보이는 것은 '州胡' 이외에 위지동이전 왜인조의 '對海'와 수서(隋書) 백제 왜국전(636년)의 '竹島'이다. 지명의 표기는 보수적이라 본다면 모두 상고음으로 읽을 수 있다. '對海'는 중고음의 음/운이 '對'가 '端/隊', '海'가 '曉/海'이므로 뒤가/뒤하(海의 현대일본음은 kai)로 읽을 수 있고 '竹島'의 竹의 음/운이 '知/屋'인데 '屋'의 경우 학자에 따라 wək, yək, yok, yuk으로 보기 때문에 이것도 뒥/덕/듁과 같이 되어 '州胡·對海·竹島'모두가 비슷한 것이 된다. '屋'운은 요음의 없는 경우 옥/악에 가깝게 읽어지므로 아주 옛적에 요음이 음운적 구실을 하지 않았다면, 득, 닥의 음형도 될 수 있다.

이러한 도명들은 모두 tVkV*로 포괄될 수 있으며, 제1모음의 성격상 그 기저형은 '州胡'가 된다 하겠다.

따라서, '州胡'의 의미는 섬이었을 가능성이 크다. '州'라는 용자(用字) 자체가 섬이라는 뜻을 나타내니 더욱 그렇다. 또 하나는 일본의 17－18세기의 유학자 Arai(新井)가 지은 어원연구서 '동아'(東雅)에 백제방언인 '島'의 어형으로 asaka가 인용되어 있는 점이다(新井 1717＝1906 : 57). Karlgren이나 Dongtonghe(董同龢)는 '州'의 어두자음을 파찰음화의 경향을 지닌 t̂로 재구하고 있는데(Karlgren 1940, 董同龢 1944), 그것을 표기한 (a)saka의 실지 발음은 tʃaka / tsaka인 점에서(고대일본어의 s표기는 tʃ / ts에 상당) '州胡'의 한 반사형으로 볼 수 있다. 전접(前接)한 (a)는 어려운 발음을 할 때 어조를 고르게 하기 위해 붙인 것으로 본다. 옛날에 한반도 연안 일대의 섬을 일본어식 발음으로 그렇게 불렀다고 보는데, 파찰음화되기 이전의 도명의 자취가 바로 제주도의 '州胡, 乇(羅)'이며 또한 한국의 섬 이름의 대다수를 점하는 토끼섬, 듁섬(〉죽섬, 竹島) 등이다.

이밖에, 제주방언에 바닷가의 큰 바위나 암반에서 해녀들이 모여 앉아서 불을 쬐는 곳을 덕이라 하는데 이는 해면 위에 있는 암반이라는 뜻이 옛적에 곧 섬의 뜻으로 받아들여진 것이 아닌가 싶다. 한국어의 덕은 더기의 준말로 고원의 평평한 땅을 가리키는데 수면으로 볼 때 섬은 수면위에 턱진 (언)덕이다. 그리고 기원 전후에 동지나해의 제해권을 쥐고 있던 몬·크멜족 언어의 하나인 몬어의 고대 비석에 '島'의 어휘로서 tka가 남아있다는 것도 전술한 바 있다. 그 몬·크멜족의 언어를 이쪽에서 차용하여 여기의 언어구조에 맞게 모음을 삽입하여 CVCV 형으로 고친 것인지 혹은 그 반대의 경우인지 지금으로서는 확실하지 않으나, 섬의 어휘로서 tVkV 형이 쓰인 것은 부정할 수 없다. 당시의 제주도 근해의 제해권을 쥐고 있던 '州胡'와 몬·크멜족과의 접촉은 충분히 예상할 수 있는 일이다.

5. 2. 2. 탁라(乇羅) '乇'의 글자가 그 반절은 '廣韻'에 안 보인다. 이와 같은 음류(音類)이면서 다만 성모가 '乇'에 비해 유기성이 있는 '託'의 반절을 표시하면,

託 他各切 31入 舌音次淸 (透母) / 鐸 1等

그래서 유기성이 없는 乇의 상고음 성모와 운모는 '端 / 鐸'으로 표시된다(唐作藩 1982 : 168). 여기서 '端'의 성모의 음가가 t임은 공인되는 바이고, '鐸'의 운모는 후설적인 âk이 기본이나 ɔ̂k, ʌk의 부류도 있어 '乇'은 한국어의 닥 / 독 / 덕에 근접한 음임을 알 수 있다. 乇은 이외에 광운(廣韻)을 바탕으로 증보개정한 집운(集韻)(1087년)에 '陟格切'의 반절이 보인다. '陟'의 성모는 '知母'인데 많은 학자들이 음가를 ȶ로 본다. 다만 3등운에서 실현될 때는 구개음화된 ȶ로 보면 될 것이다. 반절하자 '格'의 운모는 '鐸韻' 1등으로 나오는 경우와 '陌韻'(2등 내지) 3등으로 나오는 경우가 있는데, 전자의 경우는 상고음은 '乇'과 같이 후설적인 â이나, 후자의 경우는 개요음이 개입되어 i̯ak과 같이 된다. 이 경우는 한국어 발음

으로 댝/뚁에 가깝다 하겠다. 결국은 '乇'에는 직음(直音)의 닥/득 그리고 요음(拗音)의 댝/뚁이 있었던 것으로 보이며 현대한자음에 탁과 책의 두 가지가 있는 것은 그 갈래의 흐름의 결과로 보아진다.

앞서의 '州'의 음가가 개요음을 지니고 심지어 파찰음화의 경향을 지녔을 가능성이 있었다고 말했으나, '乇'의 음도 역시 그러한 발음을 계승하여 덕/득과 뎍/뚁에서 저모음화한 닥/댝(거기에다 파찰음의 기미를 지니는)의 음으로 변해갔던 것으로 보아진다. 이들 음의 주모음은 원래의 중앙부에서 후설(반)개음 영역에 미침으로써 앞서의 영역의 '羅·牟羅' 등의 요소가 후접함으로써 이에 역행동화된 것으로도 볼 수 있다.

원래의 한국어의 모음에 요음이 없었다면, 州胡의 덕/득, 乇의 득/닥으로 상관이 되고, 요음이 있었다면 州胡의 뎍/뚁, 乇의 뚁/댝의 상관이 되는데 음성적으로는 다소 구별이 있었다 하더라도 음운적으로 그 구별이 미약하지 않았나 싶다. 변별의식의 뚜렷해짐으로써 개구도가 큰 a음의 방향으로 치중하기 시작하여 '州胡'에서 '乇'으로의 음형의 변화가 있었던 것으로 보인다.

'乇'에 후접한 '羅'의 반절은 '魯何切'로, '魯'의 성모는 '來', '何'의 운모는 '歌' 1등이다. 상고음에서 lâ로서 후설적이다. 그것은 '乇'에 후접하는 경우 자음접변으로 인해서 na 음으로 변음되므로 그것을 표기한 것으로 보인다. 신라가 '徐羅(伐)/徐那'와 같이 교체적으로 쓰인 것도 참조된다. 그 '那'의 표기 외에 한국의 고대 문헌에 보이는 '內·奈·惱·奴'의 용자(用字)도 모두 상고음에서 주모음 nâ로 나타난다(김공칠 1990 : 244).

그럼, '乇羅'의 뜻은 무엇일까? '乇'은 '州胡'의 주모음의 개구도(開口度)가 커지면서 말모음이 탈락한 형으로 본다면(하나의 역행동화) '州胡의 國' 곧 '島國'의 뜻으로 풀이된다. na가 '國·地'의 뜻을 지닌다는 것은 전술한바다. 이 '乇'을 고구려어의 '達'(高), 일본어의 tak(a)(高)에 견주는 의견도 있으나, '乇'의 성(聲)·운(韻)과 '達'의 성운(等)이 맞지 않은 데서 문제시된다. 다만 애초는 어원이 다르지만 시대의 흐름에 따라 음의 변화로 인해서 동음화됨으로써 그리고 제주도의 주산(主山)의 이미지가 곁들어서 '高'의 의미를 함유하게 되었을 가능성은 배제할 수 없다. 또한 '乇'이 '高'의 뜻이 아니고 '島'의 뜻을 지닌다는 것은 전술한 바와 같이 일본의 태평양 연안 지방 방언에는 바다에서 바라보는 육지를 taka라고 하는 점을 보면 그 뜻이 '高' 보다는 '島'의 뜻에 가깝다고 보기 때문이다. 그리고 백제방언 '島'의 일본어식 표기형 asaka(tsaka)의 선행형도 될 수 있기 때문이기도 하다.

5. 2. 3. **탐라(耽羅)**. 먼저 '耽'의 반절을 보기로 한다.

耽 丁含切 39平 舌音淸 (端母) / 覃 1 等

상고음의 端母는 t 음을 나타내고 '覃韻'은 Dongtonghe(董同龢)는 ə̂-m, Karlgren 기타에서는 əm으로 본다. 어느 것이나 한국어의 '덤'에 가까운 음이 될 것이다. 고문헌에 보이는 '耽'이 '冬音'과 동음이라면, '音'이 침(侵) 3등운이므로 '뎜'의 음형이 되는데 결국 요음의 개입 여부에 따라 두 가지 형식으로 갈리게 된다. '州胡·乇'이 요음이 개입한 형이 있는 것을 보면 '耽'의 경우도 음성적으로 그렇게 실현되기도 하였다고 본다.

여기서 탐라의 별칭 '耽牟羅'의 존재에 주목하고 싶다. 이 형태는 '耽-牟羅'로 분절되는 것으로 보고 耽-羅와 병행하는 것으로 본다. 후접한 毛羅와 羅가 별개의 형태소라면 '牟羅'는 어떤 음의(音義)를 지니는 것인지 살펴볼 필요가 있다.

牟 謀 37平 脣音次濁(明母) / 尤 3 等

명모(明母)는 m－임이 확실하나 m－ 이외에 v－ 소리가 있는 것으로 보는 이도 있다. 그래서 '耽毛羅'와 비슷한 '耽浮羅'의 호칭도 있는 것 같다. 우(尤) 3등운은 학자에 따라 i̯ôg / i̯ŏg / iu / jəg로 풀이되는 소리로 후설의 jo / ju / jə 영역의 소리다. 따라서 '牟羅'는 한국어의 '모라 / 무라 / 머라'에 해당하는데 이 음군(音群)의 기저가 될 수 있는 한국어의 'ᄆᆞᄅᆞ'까지 고려하면 '山－村－마루'(산이 길게 등성이가 진 곳)를 가리킨다 하겠다. 만일에 '耽羅'와 '耽牟羅'의 병행관계가 인정되게 된다면 乇羅와 乇牟羅의 병행관계를 예상할 수 있다. '乇羅'가 '乇의 國'의 뜻이라면 '乇牟羅'는 '乇의 山－村－마루'의 뜻이다. 처음 부족이 거주한 고지의 城村에 '乇牟羅'의 이름이 있었을 것이고, 부족이 통합하여 나라를 이룬 연후에는 대외적인 호칭으로 '乇羅'의 이름이 있었을 것이다. 여기서의 '乇牟羅'의 자음접변형이 '耽牟羅'이고, '乇羅'의 자음접변형은 '屯羅'이다. '乇羅'에서 '耽羅'로 직접 변했다고 보기 어렵고, '乇牟羅'에서 '耽牟羅'로 변하고 '乇牟羅 : 乇羅'의 상관관계처럼 '耽牟羅 : 耽羅'의 상관관계가 성립한 것으로 본다.

고대 제주도의 중심 취락지는 지금의 삼성혈 이남으로부터 아라 지역에 미치는, 광양벌에서도 그 중심 자리인 거ᄆᆞᄅᆞ 지역으로 본다. 이 지역은 해변으로부터 보면 턱지고 있는 덕의 지역이며 길게 등성이가 이루는 지역이다. 이 지역은 크게는 ᄃᆞᆨ모루(乇牟羅)로 불렀다고 보며 그것이 '耽牟羅'로 변음하고 한편으로 의미가 '國'에까지 확대하여 '耽羅'의 호칭이 쓰이게 되었을 것이다. 이렇게 보아온다면 탐라의 호칭은 역시 '州胡－乇羅 / 乇牟羅'의 명맥을 이어오면서 섬의 나라, 고평지(高平地)에 있는 나라라는 뜻을 지탱하여 온 것이 된다.

여기서, 탐라의 명칭의 유래에 관한 앞서의 논의를 되돌아보면 신라의 관원이 이해한 '耽나리 / 耽나루 / 耽ᄆᆞ르'를 '冬音律 / 冬音津 / 耽牟羅'로 기록에 남겼을 것인데, 특히 'təm(耽)mɐra(/ɯ)*'의 경우에는 그 근거지 'ᄀᆞᄆᆞᄅᆞ'하고 어두 k : t 교체관계에 있는 만큼 양자의 청취의 혼동에서 올 수 있는 가능성을 제기한 바 있다. 여기서 부연하면, 문헌상의 제주도 북면(北面)의 대촌현(大村縣)의 기록은 고대로부터의 전승에서 오는 것으로 보며 그곳은 신라에서 일반이 말했던 '城' 곧 '健牟羅'의 음형과도 비슷한 'ᄀᆞᄆᆞᄅᆞ'(>ᄀᆞ마로)일대일 것이다. ᄀᆞᄆᆞᄅᆞ의 뜻 역시 중심 읍성(邑城)으로서의 '大村·大山'의 뜻을 간직한 것으로 본다.

양서제이전(梁書諸夷傳) 백제에도 '城'을 '固麻', '邑'을 '檐魯'라 하는데, '固麻'의 경우 '固'의 음/운은 견모(見母)/모(模)1등운으로 상고음 kâ(g)의 소리이고 '麻'는 ma의 소리이니 가마와 비슷한 소리다. '檐魯'의 경우 담의 음/운은 단모(端母)/담(談)1등운으로 상고음으로 tâm, '魯'의 음/운은 래모(來母), /모(模)1등운으로 상고음 lâ(g)의 소리니 담라와 비슷한 소리다. 백제가 개국한 터전 '金馬'하고는 어두음절의 a/ə 교체(기저모음 ɐ로 보면 동음) 관계에 있다. 따라서, 신라·백제·가라(龜旨峰의 kɐm-mɐrɐ*)·탐라 할 것없이 모두 ᄀᆞᆷᄆᆞᄅᆞ 곧 '大村·大山(神山)'(모두 용천(湧泉) 곧 신수(神水)가 있는 곳)에서 나라의 터전이 시작된 것으로 보면 'ᄀᆞ마로'도 이 범주에 들어서 '大村·大山(神山)'으로 풀이 될 수 있다. 백제의 '金馬山'(곰마마을)이나 가라의 '龜旨峰'도 모두 높지 않은 산이면서 그 발 밑에 용천(池)이 있다. 특히 주목되는 것은 제주시 일도1동(인화동)에 있는 고마로의 호칭이다. 그 동편에는 신산ᄆᆞᄅᆞ의 이름이 있다. 모두 발밑에 용천수(湧泉水)가 있다.(건입동의 금산물, 산지(山地)의 금물, 오현단 옆의 가락쿳물, 남수각내〈계절에 따라 湧水가 흐른다.〉)

신산ᄆᆞᄅᆞ의 도로명은 현재 한자로 '新山路'로 적고 있지만 원래는 '神山'이었을 가능성이 크다. 왜냐 하면 고마로 = 神山의 등식의 성립이 가능하기 때문이다. 탐라 왕성의 발흥지 삼성혈도 그 근처에 있음을 유의할 필요가 있다.

백제 초기의 도읍지의 하나로 꼽고 있는 몽촌토성(夢村土城)(서울 올림

픽 공원 구역)의 몽촌(夢村)은 글자 그대로 우리말로는 꿈마을이지만 그곳의 안내판에 적혀 있듯이 그 옛 이름은 곰말이다. 토성에 들어가는 다리인 곰말다리에는 서울시 지명위원회에서 교각 명칭 제정 시에 복구한 옛 이름이 반영되고 있다.

곰말의 명칭은 매우 중요한 시사를 준다. 첫째는 그 호칭은 '神山'의 뜻의 '검ᄆᆞᄅᆞ' 계열임을 암시한다. 실지 몽촌토성의 밭 밑에 호수가 있다. 둘째는 꿈마을의 호칭에서 '大村' 곧 큰 마을계열임을 암시한다. 곧 '神山'이고 '大村'으로써 백제초기의 유력한 성읍이었을 것으로 본다. 지명상의 풀이로는 하남위례성(河南慰禮城)은 이곳이었을 가능성이 크다. 왜냐 하면 그 명칭 자체가 간나비(리 / 루) 곧 일본에 전승되고 있는 '神山'계열의 간나비, 감나비의 선행적 명칭인 감나비(리 / 루)일 수 있어서 곰말의 호칭과 연계될 수 있기 때문이다.

단군조선의 도읍지인 백악산(白岳山) 아사달(阿斯達)의 다른 호칭 금미달(今彌達)의 '今'도 '金'과 동운이어서 그 음형은 ᄀᆞᄆᆞᄅᆞ계하고는 후접한 ᄆᆞᄅᆞ / ᄃᆞᆯ의 차이에 지나지 않는다. '達'은 산의 뜻과 '阿斯達'의 경우처럼 산지(山地)의 도읍지의 뜻이 있다. 제주도에서의 그러한 호칭의 존재는 탐라지의 부악(釜岳)이라는 호칭에서 볼 수 있다. '釜岳'은 '白岳'을 ᄇᆞᆰ달로 읽듯이 kamatar*로 읽었다면 a / ə 교체현상에 의해 거머달 / 가마달의 호칭도 있을 수 있다. 고구려어에서 산을 '達'이라 하는 것도 참조된다. 이렇게 보아 온다면, 한반도의 모든 지역에서 국가 발흥의 터전에 ᄀᆞᆷᄆᆞᄅᆞ 내지는 검머달이 있었음을 알 수 있는데 제주도에서도 한라산 북록의 고평(高平)지대에 용천지대인 알새미가 있는 ᄀᆞ마로 / 걸머리 지대가 그러한 터전에 걸맞는 곳으로 본다. 따라서 고대에는 이 지역에서 광양(廣壤)지구로 취락지가 확대됨으로써 다른 지역에 비해 규모가 큰 대촌(大村)이 형성하였을 것이고 그 이름도 외부적으로 제주도를 대표하는 호칭이 될 수 있었을 것이다. 그렇다면 ᄃᆞᆨᄆᆞᄅᆞ(乇牟羅)(〉ᄃᆞᆷᄆᆞᄅᆞ 耽牟

羅))의 호칭이 검ᄆᆞᄅᆞ / ᄀᆞᄆᆞᄅᆞ에 견인되어 실존하였을 가능성은 충분히 있다고 본다.

이와 같이 지명이나 국명의 형성은 지형, 전승, 공감대 형성 등 여러 가지 상관관계에서 서서히 이루어져 왔을 것이다.

다만 여기서 우리가 유의할 일은 중국의 남북조시대의 남조(南朝)의 하나인 양(梁)(서기 502－557년)의 정사인 양서(55권, 서기 629년 성립)의 백제 기사에 「號治城曰固麻, 謂邑檐魯, …… 其國有22檐魯, 皆以子弟宗族分據之.」((백제는)도성을 고마라 하고 읍을 담로라 한다. 그 나라에 22담로가 있다. 모두 왕의 자제와 종족으로 나누어 분거하게 하였다)가 있다. 백제 지방의 읍을 담로(檐魯)라 한 것을 가지고 탐라와 음형이 비슷하다 해서 이 양자를 직접 갖다 맞추는 일은 없어야 할 것이다. 그런 논리대로라면 옛 백제 지명에 22개의 탐라가 아니면 적어도 몇 개의 탐라가 남아있음직한데 보이지 않는다. 그리고 백제 문주왕 2년(476년)에 '國'으로서 기록된 탐라와는 격을 맞출 수 없고, 그리고 탐라가 백제의 하나의 행정구역이고 백제왕의 자제나 종족이 다스리는 곳이었다면 동성왕 20년(498년)에 구태여 왕이 출정할 필요도 없었을 것이다.

그리고 이 시기는 중국의 한자음도 상고음〉중고음으로 변동하는 시기였으므로 상고음으로는 '耽'과 '檐'을 맞추기 곤란하고, 중고음으로는 '羅'와 '魯'를 맞추기도 어렵다.

이제, 마무리하는 뜻에서 탐라의 명칭의 음형의 형성과정을 정리해보면, 중국상고음으로 미루어 볼 때 다음과 같이 나타낼 수 있다.

tḭəka(州胡)　－tḭak－na(乇羅)　－t(ḭ)əm－na*(耽羅)
　　　　　　－tḭak－m(ḭ)əra(乇牟羅)　－t(ḭ)əm－m(ḭ)əra(耽牟羅)

tḭəm－m(ḭ)əra(〈乇牟羅)의 재구의 형태는 중심 촌읍(村邑)인 kɐmmɐrɐ*(〉kəmmɐrɔ)의 비정(比定)에서도 올 수 있다고 하였다. 여기서의 중국의

상고음의 운의 분류와 당시의 한국인 특히 제주도 주민의 언어의식과 일치한다고는 볼 수 없고 특히 개요음이 음운적으로 존재하였는가의 문제도 있다. 그래서 제주도 주민이나 외지인들도 ᄃᆞᆨ / ᄃᆢᆨ, 덕 / 뎍과도 같은 그리고 ᄃᆞᆷ / ᄃᆢᆷ, 덤 / 뎜과도 같은 구체적인 소리를 표기하는 한자를 고르고 표기하는데 힘들었을 줄 안다. 아마도 이들 모음을 포괄할 수 있는 기저음은 ɐ 그리고 ə가 바탕이 되었을 것이다. 중국 중고한자음에 대한 한국반사음으로 ə는 ᄋᆞ / 어 / 으(3등, iəm 음), ă는 ᄋᆞ(아), ậ는 ᄋᆞ, ɐ는 ᄋᆞ / 어, â는 아) 등이 제시되고 있는 것도 참조된다(朴炳采 1971, 326-327). 여기서의 후세발달음을 제하고는 상고음의 경우도 비슷하다고 본다.

어떻든, 기저모음을 ɐ·ə로 보고 그것이 1) 직음(直音)으로 나타나거나 2) 개요음으로 나타나는 두 계열로 나누어 생각할 수 있으니,

1). 덕(하) (州胡) - ᄃᆞᆨ - 나(乇羅) - ᄃᆞᆷ - 나(耽羅) / ᄃᆞᆷ무라(耽牟羅)
2). 뎍(하) (州胡) - 뎍 - 나(乇羅) - 뎜 - 나(耽羅) / 뎜무라(耽牟羅)

여기서 2)의 요음계를 1)의 주모음 'ᄋᆞ'와 병행시켜 요음으로 적어야 하나 음운적 변별 여부와 이후의 변화를 고려하여 '여'로 적었다. 1)의 직음계는 한자음의 고정화 (닥 → 탁(乇), 담 → 탐(耽))와 궤를 같이 했고, 2)의 요음계는 파찰음화와 단모음화를 거쳐서 뎍(나) 〉 졉(나)(涉羅) 〉 셤 〉 섬으로 변음해 갔다.

이러한 음형에 담겨 있는 의미로는 처음에는 해면에서 턱진 '턱'에서부터 섬의 뜻에까지 미쳤고, 사실 그러한 의미를 간직하였기에 나중에는 음형의 변화형 뎜 〉 졈 〉 셤 〉 섬의 과정을 거치면서도 줄곧 '島'의 뜻을 간직할 수 있었던 것으로 보인다. 이같은 탐라의 명칭의 시대적 변천에 따라 파생되는 연상적 의미로 몇 가지가 있을 수 있음을 이미 선행학자들이 지적한 바 있다. 기저음 ɐ의 a / o / u의 실현에서 tak-(高),

tam(돌담), tum / tom(고등어 또는 옥돔)의 뜻이 충분히 환기될 수 있는 일이다. 이외에 환기될 수 있는 것을 필자가 보탠다면 우선 떠 있는 나라 / 성읍(城邑)을 들 수 있다. '耽'의 중국의 시경(詩經)(서기전 600년 이전) 음에서는 *tum 〉 tom으로 추정하는 이도 있는 만큼(Boxter 1992 : 606) 뜨다(浮)의 의미가 파생할 수도 있다. 실지 탐부라(耽浮羅)와 같은 호칭에서 '浮'의 용자가 보인다.

또 하나 '圓'의 뜻이 환기되는 경우도 있다. '耽'의 둠 / 듬으로 읽을 수 있는 것은 '耽'과 '冬音'을 동음으로 보았을 때 가능하다. '冬音縣'이 耽津縣(지금의 康津)의 옛 이름인 점에서도 양자는 연계되는데 이미 양주동(梁柱東 1960 : 108)과 신태현(辛兌鉉 1958 : 96)에서는 '冬音'을 '둠'으로 읽고 있다. 양주동은 그 근거의 하나의 예시로 제주도의 '頭無岳 : 圓山'의 대응예를 들고 있다(耽羅를 둠ᄂᆡ로 보고 있다).

중국한자음에 입각해서는 '耽'이나 '冬音'을 tum*으로 읽기는 좀 곤란하나 처지를 바꿔서 본래의 '圓'의 현지 발음 '둠 / 듬'이 있어서 이것을 한자를 표기하려면 '冬音'의 한자를 빌어 쓸 수 있는 일이다. 고대나 현대에서 중국한자음에는 한국어의 'ᄋᆞᆷ'이라는 운(모음과 종성)을 나타낼 수 있는 한자는 잘 없다. 한국어의 그러한 발음을 나타내기 위해 그것에 가까운 한자 여기서는 '冬音'을 빌어 나타낼 수 있는 일이다. 그리고 '冬音'에서의 운의 역할을 하는 '音'의 모음이 애매모음에 가까운 것이기에 그것 자체가 어 / 으 / ᄋᆞ의 음역에 걸칠 수 있음으로 자체의 음성성으로도 음 / 움의 실현이 불가능한 것은 아니다.

필자는 이전에 일본의 島名 iki(壹岐), oki(隱岐), oki(nawa)(沖縄)는 어중유성음화가 안 되고 있는 점에서 이 어형들은 itki, otki에서 왔고, 이는 섬의 공통형 tVkV형의 모음전치형이라고 본 바 있다(김공칠 1999 : 222). 그 제주도의 분포형에 otki(/utki)(衣貴)가 해당되지 않을까 한다. 그것이 na(地·國)의 후첨형 okina*는 okinaha(〉okinawa, 沖縄)의 명칭에서도 일본의 왕성(王姓)에서도 보인다. 왕성에는 '息長'(숨이 길다의 뜻, 섬 출신인 듯)의 한자를 갖다대고 있는데 oki / uki에는 뜨다(일본어 uku '浮', 한국어의 '뜨다'하고는 k : t 교체)의 '浮'를 갖다댈 수 있다.

가라국의 망명 세자 솔지공(率支公)이 고사기에서의 창세신(創世神)의 마지막인 12대 이사나기명(伊邪那岐命)에 해당한다면(김공칠 2001 : 39-40) 그가 일본 망명의 거점이 된 곳이 '天의 浮橋'이다. '浮橋'는 '뜸ᄃᆞ리' 에 대한 일본어의 의훈역(義訓譯)이다. 뜸ᄃᆞ리(<듬ᄃᆞ리)가 바로 제주도를 가리킨다 하겠다. '듬'은 '耽'에서 오고 'ᄃᆞᆯ(이)'은 '山'에서 온다. 또한 유음인 '둠'에는 '圓'의 뜻도 있으니 한라산의 별칭 원산(圓山)이 이에 상응한다. 일본서기에 나오는 제주도에 대한 '忱彌多禮 / 枕彌多禮'의 호칭을 '더머다레'로 읽을 수 있는 만큼 그것과도 유사하다 하겠다. 곧 옛적에는 '耽' 다음에 na가 붙은 '耽羅', ᄆᆞᄅᆞ가 붙은 '耽牟羅' 외에 다리(긋다리 地尾山 참조)가 붙은 təmitar(i)* '*耽達'이 있었다는 것이 된다. '어'와 '으'소리는 가까운 음이어서 '듬다리'로 들리게 되면 둥글다 그리고 뜨다라는 의미가(天의 浮橋), '덤(어) 달(애)'로 들리게 되면 '耽'의 산·고지(高地) 곧 섬의 산·고지의 의미가(忱彌多禮) 환기되기 마련이다.

그 다음 보태 둘 것은 '常世國'이라는 뜻과 '寶物의 國'이라는 뜻이다. 이에 대하여는 이미 언급한 바 있으나(김공칠 1999 : 247) 전자는 '州胡'의 təka와 가깝게 təkə로 읽고, 후자는 '乇羅'의 tak-na*에 가깝게 takara로 읽는다. 전자는 일본에서 바다 저편에 있는 이상의 나라(가장 고귀한 나라)로 여겨온 곳인데, 한국어로 무상(無常)을 덧없다(덛업다), '常'을 덛(더디)이라고 하니 종성의 t : k 교체로 오는 '덕'의 음형이 있었다고 보면 '州胡'에 상응하는 '常(世)'의 용자의 선택은 무리없다. 후자는 고사기 중애왕기(仲哀王記)에 규우슈우 서쪽에 금은보화가 많은 나라가 있다고 했는데, 그 곳은 지리상으로 제주도에 상당하고 왕후가 실지 그 나라에 갔다오는데 기술된 그 나라의 지명과 관련 신명(神名) 그리고 여러 정황이 제주도의 사정과 너무도 흡사하여(김공칠 1999 : 212) '乇羅'와 'takara의 國'과의 연결은 무난하다 하겠다.

이러한 관련 호칭들까지 고려하면 탐라란 명칭은 요컨대 섬나라라는 뜻임에는 틀림없으나 이외에 그 명칭의 형성과정에서 파생된 여러 가지 의미를 함의한다 하겠다. 곧 해면에 턱진 덕이며, 길게 등성이를 이루어 그 마루에 담이 둘러싸인 대촌(大村)이 중심이 되는 곳이며, 배후에 높은 주산(主山)이 자리잡아 마치 바다에 높이 그리고 둥글게 떠 있어서 하늘에 닿는 다리와도 같은 곳이다 그리고 고등어와 옥돔이 잘 잡히는, 보물의 섬이기도 하고 '常世의 國'이기도 하였다는 뜻이 된다.

5.3. 비교언어학적 관점

앞에서 필자의 소견을 피력하는 과정에서 간간이 비교언어학적인 고찰을 가미하기도 하였지만 여기서는 그것들을 간추리면서 다듬어 보기로 한다.

주지하다시피 비교언어학에서 쓰이는 주된 방법으로는 문헌에서 확인되는 정확한 비교사례의 수집, 비교 대상 상호간의 음운적 규칙성의 도출, 그리고 그것들의 소급형의 추구 등이 있고 문헌의 결핍에서는 내적 재건의 방법이 구사되기도 한다. 이들 작업에서 물론 비교 대상 간의 유추성과 차용성은 가려내어져야 한다.

이러한 관점에서 볼 때 지금 고찰의 대상으로 삼고 있는 탐라의 명의(名義)에 대하여 그것의 통시성(通時性)이나 공시성(共時性)의 고려 없이 오로지 단례적(單例的)으로 고립적으로 다루는 것은 방법적으로 문제 있다고 생각한다. 제각기 다른 관점에서 각인각색으로 내닫는 독단에 흐르기 쉽기 때문이다. 가능한 한, 역사적인 축에서 문헌에 어떻게 반영되고 있는가를 살펴보아야 할 일이다.

이미 언급하였듯이 고명(古名) 전승은 '州胡－乇羅－耽羅'로 이어지고 '涉羅'도 보인다. '涉羅'는 삼국사기 고구려본기 문자명왕(文咨明王) 13년(503년)에 그 이름이 보이는데 그것이 제주도를 가리키는 것이라면 연대상으로 백제 문주왕 때(476년)의 기록보다 뒤지고 또 음리(音理)상 '耽羅'의 음형의 후속 위치가 될 것이다.

'涉'의 반절자를 보게 되면,

> 珥 19入 舌音淸 (端母) / 怗 4等
> 時攝切 39入 齒音濁 (禪母) / 葉 3等

으로 되어 있다. 하나는 상고음으로 tịap / tịɐp / tjep으로 뎍－뎝에 가까운 음이고(耽과는 운미 m / p 의 차), 다른 하나는 두자음의 d 또는 z로 나타나 '졉'에 가까운 음이다. 곧 '뎝'으로부터 파찰음화된 것이다. 이후에 서기 1060년의 신당서(新唐書) 동이전에 '儋羅'가 보이는데, 그것이 제주도를 가리키는 것이라면 그 음형도 중고음으로 담과 쳠의 두 가지가 있다. '儋'의 반절자는,

> 擔 40平 舌音淸 (端母) / 談 1等

으로서 이는 瞻과도 통하는데(張三植 1975 : 114) '瞻'의 반절자는,

> 詹 39平 齒音淸 (照母) / 監 3等

으로 나타난다. 따라서 중고음으로 tâm, tśịäm의 두가지다. 이들(詹·瞻·儋·擔)은 모두 같은 음류로 개모음 개입 여부에 따라 대략 '담' 또는 '쳠'으로 실현됨을 알 수 있다. 그래서, '儋'의 경우는 설음(舌音)을 이어왔지만, 신증유합(新增類合)에서는 '쳠'으로, 동국정운(東國正韻)에서는 '쎰'으로 나타나고 있는 점에서 파찰음화와 마찰음화의 양면성과 다음 단계에의 변음의 과도기성의 구실을 수행하고 있다고 하겠다. 이는 결과적으로 중세 한글 문헌에 보이는 셤(>섬)과 해동역사·연암집에 보이는 '섬

(剡)'으로 이어지게 된다.

이상의 호칭들을 일목요연하게 시대순으로 배열하면, 다음과 같다.

	1		2		3		4		5		6		7
1)	州胡	-	乇(羅)	-	耽(羅)	-	涉(羅)	-	儋(羅)	-	셤	-	섬(剡)
2)	뎍(하)		돆(나)		뎜(나)		뎝(나)		담(나)				
							졉(나)		쳠(나)	-	셤	-	섬
									쎰(나)				

1)에서 1-5단계까지의 한자 표기음에 대하여는 정확한 기술이 이루어져야 하는데, 2)에서는 알기쉽게 개모음 계열로 나열시켰다. 한눈으로 보아서도 역사적인 음변화가 자연스럽게 나타나 있다. 파찰음화 단계에서의 '涉'의 양면성의 표기는 그럴듯하다. 그리고 5-6단계에서 마찰음화가 진행된다. 2-3의 단계에서의 종성 k 〉 m의 변화에는 '耽羅 : 耽牟羅 = 乇羅 : x'의 상관성에서 '*乇牟羅'의 재구형의 가정을 전제한다.

위의 표기형의 비교사례를 모아야 하는데, 한국어와 동계로 보는 북방계의 몽고어나 만주어는 내륙(內陸)지대가 되어서 그런지 비슷한 어례를 찾을 수 없으나, 인접한 일본에서는 비슷한 사례를 문헌에서 찾을 수 있다. 단계별로 맞춰보면,

3)	1		2		3		4-5		6		7
	to_2ko_2(常(世國))	-	takara(寶(國))	-	忱彌(多禮)	-	志麻	-	思麻	-	sima
	(垂仁記)		(神功記)		(神功記)		(萬葉集)		(萬葉集)		

1)·2)와 3)과는 우연의 일치라 할 수 없는 대응관계가 성립한다. 더욱이 4-5단계에서 한국어와 일본어의 분화가 보이는데 그 규칙성에 대하여는 이전에 언급한 바 있다(김공칠 1989 : 205). 개모음의 악센트 유무 여하에 따라 일본어는 cima(〉sima)로 실현하는 것이다. '志麻'와 '思麻'는

'島'의 공시적인 표기형이지만 '志麻'가 보다 선행하는 것으로 본다. 그것은 모두 일본어 Kana글자로는 sima로 적히지만 고대일본어의 sa행은 tsa행의 음으로 소급된다고 보는 것이 일반적인 견해이기 때문이다(김공칠 1983 : 125). 실지 '志'의 반절이 '職吏切 8去 齒音全淸 (照母) / 志 3等'이어서 두자음은 ts의 음이다. 이에 대해 '思'는 齒音淸 (心母)이므로 s의 음이다. 그래서 tsi 〉 si의 변화상이 확인된다.

일본에서의 1단계의 투영형으로는 '對海(對馬)', '德島', 2단계의 것으로는 '竹島', '度島', 3단계의 것으로는 '對馬', '玉島' 등이 있는데 이들은 일본의 대표적인 도명(島名)들이다. 이와 같이 한·일 두 언어에 평행적으로 보이는 도명의 발달과정 안에 탐라의 호칭이 자리매김하고 있다는 것은 그만큼 호칭 해석의 자의성을 배제시키고 객관성을 높이는 것이 된다. 또한 4, 5단계에서의 개모음(介母音)의 분화의 규칙성이 보이는 것은 더욱 변화의 대응성을 굳혀주는 것이 된다.

결국, 이들이 최초의 형태는 제주도의 '州胡', 대마도의 '對海'가 되는 것인데, '對海'형은 그 음형이 '州胡'+i형의 격식으로 되어 있으므로 당연히 제주도의 '州胡'가 최고(最古)의 선행형이 되는 셈이다.

6. 맺는말

지금까지 논의한 것을 마무리하는 뜻에서 절별로 내용을 간추리고 그 다음에 연구의 의미에 대해 언급하기로 한다.

1. 서기 476년에 정사(正史)에 등장한 후 15세기 초까지 계속 명맥을 지켜오고 한편으로 일본의 6·7세기 정사에도 등장하기도 했던 탐라의 명칭에는 제주도의 오랜 국가로서의 이미지와 선인들의 긍지 그리고 심성이 투영되어 있음이 틀림없다. 그래서, 명칭의 명의와 그 유래에 대한 올바른 이해는 제주도 선인들의 뿌리와 정서를 이해하는데 불가결한 일

이라 하지 않을 수 없다.

그러나, 어떤 지명(국명)의 어원을 다루는 어원론적 연구는 잘못하면 자의적·독단적으로 흐르기 쉬운 데서 언어학에서 기피하는 경향이 있는 점을 고려하면 이를 극복하기 위한 방법상의 객관성을 높일 필요가 있다. 그러기 위해서는 단례적(單例的)으로 맞추는 관찰보다는 다른 호칭과의 연계성을 찾고 특히 변이형의 확인을 통해서 내재되는 규칙성을 찾도록 노력할 일이다.

2. 제주도의 고칭 중에서 국내외 문헌에서 차자(借字)표기로 되어 있는 것을 대상으로 해서 모아 그 중에서 '耽羅 : 耽牟羅', '乇羅 : 乇牟羅'의 상관관계가 중요하다고 보고 '乇牟羅'의 실존 가능성을 타진해 보았다. 그 것이 성립하는 경우 乇羅 〉 耽羅의 연계성을 구할 수 있다. 그리고 후접한 '羅'와 '牟羅'의 통시성을 '牟羅 〉 羅'로 보게 되면 '山 / 城 / 村'의 지형적·위치적 호칭으로부터 '國'으로서의 행정적·대외적 호칭으로 변모한 것이 된다. 그 이후의 호칭들은 그것의 파찰음화 과정을 거쳐서 마침내는 마찰음화·단모음화됨으로써 셤 〉 섬으로 변화한 것을 미룰 수 있다. 이들 탐라 이전과 이후의 호칭들이 서로 연계된 통시적·공시적인 변화형·변이형으로 보게 되면 이들 상관관계의 틀 안에서 탐라의 음의를 객관적으로 분석할 수 있는 단서들이 드러난다.

3. 제주도의 그 많은 호칭 가운데 과연 탐라의 호칭이 어떤 위치에 있는지 검토할 필요가 있다. 삼국사기에는 신라, 백제 할 것 없이 탐라(국)의 호칭이 사용되었으며, '國' 이전의 지역 명칭으로서는 탐모라가 가끔 쓰인 듯 싶다. 고려사에서는 탐라·탁라·제주의 호칭이 쓰였는데 초기에는 탐라와 탁라가, 새로이 제주의 호칭이 생기고 나서부터는 탐라와 제주가 쓰였다. 이 경우 처음에는 제주쪽이 많이 쓰이다가 제주도에 원나라의 탐라총관부와 목마장이 설치된 이후부터는 탐라쪽이 많이 쓰이고, 그것이 페지된 이후로는 다시 제주쪽을 쓰는 경향이 보인다. 어떻

든, 제주의 호칭의 등장을 계기로 해서 탁라쪽이 시들게 되고 탐라의 호칭이 시종일관 끈질기게 전통적인 호칭으로서 사용된 것이 확인된다. 탁라의 호칭은, 고려 초기에도 삼국시대 이래의 공식 호칭인 탐라와 혼용된 것을 보면 지역적인 인식하에서는 오래전부터 고착적으로 쓰여온 것으로 보이며 이 호칭이 제주도 특유의 것으로 판단된다. 이 호칭이 고전적(古傳的)인 삼국유사에 기록되어 있는 점 그리고 최고형(最古形)의 '州胡'와의 연계가 자연스러운 점 등을 고려하면 통시적으로는 탐라의 호칭보다 선행하는 것으로 보아진다.

탐라 대 탁라의 일반적 : 특수적 관계가 제주 대 탐라의 일반적 : 특수적 관계로 바뀐 것인데, 앞으로 제주 : 탐라의 어느 호칭의 변동으로 일반적 : 특수적 관계가 다시 바뀔지 모르는 일이다. 어떻든, 국내에서는 5세기 이후, 일본에서는 6·7세기에 등장하고 각 정사에 기록된 점, 7세기에 신라에 속한 이후에도 탐라왕으로서 일본에 사신을 보내기도 하고 10세기에 고려시대가 들어서도 말기까지 탐라(국)라 칭한 점, 그리고 원나라는 물론 명나라에서도 외교문서에는 탐라란 호칭이 나오는 점 등을 감안할 때 탐라의 명칭은 명실공히 국내외적인 공용어(公用語)였음이 확실하다 하겠다.

4. 탐라의 명칭의 유래에 대하여는 탐라의 어형에 묶여서 탐진의 지명에서 유래하였다는 것, 또는 도형(島形)의 원형(圓形)에서 또는 (돌)담에서 왔다는 주장들이 있고, 탐라의 전신(前身) 탁라에까지 소급시켜 도형의 묘사나 고형(高形)의 의미에서 왔다는 주장도 있다. 여기서는 이보다 더 '州胡'에까지 소급시켜 이들의 지명이 자연스레 변화하여 이루어졌다고 주장한다.

'耽'의 어형에 묶여 탐진의 지명에서 왔다는 것은 고려사의 기술에 입각한 것인데, 삼국사기에 입각하면 그것은 지명이 아니고 관명이 된다. 관명 '冬音律'은 지명 '耽津'과 동음이표기(同音異表記)이다. 지명이든 관명이든 '덤나리'로 읽을 수 있어 아마도 제주도의 사신들이 신라에 입조(入朝)할 때에 신라 관원이 사신의 관명과 상륙지를 들어서 그것이 '冬音津'(耽津)과 비슷하였기에 그것이 견인되어 탐라의 명칭을 그렇게 이해한 것으로 본다.

그리고 과학적 용어가 아닌 이상 하나의 음형에 꼭 하나의 의미만이 대응해야만 한다는 법이 없으니, '耽'의 음형의 성립과정에서 여러 가지 주변적 의미가 파생된 것으로 보인다. 둥근 섬, (돌)담의 나라, 고등어, 옥돔 다산(多産)의 섬 등 얼마든지 연상될 수 있는 일이다.

탐라의 유래를 탁라에까지 소급시키면 턱진 곳, 높은 곳이라는 묘사적인 표현에서도 온다고 할 수 있다. 더 나아가 '州胡'에까지 소급시키면, 제주도 주변 내지 한반도, 일본 규우슈우 주변 도명하고 연계가 되고, 일본의 고문헌에 투영되고 있는 귤의 나라 to_2ko_2(yo)(常世國)와도 상응할 뿐만 아니라 기원 전후에 동지나해의 제해권(制海權)을 쥐고 있던 몬·크멜인들의, 섬의 뜻인 tka와도 상응하게 되는 이점이 있다.

오래 동안 제주도민의 심성 깊숙이 자리잡고 있었으리라고 보는 섬의 이미지가 '州胡'에서 비롯한 탁라·탐라 등의 호칭에 투영되어 있다고 보면 가급적 이들을 포괄적으로 그리고 일관성 있게 풀이할 수 있는 방법을 찾을 일이다.

5. 탐라의 명칭이 어떻게 유래하였든 탐라 그 자체를 대상 삼았을 때 그 음형과 본의(本義)를 분석적으로 밝힐 필요가 있다. 탐라의 음형은 tomlō, 의미는 '大洋中의 島'로 보는 의견, '耽'을 tom으로 읽고 이를 '靑魚 1 連 10 尾'의 호칭 쯤에서 왔다 하여 탐라를 청어의 나라, 청어를 많이 생산하는 나라로 풀이하는 의견, '耽'의 음은 섬(剡)과 유사하고 결국 탐라는 '島國'의 뜻이라는 의견, 후접한 '羅'는 나라의 뜻이 아니고 산을 뜻하는 '牟羅'의 생략 또는 탈락형으로 보고 '島山' 내지 '島城'의 뜻으로 보는 의견, 그리고 탐라는 '耽牟羅' = 담무라의 담무의 합음으로 이루

어진 것이고 그 담무라는 수부지(首府地)가 담을 두른 무라이기에 그 뜻에서 온다는 의견, '耽羅'와 '乇羅'는 동명이사(同名異寫)로 보면서 '乇羅'는 닥나, '耽羅'는 담나와 같이 음은 달라도 모두 높은 곳이라는 뜻을 지닌다는 의견들이 있다.

여기서는 이상의 의견들은 탐라의 고명(古名)의 '州胡－乇羅－耽羅'의 연계적인 음변화 과정에서 파생된 의미로 보고, 본의(本義)는 섬 내지 섬나라의 뜻으로 보고 있다. '州胡'는 중국의 상고음으로 읽어서 t̂əka에 가깝다. 말모음이 약화된 것이라면 수면 위에 턱진 바닷가의 큰 바위 곧 덕에서 더 확대되어 섬을 뜻하는 것으로 보고 있다. 이는 몬·크멜어의 섬을 뜻하는 tka하고도 어떤 연관이 있을 수 있다. 일본 태평양 연안지방 방언의 taka와도 연관될 것이다. 이들이 추상형 tVkV에서의 제1음절 모음의 교체에 따라 실현되는 음형은 실지 제주도 주변 및 한반도와 일본 규우슈우 연안의 도명으로 실현되고 있다.

이 '州胡'의 말모음 탈락형에 na가 접미된 것이 '乇羅'이다. 이 '乇羅'와 병행하는 '乇牟羅'의 존재를 가정하고, 어중의 자음접변으로 인해서 '耽牟羅'로 변한 것으로 보고 tək－tɐm(mɐrɐ)－təm－mɐrɐ / na의 음운과정을 거쳐 təmna* 곧 '耽羅'가 형성된 것으로 보았다. 이에는 고문헌의 확인도 얻을 수 있고 상대적인 일본의 대응형을 얻을 수 있다. 게다가 비교사례 상호간의 음운적 규칙성도 도출할 수 있는 점에서도 비교언어학적인 지지를 얻을 수 있다.

이와 같이 탐라의 명칭의 생성은 고명(古名) 전승과정에서 자연히 생성된 것으로 봄으로 해서 그 고명들에서 연상되는 파생적 의미를 모두 포용할 수 있다. 이외에 일본 고문헌에 투영되고 있는 '常世(tokoyo) 의 國'도 '州胡'의 호칭에, '寶物(takara)의 國'도 '乇羅'에, 하늘에의 다리가 되는 곳 '天의 浮橋' 그리고 '忱彌多禮'도 탐라의 '耽浮羅·頭無岳·圓山' 등의 호칭에 상응할 수도 있는 일이다. 국내외의 이러한 호칭의 종합적인 음미를 통하여 선인(先人)들의 소박하고도 지극한 정서를 재생시킬 수도 있다.

요컨대, 탐라의 명칭엔 섬나라라는 본의를 간직하면서 그 명칭의 형성의 여러 단계에서 환기되는 파생적 의미도 지녔을 것으로 보는데, 이 모두를 뭉뚱그리면, 해면에 턱진 덕이며 길게 등성이를 이루는 그 마루에 담에 둘러싸인 대촌(大村)이 읍성을 이루고 그 배경에는 높은 주산(主山)이 솟아 있어 먼 바다에서 바라볼 때 마치 하늘에 닿는 다리와도 같으며, 산이나 섬 자체는 둥글고 바다에 떠있는 것과 같다. 근해에서는 고등어와 옥돔이 잘 잡히는 보물의 나라이며 이 모든 것이 동경하는 이상적인 '常世의 國'이었다는 뜻이 된다.

이상과 같이 간추릴 수 있는 내용에 담겨있는 언어 외적인 연구의 뜻을 나름대로 제시한다면, 탐라의 명칭에 담겨있는 제주도 선인들의 소박한 정서를 음미하고 외국 특히 일본에서 제주도를 보물의 나라, '常世의 나라', 하늘에의 길목이 되는 나라로 동경하고 있을 만큼 이 고장에 대한 선인들의 자긍심을 음미할 수 있다. 어떻게 보면 일본사람들의 그러한 표현은 원향(原鄕)에 대한 향수와도 같은 것이니, 고대 제주도는 일본 진출과 교류의 전초적 기지였음을 감지하게 한다. 또한 '州胡'의 호칭이 암시하듯 멀리 동지나해 이남의 남방계와의 접촉도 예상하게 하는 일이어서, 그렇다면 선인들이 해상활동도 왕성하였을 터인데 그만큼 국제적 위상도 꽤 높았음을 알 수 있다.

언어학적인 뜻으로는 탐라의 명의에 대한 비교언어학적 접근 외에 그 분석과정을 통해 한반도 공통어의 읍성의 'ᄀᆞᆷᄆᆞᄅᆞ'에 상응한 탐라어의 ᄀᆞᄆᆞᄅᆞ(>ᄀᆞ마로)의 비정(比定), 일본어 to_2ko_2(常)와 한국어 tət(常), 탐라어 tək의 상응, 일본어 takara(寶)의 어원의 풀이, 한국어 섬의 어원(덤>졈>셤>섬)의 해명 등등이 이루어진 점을 들 수 있다.

문제점이 있다면, 중국상고음의 연구와 고대한국한자음의 연구의 진전에 따라 표기형의 분석에서 약간의 변동이 있을 수 있다는 것이고, 그

외 제주도의 고명의 연계선상에서 특히 '乇羅-耽羅'의 단계에서 '*乇牟羅'의 존재를 가정한 점인데 만일 이러한 가정이 성립하지 않는다면 '乇'의 k종성이 '耽'의 m종성으로 바뀌는 다른 언어학적 동기를 찾아내야하는 난점이 있다. 이외에도 어원의 연구인만큼 관점에 따라서는 문제점이 제기될 수 있는 여지가 있을 터인데 이는 후학(後學)에 기대하여 마땅하다.

추기(追記)

이 장의 고찰에서 언어와 역사의 재구에 참고되는 사항을 요약해 적으면 먼저 어휘목록으로 다양한 도명(島名)을 얻을 수 있다. 이들 도명들은 tək / tak의 교체형을 바탕으로 해서 생성되었으며 일본의 경우는 이에 기생모음(a / u)이 첨가되고 심지어는 a－i 〉 e와 같이 i형이 더 첨가되어 이루어진 것을 알 수 있다. 지금의 일본의 대마도이 고칭(古稱)인 '對海'의 '海'나 일본에서 흔한 '竹島'의 '竹'(take)를 그 예로 꼽을 수 있다. 이러한 면에서 현존 일본에서의 도명의 생성은 한국의 경우보다 뒤지는 것이다.

원래는 큰 닭섬(지금의 거제도)과 같이 무슨 tək / tak 으로 불리던 것이 수식어는 뜻도 모르는 옛말이 되어 떨어져 나간 것으로 보며, tək / tak과 같은 뜻의 섬(일본어의 경우는 sima) 혹은 '島'를 반복시켜서 닭섬, 뚝섬, 독도, takesima(竹島)와 같이 쓰인 것으로 보아진다. 이전 점을 감안하면 제주도의 '州胡 / 乇'형이 가장 오래된 호칭으로 볼 수 있다.

문헌상으로 tək(a)형은 3세기의 중국문헌인 위지동이전의 마한조에 보이며 tak형은 서기 6세기(566년)에 된 신라의 황룡사 9층탑의 제4층명으로 나오지만, 삼국유사 권1 마한조에 인용된 해동안홍기(海東安弘記)에는 9한(韓) 중의 네 번째 이름으로 되어 있는 점에서 본래는 이보다 훨씬 이전의 탐라 이전의 호칭으로 쓰인 것으로 볼 수 있다. 곧 탐라가 등장하는 것이 백제 문주왕 2년의 서기 476년인데 이보다 앞서서 탁라가 쓰였다고 추정된다.

4세기(서기 320년 이후)의 일본이 신공기(神功紀)를 보면 제주도를 '忱彌多禮'로 지칭한 것과 보물의 섬(takara의 섬)으로 지칭한 것이 나오는데 전자는 təm계이고 후자는 tak계로 볼 수 있어서 일찍부터 병용된 것을 알 수 있다.

이러한 호칭 외에도 제주도에 대한 호칭이 여러 가지가 있었는데 이를 종합적으로 생각하면 그러한 호칭이 사용된 시대상 곧 역사성을 재구할 수 있다. 호칭의 장구성(長久性)을 생각하면 그보다 훨씬 이전의 것으로 추정할 수 있다.

서기 3세기의 '州胡'의 호칭이 한반도와 제주도 그리고 일본의 도명의 기저가 된다는 것은 당시뿐만 아니라 그 훨씬 이전부터 제주도를 중심으로 한 해상왕래가 활발하였다는 것을 말해준다. 해상활동이라면 당연히 수산업과 해운업은 물론 교역의 활성화가 따르기 마련이다. 서기 1세기의 제주도의 용성국(龍城國)의 국명이나 그 이칭(異稱)이 다수 존재하고 앞서의 일본의 신공기에 반영되어 있는 호칭이 있는 것은 그 만큼 많은 사람들이 그러한 사정을 인지하고 있었기에 가능한 것이다.

그리고 탐라의 명칭의 분석에 따르는 다양한 음상(音相)과 거기서 연상되는 다양한 의미의 인지현상이 있었던 것을 생각하면 국내외에서 제주도가 təkayo(常世)의 섬, takara(寶物)의 섬 təm(富)의 섬, 하늘에 닿는 다리(天浮橋)의 섬, kama(釜岳 / 神岳), kanna(漢拏 / 上水 / 神水)의 산의 섬, 용천(湧泉)과 광양(廣壤)의 ᄀᄆᄅ / ᄀᆞᆷᄆᄅ(大村 / 神邑)의 섬으로서 불리어 왔다는 것을 말해준다. 따라서 적어도 서기 4세기까지는 한반도의 군소제국은 말할 것 없고 초기의 4국가에도 손색이 없는 자주국가로서 정치, 경제, 사회, 문화의 모든 면에서 선진적 위치에 있고 타지로부터 선망(羨望)과 동경(憧憬)을 받는 그리고 심지어는 신성시되어 온 곳이었다는 것을 시사해 주고 있다.

제2장 서기전 3세기 내지 서기 1세기의 제주도

－중국 서복(徐福)의 제주 도래와 제주 조상의 일본 진출－

내 용

〈요지〉

서기전 3세기에 중국의 서복(徐福)은 진시황(秦始皇)의 명으로 제주도의 불로장생약을 구하러 왔는데 첫 번째는 접근도 못하고(徐福 자신은 상륙한 듯한 기사가 보임), 두 번째는 제주도 원주민들의 요구대로 선남선녀와 백공을 준비하고 상륙하지만 약은 구하지 못하여 진시황의 보복도 두렵고 제주도에 살 처지도 못해서 일본으로 간다. 아마도 제주도에 올 때와도 같이 구로시오(黑潮)의 해류를 타서 왜－온평(내지 성산)－가라의 삼각항로를 이용하여 온평(성산)－왜－규우슈우(九州) 남단－sikoku(四國) 남방－kii(紀伊)반도 남단의 '新宮(내지 熊野)'으로 가서 평원이 넓고 기름진 곳에 안착하여 그 곳의 왕으로 살았다.

서복의 일본 도항(渡航)에 동행한 제주의 조상들이 나름대로 일본을 개척하고 기반을 닦고 세력을 구축하였다. 그 세력 간의 불화가 제주도에 전해지면서 제주인인 신무왕이 천신(天神)의 신명(神命)을 받고 동정(東征)의 길에 나선다. 서복이 일본섬의 외곽을 통과한데 대해서 신무왕은 일본섬의 내곽 곧 seto(瀨戶) 내해(內海) 코스를 택하여 협력 부족장을 포섭하면서 오오사카쪽으로 갔으나 격렬한 저항에 부딪쳐 항로를 외곽의 kii(紀伊)반도 남단으로 돌려 kumano(熊野)쪽에서 상륙을 성공시키고 평지보다는 산의 능선을 이용하여 북진하여 곳곳의 저항을 물리치면서 드디어 당시의 일본의 심장부를 정복함으로써 일본의 중앙정권 수립에 성공한다.

이러한 역사적 사실에서 우리가 얻을 수 있는 제주도의 언어와 역사의 실상은 서복이 제주도 도항 당시는 제주도는 왕의 궁궐이 있을 정도로 왕권의 지도하에 주민결집력이 강하였으며 용의 문신이나 가면을 한 용감한 전사들이 서복의 일행의 접근을 막을 정도로 군사력이 강했다. 그리고 중국의 진(秦)의 국호를 비롯해서 은(殷)－주(周)－한(漢)의 국호는 한국어와도 연계될 수 있는 점에서 북부중국－요서－요동－한반도는 선중국인인 동이민족의 공통어 지대로서 유사한 언어권을 형성하였던 것으로 추정되며 북서부의 중국에서 동부의 한반도로, 동남부의 중국 남동부로 전파되기도 하였다. 제주도는 육로의 전파를 기다림 없이 해운의 이점을 살려보다 신속하게 중국쪽에 왕래하여 일찍부터 제주도는 시대 변화의 물결을 수용하고 있었다. 진시황의 제주도의 선인(仙人) 찾기도 이러한 동진의 물결의 일환이지만 한편 제주도의 문화의 특수성을 확인하고 싶었던 것이었다고 볼 수 있다.

서복의 일본도항과 함께한 제주인의 일본 개척 후에 일본을 찾아간 신무왕의 천조나 신무왕의 이름(그리고 신무왕의 아버지 이름도) 풀이도 모두 제주도의 지리적 상황을 나타내고 있는 점에서 제주도 출신임을 알 수 있다. 서복의 일행에 굴하지 않고 또 신무왕이 일본 동정에 나선 것을 보아서는 제주도는 이미 청동기 그리고 철제의 무기의 수입 혹은 생산이 가능했던 것으로 보아진다. 그들의 이름에 반영되는 지형적 특색어를 통해서 제주도의 서기전 3세기 내지 서기 1세기의 제주도의 상황은 초가(草家)에 살고 농축산과 어업을 영위하고 있었고 당시의 호가(戶家)도 수만호(數萬戶) 가까이 이른 정도로 많았다고 본다. 신명(神名), 인명(人名) 등에 쓰인 침사적(枕詞的)표기로 볼 때 당시의 학문수준도 상당했다고 본다.

그리고 신무왕 천조 '火瓊瓊杵尊'의 이름이 임금을 뜻하는 '닛금'(신라 왕호의 尼師今 참조)에서 유래한 것을 보아서도 신앙체제와 행정체제가 분리된 사회였다고도 볼 수 있다.

1. 머리말

서기전 3세기부터 서기 1세기에 걸쳐서는 제주도로서는 격랑기였다. 중국 진나라에서는 불로약을 구한답시고 대대적인 서복(徐福) 일행을 두 번이나 파견하였고 이를 맞이한 제주도의 원주민은 처음은 크게 당황했을 것이나 적절히 대처하였다.

일본 항로에 익숙한 원주민은 불로약을 구하지 못한 서복 일행을 일본으로 건너가게 했고 원주민도 이들을 따라 일본에 건너가서 나름대로 일본 개척에 성공한 것으로 보인다.

따라서 여기서는 먼저 서복 일행이 과연 제주도 상륙에 성공하였는지 여부와 이들이 제주도를 떠나 일본에 갈 수밖에 없었던 사정을 알아보고 이들을 따라 새로운 세계로 발딛은 제주도 조상들의 일본 개척의 연유와 사실 여부를 확인하고자 한다.

또한 이러한 제주인 진출과 개척의 동인은 서기 1세기의 국내외적 정황에 맞추어 국가적 기반으로 수습하기 위함인데, 일본에는 신무왕(神武王)이 동정(東征)에 나서서 일본의 초대임금이 되는데 그가 제주도 출신임을 밝히고자 한다.

그것은 신무왕의 동정과정에서 드러나는 동정코스, 의표를 찌르는 일본 상륙작전, 동정 과정에서 만나는 선주민의 유래 등을 통해서 구명될 수 있을 것이다. 또한 신무왕의 천신(天神), 천조(天祖), 부친의 이름을 비롯해서 인명, 지명 등의 자료가 일본의 사서(史書)인 고사기(古事記)와 일본서기(日本書紀)에 보여서 이들의 분석을 통하여 제주도와의 관련성을 구명할 수 있을 것으로 기대한다.

신무왕이 동정한 서기 1세기는 한반도의 국가체제가 재편성된 시기여서 상대적으로 한반도 제국에 비해 약소해진 제주도의 살아남기 위한 몸부림치는 시기였다. 제주도 출신 석탈해는 신라에 단신으로 진출하여 정권 획득에 성공하였고, 허황옥 공주는 금관국의 김수로왕과의 혼사에 성공하여 금관국의 왕권의 안주인이 되었다. 또 하나 닥ᄋᆞᆯ나(takeru, 武)가 이미 일본에 진출한 제주도 선조가 닦은 터전이 불안하게 되자 이를 잘 수습하여 보다 강력한 일본에서의 정권을 세우기 위해 일본의 신천지 개척에 나선 것인데, 이가 곧 일본의 역사에서의 초대왕 신무왕인데, 과연 그 시기가 서기 1세기경에 해당하고 그 kamu takeru(神武)가 제주도 출신임이 확실한가를 여러 가지로 구명하고자 하는 것이다.

석탈해와 허황옥 공주의 일에 대해서는 따로 장을 마련하여 언급하였으므로 여기서는 서기전 3세기의 중국 서복의 제주 도항(渡航)에 관련된 여러 가지 사실을 먼저 살펴보고 이와 연계되는 일로 보는 신무왕의 동정의 여러 가지 사실을 구명하고자 한다. 전자에서는 서복이 제주도 원주민의 저항 속에 어려운 제주도 상륙을 어떻게 이루어내고, 마찬가지로 신무왕도 일본 선주민의 저항 속에 그 어려운 일본 상륙에 성공하였는지 그리고 그들의 상륙작전에 어떤 관련성이 있는지도 살피려고 한다.

또한 서복 일행의 일본 도항(渡航)이 제주도 조상들의 일본 진출의 계기가 되었고 또 그것이 신무왕의 동정의 계기가 되었던 것으로 보고 그런 관련성 여부도 알아보려고 한다.

이러한 두 가지의 사실과 관련된 신명(神名), 인명(人名), 지명(地名) 등의 분석 등은 결국 당시의 제주도의 정치적, 군사적, 경제적, 문화적 정세를 아는 데 도움이 될 것이고, 제주도의 서기전 3세기로부터 서기 1세기까지의 제주도의 언어와 역사를 부분적이나마 재구하는데 도움이 될 것으로 기대한다.

2. 중국의 서복(徐福)의 제주 도래(渡來)

2.1. 자료

서기전 3세기는 중국의 연대표를 볼 때 전국(戰國)시대(－서기전 222년)를 끝낸 진(秦)나라 시황제(始皇帝)의 시대이다. 그런데 이 시기에 관한 중국 기록 중에 다음과 같은 서복의 제주 도래의 주목되는 기사들이 보인다.

[자료 1] 삼국지(三國志) 권47(吳書吳主傳第2)에 장로(長老)의 전언(傳言)으로 시황제의 다음의 것이 보인다. 삼국지는 서기전 284년경 서진(西晋)의 진수(陳壽)에 의해 지어졌는데 성립 연대는 불명이나 진수(서기 233－297년)의 생존 연대의 후반으로 추정된다.

「遣將軍衛温, 諸葛直將甲士萬人浮海求夷州及亶州. 亶州在海中, 長老傳言秦始皇帝遣方士徐福將童男童女數千人入海, 求蓬來神山及仙藥, 止此洲不還. 世相承有數萬家, 其上人民, 時有至會稽貨布, 會稽東縣人海行, 亦有遭風流移至亶洲者。所在絕遠, 卒不可得至, 但得夷洲數千人還.」

(장군 위온과 제갈직장을 보내어 군사 1만 명을 이끌고 바다 너머의 단주를 얻어오도록 하였다. 단주는 바다 가운데 있었다. 장로들이 전하는 바로는 진시황제가 방사(方士) 서복을 보내어 동남동녀 수천 명을 데리고 바다로 들어가 봉래신산(神山)과 선약(仙藥)을 찾도록 하였는데 그 단주에 머물러서 돌아오지 않았다고 했다. 그 자손이 대대로 이어져 수만호가 되고 거기 사는 사람들은 때때로 회계로 와서 베를 사고 했다. 회계의 동쪽현의 사람들이 바다를 가다가 또 태풍을 만나서 단주로 흘러 들어오기도 했다. 그 곳이 너무 멀리 떨어져 있어서 (위온의) 군졸들은 얻어낼 수 없었다. 단지 이주의 수천 명을 데리고 돌아왔을 뿐이다(서기 231년).)

여기서 단주(亶州)가 어디냐에 대해서 이견(異見)들이 있지만 단주가 바다 가운데에 있었다는 상황으로 볼 때는 제주도가 이에 가장 알맞은 곳으로 생각된다. 남규우슈우(南九州)의 taneko(種子)섬에 맞추기도 하지만 이 섬 외에도 여러 섬들이 근방에 얽혀 있는 점에서 앞의 표현에 덜 어울린다고 할 수 있다. 탐라(耽羅)의 '耽'의 음이 시경에서의 재구음으로 tum으로 나타나고 탐라의 별칭이 屯羅(둔라)와 같이 tun으로 나타나는 점에서 운미에서 －m / －n 교체가 있었다고 하면 tan의 실현도 가능하였으리라 본다. 현대의 중국음은 '耽, 儋, 亶'은 동음의 dan([tan])으로 되어 있다. 시대적인 변화의 가능성을 미루어 옛적에도 공시적인 －m / －n 변동의 가능성을 시사한다고 할 수 있다.

[자료 2] 후한서(後漢書, 東夷傳倭條)

후한서는 남조(南朝) 송(宋)의 범엽(范曄)이 지은 120권의 사서이다. 서기426년경에 성립하였다.

「會稽海外有東鯷人 鯷音達奚切 分爲二十餘國. 又有夷洲及澶洲, 傳言, 秦始皇遣方士徐福, 將童男女數千人入海 事見史記 求蓬萊神仙不得, 徐福畏誅不敢還, 遂止此洲, 世世相承有數萬家, 人民時至會稽市. 會稽東冶縣人, 有入海遭風流移至澶洲者, 所在絕遠 不可往來.」

(회계의 바다 밖에 동제인 鯷음은 達奚切 이 있는데 20여국으로 나뉘어져있다. 또한 이주 및 단주가 있는데 전해오는 말로는 진시황이 방사 서복을 보내어 동남녀 수천명과 바다에 들어가 그 일은 사기에 보인다 봉래산에 신선을 찾도록 하였으나 얻지 못하여 서복은 주살될까 두려워 감히 돌아오지 못하고 그 섬에 머물렀다. 그 자손이 대대로 이어져 수만호가 되고 사람들은 때때로 회계의 저자(市)에 왔다. 회계의 동야현의 사람들이 바다를 가다가 태풍을 만나 단주로 흘러들어오기도 하였다. 그 곳이 너무 멀리 떨어져 있어서 왕래는 불가능하였다.)

[자료 3] 사기(史記, 秦始皇本紀 第6)

사기는 서기전 91년 한(漢)의 사마천(司馬遷)에 의해 되었다. 130권.

「齊人徐市等上書, 言海中有三神山, 各曰蓬萊、方丈、瀛洲, 僊人居之. 請得齋戒, 與童男女求之. 於是遣徐市發童男女數千人, 入海求僊人.」

(제나라 사람인 서불 등이 상서하여 말하였다. 해중에 삼신산이 있는데 그 이름은 봉래산·방장산·영주라고 합니다. 선인이 그 곳에 거주하고 있습니다. 청컨대 몸을 재계하여 (청순한)동남동녀와 더불어 가서 선인을 얻고자 합니다. 이에 (진시황은) 서불로 하여금 동남동녀 수천인을 출발하게 하여 바다에 나아가 선인을 구해 오도록 하였다.)

[자료 4] 사기(史記, 始皇帝本紀 第6)

「方士徐市等入海求神藥, 數歲不得, 費多, 恐譴, 乃詐曰「蓬萊藥可得, 然常爲大鮫魚所苦, 故不得至, 願請善射與俱, 見則以連弩射之.」始皇夢與海神戰, 如人狀. 開占夢, 博士曰「水神不可見, 以大魚蛟龍爲候. 今上禱祠備謹, 而有此惡神, 當除去, 而善神可致.」乃令入海者齎捕巨魚具, 而自以連弩候大魚出射之. 自琅邪北至榮成山, 弗見. 至之罘, 見巨魚, 射殺一魚, 遂並海西.」

(방사 서불 등은 바다에 들어가 신약을 구하였으나 수년이 지나도 얻지 못하였다. 비용만 많이 들어서 (황제가) 화를 내어 꾸중할까 두려워서 (돌아와서는) 거짓말로 「봉래에서는 약을 얻을 수 있으나 언제나 큰 상어에 괴롭힘을 받아 (그 곳에) 이르지 못하였습니다. 원컨대 명사수와 함께 간다면 보는 즉시 모두 잡아 사살하겠습니다.」 하였다.

시황제는 꿈에 자주 해신과 싸우는 꿈을 꾸었는데 해신은 사람의 모습과 같았다. 해몽을 시켜보니 박사가 말하길 「수신은 볼 수가 없습니다. 대어나 교룡으로 나타나는 것을 기다릴 수밖에 없습니다. 폐하께서 기도와 제사를 드리고 근신하셔도 악신이 있다면 마땅히 제거해야 선신이 가히 이르게 됩니다.」 하였다.

이에 (황제는) 명을 내려서 바다에 들어간 자(漁夫)는 큰 고기를 잡는 도구를 준비하게 하고 (배에다) 연다라 잡을 수 있는 것으로 대어를 기다렸다가 사살하도록 하였다. 그러나 랑사(琅邪)로부터 북쪽에 영성산에 이르도록 보지 못하였다. 지불(之罘)에 이르러 대어를 보고 한 마리를 사살하였다. 그 후에 해안을 따라 서쪽으로 돌아왔다(이후에 시황제가 병을 얻음).)

[자료 5] 사기(史記, 卷118, 列傳58 淮南衡山)

「(百姓力竭, 欲爲亂者十家而五.) 又便徐福入海求神異物, 還爲僞辭曰「臣見海中大神, 言曰「汝西皇之使邪」臣答曰「然.」「汝何求.」曰「願請延年益壽藥.」神曰「汝秦王之禮薄, 得觀而不得取.」即從臣東南至蓬萊山, 見芝成宮闕, 有使者銅色而龍形, 光上照天. 於是臣再拜問曰「宜何資以獻」海神曰「以令名男子若振女與百工之事, 即得之矣.」秦皇帝大說, 遣振男女三千人, 資之五穀種百工而行. 徐福得平原廣澤, 止王不來. 於是百姓悲痛想思, 欲爲亂者十家而六.」

(백성들이 힘겨워서 난을 일으키려는 자가 열집이면 다섯집은 되었다.)

또 서복을 시켜 바다에 들어가 신기한 물건을 구해오도록 했는데 돌아와서는 거짓말을 하였다. 신(臣)이 바다 가운데서 대신을 보았는데 그가 말하기를 「너는 서방황제의 사신인가」 하니 신이 대답하여 「그렇다」 하니 「너는 무엇을 구하는가」 하기에 「원컨대 오래 살 수 있는 약이 있으면 합니다」라고 했습니다. 신(神)이 말하기를 너의 진왕의 예의가 박하니 보여줄 수는 있어도 얻을 수는 없다고 하였습니다. 곧 신을 데리고 동남쪽으로 가 봉래산에 이르니 지초(芝草)(瑞草)로 이루어진 궁궐을 보여주었습니다. 사자가 있었는데 구릿빛에다 용의 형상이었고 그 빛이 높이 하늘에까지 비추었습니다.

그래서 신은 재배하고 묻기를 「어떤 물건을 바쳐야 합니까」 하니 해신이 말하기를 선남선녀와 온갖 것을 얻을 수 있어야 한다」고 하였습니다. 진시황은 크게 말하기를 선남선녀 3천명과 오곡의 종자와 백공을 데려가도록 하였다. (그러나)서복은 (다른) 넓고 기름진 평원을 얻어서 거기서 머물러 왕이 되고 돌아오지 않았다.

이에 (본국의)백성들은 (떠난 자식들에 대한) 비통한 생각에 난을 일으키려는 자가 열집이면 여섯집은 되었다.)

[자료 6] 자치통감(資治通鑑, 卷7 秦紀2 始皇帝下(始皇帝28年(서기전 219년))
북송(北宋)의 사마광(司馬光) 지음. 1084년 성립. 294권.
전국시대 초기부터 5대 송(宋)에 이르기까지의 편년사(編年史)이다.

「自齊威王, 宣王, 燕昭王, 皆信其言. 使人入海求蓬萊方丈瀛州. 云此三神山在勃海中, 去人不遠, 患且至則風引舡, 去嘗有至者, 諸僊人及不死之藥皆在焉. 及始皇至海上, 諸方士齊人徐市等爭上書言之, 請得齋戒與童男女求之於是. 遣徐市發童男女數千人入海求之, 舡交海中皆以風解, 曰未能至望見之焉」

(제 나라 위왕과 선왕, 연나라의 소왕도 모두 그들의 말을 믿었다. 사람들을 시켜서 바다에 나아가서 봉래, 방장 영주를 찾도록 했는데 이 세 신산(神山)은 발해 가운데 있고 사람들이 사는 곳에서 멀지 않으나 걱정되는 것은 도착할 때면 바람이 일어나 배를 끌어간다는 것이고, 일찍이 어떤 사람이 그곳에 갔는데 여러 선인들과 불사약이 모두 있었다는 것이다. 시황제가 바닷가에 이르자 여러 방사 곧 제나라 사람인 서불(徐市) 등이 다투어 상서하기를 제계하고 동남동녀와 더불어 가서 이를 구해오겠다고 청하였다. 이에 진시황이 서불을 보내기를 동남동녀 수천인을 데리고 바다에 나아가 이를 구해오도록 하였다. 배가 해중에 가자 모두 바람 때문에 배가 더 나아가지 못하고 멀리서 바라보았을 뿐이라고 하였다.)

위의 기록들을 참조하였을 때 서복 일행은 1차 내도는 실패한 것으로 보인다. 자료 4에서 말하는 장애물 곧 큰 상어나 해신, 대어(大魚), 교룡(蛟龍)이나 자료 5에서 사자(使者)의 구릿빛 용형(龍形)이 상징하는 바는 제주도의 용감무쌍한 바다의 전사 곧 용의 문신이나 가면을 한 전사로 생각된다. 이들은 서복 일행의 해안 접근을 사전에 방해한 것으로 보인다. 석탈해(昔脫解)가 제주도에서 빠져나와 가라쪽으로 올 때 호위했던 적룡(赤龍)(삼국유사(권1, 第4脫解王)도 이와 같은 부류로 생각한다.

2.2. 제주 도래의 증표

김두봉(金斗奉)(1936년)에 의하면 서불의 전설로 방사 서불(徐市)이 진시황의 뜻을 받아 불로약을 구하러 동남동녀 5백인과 함께 영주산 조천포(朝天浦)에 배를 정박하고 선인(仙人)의 식료의 버섯을 캐었다고 하며 서귀포 정방폭포와 조천포 암벽상에 서불과차(徐市過此)라는 서적(書蹟)을 남기고 동으로 향하였다고 하고 있다.

앞서의 중국의 사서의 기록과 제주도의 전설로 미루어 서복(徐福)의 일행이 제주도에 당도한 것은 사실이라고 생각되는데 그렇다면 이에 대하여 여러 가지 일들을 가상하게 된다.

1. 서복 일행의 규모나 인원(무사도 포함되었느냐)이 얼마였느냐?
2. 제주도에 몇 번이나 당도하였으며 상륙지가 조천포냐 서귀포냐 그리고 상륙이 성공하였는가? 상륙했다면 어떤 비상수단을 사용하였는가?
3. 제주도에 상륙하였으면 어떻게 지냈으며 원주민과 어떻게 융합하고 또 여기서 생을 마칠 수 있었는가?
4. 원주민과 융합되지 못하거나 또 다른 신천지를 구하여 어떻게 어느쪽으로 떠나갔는가?

등등의 일이 궁금하지 않을 수 없다.

첫 번째 문제에 대하여 먼저 방사(方士)의 호칭에 대해 알아보면 방사는 신기한 방술(方術)(의술, 점술을 행하고 선약(仙藥)을 구한다)을 지니고 선인(仙人)적인 생활을 고취하는 자를 이른다. 그러한 서복에게는 신선이 산다고 하는 영주산의 섬은 동경의 대상이었고 그러기에 진시황을 만난 절호의 기회를 살려 상소를 거듭하였을 것이고, 진시황은 진시황대로 불로약을 얻고 싶은 욕망과 한편으로 동방진출의 야망에도 부합되어 뜻을 굳힌 것으로 보인다. 따라서 서복 일행의 규모는 커질 수밖에 없었을 것이다.

두 번째 문제와 관련해서 첫 번째는 탐사차 보냈을 것이고 자료 5.를 보면 제주도의 서북방에서 동남쪽으로 해신의 궁궐에 안내를 받은 것으로 보아서는 1차적으로 조천포에 상륙하였을 가능성이 있다. 발해를 가로질러 한반도 서해안을 따라 내려오거나 직항하였으면 먼저 조천포에 도달할 수 있었을 것이다.

이들의 출발지를 강소성(江蘇省) '贛楡縣, 連雲港市'(제주도의 正西방향) 혹은 보다 북쪽인 산동성(山東省) '龍口市' 일대(제주도의 서북 방향)로 보기도 하는데, 양자강남으로부터의 제주도 직항도 좀 무리이기는 해도 가능했을 것이다. 해류(黑潮)와 바람을 잘 타면 못할 것도 없다. 그렇다면 제주도의 서남방의 양자강구의 현재의 절강성(浙江省) 항주시(沆州市)의 회계(會稽)지방에서도 나올 수 있다.

두 번째 내도의 경우 서복이 선인(仙人), 선산(仙山), 선약(仙藥)이 간절하기도 하였지만 해외 도피의 의도성이 전연 없었다고 할 수 없는 처지이고, 제1차 내도의 경험도 있고 해서 직항로를 택했을 가능성이 없지 않다. 그렇다면 조선포가 아닌 제주도 남안인 서귀포쪽으로 오게 되었을 것이다. 이 때에 해신이 불로약을 얻으려면 성의를 표해야 한다며 선남선녀와 백공을 요청하니 진시황이 선남선녀 3천인과 오곡 종자와 백공을 보낸 것으로 되어 있어 두 번째 제주에 올 때는 많은 인원을 보낸 것이 확실하다. 자료3.에서는 제주도 접근에는 수신·교룡·상어 등의 장애물이 예거되어 이를 제거하기 위한 명사수 이야기도 있는 것을 보면 2차 내도시에는 무사도 포함된 것으로 볼 수 있다.

만일 2차 때도 조천포에 왔으면 상륙은 실패하였을 것이다. 외국의 대규모의 선단을 제주도 원주민이 상륙을 방임할 리가 없다. 서귀포에서도 마찬가지니 거기서는 상륙의 특별한 계책을 강구하였다고 보는 것이다. 제주도 접근이 어려웠던 서복 일행이 원주민의 방비가 허술한 절벽이나 암벽을 이용하였을 것이고 그 곳으로 서귀포의 정방폭포 근처와 대평리의 수상절리를 이용한 것으로 본다.

먼 길의 항해의 노독과 많은 동남동녀 때문에 대해 중에 있는 이들 일행은 급수와 식량의 충족을 위해서도 제주도의 상륙은 절대적이었을 것이다. 상륙지의 후보지는 첫째로 서귀포의 정방폭포 인근지로 보는 것은 전설에 그 마애명(磨崖銘)은 발견되지 않았지만 서불과차(徐市過此)의 서적(書蹟)이 있었다고 하는데 그 진부(眞否)가 어떻든 그러한 논의의 전승은 무시할 수 없는 일이다. 또 하나의 후보지는 대평리의 수상절리의 일대이다. 난공불락의 적진을 돌파하기 위해 의표를 찌른 작전은 절벽을 기어오르는 일이었다.

일본의 만엽집(萬葉集)의 침사(枕詞)(중역된 수식어)에 kamukazeno(神風之)가 훈(訓) kana로는 '神風之(萬 163番歌)', 음(音)kana로 '加牟加是能'(記歌謨13) 등으로 쓰인다. 이는 우리말의 ᄀᆞᆷ브름(큰절벽)의 이중역이다(김공칠 2004 : 171). 이 침사는 이세(伊勢)의 지명에 얹힌다. kii(紀伊)국(紀伊羊島)의 남단의 kumano(熊野) 바다의 동북부 일대를 '伊勢'의 바다라고 한다.

일본서기(卷3)의 신무기(神武紀)를 보면 신무왕이 일본의 중심부를 공략할 때 선주민의 완강한 저항에 부딪혀 상륙하지 못하고 남단의 해안으로 돌아 바로 ise(伊勢)의 두 후보지(丹敷浦 또는 二木島)에서 상륙했는데 그 일대의 해안이 직조(直條)의 암애(岩崖)로 되어 있다.

기(紀)가요 8번가에는 신무왕의 군사가 상륙을 위해 직조(直條)의 암벽을 고통스럽게 기어다녔던 지난 일을 상기시키고 그 용감성을 다시 북돋고 있는 내용이 담아 있다.

이러한 신무왕의 상륙작전은 서복의 상륙작전을 익히 들은 데서 시도된 것으로 보인다. 서귀포의 서불과차가 뜻하는 바는 서불이 이곳을 지나갔다는 뜻으로 풀이하고 싶다. 배를 정방폭포 가까이 댈 형편은 아니었다면 배에서 내려서 절벽으로 기어올라갔다는 뜻이지 배를 어디로든 돌려서 지나갔다는 뜻은 아닐 것이다.

정방(正房)폭포의 '정방'의 풀이도 아와 유관된 것으로 풀고자 한다. '正'은 '바ᄅᆞ다, 바ᄅᆞᆷ'으로, '房'은 방이나 침실의 뜻 이외에 관청에서의 육방(6房)의 분장(分掌)을 나타내기도 하고 방벽(房璧, 감사나 수령들의 사랑을 받는 기생), 방관(房官, 과거시험관)이라는 말이 있듯이 '房'에는 '나리'라는 호칭이 내포되었다면 '나리(다)'의 훈용자(訓用字)로 보고 '正房'은 perwmnari* 곧 '절벽의 내'라는 뜻으로 풀어보는 것이다. 정방폭포의 동쪽에 노인들이나 관광객이 물맞이를 하여 더위를 식히는 작은 폭포가 있는데 이를 '小正房'이라고 한다. 그렇다면 정방폭포는 상대적으로 대정방(폭포)이라 했을 것이니 앞에서 언급한 'kemperwm*'의 호칭과도 연관될 수 있다. 이와 비슷하게 폭포의 호칭에 쓰인 예로 중문(中文)에 있는 '베린내, 베릿내'가 'ᄇᆞ름'과 동원으로 볼 수 있는 '벼랑'에서 유래했다고 볼 수 있기 때문이다.

한편 수상절리가 있는 대평(大坪)의 경우도 이에 준해서 연관지어 볼 수 있다. '坪'에는 평수의 평, 평지의 평의 뜻도 있지만 평평하다(平也)의 뜻도 있다. 평예법(坪刈法)의 쓰임을 보면 농작물의 작황을 실지 검사할 때 평균적으로 된 곳의 한 평 내지 몇 평의 것을 베어서 전체의 수확고를 추정하는 것이다. 우리말의 바르다, 바름(도리나 사리에 맞아 어긋남이 없음)과 통한다. 중세어 ᄇᆞ름·ᄇᆞ람(風) / ᄇᆞ름·ᄇᆞ람(壁)에 유사한 '바름'을 원용했다면 '大坪'은 '큰 바름'이 되고 '大壁'을 나타내는 훈용자(訓用字)로 볼 수 있다.

서귀포 동쪽에 좀 떨어진 남원리에 절벽지대 곧 '큰 엉'도 상륙 후보지로 볼 수 있으나, 기습 공격할 중심부와는 너무 떨어진 곳으로 생각될 수 있고 행군에 지장받을 것으로 예상했었을 수 도 있다. 아마도 제주도 남부 곧 해안중심세력의 집결지를 서귀포와 중문의 양편쪽으로 보고 그곳에 기습 상륙작전을 시도한 것으로 보인다.

다음 세 번째 문제로 제주도에 상륙했으면 어떻게 지냈고 원주민과 융합할 수 있었는가 그리고 제주도에서 생을 마칠 수 있었는가에 대해 생각해 보기로 한다.

이러한 문제를 해결할 징표는 하나도 없다. 오래 제주도에서 살았으면 그 흔적이 어디인가 또 무언가 남겼을 터인데 아직은 알려지지 않고 있다. 서복의 제주도 내도와 일본으로의 도항의 사건진행을 가정했을 때 상정되는 사항을 열거해 볼 수 있는 정도다.

1) 원주민의 완강한 저항을 예상할 수 있고, 2) 상륙했으면 언어나 습성의 불통으로 따로 자기네의 임시 집단촌을 이루었을 것이고, 3) 원주민과의 타협으로 일부를 남겨두고 제주도를 떠났을 것이다. 그 일부도 나중의 일이지만 자료1에 의하면 위온의 군졸에 의해 회계지방으로 되돌아간 것으로 보인다. 4) 그런 가운데 어떤 식으로든지 한자 기록을 어디엔가 남겼을 것이다.

1) 에 대해서는 앞서 말한 대로 기습작전으로 상륙했다 치고, 2) 상륙했어도 선인과 불로약을 구해 봤으나 실패했고 또 제주도의 영역이 좁고 진시황이 추적하면 곧 잡히게 되는 처지니, 3) 노약자, 환자, 어린이를 위해 자위수단으로 원주민과 타협하였을 것이고 이들을 두고 제주도를 떠났을 것이다. 여기에는 원주민의 강력한 요구가 있었다고 볼 수 있다.

이들을 일본으로 내보내는 데는 원주민이 안내역을 맡았을 것이고 그것이 제주도 원주민의 일본 진출과 개척의 기회가 되었다고 본다.

서복 일행의 제주 체재 중에는 예상외로 제주도의 수준이나 군사력이 높으니 약탈을 염두에 둘 수가 없었고 오히려 보급품의 제공을 요청했었을 것이다. 이들이 제주도를 떠난 이유에는 이외에도 서복을 수행한 전문가의 지형 판단이나 영농진단으로 수전 개발의 어려움과 농업경제의 비효율성을 알았을 것이다. 풍다(風多)도 체험했을 것이다. 더 절실한 것은 절해고도에서 진시황의 추적해 왔을 때 도망칠 수 없음을 절감했을 것이다.

군사들도 제주도를 떠나가는 마당에 그 일부라도 제주도에 남겨둘 필요도 여력도 없었고 오히려 일본에의 신항로의 인도자로서의 제주도 원주민의 협조를 요청할 정도였다고 본다.

4)에 대하여는 정방폭포의 서적 '서불과차' 이외에는 알려진 것이 없다. 물론 2)의 집단촌의 흔적도 아직은 안 보인다. 정말로 이상의 역사적 사건이 제주도에서 있었다면 뭔가의 물증이 남아있어야 한다. 아마도 그 사건은 일시적·단기적인 것이 아니었나 생각된다.

2.3. 서복의 일본도항

서복의 일행이 맨 먼저 일본의 규우슈우(九州)의 사가(佐賀)에 도달했다는 이야기는 일본인에 의해서도 언급된다(서귀포시 2000 : 639-652). 서복이 그 곳에 와서는 '吉野里'유적을 남기고(p. 640) 북규우슈우(北九州)의 혼합민족을 형성하였다고(p. 646) 하고 있다.

그러나 그 서술 중에는 현재의 제주도의 고·량·부 삼성이 모두 스스로 그들이 서복의 자손이라고 칭한다(p. 645)는 부분도 있어 근거가 박약해 신빙성이 없어 보인다. 다만 제주도의 정서(正西)인 saga(佐賀)쪽에 맨 처음 당도한 것은 확실할 것이다.

Iki(壱岐)(1996 : 133－135)를 참조하면 서복일행은 적어도 일본쪽으로 두 갈레로 나뉘어 간 것으로 보아진다. 하나는 saga(佐賀)에서 동해쪽으로, 다른 하나는 규우슈우 남단으로부터 시코쿠(四國) 등의 태평양 연안을 따라 동쪽으로 가는 것이다. 그것은 동해 연안쪽에도 서복의 전설이 소수지만 분포되어 있고 태평양 연안에는 이와 반대로 많은 지역에 그 전설이 분포되어 있다. 어디를 가든 서복 일행들은 도착한 곳이 원주민의 저항이 덜하고 평원광택(平原廣澤)의 조건을 갖추었는지 곧 농업이나 청동기, 철기의 공방(工房)의 적지인지를 가려 물색한 것으로 보인다. 그래서 그들의 종착지는 지금의 kii(紀伊)반도의 동남부의 '新宮熊野'지역으로 많은 이들이 보고 있다. 왜냐 하면 그 곳에 그 진부(眞否)는 어떻든 서복의 궁(宮)과 묘가 남아 있기 때문이다. 위치도 그 곳은 일본 본섬의 최남단 지역으로 기후조건도 맞았을 것이다. 그리고 동진(東進)의 마지막 지점이기도 하다.

그 동북쪽으로 후지산(富士山)의 명성에 끌려 일행의 일부가 나아갔기에 그 곳에 서복의 전설이 남아 있는지 모르지만 그쪽은 원주민의 저항이 더 심한 곳이다.

이러한 항로들은 서복 일행에게는 한 번도 가본 일도 없고 현지의 정보도 어두우니 어느 곳에서나 말썽을 일으키지 않기 위해 상륙, 점령, 약탈하는 일은 없었다고 보나, 식량이나 식수 기타 필요품의 보급을 위해 일시적인 정박은 여러 곳에서 있었을 것이다. 예측불허의 기상조건이나 운항조건 등으로 긴장의 나날을 보냈을 것이니 '新宮·熊野'의 동쪽에의 항로에는 도전하기 힘들었을 것이다.

singuu(新宮)는 kumano(熊野)강의 하류의 평야지대에 있다. 배를 자유로이 정박할 수 있고 유사시 바로 떠날 수 있다. 그 곳의 지명도 유서깊은 형상이다. 그 곳에는 봉래산이라는 작은 산이 있는데 고대 일본의 신수(神水)의 산으로 알려지는 kannabi와 같은 영산으로 숭상되고 있다. 또 singuu(新宮)(〈sinkur*?)의 배후에는 kumano의 영산, 영지(靈地)를 두고 있다. singuu는 이름 그대로 한반도의 신 / 진(辰)계의 이주민이 개척한 곳으로 보이며 진(秦)나라의 국명과도 상통한다. 시가지의 동남쪽에 고조선의 아사달(阿斯達)의 호칭에 상응하는 '阿須賀'의 지명이 있고 그 이름의 신사(神社)가 있다. singuu의 북쪽에 근접한 kamakura-yama(神倉山)의 호칭도 제주도의 kama의 산(釜岳)과도 상통한다.

이러한 호칭의 말들은 중국인인 서복일행이 전했다기보다 서복과 동행한 제주도 사람들이 현지인과는 동계언어 사용자이기에 의사소통이 잘 되고 해서 남겨질 수 있었던 것으로 보인다.

asuga(阿須賀) 신사(神社) 경내에서 발굴된 원형의 yayoi(弥生)식 수혈(竪穴)주거(복원)가 있고 singuu시 동편 kumamo(熊野)시 동쪽에 후세의 신무왕의 상륙지가 있다. 일본서기(卷3)(神武紀)의 「帥軍而進, 至熊野荒坂津.亦名丹敷浦(군사를 거느리고 나아가 kumano의 arasakanotu 또 하나의 이름 nisikinoura 에 이르다.)」란 대목에서 상륙지가 된 '丹敷浦'에 대해서는 가까이는 '二木島'(지금의 荒坂村), 보다 동북쪽인 북(北)muro(牟婁)군의 nisiki(錦)의 두 설로 나뉘는데 어떻든 이들 일대는 서복 자신이 아니면 그 일행의 상륙 시도지로 사용된 것으로 보이며 그래서 후세의 신무왕도 이 코스를 이용한 것으로 본다.

이상과 같은 여러 점으로 미루어 서복 일행이 이 근방까지 왔었던 것으로 보인다. 그렇다면 서복의 일본 도항의 해상루트는 제주－saga(佐賀)－가고시마(鹿兒島) 남단－miyazaki(宮崎)현 동안(東岸)－kooci(高知)－singuu·kumano(일부는 静岡県 南岸)의 태평양 해안 항로이다. 제주도에서 경험한 원주민과의 마찰을 피한 것으로 볼 수 있다. 일본 중심부에의 직항코스인 seto(瀨戶)내해(內海)코스는 신무왕 때에 이용되었다.

3. 제주 조상의 일본 진출

3.1. 일본의 시조왕 신무(神武, zinmu)왕의 연대

일본사 연표(1973년)에 의하면 일본 역사의 연표에 맨 처음 등장하는 일본의 왕은 응신(應神, oozin)왕이고 연대는 서기 391-393년쯤이다. 그렇다면 일본의 사서인 고사기나 일본서기에 나오는, 응신왕 이전의 왕계 곧,

> 神武-綏靖-安寧-懿德-孝昭-孝安-孝靈-孝元-開化-崇神-垂仁-景行-成務-仲哀

의 14대왕의 실상이 매우 궁금해진다. 이들 왕들이 고사기나 일본서기를 편찬할 때 무엇을 근거로 해서 등재되었는지 궁금하다.

응신(應神)은 그 모후 신공(神功)왕후가 제주도에서 돌아오는 길에 태어난 아들이다. 아마도 왕후의 친정인 제주도에 가서 낳은 것으로 추측되나 기록은 어색하게도 그 무거운 몸으로 일본의 규우슈우 땅에 돌아와서 낳은 것으로 되어 있다. 이 응신이 자라서 아마도 제주도의 경제적 군사적 지원에 의해 일본의 중앙에 진출하여 왕이 되는데 제주도계 일본왕이 되는 셈이다. 이 신공왕후와 응신의 시대의 역사적 사건을 한반도의 역사적 사건과 연대를 맞춰볼 수 있어서(예컨대 신공기(神功紀) 55년 (일본서기상 서기 255년)과 백제 근초고왕 붕어년(서기 375년)(일본에서는 120년 앞당겨있다)), 앞서의 일본사 연표의 시작에 등재된 것으로 보인다.

제주도계 왕의 등장은 후대에 가라계의 망명세자인 졸지공(卒支公)(일본의 흠명왕(欽明王))이 제주도를 거쳐 일본에 가서 중앙정권의 획득에 성공하여 일본 역사의 신기원을 긋고 새로운 정치, 문화, 종교, 예술의 시대가 열리는데 그 중심은 그의 딸이자 며느리인 추고(推古)왕 때 이루어진다.

이때부터 자기들의 정권의 신성성과 정당성을 내세우기 위해 역사의 사료를 수집하기 시작하는데, 가라 멸망의 계기에 일본 국내 선조들의 분규의 수습의 신탁을 받은 조상들의 유래와 또 과거부터의 일본의 통치와 관련되는 아는 사실들을 기록하여 일본 통치의 역사성과 정통성을 내세운 것으로 보아지며 그 기록이 고사기와 일본서기의 서두에 상당한 부분을 차지한다.

앞에 보인 14대 왕계의 연간은 392년간인데 1대당 평균 28년으로 나눠져서 왕의 평균 재위 년수에 맞춰질 수 있다. 그러한 계산이면 초대 신무(神武, zinmu)왕은 서기 1세기의 시대의 사람으로 보아진다. 이때는 한반도가 군소국가로부터 중앙국가 체제로 개편되는 시기이고 정치, 경제, 문화가 일변하는 시기이다. 일본은 미쳐 이에 미치지 못하는 처지였다.

서기전 3세기에 중국의 서복이 제주도에 내항(來航)한 일을 치른 경험이 있고 한반도의 시대적 변화에 민감한 제주도로서는 일본쪽에도 새로운 진출의 길을 모색하지 않을 수 없었으니 신무왕의 내력이 이러한 국제정세에서 비롯된다고 본다. 추고왕 때에, 조상인 제주도 사람으로서 최초로 일본에 진출하여 중앙정권 수립에 성공한 이를 제1대의 일본왕으로 등재하였다고 보는 것이다.

일본사 연표에 보이는 1세기의 기록에는 「건무(建武) 중원(中元) 2년(서기 57년)에 왜노국(倭奴國, wa(i)na*)이 후한(後漢)의 광무제(光武帝)에 공물을 보내서 사인(使人)이 스스로 대부(大夫)라 칭하였는데 왜국의 극남계(極南界)이다. 노국왕인(奴國王印)을 받았다」고 기록되었고, 안제(安帝)의 영초 원년(永初元年)(서기 107년)에 왜의 국왕수승(國王帥升) 등이 후한에 생구(生口) 160인을 보내어 알현을 구하였다」고 되어있다

(後漢書倭條：建武中元2年, 倭奴國奉貢朝賀, 使人自稱大夫, 倭國之極南界也, 光武賜以印綬. (建武는 後漢의 光武帝의 연호(서기 25－57년)), 安帝永初元年, 倭國王帥升等, 獻生口百六十人願請見.)

이상의 연표는 중국측의 사서의 기록으로 서기 1세기의 일본사를 제시할 수 있는 것이다.

곧 서기 1세기에 들어와서는 규우슈우 중남부에 있던 왜국의 대외활동도 부산해진 것을 알 수 있다. 한반도 정세의 변화에 대처하는 왜국의 살아남기 위한 외교 전략의 전개라고 할 수 있다. 직접 중국을 상대하는 원교책(遠交策)의 일환으로 보인다. 이들의 대중국 외교의 항로는 역시 왜－제주도(온평리 일대)－가라(금관국)의 삼각항로를 이용하였을 것이다. 그 삼각항로는 남쪽에서 올라오는 kurosio(黑潮)가 제주도 동안에서 일부가 규우슈우쪽으로 꺾이는 해류의 영향과도 관계있다. 제주도로서는 그러한 항로를 이용해서 항상 왜국의 실상을 속속들이 알고 있었을 것이며 선대에 일본에 진출한 제주도 조상들의 일본에서의 활동상이나 기반의 확충이나 서로의 알력의 상황도 알고 있었다고 볼 수 있다.

이들 왜의 제국(諸國)은 제주도에 대해서 우호적이었다고 볼 수 있으나 일본의 제주도계의 추고왕(推古王) 시대 및 그 이후에는 중앙정부에 대한 변방의 지방 세력으로서 대립적이었다고 볼 수 있다. 그래서 앞서의 왜의 중국과의 교섭사가 고사기, 일본서기의 사서에 수록되지 않은 것일 수 있다. 신무왕 이전의, 신무왕의 내력과 무관한 것은 배제한 것으로 볼 수 있다.

이러한 점에서 일본의 사서에 초대임금으로 신무왕이 등장하는 것은 특별한 사연이 있다고 보는 것이 당연할 것이다. 앞서의 중국의 문헌을 보아도 서기 1세기 또는 이전에 일본의 규우슈우의 동방에 진왕국(秦王國)(九州 내부에 있었다) 이외에 어떤 국가도 존재하지 않았다는 것을 알 수 있는데 만일 있었다면 전문(傳聞)의 기사로서도 한마디 언급했을 것이다. 그래서 신무왕의 실재(實在)를 부정하는 이도 있다.

그래서 신무왕(神武王)의 연대가 맞지 않아서 그런지 그 연대에 대한 의견들을 살펴보기로 한다.

Yosida(吉田, 1893)의 '上古紀 上 年表 2'를 보면,

			(필자 주기)
신무(神武, zinmu)	한무제(漢武帝) 원봉(元封) 2년	서기전 109년(漢의 왕검성 포위)	
수정(綏靖, suizei)	부여의 낙랑에의 항복	서기전 73년	
안녕(安寧, annei)	고주몽 고구려 건국	서기전 38년	(서기전 37?)
의덕(懿德, itoku)	온조 백제 일으킴	서기전 32년	(서기전 18?)
효소(孝昭, koosyoo)	기씨(조선) 멸망하여 마한 자립	서기 9년	
효안(孝安, kooan)	한(漢) 천하통일, 낙랑회복	서기 41년	
	가라 일어나고 석탈해 신라왕이 됨	서기 57년	가락국시조 서기 42년 석탈핵 신라로 서기 57년
효령(孝靈, koorei)		서기 76년	(신라 탈해왕 때)

종전의 일본의 기원(紀元)의 시작을 서기전 훨씬 이전에 소급시킨 것(神武 紀元 600년 연장설)에 비해서는 그럴듯하지만 비교의 척도가 되는 중국이나 한국의 기년(紀年)과 일치하는 기록사항이 없으니 문제이다.

제2대 수정왕으로부터(孝靈은 7대) 9대 개화(開化, kaika)왕까지는 거의 동시대적인 왕으로 궁소(宮所) 이름과 세계(世系) 이외에는 특별히 기록사항이 없어 왕위를 번갈아 계승한 것으로 보인다. 신무왕의 성공에 기여한 이들일 것이다. 후대의 추고왕 전후도 이와 비슷한 모양이었다.

Huziwara(藤原貞幹)의 '衝口發'(1781 : 3)에서 신무왕의 원년을 한선제(漢宣帝)의 신작(新爵) 2년(辛酉)(서기전 60년)이라고 하고 있다. 신라의 혁거세 즉위보다 3년 전이 된다. 필자는 이는 신라를 의식하여 그보다 조금 앞세우려한 것이 아닌가 생각한다. 간지(干支)를 이순(2巡) 앞당겨 서기 60년으로 하면 가라 건국 후 18년 후가 되어 한반도에서의 신라, 고구려, 백제, 가라의 건국 순과 알맞은 모양새가 된다. 일본 국내에서도 신무(神武) 기원(紀元)의 600년 연장설이 추세이나 필자는 이보다 120년 더 연장 시킨 것으로 보는 신무 기원 720년 연장설의 처지다.

앞에서도 언급한 신공기(神功紀) 55년이 삼국사기 상의 사건과의 대응으로 서기 375년이 된다면 신공기 원년은 320년이 되므로 신무왕(필자

서기 60년 추정)으로부터 260년 이후의 일이 된다. 2대부터 9대까지의 시대의 불확실성(13대도 마찬가지) 그리고 10대 숭신(崇神)왕에서 11대 수인(垂仁)왕, 12대 경행(景行)왕(13대 成務왕), 14대 중애(仲哀)왕에 이르는 연대만 고려하면 무리없는 연수이다.

좀 더 내려가서 21대 웅략(雄略, yuuryaku)왕 20년(476년) 기사에 「고구려 왕이 크게 군사를 일으켜 백제를 쳐 멸망시켰다」가 있는데, 삼국사기 백제본기 개로왕 21년(477년)에 개로왕이 고구려군에게 살해되었다는 기사와 1년차는 있지만 대체로 맞는다고 보면(그 외도 두 나라의 기록이 상응하는 것들이 있다) 이 시기를 전후해서 한국과 일본의 연대 기록이 맞아들어가는 것이라고 볼 수 있다.

고사기상에 있어서의 일본 왕의 연수를 보게 되면 2대 수정왕이 45세, 3대 안녕왕이 49세(일본서기에서는 57세), 4대 의덕왕이 45세, 5대 효소왕이 43세, 6대 효안왕이 123세, 7대 효령왕은 106세, 8대 효원왕은 57세, 9대 개화왕은 63세로 되어 있다. 이들은 신무왕의 형제 혹은 자식이나 조카 혹은 일본 동정(東征)의 유공자로 생각한다면 동시대의 사람으로 볼 수 있고 계시적(繼時的)으로 연대를 합산할 것은 아니라고 생각할 수 있고, 동정(東征)의 공로를 돌아가면서 보상하는 왕위 안배의 관점에서 재위연수는 그리 길지 않는 것으로 보이며 그래서 그들 왕의 특별한 기록사항이 없었던 것으로 보인다.

앞에서 말한 대로 신공왕후 55년이 서기 375년이 되고 웅략왕의 20년이 476년이 거의 확실한 점에서 신무왕의 기원을 서기 60년으로 잡는다면 신공왕후까지의 사이가 315년, 또 신공왕후 때부터 웅략왕의 476년까지의 사이가 약 100년이 되어 앞 기간에서는 약 15대가 재위하고(평균 27년), 뒤의 기간에서는 약 6대(15대 應略, 16대 仁德, 17대 履中, (18대 反正), 19대 允恭, 20대 安康, 21대 雄略)가 재위하였으니(평균 17년) 재위기간을 평균해보면 20년이 되어 알맞아 보인다.

왕의 대수를 보아도 Naka(那珂 1987)가 제시한 서기 1년부터 400년까지의 각국의 왕의 대수에서,

일본 7
신라 16
고구려 17
백제 16

여기서 일본의 7은 신무왕 및 그 후속 왕들이 기원전의 연대의 왕으로 보고 제외했기 때문이며, 이 모든 임금을 기원후로 본다면 15대 응신왕의 전후가 되어 어림잡아 신라의 16대의 대수와도 맞아 들어간다. 어쩌면 신라의 왕대수와 맞추기 위함이었을지도 모른다.

신숙주(申叔舟 1471)의 서두의 '日本國紀(天皇代序)'에서 「孝靈天皇, 孝安太子. 元年辛未. 72年壬午, 秦始皇遣徐福, 入海求仙, 福遂至紀伊州居焉.」(효령천황은 효안천황이 태자이다. 효령천황의 즉위원년은 신미년이다. 72년 임오 진시황이 서복을 보내어 바다에 들어가 신선을 구하게 하니 서복이 드디어 (일본의) kii(紀伊)에 이르러 살았다)의 기록이 보인다. 이것은 신무왕을 서기전 3세기 훨씬 이전으로 소급시키는 (神武紀元600년 연장설과 같은) 일본측 자료에 의한 인용으로 볼 수 있다.

서복의 동항(東航)은 신무(神武) 동정(東征)의 훨씬 이전의 일이며 신무의 동정은 서복의 동항(東航)에 자극되고 그 경험을 살린 거사이다.

3.2. 신무왕(神武王)의 내력과 동정(東征)의 거사

일단 신무왕의 거사는 서기 기원 후의 일로 보고, 그 내용을 일본의 고사기(古事記)에 실린 원문(그리고 국역문)에서 살펴보기로 한다. 그것은 번잡을 피해서 전체에 걸치지 않고 필요한 부분만을 다루었다. 고사기(中卷)의 원문은 이와나미(岩波 1958)를 이용하였다.

「神倭伊波禮毘古命, 自伊下五字以音 與其伊呂兄五瀨命, 上伊呂二字以音 二柱, 坐高千穗宮而議云, 坐何地者, 平聞看天下之政. 猶思東行. 即自日向發, 幸行筑紫. 故, 到豊國宇沙之時, 其土人, 名宇沙都比古, 宇沙都賣 此十字以音 二人, 作足一騰宮而, 獻大御饗. 自其地遷移而, 於竺紫之岡田宮一年坐.」

(kamuyamato(神倭) iparebikonomikoto 伊로부터 5자는 음으로 읽는다는 형인 itusenomikoto 위의 伊呂2자는 음으로 읽는다 와 둘이서 takatipo(高千穗) 궁에서 의논하여 말하기를 어느 곳에 있으면 평온하게 천하의 정사를 다스릴 수 있는가? 더 동쪽으로 가자 하시고 곧 himuka(日向)에서 출발하여 tukusi(筑紫)로 갔다. 그래서 toyokuni(豊國)의 usa(宇沙)에 도착했을 때 거기의 토착민 이름은 usatupiko, usatu-pime 이 10자는 음으로 읽는다 의 두 사람(남매인 듯)이 '一騰宮'(어떤 구조의 궁인지는 불명)을 지어서 성찬으로 대접하였다. 그 곳에서 다시 옮겨서 tukusi(竺紫)의 okada(岡田)궁에서 1년 계셨다.)

신무왕의 호칭에 대하여 일본서기에서는 '神日本磐余彦天皇'(kamuyamatoiparepikono sumeramikoto), 신무천황(神武天皇)으로 되어 있다. 천황을 sumeramikoto로 읽어서 sumera가 추기되고 있다.

kamu는 수식어로 크다 / 큰(큼), yamato는 '邪馬臺, 日本, 山跡'와 같은 국명 내지 지명을 나타낸 것이고, ipar(e)*는 신라의 관명 '伊伐(湌)', 현대 일본어의 ibaru(威), 아이누어의 ibehe(힘·칼)과 연관된 말로(김공칠 2006 : 218), 높고(힘센) 출중한 사람의 뜻으로도 혹은 그러한 사람이 다스리는 곳이라는 지명으로도 쓰인 것으로 본다.

sumeru는 suberu(統, 지배·통치하다)와의 교체어이며(subu(統, 지배통치하다), subera(皇, 관형어적으로 통치자의 호칭에 사용)), 한국어의 예로는 신라의 관명 '角干 = 舒發(翰) = 舒弗(邯)'(supɐr*)에 해당되는데 모두 지배·통치를 관장하는 이(神 / 大人)의 뜻이 담겨있음을 알 수 있다(김공칠 2006 : 217). 곧 신무왕은 크나큰 Yamato에서 권위를 지니고 통치한 사람이라는 뜻으로 풀이된다. 따라서 이러한 호칭은 왕위에 오른 후의 명명이며 본래의 이름은 신무(神武)에서 수식어 '神'을 뺀 '武'였을 것이다. '武'의 고훈(古訓)은 takesi(형용사)이고 인명에는 takeru로 쓰이고 있다. 이 음형은 제주도 옛 신명 '高乙那'(takɐrna*)에 몹시 가깝다.

또 일본서기(卷3)에 신무왕의 어머니 이름은 '玉依姫'(tamayoripime)이고 해동(海童, watatumi)의 소녀라고 한다. '海童'은 이와나미(岩波 1958 : 188)의 두주(頭注)에 해신(海神)으로 나오는데 바다(나라)(wata*〈 pata)의 소녀의 뜻이 될 것이다. tama는 제주도의 고칭 탐라의 təm(na) 〉 tam(na)와 관계되는 것으로 보면 제주도 출신임을 짐작할 수 있다.

아버지 이름(彦波瀲武鸕鷀草葺不合尊, pikonagisatakeugayapukiapazu-nomikoto)는 어형구성이 복잡하다. '波瀲'(nagisa)는 해변의 뜻이고 (-武-) ugaya(鸕鷀草)는 새의 깃으로 지붕을 인 산옥(産屋)으로 지붕을 덮는 뜻으로도 풀이하기도 한다(岩波 1598 : 168 頭注 참조). kayapuki가 띠로 인 지붕을 나타낸다고 보면 제주도에서의 바닷가의 초가를 연상하게 한다. 그 이름의 중간에 끼어 있는 '武'(takeru)가 실명에 해당된 것으로 보면 신무(神武)의 takeru와도 통한다. 해변가의 부족장 가정임을 암시한다. '鸕鷀草葺不合' 전체가 형태적·의미적으로 맞지 않아서 필자는 제주도의 신명 takɐrna*를 침사적으로 표기한 것이 아닌가 싶다. '武(taker)-鸕鷀(u) | 草(pɐr)葺-不合(takərna)'의 겹친 구조로 보는 것이다. 이에 대해서는 후술한다. 알맞은 일본말이 없어서 어색하더라도 앞서의 말로 풀지 않았나 생각되는 것이다. apazu의 중역은 한국어의 '나'에 '나(가다), 낫다' 등의 뜻이 함유되었다 보아서 그럴 수가 있다.

앞서의 단락에서 처음에 신무왕이 왜국의 tak(ati)po(/pɐr)*(高千穗)에서 머문 것으로 되어 있는데 그 산명은 보통명사적으로 높은 산으로 쓰인 것으로 볼 수 있다. 신무왕 일행의 출발지도 himuka(日向)로 되어 있는데 그것도 고유명사적으로 지금의 미야자키(宮崎)현의 hjuuga(日向)

로 보기도 한다. 일본 신화와 얽히는 규우슈우 내부 산중의 '高千穗'와의 연결을 두는 것이겠지만 그 곳은 왜의 본거지다. 일본서기에는 '高千穗'와 '日向'의 기사가 보이지 않는 것 같다. 신무왕이 육로를 택했을 리는 없고 해로로서도 '日向'에서 tukusi(筑紫)로 간 것도 기이한 일이다. 어느 곳으로 보든 고지대에서 거사의 논의를 한 것이 된다.

'日向'에 대해서는 여러 가지 논의가 있지만 필자는 이를 침사식 표기로 보고 있으며 h(ㅂ)i(日)－mu(出)－ka*(處) 곧 제주도의 일출봉이 있는 성산－온평리 일대 곧 그 곳은 제주도－왜－한반도 동남안의 삼각항로의 교차항이다. 그 곳에서 정동(正東)의 tukusi(筑紫)로 출발한 것으로 볼 수 있다.

이전의 서복 일행의 코스는 '筑紫'에서 '日向'로 곧 규우슈우 남단을 돌아 규우슈우 동편으로 돌았는데 신무왕의 출발지가 제주도가 아닌 일본이라면 규우슈우 서안(西岸)의 어느 곳에서 '筑紫'로 가서 서복의 남태평양쪽 연안 코스보다 일본 국내쪽 seto(瀨戶) 내해(內海)코스를 택했다고 봄이 마땅할 것이다.

제주도의 toyo(〈toko)계의 usa(宇沙)에 도착하여 환영을 받았는데 usa는 현재의 Ooita(大分)현 북부의 usa(宇佐)이며 seto 내해에 임하는 위치에 있다. 여기서 태평양 연안쪽을 택할 것인가 seto 내해 항로를 취할 것인가를 궁리한 것으로 보인다. 북상하여 '筑紫'(岡田宮, 지금의 규우슈우 최북단의 아시야(芦室)인 듯)로 옮겼다.

「亦從其國上幸而, 於阿岐國之多祁理宮七年座 自多下三字以音 , 亦從其國遷上幸而, 於吉備之高嶋宮八年坐。故從其國上幸之時, 乘龜甲爲釣乍, 打羽擧來人, 遇于速吸門, 爾喚歸, 問之汝者誰也, 答曰僕者國神。又問 汝者知海道乎, 答曰能知。又問 從而仕奉乎, 答曰仕奉。故爾指渡槁機, 引入其御船, 即賜名號槁根津日子。此者倭國造等之祖 」

(다시 그 나라에서 위로 (동쪽으로) 나아가서 aki(阿岐)의 나라의 takeri(多祁理)의 궁에서 7년 있었다. 多부터 3자는 음으로 읽는다 다시 그 나라에서 위로(동으로) 옮겨가서 kibi(吉備)의 '高島宮'에 8년 있었다. 다시 그 나라에서 올라 (동으로) 갈 때 거북이 등에 타고 낚시질을 하면서 날개치듯 소매를 흔들어 오는 사람을 물살이 빠른 해협(明石 / 鳴戸 해협?)에서 만났다. 그래서 불러들여서 「너는 누구냐」고 물으니 「나는 나라(지방, 토지)의 신이다」라고 답하였다. 또 「너는 바닷길을 알고 있는가」 하고 물으니 「잘 알고 있다」라고 답하였다. 또 「우리를 섬기지 않겠는가」고 물으니 「섬기겠습니다」고 대답하였다. 그래서 삿대를 넘기고 배안으로 끌어 들였다. 곧 (그에게) 이름을 내려주니 sawonetupiko라고 하였다. 이는 왜국의 國造(kuninomiyatuko, 지방장관)의 시조이다)

앞서서 신무왕의 동정(東征)의 경로에서 많은 세월이 걸린 것을 알 수 있다. aki(安岐)는 고오치(高知)현의 '安芸'보다는 히로시마(広島)현 서반(安芸郡?)쪽일 것이다. 그 다음의 경유지 kibi(〈kipɐr*)(吉備)(岡山県吉備郡?)하고 연계했을 때 seto(瀨戸)내해의 코스 안의 것이다.

그 두 군데서도 동조세력을 규합한 것으로 보인다. 곧 제주도를 출발했을 때 많은 군사를 거느려 왔다기보다 형제와 측근만 데리고 와서 일본에서 동조세력을 포섭한 것이다. 다음 경로는 물살이 빠른 해협이란 점에서 아카시(明石)해협 아니면 naruto*(鳴戸)해협일 것이다. 신무왕이 먼저 똑바로 오오사카쪽으로 갔는지 아니면 돌아서 갔는지는 분명하지 않다. 신무왕에 복종한 sawonetupiko는 일본서기에는 '椎津彦'(sihinetu-piko)로 되어 있고 이와나미(岩波 1958 : 149)의 두주(頭注)에는 본명이 udapiko(珍彦)로 되어 있다. udu는 소용돌이와 같은 뜻인 점에서 mu-dur(물(소용)–돌이)에서 혹은 udu(여울)에서 왔다고 볼 수 있다. '珍'의 한자가 한국어에서 '돌'의 훈이 있다. '돌'에는 '門, 梁'이 있으며 한국어의 울돌목(鳴梁, 진도군 울돌목)이 참조된다. 그러한 물이 소용돌이치는 곳을 관장했던 사람이 신무왕을 안내한 것이 되는데 그 다음의 경유지가 어딘가에 따라서 明名 / 鳴戶 해협의 어느쪽임을 어림할 수 있다(끝의 분주(分注)의 '國造'는 필자는 kuni(tu)kuri*로 보고 있다).

「故, 從其國上行之時, 經浪速之渡而, 泊青雲之白肩津。此時, 登美能那賀須泥毘古 自登下九字以音 興軍待向以戰。爾取所入御船之楯而下立。故, 號其地謂楯津, 於今者云日下之蓼津也。於是與登美毘古相戰之時, 五瀨命, 於御手負登美毘古之痛矢所串。故爾詔, 吾者爲日神之御子, 向日而戰不良。故負賤奴之痛手。自今者行迴而, 背負日以擊期而, 自南方迴幸之時, 到血沼海洗其御手之血。故謂血沼海也。從其地迴幸, 到紀國男之水門而詔, 負賤奴之手乎死, 男建而崩。故, 號其水門謂男水門也。陵即在紀國之竈山也。」

(그래서 그 나라에서 올라갔을 때 namipaya의 나루터를 지나서 (青雲の) sirakatanotu*(白肩津)에 정박하였다. 이때 tominonagasunepiko(登美能那賀須泥毘古) 登부터 九字는 음으로 읽는다 가 군사를 일으켜서 기다려 있다가 대항해 덤볐다. 이에 배안에 두었던 방패를 들고 하선하여 막아섰다. 그래서 그 곳을 이름하여 tatetu(楯津)라고 한다. 지금의 kusaka(日下)의 tatetu(蓼津)라고도 한다. 거기서 tomipiko*(登美毘古 〈곧 那賀須泥毘古〉)와 싸울 때 ituse*(no-mikoto)(五瀨命)의 손에 tomipiko의 화살의 상처를 심하게 당하였다. 이에 ituse(nomikoto)가 말하기를 나는 일신(日神)의 아들로서 해쪽(동쪽)으로 향해서 싸우는 것은 좋은 일이 아니다. 그래서 천한 자에게 중상을 입었다. 이제부터 방향을 돌려서 등에 해를 업고 싸우겠다라고 말하고 남쪽 방향으로 돌아가셨을 때 tinuma(血沼)의 바다에 이르러 그 손의 (상처의) 피를 씻으셨다. 그래서 tinuma(血沼)의 바다라고 한다. 거기서 돌아 나아가서 ki(紀)국의 wonominato(男之水門)에 이르러 말하기를 천한 자에 의한 손의 상처를 입어서 나는 죽어야 하는가 하고 외치며 돌아가셨다. 그래서 그

minato(水門)를 이름하여 '男之水門'이라고 한다. 능은 곧 ki국의 kamaya-ma(竈山)에 있다.)

namipaya(浪速)는 이와나미(岩波 1958 : 150) 두주(頭注)에 의하면 na-niha(難波)의 건널목으로 되어 있다. 일본서기(岩波 1967 : 578) 보주(補注)에 m / n 교체에 의해 naniha와 결부될 수 있음을 언급하고 있다.

만엽집(977번가)이나 기(紀)기요(53번가)에 '難波(乃海), 難波(埼)'의 지명에 얽히는 침사 '押照哉'(ositeruya)는 우리말의 '밀혈개(mirhhjərkɛ*)'에 해당되는데 바닷물이 밀고 다리는, 조류의 세가 급한 곳으로 표현되고 있다. 지금의 오오사카(大阪市 上町 台地) 북단에 있는 '難波埼'가 그 곳이다.

따라서 신무왕 일행은 오오사카 앞 바다에 다다른 점을 미루어 아카시(明石)해협을 건넌 것으로 볼 수도 있다.

'(靑雲)の 白肩津'의 (靑雲)는 '白'에 걸치는 침사로 보기도 하는데 '白肩津'는 일본서기(권3)에서 kahucinokuni(河內國)의 kusakanomura(草香邑)에 있다고 되어 있다. 이와나미(岩波 1967 : 193)의 두주(頭注)에 의하면 '草香津', '白肩津', '盾津'는 모두 같은 곳으로 오오사카 부중(府中)의 '河內郡孔舍衛村'(지금의 枚岡市 북부의 지역)으로 보고 있다. 그렇다면 동오오사카시(東大阪市)의 동편이면서 Nara(奈良)와의 경계의, 험악한 산 ikoma(生駒)산지의 직전에까지 이르는 지역이다.

예전의 오오사카 지대는 석호(潟湖)지대 혹은 섬과 같아서 그 곳까지 배가 갈 수 있었던 것으로 보인다.

'草香, 白肩, 盾'의 공통요소는 kusa－ka '산엾', 또는 ku－saka '큰 고개', sira－kata '습지－곁', tate '산'인 점에서 또 동쪽에는 험준한 산이 가로막혀서 상륙하기에 어려웠던 곳으로 보아진다.

이렇게 '難波－白肩津'의 경로를 볼 때는 naruto(鳴戶)해협을 지나온 가능성도 배제할 수 없다. 올라온다는 표현에는 중심부로 간다는 뜻 이외에 실지로 북쪽으로 간다는 뜻도 있기 때문에 naruto해협을 지나서 중심부로의 안내를 받고 그쪽으로 올라갔다고 볼 수 있다.

어떻든 Nara산지에의 돌파를 위해 오오사카 동쪽 수로에서 고전을 했고 신무왕의 형이 적의 화살에 부상을 입고 동진의 진격에서 남행의 항로로 우회하는 작전으로 바꾼 것이다.

신무왕 일행에 항전한, 등미비고(登美毘古)와 동일인인 '登美能那賀須泥毘古'는 təmi(no)－naga(su)－piko로 분석되며 섬의 강을 관장하는 이로 분석된다. 이들에게는 신무왕 일행의 행보는 큰 위협으로 느꼈을 것이다. 이들의 본거지 '白肩津'에 얽힌 침사적 표현 '靑雲'은 다음과 같이 분석된다.

awo(靑)	kumo(雲)	우두머리의 '蜘蛛(族)'
ᄇᆞᆯ	거믜	

awo에 대한 한국어는 푸르다(〈프르다)지만 어두 격음은 원래 평음으로 보면 '브르다'가 되고 모음의 ɯ / ɐ 교체(ᄇᆞ르다)와 연체형화하면 ᄇᆞᆯ(ᄇᆞᄅᆞᆯ 〉 ᄇᆞᆯ 동음생략)이 된다. 풀(草)(〈*블)을 생각하면 동원어로 볼 수 있다. 'pɐr*'에는 '伯, 赫, 始' …… 의 뜻이 있다. 일본어의 haru(〈paru)도 동원어일 것이다.

일본어의 kumo(雲)의 동음이의어로 거미(蜘蛛)가 있다. 일본의 토착민에 대한 호칭으로 tutigumo(土蜘蛛)가 있다. 그러한 토착민을 가리킨다. 신무기(神武紀)에 '土雲〈具毛〉'의 표기에서도 '雲'을 '土蜘蛛'를 나타내는데 쓰고 있다. 따라서 침사적 표현인 '靑雲'은 토착민의 우두머리, pɐrkəmui*를 나타낸다.

남행의 경로 tinuno(血沼)바다는 이와나미(岩波 1958 : 151) 두주(頭注)

에 의하면 '和泉國和泉郡 茅渟海'로 되어 있다. 다음의 경유지 ki(紀)국의 wono minato(男之水門)가 지금의 '泉南郡'의 앞바다로 본다면 '茅渟海'는 그 북쪽의 '和泉郡'(和泉市)의 앞바다로 보인다. '泉南郡'은 지금의 오오사카부(府)에 속하는데 당시에는 kii(紀伊)에 속했기에 ki(紀)국으로 표현된 것 같다.

그 다음의 경로는 '五瀨命'의 장지(陵)인데, 그 곳은 ki(紀)국의 kamayama(竈山)라고 하였는데, 역시 이와나미(岩波 1958 : 15)의 두주(頭注)에는 '延喜諸陵式'에 의거 '紀伊國 名草郡'으로 되어 있다. nagusa(名草)군은 와카야마시(和歌山市) 남쪽의 '知歌山灣'에 면한 지역으로 볼 수 있다.

「故, 神倭伊波禮毘古命, 從其地迴幸, 到熊野村之時, 大熊髮出入即失。爾神倭伊波禮毘古命, 倏忽爲遠延, 及御軍皆遠延而伏。遠延二字以音 此時, 熊野之高倉下, 此者人名 賷一横刀, 到於天神御子之伏地而獻之時, 天神御子即寤起, 詔長寢乎。故受取其横刀之時。其熊野山之荒神, 自皆爲切仆。爾其惑伏御軍悉寤起之。……」

(그래서 신무왕은 그 곳(男之水門)에서 돌아나아가서 kumanonomura(熊野村)에 이르렀을 때 큰 곰이(토착인인 듯) 슬쩍 모습을 드러내고 또 사라지곤 하였다. 이에 신무왕이 갑자기 병들고 부하의 군졸도 모두 병들고 말았다. 이때 kumano의 takakurazi(高倉下)(高倉을 관장하는 이)가 휘두를 수 있는 한 칼을 가지고 천신의 아들(神武王)이 잠들고 있는 곳에 와서 그것을 바쳤다. 이에 천신의 아들이 곧 잠에서 깨어나 오래 잤구나 하고 말하였다. 그리고 그 칼을 받았을 때 그 '熊野山'의 거치른 신(神)들은 스스로가 모두 죽어 쓰러졌다. 이에 병들어 있던 군졸들도 모두 깨어났다.)

'熊野村'은 지금의 와카야마(知歌山)현의 가장 동남쪽에 있는 singuu(新宮)와 바로 이에 연접하는 mie(三重)현의 가장 서남쪽의 '熊野市'를 합친 지역으로 생각된다. 이 두 곳은 '熊野村'을 끼고 분립되어 있다. 고사기에서는 kumano*(熊野)에서 '高倉下'의 도움을 받은 것으로 되어 있으나 일본서기에서는 '熊野'에서 보다 동쪽인 '荒坂津'(다른 이름은 丹敷浦)에 가서 도움 받은 것으로 되어 있다. 그 곳은 신무왕의 상륙지로 알려지고 있다(전술). 그 곳의 위치는 nikisima(二木島)(지금의 荒坂村)와 그 보다 동북쪽인 nisiki(錦)로 보는데, 필자는 이 두 군데서 상륙을 시도한 것으로 가정하고 있다. 모두 직조(直條)의 석벽이 서 있는 해안으로 토착민의 방전(防戰)태세의 허점을 찌른 것으로 본다.

일본서기(권3)에 의하면 그 바다에 이르기까지 폭풍을 만나 표류를 하는 고난을 겪는데 신무왕의 형인 도반명(稻飯命, inepinomikoto)이 한탄하여 말하는 대목이 주목된다. 「우리 조상은 amatukami*(天神), 어머니 옥의희(玉依姬)는 watatukami(海神)」라고 한 부분이다. 또한 신무왕의 형인 삼모입야명(三毛入野命, mikeirinomikoto)은 tokoyonokuni(常世鄕)에 돌아갔다는데 이와나미(岩波 1967 : 194)의 두주(頭注)에는 tokoyo(常世)는 고대인이 해외에 있다고 생각한 이상향으로 되어 있다 이들 기술들을 보아서 신무왕의 출신은 제주도임을 알 수 있다. 모두 제주도의 고칭 təkə(州胡), tam(a)(耽)와 주위환경의 wata(〈 pata 海)와 관련되기 때문이다.

일본의 토착민은 ohokumo(大熊) 곧 큰 곰으로 나타내는 것을 보아 세력이 강대하였음을 보여준다. 한반도에서 건너간 선주족 곧 곰계의 부족일 것이다.

신무왕을 비롯한 부하의 군사들이 병량(兵糧)도 떨어지고 실의에 빠졌을 때 도와준 이가 takakurazi(高倉下)이다. takakura(高倉)를 관장하기에 병량과 병기를 보태주었을 것이고 병력도 빌려줬을 것이다. 어쩌면 서복에 동행하여 그곳에 정착한 제주도 조상들의 후예인지도 모른다. takakura (zi)도 taka－kur* 곧 '州胡－人'으로 풀이될 가능성도 없지 않다. 어떻든 이들의 협력에 의해 kumano(熊野)의 원주민을 물리칠 수 있었다고 본다.

「於是亦, 高木大神之命以覺白之, 天神御子, 自此於奧方莫使入幸。荒神甚多。今自天遣八咫烏。故, 其八咫烏引道。從其立後應幸行。故隨其教覺, 從其八咫烏之後幸行者, 到吉野河之河尻時, …… 自其地蹈穿越幸宇陀。…… 自其地幸行, 到忍坂大室之時, …… 故如此言向平和荒夫琉神等, 夫琉二字以音 退撥不伏人等而, 坐畝火之白檮原宮, 治天下也。」

(이에 또 高木大神이 깨우쳐 말하기를 「天神의 아들이여. 여기로부터 깊숙이 안쪽으로 나아가지 마십시오. 거치른 신들이 매우 많습니다. 큰 가마귀가 길 안내를 할 것이므로 그것이 날아가는 뒤를 좇아서 나아가십시오.」라고 말하였다. 그래서 가르쳐준 대로 그 큰 가마귀의 뒤로 나아가서 yosino(吉野)강에 이르렀을 때 …… 그 곳으로부터 길도 없는 거친 산중을 뚫어 넘어서 uda(宇陀)에 당도하였다. 그 곳에서 더 나아가 (행군하여) osaka(忍坂)(大和國 磯城郡)의 ohomuro(大室)(토굴과 같은 것)에 이르렀을 때 ……이와 같이 신무왕은 거치른 부족장들을 귀순시키고 夫琉 2자는 음으로 읽는다 복종하지 않는 사람들은 물리치고 하여 unebi(畝火)(산 기슭이의)의 kasipara(白檮原)(지금의 橿原市)궁에서 천하를 다스렸다.)

원문에서 …… 친 부분은 그 장소에서의 토착민의 저항에 관한 여러 가지 사건들이 기술되고 있다. 이 글에서는 신무왕의 진군 코스가 주관심사였기에 줄였다. 토착민의 정벌과정은 일본서기에 더 자세히 나온다.

ohomuro(大室)에서의 tutigumo(土雲)라 불리는 토착민의 잠복을 사전에 알고 계책으로 전멸시킨 사건과 일찍이 신무왕의 형 오뢰명(五瀨命)을 전사하게 한 tomipiko에 대한 복수를 다짐하는 노래(古事記가요) 3수가 나온다. 과연 실행이 되었는지 확실하지 않으나 계속해서 esiki

(兄師木), otosiki(弟師木)(이들은 tomipiko의 형제로 보기도 하며, '磯城'의 호족들로 보기도 한다)를 칠 때 군사들이 피폐하여 병량의 보급을 기원하는 노래를 지은 것을 보면 신무왕의 형의 복수는 수행한 것으로 보인다. 또 그때 신무왕을 좇아 본국에서 왔다고 하는 이가 자기 증표를 바치고 모셨는데 그가 tomipiko의 누이를 취한 것으로 보면 tomipiko는 패망한 것을 알 수 있다.

이상과 같은 신무왕의 진군 경로를 볼 때,

> nikisima(二木島)(상륙지) – yosino강(吉野河) – uda(宇陀) – osaka(忍坂)(지금의 桜井市) – 白檮原宮(지금의 橿原市)

의 코스다.

직조(直條)의 석벽을 기어오른 이들은 행군한 코스는 물론 강가의 평지를 이용하지 않았을 것이다.

상륙지로 볼 때 totu(十津)강과 yosino(吉野)강의 중간지대의 고지대의 산등성이를 이용한 것으로 보인다. yosino에서 uda에 이르고 서진(西進)하여 지금의 sakurai(桜井)시에 그리고 더 서진하여 지금의 kasiw-ara(橿原)시에 도달한 것이 되는데 이는 신무왕의 형인 오뢰명(五瀨命, itusenomikoto)이 일신(日神)의 아들로서 동쪽의 해쪽으로 향해서 싸우는 것은 좋은 일이 아니다(그래서 부상을 입었다)고 한 말과 상관적으로 볼 때 해를 등지고 서쪽으로 쳤다는 것이 되는데, 실은 저항 세력이 집결한 주력부대에 무리로 맞서는 것보다 허약한 변두리부터 배후공격하는 것이 더 좋을 것이라는 작전의 수행이기도 하다. 주목되는 부분은 고사기에는 안 보이고 일본서기에 보이는 부분인데 siki(磯城)의 yasota-keru(八十梟帥)를 치기 전에 제신(諸神)에 제사지낼 때 신무왕이 miti-no'ominomikoto(道臣命)에게 명하여 지금 자기 스스로가 고황산령존(高皇産靈尊, takamusupino mikoto)으로 의탁하여 그 신으로 나타나려고 한 대목이다.

그 신명(神名)은 일본서기(권1 神代上의 一書)의 고황산존(高皇産尊, takamimusupinomikoto)과 같은 이름이다. 앞에서 나온 고사기의 '고목신(高木神)'도 이와 동류로 볼 수 있다.

고사기 첫머리의 별천신(別天神) 五주(柱)에는 두 번째 신명으로 나온다. 이 신명에 대해서는 필자는 다음과 같이 풀이한 바 있다(김공칠 2004 : 307).

원문(原文)	高	御産巣	日	神
훈독(訓讀)	taka	mimusu	pi(no)	kami
원한국어 a)	tak	ɐr	na	
b)	tak	na	pɐr	

여기서 a)의 풀이는 탁라(乇羅)에서의 3신의 둘째인 고을나(高乙那)의 tak'ɐrna*의 칭호와 상응하고, b)의 풀이는 제2항이 한국어의 나(出, 生)하고, 제3항은 불(火)하고는 의미적 상관성에서 각각 musu(生, 産), pi(〈pɯr 火, hɐi 日)로 빌린 것으로 본 것이다.

앞서의 '高皇産靈尊'도

高	御産巣	日	神
taka	mimusu	pi(no)	kami
高	皇産靈		尊
taka	mimusu	pi(no)	mikito

로 맞출 수 있다. 맨 끝의 '神'과 '尊'은 존호(尊號)로서 공통적이다. '高木神'도 '高 taka－木 na－神 kami'로 탁라의 신을 나타내기에 동류로 볼 수 있다. '木'는 현대어로 '나무'지만 제주방언의 '낭, 남'을 고려하면 na로 읽을 수 있고 또 앞의 '御産巣'의 na와도 맞춰볼 수 있다.

일본서기에 신무왕이 yasotakeru(八十梟帥)를 치기 전에 제신(諸神)

에 제사 지낼 때 자기가 '고황산영존'의 분심임을 선언한 것은 아마도 yaso-takeru의 호칭도 제주도계의 takeru였기 때문일 것이다. yasotakeru는 제주도계의 선주족이었고 동계열의 후손이었기에 신무왕이 정통적인 조상의 자손임을 분명이 군졸에 알리고 사기를 붙돋아 결전(決戰)에 임하도록 한 것으로 보인다. 여세를 몰아 대항세력을 차례로 평정하는데 성공하는 것이다.

3.3. 신무왕의 천조(天祖) '火瓊瓊杵尊命'

신무왕의 출계(出系)가 제주도와 관련되는 것은 일본서기(권3, 서두(神武即位前紀))의 다음 기록에서 알 수 있다.(일본서기의 원문은 이와나미(岩波 1965, 1967)를 이용함.)

> 「昔我天神, 高皇産靈尊, 大日孁尊. 擧此豊葦原瑞穗國, 而授我天祖彦火瓊瓊杵尊」
>
> (옛적에 우리 천신 高皇産靈, 大日孁尊이 豊葦原瑞穗國을 우리 천조 彦火瓊瓊杵尊에게 주었다.)

'高皇産靈'에 대해서는 앞에서 본 바 있고 ohopirumenomikoto(大日孁尊)에 대해 풀이하면 이와나미(岩波 1967 : 189)의 두주(頭注)에는 '天照大神'으로 되어 있다. 신대기(神代紀) 1서에도 그렇게 되어있고 또 1서에는 '天照大日孁尊'으로 되어있다. '孁'은 두주에 무녀(巫女)의 뜻으로 풀이하고 있고 ma*(靈)의 여성화로 me로 나타낸 것으로 보기도 한다. 필자는 이를 침사적 표기로 보고,

opo	piru	me(no)	mikoto
大	日	孁	尊
큰	나	뵬	

ama terasu

天 照 大神

kanna pɐr

와 같이 풀었을 때 동일의 신명을 나타낸 것으로 할 수 있다.

'日' piru(>hiru)에는 '日' pi에 ru가 접미한 것으로 yo–yoru '夜'와 같은 패턴이다. 한국어의 날/낮에 상응하는 것으로 na를 나타낸다고 본다. me는 ma의 교체어로 ma(間)가 사이, 잣대(坪, 寸法)의 뜻이 있어 이는 한국어의(사이가) 벌(어리다), (옷 한)벌, 뷜(골), 뷜다(팔 길이로 재다)로 맞춰볼 수 있다.

Omodaka(沢泻 1967 : 662–3)에는 ma(間)에는 어떤 것이 위치하는 공간도 가리키고, 그 외 ma(鬼魔), 魔俗云 マ, オニ, ココメ, タマシヒ(名義抄)의 예가 나온다. タマシヒ의 훈이 있는 것으로 보아 '靈'으로 나타내는 것을 변형시켜 그 뜻을 대신할 '雭'자를 쓴 것으로 보인다. 이렇든 ma의 음을 나타내는 동음중의(同音重義)식으로 '間'의 뜻으로 뷜/블을 나타낸 것으로 보는 것이다. '天照大神'의 경우는, '天'은 아이누어에서 보이는 kan, kam '上', kana '上', kanna '上의', kando '天'의 어휘들이 있는 점에서 위의/높은/하늘의 뜻이 함유된 것으로 본다. 한국어의 '하늘', '하느(님)의 어형도 여기서 유래하였을 것이다. 앞서의 동일 신명의 이표기(異表記)가 kannapɐr*에서 일치할 수 있는 점, 그리고 일본의 신수(神水)의 산으로 여기는 kannabi와도 (bi는 pur의 동원어(同源語), 한국어의 夫里 : 卑離 참조)연관되는 점에서 그러한 해석이 가능하다고 본다.

여기서 말하는 kannapɐr(/pur)이 제주도에서의 한라산의 호칭에 상당하다고 생각할 때 '高皇産靈'과 나란히 제주도와 연계시킨다고 해서 이상할 것 없다.

그 다음 toyoasiparano mituponokuni(豊葦原瑞穂國)에서 toyo*(豊)는 təkə(州胡)에서 유래된 풍족함을 나타내는 말로 볼 수 있고, asipara(葦原)는 침사로서(김공칠 2004 : 112–113, 115) sɐipər*로 피침사 mitupo(〈mi-(tu)pɐr*)nokuni(瑞穗國)하고 호응하는데, 함께 '新土, 東土, 東原'의 s(i)-əna*, sɛna* '新土國, 新原國'를 나타내는 표현이 된다.

'新土, 東土, 東原'은 특정 지역을 가리키는 것은 아니고, 신라의 서라벌도 이에 해당될 수 있고 제주도의 옛 서울 서나(西那)에도 해당될 수 있다.

toyo(豊)가 얹힌 것으로 보아 제주도의 '西那'를 가리킨다 할 수 있다.

asi	para	no	mi	tu	po
새	벌		서	나	벌

제주도의 '西那'지대는 서부세력으로 볼 때 동부에 위치하며 원래 습지이고 갈대밭 지대였던 것으로 전승되어 온 곳이다.

천조(天祖) '彦火瓊瓊杵尊'는 amatu oyapiko(no)–pononinigi(no)–mikoto로 분석된다. 이 신명의 중심은 pononinigi(岩波 1967 : 567 補注)이고 po(no)는 수식어로 pɐr*로 보면 '伯·首'의 뜻이고 인명은 ninigi이다. 이것을 또 nigi nigi의 첩어의 동음 gi의 생략으로 본다면 nigi가 된다. Huzii(藤井 1781 : 6)는 ninigi를 신라의 '尼師今'에 맞추고 있으나 음형의 대응에는 무리가 있다. 이를 침사적 표현으로 해서 풀이하면,

ni	nigi	
닛	금	大王, 大君

ni에는 '土'의 뜻이 있으니 한국어의 흑(흙)(大)(동음강조로), nigi(ru)는 한국어의 '금어쥐다'의 어근으로 보면 '금'이 되어 niskɐm*, 그 앞의 '火'

(블)과 합치면 pərniskəm* 곧 가장 으뜸의 대왕의 뜻이 된다.

이 대왕 곧 (화)경경저존((火)瓊瓊杵尊)은 일본서기(권2, 神代(下)의 서두)를 보면 '天照大神'의 아들과 '高皇産靈尊'의 여식 사이에 태어난 황손(皇孫)으로 되어 있다.

일본서기(권3) 서두의 '神武即位前紀'에 천신(高皇産靈尊)으로부터 일본(豊葦原瑞穗國)을 수여받고 천관(天關, amanoihakura)을 열고 구름 길을 헤치고 선필(仙蹕)하며 와서 머물렀다」(於是, 火瓊瓊杵尊, 闢天關披雲路, 駈仙蹕以戾之.)하고 있다. Omodaka(沢泻 1967)에 의하면 ihakura(磐座)는 견고한 곳이며 kura는 신(神)에 의해 만들어진 자리로 되어 있다. 그렇다면 그러한 자리로의 관문으로 풀이될 수 있다. 이미 신들에 의해 만들어진 굳건한 그 곳을 열어 제쳤다는 뜻이다. 그 곳을 다스려야 하는 험로를 개척해 나갔다는 것이 된다. 선필(仙蹕)은 이와나미(岩波 1967 : 189) 두주(頭注)에 의하면 신선(神仙)이 지날 때에 벽제(辟除)하는 일 곧 통행에 방해되지 않도록 길을 정돈하는 일에서 천자(天子)의 행행(行幸)을 뜻하는 것으로 되어 있다. 신선이 지나가는데 저항세력들을 굴복시키도록 하였다는 것으로 풀이된다.

천신(天神, 高皇産靈尊)이 일본(葦原中國)에는 반딧불이 빛나는(鬼火, 아마도 巫神) 신, 파리같이 소리내는 시끄러운 신들이 있어서 그들을 평정하기 위에 누구를 보내느냐 하고 모든 신을 소집하여 몇 사람 보내기도 하였으나(아마도 동해연안 코스로) 현지에 동화되어 머무는 등 제 구실을 못했기에 가기 싫다고 하는 황손 '火瓊瓊杵尊'을 상을 덮는 이불로 덮어서 억지로 보냈다는 이야기가 있다.

필자는 이러한 대목을 서복의 일본 도항에 참여했던 제주도의 선주민들의 활약이 미흡하고 현지에 머물러서 본국에 소식 전하지도 않고 서로 불화하는 등 기대에 어긋났기 때문에 황손을 억지로 보내서 드디어 천관(天關)을 열었다는 뜻으로 기술하였다고 보는 것이다.

이들이 한 일과 신무왕의 정복과정과 다른 점은 소집단으로 소지역을 개척하여 지방의 호족으로 성장하였다는 것을 들 수 있다. 이들 일본 내의 소국(小國)들은 일본서기(권3)의 신무왕의 기록을 보면 「읍에는 군장이 있고 촌에는 촌장이 있어 각각 강역을 나누고 서로 능가하려고 알력을 일삼는다」(邃便邑有君, 村有長, 各自分彊, 用相凌躒)로 되어 있어 왕이 다스리는 국가로서의 체제를 갖추지 못하고 있었다는 것인데 이를 위해 신무왕의 동정(東征)이 시도된 것임을 알 수 있다. 곧 한반도에서의 국가 발흥의 시기에 맞춰서 국가적 통합을 기도한 것으로 볼 수 있는 것이다.

‘火瓊瓊杵尊’의 아들이며 신무왕이 아버지의 이름 ‘彦波瀲武鸕鷀草葺不合尊’은 다음과 같이 침사적 표현으로 분석된다.

彦	波瀲	武	鸕鷀	草	葺 不合	尊
piko	nagisa	taker	u	gaya	puki ahezu	mikoto
	ᄇᆞᆯ	닥ᄋᆞᆯ나		ᄇᆞᆯ(>ᄑᆞᆯ)	닥(>닭) 얼(나)	

nagi(sa)(和)는 바람이나 물결이 부드러워지는 것으로 한국어의 ᄇᆞᆯ다(穩)에 대응하고 take(r)－u는 ‘닥ᄋᆞᆯ나’를 나타낸다. gaya(草)는 한국어의 ᄇᆞᆯ(>블>풀), puku(葺)(>huku)는 한국어의 닥(>닭)에 ahezu(不合)는 한국어의 얼(밖에 드러난 흠)을 나타내는 것이 되어 같은 뜻의 말을 다른 형식으로 겹쳐서 나타낸 표현이 된다. 곧 pərtakərna*는 우뜸의 ‘닥ᄋᆞᆯ나’의 강조적 표현이 된다. 이렇게 풀이함으로써 종전의 ugaya의 어색한 풀이를 갈라놓는 이점도 있게 된다.

이제 신무왕의 계보와 그 시대의 연대를 맞춰보면,

高皇産靈尊　　서기전 3세기와 그 이전

│

딸　　서기전 3세기

|

손 火瓊瓊杵命 서기전 3세기－서기전 2세기
(신무왕의 조부)

|

신무왕의 아버지 서기전 1세기－서기 1세기

신무왕 서기 1세기

Griffis(1887 : 54)에서는 신무왕은 일본의 첫 번째 임금이고 일신(日神) 가계의 다섯 번째라고 하고 있는데, 그것은 앞의 가계수와 비슷하지만 다만 가계의 조상명과 순서가 Izanagi(그리고 Izanami)－Ninigi－네 번째 조상(아마도 신무왕의 아버지, 필자주)－신무왕으로 하고 있다(p. 55). Izanagi에 대해서는 필자는 다르게 보고 있다(김공칠 2004). 또 Griffis (1887 : 55)는 신무왕을 외국의 침입자의 일단으로 일본의 규우슈우의 hyuuga(日向)에 상륙했거나 이전의 어느 시기에 그 지역을 점령한 바 있는 식민자였다고 보고 있다. 신무왕의 조부인 '火瓊瓊杵命'가 이미 점령한 바 있는 것과 관련되는 언급이다. 구체적으로 어데서 왔다고 하는 언급은 없다. 일본인 학자도 외지에서 왔다고 주장하는 이들이 있다. 이에 대해서는 다시 후술한다.

'火瓊瓊杵命'가 앞에서 언급한 대로 천신(天神)으로부터 일본을 수여받고 천관(天關)을 열었다고 한 기사와 함께 생각하면 매우 암시성이 풍부한 것으로 볼 수 있다. 신무왕의 천조(天祖)가 신선(神仙)으로 서복 일행이 일본에 도항(渡航)하는데 따라오고, 금단의 이국(異國)의 천관(天關)을 열었다는 것이며, 많은 저항 세력들을 굴복시켜 나아갔으나 어느 단계에서 머물렀다는 것인데 후일의 신무왕의 동정(東征)의 터전을 닦아놓은 것이 된다. 천조(火瓊瓊杵命)가 일본에 온지 179萬 2470여년으로 되어 있는데 그 숫자는 너무도 잘못된 숫자다. 원래는 179년으로 되어있던 것이누군가의 실수나 어떤 의도(황당한 연수 부풀리기)에 의한 것으로 보인다.

서복의 일본 도항에 따라온지 179년이 되었다고 보면 진시황제가 사망한 것이 서기전 210년으로 보면 거기서 179년을 더하면 서기전 30년 전 일이 된다. 서복의 도항 당시 중국에서의 출항으로부터 제주도항-일본 도항에 얼마나 걸렸는지 알 수 없고, 신무왕의 아버지의 연대를 보내고 신무왕이 나이 45세에 출발하여(日向에서 몇 년을 지냈는지 불명) tukusi(竺紫)에서 1년, aki(安岐)에서 7년, kibi(吉備)에서 8년 기타의 도정(途程)을 거치고 최종지 kasihara(橿原)에 이르기까지 많은 세월을 소요한 것을 생각하면 천조(天祖)도 많은 연월을 소모한 것으로 볼 수 있다. 따라서 신무왕이 '火瓊瓊杵命'이 개척한 촌읍(村邑)들이 화합하지 못하고 자기네 세력의 확장에만 골몰하여 혼돈 상태에 있는 것을 수습하기 위해 동정(東征)에 나선 때는 서기 1세기로 보아 틀리지 않는다고 본다.

4. 제주도와의 관련성

4.1. 지명, 인명 등에서

제2절에서는 중국의 서복의 제주 도래와 일본 도항 여부, 제3절에서는 그것과 관련될 수 있는 일본의 초대 임금인 신무왕이 제주도 출신으로서 동정하게 된 경위와 경로에 대하여 알아보았다.

여기서는 이상의 고찰사항 중에서 제주도와 관련되는 부분을 추려내고 그 관련성의 의미에 대하여 다시 생각해 보기로 한다.

서복의 제주 도항에서 제주도와 관련되는 사항은 지명의 '亶洲, 澶洲' 그리고 '蓬萊神山'이다. 단주(亶洲)가 과연 제주도를 가리키는 것인지, 봉래신산(蓬萊神山)이 '蓬萊·方丈·瀛洲'의 3신산을 대표적으로 나타낸 것인지 궁금하다.

'亶'의 용자는 Dongtonghe(董同龢)의 상고재구음(慶谷 1978)에 의하면 tân, t̂iän의 두 가지가 있는데 후자의 경우 개요음을 지닌 '州'(胡)의 t̂i̯ŏg와 연관지을 수 있다. 제주의 다른 호칭 둔라(屯羅)의 '屯'의 경우 Karglen(1940년)에 의한 d'wən / d'uən(董同龢의 상고음은 ti̯wən)을 참조했을 때 합요음 여하에 따라 '州(胡)－屯(羅)－亶'의 음운변화과정을 추정할 수 있다. '州胡'에서 '國·地'를 나타내는 na가 접미하면 ti̯ŏg(a)na 〉 ti̯änna와 같은 변화도 예상할 수 있어 '乇羅'(乇에는 개요음의 것도 있다)－'亶洲'의 연결이 가능하다고 본다(김공칠 1995 : 187, 194 참조).

한편 '乇羅－耽羅'의 호칭의 경우는 '州胡'의 주모음 ə가 상보적으로 －n 앞에서 그대로 ə로 분포하고(앞서의 ti̯ən), －m 앞에서 â로 분포하는데(tâm 耽). 이 때 필자의 가정은 '乇羅'는 *乇牟羅의 과정을 거쳤기에 －a로 실현되고 중간의 '牟'의 운미화로 乇羅 〉 耽羅로 a모음을 유지한 것으로 보고 있다(김공칠 1995 : 195 참조).

어떻든 '亶洲'의 '亶'은 선행 제주도의 호칭의 변화에서 오는 변동형으로 존재하였다고 보는 것이다. 일본의 남규우슈우의 kagosima(鹿児島) 남단의 tanekosima(種子島)의 tane와 매우 흡사하다 해서 여기에 비정(比定)하기도 하지만, 그 위치로 보아 1차적 도항지로 보기 어렵고 그 섬의 서편에도 크고 작은 섬이 여럿이 있어 대해(大海) 중에 있는 섬으로 보기 어렵다. 다만 서복이 일본 도항 시에는 이들 섬을 돌아서 갔을 것으로는 짐작된다.

3신산의 호칭에 대하여는 여러 가지 의견들이 많으나 제주도에는 영주산이라는 특정 산도 있으며 옛적에는 한라산을 그렇게 부르기도 하였다. 지금도 제주도를 영주라고 하여 유명한 관상지에 영주10경이라는 이름이 주어지고 있다. 3신산의 호칭에 대하여는 산에 따라 바뀌어 쓰이는 경우가 있는 것을 보면 제주도도 영주산, 봉래산 등으로 바꿔 부르거나 잘못 부르거나 했을 수도 있다고 생각할 수 있다. 제주도의 한라산이 예부터 신산(神山)이라 불린 점에서 첫 번째 탐방의 대상이라는 점에서 첫 번째로 봉래산의 이름을 사용했을 수도 있다. 그리고 무엇보다 단주(亶洲)가 중국기록에 바다 가운데 있었다고 하였는데 그렇게 멀리 해중에 격절(隔絕)하고 열도도 아닌 정황에 맞는 섬은 제주도 외는 없다. 타이완(台灣)으로 보는 이도 많으나 서복의 동항(東航)과는 무관할 것이다.

다음 신무왕의 출신과 관련되는 천신(天神), 천조(天祖), 부모명, 국명, 지형어 등이 한국어로 그것도 제주도적인 어휘로 풀이되는 것도 제주도와의 관련성을 받쳐주는 것이라고 할 수 있다. 부친의 '武' takeru는 제주도의 신 내지 족장의 이름의 공통요소이며 모친의 '玉' tama는 제주도의 국명과도 연결된다.

신무왕의 동정(東征)의 출발지 himuka(日向)도 해석에 따라서는 '日向' 지방의 해변으로 볼 수 있으나 제주도의 일출봉을 나타낸다고도 할 수 있다. 동정의 첫 번째 기항지 '筑紫'가 바로 그 정동(正東)이기도 하다. 그 다음의 진로가 toyo(toko)계의 지방인 usa – aki의 takeri궁 – kibi의 takasima – naruto해협의 udapiko 등 모두가 한국어계이며 선주족의 본거지라 할 수 있다. 반항세력인 sirakatanotu(白肩津)의 우두머리 '登美毘古'는 섬의 təm과 관련되는 족장으로 원래 제주도 계열이었다가 그 때까지 구축한 그 지역의 기득권을 포기할 수 없어서 저항했을 수도 있다.

신무왕이 상륙하고 Yamato(大和)를 향해 북진하는 일대의 지명이며 부족명은 모두 한국어계 특히 제주도계의 것들이다. 대표적인 것이 kumano(熊野), moru(牟婁)이다. kumano는 kam / kum / kamma계열이며, moru는 mɐrɯ*계열이다. 전자는 한국어의 kom / kum '熊'의 호칭과도 연관되는 부족 그러면서 kumna의 '熊族의 나라 / 大國'의 뜻이 있다. 제주도에도 kom / kum과 연관되는 지명이 여러 곳에서 보인다. mɐrɯ는 산마루, 산의 뜻으로 전해지고 쓰이기도 한다. 중세에 'ᄆᆞᄅᆞ, ᄆᆞ르'는 마룻대(棟), 'ᄆᆞ르'는 마루터이고, 현대어 '마루'는 산이나 지붕 따위가 길게 등성이를 이룬 곳을 이른다. 제주 방언에는 'ᄆᆞ루'로 나타난다. moru(牟婁)의 음은 제주형에 가깝다. 신무왕이 상륙한 다음, 평지나 가도를 피하고 산등성이로 진군하였다는 그 지명이 '(東)牟婁郡'에 상당하는 것도 주목된다.

신무왕 동정에 협조한 '國造, 高倉下, 八咫烏'의 이름도 관련성이 있다고 볼 수 있다.

'國造'는 지방의 호족으로 독립된 지방행정의 장이기도 하였다. 이를 kuninomiyatuko로 읽었다. 이 때의 kuni는 하나의 '郡'지역 정도의 범위다. miyatuko는 앞의 뜻과 같지만 이를 분석적으로 보면 miya－tu－ko 곧 '宮主'의 뜻이다. 전체적으로 '國(郡)의 宮主'의 뜻이 되는데 필자는 다르게 분석하고 있다. 곧 kuni－tu－kuri* 곧 '國'의 사람 다시 말해서 '國(郡)의 主'의 뜻으로 풀이하고 있다. kuri는 아이누어로 사람의 뜻이다. 이 해석이 '國造'의 일본어 형태와 일치한다.

takakurazi(高倉下)도 taka－kur(a)zi로 분석되어 taka(州胡, 乇羅)의 사람으로 분석될 듯 싶다. 신무왕이 상륙 이전에 해안을 표류할 때 신무왕의 형인 도반명(稲飯命, inapinomikoto)이 한탄하여 말한, 우리 조상은 amatukami(天神), 어머니는 watatukami(海神)라고 한 부분에서 제주도와의 관련성도 짙게 한다. 또 하나의 형은 '常世鄕'으로 돌아갔는데 그 tokoyo의 나라는 제주도이다.

yosino(吉野)를 향해 산등성이의 험로로 인도한 팔지오(八咫烏, yatagarasu)는 많은 가라쪽의 선주민(yarəgara(su)*)으로 볼 수 있는데, 제주도와 가라는 가라－제주도(온평리)－왜의 삼각항로가 연결짓듯 매우 긴밀한 관계였고 시기상의 전후관계는 확실하지 않지만 제주 출신의 허황옥 공주가 가락국 시조비가 되는 특별한 관계였던 만큼 일본의 선주민 간에도 우호관계가 형성되었던 것으로 보인다. yosino(吉野)(〈yəsinɐi*)는 아이누어의 굴곡(屈曲)의 천류(川流)를 의미하는 yəsi에서 오는 것으로 제주도의 예촌(禮村)(기타 육지부의 여러 곳)에도 반영되어 있듯이 공통어적인 성격을 띤 것으로 본다.

신무왕이 정도(定都)한 unebi*(畝火)의 bi는 산의 뜻이다. 일본의 도처의 kannabi(神水山)의 bi도 동류이다. 한반도의 '夫里, 卑離'계이다. kasipara(橿原)도 kas(i)pər*로 소급되며 '首·上'의 읍지(邑地)의 뜻이 있는 것으로 풀이된다. ka는 아이누어로 上(위), kasi(위에), kasike는 '위, 위에'의 뜻이 있다. 일본어의 kasira(頭目, 上部人), 한국어의 kas(冠) 등을 참조하면 ka 내지 kasi에 '상위'의 뜻이 있는 것으로 볼 수 있다.

신무왕에 반항한 팔십효수(八十梟帥, yasotakeru)는 제주도와 관련된 takeru의 명칭이 얽혀 있지만 일본에 선착한 기성세력이었기에 신진세력이 달갑지 않아서 대항한 것으로 보인다. 같은 제주도계열이면서 이미 힘이 강대해진 자에게는 그러한 자세를 취한 이가 적지 않았던 것으로 예상된다. 협조세력이든 반항세력이든 한국어계(제주도계) 선주민이 많이 분포하였기에 언어소통에 지장이 없었던 점에서 동정(東征)이 가능했던 것으로 볼 수 있다.

4.2. 신무왕의 출신지 면에서

일본의 17세기 학자 임라산(林羅山, hayasi razan 1618 : 280)의 신무천황론(神武天皇論)에서 일본의 남북조기의 선승(禪僧) 원월(円月, engecu 1300－75년)의 황조태백설(皇祖太伯說)이 일리가 있다면서 다음과 같이 서두에 말하고 있다.

곧 동산승(東山僧) 원월(円月, engecu)이, 태백(太伯)이 형만(荊蠻)(南蠻?)에 도망가서 머리카락을 자르고 몸에 문신하여 교룡(交龍)과 함께 살았는데, 그 후손이 tukusi(筑紫)에 온 것이 천손(天孫)의 강림이라고 주장한데 대해 그 주장이 견강부회와도 같지만 일리가 있는 것으로 본 것이다. 그러면서 신무왕이 만일 천신의 아들이였다면 어째서 기방(畿邦)에 내리지 않고 서쪽의 벽지에 왔는가 하고 kawaci(河內)국에서 nagasu-nebiko(長髓彦)와 싸워 이겨서 Yamato(大和)국을 kasipara(橿原)궁에 세운 것은 결국 신무왕은 (토착의) 추장과 싸워서 대신한 이(추장)라고 하였다. 결국은 태백의 후손인 신무왕이 규우슈우에 와서 토착 추장을 정복한 이로 보고 있는 것이다.

이는 곧 오(吳)의 태백을 서복으로 바꿔 생각해 보면 서복의 제주도 도항의 스토리의 내용과 닮은 데가 있다. 형만이 남만(南蠻)이면 제주도에 사용된 예가 신공기(神功紀)에 보인다. 곧 신공기 49년에 '南蠻'(arihisino-karakuni), tomitare(忱彌多禮)로 기록되어있다. '忱彌多禮'에 대해서는 이와나미(岩波 1967 : 356 頭注)에 제주도로 되어있다. 남만의 훈독은 '가라 나라의 남(서)쪽임을 가리키고 있다. 일본인이 오(吳)의 태백의 후손이라는 이야기는 한원(翰苑)(孫楚金, 660년-)의 왜국(p. 57-9)에도 나온다. 「위략(魏略)에 여왕(국)의 남쪽에 구노국(狗奴國)이 있고 …… 그 풍속에 남자는 모두 경면(黥面), 문신(文身)한다 그 구어(舊語)(옛말)를 들으니 스스로 태백의 후손이라고 한다」는 것이다.

이는 위지(魏志)의 전신(前身)의 하나인 위략의 일문(逸文)을 인용한 것으로 중국에서의 이러한 사서(史書)가 성립한 당시의 일본인은 스스로가 태백의 후예라고 했다는 것인데, 결국은 남중국-제주도-규우슈우의 연계코스로 볼 때 결국 제주도가 중심이 되는 것인데, 중국쪽을 보다 선호하는 사람들이 제주도보다는 중국쪽에 무게를 두고 그쪽에 결부시켰다고 보아 틀림없다.

임라산(林羅山)의 말을 다시 부연하면 신무왕이 천신의 아들이라면 왜 일본의 중심지인 기내(畿內)에 강림하지 않고 일본의 벽지인 규우슈우 깊숙한 산속에 강림하였는가 하는 의문을 제기하고 동정(東征)에 고전(苦戰)을 면치 못한 것을 보면 동정은 하나의 추장(酋長)으로서 옛 추장을 대신하는 정복 전쟁에 지나지 않는다고 하였다. 후지이(藤井 1971 : 4)

는 중국－amami(奄美)섬(沖縄열도)의 코스로 잡고 신무왕의 어머니 '玉依姬'도 그 섬의 출신으로 보고 있다.

Griffis(1887)가 신무왕이 외국에서 침략하여 점령한 이(p. 55)로 보았고 당시의 일본의 원주민은 아이누인이며 아이누인은 일본 최초의 조상이며 오늘날의 일본인의 대부분은 실질적으로 아이누의 종족으로 믿고 있다. 당시의 연구에 의거 아이누어와 알타이 방언은 매우 유사한 것으로 지적되고 있다고 했다(p. 29). 당시의 일본은 미개의 선주민 곧 아이누인이 각각의 추장 아래에 있었는데 모두 동일한 일신(日神)의 자손이라고 보고 있다(p. 55).

이 견해는 전반적으로 필자가 생각하는 바와 유사하지만 특히 언어면에서 구체적인 사례를 제시하지 못한 것이었다. 필자는 신명(神名), 인명, 지명 등의 해석을 통하여 천손(天孫)의 가계와 동정(東征)의 연유 등을 구체화하고 있는데 앞서의 논의에서는 그러한 것이 결여되고 있다.

어떻든 앞서의 내외인의 주장을 보게 되면 신무왕은 일본 국외의 사람이다. 그렇다면 그 외부인은 제주도에서 tukusi(筑紫)로 왔든, hyuuga(日向)로 왔든 제주도에서 나섰을 것이라고 하는 것은 당연하다 하겠다. 오키나와(沖縄)열도의 Amami를 거쳐서 왔다고 하는 것은, 그 북쪽에서 kurosio(黑潮)의 해류가 제주도, 대마도쪽으로 흐르는 것을 보아도 무리고 다른 지역과의 거리 간격도 너무도 커 보인다. 그 해류가 제주도 동안에서 북동쪽으로 그 일부의 지류가 규우슈우(九州) 서부로 갈리는 것을 보면 일찍부터 제주도(온평·성산)와 한반도의 동남 해안(후일 가락국) 그리고 왜와의 삼각항로가 개설된 점도 감안하였을 때 역시 신무왕의 동정의 기점은 제주도밖에 생각할 수 없는 일로 본다. 일본에서 일부의 사람들이 신무왕의 실재(實在)를 부정하기도 하나 신무왕의 계보와 동정의 경로가 구체적으로 기록되어 있고 동정의 내용도 너무도 생생한 점에서 실재성을 부정할 수 없는 일로 생각된다.

5. 재구되는 제주도의 언어와 역사

5.1. 관련된 어휘목록

먼저 서기전 3세기부터 서기 1세기에 걸쳐서 서복이 제주도를 거쳐서 일본에 도항할 때에 새로운 신천지의 개척의 지식과 기법을 터득한 제주도 선주민들의 일과 그 뒤를 이은 신무왕의 일본 진출의 역사기록에서 얻을 수 있는 어휘의 목록을 차례대로 정리하여 제시하고자 한다.

이 책의 전체적인 목록은 나중에 이 책의 말미에 음순으로 배열하면서 해설을 부칠 것이니 여기서는 어휘 배열에 그친다.

kɐmpɐrɯm 큰절벽 (침사적 표현) kamakazeno(神風)

(침사적 표현) 대평(大坪)리(주상절리)

pɐrɐmnari 절벽의 폭포 (침사적 표현) 정방(正房)폭포

sin kur(신족(辰族)의 지역) 신궁(新宮)

(일본 kii(紀伊)반도의 남동부 siŋguu(新宮市))

kumanɐi 〉 kumano 큰 들 / 나라 (熊野) kuma(熊)계열 주민의 근거지

asɐtar(/asuka) 고조선의 아사달(阿斯達)에 상응 (asuga(阿須賀))(神社명 / 지명)

kɐnnabɐr(/kannabi) 神水의산 '神奈備', 한라산

wana, waina(倭의 國), wanna(六國) 국명 '倭奴國'

kamaitna kamana(神國), camatna(女王國), yamaitna(山間國) · 국명 '邪馬壹國', '邪馬臺國', yamatə(na) (山間國)

ipar(e) 신라 관명 '伊伐湌' 현대 일본어 ibaru(威), 아이누어 ibehe(칼, 힘) '磐余'(神武王의 이름의 한요소)

supɐr(mikoto) 왕, 높은 관직과 그 관직이 다스리는 것을 나타낸다.

sumeru / suberu '統' 지배·통치하다

subu '統' 지배·통치하다.

신라의 '舒發翰' = '角'(뿔) 지배·통치를 맡은 이(神, 大人)

ituse(五瀨) 신무왕의 형. i－tu－se (훌륭한－(관형격)－형)로 분석된다.

혹은 장자(長子)인 점에서 〈 utu－se, utu(m)(우뜸)

piku(〉piko) '比丘' (또는 pito (人)의 t : k 교체) '彦'

takɐrna(武) 신명, 족장 takər(na)(高乙那), taka(高, 섬)(於羅瑕(백제 왕칭) 참조.)

'高御産巢日神', '高皇産靈尊'은 그 침사적 표현

taknapɐr(乇羅의 山 / 原) '高木神', '高御産巢日神'도 이에 맞춰볼 수 있다.

kannapɐr(神水의 산) '大日孁尊', '天照(大神)'은 그 침사적 표현

sɐipər(〉saripɐr / sɐrapɐr) '新土 葦原', 서나벌(徐那伐), 西那

mitupɐr(水山 / 水原) '瑞穗國'은 침사적 표현

niskɐm(大王, 大君) 신라의 '尼師今' '(火)瓊瓊杵命'은 침사적 표현

pɐrniskɐm(首王) '火瓊瓊杵命'은 침사적 표현

pɐrtakɐrna(伯 / 首 高乙那) '彦波瀲武鸕鷀草葺不合(尊)'은 반복적인 침사적 표기

təm(〉tam(a))(yoripime) 玉(依姬) tam / təm '耽(羅)'(濟洲島)(의 출신)

wata(tu umi) 海(童) pata 〉 wata '海'

taka(高)－ti－po(pɐr 山) (高千穗) 높은 많은 산

hɐimuka(〉himuka), hjuuga(日向) 침사식 표기로 보면 pi(日)－mu－(出)－ka(處). 일본 규우슈우의 중남부. 높은 산에서 해를 맞이하는 곳으로 볼 수도 있고, 제주도 성산포의 '日出峰' 근처로 그 침사적 표기로 볼 수 있다.

toyo(豊) təkə 〉 təyə로 본다면 제주도의 '州胡'에서 유래하였다고 볼 수 있다. 풍족한 의미의 접두사로 쓰인다.

kibi(〈 kipɐr) ki(城)－bi / bu(r)(山)에 유래한 듯 하다. 지명 '吉備', 영역이 확대되어 '備前, 備中, 備後'로 나누어지다.

kuni(國)－tu(관형격)－kuri(人) 곧 '國(郡)'을 다스리는 사람 곧 지방호족으로 본다. kuri(人)는 아이누어. kunino miyatuko(지방장관)는 나중에 재해석된 것으로 본다.

naruto(鳴門) (nar / naru－to) 한국의 울두(鳴梁)목에 상응한다. 거기를 관장하는 udu－piko는 mu－dur(물돌이), udu(여울)－dur(물 소용돌이)와 관련되는 듯하다.

tomipiko 제주도계(təm)의 일본토착 호족으로 신무왕에 대항하다. '登美毘古'

tominagasupiko(登美能那賀須毘古) (登美毘古의 딴 이름) 那賀 naga(su)는 川, 江의 뜻으로 보아 옛적에 '大阪' 일대가 섬과 같은 점에서 그 사이가 마치 강과도 같아 그 지역을 관장하는 이에게 그렇게 부른 것으로 볼 수 있다. 인명 nagasunebiko(長髓彦)도 이와 동류.

sirakatatu sira(白, 城) 곁의 나루터(si(城)는 ki(城)〉ci〉si의 변화를 겪음) '登美毘古'의 저항지 지명 '白肩津'

mirhhjərkɛ 바닷물이 밀고 다리는, 조류의 세가 급한 곳의 표현, ositeruya(押照哉)는 그 침사로 나타난다. 지금의 '大阪市上町台地' 북단에 있는 '難波崎'의 naniha(難波)의 이름에 걸린다.

pɐrkəmɯi 우두머리의 지주 '踟蛛'(kumo)족, awo(靑)kumo(雲)는 침사적 표현.

takakur(azi) '高倉'을 관장하는 이. 인명 '高倉下', '高倉'에는 taka(高)－kur(山)의 뜻도 있으나 taka－kur 곧 '州胡－人'으로 분석될 수도 있다.

amatukɐm(天神) ama(天 / 女)－tu(관형격)－kami.(kami는 kɐm(神) / kan(干)에서 온다.)

ama의 다의성에서 女神을 나타낼 수 있다.

tokoyonokuni(常世鄕) toko(〈 təka 州胡)에서 온 말. 풍부하고 여유있는 이상향을 나타낸다. 고대 일본인에게는 제주도를 그런 곳으로 동경한 듯 보인다.

yərəgarasu 여러(/많은)가라족, yatagarasu(八咫烏) yata(많은, 한국어 yərə 참조) garasu는 가마귀의 뜻이나 여기서는 선주족을 나타내는 점에서 제주도와 우호적인 가라족을 나타낸 것으로 보인다. garasu(烏)는 kama guri(神民)〉kamagui의 침사적 표현일수도.

yəsino(〉yosino) 아이누어의 굴곡(屈曲)의 '川流'를 의미하는 yosi에서 유래하였다고 본다. 제주도의 '禮村', 충남의 '禮山', 서울 여의도의 여우나루, 포천의 여우고개 등을 예시할 수 있다. 일본에서도 '吉野'의 지명이 많이 보인다.

unebi(畝火) bi는 산의 뜻이다. kannabi(神水山)의 bi도 동류다. 한반도의 '夫里, 卑離'와도 동계다. une의 ne에는 네(번째)의 뜻이 간직되는 것으로 보았다(김공칠 2000 : 179).

kasipər(〉kasipara) kasi(首·上)－pər(原) 지명 '橿原'. 일본어의 kasira(上部人, 頭目), 한국어의 kas(冠), 아이누어 ka(上), kasi(위에) 와 관련된다.

me(/ma) 孁(大日孁尊(天照大神), 神代紀 一書에 天照大日孁尊)을 '巫女'의 뜻으로 풀이하기도 하고, 靈(ta)ma의 여성화로 '孁'로 나타낸 것으로 보기도 한다. ma－me의 교체는 흔하다. ma에는 좋은 뜻(영혼)과 나쁜 뜻(액, 악마)으로 쓰인다고 보면 흔히 쓰는 마가 끼다(악령, 역운이 끼다)의 ma와 대비할 수 있다.

5.2. 역사의 재구

다음에 지금까지의 고찰 사항을 통해서 당시의 제주도의 역사가 어떻게 재구될 수 있는지 보기로 한다. 먼저 이에 앞서 서기 1세기에 이르기까지의 중국과 한반도의 사정을 일별하고자 한다.

중국의 고대 역사의 자취를 더듬어 보면 중국에서 갑골문자가 지어진 은(殷, 商이라고도 함)은 황하 하류가 본거지며 지금의 하남성(河南省) 안양(安陽(洛陽의 동북))에 서울을 두고 서기전 11세기까지 지탱하였다. 그 다음은 은의 서쪽에서 온 유목민이 섬서성(陝西省)의 기산(岐山)에서 농경을 일으켜 힘을 키우고 주(周)나라를 세워 장안(長安)(西安)에 서울을 두고(서기전 770년에 낙양으로 동천(東遷)), 시경(詩經), 서경(書經)의 일부가 성립하는 등 중국문화의 기초를 닦았고 청동기도 정제된다. 아마 이 시대의 변동기에 아니면 그 이전에 제주도에도 청동기가 유입된 것으로 본다. 춘추(春秋)시대(서기전 5세기까지), 전국시대(서기전 3세기)를 거치면서 멸망하고 진시황의 시대가 열린다.

은, 주 시대는 중국의 중부에 치중되었고 전국시대에는 한반도와는 연(燕)나라(그 북부에는 흉노(胡))와 접경을 이루었는데 전한(前漢)시대에도 마찬가지다. 진시황은 중국을 통일하고서는 중앙집권 체제를 갖추며 문자(小篆), 도량형, 화폐 등을 통일하였다. 진시황 사망 후(서기전 210년)에는 초한(楚漢)의 다툼 끝에 한(漢, 前漢)제국이 성립한다(서기전 202년).

당시의 한국은 고조선 시대며 준왕(準王)이 위만(衛滿)에게 속아 나라를 빼앗기고 서기전 2세기에는 위만조선의 시대가 시작된다. 사기(史記, 朝鮮列傳)에 의하면 효혜(孝惠)·고후(高后)의 때(서기전 194－198년)이다. 진(秦)나라와 고조선 사이의 완충지대에 사는 유민들을 위만이가 끌고 온 것이다.

한무제(漢武帝)가 위만조선을 멸망시키고 낙랑등의 한사군을 둔 때가 서기전 108년이니 서기전 1세기에 접어드는 시기이다. 서기전 1세기에는 한반도에서는 신라(서기전 57년), 고구려(서기전 37년), 백제(서기전 18년)의 발흥이 있게 되고, 서기 1세기에 들어서서 가라의 건국(서기 42년)

이 있게 된다. 이러한 역사의 추세를 보고 우리가 감지할 수 있는 것은 북망 중국인도 동진 세력이며 이들은 북방종족과의 항쟁을 거듭하면서 동진을 꾀하여 온 것으로 볼 수 있다. 진시황의 만리장성은 그 대표적 상징이며 서복을 시켜서 동방에 파견한 것도 명목은 어떻든 크게는 동진 정책의 일환으로 볼 수 있다. 북방의 완충지대의 유민들은 동쪽으로 밀려나올 수밖에 없었고, 심지어는 진 나라사람들이 고역(苦役)을 피하여 한반도로 일본으로 옮기는 정도였다.

그런데 여기서 고대중국의 국명을 돌이켜보면,

殷 Ⓣ iǒn	Ⓚ iən / i̯ən	百濟, 十濟
周 Ⓣ t̂i̯ŏg	Ⓚ t̂i̯ŏg / tśi̯əu	朝鮮, 株申(肅愼)
秦 Ⓣ dz'i̯en	Ⓚ dz'i̯ĕn / dz'i̯ĕn	辰(Ⓣ źi̯ən, Ⓚ d̂i̯ən / źi̯ĕn)
漢 Ⓣ xân	Ⓚ xân / xân	韓(Ⓚ g'án/ɣan)
		漢羅

묘하게도 오른쪽에 제시된 한국의 국명(지명)과의 연관성을 느낄 수 있다. 은의 음형은 이언－은－온과 같이 국명과 인명과 연계될 수 있으며, 의미가 유래하는 상형(象形)은 복중(腹中)에 태아를 숨기는 동작을 나타내고 그것에서 전의(轉義)해서 속이 여물고 사물로 가득차고 충실함을 나타낸다. '온전하다'의 뜻과 같다. 한국어의 '온'에 상응한다 볼 수 있다. 이 한자의 일본어의 고훈(古訓)에는 크다, 번성하다, 가득하다가 있다. 그런데 '은' 사람들은 자신을 '상'(商)이라 불렀고, '은'으로 부른 것은 주나라의 사람들이다. '商'의 상형은 평원에 있는 밝은 고대(高台)의 뜻이다. 은인은 '高台'에 취락을 만들어 '商'이라 자칭하였다. 주 나라에 멸망한 뒤 그 일부는 행상하는 유랑인이 되었는데 이것이 중국에서의 상업의 시작이다. 일본에서 장사를 akin(u)라고 불리는데 동방에서 주나라를 aki－na(parki / tarki 헤아리는(밝은－높은)곳의 지방의 뜻에서)로

전승되었는지 모른다.

일본의 별칭 akitusima(秋津島)는 yamato(大和)에 얹히는 침사로서 '神岳의 神水山'의 뜻이 내포되지만 하필이면 그 중역에 '秋(津)'를 대었느냐고 연유를 따져 본다면 앞서의 풍성한 수확의 계절의 aki(秋)를 써서 예부터 전승되어온 말을 이어간 것으로도 생각할 수 있다.

다음, 주의 음형은 t̂iôg로 '朝(鮮)'의 tiɔg와 비슷하다. 숙신(肅愼)을 나타내는 '珠(申)'(滿州源流考 1部族)의 t̂i̯ug와도 비슷하다. 주(周)의 상형(象形)의 의미는 밭 안에 가득 쌀이 있는 모양으로 빠짐없이 모두(전부)에 걸치는 의미이며 주위의 뜻이 된다.

진(秦)의 국명은 한반도에서의 '辰'(그리고 마한 국명에 얹힌 臣)과 관련된다. 위지동이전 진한조(辰韓條)에 '辰韓'을 '秦韓'으로 부르기도 하였다고 하고 대자(大者)명에 '臣智, 秦支'가 있고 '辰王'이라는 이름도 이와 동류라면 '秦 = 辰 = 臣'과 같이 동일하게 쓴 것이 된다(김공칠 2006 : 275 −6 참조). 일본에도 '秦王國'이 있었으며 '信州, 信濃'의 이름도 분포되어 있다. 아이누어로 sin은 세계, 육지, 땅을 의미하며 sine는 하나를 뜻한다.

그 다음 한(漢)은 원래 유목민족의 흉노가 한의 병사를 가리켜 부른 말이었다. 당 때부터는 중국인이 자기들이나 자기 나라를 부를 때 호칭으로 썼다. 몽고어에서는 xan(qan) '汗'으로 쓰고 왕을 나타내기도 한다. 한국의 신라에서는 '干'으로 왕을 나타내기도 하였다. 현대의 한국어의 '한'은 하나, 크다의 뜻에 쓰인다. 일본에서는 '漢'의 훈에 kara, ayu가 있는데 직접 '漢'을 지칭한 것이라기보다 중계지 가라와 낙랑을 가지고 대신 나타낸 것으로 보인다. '漢'의 용자가 중국에서 지명, 남자의 비칭, 은하수, 국명 등에 쓰이는 것을 보면 고대에는 한국어와도 같은 뜻으로 쓰여서 국호로 쓰인 것이 아닌가도 추측하게 한다. 고대 언어의 공통면의 일면을 보여준다고 생각한다.

이상의 중국의 고대국명을 보게 되면 중국의 서북부에서 동부로 혹은 동남부로, 수렵에서 농경으로, 그리고 청동기의 사용으로 보다 나은 생활의 터전을 개척하고 왔음을 알 수 있고 당시의 언어는 특히 완충지대에서는 인종과 국가를 초월한 공통적이었다고 볼 수 있다. 국명에 쓰인 어휘가 한결같이 '숲-大·밝음'의 뜻을 지닌 것이며 또 그것이 유민(流民)에 의해 한반도 내지는 일본열도(아이누에게도)에도 퍼져나갔다고 볼 수 있다.

앞에서 잠깐 언급한 대로 중국인의 자기 자신이나 자기나라 의식은 당나라에 가까워서 이루어지기 시작하였다고 한다.

이러한 사정을 보더라도 서기전 3세기 이전에는 중국의 북부로부터 요서, 요동, 한반도 이북 곧 압록강 이북 지대는 여러 종족이 흩어져 살기도 하고 혼재하기도 하고 이합(離合)이 계속되었던 것으로 볼 수 있다. 진시황이 중국을 통일하고서도 한반도의 고조선 하고는 완충의 간격을 두고 있었다. 그 간격을 이용한 주민의 왕래와 접촉은 활발하였다고 볼 수 있다.

보다 후세의 일이지만 진수(陳壽)가 편찬한 위지동이전(韓條)에 어환(魚豢)이 쓴 위략(魏略)에 의하면 「주(周)나라가 쇠약하자 연(燕)나라가 스스로 왕이라 하여 동쪽으로 침략하니 고조선도 스스로 왕호를 칭하고 군사를 일으켜 연나라와 싸우다가(周衰, 燕自尊爲王, 欲東略地, 朝鮮侯亦自稱爲王, 欲興兵逆擊) 화의를 했다는 기록도 있고, 진(秦)나라가 천하를 통일한 후 장성을 쌓아 요동에 이르게 했다(서기전 221년경). (秦并天下, 使蒙怙築長城到遼東)고 하고, 중국에서 진승(陳勝)과 항우(項羽)가 군사를 일으켜(서기전 209년경) 천하가 어지러울 때 연(燕)(서기전 226년 멸망), 제(齊)(서기전 221년 멸망), 조(趙)(서기전 228년 멸망)의 백성들이 괴로움을 견디다 못해 차츰 고조선 준(準)왕에게 망명하므로 이들을 서부지역에 거주하게 하였다(陳項起, 天下亂, 燕齊趙民愁苦, 稍稍亡往準, 準乃置之於西

方)고 하였는데, 이러한 기록들을 볼 때는 고조선은 요동은 물론 요서의 서부지대까지 미친 것을 알 수 있고 그 일대는 중국과의 완충지역으로 중국쪽의 유민이 끊임없이 흘러 온 것을 할 수 있다. 반면에 고조선에서 왕래하던 이가 있었을 것이다. 기자(箕子)가 은(殷). 혹은 주(周)의 사람으로, 위만(衛滿)을 연(燕)의 사람으로 보기도 하지만, 이들은 모두 고조선 사람으로 완충지대에 거주·왕래하던 이로 공통어적 언어의 사용사로 추정된다. 그러기에 고조선 영역 안으로 사람들을 몰고 들어와 정권을 잡을 수 있었다고 본다.

후한서 동이전 한조(韓條)에 진한의 노인이 스스로 말한 것을 전하고 있는데 그 곳에 진(秦)나라에서의 망명인이 고역을 피해서 한국에 왔기에 마한이 동쪽지역을 나누어 주었다는 것이고 그들이 쓰는 말이(몇 가지 예시되는) 진나라 말과 흡사하다고 하였다(辰韓耆老自言, 秦之亡人避苦役適韓國, 馬韓割東界與之, 其名國爲邦 …… 有似秦語, 故或名之爲秦韓).

그 몇가지 어례를 지금의 한국어로 풀기는 어렵고 아이누어로서는 어느정도 풀이가 가능한 점에서(김공칠 1995 : 150－), 서기전 3세기 이전에도 진의 변방(役事에 차출된 자들 말고도)－한반도－辰韓(의 일부지역)－일본에로의 주민의 동진(東進)이 있었던 것을 알 수 있다. 아이누 사람들이 기억력이 뛰어나서 문자로서의 기록을 남겨둘 필요가 없었는지 문자가 전승되거나 차용한 일이 없었다는 것은 매우 특이한 일이다. 앞서의 진의 망명인들이 사용하는 어휘의 한자 기록을 봐서는 한자를 매체로 한 통역이 가능했을 것으로 보면은 고대한국에서처럼 중국문자를 차용해서 사용했었다고는 볼 수 있다.

서기전 3－2세기까지 이어진 zyoomon(繩文)시대의 당시의 일본은 zyoomon(繩文)식 토기, 마제석기(磨製石器)와 수혈(竪穴)주거의 시대이고 농경과 목축도 시작되었다. 서기 2, 3세기부터는 yayoi(彌生)식 토기와 도작(稲作)농경이 시작되고 청동기·철기의 금속기의 사용이 시작된다.

서기전 3세기 이전부터 한반도로 부터의 이주(移住)와 개척이 꾸준히 있었겠지만 중국에서의 춘추시대의 연(燕)의 요서, 요동에의 진출과 진시황의 천하통일 등의 일련의 역사적 사건 등은 동아시아 전역에 특히 한반도에서는 요서－요동－한반도 / 제주도－일본의 주민이동의 파동 그리고 중국 중남부로부터 제주도－일본에의 파동이 있었던 것은 사실로 보아진다. yayoi식문화 시대에도 계속된 것은 확실하다.

윤내현(1994년)의 고조선의 경계와 중국과의 시대적 대비를 참조하여 요약해 본다면 진한(秦漢)시대의 요서군은 지금의 하북성(河北省) 낙하(灤河) 서부지역이었다(p. 176). 지금의 낙하가 고대에 요수(遼水)로 불리었다(p. 199). (필자의 생각에는 이 낙하(灤河)는 '滦河'(lu nhé)를 나타낸 것이 아닌가 한다. 지금의 북경과 금주(錦州) 사이에 흐르며 그 하류 동부 유역에 위치한 갈석산(碣石山)이 고조선과의 경계지역으로 인식되던 곳이다.) 사기(史記, 秦始皇本記)에서 진 제국의 영토가 요동지역에서 고조선과 국경을 접하고 있었는데 요동은 갈석산 지역이었다(p. 177). 그것은 지금의 '灤河' 하류 동부지역에 있는 지금의 갈석산이며(p. 178) 여기가 진 제국과 후기 고조선 서부국경의 접경지대(p. 178)이다.

이는 전국사대－진 제국－서한(西漢)제국까지 유지되었다(p. 179). 이상에서 전기·중기 고조선의 영역은 보다 더 서쪽이었고 그 곳은 아마도 중국과 고조선의 완충지대였다고 본다.

서기전 12세기경 기자(箕子)가, 상(商)나라가 주(周)에 의해 멸망되자 고조선으로 망명한 시기에도 여러 종족이 혼재하는 완충지대가 존재하였기에 가능한 것으로 보인다. 그런 점에서 기자가 본래 상(商)나라 사람인지 고조선 사람으로 그 지역에 거주했던 자인지는 필자로서는 확실하지 않다. 다만 기자의 호칭과 유사한 어휘들이 한반도의 족장의 이름으로 보이는 것도 공통어적인 성격을 띠었다고 보는 것이다. 다음과 같은 연대적인 대비를 보면,

고조선 서기전 25세기-서기전 11세기	서기전 8세기-서기전 3세기	서기전 2세기-서기전 1세기
한반도	기자-위만(조선)	신라 고구려 백제 (가라)
夏-商-西周	春秋, 戰國 서기전 3세기 秦	前漢
	일본의 繩文시대	彌生시대

전기 고조선 시대인 서기전 25세기는 중국이나 고조선이 촌락사회 내지 촌군(村群)사회였으며 고조선 시대에 들어와서도 그 기반은 유지된 것으로 보인다. 두 나라의 접경지대는 그러한 기반에서의 공백지가 많았던 것으로 보아 주민 이동이 비교적 자유스럽고 자연히 언어소통도 무리없이 행해진 것으로 보인다. 크게 보면 공통어 사용지대였다고 볼 수 있다. 다만 일본은 이 때 선(先)토기문화에서 서기전 10세기에 Zyoomon 문화시대가 되고 서기전 2-3세기에 Yayoi문화로 들어갔기에 고조선과 중국과의 공통어 시대나 언어문화의 시대를 겪지 못하고 한국 언어에서 분화하는 과정만을 겪게 되었지만, 그 틈새에 중국·고조선의 공통어적 요소도 흘러갔을 수도 있다. Karlgren(1947년)은 현대중국어가 가지는 가장 중요한 고립성(孤立性)(isolating nature)은 중국어의 기원적이고 원초적인 특징은 아니고 원시중국어(Proto Chinese)는 전혀 다른 양상을 지니고 있었다고 보고 있다. 상고 중국어도 그러한 확실한 특징을 지니고 있었다(p. 98). 원시중국어는 인구어(印歐語)처럼 굴절작용이나 단어 파생, 다소 풍부한 형태구조를 지니고 있었다고 보고 있다(p. 99). 그러던 것이 지금부터 3천 년 전에 이미 상당한 정도로 고립되었다는 것이다(p. 100). 이 말은 곧 원시중국어는 원시 한국어와는 전혀 판이한 언어는 아니었으며 상통할 수 있는 면을 지니고 있었다는 것이 된다.

그럼, 제주도는 이러한 시대적, 교류적 변화 가운데서 어떤 처지에 있었을까? 고대중국의 왕조 교체에 따르는 정치, 경제, 문화, 군사의 정보는 제주도에도 수시로 전달되었다고 본다. 육로를 통한 정보의 전달보다는 해운을 이용한 사람의 왕래와 정보의 전달이 훨씬 빨랐다고 볼 수 있기 때문이다. 서기전 16세기부터 서기전 11세기에 걸친 은나라는 농경과 목축을 일삼고 청동기도 사용하고 주술적(呪術的) 종교를 따르는 씨족사회의 나라였다. 갑골문자를 만들어 점술에 사용하기도 하였다. 갑골문자를 제외하고는 당시의 주변지역에도 파급되는 인간문화의 공통의 발달 프로세스가 있었다고 본다. 은 나라 사람들이 고대(高臺)에 취락을 형성하는 패턴도 산간이 많은 한반도나 제주도에서 공통적인 것이었다고 할 수 있다. 은 나라의 멸망과 함께 유민들이 행상하는 유랑인이 된 것도 문화전파의 한 몫을 했을 것으로 보인다. 그러한 영향으로 제주도의 교역(交易)의 방식도 비롯되었는지 모른다. 이후 서기전 3세기까지 주(周)(西周 → 東周)의 시대에도 씨족국가간의 항쟁과 도태, 북방부족과 남방부족과의 항쟁. 다른 민족과 한(漢)민족과의 항쟁이 계속되었으며 이러한 일로 주의 문화가 중국의 강남지역, 주변의 다른 민족에도 전파되었다. 동주(東周)의 춘추시대에 공자(孔子)의 예법, 전국시대에는 제자백가(諸子百家)의 여러 사상, 철제농구의 보급, 상공업의 발달과 주조화폐의 사용 등의 정치, 경제, 문화의 변천도 자연히 제주도로 흘러 들어왔을 것으로 본다. 서기전 3세기의 진시황 때의 관제(官制), 법률의 제정, 문자, 도량형, 화폐의 통일 등의 정보도 제주도에서는 얻고 있었을 것이다.

서기 1세기의 일이지만 석탈해가 신라에 가서 토지 선점권의 주장을 내세운 것도 이러한 법률지식에서 터득한 것일 것이다. 제주도는 이미 당시에 부족제로 정비되어 있었을 것으로 보며 농업과 목축도 성하고 청동기 내지는 철제의 무기도 마련되어 있었다고 본다. 서기전 3세기에 서복의 내항(來航)시에 서복 일행에 대적할만한 정치, 군사, 경제, 문화적 힘을 갖추고 있었다고 보는 것이다.

따라서 서기전 3세기 이전의 제주도는 이미 적어도 중국의 은나라와 그 이후의 왕조와의 내왕과 정보교환이 가능할 만큼 해운력을 갖추어 있었고 중국의 시대적 변화에 대응하여 자체적인 자생능력을 키워왔던 것으로 본다. 왕조의 패망이 가져오는 유민의 비참한 상황도 잘 숙지하고 있었을 것이다. 이러한 전제하에서 서기전 3세기의 제주도의 실상은 어떠하였다 말할 수 있을까?

제주도는 고래로 일본의 사서에 전래하는 '高御産巣日神 / 高皇産霊 / 高木神'의 원초적인 천신을 신봉하는 곳으로 숭신(崇神)과 생업(生業)에 힘쓰는 농(農), 목(牧), 수산(水産)의 입국(立國)으로 국가적 결집력과 군사적 역량을 충분히 갖추고 있었다. 서복의 제주 내항의 자료 5에는 신의 궁궐이 나타나고 제주도의 요청사항에 선남선녀 3천명과 온갖 것이 있는 것을 보면 산업의 분화가 이루어진 상태라는 것을 알 수 있다. 시대가 약간 뒤진 이야기지만 신무(神武)왕의 아버지의 형제간의 해행(海幸)(saci)의 이야기에서 형은 바다의 낚시꾼으로, 동생은 사냥꾼으로 나도는 것을 보면 당시의 생업(生業)의 분화도 짐작할 수 있다.

서복 등이 첫 번째의 제주상륙에 실패하고 두 번째에 간신히 상륙의 기회를 얻었어도 제주도를 굴복시키기는커녕 언어적 문화적, 생산양식의 차이로 오래 머물지 못하고 일본 도항에 나설 수밖에 없는 사정이었다고 생각된다. 만일에 원주민을 완전히 제압했다면 어딘가에 집단적으로 장기 거주한 흔적을 남겼을 것인데 아직은 찾아보지 못하고 있다. 이국(異國)의 선단(船團)이 제주도에 접근했을 때 해인(海人)이 용의 모습으로 방해하고, 상륙을 시도했을 때는 온 주민들이 결집하여 항전(抗戰)의 태세를 갖추었을 것임을 가히 짐작하고도 남는 일이다. 주민들을 대하는 태도 여하에 따라서는 일시적이고 제한적인 거주나 노약자, 유약자들의 수용은 있을 수 있었다고 본다. 교역적 활동력에 대해서는 자료1의 기록을 미루어 시대가 좀 지난 이야기지만 제주 사람들이 중국의 남동부의 회계로 와서 베를 사고했다는 기록에서 일찍부터 그쪽 지방과의 교역도 진행되어 왔음을 알 수 있다. 또한 자료1에 (위온의) 군졸들이 제주에 왔어도 제주를 침공하지 못하고 제주도 사람이 넘겨준 (중국계)인사를 인계받고 돌아왔음도 보여주고 있는데 제주도의 방어태세가 매우 엄중하였음을 말해준다. 자료2의 신선, 자료3의 선인(僊人)을 보면 제주도에 선인(仙人)이 있었다는 것이 되는데, 그것은 도덕적으로 학문적, 문화적으로 중국에 못지않은 독자적 수준에 있었다는 것을 가리켜 준다.

서기전 3세기에는 일본에서는 yayoi(彌生)식 문화기의 전기(前期)(서기전 300년－서기전 100년)의 시기이다. zyoomon(繩文)식 문화기의 수혈(竪穴)주거의 집락의 확대, 생활규모의 확대의 후기(後期) 그리고 그 만기(晩期)(－서기전 300년)를 거친 시기이다. 도작(稲作)과 기직(機織)이 행해지기 시작하는 시기이다.

서복의 제주도 내항과 일본도항이 이러한 전환기에 어떤 영향을 주었는지 알 수 없으나 서복이가 여러 직종의 백공을 데려왔다면 어떤 식으로든 영향을 끼친 것은 사실일 것이다. 고대한국의 정치적, 사회적, 문화적, 경제적 사정은 당시의 일본보다 적어도 1세기는 앞섰다고 보기 때문에 당시의 제주도 사람들은 지질이 도작(稲作)에 부적합하였다 하더라도 그 대신 육도(陸稲)와 직작(稷作) 등의 농경문화나 기직(機織)도 시작되어 있었다고 보인다.

또한 서복의 동정(東征)에 당시 혹은 그 후에 참여했다고 보는 황손(皇孫)인 신무왕의 천조(天祖) '火瓊瓊杵命'도 많은 세월과 노력을 들여 개척한 일본내의 촌읍(村邑)들이 화합하지 못한 것을 수습하기 위해 나선 신무왕의 시대를 서기 1세기로 본다면, 그 이전은 천신(天神)의 신앙체계와 천조(天祖)의 행정체계가 합쳐진 시기였다고도 볼 수 있다. 일본서기(권2) 신대(神代)의 서두에 '天照大神'의 자(이름생략)와 '高皇産靈尊'의 여식(이름생략)이 혼인하여 '天津彦彦火瓊瓊杵尊'가 낳은 것으로 되어 있는데 이때부터 신앙의 체계와 행정의 체계가 합쳐지게 되는 것으로 해석할수 있다. 신무왕의 아버지 이름 '언파렴무로자초즙불합존'(彦波瀲武鸕鷀草葺不合尊, hikonagisatakeugayahukiahezu(no)mikoto)은 침사적 표현임을 앞에서 보았지만 여기에 사용된 어휘들을 보면 제3의 1서에 「以鸕鷀之羽葺爲産屋」로 되어 있는데, 수조(水鳥)의 u(鵜)의 깃(羽)을 kaya로 해서 산옥(産屋)을 '葺'(huki)한 뜻으로 풀이하기도 한다(岩波 1967 : 168 頭注). nagisa는 물가, 물결치는 해변가로 풀이된다. u는 '水鳥'(만엽집), '鳥名'(日本靈異記)의 주기(注記)가 있듯이 부리 끝이 꾸부러져 있어서 물속에 들어가 물고기를 잡는 큰 물새를 말한다. kaya(茅)는 '새'로, ugaya는 '水鳥'의 깃을 새 대신으로, gayahuki는 그것으로 지붕을 이는 것을 뜻한다. 침사적 표현에 이러한 어휘를 이용했다는 것은 당시의 제주도의 환경과 주거생활을 간접적으로 나타내기 위함이었다고 볼 수 있다. 곧 신무왕의 아버지 대는 산지에서 해변으로 내려온 때이고 초가(草家)집에 사는 시대였다고 본다. 물론 움막집도 새로 덮기는 하나 산간이 아닌 해변가에서 또 산옥(産屋)을 만들었다는 기사 등을 볼 때 가옥쪽에 가깝다고 생각한다.

앞에서 언급한 바 있지만 여기서 다시 말한다면 서복의 내항시에 자료 5.에서는 해신의 거처로 궁궐을 보여준 점으로 미루어 이미 서기전 3-2세기에는 초가의 대소 가옥이 건조되어 있음을 짐작할 수 있다. 그리고 자료 1.을 보면 제주도는 나중에 수만호가 되었고 장군 위온(衛溫)이가 갔을 때는 그곳에서 수천 명을 데리고 돌아왔다 하니 상대적으로 제주도 호수가 많았던 것을 알 수 있다. 움막집이 아닌 가옥에 많은 가족이 동거한 것으로 보인다. 장군 위온이 군사 만명을 데려와도 제주도를 얻을수 없었던 것을 보면 제주도의 호수나 군사 가용인구가 많았던 것을 보여준다.

신무왕의 일본 동정(東征)기사는 일본 내의 일이어서 제주도의 역사 재건에 직접적으로 도움이 안 되지만 기사 중에 등장하는 인물들이 신무왕에 동참했건 저항했건 그들 이름이 제주도적인 데서 제주도 출신들이 일본에 진출하여 기반을 닦고 나름대로 세력을 구축했던 것을 알 수 있고, 제주도를 '常世鄕', '豊葦原瑞穗國'으로 회상하고 동경하고 있었던 것을 미루어 당시의 제주도의 국가적, 국제적 위상을 점쳐 볼 수 있다.

끝으로 어째서 일본의 정사(正史)에 신무왕이 일본의 초대 임금으로 등재되었는가 하는 사연을 생각해 보면 고사기는 추고왕(推古王)에서 끝나고, 일본서기는 천무왕(天武王) 다음의 지통왕(持統王)에서 끝나는 것을 보면 친제주도계의 이들 임금이 역사를 편찬할 때 조상의 맥줄기를 짚어 실존적으로 일본의 최초의 중앙정권 수립에 성공한 신무왕을 내세웠던 것으로 생각할 수 있다.

6. 맺는말

1. 서기전 3세기부터 서기 1세기까지의 제주도의 언어와 역사를 재구하는데, 중국의 서복의 제주 도래(渡來)와 제주도 출신으로 보는 일본 초대 임금 신무왕의 동정(東征)의 사건을 이용하였다. 이 두 사건은, 서복이 제주도 도래의 목적을 이루지 못하고 제주도 원주민의 도움으로 일본으로 갔고 이에 동행한 제주도 원주민도 일본의 신천지 개척에 힘써 나름대로의 기반과 세력을 구축하였지만, 그 과정에서 다툼과 서로간의 알력이 있게 되어 이를 수습하고 더욱 강력한 국가적 결집을 위해 신무왕의 동정(東征)이 있게 되는데서 관련성이 있다. 이러한 사실의 해명을 통해서 당시의 제주도의 정치적, 군사적, 경제적, 문화적 정세를 다소나마 알 수 있을 것이고, 이와 관련된 신명(神名), 인명, 지명 등의 분석과 같은 언어적 방법에 의해 당시의 언어와 역사의 재구에 기여하려고 하였다.

2. 서복의 제주 도래의 중국측 자료에 의하면 진시황의 하명을 받아 제1차 내항시에는 여러 장애로 선약을 구하지 못했으나 해신이 말하기를 선남선녀와 백공을 보내주는 성의 표시가 있어야 한다 해서 돌아가 보고하

여 제2차의 내항이 있었던 것으로 보인다.

제2차 내도시에는 제주도의 상륙에 성공한 것으로 보인다. 요청받은 선남선녀와 백공을 데려왔고 암벽을 기어오르며 필사적으로 상륙하였다고 볼 수 있기 때문이다.

그러나 기대했던 선약을 구할수 없었고(2차 내도시는 아예 그러한 생각도 없고 망명의 뜻이 더 있었던 듯) 뿐만 아니라 언어·문화·기후·농업·제철 환경 등이 맞지않고 또 진시황의 추격이 두려워서 보다 큰 지방의 일본으로 떠났던 것으로 보인다. 이에는 일본에의 해운의 사정에 익숙한 원주민의 권고가 있었을 것이다. 새천지 개척을 위해 원주민이 주도적으로 일본으로 인도한 것으로 보인다. 그 코스는 일본 선주민의 저항이 덜하고 해류(黑潮)의 이점을 살릴 수 있는 '佐賀－鹿兒島 南端－宮崎県東岸－四國 南岸－紀伊半島' 남단의 태평양 연안 코스를 이용한 것으로 보이며 종착지는 일본에서 유서 깊은 kii(紀伊)반도 동남부의 '新宮·熊野'일대로 보아진다. '新宮'에는 서복의 묘가 남아있고 궁도 지어져 있다. 또 하나의 다른 코스 곧 동해 연안의 일본쪽에도 일부 간 것으로 보인다.

3. 서복에 따라 혹은 그를 인도하면서 제주도의 선주민은 일본 각지를 개척하였는데 이를 국가적 체제로 수습하려고 한 이가 일본의 초대임금 신무왕이다. 신무왕의 천신은 '高皇産靈尊'이고 천조(天祖)는 '火瓊瓊杵命'이다. 천신의 시대부터 기산하면 신무왕은 네 번째 손이다. 천조의 시대를 서기전 3세기와 그 이전으로, 천조는 서기전 2세기로 본다면 신무왕은 서기 1세기의 시대로 보아진다.

천조는 천신의 하명에 따라 서복의 일본 도항에 따라서 아니면 그 후에 일본의 규우슈우의 '日向'로 건너가서 일본을 개척하였는데 개척한 촌읍(村邑)들이 화합하지 못하고 대립을 일삼기에 이를 수습하기 위해 서기 1세기에 신무왕의 동정(東征)이 비롯되었던 것으로 보인다.

신무왕의 출신에 대하여는 일본 내외에서 외부의 침입자로(Griffis), 중국의 오태백의 후손으로(林羅山) 보기도 하는데, 필자는 제주도 출신임을 주장하였다. 그 근거는 천신, 천조 그리고 신무왕의 양친의 이름이 모두 한국어 특히 제주도적인 신명 어휘와 지명·지형 어휘와 관련되기 때문이다. 이들 신명은 직접적으로 한국어로 대역할 수 없고 그 중의적(重義的)인 표현을 이용한 침사적(枕詞的) 표현 방식으로 이루어지고 있다. 이들 어휘의 일람은 이글의 5절에서 제시되었다.

신무왕의 동정 코스는 제주도 동단에서 규우슈우의 남부로 꺾이는 해류의 지류를 이용해서 먼저 정동(正東)의 tukusi(筑紫)로 향해서 '日向－宇沙－瀨戶內海－楯津(東大阪쪽)'로 나가다 선주민의 저항으로 상륙에는 실패하고 남쪽으로 kii(紀伊)반도의 동남단으로 돌아 '二木島'에서 상륙하고 '吉野강－宇陀－忍坂'로 진군하여 마지막 종착지 kasipara(橿原)에서 왕위에 오른다. 이러한 동정 과정에는 제주도계 선주민의 협조도 저항도 있었고 토착민의 저항도 있었다. 그것들은 관련된 부족명의 해석으로 가름된다.

4. 앞서의 논의에서 제주도와의 관련성을 간추리면, 서복의 도항지인 단주(亶州)는 제주도의 고칭 '州胡－乇羅－乇羅'의 변천과정에서 파생되는 변이형이고, '蓬萊神山'은 영주(瀛州)라는 제주도의 신산(神山)명을 포함한 3신산의 '蓬萊－方丈－瀛州' 중에서 첫 번째 신산(神山)명으로 대용한 것으로 보면 함께 제주도를 가리킨다고 보아 지장이 없다. 또한 대해(大海) 중에 있는 신산은 제주도 밖에 없다.

신무왕이 제주도 출신이라는 것도 천신, 천조, 부모명, 관련국명, 지명 등이 모두 제주도적인 어휘로 구성(표현은 枕詞式의 것도 있다)되어 있는 데서 확실하다. 신무왕뿐만 아니라 신무왕의 동정에 협조한 이, 대항하는 이들이 제주도 계열의 족장임을 그들의 호칭이 한국어(제주도)적인 어휘로 구성되어 있는 점에서 알 수 있다. 이는 신무왕 동정 이전에 이미 일본에 진출하여 자기네들의 세력을 구축해온 것으로 볼 수 있다. 협조든 반항이든 이들 세력이 일본에 점거하여 있었기에 신무왕의 동정시 언어적 소통에 큰 지장이 없었던 것으로 보이며 그로 인해 동정의 성공을 거둘 수 있었던 것으로 본다. 이런 점에서도 일본 내외 학자의 일부가 주장하는 신무왕의 중국계 후예라는 점은 설득력이 약하다. 신무왕이 일본 외부에서 왔다면 중국이 아닌 근접한 제주도에서 왔다고 봄이 마땅하다. 또 일부 학자는 오키나와의 amami섬에서 왔다고 하지만 지리적, 해류적 정황으로 보아 제주도적인 조건에 못 미친다고 할 수 있다.

5. 전체적인 고찰 중에서 고대 제주도의 어휘로서 추출되는 것을 모아서 배열하여 보았다. 이들 어휘는 한·일의 공통어로 볼 수 있고 물론 아이누어에 상당한 것도 그것에 포함될 수 있는 것으로 사료된다.

제주도사의 재구로서는 제주도는 일찍부터 중국이 은-주-진-한 왕조의 변천과 특히 진-한의 동진정책과 더불어 한반도에서의 고조선-위만조선-한반도 4국의 발흥의 변천에도 민감하게 대처하여 왔다고 보아지며, 한 이전의 중국 왕조와 고조선 사이의 완충지대는 공통어 지대이고 사람의 왕래와 교역이 왕성한 곳이었다고 본다. 제주도는 육로가 아닌 해운의 이점을 살려 중국과 고조선을 직접 상대하는 것은 물론 완충지대를 통한 문물교환이나 왕래가 빈번하였음을 두말할 것 없을 것이다.

은의 제사와 청동기, 주의 주거형태와 교역, 진의 군사의 철제용구, 법 지식 등의 지식과 기술을 습득하여 자체적인 자생능력을 키워 온 것으로 본다. 서기전 3세기에 서복 일행이 제주도 내항시에 그들을 대적할 만한 힘은 이미 비축한 것으로 보아진다. 주거 양식도 궁궐이나 가옥을 지을 정도는 되어서 수혈(竪穴)식 주거형태에서 벗어난 것으로 보며 생업도 다양했던 것으로 본다. 지형·지질상 도작(稲作)은 크게는 못하고 육도와 직작(稷作) 등은 진전되어 있었다고 본다. 제주도의 선인(仙人)이

유명하리만큼 중국의 학문이나 도학이 상당 수준에 있었다고 본다.

제주도의 천신(天神)을 1대로 치면 3대 천조의 '火瓊瓊杵尊'이 일본에의 해외 진출에 나서서 애써 개척한 지역에 족장 간의 불화가 있게 되어 이를 수습하기 위해 5대의 신무왕이 동정에 나서서 여러 고난 끝에 결국 일본의 중앙정권을 수립한 것인데 이는 해외 개척의 한 금자탑을 이루었다 할 수 있다.

그러한 위업(偉業)이 일본의 정사(正史)에서 초대 임금의 업적으로 기록된 것은 후세의 친 제주도계의 추고(推古)왕, 천무(天武)왕(그 뒤를 이은 持統王) 때 고사기, 일본서기를 준비하고 완성하였기에 가능한 것으로 보아진다.

제3장 서기 1세기의 제주도

-신라 제4대왕 석탈해(昔脫解)는 제주인인가-

내 용

〈요지〉

삼국유사(권1. 제4 탈해왕 및 권2 가락국기)를 보면 왜국의 동북 1천리에 있는 용성국(다른 이름으로 正明國, 琓夏國, 花厦國)의 왕자가, 가라를 거치고 신라에 와서 신라의 제4대왕이 된 석탈해라는 사연이 적혀 있다. 왜국의 동북 방향은 일본의 규우슈우의 중남부를 기준했을 때 선박 운행의 지형적 정황으로 보아서는 제주도쪽이 될 수 있고, 또 앞서의 국명의 풀이를 통하여 이 국명들이 모두 제주도의 탐라의 고칭의 발음인 təm하고 섬을 뜻하는 (a)sak(a)에 상당함을 알 수 있어서 석탈해가 제주도 출신임을 알 수 있다.

또 석탈해의 부왕의 이름인 함달바(含達婆)도 '大山, 神山의 추장'의 뜻을 나타내고 있고 석탈해 자체의 이름도 '島山(原)의 왕자'와 같이 풀이되어서 의미상으로도 제주도의 지형적 특성에서 유래하고 있다고 볼 수 있다.

석탈해가 가라에 건너갔을 때 가라의 시조왕 김수로왕과 경술(競術)을 벌인 점을 미루어 시대는 서기 1세기의 시대로 볼 수 있고 그 시대는 한반도의 정세가 급변하는 시기였으므로 그러한 시기에 석탈해가 한반도 남부로 움직였다는 것은 제주도에도 밀어닥친 시대적 흐름에 대처하기 위한 것이었다고 볼 수 있다.

1. 머리말

삼국사기와 삼국유사에서 신라의 제4대 임금으로 나오는 석탈해(서기 57－79년 재위)에 대하여, 두 사서 모두에 그 출신과 행적에 대한 흥미로운 기사가 엮어져 있다. 과거에는 신라 초기의 세계(世系)나 석탈해의 내력에 대해 일부 사람들이 다소의 잘못이나 허구성이 있는 것으로 생각하기도 했지만, 필자는 두 사서 모두 엄연한 역사적 기록인 만큼, 석탈해에 관해서도 그 기사는 잘못이나 허구성이 없는 현실적이며 실재적인 것으로 보고 있다. 그 근거는 석탈해의 내력에 대한 국명, 왕명 등이 분명히 그리고 자상하게 명시되어 있기 때문이다. 기타의 내용들은 신라와 가락국의 초창기의 일이기에 그것이 구전 또는 기록되는 과정에서 비현실적인 수식 곧 미화, 과장, 상징, 은유가 구사되기도 하고 와전될 수 있으며 민간어원 등으로 변용, 굴절될 수 있다. 또 사상, 지식, 제도의 변화와 같은 역사적, 사회적 영향에 의해 수정, 첨삭이 후대에 가해질 수 있다. 하지만 국명, 지명, 인명 등은 고유명사로서 그렇게 와전, 변용될 성질의 것은 아니라고 본다, 따라서 그것들의 분석 여하에 따라서는 석탈해의 내력이 현실적인 것으로 환원될 수 있다. 더욱이, 그 내력에 관한 사항들이 서로 관련되면서 어떤 구심점으로 집약된다고 하면 그만큼 해독의 설명력을 높이고 다른 기사의 신빙성도 보장될 수 있다고 본다.

그 관련사항의 구명을 위해서 먼저 두 사서의 해당 기사의 원문과 그 직역을 제시하여 내용을 음미한 다음, 핵심적인 어학적 분석 대상의 관련 어휘를 추출하고 이를 검토하는 식으로 한다. 적어도 2천년 전의 언어의 투영이기 때문에 한국어와 관련된 고층(古層)의 다른 언어도 이용될 필요가 있다. 이에는 당시의 주변국가의 지리적, 역사적 정황도 참조할 필요도 있을 것이다. 그리고 언어적 자료 외에 이와 관련되는 사항도 필요한 범위내에서 검토하여 언어자료 해독의 신빙성을 높이는데 보태고자 한다. 마지막에는 이러한 연구 곧 석탈해 내력에 관련된 국명, 왕명, 인명 등의 해독이 당시의 역사를 알아내는데 도움되는 의미를 음미해 본다.

2. 문헌상의 기사

석탈해의 문헌상의 중심 기사는 삼국사기(卷1, 脫解尼師今)와 삼국유사(卷1, 第四脫解王 卷2, 駕洛國記)에 있다. 거기서 석탈해의 내력과 행적에 관한 전체적인 것을 다음과 같이 간추릴 수 있다.

1. 본국－2. 가락국 당도·경술－3. 진한 당도·송사－4. 등위－5. 사후

그러나 여기서 두 사서의 해당된 전문을 그대로 인용하게 되면 좀 장황하고 주제에 집중적일 수 없기 때문에 1.의 본국과 관련된 국명, 왕명, 인명이 나오는 부분만 보이기로 한다. 이에 관련된 삼국유사 서두(卷1)의 왕력(王曆)부분도 참고로 첨기한다.

이들 부분에 대하여 두 사서 모두 동일한 내용을 갖추어 있는 것이 아

니어서 보완적인 뜻에서도 두 사서를 함께 대조적으로 보이도록 한다(번역 중에서 〈 〉는 필자가 보충한 것이다).

삼국사기(卷1, 脫解尼師今)

脫解本多婆那國所生也. 其國在倭國東北一千里. 初其國王娶女國王女爲妻. 有娠, 七年乃生大卵. 王曰, 人而生卵. 不祥也, 宜棄之. 其女不忍, 以帛裹卵并寶物, 置於櫝中. 浮於海, 任其所往. ……

(탈해는 본래 다바나국의 소생이다. 그 나라는 왜국의 동북 1천리에 있다. 처음에 그 나라의 왕이 여인국의 왕녀를 아내로 삼았다. 임신하여 7년에 큰 알을 낳았다. 왕이 말하기를 사람이 알을 낳았으니 상서롭지 않다. 마땅히 버리라 하였다. 그러나 아내는 차마 버리지 못하고 비단으로 알을 싸고 보물과 함께 궤속에 놓아 바다에 띄워서 떠가는 대로 내버려 두었다. ……)

삼국유사(卷1, 第四脫解王)

我本龍城國人. 亦云正明國. 或云琓夏國. 琓夏或作花廈國. 龍城在倭東北一千里. 我國嘗有二十八龍王, 從人胎而生, 自五歲六歲繼登王位. 教萬民修正性命. 而有八品姓骨, 然無揀擇, 皆登大位. 時我父王含達婆, 聘積女國王女爲妣. 久無子胤, 禱祀求息, 七年後産一大卵. 於是大王會問群臣, 人而生卵, 古今未有, 殆非吉祥. 乃造櫃置我, 并七寶奴婢載於舡中, 浮海而祝曰, 任到有緣之地, 立國成家. 便有赤龍護舡而至此矣. ……

(나는 본래 용성국 사람이다. 또는 정명국이라고도 하고 혹은 완하국이라고도 하는데 완하는 화하국이라고도 한다. 용성은 왜의 동북 1천리에 있다. 우리나라에 일찍이 28용왕이 있는데 사람의 태내에서 태어나 5, 6세부터 왕위를 계승하여 올라 만민을 가르치고 인성과 천명을 바르게 닦았다. 그리고 8품의 성골이 있으나 분간하여 선택하는 일 없이 모두 큰 자리에 올랐다. 이때 우리 부왕 함달바가 적녀국의 왕녀를 왕비로 삼았는데 오랫동안 아들이 없자 아들 구하기를 빌어 7년 후에 하나의 큰 알을 낳았다. 이에 대왕이 군

신을 모아 묻기를 사람이 알을 낳은 것은 고금에 없으니 거의 길상이 아닐 것이다 하고 이에 궤짝을 만들어 나를 놓고 함께 칠보와 노비를 배에 싣고 바다에 띄우며 축원하며 말하기를 마음대로 인연 있는 곳에 닿아 나라를 세우고 일가를 이루거라 하였다. 그러자 마침 붉은 용이 나타나 배를 호위하여 이곳에 이르렀다〈하였다〉. ……)

삼국유사(卷2, 가락국기)

忽有琓夏國含達王之夫人妊娠. 彌月生卵化爲人. 名曰脫解. 從海而來. ……

(…… 갑자기 완하국 함달왕의 부인이 잉태를 하게 되었다. 달을 거듭하다 알을 낳았는데〈알이 변하여〉 사람이 되었다. 이름을 탈해라 하였다. 바다를 따라왔는데 ……)

삼국유사(卷1, 王曆)

新羅第四脫解 一作吐解 尼叱今. 昔氏. 父琓夏國含達婆王. 一作花夏國王. 母積女國王之女. ……

(신라 제4 탈해 토해라고도 한다, 니질금. 〈성은〉 석씨. 아버지는 완하국 함달바왕이다. 화하국왕이라고도 한다. 어머니는 적녀국왕의 여식이다. ……)

이상의 기사에서 석탈해의 본국과 부왕명, 모후의 출신 국명 그리고 석탈해 자신의 이름을 어학적 분석의 대상으로 삼을 수 있다. 기타 이들과 관련되는 부수적인 사항도 함께 다룰 수 있다.

3. 본국의 이름

3.1. 다바나(多婆那)국

삼국사기에서는 다바(/파)나국(多婆那國), 삼국유사에는 용성국(龍城國)으로 다르게 되어 있지만 그 위치만은 모두 왜의 동북 1천리로 되어 있다.

다바나국에 대하여 김종권(1960 : 8)의 역주에서는 탐라국, 지금의 제주도라 달고 있지만 그 근거는 명시되지 않았다. 아마도 음형의 유사성에 착안한 것 같다. 이하는 필자 나름대로 풀이한 것이다. 다바나(국)의 음형이 상응하는 것을 찾아보면,

tapana(多婆那) − tɐ^{m}pɐna(耽浮羅 〈耽羅紀年〉)
[tabana]

와 같이 맞춰 볼 수 있다.

이는 m비음미(鼻音尾)(m받침)의 실현 여부의 차이인데, 어중 유성순음(有聲唇音)(b음)의 경우 지방에 따라 비음(ㅁ음)과 더불어 나는 경우가 있다(예컨대 kabe '壁' → kambe 〈일본 青森방언〉, 한국어[nambi] : 일본어 nabe '鍋'). 당시에 표기된 한자를 중국상고음(Karlgren 1940, 慶谷 1978 참조)으로 읽는다면,

婆(Karlgren, 이하 Ⓚ로 표시) b'wa / b'ua (사선 부분은 중고음)
浮(董同龢, 이하 Ⓣ로 표시) b'i̯ŏg Ⓚ b'i̯ôg/b'i̯əu
(여기서, Ⓚ의 '부호는 유기음[']을 나타낸다. 이들 유성유기음은 한국어에는 반영되지 않음)

모두 기음성이 있는 유성순음(파열음)으로 실현되고 있다. 그렇지만 한국어의 무성자음은 어중 모음간에서 유성자음으로 실현되기 때문에 그 환경에서는 차이가 없다.

다음의 대응도 가능하다.

tapana(多婆那) – tɐmmɐna(耽牟羅 〈삼국사기〉)

이는 어중 동일기관음인 p / m이 교체한 이형태 관계로 볼 수 있다. '牟' 의 경우,

牟 Ⓣ mi̯ŏg Ⓚ mi̯ôg / mi̯əu

와 같이 운부가 '浮'의 경우와 동일한 것도 주목된다(여기서는 '牟'와 함께 어중의 u / o / ɐ / ə 교체 영역의 음으로 하였다).

한국에서는 '婆, 浮'가 동국정운(東國正韻, 1447년)에 婆 빵, 浮 뿔과 같이 유표적인 무성음으로(또는 유성음의 표기일 수 있다) 표기되었으나, 그것은 변별적이 아니어서 유성음화로 실현되는데 지장이 없고 오히려 təka(州胡) – tapa(na)와 같은 어중자음교체를 유발할 계기를 제공한다.

또한 tapana – tamna / təmna*(耽羅 〈삼국사기〉)의 대응도 고려될 수 있다. 어중에서 m / p가 교체하고 어중 중자음 곧 m과 n사이에 기생모임이 첨가한 데서 올 수 있다.

제주도의 호칭 또는 국명으로 사용된 '耽浮羅, 耽牟羅, 耽羅'의 그러한 발음들은 외지에서는 얼마든지 [tabana]로 청취될 수 있는 일이다. 한자 '婆'는 보통 평음(어중은 유성음)으로 음변용(音用 〈音借〉)하는데, 여기서는 여인이 많다(多婆)고 하는 훈변용(訓用字)도 곁들인 것으로 볼 수 있다.

이 [tabana]의 음형에 맞춰 이를 일본 hyoogo(兵庫)현의 동해변 tazima(但馬 〈多知馬〉)국으로 하거나(那珂 1958 : 151 참조), tukusi(筑紫) 국명 가운데 지금의 higo(肥後, 熊本縣)의 tamana(玉名)군(熊本市의 북쪽)을 예거하고(吉田 1893 : 88), 탈해를 거기 출신으로 하기도(吉田 1893 : 126) 하

지만, 전자는 음형의 연결에 문제가 있고, 후자는 그 자체가 왜국에 속하니 앞뒤가 맞지 않는다.

그럼, 다바나국을 제주도로 보았을 때 위치와 거리 계정에는 문제가 없을까? 왜국 일대에서의 서편은 바다에 면하여 섬과 반도로 둘러싸여 있다. 여기로부터 한반도, 제주도, 규우슈우(九州) 북부 관문 그리고 일본 중심섬으로 향하기 위해서는 일단은 ariake(有明)해 혹은 yacusiro(八代)해를 서남쪽으로 한참 빠져 나와서 북쪽으로 방향을 바꿔 nagasaki(長崎)와 gotoo(五島)사이를 북상해야 한다. 이 경우 배의 운행은 서남진하다가 오른쪽으로 틀어야 하니 동진하는 격이 되고 바로 그 지점에서 제주도쪽은 동북 방향으로 느껴질 수 있다.

계정(計程) 1천리는 위지동이전 왜인조의 기술 가운데 나라마다의 기항지(狗邪韓國→對馬國→一大國→末盧國) 사이가 모두 1천리로 되어 있는 것이 참고가 된다. 그것은 거리의 장단에 관계없이 기항지의 간격을 일률적으로 나타내고 있는 것 같다. 그렇다면 왜에서 제주도까지는 1천리의 계정이 가능하다. 전술한 tazima(但馬)국의 경우는 그 중간에 적어도 한 개 이상의 기항지로서의 나라가 존재하기 때문에 1천리의 계정은 잘못이 된다.

방향의 동북의 용자에는 너무 구애될 것은 없다고 본다. 동남의 경우는 왜의 지리상 있을 수 없기 때문에 타국은 동북쪽이 아니면 서북쪽이다. 서북을 동북으로 잘못 쓴 것이 아닌가도 싶어진다. 다른 관점에서 「왜 동북 1천리」는 그 전체가 오기로 보는 이도 있다(姜仁求 1984). 서북쪽은 해로와는 상관없는 왜의 본거지로부터의 절대적 방향이다. 그러나 고대 왜인에게는 이러한 경, 위도적 감각보다는 선박 운행 환경 곧 서쪽에 펼쳐지는 망망대해인 태평양쪽이 아닌, 동북으로 점점이 섬이 이어지는 한반도쪽에 기울이는 방향 감각이 몸에 배었을 것이다. 그래서 동북의 용어를 썼는지도 모른다.

그리고 당시의 방향을 나타내는 동서남북의 말이 지금과 달리 지형, 위치에 따라 상대적으로 씌었을 가능성이 있다. 동서를 나타내는 아이누어가 혼동되기 쉬운 어형으로 되어 있는 것도 참고가 된다. 동은 mosirika, 서는 mosirkes*(服部 1964)로 끝음절의 상대적 약화로 혼동될 수 있다. Hattori(服部 1964 : 239)에 의하면, 아이누인은 지방에 따라 북과 남의 말은 쓰지 않거나 아예 모르기도 하는 모양이다. 산쪽이 남이고 바다쪽이 북이라 하는 데도 있다.

산을 등지고 바다를 면할 때 그럴 것이다. 앞서의 왜의 위치적 형세가 그렇다. 바깥 바다쪽이 북쪽이라면 규우슈우(九州) 서남부에서는 제주도 방향은 동북쪽으로 볼 수 있다. 게다가 고층어(아이누어)의 동서 관계의 어휘가 사어화(死語化)되어가는 전승과정에서는 북쪽의 동서가 혼동될 여지도 있을 것이다.

이렇게 볼 때 왜의 동북 1천리를 동해편의 먼 쪽 또는 다른 쪽(북해도)으로 비정하는 것은 당시의 왜로부터의 선박 운행의 방향감각이나 거리감으로는 맞지 않고 그보다는 지금의 제주도로 비정하는 것이 앞서 언급한 면에서도 보다 합리적일 수 있다고 본다.

Misina(三品 1943 = 1972 : 266)는 왜국의 동북은 신라의 동방에 해당하므로 1천리를 참작하여 동해중으로 보았다. 그러면서 다바나(多婆那)국의 호칭이 위지(魏志) 세종기(영평 원년 3월)의 서역 소국의 호칭 중의 하나와 같고, 용성국왕의 함달바도 서역의 악신(樂神) 건달바(乾達婆)에서 유래한다 해서 불전(佛典)에 의한 문화 전파의 경로상 신라의 동쪽이 아닌 서쪽으로 보기도 하여 모호함을 보여주고 있다(三品 1975 : 490－491). 문화 전파의 경로로 말하면 제주도는 빠질 수 없는 곳이다. 이에 대해 나중에 다시 언급한다.

3.2. 용성(龍城)국

다음은 삼국유사(제4 탈해왕)에서의 용성(龍城)(국)에 대해 알아보기로 한다. 그 위치가 다바나국과 마찬가지로 왜의 동북 1천리이고 둘 다 탈해의 본국이니 같은 나라의 이칭으로 보아서 틀림없다.

먼저, 용성이란 어떤 뜻을 지닌 말인지 사전에서 찾아보면, 흉노(匈奴)의 제장(諸長)이 회합하여 하늘에 제사를 지내는 곳을 이르며, 이 호칭은 성(城), 군(郡), 현(縣)의 이름으로도 쓰였다고 한다(諸橋 1986).

흉노족은 춘추시대(서기전 431년 이전)에 산융(山戎)의 이름으로 요서에서 내몽고에 위치하여 중국의 연(燕)과 서접하고 고조선과는 동접하였다. 전국시대(서기전 222년 이전)에는 연의 동진에 밀려 서북 곧 몽고쪽으로 옮겼다. 곧 기원전 3세기 전후에 몽고 지방(몽고 고원을 근거지로 함)에서 활약하게 되는데 이 점에서는 순수한 유목기마민족인 셈이다.

기원전 1세기(秦末, 漢初)에는 중국의 강적으로 중국을 위협할 만큼 강대하게 되지만, 기원후 4세기말에 후한에게 쫓겨 서쪽으로 달아나 유럽에 침입함으로써 민족대이동을 야기하기도 하였다. 그 이전(기원 전후)에 흉노는 주변 종족들의 문화 특히 한(漢)문화와 융합하여 호한(胡漢)문화라 할 수 있는 기마민족문화를 형성하였다. 이전부터 동으로 접한 고조선(-기원전 195년)의 문화와의 접촉도 당연히 예상할 수 있다. 이런 문화가 선비(鮮卑), 고구려에서 받아들여지고 이어서 한반도를 거쳐 일본(고분시대 후기문화)에까지 미쳤다고 하는 것(江上 1967 : 67)이 일본에서의 기마민족정복설이다. 기마민족의 보편적인 제도로서 들 수 있는 것으로는 일부다처제, 외혼(外婚)제, 수혼(嫂婚)제, 자매혼제(연대혼제)가 있다. 이들 제도가 고문헌에 그리고 유습의 잔영으로서 한반도, 일본에 남아 있다.

본래부터 흉노는 샤머니즘(shamanism)의 신봉자이며 무(巫)의 구전의 신탁을 중시하였다. 샤머니즘의 국가적인 제전(祭典)이 바로 용성의 대회다(江上 1967 : 73). 사기(史記)(권 110) 흉노열전에 매년 정월에 제장(諸長)들이 선우정(單于庭)에 모여 소집회하여 사(祠)를 하고 5월에는 용성(사기 蘢城, 한서 龍城, 후한서 龍祠)에 대집회하여 그 선조, 천지, 귀신에게 제사한다 하였다.

한반도의 옛기록에는 용성은 안 보이지만, 위지동이전 한조(韓條)에는 「5월이면 씨뿌리기를 마치고 귀신에게 제를 지낸다. 무리를 지어서 노래 부르고 춤추며 술을 마셨다 …… 귀신을 믿어 국읍에 각 한 사람씩을 내세워서 천신의 제사를 주관하는데 이름하여 천군이라 한다」(常以五月下種訖, 祭鬼神, 羣聚歌舞飮酒 …… 信鬼神, 國邑各立人主祭天神, 名之天君) 하였으니 흉노에서의 샤머니즘의 신봉, 무의 신탁, 용성의 대회 등은 한(韓)의 신귀신, 천군, 5월 …… 제귀신 …… 과 상통하는 바가 있다. 그래서 일찍이 신채호(1977 : 59)는 사기 흉노전의 5월 제천은 마한의 것에 결부시켰었다. 이외에도 흉노의 왕공(王公)의 한(汗)과 삼국의 간(干), 그리고 공통적인 왕후의 알(閼)씨의 호칭 등 연관 가능한 사례들을 들어 3천 년 전에는 흉노와 한국이 일실(一室)내의 형제와 같은 처지였다고 한 것이다.

위지동이전의 변진조에서도 「풍속에 노래하고 춤추며 술 마시기를 좋아하고 …… 귀신에 제사 지낸다」(俗喜歌舞飮酒 …… 祠祭鬼神)는 기록이 있는데 한조의 그것과 상통한다. 그렇다면 한(마한)조 말미의 주호(州胡)(제주도)도 동일 문화권에 속한다고 보면 마한과 비슷한 제천 행사가 있었다고 볼 수 있다. 무속의 자취가 지금도 남해의 도서 지방에 현저한 점을 미루어 충분히 그 옛적에 주호국에도 파급되었음을 미룰 수 있다. 제주도의 지금의 무속도 그러한 파급의 결과로 볼 수 있다. 증보동국여지승람(增補東國輿地勝覽)(권38, 제주목, 풍속조)을 보면, 「봄, 가을에 남녀가 광양당과 차귀당에 무리지어 모여서 술과 고기를 갖추어 신에게 제사 지낸다」(又於春秋, 男女羣聚廣壤堂遮歸堂, 具酒肉祭神)고 하였고 같은 제주목사묘(祠廟)에는 광양당은 한라호국신사(漢拏護國神祠)라 하였으니 제주도에도 제천대회가 있었다고 볼 수 있다. 그런데 용성의 실상에 대하여는 자연 상태의 나무나 목조의 제단이라는 의견, 현재의 몽고의 obo(OBOO, 돌을 쌓아 제사하는 곳, 필자주)와 같은 것이라는 의견(江上 1967 : 72), 또는 성(城), 정(庭)의 용어가 쓰이고, 나중에 한(漢)나라가 용성을 불태워서 공략한 것을 대장거(大壯擧)라고 한서에 기록된 것을 보아 흉노의 조상을 제사하는 대사묘(大廟祠)라고 하는 의견(內田 1971 : 14) 등이 있다.

위지동이전 한조에 「소도(蘇塗)에서는 큰나무를 세우고 방울과 북을 달아 귀신을 섬긴다」(…… 名之爲蘇塗立大木, 縣鈴鼓, 事鬼神)고 했는데, 그래서 군중이 모이고 제사장으로서의 천군이 임무를 수행한 장소가 소도이며 그것은 신전과 같은 위엄을 가진 것이라고 보기도(金貞培 1978) 한다. 일본의 만엽집 45번가에 보이는 신역(神域), 무역(巫域)의 뜻인 sa-heki$_2$(禁樹)도 이들과 동류라고 생각한다. 후접의 ki$_2$는 장소 그리고 나무의 뜻을 지닌다. 샤머니즘에서는 나무는 지상의 주거이며 샤먼 자신의 신성한 장소이다. 금수(禁樹)에는 궁중(宮中)의 수림의 뜻도 있다(金公七 2004 : 84 참조).

아이누인들의 제장(祭場)의 어떤 곳을 보면 장식한 큰 목간(木竿)을 중심으로 해서 좌우에 그보다 작은 나무가 몇 개 세워져 있다. 흉노인도 자연의 나무나 혹은 인위적으로 세우거나 쌓은 나무가 신령이 깃드는 곳으로 여기고, 그 주위를 몇 번 돌아서 천지의 신, 귀신, 선조의 신령이 내리도록 하며 백마 등을 희생물로 바쳐 사람들의 행복과 가축의 증식을 기원하고, 경마, 힘겨루기(씨름)의 경기를 하며 무악(舞樂)을 연주하였다 한다(江上 1967 : 72).

제주도에서는 신증동국여지승람(권38, 제주목 풍속)에 의하면, 「2월 초하루에 귀덕, 김녕 등지에서 12개의 목간(木竿)을 세우고 신을 맞아 제사를 지내고 애월 사람들은 말머리와 같은 깎은 모양을 만들어 채색비단으로 꾸미고 약마희를 벌여 신을 즐겁게 하였다」고 한다(又於二月朔日, 歸德金寧等地, 立木竿十二, 迎神祭之. 居涯月者, 得槎形如馬頭者, 飾以彩帛, 作躍馬戲以娛神). 이는 흉노인의 앞서의 제전(祭典)의 모습과 비슷하다. 약마희는 한자의 본용(正用)자로 글자 그래도 풀이하여 흉노의 경마 경기와 비슷한 것이었다고 본다.

이상과 같이 용성을 샤머니즘의 제단, 제장, 묘사, 제천행사장 등으로 본다면 그러한 유풍이 남아 있는 제주도가 오랜 옛적에 용성의 나라라는 말을 얻고도 남음이 있다고 본다.

한편 Misina(三品 1943 = 1972 : 266)는 삼국유사(권1, 제4 탈해왕)의 '붉은 용이 나타나 배를 호위하여'의 기사를 다분히 불교적인 색채를 띤 것으로 인정하여 용성국을 용궁으로 보고 있다. Nakamura(中村 1975)에 의하면 용은 용신이며 본래는 바다와 강에 사는 거사(巨蛇)류이다. 원래 인도 원주민 사이에 행해진 사신(蛇神, 용신)숭배가 불교에서 받아들인 데서 전래되지만 그 용신의 왕(또는 뱀의 왕)이 용왕이며 용왕의 궁전이 용궁이다.

또한 용(蛇)은 해신임과 동시에 산신이며 또 물을 지배하는 수신으로서 동일의 기능을 갖는다(三品 1975 : 487). 이와 같은 용이나 뱀을 이전에 중히 여겼던 곳으로 널리 알려져 있는 섬은 제주도이다. 그 곳은 섬 중앙의 고산을 중심으로 해서 오름과 초지(草地), 건천(乾川)이 사방에 분포하고 그 바깥은 망망한 대해에 둘러싸여 있기 때문에 산야와 해상에서의 안전과 수원(水源)이 매우 중시되는 곳이다. 그래서 산과 바다(해안) 그리고 수원지에 용의 이름이 많이 전하며, 섬 중앙의 한라산에서 해안의 용소에 이르는 굴곡된 하천의 물을 용으로 비유하기도 한다.

인도로부터는 용신(사신) 숭배가 불교와 결합되어 전해지고 제주도에서는 샤머니즘에도 결합되었다. 중문본향당(中文本鄕堂) 본풀이(玄容駿 1980 : 753－754)에는 사해(四海) 바다를 사신(四神)용왕으로, 요왕(龍王)

아기가 신명(神名)으로 나온다. 그 본풀이의 줄거리의 일부에서 요왕아기가 아버지와 어머니의 눈에 거슬려서 죽일 판으로 다스려 돌궤에 채워서 사해의 바다(四神龍王)에 띄우니 동해용왕 황정승댁에 닿고…… 돌궤에서 별같은 동자가 나와 자기 내력(父國, 母國)을 이야기하는 내용이 있는데, 이는 삼국유사(권1, 제4 탈해왕)의 탈해의 내력 이야기와 비슷한 면이 있다.

그런데 지금의 제주시 서북부 용담동에 용두암, 그리고 그 동편의 한두기 포구로부터 안으로 들어간 한천(漢川, 大川) 하류 자리에 용연(龍淵, 龍沼)이 있는데 특히 용연은 좌우의 석벽이 병풍처럼 깎아지른 듯 서 있고 수심은 잴 수 없을 만큼 깊다. 속전(俗傳)에 거기에 신룡이 잠겨 있어서 가뭄이 든 때 비를 내리기를 기원하면 응했다고 한다. 제주도 전설에 용이 잠겨있는 곳으로 전하는 곳은 여러 군데지만 그 중에서 용성, 용궁에 비길 수 있는 곳은 이곳이다. 양편의 벼랑의 경관이 뛰어나 비취빛 절벽이 병풍을 이룬 것 같다고 해서 취병담(翠屛潭)이라는 이름이 있다.

증보탐라지(增補耽羅誌)(1954 : 71)에 의하면 매해 7월 기망(旣望)이면 이곳에 배를 띄워 즐겼다고 한다(龍淵夜泛). 시대가 변해 호사가의 뱃놀이 장소가 된 모양이지만(탐라순력도(耽羅巡歷圖)(1702－1703년)에 그 광경이 그려져 있다), 옛적에는 선박이 정박할 요새지였다 할 수 있고, 외지인에게는 감춰진 신비로운 용궁으로 비쳤을 수도 있다. 특이한 경관과 물빛은 그것을 비추는 일광과 어울어 때와 기상에 따라 변화하고, 밤에는 월광, 봉화, 등불 등의 조명이 한층 신비로운 분위기를 조성하였을 것이니 용궁과도 같이 느낄 수 있는 일이다. 거문오름(물찻오름)이라는 산이 그 정상의 못의 둘레가 벼랑으로 되어 있어 수성악(水城岳)이라는 이름이 있듯이 용연 벼랑에도 그리고 그 서편 위의 큰 언덕을 바다에서 바라보고 용성이라는 이름을 주어도 이상할 것은 없다(아직까지는 그런 이름이 보이지도 전하지도 않아서 문제는 있다). 그래서 용성국을 북방 기마민족의 샤머니즘 국중대회장과도 같은 용성의 나라로 풀이하든 남방의 사신(蛇神)숭배와 불교의 호국사상에서 받쳐주는 용왕의 궁성(용궁)의 나라로 풀이하든 제주도에서는 그 특수한 지리적, 자연환경적 요인에 의해 이 두 가지가 무속 혹은 민속(약마희)으로 전승되어 오는 점에서 제주도 어느 곳에 용성국이라는 호칭이 있었다고 해도 무리될 것은 없다.

용연의 바로 남쪽 동편에 ᄀ시락당이 있는데 어린이들의 병이나 수난 사고를 막아주는 당으로 알려져 있다. 그 호칭을 제주방언으로 풀기 어려우나 아마도 '거시(渠帥, 居西)나' 곧 용연 일대와 그 해안을 관장하던 수장급의 당 곧 용성의 제장이 아니었나 싶다. 조상 본풀이(고대장본) 중에 ᄀ스락당 용녀국(龍女國) 대부인, 용궁칠머리, 세변도원수, 해신국 등 어휘가 연달아 나오는 것(玄容駿 1980 : 815)도 참조된다.

사실상 왜국과는 동북(혹은 서북) 1천리의 거리에 있으면서 한반도 남부(가락국, 신라)와 3각의 수역으로 연결되는 범위에 있는 나라는 제주도밖에 없으니 그 곳에 용성(국)이 있었다 해서 무리가 되는 것은 아니다. 삼국사기(권1, 탈해니사금)에 왜국의 동북 1천리에 있는 다바나국왕이 여국(女國)의 왕녀를 아내로 삼았다고 했고 삼국유사(권1, 제4탈해왕)에는 역시 왜의 동북 1천리에 있는 용성국의 다른 호칭으로 정명국, 완하국, 화하국 등이 예거되고 있는데, 그 권1 왕력에 완하국 혹은 화하국의 왕비가 적녀국의 왕녀로 되어 있으니 이들 기록에서 다바나국 = 용성국(정명국, 완하국, 화하국)의 관계가 확인된다. 앞서 다바나국의 풀이도 제주도의 고칭과 관련되고, 용성국의 풀이도 제주도의 무속, 민속, 민속, 지명 등과도 관련될 수 있으므로 양자의 관계가 한 가지로 집약된다 하겠다.

삼국사기(권1, 탈해니사금)에 「〈탈해가〉 처음 금관국(金官國)을 거쳐 다시 진한(辰韓)으로 온 때 진한 아진포구에서 해변가의 노모가 탈해를 건어들였는데 탈해는 고기잡이로 업을 삼고 그 노모를 봉양하였으며 조금도 게으른 빛이 없었다」고 했는데(初至金官國海邊. …… 又至辰韓阿珍浦口.

…… 時海邊老母. …… 取養之. …… 脫解始以漁釣爲業. 供養其母. 未嘗有懈色.) 이는, 탈해가 이역 멀리의 서역(西域)의 출신이 아니고 어업이 성행하는 타관 곧 금관국 이외의 바다 나라 곧 제주도 출신임을 시사하는 대목이다.

여기서 다바나국 = 용성국의 등식의 추구를 언어면에서 가능한 방법이 없는가를 생각해 본다.

일본의 고사기(垂仁記)의 tokoyo(常世)나라와 제주도의 고칭 주호(t̂əka)와 상응하는데(김공칠 1999 : 247), 거기에 tazimori(多遲毛理)를 보내서 겨울에도 열매 맺는 귤(多知婆奈)을 구하는데 그 tazibana(〈 tatipana*)의 이름이 생산지의 이름에서 연유한 것이라고 한다면 다바나(국)의 음형에 ti(知)의 음(촉음?)이 개재한 모양이 된다. 그렇다면 tati(多知)=龍, pa(婆)(場) = 성(城)(所의 부분적 뜻이 있다), na(奈) = 國과 같이 어느 정도 대응할 가능성이 있다. 용은 일본어(방언)로 tati(立), tatu(立, 起), taka(高)하고 어원상 연계되고(小学館 1975 : 83)(이들 어휘는 한국어의 tot－(昇), tɐt－(走), tak(高)의 대응어다), 아이누어의 toko(蛇)하고 연계되는데, 이 중에서 taka, toko는 제주도의 고칭과도 연계된다. 허나 성(城)의 경우는 한국어의 pa, 일본어의 pa '場'의 하위어로서밖에 연계되지 않아서 좀 문제는 있다. 제주 방언의 '팡'도 이에 관련될 것으로 보는데, 그것은 제주 방언의 특징인 기음화와 ŋ접미사에 의해 pa → p'aŋ이 되었다고 보기 때문이다. 그렇다면 그 말은 어떤 일을 하는 받침대 내지 장소를 뜻하므로 용을 받쳐주는 곳 곧 용성의 뜻으로 전의될 수 있다.

다만 다바나(국)과의 연계에는 개재음 ti(知)의 출처가 문제가 된다. 만약 이것이 변별음이면 제주도의 고칭(주호, 탁라, 탐라)과의 연계는 어렵게 된다. 하지만 어중에서의 자유이음의 촉음 같은 것이었다면 어중에서의 자음교체의 이유의 설명에 도움되는 면도 있다. 차후의 문제로서 남겨 둔다.

그 외에도 주호국을 toko－yo(yo에는 國의 뜻이 있다)의 음형으로 해서(어중 k / p 교체형이 앞서의 다바나(국), 기저모음 ɐ의 a / ə / o 교체에 유의), 고층어로 풀기를 전항 toko는 '蛇'(아이누에 잔존), 이를 용으로, 후항 yo는 ya와 상통하므로(ᄋᆞ음 참조), yasiro(지역, 祭殿 일본어에 잔존, si(ro)〈城〉는 한국어, 일본어에 잔존)로 해서 분절적으로 의역된 것이 용성국으로 볼 수도 있다. 어떤 음운과정이나 의미해석을 거쳤건 다바나(국)는 제주도 고칭에서 유래하고 그것을 한자어로 의역하는데 유서있는 용성국을 선택한 것으로 보아진다. 관점을 바꾸어서 지금 용담동에 남아있는 takkɯne의 지명이 만일 오래 전의 지명이고 tat(龍)－kɯi(城)－na(國)의 어형과 비슷했다면 원래 그러한 고유지명(국명)이 있어 그것을 용성국으로 풀이하여 한자화한 것이라고 할 수 있다. 확실한 문헌어의 대비로서는 위지동이전 한조의 월지국(月支國)에 맞춰볼 수 있다. 제1항의 tat을 '月'에 비기면 가능하다(이에 대해서는 다른 장에서 언급한다). 결국은 원래의 고유어 명칭(도명, 지형어)이 조금씩 교체, 분화하면서 문헌(이표기의 한자화)과 지명에 여러 방식의 형태로 반영된 것이라고 할 수 있다.

3.3. 정명(正明)국, 완하(琓夏)국, 화하(花夏)국

이어서 용성국의 별칭인 정명국, 완하국, 화하국의 호칭들을 풀이하여 과연 제주도와 관련되는지 확인하려고 한다.

Misina(三品 1975 : 491)는 이들 호칭을 미상으로 하고 있다. Misina 이외에도 탈해의 내력에 관하여 많은 이가 고찰을 했지만, 이들 호칭에 대해서는 어떤 단서도 제공하지 못하고 있는 형편이다. 이것들은 동일 지시물에 대한 호칭으로 생각되므로 이들의 공통의 공약수를 찾도록 할 일이다.

이들을 음독 혹은 훈독, 혹은 훈음독(또는 음훈독)하더라도 문헌 이후의 한국어로는 그 뜻은 물론 그들에 공통되는 공약수도 찾기 힘들 것 같다. 이들 호칭이 오랜 옛적부터 전승된 것이라면 시각을 바꿔서 고층의 어떤 언어를 가정하고 그것으로 풀어보는 것도 한 방법이 될 것이다. 그러한 고층의 언어로는, 한국어계통론에서 학자에 따라 여러 가지 언어가 논의되고 있지만 필자는 그 중에서도 특히 현재 일본의 북해도에 남아있는 아이누어를 들고 싶다. 아이누인들은 아주 옛적에 한반도에서 건너왔거나 아니면 일본 전국에 분포할 때 한국어와의 접촉에 의해 유사성의 흔적을 남긴 것으로 필자는 보고 있다.

정명국(正明國)은 두 글자의 쓰임으로(國은 제외하고) 의미가 드러나는 만큼 한자의 본래의 쓰임 그대로 쓰인 것으로(本用字, 正用字) 볼 수 있고 완하국(琓夏國)의 경우 그 쓰임에서 의미가 드러나지 않는 점에서 글자 하나하나가 특별한 어떤 사연을 나타내고 있다(變用字〈訓用字〉) 하겠다. 화하국(花夏國)의 경우도 마찬가지다.

완하국의 경우, 첫 자는 한자사전에서 찾지 못했고 그렇다고 삼국유사 원문 교감(校勘)(诃廷龍 외 1997)에 이자(異字)로 보이는 것도 아니다. 동일부수의 근사획수의 동일음에 맞추어 보면 완(玩)의 글자가 아니었나 싶다. 그렇다면 보배의 뜻으로 쓰인 것이 된다. 하(夏)의 경우는 여름의 뜻이다. 곧 두 한자는 보배－여름으로 구성되는 셈이다. 이에 대응되는 아이누어를 갖다대면 tom(i)－sak이 된다. 아이누어로 보물은 Kubo(久保 1992 : 276)에 의하면, tomi(寶, 財, 寶物), tompi(光, 富, 寶)이다. Tamura(田村 1996 : 700)에서는 tomi는 부(富)의 명사 어근으로 되어 있다. Batchelor(1983 : 504)에서는 tomi를 풍부한(형용사), tombi를 보물로 하고 있다. tom이 빛나다, 반짝이다의 뜻이 있고 pi(bi)는 물건, 물질의 뜻이 있어 그것들이 복합된 말인 듯싶다. 아이누어에서는 무성과 유성의 변별성이 없기 때문에 tombi와 tompi는 같다. 또한 m : p 교체(pana : mana 塵, makiri : pakiri 小刀)도 흔하여 tom(mi) : tompi의 교체형도 있을 수 있다.

Tamura(田村)는 남부방언인 saru(沙流) 방언(沙流川 중·하류 지역)을

직접 수집하였고, Kubo(久保)는 수많은 선행 문전(文典)에서 뽑아냈다. Batchelor의 것은 어휘의 채집지가 명시되어 있지 않아서 신빙성이 떨어진다고 말하기도 하지만, 1877년 영국 선교사로서 hakodate(函館)에서 전도하고 1879년에는 piratori(平取)에서 아이누 추장댁에 머물면서 아이누어를 연구하고 그 후 북해도 각지를 돌아다니고 포교, 전도에 전념하면서 아이누어와 풍속, 습관을 연구하였으니(日中전쟁 발발 직후 1941년에 귀국) 수집 어휘의 희귀성은 인정된다고 본다. 아이누어 화자가 줄어든 오늘의 시점에서 또 어느 한 지점을 집중적으로 조사하는 처지에서 볼 때 듣지도 못한 어휘가 수록되어 있다 할지 모르나 지금부터 백 년 전(아이누어사전 초판 1889년, 2판 1905년)에 어디서 누구인가에 청취한 것만은 틀림없는 일이다. 그렇다고 당시의 여러 정황으로 보아 어휘청취의 방법과 정리에 하자가 전연 없었다고는 할 수 없으므로 다른 자료와의 대조, 확인이 필요한 때도 있을 것이다. 앞서의 tombi '寶'는 Yosida(吉田 1989)에서 hidaka(日高) porosaru(幌去村)와 sekerebe(荷負村)에서 확인된다.

필자는 한국어의 '덤, 더미'가 아이누어의 tomi와 연관된다고 본다. 아이누어의 o는 ə에서 온 것이 있으므로(김공칠 2000 : 39－40) 아이누어 그것도 원래 təmi였을 가능성이 있다. 일본어의 tomi(富)의 o는 흔히 갑류로 보지만 을류의 təmi(止美) 〈催馬樂〉)가 쓰인 예가 있다(沢潟 1967 : 503).

현대의 국어사전에 '덤'은 물건을 사고 팔 때 제 값어치 외에 조금 더 얹혀 주거나 받는 물건으로 풀이되고 있다. 그것은 부의 획득 또는 축적의 일부일 것이니 그것이 부(富) 그리고 보물의 뜻으로 확대 또는 향상될 수 있겠고, 그 반대로 원시시대의 부, 보물의 말이 축소 또는 하락하여 된 것일 수 있다. 또 다른 '더미'란 말은 많은 물건이 한데 모여 쌓인 큰 덩어리로 풀이되고 있는데, 부의 축적과도 같다. 덤이 모이면 더미가 될 수도 있으니 모두 부와 관련되는 동원어일 것이다.

문제는, 이 tomi－təmi의 음형이 앞서의 국명에서 무엇을 나타내고 있었느냐 하는 것인데, 이는 제주도의 고칭 təm－na(耽羅)의 전항을 나타낸 것으로 보는 것이다. 이 어형에 대해 김공칠(1995 : 258－259)에 언급되어 있다. 그 전항의 한자의 반절을 보게 되면(운경(韻鏡)의 전차(轉次)와 성 / 운),

耽 丁含切 (39平 舌音淸(端母) / 覃 1 等)

단모의 중국상고음은 t이고 담운은 Ⓣ əm, Ⓚ əm으로 어느 것이나 한국어도 '덤'에 가까운 음이다. 그것은 일본서기(神功紀, 應神紀)에 보이는 제주도의 호칭 təmitare(忱彌多禮, 枕彌多禮)하고 또 제주도의 진산인 한라산의 별칭 두무악(頭無岳)과도 관련된다. 그 전항(忱彌, 枕彌, 頭無) 모두가 t(i̯)əm(i), təm(u)이다. 삼국사기 권36의 백제 지명의 躭津縣本百濟冬音縣에서 躭＝冬音의 대응을 구할 수 있는데 '音'이 侵 3등운(i̯əm)이므로 '덤'의 음형이 된다. 개요음의 개입 여부의 차이는 보이지만 고대의 개요음은 아이누어에서 안 보이듯 지방에 따라 음성적 변이음일 수 있으므로 문제되지 않는다.

한편, 서기 600년 전에 성립한 것으로 보이는 중국의 시경(詩經)에 쓰인 '耽'의 음은 *tum 〉 tom(Boxter 1992 : 606)으로 추정되기도 하여 təm－tom－tum의 교체관계(중설, 고후설의 음역)에 있었다고도 볼 수 있어 이것과 앞서의 어형들 및 아이누어 tomi(*təmi)와의 상관에는 문제가 없을 것이다.

təmi의 음형이 제주도명을 지칭한다면 sak의 음형은 무엇을 지칭할까? 일본의 17－18세기의 유학자 Arai(新井白石)의 어원연구서 Tooga(東雅, 新井 1717＝1906)에는 백제방언의 '섬'의 어형으로 asaka가 인용되고 있다. 이는 제주도의 고칭 t̂əka(〈*tka)(州胡)와도 관련되는 것으로 보며(김공칠 1995 : 189) 그것의 마찰음화로 이루어진 것이다. 일본에 그

흔적을 남기고 있는 것으로는 현재의 오오사카(大阪, 옛적에 섬)가 apti-ak(a)* 〉 apusaka 〉 afusaka 〉 ofosaka로 변해 온 것을 들 수 있다. 바다쪽에서 바라보든 산지쪽에서 바라보든 앞섬(또는 큰섬)이니 그런 호칭이 있을 수 있다.

그래서 아주 예전에 국명의 təmna(耽羅)가 있듯이 도명에도 təmi(tomi) sak(a)*가 있어서 그것을 한자로 표기할 때 그 뜻을 당시의 고층어(아이누어)로 보물-여름으로 분절적으로 풀이하여(하나의 침사식이다) 이를 한자로 琓-夏로 표기한 것으로 보는 것이다. 거기서 보물섬이라는 뜻이 부수적으로 연상된다. 또 하나의 제주도의 호칭 탁라(乇羅)도 그 음형은 일본어식으로 읽으면 takara가 되고 보물의 뜻이 환기되는 것과도 같다. 삼국시대 이전의 그리고 수전도작(水田稲作)의 본격화 이전의 씨족 내지 군소 부족사회(내지 국가)시대에는 제주도가 풍부한 해산물·축산물·특작물로 해서 비교우위에 있었고 타지의 선망이 대상이 되었던 것은 사실이다. 위지동이전 한조 말미에 주호(州胡)는 「배를 타고 왕래하며 중한에서 물건을 사고 판다」(乘船往來市買中韓)고 기록되고 있는데 그만큼 경제적 여력이나 활력이 있었음을 말해준다. 그러지 않고서는 중국 고대문헌에 기록될 리 없다고 본다.

다음은 화하국에 대해 알아보기로 한다. 삼국유사 교감(校勘)에 의하면 하(厦)의 이자(異字)로 '夏'(正字)가 있다. '廈(厦)'는 '夏'와 통하므로 이것도 앞서의 '琓-夏'에 맞추어 '花-夏'의 구성으로 할 수 있다. 앞에서처럼 아이누어의 분절적 대응이 성립한다면 '화'는 꽃을 나타내므로 꽃-여름의 구성이 된다. 이에 대응하는 아이누어는 Batchelor(1938)에 의하면 tom(花, 빛나다, 반짝이다)-sak이 되는데, 결과적으로 앞서의 완하(국)의 경우와 어형이 일치한다. 따라서 완하국과 화하국은 동일호칭의 이표기(異表記)가 되는 셈이다.

그러면 나머지의 정명국의 경우는 어떻게 될까. 앞에서 정명(正明)은 한자의 의미 그대로 사용한 것으로 보았는데, 正에는 明의 뜻이 있으므로 정명은 밝다의 뜻, 또는 正이 조사(助辭)로 쓰일 때 정말, 오직의 뜻이 있으니 정말(正) 밝다(明)(bright)의 뜻이다. Nakamura(中村 1975)를 보면 불교에서는 올바른(正) 학문의 뜻으로 쓰이고 있다.

bright에 상응하는 아이누어는 Batchelor에 의하면 tom(adj. bright, vi. to shine)이다. Hattori(服部 1964 : 224)에서 빛나다(to shine, to sparkle)의 아이누어로 tom(帶廣, 美幌, 旭川, 名寄 등 북동부 방언에)이 보인다.

결국, 정명(국)은 그 전체가, 완하(국), 화하(국)은 그 전항이 아이누어로 tom(i)이 되어 제주도의 '耽(羅)'하고 일치하는데 이것은 단순한 우연이라고 보기는 어려울 것이다. 아득한 옛적부터 제주도는 tom(təm)의 섬 / 나라로 불리어 온 것인데 그 tom의 음형을 고층의 언어인 아이누로 풀이하여 한자어화시켜 전승된 것이 이들 국명이라고 생각한다. 제주도에는 아직도 아이누어의 추장(ottena)(문헌에 乙那), 취락(kotan), 거점(nay, pet '川'), 사회(mosiri '里'), 요새(cas '城'), 지경(ke)의 어휘들이 남아 있는 것(김공칠 1995 : 343)을 보면, 아득한 옛적에는 우리가 알지 못하는 많은 아이누어와 같은 언어가 사용되었었다고 볼 수 있다. 실제 아이누어는 일본어에도 깊숙이 박혀 있으며 한반도에도 지명 등에 그 흔적을 남기고 있다.

그런데, 한편 여기서 고쳐 생각해 볼 것은 완하(국)이나 화하(국)의 전항에서 보물이나 꽃을 뜻하는 다른 한자를 써서, 예컨대 '寶夏國'이나 '華夏國'으로 해도 될 것을 하필이면 여러 한자 중에서 '玩'과 '花'를 골랐나 하는 점이다. 필자는 사용된 그러한 한자를 음과 의미의 양면으로 또 중의적으로 사용한 것이 아닌가 본다. 문제의 소재지(龍城國) 용담동 해안은 병문천(지금은 매립됨)과 한내(大川) 사이에서 돌출한 곶(岬)(花와 동음)의 형태로 되어 있으며, 그 곶(동한두기)의 양편 해안(河口이기도 함)에 용출하는 물(산물이라 함. 이때의 '산'은 아이누어의 san(下)에서 온 듯)(龍水,

가막수물, 선반수……)이 많다. 또한 예전에는 지금의 탑동 매립지에 '원(그리고 산물)'들도 있었다. '원'이라면, 산간에서 샘물이 용출하는 곳의 이름으로 남아 있고(아이누어 wen '水' 참조), 해안에서는 해변에 후미진 곳에 돌담을 쌓아 밀물 때 들어온 물고기, 멸치 같은 것을 잡을 수 있게 만든 곳을 이른다. 그러한 원의 나라, 곶의 나라를 나타내기 위해 '玩'과 '花'자를 쓴 것으로 보는 것이다. 그렇게 되면 한국어의 구성 형식이 되는데, 실사+허사의 구성이다. 허사는 ㅎ종성과 관형격(한국어 ᄋᆡ, 일본어 我, 何, 아이누어 ø)이 합쳐진 형식이 되고, 다음 실사 '國'을 수식한다. 곶의 동편에 있는 병문천(벳문천, 건천)도 아이누어 pet(川)과 to(제주방언 '門', 아이누어 池, 沼, 웅덩이)에서 유래한 듯싶다.

이와 같이 당시에 쓰인 말 중에 어떤 것은 한국어만(또 일본어만)으로 또는 아이누어로 그리고 두 언어가 섞여서 남아 있는 것이 있고, 그것이 또 두 언어에 대응하는 면도 있었다고 본다. 당시의 나라 이름(물론 당시는 지역명)에도 여러 가지 표시법(해석법)이 있었다고 보는데 이를 한자의 여러 용법으로 포괄적으로, 중의적으로 나타낸 것이 앞서의 국명으로 보는 것이다. 이는 단순한 차자법에 그치는 것이 아니므로 그만큼 당시의 제주도가 학문의 소양이나 수준이 높았다는 중좌다.

3.4. 기타 적녀(積女)국

국명의 논의를 하는 김에 석탈해의 모후의 출신국인 적녀국(積女國)에 대해 언급하고자 한다. 삼국유사(권1, 왕력, 제4탈해왕)에 적녀국으로, 삼국사기(권1, 탈해니사금)에 여국(女國)으로 나온다. 적녀국의 표기는 변용자(音用子〈音借〉)로 보고 먼저 그 음가를 보면,

積 Ⓣ tsi̯eg, tsi̯, Ⓚ tsi̯ĕk / tsi̯äk

女 Ⓣ ni̯ag, Ⓚ ni̯o / ńi̯wo

로 재구되고 있다. 반절상으로 석탈해의 '昔' 은 '思積切', '積'은 '子昔切' 이어서 운은 같고 성모는 모두 치음계(치두음)로 마찰 / 파찰의 차이뿐이다. 주호(州胡)의 '州'의 성모는 같은 치음의 정치음(正齒音)인데 후세의 운도(韻圖)에서는 그것과 치두음과는 상보적 분포관계(치두음 1, 4등, 정치음 2, 3등)에 있어 원래 동일 성모의 이음 관계의 것으로 볼 수 있다. 따라서 이들 성모는 매우 가까운 관계를 지닌 셈이다. 그런데 설두음까지 끼어서 전체적인 분포 관계를 살펴 볼 때 정치음은 보다 설두음쪽에 가깝다. 그래서 정치음(照 3등)은 설두음에 소급된다(李方桂 1982 : 15－16)고 한다. 한편 상고음의 성모로 따로 정치음을 내세우기도 해서 시기에 따라서는 정치음은 치두음에서 오는 경우도 있고 설두음에서 오는 경우도 있는 것 같다.

어떻든, 변용(음용 〈音借〉)으로 쓰인 이들 용자는, 설두음 t의 구개음화(ʧ) 또는 파찰음화(ts)로 왔든지 아니면 본래부터 ȶ와 같은 음을 지녔든지 간에 '섬'을 뜻하는 본형 təka(김공칠 1995 : 190－191)의 구개음화, 파찰음화형이 '州(胡)', '積(女)' 이요, 마찰음화형이 '昔'이라고 본다. 이들의 반영형은 제주도, 한국 해안, 일본 규우슈우(九州)해안 등의 도명(김공칠 1995 : 189)으로 분포되어 있다. 대개가 설두음과 정치음의 구개음화(파찰음화)의 예이고, 마찰음화의 예로는 백제방언 asaka가 있다.

제주도의 고칭 주호의 '州' 음 자체가 t 구개음화 혹은 파찰음화와도 같이 발음되었다고 보면 '積'은 중세 한국한자음 '젹'(신증유합)임을 참조했을 때 주호의 변화형이 된다. 후항의 '女'는 na형을 나타낸다. 주호의 후신형 '耽羅'가 덤나(/뎜나)와 같이 －na형이 접미되어 있는 것처럼 '州胡(〉積)－na'형이 있었던 것으로 볼 수 있다. na는 삼국사기, 삼국유사에 보이는 지명으로 볼 때 지방·토지·장소 등의 뜻이 있다(김공칠 1995 : 195 참조). 신라, 가라, 탐라, 탁라의 '羅'도 원래는 여기서 유래하며 나중에 '國'의 뜻을 지니게 된 것으로 보인다. 제주도의 고칭 주호와 그 변화형인 탁라, 탐라와의 사이를 메꾸어 주는 '積女'(/積羅)의 호칭이 있었다는 것이 되는데 '積羅'로서는 문헌에 보이지 않아 문제는 된다. 허나 '女'를 국명 접사 '羅'가 사용되기 이전의 표기로, 아니면 여인국의 의미를 곁들인 표기로 보면 된다.

그럼, 삼국사기에 보이는 여국(女國)의 경우는 어떻게 되는가? 적녀국에서의 '적'의 탈자가 아니라면 이 경우는 변용자가 아닌 본용자(正用字)로 보고 여인국을 나타낸 것으로 보고자 한다. 변용자(音借)로 읽어서 왜인육국(六國)의 나(奴)와 연결시키는 것도 불가능한 것은 아니나, 그리하면 별칭 적녀국의 출처를 설명할 길이 없다.

한편, 이 여국을 위지동이전 왜조의 여왕국(邪馬臺 / 邪馬壹)을 가리킨다는 이도 있다. 당시 그 곳에 여왕(卑彌呼)이 있었기에 편의상 여왕국이라 했던 것을 삼국사기에서 여국이라는 국명으로 쓰고 말았다는 것이다(津田 1924 : 520). 필자는 여국(여인국)과 여왕국은 개념상으로 엄연히 다르다고 생각한다. 또 서기 173년의 신라의 아달라니사금(阿達羅尼師今) 20년 하5월의 기사(倭女王卑彌乎, 遣使來聘)보다는 석탈해니사금의 기사가 선행하고 3세기의 중국 문헌의 위지동이전의 여왕(여왕국)의 기사는 이에 더욱 후행하는 점에서 선행한 쪽에서 잘못 썼다고 하기는 어렵다. 어떻든, 1세기의 탈해의 시기(신라 상고의 세계(世系)와 연대가 다소의 변동은 있겠지만)와 2세기 후반의 왜의 여왕의 시기와는 간격이 있다. 따라서 적녀국과 여국의 '女'의 글자 하나 같다고 해서 왜의 여왕국에 결부시키는 것은 무리이다.

그렇다면 앞에서 본 다바나국, 용성국(정명국, 완하국, 화하국)하고 적녀국과는 어떤 관계가 있는 것일까? 모두 제주도를 지칭하는 옛 호칭에 집중되는 점에서 제주도내의 지방 국가를 뜻하는 것으로 볼 수 있다.

고대의 na(國)에는 현재의 nara(國家)와는 다른, '땅 · 지방 · 지방세력의 터전'의 뜻이 있었다고 본다. 당시의 제주도는 북방계 유입의 경로인 한라산 이북과 남방계 유입의 경로인 한라산 이남에 분포한 세력들이 있었을 터인데, 그 중에서 적녀국 또는 여국은 제주도 남부에 있었을 가능성이 있다. 기마민족의 보편적 특징의 하나인 외혼제를 고려하면 더욱 그렇다.

'女'는 아이누어로 ma, mat이며, 또한 '小島'도 ma이다('國'(country)은 mosiri). 그리고 한국어에는 ma가 '前, 南'의 뜻으로 남아 있다(아이누어에서는 mah가 '後'를 나타낸다. 일본 본주의 북쪽을 앞에 두고 남쪽을 뒤로 해서 북상했기 때문일 것이다).

이러한 ma(女, 小島, 南)의 mosiri(모슬포 및 가파도의 지명과 연관), ma의 na(國)(마라도와의 연관, 지금은 마라도의 섬 이름으로 고정되었지만, 고대에는 보다 넓게 쓰였을 것임)의 호칭이 있었다고 하면, 제주도 남서부쪽에 위치한 소국으로 추정할 수 있다. 제주도의 고칭 주호가 적녀국의 형태로 반영된 것도 서남의 변두리 지역에서의 고착적인 보존성 때문일 것이다.

또한 흥미를 끄는 것은 '積'의 표기다. 이것도 정명국, 완하국, 화하국의 경우와도 같이 아이누어에 상응하는 면이 있었기에 선택된 것 같다. '積'의 뜻은 put into 또는 full, filled로 본다면 iyo(入, 充)의 뜻과 같다. iyotta는 '제일, 가장'의 뜻이 있다. 제주인의 동경의 섬 이여도의 호칭이 이와 관계가 있는지도 모른다. 또 '積'은 의미상 한국어 tam- : 일본어 tum-으로 대응하므로 제주도의 tam-na, tum-na와도 관련지을 수 있다. 어떻든 현지에 쓰이던 덕나, 이여도, 담-나, 둠-나를 고려하여 한자의 표기에 '積女國'을, ma-mosiri, ma-na를 고려할 때는 '女國'을 선택할 수 있는 일이다.

4. 부왕의 이름

4.1. 제주도 본유적인 것

이번에는 삼국유사(권1, 왕력, 제4탈해왕)에 보이는 석탈해의 부왕의 이름 함달바(含達婆) 또는 함달(含達, 삼국유사 권2, 가락국기)의 풀이를 시도하고자 한다.

16세기(훈몽자회〈1527년〉, 신증유합〈1576년〉, 천자문(광주)〈1575년〉) 한자음으로 읽으면, 함달바이다. 15세기의 동국정운(東國正韻)〈1447년〉의 한자음은 햠땷(/땷)빵이고 각자병서(各自並書)와 유기음 표기는 중국의 운서체계에 맞춘 것으로 보아 고쳐 보면 함달바와 같다(ㅭ의 이영보래(以影補來) 표기는 거의 ㄹ과 같고, 종성 ㅇ은 제로이다). 삼국시대 초기의 한자음은 중국의 상고음 체계와 비슷했다는 가정하에 그 중국상고음을 적는다면, Ⓚ g'əm－d'at－b'wâ, Ⓣ ɣəm－t'ât(婆는 안 보임)이다. 어두 초성의 Ⓚ g'－에 대해 Ⓣ는 마찰의 ɣ－이다(모두 연구개 유성음). 현존 한자음(성문무성음)은 어디에도 해당되지 않는다. 일본한자음이 오음(吳音) g－, 한음(漢音) k－임을 감안하고 한국어의 k－h 교체(훅다 〈훍다〉－국다 〈굵다〉 '太' 〈일본어의 huto－ '太'가 이에 대응〉)와 {k, g} 동일음운을 고려하면 대체로 검닫바(－검달바, 이하 이 표기로)로 재구될 것이다. 한자음의 설내입성인 －t는 앞서의 동국정운의 －r' (－l')(以影補來)의 표기로, 보다 고대에는 다소라도 유지된 듯 싶다. 그러지 않고서는 고대에 한국어와 일본어하고 t－k 교체(tɐr / tɐt－tuki '月', pur－ / put －－puk－'吹')를 이룰 수가 어려울 것이다. 12세기의 계림유사(雞林類事)의 花曰骨, 猪曰突의 기록에서의 한국어 종성이 제주방언 등에서－s,－c 음 등으로 외파되는 점을 미루어 그 중화의 원음 －t를 상정할 수 있는 것도 한 근거가 된다.

첫 음절의 '검'은 그 모음이 중세 한국 한자음에서는 a인 점에서 kam－kəm－kɐm의 테두리에 있었다고 본다. 모두 ɐ 기저음의 교체 영역에 있다. 그럼, 그 음들에서 환기되는 의미에는 어떤 것이 있을까?

아이누어로는 kam(－ka, －kamu, －kan) '上', kamui '神', kando '天', 일본어로는 $kami_2$ '神', $kami_1$ '上, 首長', 한국어로는 왕명·왕호의 '儉'(王儉 Ⓣ g'i̯am, 동국정운 껌, 험), 今(尼師今 Ⓣ ki̯əm, 동국정운 금), 錦

(寐錦, 居寐錦 Ⓣ g'ịam, 동국정운 금), '干'(麻立干 Ⓣ kân), '大'의 健(健牟羅 Ⓣ g'ịǎn, 동국정운 껀), '翰'(翰海 Ⓣ ɤân, 동국정운 햔)…… 등을 들 수 있다. 받침의 m－n 상통을 고려하면 kɐm*, kɐn*에는 '神, 王, 大, 上, 首長'의 뜻이 담겨있다 하겠다.

둘째 음절의 '달'에 대하여는 '達'의 용자가 고구려 지명에서 피수식어로 쓰일 때는 산의 뜻이 되는 점을 감안하면, 그리고 '아사달'에서처럼 터전의 뜻이 되기도 하여(김공칠 1995 : 144), 여기서도 산 또는 높은 평지의 터전이라는 뜻이 간직된 것으로 본다. 결국 'kɐmtar*'은 '神山, 大山' 그리고 '神, 王, 首長'의 소재지가 될 것이다. 단국 조선의 도읍지인 백악산, 아사달의 다른 호칭인 '今彌達'과 동일한 것으로 볼 수 있다.

'곰달'에 '바'가 접미한 '含達婆'의 경우는 더 구체적으로 그 곳을 다스리는 수장임을 지시하고 있다. pa(pake)는 아이누어로 '추장, 단체의 장'을 나타내는데 이 예를 보아서 당시에는 그 말이 통용된 것 같다. 지금으로는 그러한 말이 원 뜻 그대로 남아있지 않지만, 박(혁거세) 또는 현재 노름하는 데서 여러번 패를 잡고 물주 노릇하는 사람을 '박'이라 하는 데서 그러한 말들의 흔적을 남기고 있지 않나 싶다. 앞서의 백악(白岳)(산)(대박산)의 '박달'도 그 일례가 될 것이다.

어떻든, 해양 중에 이러한 '神山, 大山'의 호칭에 걸맞는 곳은 역시 제주도이다. 제주도의 중앙에 우뚝 서 있는 한라산이 그렇다. 한라산의 호칭 자체가 한나－간나의 교체가 예상되는 것도 참조된다. 또한 한라산의 별칭 절악(絕岳)을 생각하면, 현존의 제주도 동단 종달리(終達里)에 있는 산명(地尾峰)이 '긋달'인 것처럼 한라산도 긋달(근달)이란 고유 이름이 있을 수 있다. 또 다른 별칭 '釜岳'을 생각하면 '가마달'의 고유 이름이 있었을 터이니, 이는 곧 '含達'과 연계된다. 이와 같이 여러모로 보아서 석탈해의 부왕이 '곰달바'였다는 것은 석탈해의 출신지가 제주도이고 부왕은 그 곳의 수장임을 가리키는 것이 된다.

4.2. 외지와의 관련설

이 'kɐmtarpa*'를 소재영(1971)은 향가 혜성가에 나오는 건달바(乾達婆)와 같은 어휘로 보고 있다. 양주동(1960 : 567－8)에 의하면, 범어로는 간달바(天樂神, 天帝俗樂之神)이며 그 원 뜻은 후향(嗅香)이다. 그것은 심향(尋香)의 의미로 서역에서 배우의 칭호로 쓰였다. 배우가 흔히 남의 집 음식 냄새를 맡아가며 작악(作樂) 구걸을 한 데서 온다. 현재의 '건달'이란 호칭은 이와 같은 것이라고 하고 있다. Misina(三品 1975 : 491)에서는 불교음악의 신으로 서역에서는 주술적 악인(樂人)을 가리킨다 하였다.

필자는 한 나라의 국왕을 악신(樂神) 내지 악인(樂人)의 호칭에 대응시키는 것은 문제가 있다고 본다. 그런 말이었다면 아예 처음부터 '乾' 자를 쓸 일이지 '含' 자를 쓸 필요가 없었을 것이다. 그리고 '含'과 '乾'과는 중국상고음의 성·운 모두 차가 있어 대응에 곤란하다. 그리고 '婆' 자가 빠진 '含達' 만의 호칭이 쓰이고 있는 것도 유의할 필요가 있다.

다만, 고대에는 당시의 고유 호칭(국명, 왕명)을 한자로 표기할 때에 이왕이면 당시 해외로부터 얻을 수 있는 문전(불전, 史書)적 지식을 이용하여 표기하다보면 유사한 표기가 나타날 수 있다. 특히 제주도는 그 해상 교통의 요충지였기에 양자강구를 중개지로 해서 남중국문화는 물론 불교문화, 서역문화에 접촉하는데 유리한 위치에 있었기에 그렇다 할 수 있다. 그래서 '乾'자를 이용한 경우가 있었다 하더라도 '含'의 경우와는 달리 역시 고유어의 '大'의 의미로만 쓰일 수 있다. 역시 포괄적으로는 '含'자를 당초부터 썼다고 볼 일이다.

이 'ᄀᆞᆷ달바'를 비슷하게 kən－tal－pak로 읽고 큰 가면의 왕의 뜻으로 풀이하기도 한다(金在鵬 1970). 왕명을 가면에 결부시키는 것은 문제가 있다. 다만 왕에게 문신 또는 경면(黥面)이 있어 남이 보기에 탈과도 같았다거나 어떤 특별한 행사에는 탈을 쓰고 나타난다면 특히 외지인에게는 특이한 인상을 주어 그러한 호칭이 주어질 수 있다. 그러나 석탈해가 자식으로서 부왕의 호칭에 사용한 것을 보면 공식 호칭일 터이니 가면만으로 풀이하는 것은 역시 무리한 해석이 된다. 또 탈을 사용한 정황도 알 길이 없다. 이 문제는 다음의 석탈해의 명의(名義)의 풀이와도 관계되기 때문에 그것도 참조할 필요가 있다.

5. 석탈해의 명의(名義)

5.1. 작명(作名)의 민간어원설

이제는 핵심적인 석탈해의 명의(名義)를 풀어보기로 한다. 삼국사기와 삼국유사를 보게 되면, 성씨 '昔'의 유래에 대하여 석탈해가 「다른 사람의 집을 옛날 자기 집이었다고 하여 그것을 취하였으므로 성을 석씨로 하였다」 하고(以昔是吾家, 取他人家故, 因姓昔氏.〈삼국유사 권1, 제4 탈해왕〉), 「혹은 이 아이 〈석탈해〉의 성씨를 알지 못하니 처음 궤짝이 〈떠〉 올 때 한 마리의 까치가 날아와 울면서 따라왔으므로 〈까치〉 鵲의 〈한쪽을〉 줄여서 〈나머지의〉 昔을 성씨로 했다」(或曰. 此兒不知姓氏. 初櫝來時, 有一鵲飛鳴而隨之, 宜省鵲字, 以昔爲氏.〈삼국사기 제1탈해니사금〉). 이름 탈해의 유래에 대하여는 「궤짝을 풀고 나왔으니」(又解韞櫝而出, 宜名脫解.〈삼국사기 제1 탈해니사금〉) 또는 「궤짝을 풀고 알을 벗고 출생했으니」(解櫝脫卵而生, 故因名脫解.〈삼국유사 권1 제4 탈해왕〉), 탈해의 이름이 있다고 하였다.

이러한 민간어원설에서는 거기에 쓰인 어휘들이 기묘하게도 아이누어와 관련되는 경우가 종종 있다(김공칠 1999 : 260, 273). 옛날에(makun) 괴롭히다, 박해하다, 성가시게 요구하다(ekesike)의 음형은 초대의 선조 makunekasi와 비슷한 형식이다. '鵲'자에서 '鳥'자를 뺐다고 하는 것은 예컨대 아이누어에서는 무슨 새는 무슨 ciri의 복합형식으로 되는 경우가 있기에 후항 ciri를 뺀다는 것이 되고, 그래서 나머지의 전항에 어떤 뜻이 있을 수 있다는 것으로 볼 수 있다. 그런데 아이누어에는 '까치'란 새의 단어는 그 많은 어휘집, 사전(일어 kasasagi, 영어 magpie로 검색)을 뒤져도 찾지 못하였다. 까치는 Korean magpie로 번역되는 만큼 한국, 타이완, 일본 규우슈우 북부에 분포하는 한국 특유의 새이기 때문일 것이다. 훈몽자회(訓蒙字會)에는 가치 쟉(鵲)이 보이는데, 그 가치는 가-치의 구성으로 본다면 후항의 치는 아이누어의 ciri의 어중 r탈락형에 견줄 수도 있다. 아이누어의 ciri는 일반적으로 새(鳥)의 뜻인데 '禽'의 뜻으로도 나온다(前野 1892 : 16)('鳥'는 cikap으로 되어 있다). '禽'이라면 그물이나 덫으로 잡는 동물 그리고 사냥해서 잡는 새의 뜻이다. 한국어에서는 -치라면 물고기 이름에 잘 붙는 접미사다. 고슴도치와 같이 동물에 쓰인 경우도 있지만, 새에는 잘 쓰이지 않은 듯하다. 허나 아득한 옛적에는 모를 일이다. 우연인지 모르지만 가치에서 '치'를 빼고난 ka는 아이누어로 ka, kan(上), kam(上), kamu(上)(cf. kamui 神)와 같은 뜻의 말이다. 앞서의 석탈해의 부왕의 첫 자(含)와 일치하게 되는 것이다.

다음 궤짝을 열었다(chaka)(갑자기 나왔다 chak)의 어휘는 '鵲'의 한자음과 유사하다. 알을 벗었다는 것도(열어서 ara) 오다, 나타나다(araki, ariki)와도 같으니 이를 합치면 chakaraki와 같이 되어 석탈해의 음형과는 어중 kt 연속(후술하는 바와 같이 석탈해를 chaktarkɐi와 비슷하게 보았을 때)이 kk(아이누어에서도 어중 중자음이 후행자음에 역행동화하는 일은 있다. 이 경우는 순행동화가 된다) 또는 kø 연속의 차이이다. 어중 t : k 교체는 한국어, 일본어에서는 흔한 일이다. 어원 만들기에서 약간 어긋날 수도 있다.

나오다의 araki의 ki에는 하다의 뜻이 있다. ka와 유사한 점이 있으니 어원을 즐겨 지어내는 이에게는 araka로도 전승될 수 있다. 그렇다면 후대에 '알을 까다'와 같은 어원이 부가될 수 있다. 한국어, 일본어에 ara(王), araka(王, 王居)의 어휘도 있었으니 석탈해에 얽힌 이야기 중에 앞서의 어원풀이 같은 것이 나올 수 있다고 본다.

5.2. 풀이의 예

이제부터는 석탈해의 표기의 음형과 뜻의 분석에 들어가기로 한다. 석탈해와 그의 다른 호칭 석토해(昔吐解)를 함께 다루어 '昔'은 훈차(녜), '脫, 吐'는 음차(도〈터〉), '解'는 음차(히)로 해서 '녯도회'의 전(轉)으로 하는 것이 있다(梁柱東 1960 : 564). 녯도(녯터)는 옛터(구기(舊基))의 뜻이며, 녯을 약하면 도(吐, 脫), 그 도의 장(長)을 도히(터히) 곧 '吐解, 脫解'라 하고 있다. 탈해 기사의 고유명사는 본용자 말고는 음차표기로 되어 있는데 여기서는 음훈혼용차로 되어 있는 것이 문제다. 또 의미도 깔끔하지 못하다.

모두 음차표기로 풀이한 예(金在鵬 1970)도 있다. 함달바의 kən－tal－pak(大假面王)에 병해시켜 작탈애 dʒak－tal－æ(小假面의 子) 혹은 세(쇠)탈애 se－tal－æ(鐵의 假面龍神)로 풀이한다. 병행적인 분석은 나름대로 강점이 있으나, 중심의 제1항의 작－세(쇠)의 독음은 동음이의(同音異義)의 테두리를 벗어났고 해서, 제3항의 Ø 두자음과 더불어 문제다.

그리고 탈해(tal－hæ)의 이름이 녹골복점(鹿骨卜占)을 뜻하는 몽고어 dalla, 복점사를 뜻하는 dalladschi(＝dulla－chi)에서 기원하고 또한 dalla는 대장장이(鍛冶) 동신(童神)을 뜻하고 dalla－chi는 대장장이(鍛冶師)를 뜻하는 말이므로, 탈해는 녹골복점의 신, 나아가서는 복점의 신임과 동시에 대장장이 동신이라 하고 있다. 또

tolhæ(吐解)－tolæ(漁場)－tolæ－æ(漁童)－tolæ－chi(漁師)
talhæ(脫解)－talæ(漁場)－tolæ－æ(漁童)－tallæ－chi(漁師)

로 풀이하여 어동(漁童)의 의미로도 이해되어 있다고 하고 있다. 고대에는 한정된 음운·음절 목록을 가지고 다양화된 어의를 나타내려면 동음

다의어를 쓰기 마련이다. 또 당시의 국가, 사회의 엘리트들 역시 이국취향적이다 보면 복점은 물론 가면, 대장일, 어업(도서 해안 지역) 그리고 서역의 지식, 교양을 갖출 수 있는 일이다. 그래서 자식 이름 또는 본인 이름을 이들에 잘 맞추어 지었는지 모른다. 그렇다면 앞서의 해석들이 전연 불가능한 것은 아니지만, 너무도 팔방미인 격이라 느껴지고, 게다가 서로의 음형과 뜻의 간격이 크지 않나 여긴다. 필자로서는 우리말의 성명은 일차적으로 거점 지명에 입각한 것이라고 보고 그런 각도에서 나름대로 풀어보고자 한다.

5.3. 제주도와의 관련

부왕의 이름과 병행적으로 보면, 제1자 '昔'은 Ⓣ si̯ăk, Ⓚ siăk / si̯ăk이다. 중세 한국한자음은 셕(훈몽자회), 일본한자음은 오음 sjaku, 한음 seki로 어중 유성음화(보기. 今昔) 외에는 어두 무성마찰음으로 실현된다. 따라서 앞에서 본 어두 유성파찰의 dʒak의 독음은 좀 문제가 있다.

si̯ăk에 상응하는 음형으로 제주도의 고칭 주호를 들 수 있다. '州'는 Ⓣ ti̯ɒg, Ⓚ ti̯ɒg, '胡'는 Ⓣ ɣag, Ⓚ g'o이다. '州'의 경우 (*어두파열음〉) 어두파찰음〉 마찰음의 변화의 변이형을 보여준다. 이들 (*뎌가〉) 〉져가〉 샤가의 반사형이 주호와 백제 방언 asaka(島)이다. 여기서 '昔'은 섬의 뜻을 지닌 이들과 동류로 보는 것이다.

제2자의 '脫'은 부왕의 함달바의 '達'과는 그 중국상고음으로 볼 때는 합요음의 개재 여부의 차이뿐이고, 한국한자음으로 볼 때는 어두기음의 유무의 차이뿐이다. 합요음과 기음은 당시 변별성이 없었기에 같은 것으로 보면, 산 또는 고평지(高平地)의 터전의 뜻이다. 따라서 '昔脫'은 도산(島山)의 뜻이 된다. 보다 후대의 일본서기 응신왕(應神王)조에 나오는 t̂i̯əmitare(忱彌多禮, 枕彌多禮)도 원 뜻은 도산인데, 전항(섬의 부분)의 음형이 양자가 다르게 나타나는 것은, '昔'은 제주도 호칭의 가장 고형인 주호(t̂i̯əka)에서 유래된 데 대해, '枕彌'는 그 변화형 탐라(t̂(i̯)əmna)에서 유래하였기 때문이다. '神山, 大山'의 함달(含達), 도산의 sjəktar*(昔脱〈達〉)은 바다에서 그리고 섬 안에서 바라보는 한라산의 위용을 자랑하며 그려낸 명칭이 되는 셈이다.

제 3자의 '解'의 상고음은 Ⓣ keg, ɣeg, Ⓚ kĕg / kai이다. 앞서 본 바 있는 애(太子, 童子)의 풀이는 두자음이 맞지 않는다고 본다. 다만 제2자의 '脱'을 산의 tar*로 보았을 때 그 재구형 tark에서의 말자음 k의 연음에서 온다고 본다면 가능한 일이다. 또 하나의 재구형 'ta'의 실현을 '吐'(解)로 본다면 석탈해와 석토해의 병존을 이해할 수 있다. 또는 '解'가 중세한국한자음에 히(新增類合)인 점에서 어중 h 삽입현상이 있는 것으로도 볼 수 있다. 그러나 이와 같은 여러 사연의 음운과정을 거쳤다기보다 처음부터 k 두자음을 지닌 것으로 보는 것이 보다 단순하고 자연적이지 않나 싶다. 그런 전제하에서 풀었을 때 두 가지의 풀이가 가능하다.

첫째는 삼국사기(권37) 고구려 지명(王逢縣一云皆伯)에서의 王 = 皆의 대응의 원용이다. '王'의 본용자에는 임금, 천자, 대인, 제후, 수령, 어른(長)의 뜻이 있다. '皆'는 *kai로 읽고 부여 관명의 *ka(加), 신라 관명의 '翰, 干' 등에 대응시키는 것(李基文 1972 : 34)을 참조하여 '解'를 왕직, 관직의 수행자로 보는 것이다. '王 = 皆' 대응의 경우는 자립형식이고, '加, 干'의 경우는 의존형식이다. 접미사화된 다음 차차로 경칭성이 약화되는 경우를 한국어에서 많이 볼 수있다. '皆'의 중국상고음이 Ⓣ ked, Ⓚ kɛr / kăi임도 참고된다. 그리고 실지 '解'가 신라 초기 왕명(南解, 沾解 ……) 뿐만 아니라 백제의 장군 이름(莫古解)(삼국사기 〈권24〉, 백제본기 〈제2〉 近仇首王 즉위년)에 쓰인 예가 있다.

둘째로 바로 그 말이 남긴 것인지 모르지만, '아모개'에 쓰이는 접미사 '개'에 비길 수 있다. 혹은 이를 중국어(한자어) '哥'에 유래하였다고 하여 '張개여, 李개여, 혹은 朴가(朴哥)' 등의 예를 든 경우가 있다. 한한사전에는 '哥' 단독으로 쓰는 경우도 있고 '哥哥'와 같이 중복해서 쓰이기도 하고 그 용법이 다양하다. 옛적에는 아들이 아버지를 말할 때도 쓰였고 해서 한국어의 경우와의 연관성은 의문시된다. 중국어와는 달리 한국어의 kɛ는 어떤 또는 무슨 사람을 지칭할 때 후접해서 나타내는 말로 쓰였다고 본다. 여기서 첫째의 풀이와 둘째의 풀이를 어휘변화의 시간선상에서 연결시켜서 같은 말이 처음에는 존칭으로 쓰이다가 나중에 비칭으로 바뀌거나 다른 말이 변화 과정 중에 동음화한 것으로 해석할 수 있다.

그렇다면 석탈해는 석탈의 왕 내지 왕자 그리고 남자애로 풀이된다. 삼국유사(권1, 제4 탈해왕)에 용성국에는 28용왕이 있어 5, 6세부터 왕위를 계승한다고 했으니 그러한 용왕 중의 한 사람이었는지도 모른다. 그렇다면 왕 내지 왕자가 되는 셈이니 앞서의 풀이가 가능하다. 또 아이누어에서는 남아를 kainu라고 하는데, nu는 명사 뒤에 붙으면 '多, 豊'의 뜻을 나타내므로 복수접미사 구실을 하는 것으로 볼 수 있다. 그것을 빼면 kai라는 남아의 뜻의 형태가 추출되는 것이 된다. 이때의 -nu는 한국어의 '-네'에 견줄 수 있지 않을까? 그러나 제주방언의 '가이, 가네'는 그-아이, 그-아이-네로 분석됨직 한데 '가이'는 있어도 '가이네'가 안 보이는 데서 -네 접미형의 축약과정에 약간 무리가 있다. '가이들'은 쓰이므로 원래 ka(i)라는 고층언어가 있었기에 거기에 견인된 것이 아닌가 싶어진다. 고대 일본어의 ka(-re) '彼'와의 연계성도 고려됨직하다.

지금까지의 필자의 풀이는 결국 국명이든 왕명, 인명이든 모두 제주도의 고칭에 집약되는 점에서 그만큼 해독의 이점은 있다고 본다. 먼 서역에 집약시키는 풀이도 있으나, 석탈해가 가락국에서 김수로왕과 경술할 때에도, 그리고 진한에서 어업종사할 때에도, 신라의 호공(瓠公)과의 송사시에도 언어 소통에 아무런 문제가 없었던 점을 미루어 먼 이역인으로 보기는 어렵지 않나 싶다.

여기서 보태둘 것은 앞서의 해석대로라면 석탈-해와 같이 성이 2자,

이름이 1자가 되는데 지금의 성1자, 이름2자 하고는 다르게 된다. 성 1자는 중국식으로 개성(改姓)된 다음의 것이니, 본래는 순수한 고유어(몽고인과 이전의 아이누인처럼)였는데(예컨대 감나무집(柿木家)), 한자를 쓰게 된 다음부터는 그것을 변용(훈용 또는 음용)하여 접미사(보통 지명)가 붙은 2자로 나타내게 된 것으로 본다. 지금의 일본인 성이 그 패턴이다. 예컨대 '高島, 大谷, 大山 ……'과 같은 식이다. 석탈해도 처음은 '昔脫－解'(줄여서 脫－解), 나중에 성 1자 시기가 되어서는 昔－脫解(줄여서 脫解)로 인식된 것으로 본다.

6. 28용왕·8품성골

이상의 고찰을 통하여 석탈해의 내력에 관련되는 고유명사들이 가상과 허구가 아니며, 실존의 제주도 호칭과 관련됨을 보았다. 여기서는 부수적으로 이와 관련되는, 삼국유사(권1, 제4 탈해왕)에 보이는 28용왕(龍王)과 8품성골(姓骨)에 대하여 언급하기로 한다.

28용왕은 용성국에 일찍부터 있었고, 인민을 가르치고 인성과 천명을 바르게 닦았다는 것인데, 이는 흉노에서의 통치체제와 비슷한 면이 있다. 곧 흉노의 통치자(황제) 선우(單于) 아래에 중앙에는 그 인척(左右骨部侯〈異姓大臣〉)이 있고, 지방에는 근친자인 여러 왕장(王將)(左右賢王, 左右谷蠡王, 左右目逐王 이하 24長)이 동서로 나누어 분담(수천에서 일만의 기병을 지휘, 萬騎라는 칭호가 있다)하였다(江上 1967 : 52－53). 이들은 사기(史記) 흉노전에 의하면 모두 세관(世官, 세습관)이었다. 사기 흉노전, 한서(漢書) 흉노전에는 그러한 세관이 다르게 나와서(左右賢王, 左右谷蠡王, 左右大將, 左右大都尉, 左右大當戶, 左右骨都侯) 28의 숫자에는 약간 어긋나지만, 제주도에서의 28용왕도 흉노의 그것과 비슷한 체제로 지역을 분담하여 세습적으로 관할 내의 만민을 안무(安憮)하였다고 볼 수 있다. 고려사에 보이는 만호(萬戶)가 그 유영일 수 있다. 실제로 당시의 제주도에서 28의 수장과 봉령(封領)이 있었는지 알 수 없으나 많은 지역이 분할되었던 것은 사실일 것이고, 그 명명에는 사서, 불전(佛典)을 통해서 익힌 것을 이용했을 것이다.

8품성골에 대하여는 Misina(三品 1975 : 491)는 신라에는 성진(聖眞) 2골(二骨) 및 6, 5, 4 두품(頭品)이 있어서 그 서차에 비추어 3, 2, 1의 두품이 있다고 보면 8가지가 되므로 이에 맞추어 용성국에서도 8품 성골이라 하지 않았나 보고 있다. Misina(三品)도 지적했듯이 골품, 두품은 7세기 이후의 것이므로, 필자는 오히려 제주도에 있어서의 8품 성골이 먼저라고 하고 싶다. 세습혈통제가 확립되기 이전의 신라 사회는 품급이라기보다 씨족별(성씨별)의 색체가 농후했다고 본다. 그 바탕은 토착민의 6촌이고(삼국유사에 그 후대의 성씨가 기재되어 있다), 이에 외래인의 박씨와 석씨를 더하면 8성이 되며 한편으로 외래인(후래인) 김씨까지 한 묶음하면, 박, 석, 김씨의 3성이 된다.

제주도에도 양(梁), 고(高), 부(夫)(이들에는 고유어가 있었을 것이다. 아니면 성1자 이후의 외래인이다)의 3성 외에 여러 성씨가 있었을 것이다. 후세의 기록이지만, 탐라의 신인(神人) takɐrna(高乙那)의 이름에 상응하는 고대 일본의 신(高御産日神, 김공칠 2001)의 후손으로, 일본의 신찬성씨록(新撰姓氏錄)에 여러 성(大伴〈左京神別中〉, 玉祖, 齋部〈右京神別上〉, 伊與部〈右京神別下〉, 波多祝〈未定雜姓〉, 이것만 헤아리면 8성)들이 예거되고 있다. 모두 제주도와 유관한 어휘인 təm / tam '耽', iyo*, pata* '海'로 되어 있다. 이러한 성씨는 지금으로서는 제주도에 전하지 않는다(아마도 한자 1자의 개성 때문이거나 아니면 외부로 전출한 때문인 듯). 후대에 어떻게 개성되었는지 알 수 없으나 각 지방의 지명(지형어)에 입각한 많은 성씨가 있었던 것은 분명하다. '八'이란 한자는 여듧(천자문)이라는 훈(多, 諸의 yərə와도 유사)만을 남기고 있지만, '많은'의 의미로 쓰인 예(특히 일본의 일본서기 신대기(神代紀)에서)도 있으므로 앞서의 28(용왕), 8(품성골)의 숫자의 경우도 숫자에 구애됨이 없이 '많은'의 뜻으로 풀이해도 무방할 것이다.

제주도에도 삼성설화의 3성만 가지고 고대에 3성만 있었다고 생각하는 것은 잘못이다. 그리고 사기 흉노전에 의하면 흉노의 여러 대신은 모두 세습제인데 처음에 2성, 나중에 3성(呼衍氏, 蘭氏, 須朴氏)의 귀종이 있었다」고 했으니(諸大臣皆世官, 呼衍氏, 蘭氏, 其後有須朴氏, 此三姓其貴種也.) 제주도도 귀종의 성씨가 있었을 것이다. 그것을 삼성설화의 고·량·부 3성에 결부시키는 것과 같은 선입관에 구애될 것은 없다. 그 이전의 고유어의 성씨(이 글에서의 含達, 昔脫 등)도 생각할 필요가 있다. 신라도 박, 석 2성에 나중에 김씨가 가하여 3성이 중심이 되었지만 모두 나중에 온 외래계이다.

그리고 신라 초기의 3성 왕위 선양제(禪讓制)는 중국의 현자(賢者)에의 제위 선양방식과 비슷하다. 중국의 개국전설에도 3황(燧人, 伏犧, 神農)과 3제(5제 중 黃帝와 堯, 舜의 기록만 남음)가 있으며, 그 요에서 순에의 양위(다시 夏의 禹에게)가 있었다. 제주도에서도 초기의 성주(星主)는 3성 중에서 현자 또는 연장자 순으로 승계된 것 같다. 신화 이후의 3성의 순위가 문헌에 따라 다르게 나타나는 경우가 있으며 3성의 호칭 자체가 '良(賢), 高, 夫(伯)'와 같이 막상막하다. 도내의 각 마을에서의 연장자를 으뜸(영의뜸)으로 모시는 유습을 그 잔영으로 볼 수도 있다.

신라에서 남해왕(南解王)의 태자인 유리왕(儒理王)이 부왕이 돌아가시자 덕망이 높은 탈해에게 왕위를 양보하려 한 것은 현자 승계의 패턴에 속하고, 이에 대해 탈해가 이가 많은 이가 되어야 한다 해서 사양한 것은 연장자 승계의 한 패턴에 속한다고 할 수 있다. 이러한 왕위 승계 제도는 석탈해는 이미 익히 알고 있었고 해서 실천에 옮긴 것인데, 그러한 이국(異國)에서의 선진적 사례들을 능히 터득할 수 있었던 것은 역시 당시 중한(中韓)의 교역의 우이(牛耳)를 쥐고 선진문화를 맨 먼저 받아들일 수 있었던 주호(탁라)의 출신이었기에 가능했던 것으로 본다

영특한 탈해는 그러한 정치적, 법률적(호공과의 쟁송), 군서적(탈해왕 8년에 기병 2천으로 백제의 공격을 격퇴), 역사적 견식을 지녔기에 부족연합의 국가 형성의 격변기에 그 경륜을 펴기 위해 또한 자국의 안전을 위해 가락국과 진한(신라)을 순방하지 않았나 싶다. 이러한 당시의 영걸을 가락국에서 거절하지 않고 받아들였다면 한반도의 역사는 크게 달라졌을 것이다. 변방의 지역보다는 수륙교통이 편리하고 철의 생산, 교역이 왕성했던 곳이었기에 탈해와 같은 현자를 받아들였다면 장족의 발전을 이루어 한반도의 주역이 되었을지도 모를 일이다.

7. 맺는말

신라 제4대 임금 석탈해의 내력은, 그 출신국의 국명, 왕명 그리고 본인의 명의의 분석을 통해서, 동해 너머 또는 서역에서 건너온 것이 아니고 같은 언어, 문화권인 제주도에서 유래한 것임을 밝혔다. 이제, 지금까지 서술한 바를 간추리기로 한다.

출신국 다바나국은 한자의 변용자(음용자 〈音借〉)로 보아 tapana[tabana]로 읽고 이를 tammana(耽毛羅)와 혹은 tamna(耽羅)(이상 어중 p / m 교체), tak(a)na(乇羅(어중 p / k 교체)하고 관련지으면, 제주도의 어느 호칭에든 연결이 되어서 대내외에서 교체적인 변이음으로 그렇게 불린 것이 된다. 그 위치, 왜의 동북 1천리는, 현재의 일본 규유슈우 서남부를 기점으로 삼았을 때 많은 섬과 반도로 가로막힌 해로를 일단 서남쪽으로 내려와 북상 항로에 나오면 제주도의 위치가 동북쪽 방향으로 인식되는 것으로 보았다. 또한 1천리의 계정도 위지동이전 왜인조에 있는 것처럼 나

라마다의 기항지의 거리라면 틀리지 않는다.

다른 호칭 용성(국)의 글자는 한자 본용자로 보고 또 그 용례가 한서 흉노전의 용성에 찾을 수 있어서 그것에 비겨볼 수 있다. 그 용성에 관련된 내용은 제주도에 관련될 수 있고 기록의 내용(信鬼神, 天君, 男女群聚. …… 具酒肉祭神, 躍馬戱 등)과도 상통하는 면이 있다.

인도 원주민의 사신(蛇神)(용신) 숭배가 불교에서 받아들여진 대로라면 용신의 왕이 용왕이며 용왕의 궁전이 용궁이다. 그것을 용성으로 보기도 한다. 샤머니즘과 결부되어 이전에 용이나 뱀을 중히 여기는 곳으로 널리 알려져 있는 섬은 제주도이다. 그 샤머니즘의 제장이 하나 있는 용담동의 용연 일대는 용두암, 용수, 비룡못 등 용과 관련된 지명이 많으며, 좌우 석벽으로 둘러싸인 용연은 포구 안 깊숙이 있고 밖에서 찾기 어려워 외지인에게는 마치 용궁과도 느껴질 수 있다. 그 용연에는 신룡이 잠겨 있어서 가뭄이 계속될 때 비 내리기를 기원하면 응한다는 속전이 있다.

여기서 다바나국 = 용성국의 등식의 추구를 언어면에서 생각해 보면, 고사기(垂仁記)에 있어서의 tokoyo(常世)(= 州胡) = tatibana(橘, 생산지명으로 보고)의 관계 또는 tati(tatu) = 龍(아이누어 toko 蛇), pa = 장소, 성(장소의 부분 뜻이 있다), na = 나라의 관계를 구해 볼 수 있다. 또 관점을 바꾸어서 지금 용담동에 남아있는 takkɯne의 지명이 오래전의 것이고 원래 tat(龍) – kɯi(城) – na(國)의 어형과 비슷했다면 원래 그러한 고유지명(국명)이 있어 그것을 용성국으로 풀이하여 한자화한 것이라 할 수 있다. 결국 원래의 도명, 지형어 등의 고유 명칭이 조금씩 변화, 분화하면서 문헌(이표기의 한자화)과 지명에 여러 방식의 형태로 반영되었다고 할 수 있다.

용성국의 다른 호칭인 정명국, 완하국, 화하국은 그 용자로 볼 때, 정명국은 본용자 나머지는 변용자(여기서는 訓借字)이다. 먼저, 변용의 완하국, 화하국의 전항은 한국어로 전자는 보배, 후자는 꽃, 후항은 여름인데, 그 복합어 자체로는 의미불명이다. 고층의 언어 아이누어로 대역하면 전항은 두 가지 모두 tom(i), 후항은 sak이 된다. 아이누어 tom(i)의 형태는 təm*에 소급할 수 있으므로 어느 형태든 제주도의 고칭 təm(/tom 耽)과 관련된다. sak의 형태는 백제방언 asaka의 선행형이라고 보면 '島'를 나타내는 것이 된다. 합치면 곧 təm(/tom)(耽〈羅〉)의 이름을 지닌 섬이라는 의미가 성립된다. 본용자 정명(正明)의 뜻도 아이누어로 tom의 음형이니, 세 호칭의 음형 모두가 같아지면서 제주도와 관련된다. 그런 점에서 이들 해독의 신뢰성을 굳혀준다 하겠다.

다른 각도에서 이들 용자를 한국어와 관련지을 수 있다. 완(玩)의 음용으로 wən(해변에 후미진 곳에 돌담을 쌓아 밀물 때 들어온 물고기를 잡을 수 있게 만든 곳, 또는 용천수)을 나타내고, 화(花)의 훈용으로 koc(岬)을 나타내어 해당지역의 지형도 곁들여서 나타냈다고 할 수 있다.

석탈해의 모후의 출신국 적녀국의 풀이도 그 표기를 변용자(음용자)로 보았을 때 제1자(積)는 석(탈해)의 '昔'의 한자음과 같이 제주도의 고칭인 주호 곧 섬을, 제2자(女)는 그 상고음을 음용하여 나라와 지방의 na를 나타낸 것이 되어 섬나라의 풀이가 성립한다.

다음 석탈해의 부왕인 함달바(혹은 함달)의 해독은 그 용자로 볼 때 변용자(음용자)로 보면 kɐmtar−pa 또는 kɐmtar이 되어 신산(神山), 대산(大山) 그리고 신·왕·수장의 소거지가 된다(단군조선의 개국지 今彌達 참조). pa는 아이누어로 추장을 나타낸다. 이러한 신산, 대산의 호칭에 걸맞는 곳은 역시 제주도 밖에 없다. 그 중앙에 높이 솟아 있는 한라산 이름 자체가 신산이며 대산이다.

석탈해 본인의 이름도 그 용자를 변용자(음용자)로 볼 때 제1자(昔) si̯-ak(/t̂i̯ak)은 제주도의 고칭 주호(백제방언 asaka '島')와 연계되며, 제2자(脫)의 tar(〉t'ar)은 함달바의 '達'과 같이 산과 연계되므로 도산(島山) 곧 제주도를 가리키게 된다. 제3자(解)는 왕·왕자 외에 사람·남아(존칭)의 뜻이므로 전체적으로 제주도의 왕자라는 뜻을 이룬다.

이외에 부수적으로 용성국의 28용왕과 8품성골도 살펴보았다. 전자는 흉노에서의 여러 왕장과 그 휘하의 24장에 비길 수 있고, 후자는 귀성(貴姓)의 3성 이외에도 여러 성이 있었음을 나타낸 것으로 볼 수 있다. 따라서 고대 제주도에도 그러한 제도가 있었다는 것이 된다. 8품성골의 경우. 신라에서의 토착민 6촌성과 외래인의 박, 석(김씨는 나중에 가해짐)의 8성하고 관련되는 것 같다. 3성의 귀성도 신라에서 나중에 김씨까지 보태어 박, 석, 김의 3성이 이루어진 것과 관련지울 수 있다.

신라 3성의 왕위 계승제도는 제주도의 그것과 같다고 보면, 이 모든 것 곧 신라의 초기 정치 체제는 결국 제주도에서 건너온 석탈해가 닦았다고 보아 틀림없을 것이다. 또한 탈해왕 때 보이는 기병(騎兵)의 활용도 탈해왕이 시작했다고 보아진다.

이와 같이, 모든 면에서 석탈해의 출신지를 제주도로 보면, 국명, 왕명, 지명, 인명이 포괄적이고 일관성 있게 풀이될 수 있고, 나아가서는 석탈해가 동위한 당시의 신라 초기의 정치체제 정비의 연유도 이해될 수 있다. 한반도의 씨족 내지 군소 부족이 분립한 기원전의 시대에는 제주도는 상대적으로 비교우위에 있었으며, 일찍이 남중국을 통하여 서역, 인도, 중국의 선진 지식이나 문물도 받아들일 수 있는 선단 지역의 처지에 있었다. 따라서 석탈해의 내력을 제주도로 보는 것은 조금도 지나친 일이 아니다. 한반도 질서가 격변하는 시기에 변방의 신라에서가 석탈해를 받아들여 신라가 장족의 발전을 맞이하는 계기를 마련한 것이라 할 수 있다. 따라서 이 연구는 석탈해의 내력에 관련된 국명, 왕명, 지명, 인명의 해독으로만 끝나지 않고 서기 1세기의 한반도 남부의 정세 그리고 당시의 제주도의 여러 가지 정황 곧 언어, 정치, 종교, 풍습, 사회상을 점쳐볼 수 있게 한 것이 된다.

추기(追記)

이 글에서 점쳐 볼 수 있는 서기 1세기의 제주도의 언어는 여기서 추출되는 다음의 어휘목록을 미루어 한반도의 마한(그리고 백제방언)과 연계되고 한반도의 고층 언어인 아이누어 하고도 관련될 수 있음을 보여준다.

tatkɯina(高城國) 龍城國, 마한의 月支國

cf. tatipana(多知婆奈)

sjəktar(島山) 昔脫(解)(解는 王 = 皆에 대응 cf. 加 (부여 관명), 翰, 干(신라관명))

aptjaka 〉 apsaka(앞섬) cf. asaka 백제방언의 '島'

apusaka 〉 afusaka 〉 ofosaka 〉 oosaka(大阪) (큰 섬의 의미화)

mosirike 서쪽, 제주도의 모슬포 지경

tɐ(/ə)m(a)na (耽羅) tapana(多婆那國), tɐmmɐna(耽牟羅), tɐmpuna(耽浮羅)

cf. 일본의 성이름 (大)伴(oho)tomo(左京神別中), 玉(祖) tama(右京神別上)

təkə(yo) (州胡(國)) tokoyo(常世國), tjəkna(積女國)

təm(i)tar(e) (耽羅의 山) cf. 頭無岳 일본기록(神功紀)의 忱瀰多禮

təmisak(a) (寶와 富의 섬)

琓夏國 təmi(아이누어) – saka(백제방언)

花夏國 təmi(아이누어) – saka(백제방언)

일종의 침사적 표기

kɐmtar(神山, 大山) cf. 今彌達(白岳山, 阿斯達의 다른 호칭)

含達 – (婆) 석탈해의 부왕

여기의 婆 pa는 아이누어로 추장, 단체장

iyo(이여도의 호칭) 일본에서 옛 성씨의 하나 伊與部(右京神別下),

cf. 일본 시코쿠(四國)의 伊豫(島)

pata(海) 일본에서 옛 성씨의 하나 波多祝(未定雜姓)

이러한 언어적 정황으로 보아서 또 제주도의 지리적 정황으로 보아서 제주도에는 28용왕의 존재가 시사하듯 여러 부족이 혼재(混在)하고 있었음을 알 수 있다.

서기 1세기의 한반도 정세의 대변동기에 아마도 제주도도 각 부족이 살아 남기의 합종연횡(合從連衡)이 있었음을 가히 짐작 할 수 있는 일이다. 어떤 부족은 한반도 남쪽의 신흥국인 가라 또는 신라와의 연계를 꾀하고 또 어떤 부족은 가락국과의 혼인(동맹)으로, 또 어떤 부족은 일본에 있는 친 제주도계의 선주족과 연계를 꾀하고 직접 진출하는 활동으로 타개하여 나간 것으로 볼 수 있다.

삼국유사의 가락국기를 보아서는 당시 용성국에 위기감이 감도는 가운데 석탈해가 가라를 거치고 신라로 진출하는 모습을 엿볼 수 있다. 용의 경면(혹은 가면)을 쓴 휘하의 보호 아래 가라에 당도하나 가라에서는 포용하지 않음으로 신라로 진출하여 신생 신라의 국가 기반 확립에 크게 기여하여 왕위에까지 오른다. 당시는 그만큼 정치·사회면에서도 개방적이었다고 볼 수 있다. 중국에서 볼 수 있는 현자(賢者)에의 제위(帝位) 선양제와 같은 것이 있었다고 할 수 있다. 그리고 석탈해의 신라에서의 거동으로 보아서 제주도에는 선진 중국의 정치적, 법률적, 군사적 지식이 보급되고 그 수준도 높았다고 볼 수 있다.

그리고 앞서의 지명들을 보아서 제주도의 중심부는 고성(高城)이 있고, 용의 경면(혹은 가면)을 한 수중무사들이 지키는 난공 블락의 곳이었으며, 한라산신을 숭배하고 보호받는 신국(神國)이었으며, 한역(漢譯)된 국명(琓夏國, 花夏國, 正明國)을 보아서는 한문지식문화가 발달하고 있었고, 그 국명 그대로 재물이 부(富)한 섬의 나라였다는 것을 알 수 있다.

제4장 서기 1세기의 제주도

-가락국 시조비 허황옥(許黃玉)의 명의와 본국명에 대해서-

내 용

〈요지〉

이 글에서, 가락국 시조비가 된 허황옥 공주가 제주도 출신임을 주장하고 있다. 그 근거는 대략 다음과 같다.

1. 삼국유사 가락국기에 허공주의 본국이 서역(西域)의 아유타국(阿踰陁國)으로 되어 있는데, 그 서역은 중국을 기준해서 보지 않고 가락국을 기준해서 보았을 때 제주도가 해당될 수 있다.

2. 국명 아유타국은 신라의 서라벌(徐羅伐)-서야벌(徐耶伐), 가락국의 가라(加

羅) - 가야(加耶)와 같이 어중의 ㄹ(r)음의 활음화가 있었다고 보면 아유타는 본래 aruda로 볼 수 있고 제2음절의 모음이 교체현상이 있게 되면 제주도의 지명의 ara나 족장(族長)에 상응할 수 있다. ara의 지명에는 제주시의 ara 이외에도 온평리에 알내가 있다. ara의 족장명은 백제어의 왕호, 일본 왕호와 궁전에 반영되어 있고, 제주도의 을나(乙那)도 그 반영이라고 볼 수 있다.

3. 삼성설화에서 3을나(乙那)의 배필로 3공주가 당도한 행적이 있는 유서깊은 열운리(閱雲里)의 지명에 아이누어 혹은 일본어의 yaru(遣), yoru(寄), yarun(請), yurusu(許) 등이 관련된다고 보면 그 중 성씨로 쓰일 수 있는 것은 '許' 뿐이므로 허공주는 그 곳의 출신이기에 그것을 성으로 삼았다고 볼 수 있고, 출신지인 그 해촌의 해안명 '황노알'을 한자화한 것이 황옥(黃玉)으로 보게 된다(중간의 '노'는 하나의 연결사).

4. 허공주가 왕후가 된 후에도 남편의 성을 따르지 않았으며(아이누인에도 그런 습속이 있다) 그 보주태후(普州太后)(허왕후릉에 명시되어 있다)의 칭호에서 '普州'도 제주도의 ara와도 통한다. '普'에는 '廣, 大, 全'의 뜻이 내포되고 있다. 곧 '普州'는 제주도의 ara의 나라/섬의 뜻과 큰 섬의 뜻이 내포되고 있다.

5. 허공주와 김수로왕과의 혼인과정을 보면, 그 기사 자체가 가구(假構)라고 하는 자도 있지만 혼인에 임한 의상이나 의식을 보면 매우 토속적이다. 허공주가 김수로왕의 영접 전에 높은 언덕에서 비단바지를 벗은 것은 산신령에게 공물로 바치기 위한 것도 있고, 여자쪽에서 혼인을 허락하는 뜻을 나타낸 것으로도 볼 수 있다. 김수로왕이 허공주의 당도를 예견하고 신하를 마중 보낸 것이나, 대궐이 아닌 장막궁전을 치고 기다린 것은 아이누사회에서의 자식이나 딸의 결혼과 동시에 작은 집을 가지게 한다든지 고구려에서 혼인은 구두로 미리 정해놓고 여자 집에서 별채를 지어 신랑이 찾아와서 신부의 부모에게 간청하여 허락을 받는 습속의 반영으로 본다. 이러한 습속은 중국이나 인도와는 무관하다고 본다.

6. 허공주가 가락국에 건너올 때 풍랑을 만나 일단 되돌아가 석탑을 싣고서 왔다는 사실은 허공주의 본국이 원거리의 인도나 중국이 아님을 나타낸다.

불교의 해상을 통한 전파가 기원 전후에 있었다는 사실을 미루어 이미 허공주의 본국에 불교가 부분적이나마 전파 되었다고 볼 수 있다. 전파지의 이름으로 나오는 탐몰라(耽沒羅)는, 서기 3세기경에 지어진 것으로 보이는 법주기(法住記)에 있는 2세기의 '難提密羅'의 말을 통하여 불교 호지(護持)의 16존자의 분주지(分住地)

의 하나로 되어 있다. 그 호칭은 제주도의 고칭 '탐모라' 하고도 음리상 부합된다. '沒' 자체가 입성(ㄹ)을 나타내지 않고 산스크리트어 자체가 그런 음이 없다. 게다가 산스크리트의 a 자체가 ɐ에 가까운 음이기에 'ᄃᆞᆷ모ᄅᆞ'에 가까워진다.

7. 기원 전후 한반도에 사국(四國)이 출현하기 이전의 군소지역시대에는 제주도가 해운, 해산, 축산 기타 특산물에서 경제적으로 비교우위에 있었다. 김수로왕이 외혼제(外婚制)에 입각하여 가락국의 배후의 지원세력이 될 제주도에서 왕비를 간택할 수 있는 일이다. 공주가 가락국에 실어간 금운보화의 내용이나 양을 볼 때 당시의 제주도의 국격(國格)이나 경제력을 알아 볼 수 있다.

1. 머리말

삼국유사(권 제2) 가락국기에 실려있는, 가락국 시조 김수로왕과 아유타국 공주 출신인 왕비 허황옥과의 신혼 기사는 여러 가지 면에서 우리의 관심을 끌게 한다.

그 첫 번째가 공주 허황옥이 어디서부터 일행들과 배를 타고 왔는가, 곧 본국은 어딘가라는 것이다. 공주 자신이 아유타국에서 왔다고 하는 그 곳은 과연 어디인가 라는 것이다. 이는 아유타국의 국명의 해독의 여하에 달려있겠지만, 신혼과정에서 보여주는 습속적인 내용의 기사와 관련시켜서 종합적으로 검토되어야 할 것이다. 먼저 확언할 수 있는 것은 공주가 도항(渡航)중 풍랑을 만나서 자기 나라에 되돌아가 석탑을 싣고 와서 가락국에 당도한 점을 미루어 너무 먼 곳은 아닌 듯 싶다. 일부의 사람들이 말하는 인도는 물론 중국도 아닐 것이다.

두 번째는 공주명 허황옥의 이름은 한자식 작명(作名)이고 보면 고유적인 이름은 과연 무엇이었나 하는 것이다. 중국인이 아닌 바에는 어떤 고유의 이름을 한역한 것일까? 고유적인 인명은 대개 씨족명이나 생활지의 지명에 근거하고 있다고 보면 인명의 풀이는 그 자체만의 풀이에 그치지 않고 첫 번째의 출신국명의 해독과도 상관적인 것이 된다.

세 번째는 공주가 가락국에 당도하고 김수로왕과 신혼을 지내는 과정이 순서있게 잘 묘사된 것을 보면 그 하나하나가 시사하는 바가 과연 무엇인가 하는 점이다.

첫 번째와 두 번째 문제는 국명과 인명의 해독이므로 언어학적 분석을 요하는 문제이다. 고대의 한국이나 일본의 사서에 나오는 이러한 언어학적 자료는 어느 한 나라의 언어만을 가지고는 확실하게 해독을 수행할 수 있는 것은 아니다. 역사적으로 지역적으로 깊은 상관이 있다고 보는 다른 언어와의 연계를 통해서 해독의 객관성을 높여야 한다. 그러한 가능성이 있는 언어로는 한국어, 일본어는 물론이고 현재 일본의 북해도에 잔존해 있는 아이누어까지 들 수 있다. 이들 언어는 아득한 옛날에 한반도로부터 일본에 전파되어서 분화되었다고 추정되는 것들이다. 이들 언어들의 공통적인 언어현상의 흔적이 고문헌과 지명에 아직도 우리에게 그 흔적을 보여 주고 있다. 세 번째 문제는 고대의 신앙과 습속에 관련이 있다. 혼례의 절차나 양식은 신앙과 습속에 따라 달라지기 마련이다. 이와 관련된 내용이 고대문헌에 반영된 것이 있으면 크게 도움이 되겠고 찾아볼 수 없는 경우는 후세의 이들의 반영상을 미루어 나름대로 추정·해석할 수밖에 없다. 이 역시 이용할 수 있는 자료는 한국·일본·아이누의 그것이다.

이들 세 가지 문제가 하나의 구심점으로 집약되었을 때 해독의 신빙성을 높일 수 있다. 하나는 인도, 다른 하나는 중국, 또 다른 하나는 딴 곳으로 연계되는 식으로 분산이 된다면 신뢰성은 그 만큼 저하될 것이다.

네 번째는 공주의 부왕(父王)이 배에 석탑을 실어가게 한 것은 이미 공주의 나라에서는 불교가 공인되고 있었다는 것인가 하는 것이다. 한반도에 있어서의 최초의 불교 공인의 기록은 고구려 소수림왕 2년(서기 372년)이기에 그 보다 너무 선행하는 일이 되므로 여러 가지 정황을 살펴서 그 가부를 알 필요가 있다.

이하의 서술에서는 먼저 삼국유사 가락국기중에 신혼과 관련된 기사의 원문과 직역문을 보여서 전체적인 스토리를 이해하고서 그 다음에 앞서의 네 가지 문제를 차례로 고찰하는 순서를 취한다.

여기서 잠깐 언급해 둘 것은 김수로왕과 허황옥 왕비의 신혼과 관련된 기사 자체가 가구(假構)의 본 모습을 드러내고 있다고 하는 이(白鳥 1922 : 23)도 있지만, 이는 고대 사서(史書)의 기사를 소홀히 여기거나 그것을 해독하는 단서를 얻지 못해서 그리 말한 것이라면 안이한 생각으로 볼 수 있다.

필자는 어디까지나 고대의 사서(史書)의 기술은 선인이 고대의 사실을 애쓰게 기록에 남기려고 노력한 결과물로 보고 이를 존중하고 힘이 닿는 한 그 사실에 접근하는 자세가 바람직하다고 여긴다.

2. 관계문헌

관계문헌에는,

(1) 1) 삼국유사의 가락국기 (권 제2)
    2) 삼국유사의 금관성 바사석탑, 황룡사 장륙 (이상 권 제3)
(2) 동국여지승람(권32)의 김해도호부 능묘에서의 허왕후릉

삼국유사(5권, 印本)는 고려 충렬왕시 명승 일연(一然)이가 저술한 사서로서 삼국사기에 빠져있는 고기(古記)를 원형 그대로 모아놓고 있다. 1512년(이조 중종 7년)의 재간본이 전해진다.

동국여지승람은 각도의 풍속, 기타의 특기사항을 기술한 지리서로서 이조 성조시(1486년)에 성립하고(35권), 중종 때에 새로이 증보되었다(55권, 印本).

금관성 바사석탑은 본래 김해시의 호계사(虎溪寺)에 있었는데, 1873년에 허왕후릉에 옮겨졌다.

먼저 (1)의 1)의 가락국기의 해당부분(군데군데 중략시킴)을 보이면,

屬建武二十四年戊申七月二十七日. 九干等朝謁之次, 獻言曰, 大王降靈已來, 好仇未得, 請臣等所有處女絕好者, 選入宮闈, 俾爲伉儷. 王曰, 朕降于玆天命也. 配朕而作后, 亦天之命, 卿等無慮. 遂命留天干押經舟, 持駿馬, 到望山島立待. …… 忽自海之西南隅, 掛緋帆, 張茜旗, 而指乎北. …… 上聞欣欣. 尋遣九干等, …… 旋欲陪入內. 王后乃曰, 我與[爾]等素昧平生, 焉敢輕忽相隨而去. 留天等返達后之語, 王然之, 率有司動蹕. 從闕下西南六十步許地. 山邊設幔殿祗候. 王后於山外別浦津頭. 維舟登陸. 憩於高嶠. 解所著綾袴爲贄. 遺于山靈也. …… 王后漸近行在, 上出迎之, 同入帷宮. …… 於是王與后共在御國寢. 從容語王曰. 妾是阿踰陁國公主也. 姓許名黃玉, 年二八矣. 在本國時, 今年五月中, 父王與皇后顧妾而語曰, 爺孃一昨夢中, 同見皇天上帝. 謂曰. 駕洛國元君首露者, 天所降而俾御大寶. 乃神乃聖, 惟其人乎. 且以新莅家邦, 未定匹偶, 卿等須遣公主而配之. 言訖升天. 形開之後, 上帝之言, 其猶在耳. 你於此而忽辭親向彼乎往矣. 妾也浮海 …… 龍顏是近. 王答曰, 朕生而頗聖. 先知公主自遠而屆, 下臣有納妃之請. 不敢從焉. 今也淑質自臻, 眇躬多幸. 遂以合歡.

(건무 24년 무신년(서기 48년) 7월 27일에 구간등이 조알할 때 〈왕께〉아뢰기를 대왕이 강림하신 이래로 아직도 좋은 배필을 얻지 못하였으니 청컨대 신들이 가진 처녀 중에서 가장 좋은 이를 골라서 궁중에 들여서 배필로 삼도록 하겠습니다 하였다. 왕이 이르기를 짐이 이곳에 내려온 것은 하늘의 명이었으니 나로하여 짝을 지어 왕후를 삼게 하는 것 역시 하늘의 명이니 경들은 염려 말라 하였다.

그리고 유천간에는 명하여 가벼운 배와 준마를 내주어 망산도에 가서 기다리도록 명하였다. 〈그때〉 갑자기 바다 서남쪽 모퉁이에서 붉은 돛을 단 배가 〈한척〉 붉은 깃발을 나부끼며 북쪽으로 다가오고 있었다.

(수로)왕은 〈이것을〉 듣고서는 기뻐하였다. 구간 등을 보내어 〈그들을 맞이하여〉 대궐 안으로 모셔오게 했다.

〈배에서 내린〉 왕후는 말하기를 나는 그대들과 평소에 알지 못하는데 어찌 감히 경솔하게 따라가겠는가 하였다. 유천 등이 돌아와서 왕후의 말을 아뢰니 왕은 그녀의 말이 옳다고 여겨 관원들을 거느리고 행차하였다. 그리고 대궐 아래 서남쪽 60보쯤 되는 산 가장자리에 장막을 치고 기다렸다.

이에 왕후가 산 바깥쪽의 별포진 나루터 입구에 배를 대고 육지로 올라와 높은 언덕에서 쉬며 입고 있던 비단바지를 벗어 산신령에게 공물로 바쳤다. ……

왕후가 〈수로왕이 있는 곳으로〉 점점 가까이 오자 왕은 나가 맞이하여 유궁(장막궁전)으로 함께 들어갔다. …… 그래서 왕과 왕후과 함께 침전에 들었는데 〈왕후가〉 조용히 왕에게 〈이렇게〉 말하였다.

저는 아유타국의 공주로서 성은 허〈씨〉이고 이름은 황옥이며 나이는 16세입니다. 본국에 있던 금년 5월에 부왕과 황후가 저를 보고 말하기를 아비와 어미가 어젯밤 〈같은〉 꿈속에서 함께 황천 상제를 뵈었다. 〈상제가〉 말씀하시기를 가락국의 임금은 수로라고 하는데 하늘이 내리게 하여 왕이 되었으니 신성한 사람이며 또 새로 나라를 다스리는데 아직 배필을 정하지 못했으니 그대들은 모름지기 공주를 〈가락국으로〉 보내어 〈수로왕의〉 배필이 되게 하라 하고 말을 마치자 하늘로 올라 가셨다 〈그런데〉 꿈을 깨고 난 후에도 상제의 말이 아직도 귀에 남아 있으니 너는 여기서 빨리 부모를 작별하고 그 곳으로 향해 가거라 하였습니다. 〈그래서〉저는 배를 타고 …… 〈감히〉 용안을 가까이 뵙게 된 것입니다. 왕이 대답하여 말하되 짐은 태어나면서 자못 성스러워 공주가 먼 곳에서 올 것을 미리 알았으므로 〈이전부터〉 신하들이 왕비를 들이자는 청이 있었음에도 구태여 따르지 않았소. 그런데 이제 현숙한 〈당신이〉 스스로 〈내게〉 왔으니 나는 다행으로 여기오. 마침내 〈두 사람은〉 합환(혼인)을 하였다.

(이상의 대역에서 …… 는 생략부분, 〈 〉는 문맥을 원활하게 보충한 부분, ( )는 어휘풀이 부분이다. 원문에 있어서 왕후·공주의 대역은 공주 한 가지로 하였다.)

이 기록으로부터 공주의 본국명, 성명, 혼인에 이르게 된 사연과 혼인 과정을 알 수 있다.

(1)의 2)의 금관성의 바사석탑은,

金官城 婆娑石塔

金官虎溪寺婆娑石塔者, 昔此邑爲金官國時, 世祖首露王之妃, 許皇后名黃玉, 以東漢建武二十四年甲申, 自西域阿踰陁國所載來. 初公主承二親之命, 泛海將指東, 阻波神之怒, 不克而還, 白父王. 父王命載玆塔, 乃獲利涉, 來泊南涯. 有緋帆茜旗珠玉之美. 今云主浦. 初解綾袴於岡上處曰綾峴. 茜旗初入海涯曰旗出邊. 首露王聘迎之. 同御國一百五十餘年. 然于時海東未有創寺奉法之事. 蓋像敎未至, 而土人不信伏. 故本記無創寺之文. 逮第八代銍知王二年壬辰, 置寺於其地, 又創王后寺. 在阿道訥祗王之世. 法興王之前. (至今奉福焉. 兼以鎭南倭.)

(금관(지금의 김해)에 있는 호계사의 바사석탑은 옛날 이 고장이 금관국이었을 때 세조 수로왕의 비인 허황후 황옥이 동한 건무 24년(서기 48년) 갑신에 서역 아유타국에서 〈배〉에 싣고 온 것이다. 처음에 공주가 부모의 명을 받고 바다에 배를 띄워 동쪽으로 향하려 하다가 수신의 노여움으로 가지 못하고 돌아와 부왕에게 아뢰자 부왕이 이 탑을 배에 싣고 가라고 하였다. 그래서 무사히 바다를 건너 남쪽 해안가에 정박하였다. 〈이 배는〉 붉은 돛대와 붉은 깃발을 달았고 아름다운 주옥을 실었다. 〈그 곳을〉 지금 주포라 한다.

처음에 〈공주가〉 비단 바지를 벗던 언덕을 능현이라 하고 붉은 기가 처음 〈해안〉으로 들어오던 곳을 기출변이라 한다. 수로왕이 〈아내를〉 맞이하여 함께 150여 년 동안 나라를 다스렸다. 그러나 그 당시 해동에는 아직 절을 지어 불법을 만드는 일은 없었다. 아마도 불교가 아직 전해지지 않았고 토착민들이 신봉하지 않았다. 그래서 〈가락국〉본기에는 절을 지었다는 기록이 없는 것이다. 제 8대 질지왕 2년 임진년(452년)에 이르러서 그 땅에다 절을 짓고 또 왕후사를 지었다. 〈이 일은〉 아도와 눌지왕 시대에 있었는데 법흥왕 이전의 일이다

(지금까지 〈여기서〉 복을 빌고 겸해서 남쪽 왜를 진압하였다. 이것은 본국 (가락국) 본기에 자세히 보인다.)

이 기록에서 공주의 본국명과 성명이 재확인되고 공주의 본국에서는 이미 불법이 전해져 있는 것을 알 수 있다.

(2)의 허왕후릉

在龜旨山東. 世傳王妃阿踰陁國王女或云南天竺國王女, 姓許名黃玉, 號普州太后, 邑人祭王陵時共祀.

(구지산의 동쪽에 있다. 세상에 전하기를 왕비는 아유타국의 왕녀 혹은 남천축국 왕녀라고 한다. 성은 허〈씨〉 이름은 황옥이고 호는 보주태후라고 부른다. 고을 사람들이 〈수로〉왕릉에 제사지낼 때 함께 제사한다.)

이 기록에서 본국이 아유타국 혹은 남천축국이라는 것과 왕후의 호가 보주태후로 불린 것을 알 수 있다.

3. 본국의 소재지와 그 명의(名義)

3.1. 풀이의 단서

공주의 본국에 대하여 추정해 볼 수 있는 단서를 예거한다면,

1. 금관성 바사석탑의 내력. 서역 아유타국에서 석탑을 싣고 왔는데 그것은 가락국에 오는 도중에 풍랑을 만나서 본국에 되돌아가 싣고 왔다는 것.
2. 허왕후릉의 기사. 세상에 전해지기를 허왕후는 아유타국의 왕녀 혹은 남천축국 왕녀이며 후에 보주태후로 불렸다는 것.
3. 가락국기에서의 공주 자신의 말. 부왕과 모후가 똑같은 꿈을 꾸기를 황천상제를 뵈었을 때 가락국 임금 수로의 배필로 공주를 보내도록 하라는 분부가 있었다는 것. 그리고 공주 스스로가 수로왕에게 자기는 아유타국의 공주임을 밝힌 것.

이들 기록을 주의깊게 음미해 보면,

1.은 바사석탑이 실어온 경위가 주이고 본국이 어디라고 확정 짓는 것은 아니다. 풍랑으로 되돌아가 실어온 것을 보면 원거리는 아니다.

2.는 세전으로 전하는 혼용의 국명보다 보후태후의 호칭이 보다 현실적인 것으로 주목된다.

3.은 당시의 한국의 정치 정세에 정통하고 한국적인 천신 사상을 신봉하고 언어·습속에서 동일문화권 영역을 공유하는 곳임을 시사한다.

3.2. 아유타국의 소재지

종래에 아유타국의 소재지에 대하여는,

1. 중국에서 말하는 서역 내지 중인도로,
2. 인도에는 미치지 않는 중국으로,
3. 일본에 있는 한반도 계열국의 분국(分國)으로,

보는 의견들이 있었다.

1.의 서역은 2.도 포함되기 때문에 사용의 범위가 너무 광범위하다. 일본의 한화(漢和)사전(大修館書店)이나 일본어사전(小學館)을 보면 중국 사람들은 중국의 서방 외국을 총칭하는데 쓰였다. 넓게는 인도, 이란, 소아시아, 이집트 지방까지 포함시키기도 하고, 좁게는 중국의 신장성 남방의 타림분지(塔里木) 지방을 특정하기도 하였다. 일본 사람들은 서역은 인도로 한정하는 인식이 있다.

한국에서의 국어사전이나 한한(漢韓)사전을 보면 중국 사람들이 인식하는 서역의 뜻 외에 서쪽 지역이라는 뜻으로 인식하기도 한다. 필자는 이에 따라 바사석탑의 서역은 중국 이서(以西)가 아닌 한반도 이서(以西)로 인식하였다고 보고 있다. 그렇다면 한반도 서남쪽에 떨어져 있는 제주도쪽도 이에 포함되는 것으로 볼 수 있다. 한반도의 동남 해역에 위치한 가락국 사람들에게는 제주도는 이역(異域)의 서역으로 인식되었을 것이다.

3.에서처럼 아유타국을 일본으로 가정하는 근거로는 공주가 바다를 건너 왔다는 점에서 가장 근접한 곳이 일본이기 때문이다. 당시에 일본 열도내에 그 중에서도 북규우슈우 지방에 한반도 계열의 분국(分國)이 산재해 있었기에 그쪽에서 왔을 것이라는 추정에 입각하는 것이다. 소재영(蘇在英 1967 : 148, 주 34)은 역사학계는 아유타국을 일본에 있던 가락국 분국으로 보고 있는 견해를 소개하고 있다. 그러나 당시는 가락국의 출발기이므로 가락국의 분국이라기보다 한반도 계열의 군소국(群小國)이라 할 수 있다.

그러한 분국(分國)의 존재 여부와는 관계없이 공주의 신혼기사와는 어긋나는 데가 있어 문제 된다. 곧 가락국에는 공주가 탄 배가 가락국 남부 바다의 서남쪽 모퉁이에 나타났다고 하는데 만일에 일본 지역에서 온 것이면 동쪽 아니면 동남쪽에서 나타나는 게 순리다. 곧 서역이 아닌 동역(東域)으로 표현되어야 한다. 바사석탑기에도 공주가 부모의 명을 받고 바다에 배를 띄워서 동쪽으로 향하였다고 한 점을 미루어도 마찬가지다. 그리고 항해 도중 수신의 노여움에 가지 못하고 돌아와 석탑을 실어 갔다는 도해(渡海)기록을 보아도 거리상 중국에서 보는 서역이나 천축도 모두 해당되지 않을 것이다. 중국도 천축도 일본도 아니라면 예상되는 그곳의 후보지로 제주도를 당연히 생각할 수 있는 일이다.

그럼 허왕후릉에서 공주를 남천축국의 왕녀라고 된 부분에서 남천축의 문제는 어떻게 볼 것인가.

삼국유사(권3)의 황룡사 장륙(丈六)의 기록을 전체적으로 보면 천축의 무우왕(無憂王)(阿育王의 의역)이 황금과 철을 약간 모아서 (불상의 모형과 함께) 바다에 띄운 뒤 2천 3백여 년이 지나서 이 나라(신라)에 이르렀다고 했다(故, 天竺無憂王, 聚黃鐵若干斤泛海, 歷一千三百餘年, 然後乃到而國)(補注 1 참조).

천축에서 한반도에 이르기까지 그리 간단하게 왔다가 돌아가고 다시 오는 바닷길이 아님을 유의할 필요가 있다. 물론 황철을 실은 배가 16대국, 5백중국, 十千소국이며 8만 취락을 모두 돌아도 석가 삼존상의 주조의 뜻을 이루지 못하다 결국은 신라에 이르러서 비로소 진흥왕 35년 (서기 574년)에 주조가 이루어진다. 별본(別本)에는 이 소식을 듣고 아육왕이 안심하였다고 했으나 원래의 아육왕과는 다른 이일 것이다.

아육왕은 기원전 3세기에 인도를 통일한 왕인데 형제를 죽여 왕위에 오른 것을 나중에 후회하여 불교에 귀의한 이다. 그래서 불교의 전파에 힘쓴 것으로 보이며 그것이 앞서의 많은 나라와 지역에 미친 것으로 보인다.

황룡사 장륙(丈六)에서의 별본(別本)의 기록은 아육왕이 서축(西竺) 대향화국(大香華國)의 임금으로 석가모니 입적 후 백년 뒤에 태어난 사람으로 진신(眞身)에 공양을 못한 것을 한으로 여겼다고 하고 있다(別本云, 阿育王在西竺大香華國, 生佛後一百年間, 恨不得供養眞身). 많은 지역을 돌아다녀도 이루지 못한 것을 신라에 이르러 비로소 이루어졌다는 것이다(補注 1.참조).

여기서 간추릴 수 있는 것은 서기전 3세기부터 해양교통로로 불교가 많은 나라와 지역(중국 연안)에 전파되었다는 것이며 제주도도 그 유력한 경유지(신라 중계)일 수 있다.

공주가 가락국으로 향하던 중 풍랑으로 되돌아와 다시 갈 때 석탑의 실물을 싣고 간 것과 맥을 같이한다. 따라서 멀고먼 인도에서 긴 세월과 먼 항로를 거쳐 공주가 가락국에 당도했다기보다 이미 불교가 전파된 제주도로부터 건너왔다고 볼 수 있다. 제주도이기에 회항했다가도 금방 다시 되돌아 올 수 있었을 것이다.

먼 이국(異國)과 같은 제주도에서 건너왔기에 후인이 서역(西域)이란 말을 쓸 수 있고 남쪽에 있는 불교국이라는 뜻도 가미되어 남천축(南天竺)으로 불릴 수 있었다고 볼 수 있다. 앞에서 불상의 세 모형(초상)을 모시는 신라의 절 이름을 동축사(東竺寺)라 한 것도 그것에는 신라가 동쪽에 있는 불교국 천축(天竺)의 이름에서 지어진 것과 같은 맥락으로 볼 수 있다.

참고로 이종기(李鐘琦 1977)의 소견을 소개하면, 아유타는 인도명의 아요오디아(Ayodhya)로, 갠지스강의 북쪽 사라유강으로 기름진 땅에 있는 코살라(Kosala)의 수도 이름으로 풀이한다(p. 38). 그 왕국은 공주가 가락국으로 출발하던 서기 48년보다 2, 30년전(서기 20년경) 크샨(Kussian)의 군대에 의해 왕조를 잃고 어디론가 떠났다는 기록이 최근 밝혀졌다고 한다(p. 99). 그리고 타이(Thai)국의 메남강가에 있는 옛도시 아유티아(A-yuthya)가 아요오리아 왕국이 건설한 식민지였다고 보고(p. 100) 망명지에의 출발지로 추정하고 있다.

혹시 그 망명집단과 공주의 가락국 방문 일행과 관련지으려는 것이면 많은 문제점이 제기될 수 있다. 아유티아가 출발지였더라도 그 곳과 제주도 사이에는 헤아릴 수 없는 많은 연계 지역이 있게 되는데 과연 제주도까지 당도할 수 있었겠느냐의 의문이 간다. 제주도쪽에서도 그들이 제주도에 당도하여 정착하였다는 징표는 전혀 없으며 공주가 인도인이었다는 인종적, 민족학적인 어떤 징표도 없다. 공주의 얼굴, 의복의 형용이나 언어사용, 예절, 혼례에 있어서의 특이한 사항은 하나도 언급되어 있지 않다. 공주의 부모의 천제 현몽 등은 더 말할 것 없이 한국적이다. 매우 흥미로운 추정이기는 하나 아직은 호칭만의 유사성만으로, 또 구체적인 방증자료 없이 사건을 엮을 수는 없다고 본다. 오히려 인도와 관련된 소재지의 추정에 혼선을 가져다 줄 뿐으로 생각된다.

3.3. 아유타국의 명의

이제부터는 가락국기와 허왕후릉에 있는 아유타국(阿踰陁國)의 국명의 명의(名義)를 고찰해 보기로 한다. 이 국명의 해독이 바로 앞서의 소재지의 추구와도 직결된다.

가락국기에는 공주 스스로가 아유타국의 공주임을 밝히고 있고 바사석탑에도 공주가 아유타국에서 석탑을 싣고 왔다고 기록되고 있다.

이 국명은 대당서역기(大唐西域記)(第5)의 아유타국(阿踰陁國)의 용자(用字)와 동일하지만 필자는 그것과는 별도의 것으로 보고 그 해독을 시도하고 싶다. 설혹 용자가 동일하다 하더라도 동일한 국명이 아닐 수 있다. 중인도의 국명은 난승성(難勝城)의 뜻인데 혹이면 공주의 국명이 인도어(산스크리트(범어) 또는 파리어)가 아닌 한국어로 풀이 될 수 있을 수도 있기 때문이다.

간본(刊本)에 따라 아유타국(阿踰陁國)이 아닌 아수타국(阿輸陀國)이 보이기도 하는데 Misina(三品 1963 : 167)에서도 후자의 것이 인용되고 있지만 수로왕의 전설과는 무관한 것으로 보고 있다.

두 표기의 용자(용자)를 맞춰보면 둘째 字는,

踰 Ⓚ di̯u / i̯u, Ⓣ di̯ug (Ⓚ는 Karlgren, Ⓣ는 董同龢의 재구음)
輸 Ⓚ si̯u / śi̯u, Ⓣ si̯ug

셋째字의 '陁'와 '陀'에 대하여는 색인에 안보이나 음부(音符)상으로는 '㐌'와 '它'는 t'â로 동일하다. 의부(意符) 阝가 있는 이 두 용자의 현대 한자음도 동일하다. 따라서 셋째자(字)는 자형(字形)은 달라도 같은 글자와 같이 쓰인 것으로 볼 수 있다. 그러나 자형(字形)이 다른 점에서 변별의 의도가 전언 없었다고는 할 수 없다.

참고로 한국한자음의 경우를 보게 되면 동국정운(東國正韻)에는 색인에 '踰'는 보이나, '輸'는 보이지 않는다. '踰'는 융과 율으로 기록되고 있다.

전자는 제로종성을 제거하면 '유'음이고 후자의 순경음 종성은 우 / 무의 중간음으로 '두'처럼 입술을 완전히 닫지 않고 가볍게 열린 상태의 음으로 보면 요우와 같은 소리일 것이다(당시의 현실음은 순경음 종성이 없던 것으로 무시되고 있다). 따라서 '阿踰陁'와 '阿輸陀'는 동일한 국명을 표기한 것으로 보기 힘들다. 신증유합(新增類合)에도 '踰 유'(훈몽자회에 안 보임), '輸 슈'(훈몽자회도 슈)로 보인다.

일본 한자음을 보게 되면,

踰 오음(吳音) · 한음(漢音) ju
輸 오음 sju (漢音과 관용음은 ju)

일본어의 관용음은 훨씬 이후의 것으로 보면 논외일 수 있다.

요컨대 '踰'는 유 / 요의 양쪽에 쓰인 것으로 볼 수 있고 '輸'는 유 / 요의 양쪽에 쓰인 가능성이 없는 점에서 두 글자는 엄연히 다르게 쓰인 글자라고 볼 수 있다.

그리고 대당서역기(大唐西域記)(全 12권)는 당승(唐僧) 현장(玄奘)(서기 600－664년)이 구술(口述)한 것을 변기(辯機)가 찬한 것으로, 서기 629년－645년간의 서역·인도 여행기다. 이 같은 7세기와 1세기의 국명을 동일시하는 것은 무리다. 인도 국명의 경우 '阿踰陁'외에 '阿踰闍'(Ayodhyā)(難勝城)로도 쓰인다. 이곳은 '阿輸迦王'(阿育王)의 구적(舊跡)의 도성(都城)이었다고 보고 있는데 보통 '阿育'은 범어 Asoka의 음역으로 보고 있어서 그렇다면 '阿輸陀'쪽에 가깝다.

다시 말해서 공주의 '阿踰陁(國)'가 중인도의 것과 동일형이라 하더라도 이표기(異表記)의 존재라든지 시대상. 거리상의 간격으로 미루어 서로 무관할 수 있고, 혹이면 후세의 가락인이 대당서역기의 명성있는 국명과 비슷한 공주의 본국명을 결부시켰을 가능성도 있을수 있다.

공주의 아유타(국)가 인도의 유사 국명과 무관하다면 결국 우리말로 풀이할 수밖에 없는데 어떻게 풀이될 수 있을까?

문제의 '踰'의 성모 '踰母'는 설음(舌音)의 '定母'로 소급된다고 보며 운(韻)은 '遇'섭의 '虞'운으로 후부(侯部)에 소급된다고 보는데 그 음성(陰聲)운의 핵모음이 학자에 따라 u 또는 ɔ로 재구된다.

Wangli(王力 1987)에 의하면 선진(先秦)음의 후부(侯部)의 ɔ(p. 64)(詩經도 ɔ, p. 75)로, 한대(漢代)에 魚部로 바뀌어도 음가는 그대로 ɔ(p. 102), 위진(魏晋)남북조음은 모부(模部) i̯o로 되어 있다(p. 146).

Lifanggui(李方桂 1982 : 31)는 후부(侯部)의 핵모음 *u는 시경(詩經)에서 중모음(重母音) *ua로 분열되어 있었다고 한다. 그래서 한대(漢代)에 모음 ɔ 혹은 a를 지니고 어부(魚部)와 분간되지 않는 것으로 보인다. 양자는 후설모음이면서 음역에 융통성이 있었던 듯하다.

그렇다면 '阿踰陁國'은 어떻게 읽힐까? 그 핵심은 '踰'의 성모와 운모와 관계된다. 첫째자 '阿'에 대한 산스크리트어의 a표기는 영어의 [ʌ]와 같은 발음이므로 한국어의 ɐ에 상응한다고 보겠다.

제주도의 ɐ발음은 [ʌ] 혹은 [ɔ]로 보는 이도 있는데 a / ʌ / ɔ / ɐ의 음역에 가깝다. 일단 a로 하였다.

1) a d(i̯)u t'a
2) a r(i̯)u tɛ
3) a n(i̯)u ta
4) a yu ta

앞에서 1)은 중국의 상고한자음 그대로 표기하여 그것을 기본으로 삼은 것이다.

2)는 모음간의 d / r교체를 예상한 것이다. 모음 사이에서의 d는 r와 잘 교체된다. 비근한 교체예로 바다－바ᄅᆞ(海), 싣다－실어(載), 걷다－걸어(步)를 들 수 있다.

3)은 모음간의 d / n교체를 예상한 것이다. 2)로부터의 r / n교체도 예상할 수 있다. 전자의 예로는 Kor. tɐl－Jap. nər－(乘), Kor. tɐi－Jap. ni(處格)를 들 수 있고, 일본의 한자음에서의 '泥母'의 n(吳音) / d(漢音)의 교체의 경우가 있는 것도 참조된다. 후자의 예로는 륙지－뉵지－육지(陸地), 신라－신나(新羅), 탐라－탐나(耽羅) 등을 들 수 있다. 이들 음은 조음위치는 같고 소리내는 방식만 다를 뿐으로 동기관적 교체로 얼마든지 있을 수 있는 것이다.

4)는 2)의 어두(/어중) r음, 3)의 어두(/어중) n음의 탈락을 예상한 것이다.

이 경우는 i̯ 개요음이 개재해야 되는데 '踰'자는 핵모음에 개요음이 선행한다. r 〉 ø의 예로는 량심〉양심(良心), n 〉 ø의 예로는 녀름 〉 여름(夏), 나리 〉 내(川)가 있다.

이들 교체는 1)에서부터 개별적으로 행해질 수 있고 d〉r〉n〉j, 또는 d〉n〉j 와 같이 순차적으로 진행될 수 있다.

고대국명에 보이는 다음의 표기는 r / n / j의 교체를 보여준다.

徐羅伐 – 徐那伐 – 徐耶伐 (신라)
加羅 – 加耶 (가락국)

앞에서 '阿踰陁(國)'의 독음을 아듀다 – 아류다 – 아뉴다 – 아유다의 변이형으로 나타냈으나 '踰'의 모음은 u 이외에 ɔ도 보이는 점에서 '踰'는 듀 / 다, 류 / 랴, 뉴 / 냐, 유 / 야의 교체형도 가능하다. 그렇다면 아댜다 – 아랴다 – 아냐다 – 아야다 의 독음도 있을 수 있게 된다.

이러한 독음의 하나 내지 두 개의 교체형과 유사하게 발음되는 곳을 찾아본다면 우선 '阿羅(加耶)'(지금의 경남 함안)를 들 수 있다. '阿羅 / 阿那'의 교체형이 있다. 그러나 이곳은 바다로 떨어져 있는 곳은 아니므로 제외될 수밖에 없다.

그 다음에 유사형으로 들 수 있는 곳은 제주도의 아라(我羅)지역 더 좁게는 제주도 동부의 온평리(溫平里)의 알내 지역이다.

부모의 현몽으로 건국의 주인공을 신랑으로 맞이하기 위해 찾아가는 경우는 제주도의 삼성설화에서 보이는데, 일본국(혹은 동해 碧浪國)의 왕녀 3인이 제주도에 군림한 '高良夫' 3성 신인(神人)과 혼인하기 위해 당도한 연혼포(延婚浦)가 바로 알내 지역이다.(金公七 1999 : 255참조) '延婚浦'는 문헌에 따라 정의(旌義)의 열운리(閱雲里)로 보이는데 지금의 온평리(溫平里)(속칭 열르니)이다. 이 마을 한 가운데 흐르는 내는 지금은 건천(乾川)이지만 알내라고 하였다. 알내*라는 호칭은 널리 쓰여서 신라 도성의 '閼川', 백제 도성의 '阿利水', 일본서기에 보이는 '阿利那醴河'와 연관된다(金公七 1999 : 216참조).

이상은 '延婚浦'의 유사성과 천명(川名)에 의한 것인데, 아주 옛적은

'川'이 나리〉내이고 '國'은 나 / 나라 의 호칭이기에 또한 당시의 취락〉지역〉나라의 중심지가 '川' 이기에 유음관계가 성립할 수 있다. 또한 '閼雲里'(열르니)의 호칭에서 어두음에서의 개모음이 비변별적이었다면 앞서의 '阿踰陁'에 대한 추정 독음 2)와 그 어중 r탈락형 4)에 근접할 수 있다.

이러한 일부지역의 토속적인 발음을 가락국 사람들이 한자로 표음표기하기는 어려웠을 것이고 고사(故事)나 전문(傳聞)의 유서깊은 이름 가운데 유사한 것을 선택하여 약간의 변형을 감수하고 그것으로 기록했을 수도 있다. 그것은 말하는 쪽(공주)과 듣는 쪽(수로왕)의 약간의 어긋남에서도 올 수 있다.

또 '延婚浦'가 지금은 제주도의 동부의 소촌(小村)이지만 고대에는 해산(海産)과 해운(海運)의 중심지였을 가능성이 있다. 동서남북으로 흐르는 해류의 교차지역이고 한반도 동남부의 가라, 신라에의 직항로 지역이다. 고대의 일을 신라 홍륭기나 통일기의 시점의 수준에서 볼 것이 아니라 한반도에 군소지역국가가 산재한 시대의 수준에서 볼 때 다른 지역에 절대 뒤지지 않은 비교우위의 지역이였음에 틀림없다. 그러기에 삼성설화에서 일본 공주가 찾아올 정도의 타 지역에 알려져 있는 곳이었다 해도 과언은 아닐 것이다.

또한 지역명의 근거 외에도 수장·족장·군주의 명칭의 근거도 생각할 수 있다. 연혼포의 알내가 암시하듯 그 곳의 수장의 호칭 ara*에 근거하였을 수도 있다. 백제의 군호 ɐrɐhɐ(於羅瑕), 아이누어 aragur(gur, 人)(王), 고대 일본어 arapito(王)(pito 人), araka(王殿)(ka 所)의 일련의 어휘를 보면 족장 내지 수장에 ara란 말이 사용되었다는 것을 능히 알 수 있다.

따라서 그러한 족장이 다스린 곳(地)이라는 이름으로 arata*(ta 地, 땅)라는 호칭이 쓰일 수 있는 것이다. 혹이면 '延婚浦'의 좁은 지역에만 한정하지 않고 제주도 본읍(本邑)의 ara 지역에서 가락국과의 교혼(交婚)

을 위해 훌륭한 이를 '延婚浦'에서 물색하였을 수도 있다.

요는 가락국기의 '阿踰陁國'은 머나먼 인도의 국명과 연계된다기보다 제주도의 'ara의 ta'의 어중 r〉j 의 발음에서 연유된 것이며 그것이 마침 인도의 명성있는 '阿踰陁國'의 발음에도 근접하기에 그 표기를 이용한 것으로 보는 것이다. 또한 공주와 수행원의 입에서 제주도의 이야기가 수로왕 그리고 측근들에 전달되었을 것이고 거기서 '아라'라는 공통칭을 지닌 아라의 지역, 아라의 황노알, 아라라는 족장, 아라의 존자(尊者)(아라한) 등이 나와서 후일 기록자는 아라의 땅, 아유타로 기록했을 수도 있다. 이것은 다음의 공주의 성명의 풀이와 연관되면서 뒷받침될 수 있지 않을까 한다.

4. 공주명 허황옥의 명의

4.1. 성(姓)의 유래

그래서 할 수 있는데까지 공주명 허황옥(許黃玉)의 풀이를 시도하고자 한다. 앞서의 아유타국의 풀이와 관련지을 수 있으면 더 좋은 일이다.

공주가 스스로 수로왕에게 성이 '許'이며 이름이 '黃玉'이라고 하였으니 본유적인 이름으로 보아진다. 금관성 바사석탑에도 신증동국여지승람(김해 도호부능묘의 허왕릉능) 기사에도 같은 이름으로 언급된 것을 보아도 그렇다 볼 수 있다.

공주가 왕후가 된 후에도 왕의 성을 따르지 않고 본래의 성을 그대로 쓰는 것은 주목된다. 아이누인은 신부는 혼인 후 결코 남편의 이름을 쓰지 않고 자기 향리에 있었을 때의 이름으로 쓴다(Batchelor 1901 : 60－61). Segawa(瀨川 1972 : 130)에 의하면 Batchelor의 글에 의거해 아이누인은 본래 성씨가 없고 이름 하나만 있었고 나중에 등록의 필요에서 거주지 이름을 따서 성을 정하게 되어 일가의 이름이 있게 된 것이라고 하고 있다.

이 경우에도 처는 결코 남편의 성을 쓰지 않고 자기의 본성을 썼다고 하며 그 이유는 처가 남편의 이름을 말하는 것을 아이누인 사회에서는 엄한 금기로 되어 있다는 것이다.

고대에는 국명이든 인명이든 지명 혹은 지역적인 연고와 관련된 경우가 있는 것을 볼 수 있는데, 그러한 가능성의 예로 '朴'은 볼(原), '高'는 닥(高地, 山) '昔'은 셕(일본에 전하는 백제방언 asaka)(島)(金公七 2007)에서 유래할 수 있다.

공주의 이름도 어떤 구체적인 지명이나 지역적 연고와 관련되는 것으로 보고 그 여부를 밝히고자 한다.

먼저 성(姓)에 대해 보면, 성(姓) 일자식(一字式)은 중국에서 유래된 것으로 보면 그것은 어느 지역 여기서는 제주도로 했을 때 제주도 고유의 성씨는 아닐 것이다. 제주도가 일찍부터 중국과의 교류가 있어서 한자의 사용이 가능했다 하더라도 고유의 성의 한역에는 지역명이나 지역적 연고에서 근거했을 것이고, 후일 가락인이 한역했다 하더라도 그 경위는 마찬가지다. 고려사(권 57) 지리지(2)에 일본(다른책에 碧浪國)의 국왕이 딸 셋에게 서해중의 큰 산에 내려온 신자(神子) 3인을 찾아가 배우자가 되도록 시켜서 제주도에 당도한 것으로 되어 있고 그 곳은 김석익(金錫翼)의 탐라기년(耽羅紀年)에 '延婚浦' 곧 '旌義閱雲里'로 되어있다. 그곳은 보통 '열르니'로 부르는 곳이다. 필자(김공칠 1999 : 256)의 풀이는 아이누어의의 yarui(배를 젓다), yorun(청하다)(cf. 중세어 얼다, 얼이다(嫁) / 얼우다 (제주방언 얼루다(嬌)))의 음의(音義)가 반영된 것으로 보았고, 받아들이는 쪽에서는 '閱'(雲里)은 만나다, 보다, 받아들이다의 뜻이, '延'(婚浦)은 나아가다, 말하다, 받아들이다의 뜻이 한자화 되었다고 볼 수 있다 하였다.

국왕의 하명에 의하여 외지로(外婚制) 시집가는 것은 '許黃玉' 공주의 경우와 같지만, 공주의 경우는 부모에게 황천(皇天)의 상제가 하명하는 것으로 현몽한 것이 다르다면 다르다.

일본의 고사기(古事記)(상권)의 창세의 기록 중에 그 창세 주역은 가락국의 망명세자로 추정되는데(金公七 2004 : 317, 322), 그 세자는 천신(天神)으로부터 하명을 받아 수행하고 그 일이 잘 안 될 때에 다시 천신의 명을 청하고 있다. 직접 천신을 뵙든 꿈에서 현몽하든 천신을 따르는 것은 토착적인 신앙에서 오는 것이 아니었나 싶다. 또 그러한 이들이 제주도－일본 벽랑국(北九州의 hakata(博多) 근처 추정(金公七 1999 : 256))－가락국의 삼각수역 범위 내에서 생기고 있다. 그리고 그러한 영역내의 열르니(閱雲里)의 지역명이 '許'성(姓)과 관계가 있다고 보는 것이 필자의 처지다.

이 'yərrɯni*'를 한자 1자의 성씨화를 위해서는 어떤 한자가 적당할 것인가 하는 것은 결국 그 음형이 자아내는 의미에 어떤 것이 있는가에 있다. 본래 한자란 의미를 나타내기 위한 글자이기 때문이다. 앞에서 '열르니'의 어원 풀이는 아이누어의 yarui(배를 젓다), yorun(乞, 請)에 결부시켰지만 그것과 a / ə / u 교체관계로 볼 수 있는 일본어에 yaru(遣, 給) 그리고 yuru(su)(許)가 있다. Tamura(田村 1996 : 840)에 의하면 －yar 접미사도 남이 해주도록 한다는 뜻을 지닌다고 한다. yara－는 아이누어, 일본어 모두가 '시킨다'는 뜻이 있다. 그리고 yoru는 일본어에 '寄'의 뜻이 있다. 아득한 옛날에는 한국어도 일본어에 앞서는 아이누어와 비슷한 어휘를 썼다고 가정할 수 있다. 현대의 한국어는 '주디, 보내다, 다가가다'와 같은 말을 쓰고 '許諾, 許容, 許可'라는 한자로 대신하고 있다.

고대 일본어의 하나의 일본어 사전인 유취명의초(類聚名義抄)(觀智院本 1241년(/11251년))에는 '許'의 일본어 훈으로는 일본의 Katakana ユルス(용서하다, 받아들이다), アタフ(주다), ススム(나아가다), アルハス

(나타내다) …… 어휘들이 있는 것으로 되어 있어 앞서 '延婚浦' 관련어로 예시한 아이누어 그리고 일본어와 관련된다.

이상의 어례들을 볼 때 '許'의 성씨의 한자화에는 나중에 가락국에서 한 것일 수도 있으나 분명히 공주 자신이 자기의 성을 '許'씨로 말한 것으로 보아 자기 출신지 지명의 유래어휘에 입각하여 말하였거나 이미 제주도에서 한자화되어 말한 것으로 볼 수 있다.

4.2. 명(名)의 유래

그렇다면 이름 '黃玉'도 여기의 지명과 관련되는 것으로 추정할 수 있다. 곧 '열르니' 지역 중에 어디라는 것을 나타내는 말로 본다. 성이 지역명이라면 이름은 그 지역 안의 구체적인 지경명으로 되는 것으로 본다. '열르니' 마을을 관통하여 흐르는 알내는 바다로 흐르는데(지금은 乾川) 그 해변가가 삼성설화에서 고량부 3신이 벽랑국 세 처녀를 맞이한 곳으로 속칭 '황노알'이라 부른다. 바로 이 황노알의 이름을 한자화하기를 '黃玉'이라 하였다고 필자는 보는 것이다. 황은 그대로 '黃'으로 음역하고 알은 '玉'으로 의역한 것으로 본다. 간음(間音)의 '노'는 일본어에서 명사와 명사 사이를 연결하는 속격의 조사 no가 있듯이 한국어에도 예전에 그와 같은 것이 있었다고 보고 있다. 중세어에서의 nɐn의 형태가 그렇다. 이는 일본어와 같이 주격과 속격에 양용되었다. 명사 다음에 속격의 nɐ(n)가 쓰인 예는 잘 안 보이나 (향가 願往生歌의 無量壽殿乃惱叱古音 鄕言云 報言也 에서의 '乃'를 속격으로 볼 가능성이 있다 무량수전 앞에서의 보언(보고)으로 풀이된다고 보는 것이다.), 용언의 관형형 어미의 nɐn이 그 자취로 보아진다. 어떻든 nɐ(n)의 형태가 전후 형태의 연결소로 보고 한자화에서 제외한 것으로 본다.

이러한 분석대로 라면 '許黃玉'의 성명은, 열르니의 황노알(에 근거를 둔) 사람으로 전체적으로 yuru(s) hwaŋ(no)ar*을 나타낸다고 할 수 있다.

여하간 서기1세기의 여인으로 성씨가 분명한 것은 특별하다 하겠고 그만큼 제주도가 중국 등 선진국가와의 문화적 접촉의 최선단(最先端) 위치에 있었다고 할 수 있다.

온평리 해안의 황노알, 성산포의 용당알, 동용알, 신양리 섭코지의 ㅂ름알과 같은 분포로 보아서는 이들 지역이 제주도 최동단의 지역의 해안이며 이 지역에 오르내리는 해류의 교차지역이기에 어렵집단의 특구지역이었을 것이고, 제주도-가락국-일본 북규우슈우를 연결하는 삼각해역의 하나의 중심으로서 해운특구였다 할 수 있다.

삼국유사(권1)의 신라 제4대왕 석탈해의 기사에 그 출신국 용성국(龍城國)에 28의 용왕(龍王)이 있었다고 하는데, 이 '龍城國'을 필자는 제주도로 풀이한 바(金公七 2007) 앞서의 온평·신양·성산 전체가 그 28용왕의 하나가 아니면 각자가 그 하나였을 것이다.

이조 태종신록(권31)에, 태종 16년 5월 기사에 제주의 군을 설치한 초기에는 한라산의 4면이 모두 17개 현이다(置郡之初漢拏山四面凡17縣)라고 한 것을 보면, 고대부터 소지역 단위로 분국(分國) 내지 분현(分縣)을 이루었다는 것을 알 수 있으니 '아유타국'도 제주도의 소분국(小分國)의 하나였는지도 모른다.

고대의 가락국에서 외지(外婚制)에서 일류 신부감을 얻는다면 최단거리에 있는 제주도 그것도 그 최동단의 유력한 해양 왕국의 왕녀를 구한 것은 자연스러운 인간사이다. 제주도와 가락국가 지역과는 국가 탄생 이전부터 왕래가 있었을 것이고 수로왕의 개국 후에는 산업진흥과 배후지지세력의 확보를 위해서도, 한편 제주도의 처지로서도 신흥국가와의 연대를 위해서도 양쪽이 잘 맞아들었을 것이다.

4.3. 보주(普州)의 풀이

공주의 이름 풀이에 보태서 허왕후릉에 명시되어 있는 허왕후의 호 보주태후(普州太后)의 '普州'에 대해 알아보기로 한다. 이 역시 지명에서 연유된 것으로 보며 그 지명은 출신국의 지명과 관련된다고 보는 것이다.

'普'의 훈에는 넓다, 크다, 두루 …… 가 있다. 일본어(類聚名義抄, 觀智院本)에서는 마찬가지로 あまねし(두루 미치는, 모두에 미치는), おほきなり(크다), みな(모두), くもる(아마도 くまる(配)의 교체어인 듯) 등이 있다.

한편 州에는 한국어로 고을, 섬의 훈이 있고 일본어도 くに(나라), しま(섬)의 훈이 있다.

흥미로운 것은 우연이라 하더라도 '普'의 일본어 훈이 제주도 그리고 주변 지역과 관련이 되는 어휘와 비슷하다는 것이다. ama는 일본어에 '海女, 女', 한국어에 '女'의 뜻이(amana는 어휘구성상 '여인의 나라'의 뜻도 될 수 있다), ohokina는 오키나와(沖繩), 오키(隱岐), 옷키(衣貴)와, kumo / kuma는 고대의 남규우슈우의 kumaso(熊襲), 탐라 왕자명의 '久麻伎'(제주 지명의 ᄀ마로 / 고마로)와, mina는 '水國'의 뜻(제주 지명의 민오름도 水岳으로 풀이될 수 있다)이 있는 것들이 그것인데 제주도의 특징적인 어휘와 관련되는 것도 주목된다. 이와 같은 어휘들이 고대에는 보편화되어 있어서 모두 '普'의 훈으로 집약·추상화되었는지는 알 수 없으나 관심가는 부분이다. 그러한 말들이 '普'의 훈에 잘 어울리고 해서 그러한 특성들을 지니는 제주도를 가리키기 위해 '普'자를 골라 썼다고 할 수 있다. '普'에 상응하는 제주도의 지역으로는 한라산 북록의 광활한 '아라'가 지금의 1도동으로부터 크게는 동부지역에까지 미쳤다면 앞서의 온평리도 크게는 그 영역에 속했을 가능성도 없지 않아서, 그렇다면 '阿隃陁(國)'는 좁게는 알내 지역, 크게는 아라 지역에 미쳐서 거기서 그 호칭이 유래한다고 볼 수 있다. 이 국명에 쓰인 모음의 기저 모음을 ɐ로 본다면 제 1음절은 a, 제 2음절은 ɯ로 나타내는데 무리가 없으므로 충분히 아ᄅ다 / 아르다 〉 아유다로 말하고 들을 수 있는 일로 생각된다. 한편 '州'

의 글자는 섬이나 나라를 나타내는 한자이므로 곧 '普州'는 공주의 아ᄅᆞ / 아유의 땅 / 나라 / 섬 출신의 태후라는 뜻을 나타내는 것이 된다. 그리고 '普州'의 용자는 결코 작은 섬이나 지역의 출신이 아님을 은연중 나타내고 있다고 하겠다.

5. 신혼과정이 보여주는 것

5.1. 신혼과정의 사례

이 글은 공주의 출신국과 성명의 명의(名義)의 풀이가 주지만 앞서 소개한 삼국유사 가락국기에서 공주가 가락국에 당도하여 신혼에 이르기까지의 과정 중에서 명의(名義)의 풀이에 참고되는 사항을 추출하여 방증으로 삼고자 한다.

신혼과정에서의 대표적인 사례는,

첫째는 공주가 가락국 신하의 영접을 마다하고 왕이 직접 마중 오도록 한 점,

둘째는 왕이 대궐 아래 서남쪽 60리 되는 곳의 산 언저리에 장막을 치고 기다린 점,

셋째는 공주가 배에서 내린 다음 높은 산 언덕에서 쉬면서 입고 있던 비단바지를 벗어 산신령에게 공물로 바친 점,

넷째는 공주가 왕쪽으로 오자 왕이 직접 맞이하여 유궁(장막궁전)으로 함께 들어가고 또 함께 침전에 들어간 점

등인데 이상의 네 가지에 대해 중점적으로 언급하고자 한다.

아이누인들의 여러 가지 혼인 중에서, 만약 남자쪽에서 먼 지역에 있는 여자를 좋아했을 때는 여자쪽에서 받아들이면 여자가 남자쪽에 가서 산다고 한다(瀨川 1972 : 130). 이와 반대로 여자쪽에서 여자의 양친이 혼

담을 내놓으면 상대방의 남자는 부모의 집을 떠나 여자의 집 혹은 그 근처에 가서 살게 된다(Batchelor 1901 : 59).

앞서의 첫 번째 경우를 이에 준해서 생각하면, 먼 지역의 공주국에 중신을 했다면(수로왕이 그러한 내색을 안했지만 신하들의 왕비 간택의 청을 물리친 것과 공주의 가락국 당도를 미리알고 신하로 마중가게 한 점으로 미룰 수 있다. 또 공주의 부모의 현몽도 중신을 암시한다 볼 수 있다) 공주가 수락하여 수로왕쪽으로 간 것이니 당당하게 왕이 직접 마중오는 것을 요구할 수 있다.

아이누 사회에서는 자식이나 딸의 결혼과 동시에 pon cise(작은집)를 가지게 하는데(瀨川 1972 : 130), 신부 스스로가 혹은 양친이 주로 혼담을 성사하였을 때도 신부 부친의 집 가까이에 작은 집을 세워서 살게 한다.

앞서의 두 번째 경우와 네 번째 경우도 이에 준해서 생각할 수 없는 것은 아니다. 수로왕이 국왕의 처지로서는 처가의 제주도에까지 갈 수 없는 처지고 하니 장막을 치고 기다리다 유궁으로 간 것이라고 볼 수 있다. 그렇지만 수로왕쪽에서 혼담을 시작한 것으로 보는 게 맞을 것이다.

삼국사기(권13) 고구려 본기에서 천제의 아들 해모수와 하백(河伯)의 딸 유화(柳花)는 중매없이 당사자 간의 사통(私通)으로 남녀관계가 이루어진 경우를 보여주지만, 위지동이전 고구려에서는 혼인은 구두로 미리 정하게 되어 있고 여자의 집에서는 작은 별채(壻屋)를 지어 신랑이 찾아와서 이름을 밝히고 엎드려 신부의 부모에게 간청해야 허락받아 들어간다. 단군신화에서는 환웅(桓雄)의 경우 웅녀(熊女)와 호녀(虎女)를 시험하여 이 중의 하나를 택하는 것과는 반대쪽이다.

따라서 혼인도 남자쪽에서 주도권을 잡는 것이 있고 여자쪽을 존중하여 중매를 통하면서도 여자쪽의 허락을 받는 식도 있었다는 것이 되는데 공주의 경우는 후자의 경우에 속한다고 할 수 있다.

5.2. 허공주의 경우

그렇다면 김수로왕이 강림계이면서 혼인 면에서는 단군신화의 경우와 달리 고구려의 경우처럼 여자쪽의 허락을 받는 식의 타입을 보여준다 하겠다. 그래서 앞서의 셋째의 비단바지를 벗은 것도 산신령에 공물로 바치기 위한 것도 있고 여자쪽에서 혼인을 허락한다는 뜻을 나타낸 것이라고도 볼 수 있다.

한편 신앙으로 말하면, 아이누인의 경우 어린이와 같은 순박한 마음으로 또한 정직하고 어린이 같은 수많은 신을 위한다. 집안에서도 밖에서도 마주 대하는 대상은 모두 신이다. 하늘, 별, 땅, 산, 숲, 나무, 물, 강도 그렇다(金田一 1961 : 55).

공주가 높은 언덕에 올랐으니, 하늘에 대해 그리고 산, 땅의 신령에 대해 위하는 마음의 표시로 비단바지를 바쳤다고 볼 수 있다. 여기의 산령은 지주신적(地主神的) 존재이고 외래자가 먼저 그 곳에 공물을 바친다는 습속에서 유래하는 전승에 온다고(三品 1963 : 166) 하기도 한다. 곧 의복의 일부를 바친다는 것은 가장 중요한 공물이며 그것은 자기자신의 일부를 의미하는 것이 되는데, 일본의 대마도 남안의 두산(豆酘)지방에서의 습속(天童 〈어린이 모습으로 인간세상에 나타난 제신〉 地의 옆을 지날 때에 입은 옷의 한쪽 소매를 손으로 잡아 뜯어서 공물로 바치는 것)의 예를 들고 있다.

일본의 신도(神道)에서의 공물의 일반적인 목적은 신을 달래는 것이라고 하였다(Aston 1905 : 211). 축사(祝詞)에서 공물은 신의 가호에 대한 보상 또는 장차 신의 은총을 보장받기 위해 바치는 것이다(p. 212).

축사(祝詞)의 신의제(神衣祭)에서는 의복의 의식이 4월과 9월에 행해진다고 기록되어 있고, 연희식(延喜式)에서는 음식의 공물이라는 옛방식 대신에 의복을 공물로 바친다고 하고 있다.

또 한편으로, 한국의 여인들이 치마 안에 입는 아래 속곳에는 가장 안에 입는 다리속곳, 그 위에 입는 속속곳, 통이 넓은 바지 모양의 단속곳이 있는데, 공주가 공물로 사용한 것은 바지라는 점에서 단속곳이 아닌가 싶다.

일본의 고대문헌에 전래되는 바로는 속바지의 끈을 풀어서 남녀의 맺음의 약속을 한다고 한다. 또 일본의 고대가요 만엽집의 3145번가를 보면 여인의 속곳 허리끈이 자연히 풀리면 연인이 자기를 생각하고 있다는 징조나 연인을 만나게 되는 전조(前兆)로 본다는 것이다(小学館 1973 : 352(頭注)).

그렇다면 공주는 바지를 벗어던진 것은 서로 맺을 언약이나 만남의 뜻을 표시한 것이 된다. 따라서 공물을 바친 뜻도 있겠지만 공주가 수로왕을 기꺼이 만나겠노라는 의사전달의 뜻도 있는 것으로 보겠다.

아이누 여인의 정복(正服)은 비단옷(겉옷)이다. 평시에는 소중하게 보물시하여 간직하고, 천신과 지신의 제사 때 혹은 아이누인의 특유의 웅제(熊祭)(곰새끼를 소중히 사육하고 2, 3년 후 죽여서 신에게 공물로 바침)때 혹은 일본 관리의 순검(巡檢)시에 처음으로 알현할 때 입는 옷이다. 모양새는 한국 여성의 두루마기와 비슷하다 하겠다. 원시시대의 관통의(貫通衣)에서 소매부분을 키우고 앞 부분을 열고 닫을 수 있게 풀어서 겹치게 하여 겉옷의 큰 옷으로 변천되어 온 것으로 보인다. 고대 일본 여인의 오의(五衣)(표피(表皮)만의 것)도, 일본 궁중에서의 예복인 oosode(大袖)도 그런 데서 유래한 것으로 보인다.

공주도 정복인 두루마기를 입었을 것이며 그러기에 치마 안의 바지를 서슴없이 벗어 던질 수 있었던 것으로 보인다.

5.3. 시대적 의미

이와 같이, 남녀의 맺음이나 입는 옷의 편모를 보더라도 한국, 아이누, 일본이 관련되어 있음을 엿볼 수 있다.

아득한 옛날의 한반도에는 사람들은 국가적인 통합 질서보다는 씨족적, 지역적 구획의 질서 속에 살고 있었다. 서북방에서 밀려오는 새로운 문화나 정치적 변동(김공칠 2006 : 262 참조)으로 외부세력의 통합화와 사회적 경제적 차등화가 생기기 시작한다. 이에 밀려서 대항하거나 혹은 신천지 개척을 위해 한반도를 떠나서 일본으로 건너가는 이들도 많게 된다. 그 후에도 씨족 내지 부족 국가의 흥망과 경제질서의 변화에 따라 정치적(망명), 경제적(곤난), 생활환경적(흉년, 홍수) 요인도 있고 해서 일본으로 건너가는 이들도 있게 된다.

일찍이 일본에 건너간 이들은 국가경영의 노하우도 없는 데다 후진세력과는 대항 일변도로 융합하지 못하고(그런 면에서 약간의 인성적, 인종적 차이가 있었는지 모른다) 자꾸만 동쪽으로, 동북쪽으로 밀려나고 새로운 문화적 경제적 메리트는 향수할 수 없었을 것이다. 이들의 후예가 지금의 일본의 북해도에 주로 거주하는 아이누인으로 보아진다.

이들보다는 나중에, 한반도에서 어느 정도 정치적, 경제적, 문화적 메리트를 향수한(국가경영, 농경의 신기술, 군사적 작전과 신무기) 세력이 상대적 처지의 변화 예컨대 가락국의 멸망과 같은 상황의 변화로 인해서 일본에 건너가서는 중앙에서의 정권획득에 성공하고 하나의 국가 체제가 성립함으로써 일본(인)의 이름으로 구별되게 된다.

따라서 아이누인이나 일본인은 아득한 옛날에는 한국인과 크게 다를 바 없는 사람이었는데, 한반도를 떠난 시대적 상황이나 연대상의 차이로 아이누인과 일본인의 구별이 있게 된 것이다. 그래서 아이누인이나 일본인의 언어, 습속에는 고대 한국의 것이 반영되어 있다고 볼 수 있다. 실지로 한국의 언어나 지명의 고층에 아이누어와 같은 것이 남아 있고, 일본의 지명에도 한국어와 아이누어와 같은 것이 남아 있다(김공칠 2000 : 322 - 참조).

그러기에 이상에서 언급한 아이누의 언어나 습속이 현재의 한국에서는 없어졌다 하더라도 고대에는 충분히 사용되었었다고 생각된다.

요컨대 공주의 신혼과정에서 보여주는 것은 고대의 한국, 아이누, 일본의 언어, 습속과도 관련되는 것으로 보며, 인도나 중국쪽과는 거리가 먼 것으로서 아유타국의 소재지는 한국 영역의 내부적인 곳으로 판단할 수 있다.

6. 배에 싣고 간 석탑(石塔)에 대해서

6.1. 16존자의 분주지(分住地)

이상 서두에서 제기했던 세 가지 문제에 대한 언급을 끝내고 이번에는 공주가 가락국에 올 때 풍랑 때문에 되돌아갔다가 석탑을 싣고 다시 오게 되었다는 데 대해서 언급하고자 한다.

이 문제는 공주의 출신국을 제주도로 했을 때 과연 서기 1세기 전후에 제주도에 불교가 전파되어 있었느냐의 문제와 직결된다.

7세기의 삼장법사(三藏法師) 현장(玄奘)이 한문으로 번역한 법주기(大阿羅漢提密多羅所說 法住記〈건국대학교 도서관 소장의 것과 김영덕(2001) 참조)〉에 16존자(尊者)(16羅漢이라고도 함)가 분주(分住)한 곳의 이름 중에 제6존자와 권속 9백 아라한(阿羅漢)이 탐몰라(耽沒羅)에 분주한 것으로 되어 있다. 존자란 뛰어난 수행승, 성자의 뜻이며 제6존자는 발타라(跋陀羅)(Bhadra, 중국어로 好賢)이다.

대아라한(大阿羅漢) 난제밀라(難提密羅〈慶友〉)가 입적하기 전에 여러 제자에게 석가가 불법의 호지(護持)를 위해 분주(分住)시킨 16존자의 이름과 권속수 그리고 장소를 구체적으로 일러준 것이다. 이 일러준 시기는 부처 입멸(入滅)후 800년의 일이니 서기 2세기 경의 일로 보인다. 8세기 간의 연대차가 있으므로 그 내용이나 표기상의 차이가 석가 당시에 비해 다소 있을 수 있다. 게다가 현장(玄奘)이 한문으로 번역한 시기가 서기 7세기이니 더 그럴 수 있다.

이러한 기록 내용에서 주목하고 싶은 것은 16존자의 정주지의 숫자 16은 황룡사 장륙(丈六)(補注 1)에 나오는 16대국의 것과 동일하다는 것이다.

제자들에게 일러준 난제밀라(難提密羅)는 집사자국(執師子國)(錫蘭島〈Seylon島, 지금의 스리랑카〉)의 승군왕(勝軍王)의 수도에 있었다. Ceylon섬은 인도반도의 동남에 있는 섬으로 기원전 3세기에 불교 전래 후 남방불교의 중심지가 된 곳이다.

다음에 제시한 16나한의 분주지(分住地)의 이름의 말미가 '洲(8), 國(1), 山中(6), 天(1)'으로 되어있는데,

1 (존자)	西瞿陀尼
2	迦濕彌羅國
3	東勝身洲
4	北俱盧洲
5	南贍部洲
6	躭沒羅洲
7	僧伽茶洲
8	鉢刺拏洲
9	香醉山
10	三十三天
11	畢利颺瞿洲
12	半度波山
13	廣脇山中
14	可住山中
15	鷲峰山中
16	持軸山中

스리랑카의 위치로 보아서는 인도 중부쪽으로 되돌아간다 보기보다는 '州'가 동방 항로의 섬 또는 해안을 가리킨 것으로 보인다.

제2존자의 분주지는 북방의 표시가 있고 북인도의 카슈미라의 음과 유사하여 그것에 상응하는 것으로 보인다. 나머지는 풀이가 확실하지 않으며 필자가 얼핏 보기에 범어적이라기보다 한국적이다. 제2존자의 분주지처럼 음역(音譯)지명으로 보고 싶다. 한자 하나하나에 범어로 대역하여 그 의미에 상응하는 곳을 찾아볼 수 있고 또는 이와 달리 음역으로 보고 그 음에 상응하는 지명을 찾아보는 것도 한 방법이다.

스리랑카의 북부 그리고 인도반도의 최남단에 많이 쓰이는 언어는 타밀어이다. 인도 15공용어의 하나이고 싱가폴의 공용어의 하나이기도 하다. 타밀어는 드라비다어계로 한국어와 일본어와 관련될 가능성이 있는 것으로 보기도 한다.

드라비다어(Dravidian)는 화자수로는 세계에서 네 번째 또는 다섯 번째 가는 언어로 인도의 중남부에 분포되어 있다. SOV의 어순이나 교착적인 성격에서 그러한 알타이어계하고 친연관계 있다고 보는 언어이다. 드라비다어의 하위분류에서 남부의 타밀(Tamil)어가 있다.

드라비다어가 스키치아(Scythia)어와의 유사성은 Caldwell(1913 : 610－)에 의해 지적된 바 있다. 스키치아는 옛날 흑해와 카스피해 북방에 있었다고 보고 있는데, 그 언어 곧 스키치아어는 핀란드어, 튀르크어, 몽골어, 퉁구스어 그리고 사모에드(Samoyed)어의 어족으로 생각되고 있다 (Webb 1961 : 272 참조).

한국어와 드라비다어의 유사어휘는 Hulbert(1905)에 의해 제시된 바 있다(김공칠 1987 : 162－163 참조). 타밀어에 대해서도 김공칠(1987 : 165－167), 오오노(大野 1994 : 231－)에 언급되어 있다 타밀어에 대한 한국어, 일본어의 대응예가 예시되어 있다. 일본에서는 일어학자 오오노(大野)가 타밀어와 일본어의 동계성을 주장하고 있다(大野 1994 : 214). 그리고 남인도 / 일본 / 한국의 삼각관계의 성립을 주장하기도 한다(p. 243). 그러한 계기는 아득한 옛날에 이루어졌다 보기 어렵고 필자 생각에는 앞서 논의한 대로 기원 전후의 해상 루트를 통한 불교 전파의 흐름을 탄 것으로 본다. 그렇다면 한국어나 일본어에 드라비다어나 타밀어의 흔적이 보인다는 것은 먼저 알타이어가 남부로 분포함으로써 공통적인 요소가 드라비다어와 타밀어에도 남아서 공통점이 있게 된 것으로 볼 수도 있고, 나중에 인도 남부지방에 분포한 이들이 불교 전파의 흐름에 따라 흘러 들어왔다고도 볼 수 있다. 지금으로서는 그러한 분간은 쉽지 않고 어떻든 해상 루트를 통한 불교 기타 문화 전파의 흐름에서 흘러 왔다면 먼저 제주도를 거치고 일본으로 전해졌을 가능성이 크다. 오키나와는 흑조(黑潮)가 그 북방에서 한국으로 오기 때문에 비켜 갔을 가능성이 크다. 앞에서 본 제주도의 불교 전파의 사정으로 볼 때 제주도가 중계적 위치에 있었다고 볼 수 있다.

그렇다면 지금 우리가 파악되는 드라비다어나 타밀어하고 한국어와의 어휘의 유사성은 적어도 기원 전후에 제주도에 사용된 언어의 흔적이라 볼 수 있다. 그래서 비교되는 어휘예를 찾아보고 이 글 말미에 재구되는 어휘목록으로서 제시하고 있다.

스리랑카를 기점으로 하는 전파 경로를 상정한다면 앞서의 16나한의 근거지의 지명들은 태국, 베트남, 말레지아, 인도네이사, 브르나이, 필립핀, 대만 등을 거치고, 제주도, 신라 / 북규우슈우에 다다른 경로와 관련될 수도 있다. 황룡사 장륙(丈六)(補注 1)의 기록 곧 서축(西竺) 아육왕(阿育王)이 불상 주조를 위해 황금을 배에 실어 보내서 16대국과 500중국, 4千소국, 8만 취락을 모두 돌아도 이루지 못해 1,300여 년 후 최후에 신라에 이르러 이루어지게 된다는 기록도 참조가 될 것이다.

이보다 앞서는 16존자의 분주(分住)는 불교 전파의 시도이고 나중의 분주 지명은 이미 전도를 시도한 지역의 불법의 호지(護持)로 생각한다면 황룡사 장륙(丈六)의 기록을 참조했을 때 스리랑카에서 가까운 지역보다는 먼 지역에서 어느 정도 불교 전도의 터전이 마련된 곳으로 볼 수 있고 분주지의 몇 가지는 마지막의 3각 영역의 기착지로 볼 수 있는 제주도를 구심점으로 한 지역명일 가능성이 없지 않다.

6.2. 탐몰라(躭沒羅)

6존자의 '耽沒羅'를 제주도의 고명(고명) '耽牟羅'와 관련된다고 보면(補注 2) 곧 음역으로 보게 되면, 4존자의 '北俱盧'는 고구려의 '句麗', 5존자의 '南膽部'는 일본 야마구치현(山口県)의 서안(西岸) '豊浦'의 고칭 '田部', 7존자의 '僧伽荼洲'는 '志賀島'(志賀 kata), 9존자의 '香醉山'이 kasu와 유음이면 '壹岐'의 '可須', '松浦郡'의 '賀周', kasuya(福岡県粕屋郡), kasuga(春日) 식으로 억측도 할 수 있는 일이다(어쩌면 3존자의 東勝身도 對馬島(tusima)로 볼 수 있다). 고구려의 경우 삼국사기(권18) 소수림왕 2년(서기 372년)에 불상과 경문이 진왕(秦王)을 통하여 전래된 것으로 기록되어 있으나(서기 375년 절 창건), 그 이전부터 민간에서는 불도가 전래되고 있었을 것이다.

문제는 '躭沒羅'와 '耽牟羅'의 음이 합치가 되느냐이다. 곧 '躭'과 '耽'은 동일한 글자로 본다면 '沒羅' mola / mula와 '牟羅' mora / mura가 동일시 되느냐 이다.

'耽牟羅'는 5세기의 한국 문헌에 보이고, '躭沒羅'는 3세기의 외국 문헌에 보이는 것인데 문제는 l입성의 유무의 차이다. 이는 입성이 무시된 용법에서 온 것이 아닌가도 생각된다. '錫蘭'(Seylon)의 '錫'의 입성이 무시되는 용법과도 같이 보는 것이다. 당시의 한자음에서는 이미 입성이 소실되었는지 모를 일이고 또 산스크리트어 자체가 곧 한국어에서와 같은 l종성은 없었던 것으로 보인다. r, l는 y, v와 함께 반모음으로 분류되며 음절을 만드는 유음으로 ri, li처럼 발음한다. 따라서 산스크리트어를 '沒'로 음역하는 경우도 한국어의 '몰'과 같은 음을 음역한 것은 아니다. 음역자 '沒'자 자체가 입성을 지니지 않았고 산스크리트어 자체가 한국어의 ㅣ종성과 같은 음을 지니지 않았다면 음역자 '躭沒羅'는 '耽牟羅'와 거의 같은 음이 될 것이다. 더욱이 산스크리트어의 a가 실지로는 ɐ에 가까운 음이니 제주도의 'ᄃᆞᆷ모ᄅᆞ'의 표기와 한층 가까워진다.

이상 장황하게 논의한 요점은 석가의 불법 홍법 이후에도 서기전 3세기의 아육왕(阿育王)의 불교 전파와 서기 3세기의 16존자의 불법 호지(護持)의 기록이 보이는데서 그 중간 연대의 서기 1세기의 제주도에는 이미 민간에 전래되어 있었다고 보는 것이다. 공주가 실어간 석탑의 기록이 그것을 말해 준다 보겠다. 그것은 바꿔 말해서 공주가 실어간 석탑은 이미 민간에 전래된 불법에 의해 만들어진 것이며 그 석탑은 결코 인도에 되돌아가서 실어온 것은 아니라는 것이다. 불교의 전래는 한편으로 언어, 문화의 전파가 뒤따른다고 보면 한국어에서 보이는 드라비다어, 타밀어의 흔적의 일부는 이러한 전파경로에서 온 것으로 볼 수도 있다는 것이다.

7. 관련된 어휘목록과 역사의 재구

이제 지금까지의 논의 중에서 추출될 수 있는 어휘목록을 정리하면 1)에서처럼 얼마 되지 않지만, 2)에서처럼 남인도에서의 제주에의 불교 전파의 과정을 고려했을 때 남인도계의 많은 언어가 뒤따라 전파되었을 수도 있다.

1) arata, arana 普州, 阿踰陀國 ara지역 / 족장의 나라

arnɛ	온평리의 川名. 한반도에도 분포한다.
yərrɯni	閱雲里

cf. 아이누어의	yarui(배를 젓다.)
	yorun(청하다)
	yara(시키다)
일본어	yaru(遣, 給)
	yuru(許)
	yara(시키다)
	yoru(寄)
중세한국어	얼다, 얼이다(嫁)
	얼우다(제주방언 얼루다)(嬌)

yuru(s) hwaŋ－no－ar 許黃玉　열은이의 황노알(에 근거를 둔)사람
təmmola / təmnora 躭沒羅, 耽牟羅

2) 먼저 김공칠(1987 : 162－)에 소개된 Hulbert(1905)에 필자가 일본어까지 곁들어 선정한 예를 보이면,

	Drav.	Kor.	Jap.
1. 父	appa	abi, aba	abi
耳	kivi	kwi	kiku(聞)
蛇	pam－bu	pɛm	pemi
黑	karu	kəm, kurum(雲)	kuro
身	mey	mom	mi
語	marru	mar	mawo(su)(言)
居	ir	it－	wiru
打	tatta	tuturi	tataku

다음은 한국어에만 대응하고 일본어가 없는 경우다.

大陽	nayir	nar(日)	－

知	ari	ar－	－
雨	pei	pi	－
抱	an, anei	an－	－
擧	tu	tɯr－	－
行	kada	ka－	－
草	pul	pur	－

Koo(江實 1980)가 Swadesh의 기초어휘에 의거해서 예시한 것에 역시 한국어를 필자가 곁들여서 보이면,

2. 腹	Drav.(Malto)	pura	Kor. pɐi	Jap. para
切	(Tamil)	kiṛi	kɯnɯr－	kiru
足	(Tamil)	aṭi	par	asi
搔	(Kolami)	kok	kɯrk－	kaku
居	(Tamil)	iru	it－	wiru
蛇	(Tamil)	pām－pu	pɛm	pemi
結	(Tamil)	muṭi	muk－	musubu
齒	(Tamil)	pal	ippal	pa
吐	(Parji)	pëpip	pat－	paku

일본어에만 대응하는 것은,

步	(Telugu)	arugu	－	aruku

앞에서 예시한 것 중에서 드라비다어의 ( )부분은 그 방언을 나타낸 것이다. (Malto)를 제외하고는 모두 남인도쪽이다.

Siba(芝烝, 1980)에서 필자가 골라서 한국어의 경우도 곁들이면,

3) 脚	(Tamil)	taḷ	Kor. tari	Jap. tati(立)
飮	(Tamil)	nuṅku	nəmki－	nömu
齒	(Tamil)	pal	ip－par	pa
女陰	(Tamil)	poccu	poci	pötö
	(Malayalam)	pocci		

다음은 일본어에만 대응하는 것으로,

飼	(Tamil)	kai	－	kau

이번은 김공칠(1987 : 166)에서 한국어를 곁들여서 예시한 오오노(大野 1981)의 타밀어의 예에서 대응되는 것을 뽑아보면,

4) 地	Tamil	ñāl－am	Kor. na	Jap. na
田		paṭ－uvam	pat	pata
		paṭ－ukar	pat－kui	pat－ake
族		kāl	kyəre	kara
蛇		pam－bu	pɛm	pebi, pemi
舟		pa－da－gu	pɛ	pe
內, 裏		ul, üṭ－u	ul	ura, utu
上		uyar	uh	uhe
黑		karu	kəm, kur	kuro
足		aṭ－i	par	asi
齒		pal	ip－par	pa
身		mey	mom	mi
搗		tukai	tik－	tuku
等(접미사)		tal	tɯr	tati

爲	sei	hɐ	su
打	tattu	tutur	tatak－u

일본어하고만 대응하는 예는,

顔	kav－ul	－	kafo
栗	kur－u	－	kuru
粟	av－ai	－	afa
糠	nukk－u	－	nuka

이상의 1－4의 예 중에는 겹친 것이 많으며 특히 Hulbert의 것과 많이 겹쳐 있다. 또한 대응에서 드라비다어와 한국어와의 대응이 그럴 듯하면서 일본어는 빠져 있다든지 그와 반대로 일본어와의 대응이 그럴듯하면서 한국어가 빠져 있는 경우가 있었다.

어느 경우든 기존의 언어에 밀린 경우가 될 것이다. 이들 세 언어의 대응에는 보다 앞선 중부 알타이어에서 하나는 육로로 한국·일본쪽으로, 하나는 남부의 드라비다어(앞으로 연구 여하에 따라 남부 알타이어로 부를 수 있을지 모른다)쪽으로 간 것이 해로로 한국(제주도)－일본쪽에 왔을 수도 있다.

앞에서 일본어가 빠져 있는 것은 일률적으로 말할 수 없지만 육로의 루트쪽, 한국어가 빠져 있는 것은 해로의 루트쪽이 아닌가 한다. 해로의 루트를 인정하게 되면 제주도는 기존의 육로의 루트의 것과 공통적인 것을 쓰면서 해로의 루트의 것을 일본에 중계하는 역할도 한 것으로 생각할 수 있다. 그렇다면 한국어에 빠져 있고 일본어에만 있는 것은 어떻게 보면 제주도에서 쓰였다가 기존의 것에 밀린 것으로도 볼 수 있다.

앞에서 제시한 어휘 항목들을 참조해서 당시의 제주도의 역사를 재구해보면 제주도의 족장들의 분거 지역의 구별이 있었던 것을 알 수 있으며 특히 ara계의 족장이 다스리는 곳은 부분적으로 불교가 수용되었던 것으로 볼 수 있다. 곧 남인도로부터의 해로를 통한 불교의 전래와 이와 수반되는, 한국어와도 친연성이 있는 드라비다어와 그 방언인 타밀어의 전파도 뒤따른 것으로 보인다. 그것은 일본에까지 파급되었다. 전래적으로는 제주도는 원시한국어에 내포되는 아이누어도 사용되고 있었으며 그것이 지명의 유래나 인명의 성씨(성씨)에도 반영되어 있었던 것을 엿볼 수 있다. 허황옥 공주가 가라의 시조왕의 왕비가 된 것을 보더라도 시기적으로 서기 1세기의 일이며 혼인 과정의 모습으로는 인도나 중국계가 아닌 원시적인 한국적 습속으로 행해진 것으로 보아진다. 한 국가의 시조왕이 제주도에서 왕비를 구했다는 것은 서기 1세기의 격변기의 국가 안위를 지탱하기 위해 제주도의 든든한 후원을 간청한 바와 다름없는데 그만큼 당시의 제주도는 해운과 교역이 활발할 뿐만 아니라 경제력도 단단하였음을 알 수 있다.

8. 맺는말

지금까지 논의한 것을 요약적으로 정리하여 마무리 짓고자 한다.

1. 공주의 출신국의 위치인 서역은 한국적인 관점에서 서쪽 지역이란 뜻이며 제주도가 이에 상당한 것으로 보았다. 그 근거는 공주가 가락국에 당도하기 전에 풍랑을 만나 본국에 되돌아가 석탑을 싣고 다시 가락국으로 향한 것을 보면 아주 먼 지역은 아니라는 것이다.

2. 서기 1세기의 국명 아유타국의 국명을 서기 5세기의 대당서역기에 나오는 인도의 국명과 같지만 그와 동일시할 수 없으며, 제주도내의 그와 비슷한 지명을 후세에 명성있는 인도의 국명에 결부시킨 것으로 보인다. 제주도에서 그에 상응하는 지명으로는, 제주도의 삼성설화에 일본국 3왕녀가 고량부 3신인에게 혼인하기 위해 당도한 유서가 있는 열르니 중심의

알내 내지 넓게는 아라의 지역이 있고 기타 족장의 호칭(알 / 아라)에서 유래한 것으로 본다. 어중 자음 r / l의 ∅ / n / j가 되면서 서기전 3세기의 유명 왕국의 호칭과 가깝게 되어 그것에 맞춘 것으로 보인다. 어중 ㄹ음 교체의 예로 신라의 '徐羅伐－徐那伐－徐耶伐'의 경우를 들 수 있다.

3. 공주의 성인 허씨(許氏)는 열르니 지명에서 유래한다고 본다. 그 지명의 유서와 음상이 자아내는 어휘들은 ya－yo－yu의 교체관계로 관련지을 수 있고 그 중에서 관련어의 의미가 거의 내포되고 성씨화(姓氏化)가 가능한 yuru(su)형인 '許'의 한자로 통합하여 성씨로 삼은 것으로 보인다.

4. 이름 황옥(黃玉)이는 보다 좁은 지명에서 유래한 것이 된다. 열르니의 중심부에 흐르는 소천(小川)(알내)이 해안가에 이르는 지역에 황노알이라는 해안명이 있다. 그 이름을 한자화한 것이 '黃玉'으로 보는 것이다. '황'의 음을 그대로 옮긴 것이 '黃'이고 '알'을 의역한 것이 '玉'이라 보는 것이다. 중간의 '노'는 관형격의 접사 정도로 의식하고 또 이름자 석자는 잘 안 쓰이므로 그것을 제쳐놓고 '黃玉'으로 지어졌다고 본다. 이렇게 풀이하면 국명은 보다 큰 지역 명에서, 성은 보다 작은 지역명에서 이름은 생활 터전에서 지어진 것이 된다.

5. 허왕후릉에 명시되어 있는 허왕후의 호(普州太后)의 '普州'도 '普'의 훈이 한국어는 넓다 / 크다 / 두르……, 일본어는 이외에 모두 / 모두에 미치는의 뜻이 있다.

'州'에는 고을, 섬의 뜻이 있으므로 결국 '보주'는 넓은 섬, 큰 섬을 나타내는 것이 되어 제주섬에서 온 태후(太后)라는 인식을 당시에 지니고 그렇게 부른 것으로 보게 된다.

6. 공주의 신혼 과정에서 주목되는 몇 가지 중에서 첫째로 공주가 가락국에 당도했을 때 신하의 영접을 마다하고 왕이 직접 마중오도록 한 것은 남자쪽에서 먼 지역에 있는 여자를 좋아하였을 때는 여자쪽에서 받아들이면 여자가 남자쪽에 가서 사는 혼인 양식으로 보인다. 수로왕이

미리 중신을 했기에(공주의 부모의 현몽이 그것을 암시함) 공주가 찾아올 것을 예견하고 신하에게 망산도에서 기다리게 한 것이고 공주는 당당하게 왕의 마중을 요구할 수 있었다고 본다.

둘째로 임금이 대궐 아닌 산 언저리에 장막을 치고 기다린 것은 아이누 사회에서의 자식이나 딸의 결혼과 동시에 작은 집을 가지게 한다든지 고구려에서 혼인은 구두로 미리 정하게 되어 있고 여자의 집에서는 작은 별채(壻屋)를 지어 신랑이 찾아와서 신부의 부모에게 간청하여 허락을 받는 습속의 반영으로 본다. 제주도에 직접 가지 못할 수로왕의 처지로서는 장막을 치고 기다리다 공주를 왕이 직접 맞이한 것으로 본다.

셋째로 공주가 수로왕과 대면하기 전에 높은 언덕에서 비단바지를 벗어 던진 것은 산신령에의 공물을 바치기 위한 것도 있고, 여자쪽에서 혼인을 허락하는 뜻을 나타낸 것으로도 볼 수 있다. 아이누 그리고 일본에서도 여인의 정복은 외형상 두루마기와 같은 겉옷(견직)이다. 공주도 정복인 두루마기를 입었을 것이니 그러기에 치마 안의 바지를 서슴없이 벗을 수 있었던 것으로 보인다. 전형적인 한국 여인의 치마 안의 여러 속곳 중에서 공주가 벗은 것은 바지라는 점에서 통이 넓은 바지 모양의 단속곳이 아닌가 싶다.

고대 일본에 전해오는 바로는 속바지의 끈을 풀어서 남녀의 맺음의 약속을 한다. 또 여인의 속곳 허리끈이 풀린 것은 연인이 자기를 생각하는 징조나 연인을 만난다는 전조(前兆)로 보았다. 한편 일본 조정의 제례에 의복을 신에의 공물로 바치는 의식도 있으므로 이들 시대보다 앞서는 서기 1세기에는 직접 자기 옷을 벗어서 사랑의 증표로서 신에의 공물로서 바친 것으로 볼 수 있다.

7. 공주가 배에 싣고 간 석탑의 의미로는 1차적으로 풍랑을 만나서 그 장애를 제지하려는 의도도 있었지만, 자기의 모국이 불교의 교화를 일찍이 입은 문화국임을 알리려는 의도도 있었지 않았나 싶다.

황룡사 장륙(丈六)의 기록이나 서기 3세기경의 법주기(法住記)의 기록을 볼 때 불교전파의 물결이 제주도에도 일찍이 밀려 왔었다고 볼 수 있다. 그래서 제주도에 남천축(南天竺)이라는 이름이 있었던 것으로 보인다. 신라에 '東竺寺'라는 절 이름이 있듯이 남쪽의 불교 전파지라는 뜻에서 남천축(南天竺)이라는 이름이 있어 이상한 일은 아니다.

8. 지금까지의 논의와 관련해서 당시의 제주도의 특색이 되는 어휘목록을 추려보면 허공주의 출신국과 공주의 본명과 관련되는 어휘에 국한되지만, 해로를 통한 제주도에의 불교 전파의 과정을 고려했을 때 남인도의 드라비다어와 그 방언인 타밀어가 뒤따라 왔다고 볼 수 있다. 그들 언어와 한국어·일본어의 대응 예를 보면 그럴듯하게 보이는 것도 없지 않다. 다만 그러한 대응은 보다 전단계인 중부 알타이어로부터 육로를 통해서 올 수 있고, 해로로 남인도－제주도－일본으로 온 것과 공통적인 것이 있을 수 있다. 만일에 이들의 대응에서 한국어나 일본어쪽에서 빠져 있는 부분이 있다면 기존의 것에 밀린 것이 되어 그 부분을 가지고 기존의 언어의 실상을 추정해 볼 수 있다.

9. 결국 공주의 혼인은 서기 1세기의 정치적 대변동기에 가락국과의 해상교역국이며 해산·해운 왕국이면서 문화국인 제주도와의 연계와 지원의 필요에서 공주쪽에 허락을 얻는 형식으로 이루어졌으며 당연히 공주의 출신국이나 성씨 그리고 이름도 제주도의 지역 명에서 유래하였다고 할 수 있다.

가라인에게는 당시 제주도는 먼 이역인 서역으로 여겼을 것이고 불교가 전래된 당시의 제주도가 크고 풍성한 국가로 인식하여 소문에 듣던 인도의 명망국 아유타국명과도 마침 유사하여 그와 같은 이름을 부여한 것으로 생각된다. 가락국의 기록에 공주가 가락국에 실어간 금은보화의 내용이나 양으로 볼 때 당시의 제주도의 국격(國格)이나 경제력도 알아 볼 수 있다.

보주(補注) 1. 참고로 삼국유사 권 제 3의 황룡사 丈六의 여러 기록(別本)을 수합하여 연관된 부분만 엮어서 줄거리를 지어보면,

「서축의 아육왕(서기전 3세기의 아육왕)은 부처님 입적 후(서기전 5세기경?) 1백년 후에 태어나 부처님의 진신(眞身)에 공양 드리지 못한 것을 한으로 여기고 …… 상(像)이나마 주조하려고 세 번이나 시도했으나 이루지 못하고 황철과 황금을 배에 실어 바다에 띄워 보내여 연(緣)이 있는 나라에 흘러가서 이루어지기를 원하였다.

그리하여 남염부제(염부제〈인간세계〉의 南州)에 열여섯 대국(大國)과 오백 중국(中國)과 십천소국(十千小國)이며 팔만 취락을 모두 돌았으나 다 이루지 못하고 최후에 신라에 이르러 비로소 진흥왕이 이를 성취시켜 훌륭한 상을 이루었다(서기 574년).」

보주(補注) 2. 이능화(李能和 1918 : 148)는 법주기를 인용하여(法住記云, 十六羅漢, 各有住處. 而 (六跋陀羅尊者)梵語跋陀羅. 華言好賢. 此尊者與九百阿羅漢. 多分住在耽沒羅州.) 전해오기는 '耽沒羅'는 곧 탐라를 말하는 것으로 지금의 제주도라 하였다(相傳耽沒羅州, 卽謂耽羅, 今濟州島也).

또한 동국여지승람(제38권)의 존자암의 기록(尊子庵. 在漢拏山西嶺. 其洞有石如僧行道狀. 諺傳修行洞.〈존자암 : 한라산 서쪽 고개에 있다. 그 골에 돌이 있는데 마치 중이 도를 수행하는 모양이다. 속전에 수행동이라 한다〉)에 주목하여 존자암이 6존자에서 유래하였을 것으로 보고 있다(오백 장군석 역시 오백 나한석의 와전일 수 있다고 하였다). 구체적 논거가 없는 하나의 추정인 점이 아쉽다.

제5장 서기 2-3세기의 제주도

-위지와 후한서의 왜인조의 기술을 참조하여-

내 용

〈요지〉

2-3세기의 중국문헌(위지, 후한서)에 나타난 제주도와 왜의 기술을 근거로 해서 당시의 제주도의 언어와 역사를 재구해 보았다. 중국문헌의 제주도 기사는 아마도 탐문기사로 서기 기원전 전후의 사정을 기록한 것 같고, 왜의 기사는 실지방문기사로 보이므로 서기 2-3세기의 사정을 반영한다고 볼 수 있다. 따라서 왜에 관한 기록인 동이전 왜인전에 나타나는 생활상, 생산품목, 왜의 여왕국 야마토국

을 포함한 왜인육국의 국명 그리고 여왕명, 주민의 호칭 등의 풀이를 통하여 제주도와의 관련성을 짚어보고 그것을 참조하여 서기 2-3세기 당시의 제주도의 언어와 역사의 실정을 재구해 보았다.

중국문헌상으로는 제주도가 당시까지 용성국과 28용왕의 정치체제를 유지하였는지는 확실하지 않고 서기 1세기의 해외 진출을 보아서 적어도 3부족의 분거시대에 들어선 것으로 보인다. 호구는 수만호를 이루고 주민들은 육도(陸稻)와 화전(火田)경작, 그리고 가축을 기르며 잠상(蠶桑), 길쌈을 영위하였으며 경면(黥面), 문신으로 잠수하고 어로(漁撈)에 종사하였다. 그리고 기사(騎射)를 좋아하고 배타기에도 능숙하여 왜의 경우와 마찬가지로 대방군과의 외교활동과 교역은 물론 왜와의 왕래도 활발한 것으로 보이며, 북규우슈우의 일대의 국명은 자연히 제주도의 언어와도 연계되는 것으로 파악된다.

1. 머리말

이 시기에 관한 제주도에 대한 우리나라의 문헌자료는 없고 서진(西晉)의 진수(陳壽)(서기 233-297년)가 위(魏), 촉(蜀), 오(吳)의 삼국의 역사(서기 220-280년간)를 정리한 삼국지(65권) 안에 위서(위지)(30권)의 동이전(보통 위지동이전으로 부름)에 있는 제주도와 왜(倭)의 기사를 참조할 수 있다.

또 하나의 중국의 사서로 후한서(後漢書)를 들 수 있다. 남조(南朝)의 송(宋)의 범엽(范曄)(서기 398-445년)이 426년경에 만들었다. 후한의 역사를 기술한 것인데, 후한은 삼국보다 앞서는 시기지만 이 책은 삼국지보다 뒤에 나왔다. 여기에도 동이전이 있고 왜의 기록도 있다. 제주도에 대해 기술한 위지의 주호(州胡)에 관한 기술과 비슷하고 왜의 기술의 말미에 다른 책을 인용한 이주(夷州)의 기록이 있다. 만일 이것이 음표기의 주호에 대한 훈(訓)표기로 본다면 제주도를 가리키는 것이 되어 그 내용을 참조할 수 있다.

그렇지만 이상의 중국문헌에 수록되어 있는 단편적인 기사를 가지고는 도저히 제주도의 실상을 알 길이 없다. 그래서 위지나 후한서의 왜조의 기록을 참조하여 제주도와 관련될 수 있는 부분을 추출하여 거기서 제주도의 편면적인 사정이나마 추론해 볼 수밖에 없다.

그리고 왜인육국의 국명이나 인명 등에 반영되어 있는 한국어적(제주도적)인 어휘를 추출해 보는 것이다. 이 부분은 일본에서도 학자에 따라 견해를 달리하는 부분이어서 조심스럽게 다룰 수밖에 없으나 당시의 제주도의 사정을 재구해 보려는 부득이한 시도의 일단이다.

2. 자료와 분석

2.1. 위지동이전

먼저 위지동이전(魏志東夷傳)의 관계된 기술을 보고 내용을 검토하기로 한다.

> 「又有州胡, 馬韓之西海中大島上. 其人差短小, 言語不與韓同. 皆髡頭如鮮卑, 但衣韋好養牛及猪, 其衣有上無下, 略如裸勢. 乘船往來市買中韓」(韓條)
>
> (또 주호가 마한의 서해중의 큰 섬에 있다. 그 사람들은 키가 작고 언어가 한과 같지 않다. 모두 선비족처럼 머리를 깎았고 가죽으로 된 옷을 입고 소와 돼지를 잘 길렀다. 옷은 웃옷이 있고 아래옷은 없으니 거의 나체와 같았다. 배를 타고 왕래하며 중한(中韓)에서 팔고 사고 하였다.)

주호가 제주도를 가리키는 것인가에 대해서는, 주호의 호칭이 제주도의 다른 고대 호칭과 잘 연계될 수 있는 점에서 제주도를 가리킨다고 필자는 보고 있고, 언어가 한과 같지 않다는 점에 대해서는 한은 보다 선단계의 것일 수 있고 제주도의 지리적 특수성으로 북방계와 남방계의 유입루트성을 고려할 필요가 있다고 하였다(김공칠 1999 : 232－). 주호의 한자도 동이전의 다른 지명과 마찬가지로 음으로 읽고(중국고대음으로 îəka) 그 뜻을 섬으로 보았다.

가죽옷을 입고 소와 돼지를 길렀다는 것은 수렵채취의 단계를 넘고 사육(飼育)의 시대에 이미 들어섰음을 나타내고 의복은 간이복으로 원통의(圓筒衣)를 입었다는 것을 나타낸다. 그리고 당시의 제주도는 외지와의 교역이 활발하였다는 것을 보여주고 있다.

이상의 기록을 음미할 때 유의할 점은 기술 내용의 시대성의 문제다. 그것은 삼국지가 3세기의 역사책인데도 위지동이전의 한반도의 다른 지역의 기술을 보면 기원 전후의 일로 소급되는 내용이 보인다. 예를 들면 동옥저가 기원 28년에 멸망했어도 버젓이 관련 기사가 게재되어 있다. 이와 반대로 백제가 기원전 18년에, 가락국이 기원 42년에 건국되었는데도 백제 이전의 한(韓) 그리고 가락국 이전의 변진(弁辰)이 기술되어 있다.

서기 3세기는 한반도에서 백제와 신라의 항쟁시기인데도 이에 대한 언급이 없는 것은 당시의 한반도 남부의 사정에는 저자에게는 어두웠거나 예전의 기술을 답습한 것으로 보인다.

이에 비해「왕망(王莽) 초년(서기 12년)에 고구려의 군사를 시켜서 호(胡)(흉노)를 정벌하게 하였으나 (고구려가) 이에 따르지 않았다.」(王莽初發高句麗兵以伐胡, 不欲行)든지「후한 광무제(光武帝) 8년(서기 32년)에 고구려왕이 사신을 보내어 조공을 하면서 비로소 왕의 칭호를 사용하다(漢光武帝8年, 高句麗王遣使朝貢, 始見稱王)와 같은 기사를 보아도 중국의 삼국시대 이전의 한반도의 북부의 일을 다루고 있는 것은 저자 진수측에서는 한반도 남부보다 북부의 일의 정보에 접하기 쉬워서 그렇다고 볼 수 있어서 남북부의 기록의 차이가 있는 것으로 볼 수 있다. 어떻든 기술 내용이 기원 전후에 소급하는 것만은 틀림없다.

한편, 위지동이전에 고조선에 대한 언급이 전혀 없으나 다만 한조(韓條)에 위략(魏略)을 인용하는 식으로 고조선과 연(燕)나라의 분쟁이 생겨 연이 고조선의 서쪽 지방을 침공한(서기전 311-274년) 일이라든지, 연의 위만이 고조선에 망명하여(서기전 195년) 준왕의 신임을 얻은 후 결국은 준왕을 내쫓은(서기전 194년) 내용이 게재되어 있다.

위략은 어환(魚豢)이 개인으로 쓴 사서(史書)이다. 진수(陳壽)가 삼국지를 편찬할 때 이를 참고한 것이고 그 성립은 진수의 삼국지의 성립 연대보다 약간 앞서는 시기에 성립한 것으로 보고 있다.

진수의 기술에서 후한의 건안(建安)(서기 196-220년) 연간에 대방군을 설치(서기 206년)한 내용이나 위의 명제(明帝)의 경초(景初)(서기 237-239년)에 대한 내용이 전혀 없는 것을 보면 그 이전으로 소급하기 어렵다고 볼 수 있고, 동시대적인 위략의 앞서의 인용으로 보아 서기전 3-4세기까지는 관련된다고 볼 수 있어서 특히 주호의 기사는 단편적인 이전의 전문(傳聞)이나 기록을 참조하였다고 보면 그 당시에까지 미칠 수 있는 것으로 볼 수 있다.

다시 말해서 절해고도의 제주도에 관한 한, 실지 견문에 입각하지 않고 전대에서 전승된 전언(傳言)이나 기록에 근거했다고 보면 앞서의 주호의 기술은 서기전의 오래 전의 내용의 것으로 볼 수 있다.

2.2. 왜인조의 기술

한편, 동일한 위지동이전에 나오는 일본에 관한 기술인 왜인조(倭人條)에서는 왜는 대방(帶方) 동남해의 가운데 있고 산도(山島)에 의해 국읍(國邑)을 이룬다. 예전에 100여국이다(在帶方東南之中, 依山島爲國邑, 舊百餘國)라고 하였다.

대방군에서 왜에 이르는 노정과 거리의 리수(里數)가 명시되어 있고 각 지역의 사정은 부분적이나마 기록되어 있는 것을 보면 중국의 사신이 직접 현지에 방문한 것으로 볼 수 있다. 제주도의 경우는 너무도 육지부와 거리가 떨어져 있어서 직접 방문하여 기록한 것 같지 않다.

일본에의 노정은 한국의 서해안－남해안－對馬國－壹岐(/一大國 / 一支國 / 壹岐國)－末盧國－伊都國－奴國－不彌國－投馬國－邪馬臺國(혹은 邪馬壹國)이다. 귀국시의 노정은 씌어있지 않으나 앞서의 역순의 노정을 택한 것이어서 생략된 것으로 보인다. '邪馬臺國'에서 서안(西岸)의 kumamoto(熊本)쪽으로 빠진 것으로도 볼 수 있으나 확실하지 않다.

위의 대마도와 iki(壹岐) 그리고 그 이하의 '倭人六國'의 모든 국명의 풀이 그리고 그것과 상관되는 어휘목록에 대해 필자는 이미 제시한 바 있다(김공칠 1995 : 250－). 그리고 '州胡'와 '對海'(대마도)의 호칭의 연관성도 언급하였다(p. 225－). 각국의 관명(官名)의 경우도 관련어휘와 함께 어휘목록이 제시되어 있다(p. 205).

여기서 새로이 필자의 생각을 보태둔다면 대마도, '壹岐國'의 관명 비구(卑狗)는 아이누어를 이용한 penku(上人)로 풀이하기도 하였으나, 불교에서의 남승 비구(比丘)를 차용한 것이 아닌가 한다. 아주 옛적에 계급적인 신분의 차이에 의한 호칭이 없었다고 보면 뛰어난 사람을 호칭할 때 불교에서 쓰는 말을 대용할 수도 있다고 보기 때문이다. 그러한 가능성을 열어두고자 한다(이 책 제8장 4절 참조).

왜의 각지에서의 경전(耕田), 잠수(潛水), 경면(黥面)문신(文身), 단발(斷髮), 문신, 존비차(尊卑差)(사회적, 가정적인 것), 관통의, 양잠, 병사의 세모진 창(矛), 방패(楯), 목궁(木弓)(鐵鏃 骨鏃), 가옥생활도 엿볼 수 있다. 또 다음의 기록에서 일본의 대외활동의 면모도 엿볼 수 있다.

> 景初2年6月, 倭女王遣大夫難升米等, 詣郡, 求詣天子朝獻, 太守劉夏遣吏, 將送詣京都, 其年12月 …… 帶方太守劉夏遣使, 送汝大夫難升米, 次使都市牛利, 奉汝所獻男生口4人, 女生口6人, 班布2匹2丈以到, ……

(경초(景初) 2년(서기 238년) 6월 왜의 여왕이 대부 난승미(難升米) 등을 보내어 군(郡)에 찾아가 천자를 찾아뵈어서 조헌(朝獻)하기를 바랐다. (대방군의) 태수 유하가 관리를 보내어 그들을 경도에 이르게 하였다.」 그해 12월에 …… 대방의 태수 유하가 사신을 보내어 너희 대부 난승미, 차사 도시우리를 보내어 너희가 바친 바의 남생구 4인, 여생구 6인, 반포 2필 2장을 바치러 (여기로) 왔으니 ……)

여기서 군은 대방군, 경도는 위의 수도 낙양(洛陽)이다. 생구(生口)에 대하여는 포로, 노예, 가축류, 유학생 등의 의견(水野祐 1987 : 490 참조)이 있으나 '生'에는 '新·순수'의 뜻이 있고 현대일본어에서의 '生娘'(ki-musume) 곧 숫처녀의 뜻이 있듯이 여기서 남녀의 생구는 처녀, 총각 또래의 노비로 보아진다.

반포는 '斑布'로 쓰기도 하는데 여러 가지 색이 섞인 모양이 있는 면포(綿布)이다. 이들에 대한 답례로 천자는 여러 가지 재물(銀印青綬, 錦絹, 金, 五尺刀, 銅鏡, 眞珠 등)을 내린 것이 기록되어 있다.

정시(正始) 원년(서기 240년)에는 태수를 보내어 왜국에 면(綿), 계(罽)(모직), 도(刀), 경(鏡), 채물(采物) 등을 하사한 것이 나온다.

4년에 왜왕이 사대부(使大夫) 등 8인을 보내어 생구(生口), 왜면(倭綿), 백포(帛布), 단목부단궁(丹木猏短弓) (이를 丹, 木猏, 短弓으로 나누기도 함)을 상납한 기록이 있다.(倭王復遣使大夫伊聲耆, 掖邪狗等8人, 上獻生口, 倭錦, 絳青縑, 緜衣, 帛布, 丹木猏短弓矢 ……)

태수를 시켜서 왜국에 하사한 것은 경초 2년의 것과 비슷하고 왜국에서 상납한 것은 다양해졌다. 하사품에 대한 최대한의 성의 표시로 보여진다. 앞에서 강(絳)은 짙은 적색(赤色), 겸(縑)은 옷감 따라서 적색과 청사(青絲)를 합친 실로 단단히 짠 견포(絹布), 백(帛)은 견직물이다. 단목부단궁은 적색으로 활의 중앙부의 손잡는 곳을 칠한 활로 풀이하기도 한다(水野 1987 : 546). 모두가 왜국의 특유한 특산물로 보인다. 이러한 것을 볼 때 왜국에서의 직조, 염색, 재봉, 양잠의 기술이 어느 정도 발달한 것을 알 수 있다.

제주도에서 서기 1세기의 아유타국의 허황옥공주가 가락국의 김수로왕에게 지참한 금은보화의 내용(錦繡, 綾羅, 衣裳疋緞, 金銀珠玉, 구슬로 만든 패물)에 비하면 빈약한 편이다.

따라서 일본의 3세기의, 앞서 언급한 직조…… 등의 기술이나 경제력보다 제주도쪽이 1세기 내지 2세기를 앞선다고 볼 수 있다.

2.3. 후한서의 기술

후한서에도 한조(韓條)의 기술의 마지막에 제주도의 주호의 기술이 간단하게 부가되었다.

> 馬韓之西, 海島上有州胡國, 其人短小髡頭, 衣韋衣, 有上無下, 好養牛豕, 乘船往來, 貨市韓中.
>
> (마한의 서쪽의 해도상에 주호국이 있다. 그 사람들은 단소하여 두발을 깎고 가죽 옷을 입는데 옷은 위에 있고 아래는 없다. 즐겨 소와 돼지를 기르고 배를 타고 왕래하여 한중(韓中)에 교역하였다.)

언어에 관한 기술이 없을 뿐 이 내용은 위지동이전의 것과 비슷하다. 다만 교역지가 위지에서는 중한, 후한서에는 한중으로 되어 있다. 이러한 두 책의 내용이 짤막하고 비슷한 점을 미루어 선행하는 어떤 사서의 전문(傳聞) 기사를 그대로 답습한 것으로 보인다. 아마도 연대가 많이 소급되는 내용으로 추정된다.

후한서 왜조의 기술에서 위지의 것과 다른 것으로는, 땅이 화도(禾稻), 마저(麻紵), 잠상(蠶桑)에 좋고 직적(織績)을 알고 백주(白珠), 청옥(靑玉)도 생산하였다(土宜禾稻麻紵蠶桑, 知織績, 爲縑布, 出白珠靑玉)로 되어 있다.

후한은 삼국(중국)보다 앞서나 책은 삼국지보다 뒤지는 점에 기술내용은 삼국지의 내용보다 시기적으로 뒤진다고 볼 수 있다. 다만 주목되는 것은 도작(稲作)이 시작되었음을 보여주고 있는데 이 점에서는 제주도를 앞서나갔다고 볼 수 있다.

후한서 왜조에서는 이미 건무(建武)중원(中元) 2년(서기 57년)에 왜의 na국(奴國)이 조공했다고 기록되어있고(建武中元2年, 倭奴國奉貢朝賀), 안제(安帝) 영초(永初) 원년(서기 107년)에 생구 160인을 바쳤다(安帝永初元年, 倭國王師升等, 獻生口百六十人, 願請見)는 기록이 있다. 후한서에서는 na국(奴國)은 왜국의 극남계(極南界)로 되어 있지만 위지동이전에서는 정반대로 규우슈우(九州)의 북쪽에, 여왕국은 남쪽에 있었던 것으로 되어 있어서 혼선이 되어 있다. na국은 규우슈우의 북쪽에서 제주도는 물론 한반도 남부와 일찍부터 교통하고 있었던 선발달지역이다.

이상의 중국의 3-5세기의 문헌을 통하여 1세기부터 3세기의 왜국의 여러 가지 형편과 대외활동의 모습을 엿볼 수 있는데, 이를 통해서 어떻게 제주도의 사정을 미루어 낼 수 있을까?

제주도 출신의 석탈해(昔脫解)와 허황옥(許黃玉)공주의 한반도 남부에의 진출이라든지 신무왕(神武王)의 일본 진출 등으로 제주도의 1세기는 대외활동에 열중하고 있었음을 보았는데, 그것은 부족국가 태세의 변화를 보여주지만 한편으로는 경쟁적인 생활기반을 다지고 있었음을 알 수 있다.

그러므로 왜국의 중국에 대한 대외활동을 미루어 제주도도 이에 못지않는 정치적, 경제적 왕래가 있었음은 말할 것 없다. 다만 안타깝게도 중국쪽에서 제주도를 찾아오지 않아서 중국측 기록에는 없는 것이지만, 제주도는 이미 용성국(龍城國)으로 존재하였음은 국내 문헌(후세의 삼국유사에 반영)에서 확인되는 바이고, 동일 국명의 이표기(異表記)를 남긴 점에서 문자 사용이 있었다고 보면 당연히 국가적 기록을 남겼을 터인데 전해진 것이 없어서 매우 안타까운 일이다.

일본의 중국에의 왕래는 필시 왜－제주도－가라국의 삼각항로를 이용하였을 것이고, 중국에 갈 때는 일단 흑조(黑潮)를 타기 위해 제주도를 동북쪽에 바라보았을 것이다. 흑조가 제주도에 부딪쳐 하나는 온평리(그리고 성산쪽)지경에서 동북쪽으로 흘러갔을 것이고 다른 하나는 제주도의 서남안을 돌아 중국과 한반도 사이로 갔을 것인데, 선박운행의 시인(視認)을 생각할 때 망망대해의 황해쪽보다는 한반도의 서남안을 돌아가는 코스를 택했을 것이다. 돌아올 때는 제주도의 온평리에 도착하기만 하면 흑조의 하나의 갈레가 규우슈우의 서쪽에서 남쪽으로 흘러가므로 쉽사리 그것을 이용해서 왜의 북부와 남부로 되돌아 갈 수 있다.

왜의 제주도 경유의 중국 왕래는 제주도 해운 관계자가 선도하거나 동행했을 것이니 제주도는 중국뿐만 아니라 일본과의 교역도 활발하였을 것이다. 물론 국가 차원의 중국에의 진상(進上)도 있었을 것이니 왜국의 경우처럼 제주도 특유의 특산품이 해당될 것이다. 물론 중국에서의 답례도 있었을 터인데 이러한 일들의 유품의 흔적이 아직까지 발견되지 않는 것도 안타까운 일이다.

제주도는 2세기에 들어와서도 그리고 3세기도 마찬가지로 대외적으로는 안정적인 정세를 유지해온 것으로 볼 수 있다. 석탈해와 허황옥공주의 한반도 남부의 진출로 나라 사이의 마찰 문제는 생기지 않는 것으로 보아진다. 일본의 경우 신무왕(神武王)의 일본의 중심부의 진출로 규우슈우 일대는 상대적으로 뒤져지게 되었지만, 제주도가 도작(稻作)을 못 하고 지역 규모도 작은데 대해, 규우슈우는 그런 점에서는 제주도보다 유리하여 차차로 제주도를 따라오는 수준으로 되기 시작하지 않았나 생각된다.

참고로 후한서 말미 부분에 있는 심형(沈瑩)의 임해수토지(臨海水土志)에서 인용된 것을 소개하면,

「夷州在臨海東南, 去郡二千里, 土地無霜雪, 草木不死, 四面是山谿, 人皆髡髮穿耳, 女人不穿耳. 土地饒沃, 旣生五穀, 又多魚肉, 有犬尾短, 如麕尾狀, 此夷舅姑子婦, 臥食共一大牀, 略不相避, 地有銅鐵, 唯用鹿格, 爲矛以戰鬪, 摩礪靑石, 以作弓矢, 取生魚肉, 雜貯大瓦器中, 以鹽鹵之, 歷月餘日, 仍啖食之, 以爲上肴也」

(이주는 임해의 동남에 있는 군에서 떨어진지 2천리이며, 토지에는 서리와 눈이 없고 초목은 죽지 않으며, 사면은 곧 산과 골짜기다. 사람은 모두 머리를 깎고 귀를 뚫으며 여인은 귀를 뚫지 않는다. 토지는 비옥하여 이미 오곡을 생산하고 또 어육이 많다. 개가 있어 꼬리가 짧다. 노루의 꼬리의 모양과도 같다. 여기는 시아버지와 시어머니, 자식과 부인이 와식하는데 함께 일대상(큰 마루)을 함께 쓰고 대략 서로 피하지 않는다. 땅에는 구리, 쇠가 있고 다만 사슴의 뿔을 사용하여 쌍날칼의 창을 만들어 전투하고 푸른 돌을 문질러 닦고 갈아 화살을 만든다. 생어(生魚)의 고기를 취하여 큰 질그릇 속에 잡저(雜貯)하여 소금으로 이를 절여서 월여일을 지나서 이를 잘 먹어서 최고의 안주로 하였다.)

여기서의 이주(夷州)에 대하여는 대마도를 가리키기도 하고 류우큐우(流求, 오키나와)를 가리킨다고 하고, 고유명사가 아닌 다른 민족이 사는 지역을 가리키는 일반 용어라고도 한다(동북아역사재단 2009 : 38).

삼국지 오서(吳書) 오주전(吳主傳) 제2의 장로(長老)의 전언(傳言)기사에 「求夷州及亶洲」가 나오고, 이 주기(注記)와도 관계있는 후한서 왜인조 기록에도 「夷州及亶洲」가 나오는데 그에 관한 기록은 동일지역의 내용이다. '及'의 뜻에는 '및, 더불어, 아울러'의 뜻 외에도 '就也'의 뜻도 있어 '곧, 혹은'의 뜻도 있는 것으로 보아 그 기록은 亶洲와 같은 곳을 나타내고 있다고 본다. 그렇다면 '亶洲'를 제주도로 본다면 '夷州'도 제주도를 나타내는 것이 된다. '州胡'와 '亶洲'는 음표기로 본다면 '夷州'는 그것과 상대되는 의미 표기가 될 것이다.

임해에 대하여는 절강성(浙江省)의 '臨海'로 보기도 하여 그 동남이나 '去郡二千里'의 기록으로 보아서는 대만섬쪽 같기도 하나, 후한서의 언급에서는 왜의 위치가 대개 회계(會稽)의 동야(東冶)(福建省 福州)의 동쪽에 있고 주애(朱崖)(海南省 瓊山의 동남), 담이(儋耳)(海南省 儋州의 서쪽)에 서로 가깝다 하고 있어 위치나 거리의 감각에 혼선이 있는 듯이 보인다. 이들 중국 지명들이 왜보다 대만섬에 연관되는 곳들이다. 왜에서 중국쪽을 북쪽으로 보는 경향이 있는 것과 맞추어 중국쪽에서도 왜쪽을 남(동남)쪽으로 보았다면, 대만쪽이 아닌 제주도(-왜)쪽으로도 볼 수 있는 일이다.

다음은 아주 후세의 명대(明代)의 지도이지만(山尾 1972 : 97에서 빌림) 일본은 중국의 동남쪽으로 그려있다. 제주도는 동쪽으로 그려있지만 후한(수도 洛陽)의 동쪽 바닷가(지금의 靑島 내지 連雲港 일대)에서 볼 때는 일본쪽과 같은 방향시각으로 인식할 수 있다.

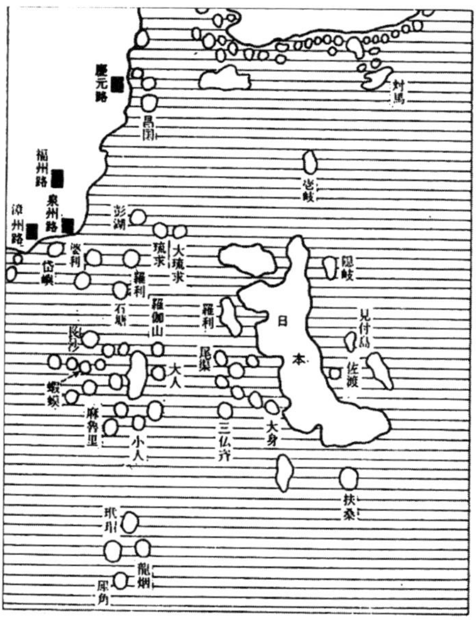

混一疆理歷代國都之圖(明代)에 그려진 日本

앞의 기록에서 특이하게 보여지는 것은 사면이 산과 골짜기란 부분인데, 대만도 섬인 점에서 사면이 바다지만 지역이 커서 그 내부에서는 그렇다는 것으로 생각할 수 있는데, 그렇게 생각하면 제주도도 한라산중에 들어서면 그렇다고 받아들일 수 있다. 또 시아버지와 시어머니 그리고 자식과 부인이 함께 일대상(큰 마루)을 함께 썼다는 부분은 침상을 같이 썼다는 뜻이라기보다 고대의 가옥에서 그리고 대가족제도에서 온 식구가 지면보다 약간 높게 만든 큰 마루에서 함께 기거한다는 것은 보통 있을 수 있는 일로 생각된다. 또 한 가지 땅에 구리와 철이 있다는 부분인데, 필자가 알기로는 제주도에 묻혀있었고 생산되었다는 기록은 없어 보인다. 제주도와 가까웠던 가락국은 철이 많이 나는 곳으로 유명했다. 그것이 제주도로 와전될 수 있다.

아주 후세의 탐라지 기록속의 창고의 내역을 보면 철의 제품(鐵胄, 鐵甲, 鐵柱, 鐵椎, 鐵鈇, 鐵翎, 鐵丸 등)이 다양하게 수장되어 있다. 당시는 중국 또는 육지로부터의 수입에 의한 것이겠지만, 제주도 도처에서 특히 용담동에서의 철검, 판상철부, 철제 창끝, 다른 지역에서의 동검, 동촉의 유물의 출토들을 보면 자체적으로 가공(어쩌면 생산도) 능력을 지녔기에 다량으로 만들어서 제주도 방어와 일본 진출의 무기로 사용되지 않았나 생각된다. 이러한 데서도 제주도에 그러한 재료가 묻혀 있는 것으로 외부인에게 생각되어질 수 있다.

이주(夷州)가 제주도든 대만이든 심지어 왜국이든 당시의 중국으로서는 외국이고 그 기록도 보다 오래된 것의 전문(傳聞)에 의존하는 것이므로 여기저기의 정보에 혼선이 있을 수 있다.

어떻든, 대만, 제주도 그리고 왜국에 남방적인 문화가 흑조(黑潮)를 타고 흘러왔다고 보면 비슷한 생활, 생산, 용구, 거주 등의 형태가 비슷할 수 있으므로 설혹 앞의 기록이 제주도와 관련이 없다고 하더라도 연계되는 부분이 있고, 더욱이 제주도 자체에 관한 기록이라면 당시의 제주도의 사정을 여실히 알 수 있는 중요한 자료가 될 것이다.

3. 언어자료

3.1. 왜국의 자료의 용자(用字)

제주도에는 용성국(龍城國)의 이칭(異稱)과 왕명, 인명 등이 소수가 전하지만, 왜국은 위지의 왜인조의 기록에 남긴 국명, 지명, 인명 등에서 다수 얻어낼 수 있다. 그 풀이는 많은 이에 의해 시도되고 있으나 아직은 완전하지 못하다. 필자도 이들에 대해서 관명(김공칠 1996 : 205), 국명(p. 230－)에 대해 시독(試讀)하고 이를 근거로 음운체계까지 재구한 바 있다.

여기서는 위지동이전 왜인조에 반영되어 있는 용자(用字) 중에서 대표적으로 '都'와 '奴'의 두 가지를 다루어 보고자 한다. 이들에 대해서도 이미 자세하게 언급(김공칠 1996 : 234－)되어 있으나 여기서 부연하고자 하는 것은 그 용자의 한자음의 문제다. 그리고 이 용자는 제주도의 지명에 나타나는 '都, 徒'와도 관계가 있다. 그런데 다음 기록을 보면 '徒'와 '都'는 동음이사(同音異寫)임을 알 수 있다.

> 初有高乙那, 良乙那, 夫乙那兄弟三人, 分處其地, 名其所居曰徒 輿地勝覽作都下同 (耽羅志)
>
> (처음에 고을나, 양을나, 부을나 형제 3인이 있어서 그 곳에 나누어 살았는데 그 곳을 도(徒)라고 하였다. 여지승람에는 도(都)로 하였다. 이하동

그리고 '徒'는 'ᄂᆡ' 음의 차자(借字)라고 하는 것은 다음을 미루어 알 수 있는데 그렇다면 왜인조의 '奴'의 용자에 가까워진다.

牢山郡本百濟徒山縣 (三國史記 권36) 牢 = 徒
新羅淨神太子寶叱徒 (三國遺事 권1)
淨神大王太子寶川 (三國史記 권3) 徒 = 川

이 용자는 만주어 및 남퉁구스어의 na(大地), 고대 일본어에서의 no(奴), nə(能)와 관련된다고 본 바 있다(김공칠 1999 : 138).

이들 두 용자의 상고 한자음은 학자에 따라 갈린다.

都 Ⓚ to / tuo, Ⓣ tâg
奴 Ⓚ no / nuo, Ⓣ nâg

여기서 Ⓚ는 Karglen, Ⓣ는 Tongdonghe(董同龢)의 것이다. Ⓚ에서 사선을 그은 것은 상고음 / 중고음을 나타낸 것이고, Ⓣ의 것은 상고음 뿐이다.

이 두 음은 상고시대에 어부(魚部)에 속한다. 어부에는 한국어의 '어'에 상응하는 어(魚)운과 '오'에 상응하는 모(模)운, '아'에 속하는 마(麻)운으로 나뉘어 있었다. 후대에 '아'에 대표되는 가부(歌部)는 당시는 ai(可, 多, 歌, 河, 那)였다. 한대(漢代)에 와서 '아'로 변한다.

Wangli(王力)(1987)에 의하면 선진(先秦)시대는 어(魚)부는 a([ɑ])였다. 개(開)1. 에서는 a(都, 胡, 徒, 土, 呼, 怒, 固(현대한국한자음은 o)), 개2. 에서는 ea(家, 下, 馬, 牙 …… (현대한국한자음 a)), 개3. 에서는 i̯a(車, 居, 渠, 去, 魚, 御, 현대한국한자음은 ə(a도 있다 車, o도 있다 楚)), 합(合)3. 에서는 i̯ua(夫, 武, 釜 …… 현대한국한자음은 u)이다(開는 개요음, 合은 합요음을 나타냄).

앞에서 개(開)1. 의 '土'는 현대한국한자음은 '토'이지만 상고의 중국음은 ta인 점을 감안하면 현대어의 땅(중세어 ᄯᅡ)은 '土'에서 유래했을 가능성을 보여준다.

한대(漢代)에는 어(魚)부는 ɔ(개1. ɔ, 합1. uə (중고의 切韻에서는 모(模)운) u로) 개3.은 i̯ə(切韻에서는 魚 i̯o로), 합3.은 i̯uə(切韻에서는 虞 i̯u로)로 되었다.

위진(魏晋)남북조시대에는 어(魚)부는 [ɔ](개3.은 i̯ə), 모(模)부는 o(개1. o, 개3. i̯o)이다.

선진(先秦)시대－한(漢代)까지는 '魚部'와 '模部'의 분부(分部)는 없으나 위진남북조로부터 어부(ɔ), 모부(o)의 분부가, 중고음계에서는 어부(o) 모부(u)로 변하고 있다.

참고로 현대음의 a의 가(歌)부는 선진시대 ai(개3. i̯ai, 합1. uai), 한대에는 a(개3. i̯a, 합1. ua), 중고음계는 a(개1. a, 합1. ua)로 되어 있다.

앞에서 '都, 徒, 奴'(상례의 怒)가 상고음에서는 어(魚)부 (개1.)의 a음에 속하는 것을 보았고, 위진남북조시대부터 어(魚)부와 모(模)부의 분부가 있게 되어 o로, 중고음계는 u로 되는 것을 보았다.

이상은 상고－중고의 중국한자음의 경우이고 위지동이전 왜인조에 쓰인 것은 어떻게 쓰였는가는 별개의 문제이나, 현지의 발음을 되도록 가깝게 한자로 나타낸 것이니 현지에서 쓰인 의미나 현지발음의 특성 등이 고려되어야 한다.

예컨대 한국어의 'ɐ'와 같은 발음을 중국인이 청취하였을 때 또 그것이 어두 실현이냐 어말 실현이냐에 따라서 a / ɑ 또는 ə / ɯ / o로 청취될 수 있는 일이니 그에 상응하는 한자를 골라썼다고 볼 수 있기 때문이다. 왜의 국명에 관한 것은 나중에 한데 묶어서 다루기로 한다.

참고로 이외에 고대중국한자음에서 문제가 많은 '之部, 支部, 微部, 脂部'에 대해 살펴두고자 한다. 이들은 현대한국한자음으로는 i(/ɯi/ui), a(/ai), u음에 상당한 것인데 원래는 선진음계에서 여러 가지 음의 갈래로 나뉘어 있었다.

之部(ə)

개1. ə　旗. 字, 寺, 備, 海……

합1. uə　每, 倍

개3. (i̯ə)　思, 姫, 子, 事, 以, 李, 里, 己, 耳, 止, 士, 史

합3. (i̯uə)　丘, 牛, 有, 久, 右

支部(e)

개2. e　佳, 解

합2. oe　卦

개3. (i̯e)　支, 知, 斯, 枝, 卑, 企, 只, 氏

합3. (i̯uə)　丘, 牛, 友, 否, 有, 久, 右, 龜, 尤

微部(əi)

개1. əi　哀

합1. uəi　枚, 雷, 火, 罪

개2. eai　排, 俳

합2. oəi　坏

개3. i̯əi　衣, 悲, 幾, 希, 祈, 机

합3. i̯uəi　歸, 非, 妃, 威

脂部(ei)

개2. ei　開, 皆

개3. i̯ei　私, 夷, 師, 耆, 死, 眉, 矢, 比, 美

이상을 보아서 '之部'의 개3.에서 현대한국어의 i, '支部'의 개3.에서 한국어의 i, '微部'의 개3.에서 한국어의 i가 원래 분산되고 있음을 알 수 있다. 곧 지금의 같은 i도 거슬러 올라가면 유래가 다르다는 것이다.

얼핏 보아서 '之部'(개3)에서는 ɐ와 i가 양립하고, '支部'(개3)에는 i가 다수로, '微部'(개3)에는 ɯi가 다수로 나타나 있다. '脂部'는 i와 ɐ가 양립하고 있다. 따라서 현대한자음 i는 상고에는 i, ɐ, ɯi로 소급한다는 것을 보여주고 있다.

한대(漢代)에는 '之部'(ə)는 일부를 제외하고 개3.은 그대로 유지하고, '支部'(e)도 개3., 합3.에서 유지되고 '微部'(əi) 개3., 합3.은 그대로 유지되었다. '脂部'(ei)에서도 개3.의 일부에 있고 다른 음으로 분산되었다.

위진 남북조시대에는 음성류는 아래 좌측처럼, 운미 i류는 오른쪽처럼 된다.

之部	ə	微部	əi	
支部	e	脂部	ei	
歌部	ɑ	泰部	ɑi	
魚部	ɔ			
模部	o			
(宵部	ou)			
幽部	u	灰部	ɐi	
		祭部	æi	(王力 1987 : 138 참조)

왼쪽 모음이 모음목록으로 볼 수 있으나 입성이나 양성(陽性)에서도 음성에서 운미를 수반하는 ɐ, æ음이 나타나는 점에서 운미 i를 포함해서 이를 포함시키면 ə, e, ɑ, ɔ, o, u, ɐ, æ, i의 9음이 된다고 할 수 있다. 이 중에서 ɐ, æ는 입성 / 양성 / 운미 앞이라는 환경요인에 의한 이음(異音)으로 본다면 7음이 된다. 또 그 중에서 e(〈ɑi) o(〈uo)는 후발달음이고 ɑ(歌部), ɔ(魚部)도 결국 a로 귀일된다고 보면 주모음수는 줄어든다. Lifanggui(李方桂 1980 : 31)는 i, u, ə, a의 4모음이다. 고대한국어나 고대일본어의 4모음체계와도 같다.

3.2. 왜 여왕 '卑彌呼'

이상의 중국의 상고한자음을 참조해서 위지 왜인조에서 보이는 여왕 비미호(卑彌呼, pimiko)의 음의(音義)를 짚어보고자 한다. 비미호의 위지(왜인조)의 기록을 보면,

> 「其國本亦以男子爲王, 住七八十年, 倭國亂, 相攻伐歷年, 乃共立一女子爲王, 名曰卑彌呼, 事鬼道能惑衆, 年已長大, 無夫壻, 有男弟佐治國」
>
> (그 나라는 본래 역시 남자로서의 왕을 삼고 지내기가 7, 80년에 왜국이 크게 혼란하여 서로 공략하는 일이 여러 해 되어 이에 함께 한 여자를 내세워 왕으로 삼았다. 이름하여 비미호라 한다. 귀도(鬼道)를 섬겨 잘 대중을 혼혹시켰다. 나이가 이미 장대하였는데도 남편이 없고 남동생이 있었다. (비미호를) 도와서 나라를 다스렸다.)

후한서(왜인조)에는,

> 「桓靈間, 倭國大亂, 更相攻伐歷年無主. 有一女子, 名曰卑彌呼, 年長不嫁, 事鬼神道, 能以妖惑衆, 於是共立爲王.」
>
> (항령간(서기 147-188년) 왜국이 크게 혼란하여 더욱이 서로 공략하여 여러 해 왕이 없었다. 한 여자가 있어 비미호라 하였다. 나이가 먹었어도 시집가지 않고 귀신도(鬼神道)를 섬겨 요사스러움으로 대중을 혼혹시켰다. 이에 함께 세워서 왕으로 삼았다.)

많은 학자가 비미호를 kumaso(熊襲) 내지는 payabito(隼人)의 여추장(女酋長)이었다고 보고 있다. 여기서 알 수 있는 것은 비미호는 처녀였다는 것과 무술(巫術)에 능한 이로 민중을 잘 이용할 줄 알았다는 것이다. 또 후한서에 의해 그 연대도 알 수 있다는 것이다.

비미호(卑彌呼)의 독음에 대하여는 오사다(長田 1979 : 123)는 himuka로 읽고 있다. 종래에는 himiko, himeko로 읽기도 하였다. 어두 h－를 p－로 바꾸면 아래를 참조하여 pimaka* / pimeko*로 읽을 수 있다.

중국상고음에 의하면,

卑 Ⓣ pi̯eg, Ⓚ pi̯eg

彌 Ⓚ mi̯ar Ⓣ에서는 찾지 못했고 같은 운인 '禰'는 음운표(董同龢 1975 : 225)에서 Ⓣ mi̯er (脂部 開口)

呼 Ⓣ xâg (Ⓚ는 찾지 못 하였음)

여기서 '卑'는 佳部 開口이고, '彌'(禰로 대신했을 때 脂部 開口(王力은 i̯ei로 풀이)), '呼'는 魚部 開口이다(王力은 xa 〉xo로 풀이).

성모는 '卑'(p), '彌'(m)에서 문제는 없고 '呼'에서는 효모(曉母)의 x이다. 이는 현대한국어에서는 h－, 현대일본어에서는 k－로 나뉘어 있다. 중국상고음으로 '董同龢'와 '王力'의 성운(聲韻)의 구분에 큰 차이가 없으나 다음처럼 '彌'의 운미의 부분에 차이가 있다.

pi̯e－mi̯e(i)－xa(〉xo)

여기서 '彌'의 Karlgren의 mi̯ăr를 주목하면 pi̯e－mi̯a로도 읽을 수 있는 것이다. 지역에 따라 개요음에 또는 핵음에 중점을 두는가의 지방차가 있으므로 이를 일률적으로 규정짓기 어렵다. 여기서 여러 가지 음형태를 가상할 수 있다. 곧 후미의 xa부분을 제외하고 pi̯e－mi̯e(/a)는 몇 가지로 해석될 수 있다.

1) 한국어의 '뵈얌'(蛇), 일어의 hebi(〈pemi)(蛇)처럼 귀도를 섬기는 요사스러움을 뜻한다고 할 수 있다. b(p) / m 교체는 일본어에서도 pebi / pemi '蛇'가 있다.

2) pi̯e의 용자를 반의적(反義的)(중국인은 그렇게 표기하고 있다)으로 보

면 '貴·人'으로 볼 수 있고(아이누어의 pen(上)참조), 그 다음의 mi̯a는 ma(女人)로 보면 상위의 여인을 뜻한다고 할 수 있다. 아이누어의 pi(小)-ma / mat(여인, 여성)을 고려하면 소녀를 가리키는데 쓰인 것으로 볼 수 있다. 특히 pi-mat의 경우 끝자음이 유음화(流音化)되어 탈락이 되면 pimai 〉 pime가 될 수 있다.

3) 거기서 제주도와 관련짓는다면 pi̯e-mi̯a에서 개요음을 무시하면 pima*, m/b의 교체(아이누어 자체도 m/b 교체가 있다. makiri / pakiri(=ba-kiri) '小刀')에 의해 piba로 보면 제주도에서의 처녀 piba-ri*에 맞춰볼 수 있다. 앞서의 pi-mat의 유성화로 오는 pi-mari에서 m / b가 있었다고 볼 수 있다. 한국어의 p와 일본어의 m교체의 예로 pi̯ə- : maku(ra) '枕'를 예로 들 수 있다.

앞서의 비미호가 처녀임이 강조되고 있음을 보았다. 어린 성처녀를 내세웠을 것이다. 앞의 아이누어에서도 pi(小)-ma(t)(女人)의 구성으로 어린 소녀를 가리킬 수 있는 것으로 보았다. 옛날의 경칭이 시대적 변화로 후세에 비칭으로 변한 예가 많으므로 이러한 풀이는 가능한 것으로 보인다.

후미의 xa(ha / ka)는 kam / han의 왕(王) 아니면 강조의 h첨사로 볼 수 있다. 운의 a 〉 o의 변화로 일본어에서는 ko 접미사화했다고 볼 수 있다. 본고장 일본에서도 비미호를 여러 가지로 읽고 여러 가지로 풀이하는 실정으로 보아 단정적으로 말할 수 없는 문제이다. 앞서의 1)의 경우 사왕(蛇王)이라는 말이 있기는 하나 너무 지나친 표현이고, 2)의 경우 상녀왕(上女王)이라 하는 것도 중복적인 표현이고, 3)은 독신의, 처녀의 왕이라는 점에서 앞서의 문헌 기록의 특징에 잘 맞지 않는가 생각된다. 또 현존 일본어의 hime(姬)(〈 pimai)는 품위있는 처녀를 나타내는 점에 옛 호칭의 계승으로 볼 수 있다(일본어의 어두 h-음은 고대에 거의 p(〉f)로 소급된다).

다만 3)의 경우에 있어서의 제주방언의 '비바리'에서 후접의 ri가 문제가 있는데, pi－m(/b)at에 주격형의 i가 부가됨으로써 t의 유음화에서 온 것으로 볼 수도 있고, 그것의 어중 m / b 교체형 pibari가 어중 r음의 탈락으로 pib(/m)ai 〉 pib(/m)e로 축약되었다고 볼 수 있다. 한편 후접의 ri가 후세에 명사로서 '－할 사람'이라는 뜻으로 쓰이기도 하고, 사람이나 사물을 나타내는 말에 '－리'(키다리, 나리, 다리, 코끼리(아마도 이것은 코(가)길(다)에서 온 듯)) 등이 있는 것을 보면 나중에 비칭화된 말에 매끄럽게 부를 수 있게 pi－ba(ma)에 첨가된 것일 수도 있다. 곧 '리' 첨가의 조어법(造語法)이 작용할 수 있는 일이다.

3.3. 하야비토(隼人)

이것의 일본어 독음은 hayabito인데 신당서(新唐書) 일본조의 마지막 부분에,

「光啓元年 (서기887년), 其東海嶼中, 又有邪古, 波邪, 多尼三小王」의 기록이 있다.

당서는 1060년에 성립한 당대의 정사이다. 처음의 기록(舊唐書)이 사료(史料) 부족이 있던 것을 나중에 많은 것을 보충하게 되었다(新唐書).

일본서기의 야구인(夜句人)(推古紀 24年), 준인(隼人), 다니인(多禰人)(天武紀 11年)에 해당한다. 야구는 yaku(屋久)섬, 다니는 tane(種)섬의 규우슈우 남부의 지명과 비슷하며, 준인 역시 지명으로 보기도 하나 글자 그대로 부족명을 가리킨다고 본다. 그것을 훈독하여 hayabito라고 하는데 그것을 hayasi(〉hayai 早)와 연계시켜 재빠른 용감한 사람(早人)으로 생각하기도 하나, 필자는 이를 침사식(枕詞式) 표기로 보아서 '빠르다'(早)가 아닌 동훈이의(同訓異義)의 'parɯtsarɐm*(바릇사름, 어민)' 곧 제주방언의 '바르'(海)와 관련된 해인(海人)의 뜻으로 풀이한다. 생업으로 어로에 종사한 이들을 가리키는 말로 왜인, kumaso(熊襲)와 같은 계열이다.

이러한 명칭이 11세기의 당서에 보인다고 해서 그 때에 조성된 호칭으로 생각되지 않는다. 위지 왜인조의 다음 기록을 보면,

> 今倭水人, 好沈沒捕魚蛤, 文身亦以厭大魚水禽, 後稍以爲飾, 諸國文身各異, 或左或右, 或大或小.
>
> (지금의 왜의 수인이 즐겨 물에 들어가 생선과 대합(조개)을 잡았다. 문신하여 이로써 대어와 수금을 쫓아냈다. 나중에는 조금씩 장식으로 삼았다. 여러 나라의 문신은 각각 달라서 혹은 왼쪽에 혹은 오른쪽에, 혹은 크게 혹은 작게 하였다.)

여기의 수인(水人)이 바로 해인(海人)과 같은 뜻으로 쓰인 것으로 보며, 오래전부터 '바릇사람'의 호칭이 쓰인 것으로 볼 수 있다.

당시의 언어는 특히 해안 지역은 언어의 교류가 빈번하였기에 한·일 공통적이었다고 보지만 특히 해로작업이 비슷한 제주도 지역과 규우슈우의 해안 지역의 언어가 비슷하였으리라는 것은 충분히 예상되는 일이다. 시대의 흐름에 따라 해인에 대한 호칭도 밀리고 그 영역도 차츰 좁아지고해서 나중에는 규우슈우 남부지역에만 남아 있게 된 것으로 풀이된다.

4. 왜인 6국의 기술

4.1. matura(末盧)국

위지 왜인조의 왜인 6국의 국명에 대해서는 김공칠(1995 : 231-)에서 자세히 논의되고 있다. 여기서는 그 중에서 특히 matura(末盧), ito(伊都), na(奴), pumi(不彌)의 4국의 국명 기타 tuma(投馬)국과 제주방언과의 상관성에 대해 언급하고 그 위치의 비정(比定)의 새로운 각도를 제시

하고자 한다.

matura(지금의 실지발음은 macura)는 왜인 6국의 최초에 거명된 국가이다. 서열을 매긴다면 첫 번째 국가이며 그래서 중국 한자의 반의적(反義的)인 용법에서 '末'자를 사용한 것과도 무관하지 않다. 그런 의미에서 한국어의 뭍(伯), 무루(宗)의 나라(matna*)의 뜻과도 연계될 성 싶다.

'末'의 상고음은 Ⓣ mwât, Ⓚ mwât이다. Wangli(王力)에서는 안 보이나 Tongdonghe(董同龢)의 음운표에서 '祭部(入聲) 合口'로 분부(分部)되어 있다. 제주방언 현존의 'ᄆᆞ'음의, 원래의 후설적이고 원순적인 음(어두의 순음과도 유관)에 말자음(입성)이나 그 유음(流音)화의 실현으로 앞서의 한국어의 음형이 실현될 수 있다.

'盧'는 Ⓣ lâg, Ⓚ lo 이다. Tongdonghe(董同龢)에서 '魚部'로 예시되고 있다. '奴'하고 같은 운부(魚部 模韻)이다. 위지동이전의 변진(弁辰)에 보이는 사로국(斯盧國)(나중에 新羅가 되듯이)의 '盧'의 용자와도 같이 나라·지역의 뜻으로 쓰인 것으로 볼 수 있다. 이 음도 원래 제주방언의 ·(ᄋᆞ)음과 같아서 어말에서 ɐ / a / u로 실현되었을 것으로 보인다.

matura(〉macura)의 이름은 이전의 matu'ura(松浦)군(郡)에 해당하는데, 이 matu'ura군은 광범위하게 동, 북, 서로 갈리어 있어서 나가사키(長崎)현의 matu'ura시쪽이냐 사가(佐賀)현의 karacu(唐津)시쪽이냐 인데, 전자가 mutura국쪽에, 후자가 ito(伊都)국쪽이었다고 생각한다. 원초적인 제주도–가라–왜의 삼각항로의 이용에는 matura국이 중심였을 것이고 한반도에 중점을 두게 되어서는 ito국이 중심이 되었다고 본다.

matura국의 위치의 기록상, ito국과 상대적으로 볼 때 서북방에 해당되는데, 그렇다면 그 일대의 최북단 지역인 동(東)matu'ura반도의 최북단 nagoya(名護屋(鎭西町))가 되어 그 곳으로 보기도 한다.

그런데 위의 왜인조의 방향 기록은 지금의 방향 감각과는 다르게 기술된 것으로 보인다. 동matu'ura쪽은 북쪽에 있고, 서matu'ura쪽은 남쪽에 있으며, 북matu'ura쪽은 서쪽에 있다. 지금의 서쪽 방향이 중국의 남부쪽을 향하는 북쪽이고, 지금의 북쪽 방향이 예전에 동부 방향, 지금의 동쪽 방향이 예전에 남쪽 방향이 되어 있는 것이다. 이러한 방향 감각은 삼국유사 가락국기에서 왜쪽에서 제주도 방향(지금으로서는 서북쪽)을 동북쪽으로 본 것과 거의 같다.

따라서 matura국이 ito국의 서북 방향이라면 ito국의 서쪽의 어딘가에 있다고 보아야 한다. 그렇다면 서쪽에 있는 나가사키현의 matu'ura 시쪽인데 거기가 아니라면 matu'ura시가 면하고 있는 만내(灣內) 혹은 사가현(佐賀県)의 imari(伊万里)만 내의 어딘가일 것이다.

동matura반도에 그 서남쪽으로 대소의 섬들이 분포되고 있는 saga의 현명의 유래도 고대어 tsaka(섬)에서 유래하는 것으로 보인다.

국명 어휘의 형태상 伊万里 : 伊都와 같이 '伊'를 전치(前置)어로 볼 때 mari(万里)가 한국어의 '首, 頭'의 뜻이 있는 점에서 '末盧'의 경우와 잘 상응한다고 볼 수 있다. 다만 음형만 가지고 결정지을 수 없는 다른 근거 예컨대 고고학적인 근거가 제시되어야 할 것이다.

4.2. ito(伊都)국

ito국은 matura국에서 동남 육행(陸行) 500리 거리에 있다. na(奴)국에 통속(統屬)되어 대방군사(郡使)가 왕래하고 항상 주재(駐在)하는 곳으로 대방군에 대한 왜인 6국의 현관에 해당하는 곳이다.

'伊都'는 ito로 읽기도 하고(森 1985 : 182-184), ita로 읽기도 한다(長田 1979 : 85, 89).

그것은 '都'의 용자가 선진(先秦)시대에 어(魚)부 개1.에서 a였다가 한대(漢代)에 ɔ, 위진(魏晋)남북조시대에는 모(模)의 o로 변했기 때문이다. 어느 시대의 음을 취하는 가의 차이로 본다. o음은 한국이나 일본에서 후발달음으로 보기 때문에 ta / tu / to의 기저음 ɐ음에서 어말에서는 u

에 가까이 발음한 것으로 필자는 보고있다.

관련 지명 '怡土'(ita / ito), '絲'(ito)섬, '有田'(arita / itta), 좀 떨어진 곳이지만 '板付'(itaduke)를 고려하면 어말의 a / o교체를 생각할 수 있고, ito국이 왜인 6국의 문구(門口)와 같아서 제주방언에 남아있는 to(門, 入口)와 관련되는 것으로 보인다. 이론적으로는 옛적에는 tu*였지만 모음변화로 현재와 같은 to*로 변한 것으로 본다. 고대일본어의 문헌에도 to(門)로 나타나고 있다. 만주어에 보이는 duka(門)의 음형을 보거나 고대 그리고 현대의 일본어에서 선착장이나 항구를 뜻하는 말에 tu(津)가 있는데 원래의 것의 잔영으로 본다면 tu의 음형의 실현의 시기도 있었다고 볼 수 있다. '都'에 전치한 '伊'는 당시로는 특별한 의미가 있었다기보다 지정적이고 미화적(좋은)인 말이었다고 본다. '좋은 선착장이자 관문이 되는 나라'라는 뜻으로 풀이된다.

ito국의 소재지는 karatu(실지는 karacu)(唐津)시의 동남쪽 karatu만의 깊숙한 곳으로 생각되고 있다. 그보다 더 동쪽인 ito군의 hukae(深江)쪽이 아닌가도 싶다. 이곳(怡土郡 深江村 子負原(kobugahara))에 신공(神功)왕후를 모시는 신사(八幡宮神社)에 진회석(鎭懷石)(전설에 알모양의 미석(美石)이 2개)이 있었다고 한다. hukae는 이름 그대로 물이 깊은 양항(良港)으로 신공왕후는 이곳에서 제주도로 간 것으로 보고 있다.

4.3. na(奴)국

na국은 이토국에서 동남으로 100리에 있는 나라이다. 근접한 점에서 후쿠오카(福岡)시의 hakata(博多)부근으로 hakata만의 깊숙한 곳이다.

용자 '奴'도 na와 no로 읽히는데 추고기(推古紀)에는 nu로 쓰이고 있다. 어(魚)부 개1.의 음으로 앞에서의 '都'의 경우와도 같다.

이 na / no / nu에 대하여 한국어의 '內, 腦, 乃', 일본어의 '野'(no) 그리고 퉁구스어의 nā(김공칠 2006 : 313 참조) 등과 연계하여, 지역, 토지,

구역과 나라의 의미로 받아들여서 여기의 '奴'도 나라의 뜻으로 풀이하기도 하지만, 그렇게 되면 '奴國'의 형태는 중복적인 표현이 되어 어색하다 할 수 있다. 김공칠(2006 : 314)에 언급한 대로 na*에는 '川'의 뜻이 있고 아이누어의 na는 '水'를 뜻하므로 '奴國'을 '물의 나라', '강의 나라'로 풀이하는 것이 더 바람직하다고 생각한다. 후쿠오카(福岡)시내의 옛 이름이 naka(那珂)이고 후쿠오카 시내를 흘러 hakata만내에 흘러가는 강이름도 naka천이다. naka천의 옛 이름이 nagakawa(儺河)이고, 이 강은 시가지에서 분류(分流)하여 그 가운데에 델타를 형성하는데 그 이름도 nakasu(中州)이다. 이러한 강물의 특징성이 국명에 반영되었다고 보는 것이다. 한국에서의 전라남도 나주(羅州)시의 경우도 같은 예가 될 수 있다. 그 지역은 여러 강으로 얽혀 있어서 명실 그대로 물의 지역 / 나라이다. 물이나 강의 음형인 na에서 유래한다고 본다.

4.4. pumi국(不彌國)

pu(r)mi국은 na국에서 동(東)행 백리에 있다. 앞서의 ito국과 등거리의 지역이다. 그리고 위치의 동행은 북행을 뜻하므로 hukuma(福間)와 tuyazaki(津屋崎)의 지역이다. tuyazaki는 현해탄에 서쪽으로 돌출하고 그 남쪽의 hukuma 사이에 사빈(沙濱), 사구(沙丘)가 전개되고 있다. tuyazaki는 옛적부터 번영한 항구이고 hakata에의 중계지이기도 하였다.

중국의 서복(徐福)을 서불(徐市)로 하듯이 hukuma의 '福'도 옛적에 불로 읽었다면 hukuma는 'pɐrmɐi*' 곧 '不彌'(국)의 호칭과도 같아진다. 이를 한국어의 ᄇᆞᆯ(穩, 제주방언)－ᄆᆡ(水, 浪, 波, 고대어)와 같은 뜻으로 풀이될 수 있다. 그 지역의 바다의 정경 그대로 '물결이 잔잔한 나라'의 뜻이 되는 것이다.

제주도의 삼성설화에서 제주도를 찾은 3신녀(神女)가 일본의 벽랑국(碧浪國) 출신인데, 아마도 바다가 푸르고 잔잔한, pumi국, na국, ito국의 삼국 중의 어느 하나 아니면 그 삼국이 연합하여 세 왕녀를 보낸 것으로 생각할 수 있다.

잔잔한 물결의 뜻의 호칭의 지역명 honami(穗波町)가 있기는 하지만 너무 내륙쪽에 있다. 옛적에 그 지역 근처까지 해안이 형성되었다면 그럴 수 있겠지만 지금으로서는 그 곳으로 보기는 어렵다. 다만 지명에 쓰인 ho(穗)가 po 〈 per의 유래가 있는 경우가 있어서 예전에 per(穩)-na(mi)(波)로 불린 것이라면 벽랑(碧浪)과도 같게 된다. 이곳을 pumi국의 위치로 보는 의견도 없지 않다.

4.5. tuma국(投馬國)

tuma국은 pumi국에서 남쪽으로 수행(水行) 20일로 되어 있다. 위치의 남쪽 표현은 동쪽에 상당하므로 동쪽으로 가서 kanmon(関門)해협에 이른 것을 알 수 있는데, 여기서 seto(瀬戸)내해쪽으로 갔다면 yamato(邪馬臺)국은 오오사카 방향에 있는 것이고, 그냥 해안선을 따라 동쪽으로 간다는 것이 그대로 남쪽으로 간 것이 되면 yamato국은 규우슈우 내륙에 있는 것이 된다.

그런데 위지동이전의 항해의 기록에서 바다를 건너게 되면 거리의 장단에 불문하고 일률적으로 도해(度(渡)海) 천여리란 말을 쓰고 있다. 여기서는 그런 표현이 없기 때문에 오오사카쪽으로 갔다고 보기 어렵고 그냥 규우슈우의 동안(東岸)의 해안선을 따라갔다고 볼 수밖에 없다.

규우슈우의 동북부의 kunizaka(國東)반도와 betpu(別府)만과 그 동부의 kitaamabe(北海部)군의 zizoozaki(地藏崎), minamiamabe(南海部)군의 kamadozaki(蒲戸崎), turumizaki(鶴御崎)를 거쳐 nobeoka(延岡), hyuuga(日向)에 이르기까지는 상당한 거리다. tuma국을 hyuuga쪽으로 보는 이유는 그 곳은 고대로부터 유서깊은 유명한 곳인데 거기를 기항지로 삼는 것은 보통의 일로 생각된다. hyuuga시의 중심지가 tomidaka(富高)

로 edo(江戶)시대에는 중앙 직할의 지방관의 주재지였다. tuma(投馬)는 옛음으로 təma, tomi(富)는 təmi였고 이들과 '高'의 daka(/taka)도 섬의 호칭과 연관되는 것이다.

제주도의 təm(耽), taka(乇, 州胡)와 연계된다. hyuuga의 동북의 해안에 여러 섬(乙島, 枇榔島, 細島(항구))이 있으며 그쪽에서 지금 혼슈우(本州)의 고오베(神戶), 오오사카에 왕래하는 카페리가 다닐만큼 해상교통의 요지가 되고 있다.

따라서 tuma국은 원래 təma국으로 섬의 나라의 뜻으로 불린 것으로 보아진다.

4.6. yamato국(邪馬臺國)

tuma국에서 남쪽으로 수행(水行) 10일과 육행(陸行) 1월의 곳에 yamato 국이 있는 것으로 되어 있다. 이때의 남쪽으로 수행(水행) 10일은 hyuugɑ에서 그대로 남쪽으로 갔다는 뜻이 아닐 것이다. 그렇게 되면 규우슈우의 남단에 이르게 되는데 그렇게 원거리를 돌아서 규우슈우의 중앙부로 들어갈 리가 없다. 이때의 남쪽의 수행은 minamiamabe군의 연안을 따라가다가 uraziri(浦尻) 해안을 따라 nobeoka(延岡)시에 이르고 자연스럽게 gokasegawa(五瀨川)에 연접되어서 해행(海行)이 아닌 강행(江行)으로 천손족(天孫族)의 강림지 takaciho(〈 takatipo)(高千穗)에 다다른 것으로 보인다.

nobeoka시도 내부적으로 cunetomi(恒富), okatomi(岡富)촌들이 있었고 simauratoo(島浦島)(옛 이름 simanourasima〈島野浦島〉)가 있고 takasima(高島)가 있고 kumano(熊野江), aso(阿蘇)의 지명도 보인다. 흠명(欽明)왕 때(서기 539-72년)에는 지방 토호에게 땅을 내리고 성을 쌓게 해주는 등 유서깊은 곳이다.

hyuugɑ의 북쪽에 있는 곳이지만 아주 옛적에는 하나의 큰 영역으로 여겨왔는지도 모른다. nobeoka쪽이든 hyuugu쪽이든 또는 모두 합친 지역이든 tuma국의 국명에 상응하는 섬 이름들이 많은 점에서 같이 묶어서 생각할 수 있다. gokasegawa는 규우슈우 내륙의 산지에서 발원하고 takaciho에서는 협곡을 이르고 nobeoka시에서 바다에 흘러가는데 그 곳을 hyuuganada(日向灘)라고 하는 점에서도 그렇다.

nobeoka에서 takaciho에까지 배로 강물을 거슬러 올라가는데 시일이 좀 걸렸을 것이고 거기에서 aso(阿蘇)산에 이르고 혹이면 구마모토(熊本)쪽까지 이르지 않았나 싶은데 육행(陸行)에 한 달을 걸렸을 것이다. 그렇다면 takaciho－aso산－구마모토쪽이 야마토국으로 생각되며 당시는 규우슈우 내륙에 있다가도 규우슈우 동안(東岸)보다 서안쪽이 중요하였으므로 구마모토쪽으로 활로를 찾은 것으로 보인다. aso산의 동남쪽에, gokasegawa의 상류에 soyoo(蘇陽)시의 이름 그리고 협곡의 아름다움으로 유명한 soyoo협곡의 이름은 한국어의 ᄉᆡ벳(東川의 뜻)과도 같고 takaciho는 그 동쪽에 있다. takaciho 북쪽의 sobo(祖母)산(1757m)의 이름도 특이하다. aso산에서는 동쪽이 되는 곳이므로 'ᄉᆡ블'(東山의 뜻으로)에서 유래하는지 모르겠다.

aso산의 북부에 화구원(火口原)인 asodani(阿蘇谷)가 있으며 kumamoto현 최대의 고분이 있고 aso신사(神社)도 있다. 고조선의 아사달(阿斯達), 일본의 yamato(大和)의 asuka(飛鳥)의 이름과 무관하지 않을 듯 보인다. 다만 위치가 동(남)쪽이 아닌 것이 특수한 경우가 되는데 지형상의 이유가 있거나 북쪽을 동쪽으로 인지하던 시기의 일로 보아진다. kumamoto*(熊本)의 지명도 kuma족, kam의 서쪽 바닷가 밑뿌리란 의미도 있는 것 같다. aso산은 영산(靈山)이며 감히 해안가 부족들이 범접하지 못한 신역(神域)이다. 아소산 동쪽에 제장(祭場)이 있었던 듯 그런 이름의 지명도 있다. yamato국의 여왕 비미호를 무녀(巫女)로 보기도 하는데 그렇다면 그 지역은 위지동이전 한조의 다음 기록처럼,

信鬼神, 國邑各立一人主祭天神, 名之天君, 又諸國各有別邑, 名之爲蘇塗, 立大木, 懸鈴鼓, 事鬼神

(귀신을 믿는다. 나라마다 한 사람을 세워서 천신의 제사를 주관하게 하는데 이름을 천군이라 하였다. 또한 여러나라에 별읍(別邑)이 있어서 이름하여 소도라 하였다. 큰 나무를 세워서 방울을 매달고 북을 쳐 귀신을 섬겼다.)

당시의 일반민중의 경외(敬畏)의 대상이며 영지(靈地)였다고 할 수 있다.

종래에 yamato국의 위치에 대해서 많은 의견들이 있었다. 규우슈우가 아닌 오오사카 동쪽의 Yamato(大和)라든지, 또 yamato 규우슈우설의 경우도 북규우슈우설과 남규우슈우설로 나뉘기도 하였다. 이 두 경우도 구체적인 위치의 비정(比定)에는 각 가지로 다르기도 하였다.

앞에서 보아온 대로라면 투마국에서 수행 10일을 해행(海行)으로 보면 남규우슈우설과 같아지는 것이고, 강행(江行)으로 보면 중규우슈우가 될 것이다. 바닷길로 10일 갔다면 oosumi(大隅)쪽에 갔다가 육행(陸行) 1월은 so'o(噌唹)군(예전의 贈唹군은 kirisima쪽)을 거쳐 kirisima(霧島)쪽으로 갔을 것이다. 그쪽에도 takaciho(高千穗), karakunidake(韓國岳) 등 유서깊은 지명들이 많다. 문제는 이렇게 먼 항로를 중국 사신들이 안내를 받았을까 하는 것이다. 규우슈우 북부에서 바로 중부쪽으로 육로를 택할 수 있었던 것인데 내륙의 저항세력이 만만치 않고 길도 험준하고 하니 배로 쉽게 갈 수 있게 해안으로 우회하는 길을 선택하였거나, 실지로는 답사하지 않고 북부에 있는 채 전문(傳聞)으로 기사화한 것이 아닌가도 생각되어진다. 그러나 왜국에 와서 왜의 여왕국을 방문하지 않은 것도 이치에 어긋나니 역시 yamato국에 가기는 갔는데 그 위치가 규우슈우의 중간 지점이었기 때문에 가능했던 것으로 본다.

본래는 규우슈우의 남부이거나 북부에 있었는데 조금씩 중앙부에 미쳐서 그 곳을 중심지로 잡은 것으로 볼 수 있다. 위지의 왜인조 당시에는 중부에서 왕권을 행사하고 있었던 것으로 본다. 그러기에 그 남쪽에도 여러나라가 있었던 것으로 기술이 가능했었을 것이다.

yamato(邪馬臺)국 혹은 yamait(邪馬壹)국의 음의(音義)의 해석에 대하여는 문헌 그대로 여왕소도(女王所都)의 뜻이 담겨있는 것으로 필자는 보았다(김공칠 1995 : 245). 그래서 '邪'의 용자에는 ka / za의 두 음이 있고 중고음에 ja에 음이 있으므로 처음에는 '邪馬臺'는 kamatə* / camatə로, '邪馬壹'은 kamait*로 읽었다고 본다. 무당의 shaman에 해당하는 만주어가 sama인 점을 감안하면 이와의 연결도 하나의 가정으로 남겨둘 수 있다.

여왕을 중심으로 보았을 때는 camatə* / camait*(ca 大, ma / mat 女, tə / it 所), 천손(天孫)의 왕계나 족속의 관점에서는 kamatə*(〈 kɐmtə*) / kamait(〈 kɐmit*)이다. 이에 na(國)가 후행하면 kam(a)itna*가 된다. 고조선의 신시(神市)(kɐm(神)it(市))와도 같은 kamait이면 행정을 수행하는 데다(cf. (王)儉所居地). 한편 yamatə*로 읽는 것은 한국어의 yama*(穢貊)와도 연계되는 산간국(山間國)의 뜻이다(김공칠 2006 : 271).

규우슈우의 해변에서 보는, 혹은 내륙에서 보는 시각에 따라 여왕국은 경외(敬畏)와 신비의 나라였을 것이니 그 장소에 대해서 어디서든 여러 가지 호칭을 사용한 것으로 볼 수 있다.

5. 제주도의 언어와 역사의 재구

5.1. 언어의 재구

지금까지 중국 고대 사서인 위지와 후한서의 왜인조의 기술에서 제주도와 관련될 수 있는 사항을 간간이 언급한 바 있으나, 여기서 다시 간추리면서 먼저 왜국의 국명이나 관명이 제주도 언어와 관련되는 점을 언급한 다음에 그 리스트를 제시해보고 그 다음에 당시의 제주도의 역사적 실상을 조명해보기로 한다.

언어적 자료의 측면에서, 한자의 용자에서 왜의 국명에 쓰이는 '都'는 제주지명의 표기에 보이며 '都'는 '徒'와도 병용되었다. 한편 제주지명에서는 '徒'를 훈으로 읽기도 하였다고 보면 왜의 국명의 용자 '奴'와도 연계된다. 이 용자들은 상고음에서 같은 운부에 속하며 a〉o로 변한 음들이다. 이들의 기저모음을 제주방언의 ɐ와 같은 것으로 보았을 때 음성환경에 따라 a / o / u로 실현된 것으로 볼 수 있다. 한국어에서 o는 후발달음어이므로 어두에서는 a, 어말에서 u로 발음되었다고 본다.

제주도의 '徒'의 경우는 후세 문헌에 보인 것이므로 to지만 원래는 tu였을 가능성이 있다. tu는 '門' 그리고 일본어의 tu '津'(선착장)의 뜻이 있다. '門'의 경우는 후에 한국이나 일본이 모두 to로 변했고 '津'의 경우는 일본어는 그대로 tu로 남아 있고 한국어에는 쓰이지 않는다.

이렇게 보았을 때 왜의 '奴'는 na의 발음으로 제주도의 '那'와도 같으며 이는 현대의 '내'(川)나 물의 뜻이 있었다고 본다. 왜의 '奴國'은 지금의 후쿠오카(福岡)시의 hakata(博多)를 가리키는데 그 시가의 중심에 naka(那珂)라는 강이 흐른다. 제주도의 '那'는 제주시를 흐르는 강(강가)을 가리킨 것으로 볼 수 있다. 그렇게 되면 강의 하구(河口)는 배가 출입하는 선착장이면서 선박이 출입하는 입구도 되는 것이니 '徒'와 '那'의 용자가 병용된 것으로 생각할 수 있다.

왜의 여왕 비미호(卑彌呼)의 표기에 대하여 여러 가지 해석이 있다. 여기서 다시 부연하면 나이가 차도 남편이 없었다는 점에서 처녀의 몸으로 여왕이 된 점에 주목하여 또 그 용자 중 '彌'가 Karlgren이 mi̯ar로 읽는데 주목하여 卑 pi̯e-彌 mi̯a-(呼 ha / ka)로, 또 개요음은 수의적인 것으로 보고 pima, 그리고 어중의 m / b교체에서 오는 piba에서 유래한 것으로 보고 제주도에서 처녀를 나타내는 piba(ri)에 맞춰보았다. 후미 '호'(呼)는 xa / xo의 교체음으로 그 자음은 한국어에서는 h, 일본어에서는 k로 나타나는 점에서 han / kan '王'의 말자음 생략형으로 볼 수 있다. 비미하 / 비미가로 읽어서 처녀왕을 나타냈다고 볼 수 있다.

제주방언 '비바리'의 후미의 'ri'는 접미사로 보인다. pima / piba가 원래 고귀한 신분의 처녀를 나타냈던 것이 후세에 보통칭 내지 비칭으로 쓰인 것이다. 일본에서는 hime(〈 pimai) '姬'로 오랫동안 써 내려왔는데, 고대에는 1) 여성 일반, 2) 여성에 대한 미칭 내지 존칭으로 쓰이고, 나중에는 귀인의 딸에 쓰여서 공주와 같은 뜻이 되기도 하였다. 지금은 그러한 뜻들이 바래서 '귀여운 어린 여자 애'에 대한 미화어로 쓰이는 정도가 아닌가 한다.

왜의 수인(水人)에 비길 수 있는 hayabito(隼人)의 호칭도 이를 침사식(枕詞式) 표기로 보면 제주방언의 '바릇사람'에 해당된다. 수인과 마찬가지로 어로(漁撈)에 종사하는 사람들이다.

어로 환경이나 작업 수단이 비슷한 제주도와 왜의 지역에서의 호칭의 공통점은 있기 마련이다. hayabito의 호칭은 규우슈우의 남부쪽에 쓰인 것인데 원래는 규우슈우 전체 지역에 쓰인 것이 남부쪽으로 밀려서 그 영역이 좁아진 것이다.

고대에 규우슈우에 사는 사람들을 kumaso*(熊襲), kuma(肥)인, kume(九米), hayabito 등으로 불렀는데 hayabito 외에는 그 호칭의 음형으로 볼 때 같은 사람들을 지역에 따라 달리 불린 것으로 보아진다. 이들은 북규우슈우 내지는 중규우슈우에 거주하는 사람들을, hayahito는 남규우슈우쪽에 사는 사람들을 가리키는 것 같지만, hayabito도 원래 북규우슈우쪽에 거주한 것으로 보인다.

hayabito에 대해 인도네시아계 혹은 중국 남부인계로 보기도 하지만 앞에서 본대로 제주도계 해인(海人)으로 보아진다. 물론 그 유래는 남방계적 요소가 전연 없다고는 할 수 없다. 아주 예전부터 흑조(黑潮)의 흐름에 따라 제주도에 미친 점이 전혀 없다고는 보기 어렵기 때문이다.

다음의 기록을 보면 hayabito는 어로민(漁撈民)인 것은 틀림없고 기사(騎射)를 즐기고 그리고 마소, 돼지들과 같은 가축을 기른 점은 제주도와 닮은 데가 있다. 일본쪽에는 먼저 북규우슈우쪽에 살다가 시대의 변화에 따라 남쪽으로 밀린 것으로 본다. kumaso(熊襲)가 후세에 hayabito가 되었다는 의견도 있다.

肥前風土記 (肥前國松浦郡 値嘉郡)

彼白水郎 富於馬牛 …… 此嶋白水郎容貌似隼人, 桓好騎射, 其言語異俗人也(그 ama(白水郎)는 말·소가 풍부하였다. 이 섬의 '白水郎'은 용모가 hayabito(隼人)에 닮고 항상 기사(騎射)를 즐기고 그 언어는 속인(俗人)과 다르다)

여기의 cika(〈tika)(値嘉)는 동macu'ura(東松浦)군에 속하는 곳이고 genkaimaci(玄海町)에 속하는 곳이다. 북 macu'ura(北松浦)군에도 동명의 cika의 섬이 있다.

tika의 음형은 섬 이름의 tVka에 함유되는 것으로 보고 있다. taka, təka, toka, tuka, tika 부류의 하나이다. 그런 점에서 제주도 섬 이름계의 하나로 보아진다. 대마도의 고명 tuka / təka(對海)도 이와 같은 부류이다.

ama(白水郎)는 만엽집에 음표기로 '阿麻, 阿末', 훈표기로 '海女, 海子, 海人, 海部, 白水郎' 등이 보인다. 어업에 종사한 사람을 나타내는데, ama의 음형에는 天·尼의 뜻도 있고 '尼'의 경우는 범어 amba(여자의 뜻)에서 우래한다고 한다(沢潟外 1967). 한국어의 암(컷)의 음형을 생각하면 먼저 한국어와 맞춰볼 필요가 있다.

그런 면에서 남자도 물에 잠수하기는 했지만 주로 ama는 여자 해녀를 지칭하는데 쓰인 것으로 보며 '白水郎'은 白水一郎으로 분석된다. 白水에는 마음이 결백함을 비유하는 뜻이 있다. 곧 한국어의 '바릇사람'의 '바릇'을 침사적 표현식(동음이의어의 사용)으로 마음의 결백의 바르다(正)

의 뜻으로 대신 나타냄으로써 결국 白水一郞은 '바릇사람'을 나타낸 것으로 풀이되는 것이다. 이 쓰임은 보다 남자쪽에 쓰였다 볼 수 있다. 속인(俗人)은 보통 사람의 뜻이므로 어쩌면 제주방언적인 투가 나타난 것이 아닌가 싶다.

다음 왜인6국의 국명도 모두 제주지역이나 방언에 공통적인 면이 많음을 보았는데, 여기서 간단히 정리하면 matura국은 오래전에 먼저 개방된 ᄆᆞᆯ(伯)의 나라며, ito국은 나중에 왜국의 관문·입구 혹은 선착장의 뜻으로 tu〉to의 변화를 거쳤고, na국은 강물(나/ᄂᆡ)이 관통하는 나라며, pumi(〈pu(r)mi)국은 물결이 잔잔한 (穩 블-) 나라이다. tuma(〈təma)국은 연안 만구(灣口)에 섬이 많은 섬(cf. təm(耽))의 나라다.

yamato국은 그 용자(邪馬臺/壹)의 독법 여하에 따라 여러 가지 뜻을 자아내지만 제주방언과의 연결은 어려워 보이나 kamatə(/kamit)로 읽으면 신(성)(神(聖))의 터, 신수(神水)의 터로서의 연관성을 찾을 수 있다. 제주도에서의 산의 중복의 마을에 용천못이 있는 가마오름도 그 예가 된다. 여왕명 비미호(卑彌呼)를 제주방언의 piba(ri)(처녀)와의 연결 가능성은 언급한 바다. 신성한 곳에서 봉사하는 처녀(왕)와 같은 연관성을 지을 수 있다.

이제 제주도와의 연관성을 지을 수 있는 어휘목록을 일괄해서 제시해 보기로 한다(비교어휘에서 직접 제주방언과 연계되지 않은 어휘도 고대한국어 혹은 제주도 지명과 연계될 수 있는 것은 제시함).

어휘목록

piku (比丘) iki(壹岐)국의 관명 卑狗 cf. 아이누어 pen(上)-ku(人)

na (地, 國) 徒 nɐi, 고대일본어 no(奴) / nə(能) '野'

고대한국어 內, 腦, 乃 nɐ / nu 퉁구스어 nā

(川) na (奴)국 江(水)國, 전남의 나주(羅州) 江(水)地

naka (那珂) 川

pima / piba (ri) (성처녀) 고대일본어 pime(〈pimai) 姫(귀한집의 처녀)

제주도 pibari 처녀

pimeko / pimaka / pimaha 卑彌呼 (처녀)여왕, ka(〈kan) 王, ha(〈han) 王

pima 前出

parɯt sarɐm (海人) 침사적표현 hayabito(隼人), 白水郎(ama)

mɐtna(ra) (首國, 宗主國) matura(末盧)

taka 〉 tsaka 〉 saga (섬) 佐賀(県) asaka(백제방언 섬)

tu 〉 to ito(伊都) '關門(國)' tu 고대일본어 津(선착장)

to 제주방언 門, 고대일본어 門

pɐrmɐi 不彌(國) 穩波·碧浪(의 나라) pɐr-穩, mɐi 水

təm(a) / təm(i)(섬) 投馬(國) '島國', təm(耽羅), 섬

kɐm(神·王) kamatə(邪馬臺) 神 / 王 所居地, kamait (神市)

kumaso(熊襲), kumamoto (熊本) 熊族의 관할지

asɐtar(阿斯達) asodani(阿蘇谷), 고대일본 asuku(飛鳥)

yama(山間) yamatə(山間地(台), 山間國), 예맥(穢貊)

아이누어 yama(山)

tə 〉 t'ə(跡, 基)

kɐmit / kɐmtə / kamatə 神 / 王 所居地, 邪馬臺

kamait 神市, 邪馬壹

camatə 여왕 所居地, 邪馬臺

camait 여왕 神市, 邪馬壹

kumaso kɐm족(熊族 / 神族) 熊襲, kuma(肥), kume(久米)

kumamoto(熊本) kuma의 mɐntə(〉mətə 〉 moto)

kuma의 본거지 *mɐn(본래의)(〉mɛn 가장)

tVk(a)(〉tika) tVkV의 섬의 호칭의 변이형, 値嘉(東松浦郡)

5.2. 역사의 재구

먼저 주민의 생활이나 생업면에서, 왜의 각지에서의 경전(耕田), 잠수(潛水), 경면(黥面)문신(文身), 단발(斷髮), 관통의(貫筒衣), 양잠(養蠶), 직적(織績), 병사의 무기, 가옥생활 등은 그대로 제주도의 당시의 상황과도 같다고 할 수 있다고 본다. 후한서에서의 「화도(禾稻), 마저(麻紵), 잠상(蠶桑), 직적(織績)을 알고 백주(白珠), 청옥(靑玉)도 생산하였다.」의 대목에서 주목되는 것은 화도의 언급인데 왜에서는 도작이 되었음을 보여주는데 이 점에서는 제주도가 뒤지고 있다고 볼 수 있다.

앞에서 경면문신의 점은 제주도에서도 행해졌는가는 확실하지 않으나 후한서 한조의 기술 중에서 「왜에 가까운 지역에서는 문신하는 자가 있었다는 것(其南界近倭, 亦有文身者)이나 삼국유사(권1) 제4탈해왕의 기사에서는 석탈해를 바다에서 호위한 적룡(赤龍)이라든지, 진의 서복(徐福)이가 제주도 접근시에 방해한 교룡(蛟龍)은 아마도 경면문신의 제주도의 수중무사로 생각하면 그러한 습속이 있었다고도 볼 수 있다.

다음, 나라의 외교나 교역 면에서, 서기 238년, 244년에 있었던 왜국의 대방군에의 왕래나 진상품의 내역(生口, 綿布, 帛布, 木弓)과 대방군에서 보낸 답례품(刀, 鏡, 采物, 銀印, 銅鏡, 진주)을 알 수 있다. 진상품의 내역에서도 제주도에서 이미 허황옥 공주가 가락국에 지참한 금은보화의 내역과는 물론 용도상의 차는 있어도 비교되지 않을 정도다. 앞서의 대방군을 통한 왜에의 답례품을 볼 때 제주도에서도 그와 같은 수준의 답례품의 수수가 있었다고 볼 수 있다. 왜의 대방군에의 교통은 제주도－가락국－왜의 삼각항로에서의 제주도(온평, 성산)의 중계지를 이용한 것은 확실한 일이니 서로의 진상, 답례, 교역의 내막은 환하게 제주도·왜 서로가 숙지하고 있었다고 볼 수 있다. 제주도는 서기전 3세기 이전부터 남중국 그리고 대방군과의 교통, 교역이 있었다고 볼 수 있고, 서기 1세기에 있었던 제주인의 일본 진출의 일들을 생각하면 왜는 제주도의 주도

권하에 외교와 교역의 진로를 모색한 것으로 보는 게 순리이다.

다음, 참고로 위지에 적혀있는 왜의 6국중에서 북규우슈우 일대의 matura(末盧)국, ito(伊都)국, na(奴)국, pumi(不彌)국의 인구의 호수(戶數)를 적으면,

matura국	사천여호	
ito국	천여호	
na국	이만여호	
pumi국	천여호	합계 2만 6천여호

이들 나라의 분포 영역은 제주도와 가락쪽의 삼각항로에 집중되는 곳으로 해안가로 볼 때는 제주도의 규모와도 비슷하겠지만, 배후의 내륙 지방을 고려하면 비교가 되지 않는다. 곧 내륙지대까지 고려하면 규모가 커진다. 중국 사신들은 주로 해안 지역을 어림잡은 것으로 본다면 그렇게 큰 차이가 나지 않는 것으로 볼 수 있다.

후한서 왜인조의 말미 부분의 전언(傳言)기사에 「진나라 서복이가 신선을 구하기 위해 제주에 와서 구하지 못하자 본국에 돌아가지 못했는데 그 자손이 대대로 이어져 수만호가 되었다」는 것이 있다. 서복이의 동행(東行)은 서기전 3세기의 일이고 후한서의 성립은 5세기이다. 그 중간의 기원후 3세기의 일로 장군 위온(衛溫)이가 군사 1만명을 데리고 제주에 왔으나 제주도를 얻지 못하고 사람만 수천명 돌아왔다(서기 231년)는 기록도 있다. 군사 1만명을 물리칠 정도면 제주도는 무력도 강했겠지만 인구도 수만호에 달한 것을 알 수 있다. 서복이가 데리고 온 동남동녀의 자손들 수천명을 돌려보내도 제주도로서는 아무 일도 없었던 것으로 보인다.

위지동이전의 변진조에 「弁辰韓合24國, 大國4, 5千家, 小國6, 7百家, 總4, 5万戶」로 되어 있는데 이 기사는 앞에서도 언급한 바 있지만

훨씬 이전의 사정을 나타내는 것이므로 직접적인 비교는 어렵다. 제주도는 이에 대비한다면 여러 대국(大國)의 범주에 들어간다.

제주도도 1세기까지 도내에 28용왕이 하나의 분국(分國)을 이루고 있었다고 볼 수 있으므로 당시의 상대적인 잣대로 헤아려 볼 때 제주도는 결국 작은 나라가 아니었던 것이다. 서기 3세기에는 왜인 4국 정도의 호수는 제주도에도 유지했던 것으로 본다.

그런데 서기 10세기의 중국 사서 당회요(唐會要)에서는 제주도의 호구(戶口)가 8천호로 나와 있다. 당회요는 10세기의 책이지만 당대(서기 618-)의 기록을 정리한 것이고 보다 이전의 전문(傳聞)기사일 수 있다.

탐라가 신라에 복속한 것은 서기 661년 또는 662년의 일이다.

> 新羅 文武王元年耽羅國主佐平徒冬音律來降(동국여지승람, 고려사, 세종실록)
>
> 文武王2年 …… 耽羅國主 佐平徒冬音律(一作津)來降(삼국사기 권6)

그리고 신라에서 경략당한 것은 679년의 일이다.

> 文武王19年2月. 發使略耽羅國(삼국사기 권7)

이 이후로 제주도는 독자적인 지위를 확보하지 못하고 진취적일 수 없어 제주도는 급속도로 쇠락하여 그렇게밖에 호수가 안 될 수 있다. 일찍부터 일본에 진출한 제주도·가락 세력의 연줄을 찾아 일본쪽으로 많이 건너갔을 것이고 한반도쪽으로도 많이 이주한 것으로 보인다. 도내의 정권 교체에 따른 여러 변동 요인이 있었다고 보아야 한다. 그리고 날이 갈수록 경제력이 비교 열위에 떨어져 나가는 일도 곁들였음에 틀림없다.

끝으로, 정치면에서도 서기 2-3세기는 한반도에서 가락국이 잘 버텼으나 제주도도 서서히 유력 부족 중심으로 재편되고 외교 노선도 신라,

가락, 백제쪽으로 나뉘어 가지 않았나 생각된다. 강력한 통일왕권의 결여로 경제적인 개혁 예컨대 도작(稻作)을 위한 관개사업도 추진하지 못한 것으로 보인다. 제주도내에는 그러한 사업의 후보지로 습지, 용천지대가 많이 있었는데도 지질이나 지형상의 난점도 있었겠지만 거국적으로 잘 추진하지 못한 것 같다.

6. 맺는 말

1. 2-3세기에 있었던 제주도의 언어와 역사의 실정을 알아보는데는 그에 관한 우리나라의 문헌은 없으므로 당시에 기술된 중국 문헌 곧 위지와 후한서의 동이전을 빌릴 수밖에 없다. 그것에 있는 제주도에 관한 기록은 단편적이어서 그것에 이어지는 왜국의 기술을 참조하여 제주도와 관련지을 수 있는 것을 찾아내어 그것을 통해 제주도의 실정을 추려낼 수밖에 없다.

2. 그러한 왜인국의 기술에 나오는 왜인의 생활상, 대외관계, 생산품목을 참조하면 왜와 비슷한 기후나 풍토 그리고 생활환경에 있는 제주도의 사정도 어느정도 추정할 수 있다. 왜국의 대방군 왕래의 기사에서 왜의 교통로로, 왜-제주-가락국의 삼각항로의 제주도 기착점을 이용하여 왕래하였다고 가정했을 때, 대방군에의 진상품 그리고 이에 대한 대방군의 답례품을 미루어도 그 점에서는 제주도와 왜국은 정보를 공유하였을 것이니 제주도에서도 이에 못지 않는 대방군과의 활발한 왕래가 있었다고 볼 수 있다. 그리고 후한서에 보이는 왜의 생산품목 화도(禾稻), 마저(麻紵), 잠상(蠶桑), 직적(織績) 등을 미루어 제주도에서도 그와 같은 생산활동을 유추할 수 있다. 다만, 제주도와 다른 점은 제주도의 지형상 도작(稻作)이 잘 되지 않아 그 점에서는 뒤졌다고 할 수 있다. 대신 육도(陸稻)나 화전(火田)의 경작은 있었던 것으로 보인다.

3. 언어자료로서는 후세의 제주도의 문헌의 것이지만, 하천을 기준한 분거지에 쓰인 '徒(都)'와 '那'의 용례가 왜의 자료에(기타의 용자도 참고로) 보여 그것의 중국 상고음의 유래를 짚으면 왜의 국명에 쓰인 뜻을 이해하는데 도움이 된다. 왜의 여왕 비미호(卑彌呼)도 상고음으로 분석하여 제주방언의 '비바리'와의 연계 가능성도 짚어 보았다. 그리고 왜의 주민의 하나의 호칭인 하야비토(隼人)는 제주의 '바닷사람'의 호칭을 침사적 표현 방식과도 같이 나타낸 것으로 미루어 볼 수 있는데, 그러한 방식의 표현은 이미 서기 1세기에 보이는 제주도 용성국(龍城國)의 여러 호칭의 표현에도 보여 주고 있다.

4. 그리고 왜인6국의 국명도 함께 분석하여 대부분 제주방언으로 풀이될 수 있음을 보았다. 그리고 왜의 핵심이 되는 yamato국은 일본의 오오사카의 동편쪽인 yamato국이 아닌 중규우슈의 takaciho(高千穗)－asodani(阿蘇谷)－kumamoto(熊本)쪽으로 보았으며 yamato의 용자 '邪馬臺(/壹)'의 독법에 따라 여왕국, 고조선에 보이는 '神市', 한반도의 예맥의 명의(名義)하고도 연관되는 산간국(山間國) 등의 뜻이 있음을 보았다. 당시에는 이러한 뜻의 여러 호칭으로 주민들이 이해했으리라 보며, 이러한 언어는 가락국이나 제주도를 통해서 전파되었다고 본다.

5. 지금까지의 고찰에서 제주도와의 관련성을 바탕으로 해서 당시의 제주도의 역사와 언어의 실정을 재구해 보면, 생활환경이나 생활양식이 비슷한 점에서 도작(稻作)을 제외하고는 거의 같은 양상을 지녔었다고 본다. 문신경면(黥面)의 습속도 부분적으로 남아 있었던 것으로 보인다.

나라의 외교나 교역 면에서도 왜보다 앞선 시기에 이루어진 것은 확실하며 왜의 대방군에의 교통은 제주도를 중계지로 이용한 것은 틀림없는 일이며 제주도의 선도적 역할도 가히 짐작하고도 남는다.

제주도의 호수도 왜의 북규우슈우의 4국과 대비할 때 그와 못지않은 것으로 보며 한반도의 변진 내의 대국 몇 개의 호수와 필적했던 것으로 보인다. 용성국의 28용왕제를 고려할 때 후한서 왜인 말미의 전언(傳言) 기사에 나오는 제주도의 수만호가 결코 과장된 것은 아니다.

제주도의 2-3세기는 1세기의 활발한 대외 활동의 덕이 있기는 하였으나 부족간의 이합(離合) 등이 변수가 있었던 것으로 보인다. 이어지는 4세기에도 그 다음에도 여러 사건이 있게 되고 외교 상대국도 가라에서 백제로 그러다 신라에 복속하기에 이른다. 그 이후로는 독자적 주권이나 경제적 자립성을 확보하지 못하는 수동적인 처지가 됨으로써 적극적인 진취성을 발휘하지 못하고 후진성을 겪기 시작한 것으로 본다. 경제적 사정도 나빠지고 육지부, 일본쪽으로 인구유출도 많았던 것으로 보인다.

끝으로 외부에서 전승되어온 당시의 기록중에서 종합적으로 인류학적, 민족학적인 천착이 더 필요한 당시의 모습, 실지로는 서기 기원전의 제주인의 모습을 적어보면,

1. 키가 작았다.
2. 언어는 한(韓)과 같지 않다.
3. 머리를 깎았다.
4. 가죽으로 된 옷을 입었다. 웃옷은 있고 아래옷은 없었다.
5. 화전(火田)이나 밭농사를 하고 소와 돼지를 길렀다. 길쌈도 하였다.
6. 경면문신으로 잠수하고 어로하였다.
7. 말타기를 좋아했다.
8. 배를 타기에 능숙하여 중한에 왕래하였다.

서기 2-3세기에는 이러한 것들이 많이 바뀌었겠지만 유속(遺俗)으로는 일부 남아 있었다고 생각할 수 있다.

제6장 서기 4-5세기의 제주도

-기마민족의 이동과 관련해서-

내 용

〈요지〉

서기 4-5세기는 한반도를 비롯하여 일본에서도 중요한 역사적 사건이 있었던 시기이다. 그것은 한반도의 북부로부터 밀려오는 흐름에 의하여 그에 밀린 세력에게 제주도와 일본도 침입당하는 일이 있게 되는데, 그 일로 일본에서는 기마민족이 정복한 왕조가, 제주도에서는 연합부족국가가 성립하게 된다.

고조선의 중심 터전인 낙랑군 지역이나 그 인근 지역의 형세가 점점 악화되기 시작하자 그 곳에 거주한 귀족, 호족들이 사병이나 군사를 이끌고 해로로 전남 남부 지역에 피신하여 정착의 터전을 닦았으나 그 지역 역시 백제의 남부 공략에 밀려서 제주도와 일본쪽(제주도 경유)으로 진출하였다고 본 것이다. 일본에 진출한 세력은 일본에서의 제1차 기마민족 정복왕조를 이루고, 제주도에 진출한 세력은 기존의 용성국과의 일전 혹은 타협을 통하여 연합부족국가를 이룩했다고 본다.

이어서 일본 규우슈우에서 저항세력인 구마소(熊襲)와 다투던 신공왕후네가 항쟁에 불리하자 당시의 보물의 나라이면서 왕후의 친정의 나라로 보는 제주도의 후원을 얻고자 아이를 잉태한 채 제주도로 찾아가서 지원의 약속과 지원물자를 받아 북규우슈우에 돌아와서는 응신왕을 낳고 일본의 중앙부에의 진출을 기도하여 응신왕 때에 성공을 거둔다. 이때를 일본에서는 제2차의 기마민족의 정복왕조로 보고 있다. 모두 제주도와 관련되는 사건들이며, 이들 사건의 경위를 뒷받침하는 일본 사서의 왕명, 지명 등의 언어자료의 해석과 사서나 설화의 기술 내용 등을 참고해서 역사의 재구를 시도하였다.

1. 머리말

서기 4－5세기의 경우도 제주도의 언어나 역사에 대한 직접적인 자료는 아직은 찾아보지 못했다. 다만 5세기 말에 삼국사기 백제본기의 문주왕(文周王) 2년(서기 476년)에 탐라가 백제에 방물(方物)을 바쳤다고 하고, 동성왕(東城王) 20년(서기 498년)에 탐라에서 공물을 내지 않으므로 이에 왕이 친히 무진주(武珍州 지금의 전남 광주지방)까지 갔는데, 탐라가 이 소식을 듣고 사신을 보내어 사죄하므로 그만 두었다고 하고 있다. 갑자기 탐라가 한국사에 처음 등장하는 기사이다. 일본측 기록에는 이보다 뒤져서 일본의 무열왕(武烈王) 2년(서기 500년으로 추정) 12월 기사에 남해중에 있는 탐라인이 처음으로 백제국과 통하였다고 기록되어 있다.

양국간의 연대 맞추기는 확실하지 못한 점은 있으나 이 글에서 언급하겠지만 서기 6세기에 들어서서는 어느 정도 맞추어볼 수 있다.

일본의 4세기는 수수께끼의 4세기라고 한다. 그것은 역사적으로 하나의 공백기가 되는 시기이다. 일본사 연표(年表)에 입각해서 보더라도 3세기에는 일본의 규우슈우의 야마토(邪馬臺)국의 여왕 비미호(卑彌呼)(그리고 일여(壹與)) 때에는 빈번히 중국과의 교류가 있었는데, 서기 265년 이후에는 공백으로 있다가 서기 418년에야 동진(東晋) 그리고 서기 421

년에 송(宋)에의 조공이 보이는 것이다. 이때의 송에의 조공은 왜왕 찬(讚) 때인데 송으로부터 안동(安東)장군 왜국왕의 칭호를 받고 있다. 왜왕 찬이 일본의 어느 왕인가에 대해 여러 의견들이 있지만 필자는 그 이름을 비추어 응신왕으로 보고 있다. 결국 응신왕 이전의 일들이 궁금하다는 것이 된다.

또 한편으로는 일본의 4세기는 정치적, 경제적, 문화적 대변동기이기도 한 것이다. 한반도도 북방은 말할 것 없고 남부에서도 북으로부터 무형·유형의 압력과 공세가 강화되는 시기이다. 가라국도 신라와 백제의 세력 확장의 틈바귀에서 위축되기 시작하였고, 전남의 남부(동남부)도 새로운 살 길을 모색하는 시기였다고 할 수 있다.

제주도도 이러한 한반도의 북부와 남부의 정세에 초연할 수 없었을 것이다. 서기 3세기까지는 용성국(龍城國)의 명목만은 간신히 지탱하여 왔다고 하더라도 앞서와 같은 외부 동향에 반응하지 않을 수 없었을 것이며 또한 외부적인 충격에 변혁되지 않을 수 없었을 것이다. 그래서 제주도 나름의 부족연합국가가 늦어도 4세기 말까지는 형성되었다고 보는 것이다.

이러한 일들에 대한 당시의 제주도 자체의 기록은 남아있지 않아서 어떻다고 말할 수 있는 것은 아니지만, 서기 1세기부터 개척해온 일본의 4세기의 변동과정을 역추적하여 제주도의 역사의 일부라도 엿볼 수 있지 않을까 한다.

삼국사기 백제본기의 제12대왕 근초고왕(近肖古王) 30년(서기 375년) 기사를 보면 고구려의 침략이 있었고, 왕이 두 번이나 반격했으나 실패하고, 또 흉년이 들어 반격의 뜻을 이루지 못하고 그 해에 왕이 돌아가신 것으로 되어 있다. 이러한 일들이 백제의 남쪽에도 간접적으로 영향을 미친 것은 확실하다. 필자로서는 확인못하였으나 근초고왕이 서기 369년에 마한을 복속시킨 일이 있었다고 한다(정신문화연구원 2002 : 95).

여기서 언급하고자 하는 것은 근초고왕대에 인용된 고기(古記)이다. 곧 고기에 이르기를 백제가 개국한 이래로 아직 문자로써 기사를 쓴 것이 없으니, 이에 박사 고흥(高興)을 얻어 처음으로 서기(書記, 百濟書記?)가 있게 되었으나 고흥은 일찍이 다른 책에 나타나있지 않으니 그가 어떤 사람인지를 알지 못한다고 되어 있다.

이때가 서기 4세기말에 해당하는데 그렇다면 그 이전의 백제의 각종 사초(史草)가 이때에 정리되었다고 볼 수 있는 일이다.

필자는 제주도의 용성국의 다른 호칭들에 쓰인 한자의 용법으로 미루어서는 당시에 상당한 수준의 한문력이 있었다고 보았고, 그렇다면 어떤 형식이든 사관(史官)들이 있어서 중요한 사안들은 기록했을 것으로 보았다. 고흥이가 출신이 분명하지 못한 점을 미루어 분명히 고구려쪽에서 넘어온 사람은 아닌 것 같고, 그렇다면 그 고(高)씨는 전남의 남부(동남부) 내지 제주도쪽의 사람이 아니었나 생각해 본다. 그 출신을 애매하게 해둔 것도 그러한 추측을 낳게 한다.

백제가 북방으로부터 압력이 있고 영토 확장의 목적도 있어서 그렇겠지만, 상당 수준의 남부지방에 대한 욕심 때문에 남부 공략에 나선 것으로 볼 수 있어서 고흥이가 남부 출신일 가능성이 있고 또한 그 곳은 제주도와의 교역, 왕래의 개방지대일 수 있다.

어떻든 여러 가지 요인의 정세의 전개나 일들이 제주도와도 관련되고 더 나아가서 일본에도 미쳐서 서기 3세기 후반으로부터 4세기와 5세기 초반에 걸쳐서 제주도와 일본도 여러 가지 사건을 겪게 되는 것으로 본다. 그 시기에 한반도(혹은 제주도 경유로)로부터 일본에 침입한 기마민족의 정복 왕조를 세우게 되는 일과 제주도에서는 부족연합국가가 성립하는 일 그리고 4세기 말에서 5세기에 걸치는 일본의 신공(神功)왕후의 제주도 방문의 사건과 그 아들 응신(應神)왕이 일본의 중앙부에 진출하여 중앙정권을 수립하는 일들이 있게 되는데, 이들을 모두 연계시키면 그

속에 담겨있는 여러 가지 역사적 의미를 음미할 수 있다.

그리고 그러한 일들에 등장하는 왕명이나 지명 등을 분석해 보면 고대 제주도의 언어와의 관련성도 알 수 있고 한편으로는 제주도의 역사적 관련성도 알 수 있게 되어 당시의 제주도의 언어와 역사를 부분적이나마 재구할 수 있을 것이다.

2. 4-5세기의 일본의 사정

2.1. 기마민족정복설

일본은 4세기에 들어서서는 시대적 양상이 확 달라진다. 서기 3세기는 소위 야요이(彌生)문화의 중기의 시대라면, 4세기는 고분문화시대에 들어서서 그 중엽은 고분문화시대의 후기의 시대이다. 그러한 시대적 구별의 요인을 내세운 것이 에가미(江上 1949)의 기마민족설이다.

그것을 간단히 제 나름대로 정리하면 야요이문화 중기의 위지(魏志) 왜인조(倭人條)시대에는 말과 소가 적었는데, 고분문화 후기에는 마구(馬具)가 보편적으로 존재하고 말의 하니와(埴輪, 土偶)가 고분 둘레에 보이게 된다. 그리고 왜인조에 보였던 문신(文身)이나 관통의(貫筒衣)같은 것에 남방계적 색채가 있다면, 고분문화는 이와 반대로 대륙 북방계의 것이다. 이러한 변화를 일본 내부적인 것이라기보다 일본 외부적인, 곧 한반도의 영향에서 오는 것으로 보는 것이다.

한반도의 고구려, 부여, 예맥 등은 대륙계(퉁구스계)인 북방기마민족계이며 그 특징은 마구(馬具)나 차구(車具), 궁시(弓矢)의 발달과 기마에 편리한 복장이나 갑주의 보급이다. 이것이 4세기까지 남한쪽의 신라, 백제로 전파되고, 4세기초에 그것이 바다를 건너서 일본의 규우슈우(九州)에까지 이르렀다는 것이다. 그래서 동북아시아계의 기마민족이 우선

남한을 지배하여 이윽고 그것이 변진(任那)을 기지로 해서 북규우슈우에 침입하고 나아가서는 기내(畿內)까지 진출하여 야마토(大和)조정을 수립하여 일본에 있어서 최초의 통일국가를 실현하였다(江上 1967 : 154)는 것이다.

그 첫 번째 물결이, 일본의 제 10대 숭신(崇神, syuzin)왕이 규우슈우의 동쪽으로 돌아 휴우가(日向)에 상륙한 것이고, 두 번째 물결은 응신(應神, oozin)왕이 기내(畿內)로 향하여 동정(東征)한 것이라고 한 것인데, 이외에 필자는 세 번째 물결로 제29대 흠명(欽明, kinmei)왕의 야마토 중앙정권의 수립을 들고 싶다. 이에 대해서는 장을 달리해서 언급할 것이다.

고분문화의 문제로 되돌아가서 고분의 형태와 부장품(副葬品)의 변화에 대해 알아보기로 한다.

4세기 초기까지만 하더라도 일본의 고분의 형태는 원분(圓墳), 방분(方墳), 전방후원분(前方後圓墳)이고 부장품은 주로 제기(祭器)인데, 5세기에 이르는 사이에 전방후원분이 거대하게 나타나고 부장품도 일용품 외에 무기(武器)가 나타난다. 6세기 이후(고분문화 후기)에는 소규모의 원분과 군집분(群集墳)이며 하니와(埴輪)는 없어져가고 부장품은 무기 특히 마구가 나타난다. 그래서 필자는 6세기에도 기마민족의 제3의 물결이 있었다고 보는 것이다.

여기서 참고로 고분의 형태적 분류에서의 시대적 구분을 보이면,

전기 3세기말－4세기 후반까지
중기 4세기 후반－5세기 후반까지
후기 5세기 후반－6세기 후반 내지 7세기 말까지(cf. 江上 1967 : 138－)

와 같은 3분법도 있고, 전기와 중기를 합쳐서 전기로 하는 2분법도 있다. 더 세분적인 것도 있지만 여기서는 그러한 세부적인 것을 다루는 것은 아니기 때문에 대체로 앞의 것을 원용하여 전기를 3세기 반에서 5세기

초로 잡아서 이 사이에 숭신왕의 제1차, 응신왕의 제2차의 기마민족의 일본침입이 있었고, 중기의 5세기 후반에 제3차의 흠명왕의 침입이 있었다고 보는 것이다. 곧 전기에는 응신왕(서기389년-)까지의 연대에, 중기는 흠명왕(서기540-)의 시기에 맞춰 보고 있다. 이들 침입세력에 의한 고분의 형성은 4반세기 뒤진다 보면 대충 앞서의 분류에 맞아들 것이다.

전기의 고분의 특색은 초기적인 원형, 방형(方形), 전방후원형이다. 전방후원분은 전반부와 후반부가 거의 비슷한 크기와 높이를 가진다. 이러한 유형의 차이는 신분상의 서열을 의미한다는 의견이 있다. 크기도 분구(墳丘)의 길이가 200m 넘는 것이 야마토(大和)에 적어도 7기(基)가 있고 길이가 300m 넘는 것도 오오사카 평야에 여러 개가 있다. kawaci(河內)의 huruici(古市)(지금의 大阪府의 羽曳野市) 고분군의 응신능(陵) 고분은 419m이다. 야마토(大和) 사키(佐紀)고분군의 신공왕릉 고분도 275m 정도에 달한다.

고분의 내부도 여러 가지인데 목관(木棺), 석관(石棺)의 사용에는 수혈식(竪穴式), 석실(石室)이 쓰인다. 부장품은 거울, 구슬 등으로 야요시대부터 있던 것들이다. 후기 것에 검 등의 무기류와 일용품이 보인다. 아마도 피장자가 생전에 소유한 것들로 추정된다. 또한 제기(祭器) 등은 주술(呪術)과 종교적 색채를 띄고 있다.

이러한 점들을 미루어 전기의 고분은 야마토 정권과 결부되는 지방의 유력한 족장들의 권위를 위해 축조된 것으로 보고 있다. 한편 거울과 같은 부장품은 중국의 영향으로 보기도 하는데 그렇다면 중국의 영향을 받기 쉬우면서도 전래적인 무속적 신앙을 유지해온 전남 남부(남동부)와 제주도의 영향이 미친 것으로 보인다. 그리고 그 곳과 연관되는 침입세력이 당시로는 일본에서는 진귀한 용품들을 보급시키며 동정(東征)에 협조한 지방 족장도 기리고 또 자기들의 위엄도 과시하기 위해 고분을 형성하면서 부장한 것으로 생각된다.

후기의 고분의 특색은 규모가 큰 전방후원분이고 대륙계의 횡혈식(橫穴式) 석실이다. 부장품은 무기, 마구, 식기(食器), 복식품(服飾品) 등이고 여러 가지 모양(남녀, 새와 짐승, 가옥, 무기, 말)의 하니와(形象埴輪)가 많이 보였다가 나중에는 드물게 된다.

전기의 고분처럼 피장자의 권위를 내세우는 면도 없지 않으나 피장자가 고이 안주하는 세계를 만들고 있는 듯이 보인다고 한다. 여기서의 무기, 마구, 복식품등의 형성하니와는 위진(魏晋)남북조시대 곧 3세기경부터 5세기에 걸쳐서 만주·몽고·북중국 방면에 활약한 동북아시아 기마민족 소위 호족(胡族)의 것과 거의 같은 부류라고 한다(江上 1967 : 163). 한반도에는 고구려, 부여 등에 의하여 전파되었다(p. 166)고 보는 것이다.

이상의 고고학적인 자료 곧 야요이시대 이후의 고분의 시대적 출현과 변화의 양상을 보아서 일본열도에 큰 변화가 있었던 것은 확실한데, 그러한 획기적인 변화가 야요이인 곧 왜인들의 내적인 발전에서 온 것인가, 또는 외부의 것을 스스로 자주적으로 받아들인 데서 온 것인가 아니면 외부적인 외세의 일거의 침입에 의해서 야기된 것인가에 대해 논의가 있게 된다. 기마민족설은 마지막의 처지에서 한반도계의 세력이 일거에 침입함으로써 이루어졌다고 보는 처지다.

이러한 고고학적 관점 외에도 일본의 고대 사서인 고사기와 일본서기에 이와 관련된 전승기록 곧 전시대와는 획 다른 기사가 나타나지 않는가, 혹은 한반도에서 왔다면 한반도의 남부 곧 가라나 기타 전남의 당시 사정과 연계되는 일이 없는가 하고 생각해 볼 필요가 있다.

2.2. 숭신(崇神, syuzin)왕의 침입

그럼 그것의 첫 번째 침입은 언제인가에 대해서는 제10대 숭신왕 때로 보통 보고 있다. 일본의 초대 임금인 신무(神武)왕 이후 제2대 수정(綏靖, suizi)왕으로부터 제9대 개화(開化, kaika)왕까지의 고사기의 기록에는 계도(系圖)나 사망연대 그리고 능의 위치(일본서기에는 사망한 해와 나이가 나오고 장지도 가끔 나옴)가 나온다. 그리고 일본서기는 부모명, 왕후, 왕태자의 이름도 나온다. 따라서 고사기에서 제7대 효령(孝靈, koorei)왕대의 kibi(吉備) 정벌 이야기 외는 특별한 기사가 안 보인다. 왕들의 재위 연대가 짧은 것으로 보아서 이들 임금은 명목상의 임금으로 보인다. 신무왕의 동정(東征)에 공을 세운 자식이나 측근에게 돌아가면서 왕위를 물려받도록 한 것이 아닌가 생각된다.

제10대 숭신왕에 이르러 이어지는 왕대의 기사 내용이 일변한다(단 13대 성무(成務, seimu)왕 때는 제외). 동방 12국을 비롯하여 kibi(吉備), taniwa(丹波), izumo(出雲)(숭신왕 때), izumo(出雲), kumaso(熊襲), 동국(東國)(경행(景行)왕 때), kumaso(熊襲)(중애(仲哀)왕 때)와 같은 각 지방의 평정(平定)이나 모반 사건에 대한 평정의 이야기가 나온다. 그래서 숭신왕의 호칭이 어조국천왕(御肇國天皇)이라는 칭호도 있어 이 임금을 사실상의 초대 임금으로 보기도 한다(岩波 1967 : 236 頭注). 이때가 천손(天孫) 강림의 제1회의 일본 건국이고 그 출발지는 임나(任那)로 보고 있다(江上 1967 : 183). 곧 기마민족의 일본침입의 제1파(波)가 가라로부터라고 보는 것이다.

그런데 그 임금 때나 이후의 임금 때에 각 지방을 평정할 때에도 기마력을 이용한 흔적이 보이지 않는 점에서 그러한 가능성은 희박하다고 볼 수 있다.

숭신왕 다음의 11대 수인(垂仁, suinin)왕 때에 임나인의 왕래나 신라왕자 천일창(天日槍, amenopipoko)이 오고, tokoyo(常世)국에 귤을 구하러 사신을 보내는 등의 이야기가 나오지만, 거의 국내적으로 각 지방을 순종시키는 일에 힘쓴 일만이 반영되어 있다.

그리고 임나국에서 건너왔다는 증표도 확실하지 않다. 그리고 숭신왕의 중앙진출의 구체적인 노정도 보이지 않는다. 그리고 숭신왕의 앞 임금들이 단기간에 교체된 점으로 미루어 초대 신무왕의 뒤를 실질적으로 일본 국내에 수습한 임금으로 본다면 신무왕의 왕권의 연장선에 있거나 후속부대로 진출한 이로 볼 수 있다. 종교적, 문화적인 순무(巡撫)로 반항세력을 잠재우는데 애를 쓴 임금으로 볼 수 있는 일이다.

그래서 일본에의 외세의 진출의 제1단계는 신무왕이지만 이는 기마민족의 침입으로 볼 수 없고, 일본에의 외세의 진출의 2단계는 숭신왕인데 이때는 일본에서의 고분문화 형성의 단계로 볼 때 어떤 식이든 기마민족적인 관련성이 있는 것으로 보고 제1차적인 기마민족의 정복왕조로 보게 되는 것이다.

여기서 잠시 3세기 후반의 한반도의 주요 정세를 한국사 연표에 의해 적어보면

서기 274년 낙랑, 대방, 현토 등의 현들이 진(晋)의 평주(平州)에 속하게 하다.
서기 280년 숙신(肅愼)이 고구려 침입하다.
서기 285년 선비(鮮卑) 모용외(慕容廆)가 부여를 공격하여 격파하다. 왕 의려(依慮)가 자살하고 자제는 옥저로 달아나다.
서기 286년 고구려 대방(군)을 치다.
서기 293년 모용외가 고구려를 침공하다.
서기 298년 한(漢), 맥인(貊人)과 함께 백제를 침공하다. 왕이 이를 막다가 적병에게 죽다.
서기 304년 백제가 낙랑군의 서쪽 현을 공략하다. 백제왕이 낙랑의 자객에게 피살되다.
서기 313년 고구려 낙랑군을 치고 남녀 2천여구를 사로잡다(낙랑군의 멸망).
서기 314년 고구려가 대방군을 치다.

신라와 백제가 서로 치고 박고하는 사이에 북방으로부터 세찬 물결이 몇 번이고 한반도의 남부쪽으로 친 것을 알 수 있다. 이러한 사정이 있을 때마다 주민들은 남방으로 피신하는 소동이 있었던 것을 짐작할 수 있다.

특히 313년의 사건은 서기전 194년에 위만이 고조선을 공략할 때에 준(準)왕이 남으로 달아나 한(韓)의 땅에 이르러 한왕(韓王)을 칭하게 된 사건을 연상하게 한다. 3세기 후반부터 남진세력에 밀린 한반도 북부 내지 낙랑 거주의 귀족, 호족(豪族)이나 유력자들이 사병(私兵)을 비롯해 군사들까지도 이끌어 남으로 살 길을 찾아 이동하였음을 가히 짐작할 수 있는 일이다. 이들의 이동 경로는 신라와 백제가 힘 겨루는 한반도 남부의 내륙지대보다 고조선의 준왕처럼 해로를 이용하여 강화도 / 전남 서남부 / 제주도쪽으로 심지어는 일본의 북규우슈우쪽으로 이동하였을 수도 있다.

중국사 연표(藤堂 1978에 수록)에서 일본관계 기사를 보면 서기 266년에 왜의 여왕 일여(壱与)가 진(晋)에 사신을 보내어 조공을 바친 후 공백기간이 있다가 서기 350년에 야마토(大和) 조정이 성립하고 국내가 통일되다로 되어 있고, 서기 367년에 백제의 사자가 조공하러 오다의 기사가 나온다. 서기 266년 이후 367년까지의 약 100년이 공백으로 되어 있다. 또한 그 연표에 서기 270부터 400년까지가 고분문화 전기에 해당하고 이때에 일본은 통일국가가 되고, 귀족, 호족의 권력이 증대하고 목조의 집이 지어졌다고 하고 있다.

그렇다면 서기 270년대부터 340년대 사이에 왜국에서 어떤 일이 있었는가 하는 것이다.

제15대 응신(應神)왕 때의 중앙진출은 서기333년경에 이루어진 것은 거의 확실한데 이는 앞서의 기간의 마지막 연대와 어느 정도 맞아 들어간다.

그래서 문제가 제기되는 것은 응신왕의 중앙진출 이전의 시기 곧 서기265년과 340년 이전의 공백기를 어떻게 풀어야 할 것인가이다.

여기서 일본 왕계의 임금의 재위 연대를 다시 확인하여 공백기의 연대가 어느 왕대에 상당하는가를 보기로 한다. 왕의 재위 연대는 고사기에는 보이지 않고(주로 系圖만 있다.) 일본서기에 나오는 것에 따랐다.

제1대 신무(神武, zinmu)왕 42년간(76년간의 기사는 있지만 30년의 공백이 있어 차감)
제2대 수정(綏靖, suizei)왕 4년간
제3대 안녕(安寧, annei)왕 25년간(38년간의 기사는 있지만 13년의 공백이 있다.)
제4대 의덕(懿德, itoku)왕 22년간(34년간의 기사는 있지만 12년간의 공백이 있다.)
제5대 효소(孝昭, koosyoo)왕 68년간(83년간의 기사는 있지만 15년간의 공백이 있다.)
제6대 효안(孝安, kooan)왕 ?년간(102년간의 기사는 있어도 이 왕의 기사는 100년의 공백이 있다.)
제7대 효령(孝靈, koorei)왕 ?년간(76년의 기사는 있어도 거의 공백으로 되어 있다.)
제8대 효원(孝元, koogen)왕 7년간(57년간의 기사는 있어도 약 7년간의 기사가 있을 뿐 거의 공백으로 되어 있다.)
제9대 개화(開化, kaika)왕 6년간(60년간의 기사는 있어도 6년 이후는 거의 공백으로 되어 있다.)

앞에서 재위기간은 왕태자의 즉위 연대부터 사망 연대까지 잡은 것이나 기사의 공백기간이 너무 많아서 어림잡기가 어렵다. 공백기간을 제외한 재위 연수를 합쳐보면 약 180년이 나온다. 신무왕의 마지막 연대가 서기 1세기 후반으로 본다면 약 136년 후 곧 3세기 중반에 숭신왕이 나타나는 것이 된다. 이 시기는 앞서의 왜국의 외교적 공백기의 시작인 서기265년 전후 곧 3세기 중반 이후로 맞춰질 수 있다. 또한 한편으로 한반도에서의 북방세력의 남공의 움직임에도 맞춰볼 수 있다.

그리고 더욱 유의할 점은 숭신왕의 왕대에 와서 비로소 고사기나 일본서기에 구체적인 기사가 게재되기 시작하고 또 숭신왕을 처음으로 나라를 세운 임금이라는 호칭이 나오는 점이다. 보다 간결한 기사로 되어 있는 고사기의 숭신왕대의 기록을 가지고 검토해보기로 한다. 일본서기의 부분은 설명을 보탤 때 보충 인용한다.

「御眞木入日子印惠命, 坐師木水桓宮, 治天下也. 此天皇, 娶木國造, 名荒河刀辨之女 刀辨2字以音 遠津年魚目目微比賣, 生御子, 豊木入日子命. …… 大入杵命. 次八坂之入日子命. …… 伊玖米入日子伊沙知命 伊久米伊沙知6字以者 . …… 此天皇之御子等, 并12柱. 男王7 女王5也 故, 伊久米伊理毘古伊佐知命者, 治天下也. ……」

(mimakiiribiko iniwenomikoto는 siki에 mizugaki의 궁에서 천하를 다스렸다. 이 천황, kinotukuri, 이름은 arakahatobe의 딸 刀辨의 2자 음으로 읽는다. tohotuay-umemakuhasipime를 부인으로 삼고 낳으신 아들이 toyokiirihikonomikoto, …… ohoirikinomikoto, yasakanoirihikonomikoto, …… ikumeiripikois-atinomikoto …… 이 천황의 자녀는 모두 12분 남왕이 7, 여자왕이 5 그래서 ikumeiripikoi-satinomikoto가 천하를 다스렸다.)

여기서 주목되는 것은 왕명의 mimaki이다. 일본서기에는 '御間城'(御間城入彦五十瓊殖天皇)로 나온다. 부인 이름도 mimakipime(御間城姫)로 나온다. 숭신왕의 선대(先代)의 개화왕의 고사기의 기사에서는 숭신왕은 서모에서 나온 아들로 되어 있고 그의 누이동생도 mimatupimenomikoto (御間津比賣命)의 이름이 있다(일본서기에는 보이지 않는다).

숭신왕의 이름과 부인의 이름 그리고 누이동생의 이름에 mimaki(/tu)가 얹혀 있는 점에서 또 서자라는 점에서 모두 외지의 mimaki의 출신으로 보는 것이다. 이 mimaki는 가라의 mima(任那, nimna*의 자음 n / m 교체)와 연결시켜서 가라에서 제1차로 침입한 기마민족의 리더로 보기도 한다. 그러나 필자가 보기로는 하나의 단어 안에서 두 번이나 같은 양식의 n / m교체가 있다는 것도 어색하고, 실지로 가라에 그러한 성(城) 이름이 붙은 곳이 있었는지도 확실하지 않다. 성의 ki의 모음은 을류(乙類)의 음(mimaki$_2$*)이므로 ke와 상통하게 되면 지역이란 뜻도 될 수 있어 임나 지역이라는 뜻도 될 수 있으나 지역명으로서는 추상적이다.

각도를 달리해서 숭신왕의 건국 연대를 3세기 반쯤으로 본다면 앞서 본 바있는 한반도에서의 3세기 반의 정세와 추후 논의될 제주도에서의 부족국가연합의 성립 등을 종합적으로 고찰할 때 다음과 같은 가설을 제시할 수 있다.

앞에서 낙랑군의 멸망은 4세기 초로 보았지만 그 일대는 3세기 중반으로부터 낙랑군을 포함하여 그 북부 지역은 침탈이 반복되고 안정되지 못한 형편이었다. 서기 247년에는 고구려가 평양성을 축조한 기록도 있다. 기원전 108년부터 계속 낙랑 지역에서 기득권을 형성해 온 귀족이나 호족(그리고 私兵들)들이 급변하는 시국에 불안하여 군사를 이끌고 남쪽으로 조금씩 해로를 통하여 이동하였을 것이고, 급기야 313년에는 대거 이남으로 피신한 것으로 생각해 볼 수 있다. 한반도의 중부 이하의 내륙을 지나기는 어려웠을 것이고 백제와 가라의 지배력이 미치지 못한 지금의 전남의 남부 해안 지대 곧 강진(康津) – 영암(靈岩) – 장흥(長興) – 보성(寶城)지역으로 넘어왔을 것이라고 가정해 보는 것이다.

강진 일대는 해상의 요로인 진도, 완도에서 내륙쪽으로 깊숙이 들어간 곳이며 옛적에 동음현(冬音縣) = 탐진현(躭津縣)으로 불리던 곳이다. 중국상고음으로 冬, 音(王力 (1987)은 이 두 글자를 '侵部'(əm)의 음이고 開音과 合音의 차이로 보고 있다.)의 첫 자는 성모 t를, 둘째 자는 운 (i̯)əm을 나타낸다고 보면 t(i̯)əm과 같이 되어서 '躭'의 중국상고음과도 대응한다(김공칠 2009 : 120). 冬音은 '둠'으로 읽어서 '圓'의 뜻으로 풀이하기도 한다. 양주동(梁柱東 1960 : 108)은 '冬音'을 '둠'으로 읽고 '圓, 四圍'가 본뜻이라고 하였다. 강진현은 탐진현으로서 백제시대의 '道武'군에 속했다고 보면(삼국사기 권36, 陽武郡本百濟道武郡景德王改之, 今道康郡領縣4 …… 躭

津縣) (耽津縣은 本百濟冬音縣景德王改名今因之로 됨), 道武=耽津의 등식이 성립할 수 있는데 '道'는 중국상고음으로 그 운모는 '冬'과 마찬가지로 ô(중고음 uo)로 읽기도 하나, Wangli(王力 1987)는 유부(幽部 u)의 합음 1.의 u로 읽고 있다. 그것은 '冬'이 이와 다른 침부(侵部, əm)이기는 하나 합음 1.의 uəm으로 보고 있어서 '道武'와 '冬音'은 유음으로 볼 수 있고 그렇게 되면 '耽'과도 관련되게 된다. 신태현(辛兌鉉 1958 : 96)은 '道武'는 둠(圓)의 음차(音借)고 '道武郡'는 둠골로, 산이 두른 땅이라고 하였다. 이어서 '冬音'도 '둠'의 음차이고 '冬音縣'은 '道武郡'과 같이 풀이하고 있다.

양주동에서나 신태현의 한글 표기가 한자음의 확실한 근거를 제시하고 있지 않는 점에서 전적으로 맞는다고 할 수 없지만, 앞에서도 언급한 바 있는 지명의 한자의 표기는 당시의 현지의 실지 발음이 어떠하였는가가 중요한 것으로, 그것을 위한 모음의 교체음 영역이 있었을 것으로 본다. 지명들이 지형에 입각할 수도 있고 속전(俗傳)에 의존할 수도 있는 일이니 음의 교체영역 범위 내에서 여러 가지 뜻도 환기될 수도 있다고 보면 충분히 가능한 풀이라고 생각한다. 그리고 중세한국어에 둠ㄱ(盆), 둥그-(圓)와도 관련된다고 보는데, 한자음을 가지고는 반절을 이용해도 '둠'을 나타낼 수 있는 한자는 잘 없다. 우리말을 나타내기 위한 최선의 방법은 그 소리에 가까운 한자 예컨대 상고음 침부(侵部)(əm)에 속하는 음(한국한자음 음)을 이용하는 일일 것이다.

고대의 한국의 기저모음 ɐ를 기준했을 때 ɐ / ə / u / a의 교체는 충분히 예상할 수 있는 일이다. tɐm / təm / tum / tam의 음형의 교체에서 təm '島, 寶(富)', tum '圓', tam '玉'(일본어 tama)의 의미가 연상될 수 있다. 고대에 현지에서나 외지에서도 얼마든지 그러한 풀이가 있을 수 있다고 본다.

강진에서 장흥에 걸쳐서 탐진강이 흐른다. 아마도 옛적에 그 강구(江

口, 선착장)를 '덤나루, 둠나루'와 비슷하게 불렀던 것으로 보인다. 장흥 동편은 보성만 서안까지 뻗는 점에서 옛적에 강진-장흥-보성의 지역은 밀접한 관계에 있었다고 본다.

이 일대는 자연적, 위치적 환경 탓도 있지만 한강 유역이나 금강 유역과 다르면서 수준 높은 문화를 유지했던 것으로 알려지고 있다. 남방계의 것도 더러 있지만 북방계의 고인돌이 아직도 엄청나게 분포(옹관묘의 묘제도)하고 있다는 것이다. 대표적으로 남동부 바다에서 얼마 멀지 않은 장흥 방촌리나 강진 송정리에 있는 고인돌군을 들 수 있다. 이는 오래전부터 북방으로부터의 해로를 통한 정착이 꾸준히 있었던 것이 아닌가 추측하게 한다.

그러한 곳의 해로상의 기점(起點)이 되는 옛적의 탐진현은, 완도쪽에서 서북쪽과 동부 사이의 반도 전체를 가리켰다고 보면 고대 항로의 요로이며 거점이었다고 할 수 있다. 그 반도에는 천관산(723m), 부용산(609m), 제암산(774m) 등의 높은 산이 있어 항로의 시인(視認)의 표지판이 되기도 하였을 것이다.

보성군은 '波夫里 / 富利 / 福城' 외에 '陵城-尒陵夫里'의 이름도 있다. 보성군의 북쪽 화순(和順)은 '仍利阿 / 汝湄 / 海濱'의 이름도 있다. 지금의 화순은 내륙부인데 '海濱'의 이름이 있는 것을 보면 장흥-보성의 해변에까지 영역이 미친 때가 있었던 것이 아닌가 싶다.

화순의 '汝湄縣'의 이름이 주목된다. 중국의 한자음으로 풀이하면,

汝 Ⓣ n̂i̯ag, Ⓚ n̂i̯o / n̂i̯wo

湄 Ⓣ meg(거성), Ⓚ mi̯ər / mjwi

mie̹d(평성)

이를 보아서 '汝湄'를 nimə / nima로 읽었을 가능성이 있다. 이것이 어두에서만의 n / m교체로 mima로 쓸 수 있는 가능성도 있다.

그러면 이 경우의 nima 혹은 mima는 무엇을 뜻하는가? 고대 어휘의 천착은 어려운 일이어서 추측의 역을 벗어날 수 없다. ni에는 일본어(고대에는 한·일 공통어 일 수 있다.)에 '瓊'(玉의 류), '土'의 뜻이 있고, mo(〈mə)에는 주변, 방향, ma에는 근처, 주변(두개의 사이에 끼는 장소)의 뜻이 있어 화순 지방의 다른 호칭 '仍利阿', '海濱'을 고려하면 바다나 강과 연관될 성 싶다. 한편, mi에는 '水'혹은 '波'(일본어 nami 참조)의 뜻이 있는 점에서 서쪽과 동쪽이 반도와 같이 바다로 둘러싸인 곳의 뜻도 있을 수 있다. 보성군의 '波夫里'(福内면 일대로 추정)는 그런 곳을 나타낸다고 보겠다. nami(水, 波)-puri(山, 城)에서 전항의 모음 전위(轉位)로 nima-ki로 불렀을 수도 있다. 이외에도 '富利, 福城'의 호칭이 있는 것을 보면, 산성 그것도 təm(寶, 島), tam(玉), tum(圓)의 섬들이 많고, 부유하고 고귀한 성 그래서 '寶城'이라는 이름이 있게 된 것인지도 모른다. Wangli(王力 1987)가 재구한 중국상고음에서 '富'와 '福'은 같은 운이고 '寶'도 유부(幽部)의 합(合)1.의 운을 지니기에 이들 글자 모두 합요음 u를 지니는 공통점이 있다. 서로 발음이 비슷하다면 이왕이면 좋은 뜻을 지닌 글자로 나타내려고 했을 것이다.

또 한편 nima에 대한 어중 m / p 교체로 오는 nipa(〉niha)를 가정했을 때 고대일본어의 nipa에는 일을 하는 장소, 가옥의 전후의 공지(空地), 넓은 수면 해면(海面)의 뜻이 있으므로(沢瀉 1967) 다른 이름 '海濱'과도 통한다.

이러한 풀이는, 고대의 지명은 시대와 통치자의 변동으로 영역의 축소, 확대, 폐지 등의 변동이 따르기 마련이고 그 때마다 전대에 쓰인 지명을 계승되기도 하고 버려지기도 하고 새로 만들어지기도 하고 심지어는 맞바꿔 쓰게 되는 일이 있었을 것이니 그들 지역을 전체적으로 조감할 때 있을 수 있는 일이다.

문제는 그러한 지명에 앞서서 혹은 뒤져서 그 곳에 어떤 강력한 세력이 점유하고 있었느냐인데 아마도 백제와 가라 영역의 틈바귀를 비벼서 넘어왔다기보다 해로로 북방세력이 꾸준히 내려와 점유했던 것인데, 그 자취가 역사에 뚜렷하지 않는 것은 백제의 남하에 밀려서 한쪽으로는 일본으로 건너가 숭신왕조를 이루고 또 한쪽으로는 제주도로 건너가 연합부족국가를 이루어서 그렇다고 보는 것이다. 그 후에 생긴 지명 변동도 있을 수 있는 일이다. 그리고 주목되는 것은 지금도 전남 남부는 전국적으로 말에 관련된 지명이 많은 곳이다(동아일보 2014. 2. 3.(일자) 참조). 신안이 36곳, 영광 13곳, 보성 10곳, 무안 10곳 등이다. 제주도와도 같이 목마장이 많았던 것으로 보인다.

한편, nimaki가 mimaki로서 가라와도 연관된다는 의견도 무시할 수 없다. 어느 지역보다 가라와 북규우슈우의 연결 거리가 가장 가깝다. 가라에 대한 일본의 호칭 nimana(任那)를 일본에서 충분히 mima로 와전될 수도 있는 일이다. 그리고 가라족이 천손(天孫)족이 세운 나라라는 것은 삼국유사의 가락국기에 분명히 나타나고 있기 때문이다. 그리고 제주도와의 연관은 가라의 시조비 허황옥이 제주도 출신인 점에서 가능한 일이다. 허공주가 가라에 당도한 곳의 이름의 주포(님개)에서 임나(任那)의 이름이 유래된다고도 한다.

다만 앞에서도 언급했지만 mimaki의 호칭과 가라와의 연관성을 찾기가 어렵다는 것이다. 그 말이 nima－ki에서 와서 한국어로 '님의 나라'의 뜻을 지닌다 해도 그 뜻으로 숭신왕과 가라와의 연결은 어색하다고 본다. 제주도라면 가라시조비를 기려서 그러한 말을 쓸 수 있겠지만 당시의 일본쪽에서는 어렵다고 본다. 다만 nim을 '주(主)'(주인)의 뜻으로 풀이한다면 가라를 '主君의 國'으로 불렀다고 볼 수도 있다. 일본서기 숭신기(崇神紀) 65년 곧 말년에 mimana의 나라(任那國)에서 '蘇那曷叱知'(sonakasira)를 보내서 조공했는데 '任那'를 가리키며 tukusi(筑紫)국(지금의 후쿠오카시 주변 일대, 북규우슈 혹은 규우슈우 전체를 가리키는 데도 쓰였다.)에서 2천여리 북쪽의 바다로 막혀 있고 계림(鷄林)의 서남에 있다고 하였는데(任那國遣蘇那曷叱知, 令朝貢也, 任那者去筑紫國, 二千餘里, 北阻海, 以在鷄林之西南), 이러한 기록들은 한편으로 생각하면 같은 계열의 숭신왕을 기리기 위한 것일 수도 있고 또 한편으로는 임나국과 숭신왕의 소원한 관계를 나타낸 것일 수도 있다. 숭신왕 말년에야 사신을 보낸 것 그리고 양국간의 교류가 바닷길로 막혀있었음을 암시하고 있기 때문이다.

또 숭신기 12년 기사에 다른 풍속도 통역을 거듭하여 왔다(異俗重譯來)(이 때의 譯을 wosa로 읽는데 한국어의 '어구(語句)'(아마도 語辞 / 語使에서 온 듯. 필자)에 맞추기도 하고 '長'의 뜻이 있는 것으로 보기도 한다.)가 보인다. 일본쪽에서 보면 가라에서든 다른 데서든 온 것이면 다른 풍속이지만 통역을 거듭하였다고 한 점을 미루어 가라 지역에서 온 것이 아닌 먼데서 온 것으로 보인다.

또한 17년 기사에 「배는 천하에 요긴하게 쓰이는 것이다. 제국(諸國)에 영을 내려 선박을 만들게 하고 …… 처음으로 선박을 만들고(船者天下之要用也 …… 其令諸國, 伴造船舶 …… 始造船舶)」한 것을 보면 이때의 선박은 보통의 것이 아닌 대형의 운송용의 선박일 것이고 그러한 선박의 건조와 운용은 자체적인 발달과정을 거쳤다기보다 외부에서의 견식과 기술에 의한 것으로 본다면, 재래의 풍속이나 기술을 지닌 곳 그것도 말이 잘 통하지 않는 지방에서 왔다는 것을 미룰 수 있고 선진지역의 낙랑에서 그것도 전남 남부나 제주도를 경유해서 왔을 가능성을 비쳐준다 하겠다.

숭신왕 때 큰 역병이 퍼져서 많은 사람이 죽어갈 때 임금이 이를 수습하지 못하고 크게 걱정할 때 신이 나타나 이는 신의(神意)이니 제사 지내도록 하라고 해서 산에서 제사지냈다든지 천신 혹은 지신, 하신(河神)에게도 빠짐없이 제사를 지내서 역병이 나아서 국가가 평온했다는 기사가 있다. 숭신왕이 외지에서 들어왔기에 재래의 풍습의 가르침을 받아 그대로 이행한 것으로 보인다. 다음 임금의 수인기(垂仁紀) 25년에, 선왕 숭신왕이 지낸 제사는 자세하게 그 근원을 찾지 않고 소홀하게 지엽적인 것에 그쳤다고 한 점도 고려하면 동계의 가라 지역에서 왔다기보다 먼 거리에서 왔다는 것을 암시해준다.

수인기(垂仁紀) 2년 기사에 다른 일서(一書)가 전하는 말로 숭신왕 말년에 온 가라의 사자를 가라의 왕자라 하고 있고 그 이름도 tunogaarasito(都怒我阿羅斯等) 혹은 usikiarisitikanki(于斯岐阿利叱智干岐)로 되어 있는데(이는 앞서의 가라의 사자 '蘇那曷叱知'와 같은 사람인 듯. 都怒(角) = 于斯(usi*, 牛) = 蘇(소, 牛), 我 = 岐 = 那(연체격), 阿羅斯等=阿利叱智干岐=曷叱智(王人, 上人)로 볼 수 있기 때문) 가라로 돌아가려 할 때 수인왕이 그대의 나라 이름을 mimaki천황(숭신왕)의 이름을 따서 그대 나라 이름으로 하라고 한 대목이다.

이 논리대로라면 mimaki(御間城) → nimana(任那)가 되는데 보통 이것을 거꾸로 잘못된 것이라고 하나, 한편 생각해 보면 일본에서 마음대로 mimana의 이름을 지어서 쓰기 시작한 것으로 볼 수 있다. 곧 숭신왕계는 정통의 가라 계열은 아닌 듯이 보인다. 그리고 그 시기는 가라가 한창 성장하는 시기여서 어떤 특별한 사연이 있지 않고서는 가라에서 일거에 많은 군사를 일본에 보냈을 리는 없다고 본다. 이에 비해 전남 남부는 백제의 남하정책에 밀려 절박한 상황에 있었다고 할 수 있다.

그렇다면 숭신왕은 제주도와도 관련지을 수 있는가? 일본의 정사에 초대 임금으로 나오는 신무(神武)왕에 대해 전설상의 임금이라는 이야기도 있지만, 우리는 앞에서 신무왕의 중앙 진출의 행정(行程)이 너무도 구체적이고 사실적임을 보았던만큼 결코 단순한 전설이나 허구적인 이야기는 아닌 것으로 생각한다.

그랬을 때 신무왕은 사실상의 일본의 초대 임금이고 숭신왕은 그 후속 세력이 아니면 신무왕 때의 작전의 노하우를 살린 곧 제주도를 경유한 다른 계열의 외부 침입세력으로 볼 수 있다. 신무왕은 중앙 진출과 그 수습에 급급한데 대해, 숭신왕은 일본의 각 지방의 저항세력을 수습하는데 노력한 것으로 보이며 그런 면에서 실질적으로 일본의 많은 지역을 제압했다는 점에서 처음의 임금이라고 한 것으로 생각된다.

제주도와의 관련성은 신무왕 때와는 달리 인명의 관련성이 드물어 보인다. 왕후의 이름 mimakipime(御間城姬)는 숭신왕의 mimaki와 관련이 있으나, 그 사이에 낳은 왕자 이름은 매우 생소하게 느껴지지만, 그 다음 왕비는 arakahatobe(荒河戸畔)의 딸 tohotuayumemakuhasipime(遠津年魚眼眼妙媛)인데 그 사이에 낳은 자녀와 또 그다음 왕비 사이에 낳은 아들에 iri(入)(고사기에는 irihi(入日))의 요소가 공통적으로 보이는데 주목되는 부분이다.

arakaha*의 지명은 많은 곳에서도 보이지만 제주도에서는 '알내'라는 이름이 보인다. to는 한자 그대로 강의 입구를 뜻하고 be*는 변(邊) 혹은 바(場)를 뜻한다고 보면 알내의 하구(河口)변의 뜻으로 보인다. 그 부인의 자녀명에서의 iri(hi)에 대해서 확실하게 풀이되는 것이 없어서 소견을 보탠다면 제주도의 알(샘), 고구려의 ər(於乙), 신라어의 ur(乙), 고대일본어의 *iri(伊梨), i-du-mi(泉), i-ke(池), i-do(井)와 동류로 보는 것이다(김공칠 1999 : 372). 신무왕(神武王)의 형의 이름에도 iri(no)(三毛入野命)가 보인다.

iri*는 연개소문(淵蓋蘇文, 泉蓋蘇文)의 이름이 이리가수미(伊梨柯須彌)로 나타나는 점에서(日本書紀 卷24, 皇極紀) 淵 = 泉 = 伊梨의 관계가 성립하므로 본토박이 ər을 iri로 받는 것과 같다. 따라서 iri의 형태는 제주도와 전연 무관하지 않다고 볼 수 있다.

ər은 이렇게 지명에도 쓰이나 백제에서는 왕을 가리키는 데에도 쓰인다. 그것이 왕명(왕자명)으로 쓰인 점을 미루어 숭신왕의 왕자명에 지명으로 붙였든 왕자의 뜻으로 붙였든 백제나 제주도에 가까운 이름으로 볼

수 있다. 제주도에는 지명의 ar 이외에도 부족장의 을나(乙那)와도 관련된다.

그런데 부인 이름이 좀 특이하다. 제주도계의 이름과 거리가 먼 것으로 볼 수 있다. ayu가 은어를 가리킨다면 그것은 바다에서 지내지마는 이른 봄에 강을 올라와 알을 낳는 고기다. 건천(乾川)이 많은 제주도에서는 기대하기 어려운 것이고 바다와 강물이 어울리는 지역 곧 앞에서 언급한 강진-보성 일대에 어울리는 이름이 아닌가도 싶고, 고대에는 제주도의 건천도 강물이 흘렀다고 보면 제주도적인 이름일 수 있다. 그 자녀의 맨 위에 얹힌 toyo(豊)도 제주도적이다. 이러한 부인명과 자녀명으로 볼 때 첫 번째 부인은 숭신왕과 함께 지내다가 제주도에 와서는 두 번째 부인과 그 다음 부인도 얻은 것이 아닌가 여겨진다. 곧 숭신왕은 첫 번째 부인과 함께 일본이나 제주도에 침입한 후 현지에서 이미 기반이 확고한 제주도계 여성을 부인으로 취한 것으로 생각되는 것이다(부인 아버지 이름을 미룰 때는 제주도에서).

그런데, 수인기(垂仁紀) 90년에 tazimamori(田道間守)에 명하여 tokoyo(常世)국에 파견하여 귤을 구하여 오라고 했는데, 수인왕이 죽은 후에 돌아와서는 임금의 생전에 돌아오지 못한 것을 한탄하여 하는 말이 tokoyo국은 먼 곳의 절역(絕域)이고 신선의 비구(秘區)로서 속인이 다가갈 수 없는 곳이라 하고 있다.

그래서 왕래에 10년이 지나서 겨우 성제(聖帝)의 신령에 의지하며 돌아올 수 있었다고 한 점을 미루면 제주도와의 왕래가 끊겨있는 것이 아닌가도 보아진다. 그렇다면 숭신왕이 제주도에서 건너온 것이 아닌 것으로 볼 수도 있다.

그러나 이는 하나의 구실일 수 있다. 수인왕이 하명한 것은 제주도에 대해서 알고 있고 인연이 있는 것을 나타낸 것이고, 사신이 10년이나 비구(秘區)에 있었다는 것은 용성국(龍城國)의 용궁에서의 환대에 허송세

월했거나 아니면 연합부족국가의 성립의 소용돌이에 휘말렸거나 했기 때문일 것으로 짐작된다.

용성국의 이름도 마한의 맹주국인 월지국(月支國)과는 '龍'자를 닥(일본어 tatu 참조)으로 읽었을 때 연관되며, 또 한편으로 고대에는 용을 고유어로 *니므기 〉 이므거(용이 되려다 못되고 물속에 산다는 전설상의 큰 구렁이)로 불렀다면 용성국을 nimu(/a)ki로 불렀을 수도 있다고 본다. 그러한 유래가 있는 성이 한 편으로 옛주인의 성이기도 하니 거기서 mimaki라는 이름이 유래할 수도 있다.

또 한가지는 일본의 고대 사서인 고사기나 일본서기는 제주도와 가라계의 추고(推古)왕과 천무(天武)왕(그 뒤의 持統王까지)에서 끝나있는 것을 보면 분명히 제주도와 관련된 역사의 기술로 보는데, 만일에 숭신왕이 제주도와 관련이 없다면 역사기록에 편철될 수 있었을까 하고도 생각된다.

숭신왕이 직접 가라에서 일본쪽으로 갔건 전남 남부에서 제주도를 거쳐(해운의 힘을 빌릴 수밖에) 갔건 혹은 제주도의 자생세력이 신무왕의 후속으로서 갔건 다 같은 한반도 계열의 동일 부류의 사람들이다. 동일한 계열의 국가의 기록에 들어간다 해도 이상할 것은 없다. 이때의 많은 군사의 이동에는 대선을 이용한 것으로 보이는데, 비록 후세의 고려 때의 기록이지만 영암과 제주도에 대선(大船) 건조를 하명한 것을 보면 당시에도 건조 기술이 있었던 것으로 보인다.

수인왕 다음의 경행(景行, keikoo)왕은 국내의 kumaso(熊襲)국을 평정하고 다시 yamatotakeru(日本武尊)를 시켜서 치게 하고 동쪽 지방의 ezo(蝦夷)를 평정하였다. 그 다음 중애(仲哀, cyuuai)왕 때도 kumaso를 치려고 하였으나 만류를 받았다. 경행왕 이후의 왕은 지방에서 돌아간 것을 보면 당시의 일본의 정국이 불안정한 것을 알 수 있다. 이는 곧 다음의 응신왕의 중앙진출의 계기를 마련하는 것이다. 따라서 제1차의 신무왕의 중앙진출과 제3차의 응신왕의 중앙진출 사이에 있는 숭신왕의 제2차 중앙진출은 침입의 경로가 어떻든 응신왕의 등장을 가져오게 한 뜻도 있는 것으로 생각된다.

2.3. 신공(神功)왕후의 제주도 방문

신공왕후가 제주도를 방문한 것은 일본서기상에는 중애(仲哀, cyuuai)왕 9년 봄2월인데 부인인 신공왕후가 섭정하면서 그 해가 바로 신공기(神功紀) 9년에 해당한다. 서기로 환산하면 서기 329년의 일이다. 한반도에서 서기 313년에 낙랑군이 멸망한지 16년 후의 일이다. 일본의 중앙부에서는 이미 숭신왕이 정권을 수립하여 지방세력을 평정하기 시작하고 제주도에서는 부족연합정권이 수립된 시기의 일이다.

규우슈우 지방에서는 중애왕 8년에 규우슈우 남쪽의 반항세력 kumaso(熊襲)를 치려고 하자 신공왕후가 신탁(神託)이라 하면서 이를 반대하고 그 보다 보물의 나라(신라로 표기되어 있으나 takra(乇羅)로 가정한다. cf. Jap. takara '寶')를 칠 것을 주장했지만 중애왕이 기어이 kumaso를 치고 이기지 못하고 돌아왔는데 곧 사망하였다(전사를 당했다고 보기도 한다).

이에 왕후가 왕위를 승계하여 국정을 섭정하게 되는데, 여기서 일본서기에서는 신공기(神功紀)의 기년(紀年)이 시작한다. 다만 중애왕 9년이 바로 신공기 9년이 되는 식으로 되어 있다.

신공왕후가 제주도에 오고 돌아오는 과정에 대해서는 이미 김공칠(1999 : 206－)에 자세히 언급되고 있다. 지면 관계로 여기서 다시 반복하여 언급하는 것을 지양하고 마무리 부분(p. 227－229)만 재록하기로 한다.

> 「(지금까지) 신공왕후 설화의 형식의 바탕이 된 선행 신화의 한 가지로 제주도의 삼성설화를 들고 전자의 내용의 문제점을 다루면서 양자간에 연관되

는 점등을 다루어 왔다. 이제 그것에 따라 스토리를 요약적으로 엮으면 다음과 같이 될 것이다.

1. 실속없는 kumaso 정벌보다는 금은보화가 많은 서쪽의 섬나라 제주도와의 경제적 협력을 얻는 것이 현명하다는 신의 계시와 인도(제주도 출신의 3신 底筒男, 中筒男, 上筒男의 인도)에 따라 신공왕후는 제주도로 출발하게 된다. 당시의 제주도와 일본은 아마도 가라계의 동계세력이었을 것이고 신공왕후의 출신도 제주도였을 것이니 응신(왕)을 잉태하고 있었던 왕후로서는 친정을 찾아가는 것과 같았을 것이다.

2. 북규우슈우 하카타만(博多灣) 주변으로부터 범선을 띄워 서쪽으로 향진하는데 순풍을 만나 북위 33.3의 일직선상의 제주도 동쪽 온평리에 당도하게 된다. 당도 직전의 성산, 신양 등의 주변 일대는 낮은 사구(沙丘) 사이에 바닷물이 차있어서 파도가 세게 일 때는 그 모양이 근해(近海)에서 바라볼 때 파도가 나라 안까지 미치는 것으로 보였을 것이다.

3. 일본측으로부터 제주도의 3신자(神子)에게 바친 것은 三신녀(神女) 그리고 망아지, 송아지, 오곡의 종자들이다. 이에 3신자는 정신적·경제적 힘을 얻은 것이 되며 대신 양마(養馬)와 백제에의 징검다리 역할을 약속한다. 이는 하나의 혼인 동맹이며 경제협력이 된다.

4. <u>①이것이 계기가 되어</u> 3신자는 사라봉 서쪽의 사라 지대의 세력과 삼사석지(三射石趾)에서 결전을 벌이고 승리를 거두어 서부세력의 점유 지역을 분점하게 된다. 이를 <u>②도와준</u> 격이 되는 신공왕후는 자기네의 <u>③승리담으로</u> 후세에 남겼을 것이며 혼인동맹(內官家)과 경제협력의 대가로 받은 것은 자기네가 가져온 망아지·송아지를 잘 키우고(御馬甘·飼部), 말빗과 말채찍을 해마다 수입하는 것이며, 백제와의 교통로의 건널목 구실(渡屯家)을 제공받는 일이었다. 그리고 <u>④사라 세력을 누른 전리품</u>을 많이 얻었을 것이다. 80여척의 범선에 실어갔는데, 8이라는 숫자의 음형이 한국어나 일본어로 여러 개를 뜻하므로 여러 척의 범선에 실어간 것이 된다. 이것들은 신공왕후의 규우슈우의 군소국가의 제압에 큰 힘이 되었을 것이며 아들 응신(왕)의 기내(畿內)의 야마토 진출의 큰 기반이 되었을 것이다. 그런 의미에서는 왕후는 북규우슈에 있던 소국(小國)의 여추장이었다고 할 수 있다.

5. 신공왕후와 3신자의 협력은 결국 삼한과의 협력이 되고, 왕후가 제주도

에서 suminoeno'ohokami(墨江大神)를 진좌(鎭座)하였다는 것은 그 신이 본래 간나불 곧 한라산의 신이므로 그 신을 받들기 위하여 왔다는 것이 된다. 본국에의 귀환시에도 3신을 모시고 가서 야마토 진출 때에도 여러모로 도움받는다. 그런 의미에서는 신공왕후는 여추장이면서 신녀(神女)(직업적인 巫女와는 다른)이기도 하였다고 볼 수 있다.

대개 이상과 같은 스토리가 재구성되는데 이에 대해 왕후의 설화의 뒷부분이 일본서기에서는 매우 부풀려지고 있는 점이 다르다. 아리나례하(阿利那禮河)에서의 혼인(동맹)의 성립이 신라왕의 항복 장면으로 바뀌고 심지어 일운(一云)에서는 신라왕의 목을 베고 모래속에 묻었다고까지 되어 있다. 이는 삼사석 결전의 이야기가 와전된 것으로 보인다. 고구려, 백제의 항복으로 삼한을 정벌한 듯한 이야기도 마찬가지인데, 이는 후세의 일본서기의 편찬시에 자기네의 국위 선양과 친교(親交)국인 백제를 멸망시키고 탐라를 굴복시킨 신라에 대한 정신적 보복과 complex 해소를 위해 일부러 국명과 일부 내용을 왜곡서술한 것으로 본다. 이러한 서술이 잘못이라는 것을 일본서기 편찬자는 신공기의 말미에서 백제왕의 왕대 대조를 통하여 은연 중 암시하고 있는 듯싶다.」

이상의 재록에서 그 논지는 여전히 유효한 것으로 생각하고 있지만 두어군데서 수정의 필요가 있다. 그것은 4.의 부분에서 밑줄 친 ①-④의 부분인데, ①의 수정에서 생기는 것들이다. ①의 신공왕후의 방문의 계기가 되었다는 부분은 신공왕후 방문 이전의 일로 수정됨으로써 신공왕후는 3신자 연합정권 성립 이후에 축하차로 온 것으로 고쳐져야 한다는 것이다. 곧 4.에서 밑줄 친 ①부분이 <u>이미 신공왕후 방문 이전</u>에로 수정되면 덩달아서 밑줄 친 ②의 부분도 '<u>축하하러</u>'로 고쳐져야 하고, ③의 부분도 '<u>승리담으로 둔갑시켜서</u>'로 고쳐야하는 것이다. 그리고 ④의 부분도 '<u>축하의 대가로 얻은 답례품을</u>'으로 고쳐져야 한다.

이러한 수정을 하게 된 것은 가라에서 혹은 전남의 남부(동남부)에서 천손족의 북방세력의 제주도 상륙을 가정하고 이들이 기존의 용성국 세력이나 분립된 세력과 결전을 벌였거나 아니면 타협을 해서 3부족이 연합하여 연합정권을 수립한 것으로 가정한 데서 오는 것이다.

이러한 풀이들에 대한 하나의 근거 문헌이 되는 고사기의 부분을 인용하기로 한다.

「其大后息長帶日賣命者, 當時歸神. 故, 天皇坐筑紫之訶志比宮, 將擊熊曾國之時, 天皇 …… 建內宿禰大臣居於沙庭, 請神之命. 於是大后歸神, 言敎覺詔者, 西方有國. 金銀爲本, 目之炎耀, 種種珍寶, 多在其國, 吾今歸賜其國. 爾天皇答曰, 登高地見西方者, 不見國土, 唯有大海. 謂爲詐神而 …… 默座. 爾其神大忿詔, 凡茲天下者, 汝非應知國. 汝者向一道. …… 故, 未幾久而, …… 旣崩訖. ……

(그 대후 okinagatarasipimenomikoto(息長帶日賣命)는 그 때 신내림이 있었다 그래서 천황이 tukusi(筑紫)의 kasihi(訶志比)의 궁에 계셔서 kumaso(熊曾國)를 치겠다 하였을 때 …… takesiutinosukune(建內宿禰)대신이 신탁(神託)을 청하는 장소에서 신명(神命)을 청하였다. 그러자 대후에게 신내려서 말로 일러 깨우치기를 「서쪽에 나라가 있다. 금화를 비롯하여 눈에 반짝거리는 여러 가지 진귀한 보배가 그 나라에 많다. 내가 그 나라를 귀속시켜줄 것이다.」와 같이 고하였다. 이에 천황이 답하여 여쭈기를 「높은 곳에 올라가서 서쪽을 보면 국토는 보이지 않고 오직 대해만이 있습니다.」 이렇게 말하면서 거짓을 말하는 신으로 생각하여 …… 잠자코 있었다. 이에 그 신이 크게 노하여 말씀하기를 「대개 이 천하는 너가 다스려야 하는 나라가 아니다. 너는 이 세상이 오직 하나의 길 곧 황천의 길로 갈지어다.」라고 말씀하였다. …… 얼마 안 가서 …… 이미 붕어하고 계셨다.」

이 부분에서 먼저 주목할 것은 신공왕후의 본 이름 okinagatarasi* (pimenomikoto)인데, 뒷 부분의 (pimeno)mikoto는 존칭이며 그 앞의 부분이 출신지를 나타낸다고 본다. 이에 대한 풀이는 필자(김공칠 1999 : 221-223)에 미루고 요컨대 okina(ga)는 제주도(ga는 관형격, tara(si)는 산 내지

들)를 가리켜 결국 신공왕후의 집안은 제주도 출신이라는 것이다. 왕후의 부성(父姓)도 okinaga(氣長)이며 그것을 한자화한 '氣長' 혹은 '息長'도 섬의 해안에서의 잠수질의 '긴 숨'을 암시한다고 할 수 있다. 제주도 실존 지명에도 이와 유관한 otki(衣貴)의 형태의 곳이 있다.

신공왕후는 당시의 북규우슈우의 해안쪽의 어느 지역의 여추장 곧 남부 내지 산간의 kumaso와 대립했던 부족장임은 틀림없으며, 본문에서 '歸神'이라는 문구에서 무도(巫道)에도 통했던 것으로 보인다. 남편인 임금이 kumaso를 치려고 하자 왕후가 신내려 말하기를 그 보다는 서쪽에 있는 보배의 나라를 치는 게 낫다고 하니 임금이 서쪽은 높은 곳에서 보아도 나라는 보이지 않고 망망대해뿐이더라고 했는데 이 대목이 매우 중요하게 생각된다. 만일 신라를 가리키기 위한 것이면 방향이 북쪽이라야 하는데 그렇지 않고, 또 망망대해만 보인다고 한 것도 제주도쪽의 서쪽이면 어울리는 말이다. 북쪽의 신라쪽이면 점선으로 이어지는 섬들(대마도까지도)이 보일 것이기 때문이다. 또 그곳이 보물이 많다고 하는 것은 제주도의 용성국의 다른 호칭(正明國, 琓夏國, 花厦國)이 təm(i) '富, 寶'의 뜻을 내포하고 있는 데에 연관될 수 있는 것이다. 이어지는 원문은,

> 亦建內宿禰居於沙庭, 請神之命. 於是教覺之狀, 具如先日, 凡此國者, 坐汝命御腹之御子, 所知國者也. 爾建內宿禰, 白恐我大神, 坐其神腹之御子, 何子歟. 答詔男子也. 爾具請之, 今如此言教之大神者, 欲知其御名, 卽答詔, 是天照大神之御心者. 亦底筒男, 中筒男, 上筒男, 三柱大神者也 此時其三柱大神之御名者顯也. . ……」
>
> (또한 takesiutino(建內)sukune(宿禰)가 신탁을 청하는 장소에서 신명을 청하였다. 이에 가르쳐 깨우쳐주는 바는 자세하게 전날의 경우와 같아서 「대개 이 나라는 그대 왕후의 태중에 있는 아들이 다스려야 할 나라이다.」와 같이 가르쳐주었다. 이에 takesiutino(建內)sukune(宿禰) 「황송하오나 우

리 대신이여 그 왕후의 태중에 있는 태아는 어떤 자식입니까?」라고 여쭈니 「남자다」라고 답하여 주었다. 그래서 더 자세한 것을 청하기를 「지금 이와 같이 말씀해주는 대신의 이름을 알고 싶습니다.」. 이에 대하여 (그 신은)곧 답하여 주기를 「이는 amaterasu(天照)대신의 마음이다」 또 sokotunowo(底筒男), nakatunowo(中筒男), uhatunowo(上筒男)의 세 분의 대신이다. (이때에 그 세분의 대신의 이름이 알려지다.)

이 대목에서 알 수 있는 것은 신공왕후가 아이를 잉태 중이라는 것이다. 친정이 제주도라면 친정의 나라에서 아이를 낳는 것이 전래의 습관이니 당연히 가고 싶어할 것이다. 더욱이 당시에는 경제적으로 여유가 있는 제주도에 돌아가서 친정 집안의 후원을 얻은 다음 남편인 왕을 죽음에 이르게 한 kumaso와 대적하고 싶었을 것이다.

신탁에서 태아는 남자임을 알았고 천신이 시키시는 일인 줄 알았으니 제주도의 방문을 결정하게 되었을 것이다.

amaterasu신은 '高木神'(高御産巣日神과 같은 신으로도)과 함께 천손강림(天孫降臨)을 결정한 신으로 알고 있다. 일본의 왕가의 시조신의 한 분이다. 모두 북방계로 보고 있다. 동남아시아계의 여성문화의 상징으로 보는 이도 없지 않다.

'高木'은 '닥나'의, '高御産巣日'은 '닥올나'의 침사적 표현으로 본다면 제주도계다. 고대의 제주도는 북방계와 남방계의 접점으로 생각하면 여러 가능성을 생각할 수 있다. kami의 호칭이 따르는 것을 보아서는 북방계쪽이다.

amaterasu는 amenopipoko(天の日矛)와 동일하게 볼 수 있다.

이를 맞춰보면

ama(天) ameno(天)	terasu(照) pipoko(日矛)
kan(a)(天)	pi(c) (照) / 산 pɐr(明, 山) pɯr(火, 山)

이 양자를 맞추려면 후자는 amenopi－poko로 분석되어야 한다. poko는 puku와 교체관계(기저모음 pɐkɐ〈pɐr*)로 볼 수 있다. 모두 kannapɐr(〉kannapi)로 풀이되며 神(水)山의 뜻이다.

이러한 '神(水)山'에 해당하는 산의 제1후보자는 한라산이다. 한라산 자체의 호칭이 kanna와 관계된다. kannapi(/bi)는 일본 자체를 지칭하기도 하고 지금은 일본의 각처에 용천수(湧泉水)가 솟는 산 이름에 잔존해 있다. 그렇게 되면, 이 단락에서 신탁을 내리신 신은 곧 한라산에 진좌(鎭座)하고 제주도를 신명(神命)으로 다스리는 신의 신탁이 되어 모든 내용의 맥락이 잘 맞아들어간다고 본다.

그리고 이와 함께 '저통남(底筒男)(ar'arna*), 중통남(中筒男)(karu'arna*), 상통남(上筒男)(pɐr'arna*)'의 삼신의 이름이 나오는데, 이를 김공칠(1999 : 220)에서 침사적(枕詞的) 표현으로 풀이하고 각각 제주도의 신명의 '良乙那, 高乙那, 夫乙那'에 상응하는 것으로 보았다.

왕후에게 서쪽 신라(결국은 제주도지만)에 진출을 권한 것은 '天照大神'이고 이를 행한 것은 이들 삼주(三柱)의 신들인데 모두 제주도계의 신들이다. 왕후의 친정인 제주도로 돌아가서 신의 가호와 원조를 구하라는 신탁을 내리신 것이다. 또 이어지는 원문은,

> 故, 備如教覺, 整軍雙船, 度幸之時, 海原之魚, 不問大小, 悉負御船而渡. 爾順風大起, 御船從浪. 故, 其御船之波瀾, 押騰新羅之國, 旣到半國. 於是其國王畏惶奏言, 自今以後, 隨天皇命而, 爲御馬甘,

每年雙船, 不乾船腹, 不乾柂檝, 共與天地, 無退仕奉. 故是以新羅國者, 定御馬甘, 百濟國者, 定渡屯家. 爾以其御杖, 衝立新羅國主之門, 卽以墨江大神之荒御魂, 爲國守神, 而祭鎭, 還渡也.

(그래서 자세히 신이 가르쳐 깨우쳐 준 대로 해서 군대를 갖추고 군선(軍船)을 정렬하여 바다를 건너갈 때 바다에 있는 고기 크고 작은 것 불문하고 모두가 배를 받치고 건넜다. 더욱이 순풍이 크게 일어나 배는 물결에 따라 나아갔다. 그래서 군선의 파도가 신라의 나라에 밀려 올라가서 이미 그 나라의 가운데까지 다다랐다. 이에 국왕이 두려워하며 말하였다. 이제부터는 천황의 말에 따라서 어마감(御馬甘, 말을 기르는 부서)으로서 해마다 배를 나란히 항상 띄워놓고 삿대와 키도 금방 쓸 수 있도록 쉬는 일이 없이 천지와 더불어 섬기겠습니다. 그래서 신라국은 어마감(御馬甘)으로 삼고 백제국은 바다를 건너는 일을 맡은 도둔가(渡屯家, 둔가는 주재소)로 삼았다. 이에 그 지팡이를 신라의 국주의 문에 박아 세워서 곧 suminoeno(墨江) 대신(大神)의 aramitama(荒御魂)를 나라를 지키는 신으로서 모셔 제사지내고 바다를 건너 되돌아왔다.)

이 중에서 군선의 파도가 신라의 나라에 밀려 올라가서 이미 그 나라의 가운데까지 다다랐다는 대목은 이를 신라를 두고 말하는 것이라면 너무 지나친 과장이다. 신라는 내륙 깊숙한 데 있는 곳인데 해안에 파도가 밀려온다고 해서 나라 가운데까지 다다른다고 할 수 없는 것이다. 그러나 이를 신라가 아닌 제주도로 생각한다면 제주도-가라-왜의 삼각항로의 중계지인 온평(-성산) 일대라면 바다에서 바라보는 광경은 사실일 수 있다. 그 지역은 해안선에서 내부에까지 마치 석호(潟湖)와 같이 물이 차 있어서 강풍이나 태풍이 일면 온통 바닷물이 차 있는 듯 보이기에 그렇게 표현할 수 있다.

또한 고사기의 이 대목에 대응하는 일본서기의 기록 중에서 신라의 국왕이 신공왕후에게 다짐하는 내용 중에 「阿利那禮河가 역류하고 내의 돌이 하늘에 올라가 별이 되는 때 말고 특별히 춘추의 조공을 빼거나 게을리하여 말에 쓰는 빗이나 채찍의 공물을 바치지 않으면 벌을 주십시오.」(且除阿利那禮河返以之逆流, 及河石昇爲星辰, 而殊厥春秋之朝, 怠廢梳鞭之貢, 天神地祇, 共討焉.)라고 한 대목이 신라로서는 허무맹랑한 이야기가 되겠지만, 제주도의 온평리라면 그 마을 가운데에 알내가 흐르고 그 곳은 해안에 연접해 있어서 강풍이나 태풍이 불게 되면 바닷물이 거슬러 올라가 모래나 돌이 날라가는 장면이 있게 된다. 그와 같이 배의 운항이 불가능한 때 말고는 언제든지 신공왕후쪽에서 요구하는 기마 장비는 제공할 수 있다는 내용으로 해석되는 부분이다.

또 신라국을 어마감으로 삼고 백제국을 도둔가(渡屯家)로 삼았다는 대목이 앞의 일본서기에 나오는 것처럼 기마 장비를 제공하겠다는 것과 연계시키면 결국은 신공왕후는 제주도에서 그러한 기마전투장비의 후원과 선편을 얻기 위해 찾아왔다는 것이 된다.

이 대목에 상응하는 일본서기의 내용에 「신라왕의 언약의 말을 듣고 koma(高麗), kudara(百濟)의 국왕도 와서 조공을 다짐하므로 내관가(內官家), 둔창(屯倉)으로 삼았는데 이것이 소위 삼한(三韓)이다라고 되어 있다.」(於是, 高麗百濟二國王 …… 自來于營外, …… 從今以後, …… 不絕朝貢. 故因以, 定內官家屯倉. 是所謂之三韓也.)

이 마지막 삼한을 두고 신공왕후가 삼한을 정벌했다고 일본에서 일부 역사가들의 주장이 나오게 된 것이다. 이것을 한반도의 처지에서 볼 때는 너무도 어이없는 일이다. 그 세 나라가 위치하는 곳이 너무나 다르고 먼 곳인데 한 곳에서 이러한 일이 있을 수도 없는 일이다. 그러나 이를 제주도라고 생각하면 전연 비현실적인 것은 아니다. 당시 제주도는 고구려계, 신라계, 백제계의 3부족이 분립되어 있거나 부족연립정권을 수립하고 있었다면 가능한 일이다. 이들 세 부족장이 항복을 하거나 조공을 서약한다는 것은 신공왕후쪽이나 일본쪽에서 미화한 것이지만, 어떻든 제주도에 와서 말이나 그 장비 그리고 교역품의 제공·거래의 약속을 받았을 것은 사실일 것이니 일본쪽에서 볼 때 외교적 성과를 보았다고 해서 후일 기록을 만들 때 과장해서 굴복받은 식으로 표현했을 것이다.

이상의 기록을 정리하면 아이를 잉태한 신공왕후가 남편의 kumaso에의 무리한 전쟁을 반대하고 당시 비교우위에 있던 친정격인 제주도를 방문하고, 새출발한 연립부족정권을 축하하면서 협조와 후원을 청하여 전투수단인 말과 그 장비품의 공급과 기타 생활필수품의 공급 그리고 백제에의 교통로와 정기적인 해운의 기점의 확보에 성공하여 서둘러 본국에 돌아와서(아이는 규우슈우에 도착하자마자 낳고) 자랑하였을 것이고, 그것을 자기네들의 후세담으로 후세에 전해져 내려온 이야기라 할 수 있다.

앞서 고사기의 마지막 부분 suminoeno(墨江) 대신(大神)에 대해서 언급하면(김공칠 1999 : 220),

	sumi(墨)	e(江)	
1.	굼(隅)	볼(重)	(전체적으로 大山·神山)
2.	감나(墨汁)	볼(重)	(전체적으로 神水의 山)

와 같이 침사(枕詞)적 표현 곧 한국어의 음형이 자아내는 여러 의미 중에서 하나를 골라서 일본어로 번역하는 식으로 나타낸 것인데, 여기의 kumper*, kamnaper*은 곧 제주도의 한라산, 부악(釜岳) 곧 제주도의 '主山(鎭山)'을 가리키고 있다.

'墨江大神'의 aramitama*(荒御魂)도 한라산 기슭이의 ara샘, kum산샘이 있는 한라산 자체의 수호신(어중의 mi를 미칭 아닌 '3'을 나타낸다면 3신)을 가리킨다 보겠다. 여기에 제사를 지내고 자기들의 일본 평정의 도움을 기도한 것으로 보인다.

2.4. 응신(應神)왕의 중앙정권

여기서 신공왕후가 제주도로부터 귀국후 그 아들 응신왕이 동정(東征)에 나선 일을 생각해보기로 한다.

신공왕후가 제주도를 출발한 것이 신공기 9년(서기 329년) 10월이다. 그 해 12월에 규우슈우에서 응신왕을 낳고 있다.

신공기 69년(서기 389년) 4월 wakasakuranomiya(稚櫻宮, 일본서기(上) 보주(p. 618)에 의하면 '大和國 十市郡'〈지금의 桜井市〉)에서 왕후가 사망하고 이듬해 (서기 390년) 정월에 응신왕이 황태자에서 즉위한 것으로 되어 있다. 이 때 응신왕의 나이는 60세이다. 돌아가신 나이가 101세(고사기는 130세)이므로 그 계산대로라면 40년간(고사기 상으로 70년간) 집권한 셈인데 기록된 기년도 41년으로 되어 있다.

그런데 신공기 13년(서기 333년)에 태자의 축하연이 있었고 신공기 39년에 태세(太歲)가 기미(己未)이다로 되어 있어 그 사이 약 26년간의 공백이 있다. 아마도 신공왕후가 그 사이에 왕위를 선위하였거나 했을 것이고 따라서 응신왕은 보다 일찍 왕위에 올랐을 것으로 보인다. 모후를 위해서 명목만 신공기로 하고 있는 것으로 보인다.

어떻든 응신왕이 yamato(大和國(高市郡))에서 즉위한 것을 보면 신공왕후가 제주도에서 돌아온 후 왕후가 동진 정책을 수행한 것으로 보인다. 고사기를 보면 yamato(大和)로 향하는데 반대편에 대해 사람들의 의아심을 불식시키기 위해 아들(응신)이 이미 죽은 것 양 관을 만들어 배에 실어(아들도 싣고) 이미 아들은 죽었다는 풍문을 터뜨린 것이라든지 중도에서 여러 족장들이 진로를 방해하였다 하고, 어떤 데서는 격전이 벌어지기도 하였다고 했다. 또 신공왕후는 이미 죽었다. 더 이상의 전투는 헛일이다와 같이 거짓 선전한 후 불의의 공격을 가하여 쳐부수기도 하여 Yamato에 진격할 수 있었던 것으로 보인다.

일본서기도 거의 마찬가지인 점에서 신공왕후 때에 이미 동정(東征)이 이루어진 것으로 보인다. 응신왕 때의 기사는 내외 치정(治政)의 기사만이 있다. 어떻든 왕으로서 Yamato국(大和國)에서 즉위한 것은 응신왕이고 즉위하기 전에 크게 자라는 과정 중에서 신공왕후를 도와서 중앙집권의 기초를 닦았을 터이니 응신왕의 동정(東征)으로 해도 큰 무리는 없을 것이다. 그래서 이 왕대가 일본국가의 실현의 제2단계(제1단계는 숭신(崇神)왕 때)로 보는 것이다(江上 1967 : 187).

응신왕(譽田天皇)의 이름은 homudawakenomikoto(品陀和氣(命))인데, 중애기(仲哀記)에 다른 이름(亦名)으로 ohotomowakenomikoto(大鞆和氣命)가 보인다. tomo(鞆)의 음형은 을류의 təmo로 되어있어 제주도의 təm과도 연관되어 큰 섬의 뜻으로 풀이된다. 제주도계 출신임을 보여준다. 먼저 세 분의 여인을 왕비로 취하였는데 모두 homudamawaka(品陀眞若)왕의 딸이다. 그 첫째가 takakinoiripimenomikoto(高木之入日賣命)인데 그 takaki 역시 제주도계 이름이다.

일본사 연표를 보면 421년에 '倭王 讚'이, 송(宋)에 조공하여 무제(武帝)로부터 '안동장군왜국왕(安東將軍倭國王)'의 칭호를 받았다고 나온다. 이 '讚'을 제17대 이중(履中)왕에 맞추기도 한다(岡田 1980 : 135). 이중왕의 또 하나의 이름 izapowakenosumeramikoto(去來穗別天皇)의 앞 부분의 iza(去來)의 za와 '讚'의 음이 통한 데서(岩波 1967 : 418 頭注)도 온다. 그러나 이중왕의 경우는 고사기나 일본서기에서의 그 왕에 대한 기사 내용으로 보아서는 상응할 수 없다고 본다. 필자는 고사기와 일본서기의 역대의 기록을 보아서는 본격적인 대외활동은 응신왕 때 비롯된 것으로 본다. 신공왕후의 후기와 응신왕 때에 신라와 임나(任那) 그리고 중국과의 왕래가 있었던 점에서 수수께끼의 4세기의 닫힌 연대는 막을 내리고 새로운 열린 시대로 돌아간 것이다.

서기 421년의 중국측의 '倭王 讚'의 호칭은 응신왕의 '譽'의 호칭 곧 '칭찬하다, 일컫다(稱也)'와 통하는 데가 있다. 또 왜왕 찬에게 '安東將軍

倭國王'의 칭호를 내린 것은 북규우슈우쪽에서 오오사카 동쪽의 야마토국에 진출하여 동방을 안정시켰다는 뜻도 함의된 것으로 해석된다.

일본의 왕명에서 '神'이 쓰이는 왕은 '神武, 崇神, 神功王后, 應神'의 왕 등 국가 창업에 큰 공이 있는 이들인데, 응신왕의 '應'에는 '해당하다, 마땅하다(當也), 받다(受也)' 등의 뜻이 있으므로 일본 중심지의 왕으로서 '마땅하다'의 뜻도 있었던 것으로 보인다. '譽(田)'의 일본 훈은 왕의 일본 고유명 homuda(品陀)와 대응시키면 homu(〈 pom-*)이다. 이 동사는 하2단활용동사이다. 그것은 동사의 미연형 hom(a / e)에 사역이나 수동형의 e가 따라서 home(ru)(讚, 譽)로 활용한다. '칭찬하다'의 일본어 homu는 한국어의 '뽐(내다)'와 맞추어 보면 '좋은 일을 해서 긍지를 지닌다'는 원뜻이 있었던 것이 아닌가 한다. 그래서 그러한 긍지를 가지게 한다, 느끼게 되도록 칭찬하다'의 뜻이 있게 된 것으로 본다.

고대의 말 쓰임은 다른 말과의 비교나 대조를 통해서 원뜻을 알게 되는 경우가 많다. 예컨대 한국어의 특이한 어두자음군의 어휘도 중고일본어와의 비교를 통하여 원래 자음군 사이에 모음이 개재해 있었고 그 개재형과 일본어와의 비교를 통하여 일본어 어휘의 원래의 뜻을 이해할 수 있는 것과 같다(김공칠 2006 : 148－).

앞에서 일본 건국의 여러 단계에서 제1단계는 신무왕, 제2단계는 응신왕이라 했는데, 숭신왕을 제2단계로 본다면 응신왕은 제3단계가 될 것이고 그 후에도 흠명(欽明)왕의 제4단계가 있다. 이 시기는 고분문화의 중기 내지 후기의 시대에 상응한다고 본다.

일본에의 기마민족의 침입을 가정한다는 처지에서는 제1차는 숭신왕 때이고 제2차는 응신왕 때로 보지만, 제3차의 흠명왕 때도 생각해보지 않을 수 없다. 흠명왕의 일본 진출의 내력과 그 이후의 일본문화의 발전에 대해서는 장을 달리해서 6, 7세기의 제주도에서 언급될 것이다.

3. 3세기 후반 이후의 한반도와 제주도

3.1. 제주도의 부족연합국가

제주도는 삼국유사에서 서기 1세기경의 석탈해의 기사에 나오는 용성국의 국명이 보이듯 당시는 물론 서기 2세기 전반까지 그 국가가 그대로 유지되어 온 것으로 본다. 그 국명은 우리말로는 '닥기'(국)로 읽을 수 있어 위지동이전 한조에 나오는 '月支國'(辰王 도읍지)의 국명에 상응하는 것 같다. 북방계열의 '高城(國)'이라는 뜻을 지니는 것으로 본다. 이 국명은 한국뿐만 아니라 일본 전역에도 퍼져있어서 민족이동의 발자취를 보여준다(김공칠 2006 : 276-). 이 '月支國''은 후한서 동이전 한조에는 '目支國'으로 기록되어 있어서 글자의 획이 잘못된 것이 아니면 두 가지 이름이 병존한 것으로 보인다. '目'은 중국의 상고한자음으로 Ⓣ mi̭ok(mi̭-uk 王力)이고, 훈으로는 일본어의 ma*, me*를 고려하면 '目支'를 maki로 읽었을 가능성도 없지 않다. ma의 뜻에는 일본어를 고려하면 '참·완전·순수'의 뜻이 있고 일본어 maki에는 목장의 뜻이 있고, maku(巻)에는 (둥그렇게) '두르다', 한국어에는 mak-*(塞)의 뜻이 있어 옛날의 성은 잣(城)과도 같이 목책이나 돌로 두른 곳을 가리키듯 영역을 둥그렇게 막아두른 곳이라는 뜻일 수도 있어 그런 의미의 곳이 아니었나 생각된다. 한편으로는 높은 데서 둘렀다 해서 닥기, 한편으로 영역을 둘러막은 데라는 뜻에서 두 가지 이름을 남겼다고 볼 수 있다(muki로 읽었으면 수성(水城)의 뜻도). 문제는 이 maki가 앞에서 숭신왕의 이름의 mimaki(御間城)와 연결될 수 있는가이다. 일본어의 mi에는 '水·神, 존경(접두사)'의 뜻이 있어서 maki(目支)에다 외경(畏敬)·존칭으로 mi를 얹혔거나 '水城'을 나타내기 위한 것이라는 해석도 나올 수 있다(그렇지만 mitakki라는 이름도 있을만한데 잘 보이지 않는다.).

설혹 mi가 얹혔다 하더라도 그러한 뜻의 성명(城名)이 꼭 마한 중부에서만 아니고 가라쪽이나 다른 지역 예컨대 마한 이남 해안지대에도 없을 수 없는 일이지만 여기서는 '御間城'과는 따로 떼어서 생각하는 처지를 취한다.

여기서 한 가지 보태둘 것은 현대일본어의 miru(見), moru(守, 망을 보다)의 동사는 중국한자음의 mi̯ok(目)(王力은 mi̯uk)에서 온 가능성이 있다는 것이다(일본어의 o는 u>o). 개요음에 무게를 두면 mi-, 주음에 무게를 두면 mo-(/mu-)로 되었을 가능성이 있기 때문이다. 그 두 말은 동원어(同源語)로 보며 한국어의 믿-(信)와도 관련되는 것으로 본다. 또 일본어의 me(/ma) '目'는 한국어의 (눈)망울과 유관할 것이다.

결국 제주도의 '龍城國'이 '月支國'과 관련될 수 있고 '目支國'과도 '水城國'이라는 점에서 관련될 수 있다고 할 수는 있지만, mimaki와 관련짓기는 어려워 보인다. 따라서 숭신왕은 본토박이의 제주도계는 아닌 것 같고 다만 항로 때문에 제주도를 거쳐서 일본으로 갔을 수도 있다.

그렇다면 서기 1세기의 변동기에 차츰 외부적으로 내부적으로 충격을 받아온 '龍城國'은 서기 3세기에 들어서서는 분립상태에 있었던 것 같다. 신공왕후가 서기 329년경 곧 4세기 초반에 제주도를 방문했을 때는 신라, 백제, 고려의 3왕이 있었던 것으로 되어 있다. 3세기 중반 전후에 일본에 숭신왕이 침입하였다고 했는데 그것은 낙랑지방에서 해로를 통하여 피신해 온 천손계의 집단이 전남 남부에 뿌리내렸지만 백제의 남하정책에 밀려서 한쪽은 제주도에 다른 한쪽은 일본(혹은 제주도를 거쳐서든지)쪽으로 진출했다면 모든 정황이 잘 맞아든다고 볼 수 있다. 일본에 침입한 세력도 현지의 체제 재편에 많은 연수가 걸렸을 것이다. 이 때 제주도에서 고려, 백제 이름의 왕은 외부세력일 것이고 신라는 원래의 용성국의 터밭인 사라 / 새라의 이름을 따서 한자표기만 바꿔 쓴 것으로 보인다. 그렇게 보면 외부세력과 기존세력이 화합을 해서 3세기말까지 연합부족국가를 이루어냈다고 보게 된다.

연합국가 형성과정은 졸저(김공칠 1999 : 180-)에 자세히 기술되어 있다. 여기서는 다시 재록하지 않고 지면 관계로 그 요점을 보이고 거기에 해석을 보태기로 한다.

1) 서기 기원전의 오랜 시대의 신인(神人)의 출현, 2) 서기 1세기 전후의 3신인(神人)의 강림, 3) 4세기초의 3신인에 의한 연합부족국가의 성립으로 요약된다(p. 203).

이 주장은 그 내용에서 다소의 변동은 있어도 근본 취지는 크게 변함이 없다. 제주도가 서기전 3세기의 중국 진나라 서복의 동항(東航)에 제주도민이 저항한 것은 사실일 것이니 그들 민중의 지도자의 신인(神人)의 존재를 생각지 않을 수 없다. 서기 1세기에는 실존한 용성국(龍城國)이 마한의 맹주국이라고도 할 수 있는 월지국(月支國)과 '닥기나'의 호칭의 유사점에서 한반도에서 건너온 것으로 볼 수 있다. 앞에서 3)의 4세기초는 3세기 중반 이후로 수정하되 그것은 4세기 중반의 일(응신왕의 일)까지 미치는 점에서 그 중간으로 잡는 것으로 생각해도 될 것이다.

곧 4세기초의 연합정권에 의한 건국은 구체적으로는 3세기 중반 이후로 시작되었다고 보는 것이 옳을 것이다. 그것은 신공왕후가 4세기 초반(329년)에 제주도를 찾아온 때는 이미 연합정권이 성립하고 있었다고 볼 수 있기 때문이다. 삼성설화(자세한 것은 후술) 중에 일본국왕이 제주도의 큰 산에 내려온 신자(神子) 3인을 위해 대업을 이루게 배우자가 될 딸 셋을 보냈다는 부분인데, 1) 일본국의 국왕이 보냈다는 것, 2) 제주도에 3신자가 내려왔다는 것, 3) 대업을 이루다의 세 가지 점이 주목된다.

첫째로 일본국의 국왕이 보냈다는 것은 3세기 중반에 북규우슈우에 침입하여 정권을 잡은 일본국을 지칭한 것으로 보인다. 둘째로 제주도에 3신자(神子)가 내렸다는 것은 같은 북방계의 한 계열이 제주도에 들어온 것을 의미한다. 곧 한 계열은 일본쪽으로, 한 계열은 제주도쪽으로 진출한 것으로 보인다. 셋째로 대업(大業)을 이루다는 것은 제주도에서 새로운 정권 곧 부족연합정권이 이루어졌다는 뜻으로 해석된다.

문제는 제주도에 강림한 세력의 근원지는 어디인가 하는 점이다. 일본의 기마민족정복설을 주장한 이는 가라의 임나국이다. 그러나 그것에는 의문이 가는 점이 한 두 가지가 아니다. 3세기 후반에 신라와 백제하고 힘을 겨루어야 할 처지에서 일부 군사를 떼어서 외부로 떠나게 할 절박한 사정이 있었는지 알 수 없다. 또 숭신왕의 왕명의 mimaki를 임나(任那)에 연결하여 그쪽의 출신으로 보는 것도 의문이 간다. 임나를 mimana로 불렀다고 보고 그렇게 풀이하지만, 제주도에서면 모를까 일본에서 당시에 그렇게 부를 이유가 없다. 제주도는 가라의 시조비로 허공주를 시집보낸 곳이니 그렇게 부를 수도 있고, 후일의 일이지만 가라 멸망 후 망명세자가 제주도 출신의 님을 따라 제주도에 피신했다가 일본으로 진출한 사건을 생각하면 그 이후의 일본이나 제주도에서 그러한 호칭을 쓸 수 있는 일이다. 다만 nim이나 mima를 주인이나 임금의 뜻으로 쓰였다면 고국의 임금이나 주인의 나라로 쓰일 수 있지만, 당시의 가라와의 교통의 정황은 그렇지만 않는 것 같다. 단지 숭신왕의 mimaki의 호칭만을 가지고 음리에도 잘 맞지 않는 것을 무리로 결부시키는 것은 아닌가 여겨진다.

필자는 앞에서 가라 지역의 가능성 외에도 전남의 남부 지역의 가능성을 새로이 제기한 바 있다. 그래서 그 중의 한 세력이 제주도에 들어와서 기존의 용성국을 대신하여 신라·백제·고려의 연합정권을 수립한 것으로 보는 것이다. 여기서의 신라는 경상북도쪽의 신라는 아니고 용성국의 주요 근거지인 사라 지구의 이름을 딴 것으로 보인다. 백제와 고려는 당연히 낙랑군 일대에서 출발한 북방계의 부족이다. 낙랑군에서의 남행의 기착지는 예부터 kudara(백제)로 불린 곳이니 백제계로 볼 수 있어 신라·고려·백제 계열의 연합정권으로 보게 되었을 것이다.

결국 북방에서 내려온 세력들이 백제 지역으로부터 제주에 들어와서

기존의 용성국과의 일전과 타협을 통하여 연합정권 수립에 성공한 것으로 보이며, 이 소식을 접한 동계의 분파 세력인 일본의 국왕이 축하의 사절을 보낸 것으로 풀이하는 것이다.

다만 여기서 주의할 것은 소위 삼성설화에서는 태초에 인물이 없었는데 3신인(神人)이 땅에서 용출(聳出)하였고 황량한 벽지에서 수렵을 하면서 가죽옷을 입고 육식을 하고 있었다는 대목이다.

필자는 짤막한 삼성설화는 역사적으로 여러 발전 단계의 이야기를 하나로 축약히 놓은 이야기로 보고 있다. 앞의 이야기는 제주도민의 기원문제에 중요한 문제를 던져주고 있다. 땅에서 솟아 나왔다는 것은 북방계로 볼 수 없고 남방계에서 볼 수 있는 일이라는 것이다. 혹은 땅에서 솟아나왔다는 것은 수혈(竪穴)생활을 나타낸 것이지 그러한 전설은 남방계로부터 유입된 것은 아니라고도 할 수 있다. 이러한 문제는 아득한 수만년전의 일이니 확실한 증표를 찾지 못하는 처지에서 단정적으로는 이야기하기 곤란한 일이다.

아주 옛적에는 국경도 생활근거지의 경계도 심지어는 인종적인 차별도 없었다고 보면 오로지 산에서 수렵하든지 바다에서 어로하든지 경제수단의 구사에서 경계 마찰이 있었는지 모르지만 서로 화합하며 살 수 있는 분위기였다고 짐작된다.

제주도의 의치의 특수성으로 한반도로부터, 중국 남부로부터, 일본으로부터 혹은 해양의 흑조(黑潮)를 타서 남방으로부터 사람들이 흘러 올 수 있었을 것이다. 물론 당시의 생활터전은 동굴이 아니면 수혈(竪穴) 주거이다.

앞서의 삼성설화의 앞 대목은 이보다 후발달시대의 이야기로 보인다. 수렵채취경제와 어느 정도의 의식주가 갖추어진 시대의 이야기다. 배우자는 가까운 데서 구할 수 있었고 혹은 외지에서도 구하기도 하였을 것이다. 이러한 사정을 삼성설화의 첫 대목은 가리키고 있다고 보겠다.

그 다음 대목에서는 제주도에 3신인(神人)이 천손계(天孫系)로 강림한 것인데, 이들은 계열에 따라 호칭의 구별이 있고 동일계열의 연분이 있는 일본국의 축하를 받고 각기 지배영역을 구획하고 생산수단을 확충하는 등 부족연합국가를 갖추기 시작한 것을 보여준다. 이 단계를 서기 3세기 중반 이후의 외부로부터의 이입(移入) 이후로 본다. 천손의 강림 곧 외부로부터의 이동에 관련된 제주도에서의 역사적 발달과정에 대해서는 필자(1999 : 189－)의 소견이 피력되어 있다.

삼성설화도 단군신화와 마찬가지로 강림신화계다. 단군신화에서 하늘에서 내려온 곳은 신시(神市)이며 이를 kampur로 읽으면 한라산에, kamit로 읽으면 왜의 여왕국(邪馬壹 / 邪馬臺)과 같아진다. 신라나 가라의 건국신화도 강림신화다. 신라의 6촌은 모두 애초에 하늘에서 산으로 내려와 시작된 것으로 되어 있고, 가라도 9인의 추장이 다스리는 선주민 지역에 황금의 알 6개가 하늘에서 그물로 내려와서 6가야의 시조가 된다.

신라는 6촌의 제1촌(ara)인 알천(閼川)(ar)의 양산촌(楊山村) ura의 장(長) 알평(謁平)(ar)이 양산(楊山) 기슭(ar)의 나정(羅井)(ar)에서 알(卵)(ar)을 발견해서 왕(aragur)으로 영접함으로써 국가를 형성한다.

이 ara는 고조선계의 낙랑(樂浪) 그리고 가라 제1의 아라가야(阿羅伽倻)와도 관계될 것이다. 그러한 호칭과 관련해서 생각하면 제주도도 신산(神山)(kannabɐr) 기슭이의 ara에서 터전을 닦은 것으로 보인다.

삼신인(三神人)의 출현은, 단군신화에서의 '桓因－桓雄－檀君'의 삼위일체라든지, 환웅이 거느린 '風伯, 雨師, 雲師'의 3인이, 고구려에서는 신자(神子) 해모수(解慕漱)의 아들로 난생(卵生)한 주몽에게도 '烏伊, 摩離, 陜夫' 3인이 중심이 되고 있는 것과도 같다.

일본 규우슈우의 야마토(邪馬臺)국은 여왕 비미호(卑彌呼)와 남동생 그리고 여왕의 사후지만 일여(壱与)가 참여하는 3인 주역의 역사다.

이러한 신화를 시대순으로 배열한다면 고조선－고구려－신라－가야－

야마토와 같은 서기 3세기까지 명맥을 이을 수 있다.

그러한 명맥에서 볼 때 한반도에 관한 한, 서기 1세기 전후의 한반도에서의 격동기에 일어난 일들을 신격화한 이야기라 할 수 있다.

북쪽에서 북옥저(서기전 28년), 동옥저(서기 26년)가 망하고 고구려가 부여를 침공하고(서기전 22년) 남쪽에서 마한이 망하고(서기 8년), 백제(서기전 18년), 가락국(서기 42년)의 건국 등 일대 변동이 일어났다.

이 여파는 당연히 제주도에도 파급되었을 것이다. 낙동강구까지 내려온 북방계인이 가락국을 세우기도 하고 다른 하나의 일파는 제주도로, 또 하나는 일본의 북규우슈우로 갔다고 보았다.

제주도의 처지에서는 천손족의 강림의 하나로 볼 수 있는데, 이는 앞에서 언급한 삼성설화의 제1단계 이후의 일에 속한다. 한라산 기슭의 황량한 벽지에서 터를 잡은 때에는 그 곳에서 수렵을 하면서 가죽옷을 입고 육식을 하고 있던 시기이며 아직은 국가체재를 이루지 못한 씨족 내지 부족 할거의 시기이므로, 그 후의 일로 보아진다.

필자는 삼국유사 가락국기의 석탈해의 기사를 미루어 기원 전후에 이미 제주도에는 용성국이 존재하고 있었음을 밝힌 바 있다. 아마도 그것은 북방계의 부족국가로서 형성되어 있었다고 본다. 그렇다고 서기 1세기 전후의 격동기에 제주도라고 예외적으로 충격을 받지 않았다고 볼 수는 없다. 용성국 자체가 북방계이며 이미 그 이름 그대로 당시의 제해권과 해양산업을 장악하고 있었지만 정세의 변동으로 내부적으로 움틀거리는 부족들간의 이합(離合)은 어쩔 수 없는 일이다.

서기 1세기의 한반도 격동기의 여파는 처음은 제주도의 산간지대에 한정되어 있었을 것이다. 이전에 황량한 벽지에서의 수렵을 하며 가죽옷을 입고 육식을 하고 있었던 선주민과 화합하고 어울린 것으로 볼 수 있다.

그래서 3세기 중반 이후의 천손의 강림은 그런 면에서 제2차적인 것으로 보아진다. 이때에 강림한 천손족이 대업을 이룬다는 대목은, 대업을 이루도록 동일의 일파인 일본에서 여인 등을 보내는 등의 일조를 도모하였다는 것, 그리고 활을 쏘아 3신인의 관할을 결정지었다는 것은 실지로 기존세력과 전쟁을 했거나 화의를 해서 기존 세력과의 공동분담의 연합국가 수립에 성공하고 새로운 국가경영으로 들어갔다는 것을 의미한다고 생각되는 것이다.

그러한 연합정권이 제1－제3도를 분점(分占)하고, 사제(司祭), 사정(司政), 대외적(對外的) 정사(政事), 대내적 정사 등을 번갈아 분담하며 연장(年長)의 사람을 성주(星主)를 맡았다고 필자는 이미 피력한 바 있는데, 이에 대해 지금도 그 생각은 바뀌지 않으나, 다만 고(高), 량(良), 부(夫)의 어원과 당시의 부족명과의 관련 그리고 현재의 성씨와의 관련에 대해서는 좀 더 생각해봐야 되지 않나 여기고 있다. 그리고 제주도에서의 부족연합정권 수립의 배경이 되는 3세기 당시의 한반도 정황을 고려해서 종래의 가라에서의 제주도에의 이동의 가능성 외에 전남 남부로부터의 이동의 가능성을 이 책에서 새로이 제시한 것도 다른 점이다. 또한 일본에서의 당시의 큰 시대적 변동의 계기가 가라에서의 영향도 생각할 수 있겠지만, 전남 남부－제주 / 일본 혹은 전남 남부－제주－일본의 이동경로에서 올 수 있다고 본것도 종전과 다른 점이라고 할 수 있다.

3.2. 탐라의 백제에의 공물의 시기

우리나라의 고대의 정사(正史)인 삼국사기에 백제 문주왕(文周王) 2년(서기 476년)에 탐라 공물(貢物)의 기사가, 동성왕(東城王) 20년(서기 498년)에 탐라 견사(遣使) 걸죄(乞罪)의 기사가 나온다. 후자의 기록은 탐라에서 조공을 바치지 않으므로 왕이 친히 탐라를 치러 무진주(武珍州, 지금의 전남광주)에까지 이르니 탐라가 이 소식을 듣고 사신을 파견하여 사죄하니 중지시켰다는 것이다.

이러한 기록을 보면 서기 476년 이전에 제주도에 부족연합국가가 강성하고 국명도 탐라로 바뀐 것을 알 수 있다.

서기 476년이면 한국사 연표에 의하면 그 1년전인 475년에 고구려 장수왕이 백제 왕도인 한성을 공략하여 백제왕을 죽여서 문주왕이 즉위하여 웅진(지금의 공주)으로 천도한 때이다. 그 문주왕은 바로 1년 후 곧 477년에 부하로부터 시해(弑害)를 당하고 있다. 그 다음 왕으로 삼근(三斤)왕이 선다. 삼근왕도 곧 서기 479년에 죽고 동성왕이 왕이 되는데 서기 498년까지 한반도에서의 백제는 큰 외환없이 지내다 이때에 웅진 다리를 건설하는 등, 신라에 대비하는 성책(城柵)을 세우는 등의 일을 하다가 역시 부하에게 죽임을 당하고 사마(斯摩) 곧 무령(武寧)왕이 서기 501년에 즉위하는 일들이 있게 된다. 어떻든 탐라국과의 수교와 마찰을 전후에서 백제왕이 수난을 당하는 기이한 일들이 벌어진다.

그런데 일본서기 무열(武烈, burecu)왕 2년(서기 500년) 12월 기사에는 남해중에 있는 탐라인이 처음으로 백제국과 통하였다고 기록되어 있다. 앞에서의 삼국사기의 문주왕 2년(서기 476년)과 연대가 맞지 않는다. 일본의 무열왕 2년은 백제의 동성왕 22년이며 이듬해 무령(武寧)왕대로 바뀐다. 무령왕에 대해서 뒷장에서 언급하겠지만 무령왕이 낳은 곳이 각라(各羅)이고, 왕의 호칭에 '섬의 왕'이 있는 것을 보면 제주도와 유관한 것으로 보아진다. 그런 면에서 제주도와 백제의 국교의 정상화는 이 때부터라고 볼 수 있다. 그렇다면 문주왕 2년 기사나 동성왕 20년 기사는 탐라의 부분적인 부분의 기사일 것이다. 부분적인 부분이라면 전남의 서남부 해안 지대의 도서 지대를 탐라의 부분 영역으로 인식하여 그런 기사가 있게 된 것이 아닌가 한다.

그런 의미에서도 제주도와 전남 남부와는 승신왕의 일본 진출 후에도 긴밀한 관계에 있었다고 본다. 그렇지 않고서야 내륙 깊숙이 있는 백제가 당시의 국력 사정을 보더라도 험난한 바다를 건너 제주도를 칠 염두를 낼 수가 있겠느냐고 생각한다. 백제의 남쪽 영지의 확장을 위해 차차 전남 남부와 제주도를 압박하기 시작한 것은 사실이다. 한편 제주도가 이전부터 많이 의지해온 가라쪽도 신라와 백제의 알력으로 그 틈바귀에서 자연히 압박을 받게 되고 9대 감지(鉗支)왕이 즉위한(서기 492년)후로 더욱 가야의 세력이 약화되기 시작하여 그 19년에 금관국수 김구해(金仇亥)가 신라에 항복할 정도까지 이른다. 바로 이러한 한반도에서의 정세 변화로 제주도의 처지로서는 백제쪽에 다가설 수밖에 없었을 것이다. 그래서 서기 500년경에 백제와의 국교의 정화화를 도모한 것으로 보인다.

백제의 문주왕 2년의 서기 476년과 일본의 무열왕 2년의 서기 500년이냐의 판별은 어렵기는 하다. 연도 자체가 서로 맞는 것이냐의 문제도 있다. 고려 인종(仁宗) 23년(서기 1145년)에 김부식(金富軾)이 편찬을 끝내어 임금에게 올린 삼국사기 50권도 백제 멸망(서기 660년)이 지난 지 약 500년 후의 일이고 백제, 신라, 가라, 제주도, 일본에 남아 있던 사초(史草)를 추슬러서 엮었다고 보면 잘못이 있을 수 있고 오히려 일본쪽에 흩어져있는 백제3서의 것이 단편적이기는 하나 정확할 수 있다. 그것은 당시의 가라 혹은 전남 남부 아니면 제주도에서 기록된 사초가 반영되어 있다고 볼 수도 있기 때문이다. 금관성 바사석탑의 기록중에 본기(本記)가 있는 것을 보아서는 가락국에도 '가락국본기'라는 사서가 있었던 것으로 보인다. 제주도도 삼성설화에 관련된 고기(古記)라는 기록이 있는 점에서 제주도에도 고기록(古記錄)이 있었다고 볼 수 있다.

앞서의 백제와 일본의 기록의 24년간의 차이는 앞에서 말한 대로 백제에서의 탐라국에 대한 인식의 차이에서 온 것으로 본다. 곧 탐라를 전남 남부에까지 미쳐있는 것으로 인식한 데서 오지 않았나 생각되는 것이다.

4. 재구되는 제주도의 언어와 역사

4.1. 재구되는 언어목록

이상의 서술 중에 나온 왕명, 인명, 지명 등의 어휘자료에서 추출되는 목록을 이하에 제시하고자 한다. 다른 장에서 나온 것과 중복되는 부분은 이 책 말미의 전체 목록에서 조정하고 또 상관적인 것은 그 곳에서 언급할 것이므로 여기서는 목록의 제시에 그친다.

arakaha(荒河) 알내 cf. arinaregaha(阿利那禮河)

aramitama(荒御魂) aramur(/mi(3))-(tam 魂) / (kus(巫))

arasito(阿羅斯等), arisitikanki(阿利叱智干岐) 왕인(王人), 상인(上人)

ɐrna(乙那) (高乙那, 良乙那, 夫乙那) 족장(族長)

ar'ɐrna(良乙那) sokotunowo(底筒男)는 침사적 표기

pe(/be) (畔) 변(邊), 바(場)

iri(伊梨) 泉, 淵(伊梨柯須彌 = 淵蓋蘇文 = 泉蓋蘇文) i-du-mi(泉), i-ke(池), i-do(井)

okina(ga) (息長, 氣長) 島, 州胡 otki〈 təka / taka / toka / toki〈tka 州胡, 島
otki 衣貴(지명), oki(naha)沖繩

kamnapɐr 한라산, 神水의 산. suminoeno(大神)는 침사적 표현

kannapɐr 한라산. kan(a)(天)-pi(c) (照 / 山), kan(天, 神), na(水) ama-terasu(天照), amanopipoko(天日矛)는 침사적 표기, kannabi(神水山)

karu'ɐrna(高乙那) nakatunowo(中筒男)는 침사적 표기, karu(내부·중심부, 고구려 5부족 중의 '桂婁'), 일본 지명 '輕'(김공칠 2004 : 114)

kumpɐr 大山, 神山. suminoeno(-大神)는 침사적 표현

mak-막다(塞). 일본어 maku(卷, 圍)

mi－maki(目支) 水城

mimaki 〈 nimaki(任那城 / 地域) / 〈 nimu(/a)ki

龍城(*nimu 〉 imu(ki)蛇(/龍)), nimana(任那) 〉 mimana

nima 전남 화순의 汝湄県 〉 nimaki 〉 mimaki(前出)

cf. 일본어 ni 瓊(玉,의 류), 土

ma 근처, 주변

nami(水, 波)－puri(山·城)

nimkɛ 主浦(금관국의 포구)

nimna nim(主 / 主君)－na(國) → mimana 前出

ma(－ŋur) (눈)망울 일본어 me / ma

mit－信, 일본어 mir－(見), 중국어 目 mi̯ok / mi̯uk

mor－牧 일본어 moru(守)

pɐr'ɐrna(夫乙那) uhatunowo(上筒男)는 침사적 표기

pom－뽐(－내다) pomu(dawakenomikoto) 品陀和氣命,

譽(田天皇) cf. homeru 譽, 讚

sara (西)사라, 사라마을(地名 → 西那(京))

takna 제주도 乇羅, 일본의 신명 高木(tak－na)

tak'ɐrna 高乙那, 일본의 신명 高御産巣日

tara(si) tar(山) tɐr / tɯr(野)

təm 耽(羅), 冬音縣, 耽(津縣)

(tɐm / tum / tam) təm 島, 寶(富), tum(圓), tam(일본어 玉)

cf. ohotomo(wakenomikoto) 大鞆和氣命(應神王)

təmi (正明國, 玩夏國, 花厦國) 富, 寶, 島

təmnaru 耽津

to(戸) 입구, 문

tokoyo(〈 təkəyo) (常世國) 州胡, 島

tum 圓, 四圍 cf. 冬音(양주동 1960 : 108)

冬音 = 道武 둠(圓)(신태현 1958 : 96)

tumkor 산이 두른 땅, 지명 道武郡 = 躭津(신태현 ibid)

usi 上人 일본어 tuno(角), (都怒我阿羅斯等)

usi(牛) (于斯岐阿利叱智干岐)

4.2. 재구되는 역사

이 장에서는 일본의 3세기 중반 이후의 숭신왕조와 4세기 중반까지의 신공왕후와 응신왕조를 다루면서 제주도와 연계되는 부분을 언급하였는데, 그것으로 제주도의 역사의 재구에 도움되는 바를 서술하고자 한다. 이와 연계되는 것으로 사료되는 소위 삼성설화의 분석도 곁들이기로 한다. 김공칠(1999 : 180－181)에서 고려사지리지에 실려있는 그 내용을 재록하면서(원문은 생략하고 역문만을) 그것을 분단화하여 앞서의 일본의 왕조들과 관계될 부분과 그 이전의 부분을 구별짓도록 할 것이다.

「탐라현(耽羅縣) 전라도 남해중에 있다. 그 고기(古記)에 이르기를,

1) 태초에 인물은 없었다. 3신인(神人)이 땅에서 용출(聳出)하였다. 그 주산(主山)의 북록에 혈(穴)이 있어 모흥(毛興)이라 하는데 그게 바로 그 땅이다.
2) 장을 양을나(良乙那)라 하고 차(次)를 고을나(高乙那)라 하고 삼을 부을나(夫乙那)라 했다. 삼인의 황량한 벽지에서 수렵을 하면서 가죽옷을 입고 육식(肉食)을 하고 있었다.
3) 하루는 자색(紫色)의 봉니(封泥)를 한 목함 하나가 바다에 떠와서 동해빈(東海濱)에 다다른 것을 보고 가서 열어보니 목함 안에 또 석함이 있고 한 사람의, 홍대(紅帶)에 자색의 옷을 입은 사자(使者)가 따라와 있었다. 석함을 여니 푸른 옷을 입은 처녀 세 사람과 망아지, 송아지와 오곡의 종자가 나타났다.
4) 이에 사자가 여쭈기를 자기는 일본국의 사신입니다. 우리 국왕이 이 딸 셋을 낳고 말씀하기를 서해 중에 큰 산에 신자(神子) 3인이 내려와서 지금부터 나라를 열고자 하나 배우자가 없으므로 저에게 세 사람의 딸을 모시고 가도

록 명해서 왔습니다. 부디 배우자로 맞이하여 대업을 이루어 주십시오 하고 사자는 홀연히 구름을 타고 가버렸다.

5) 3인은 나이 차례로 나누어 부인으로 삼고 샘이 달고 땅이 비옥한 곳으로 나아가 활을 쏘아 토지를 정하였다. 양을나가 있는 곳을 제1도(都), 고을나가 있는 곳을 제2도, 부을나가 있는 곳을 제3도라 하였다.

6) 처음으로 오곡의 씨를 뿌리고 망아지와 송아지를 키워서 날이 갈수록 부(富)하게 되고 많아지게 되었다.

분단 표시 1)의 부분은 서기전 몇 세기전이라고 말할 수 없는 제주도 태초의 이야기다. 표류를 해서 혹은 탐험으로 혹은 피신하여 오기는 왔는데 어디서부터 온 것이라고 딱 잘라서 말할 수 없는 부분이라 할 수 있다. 그래서 3신인이 땅에서 용출하였다는 표현을 썼을 것이다. 이것을 남방계의 전설이나 설화에 관련된다고 해서 그쪽으로 결부시키기도 하지만 확실하게 말할 수 있는 것은 아니다. 다음 2)의 단계와 대조적으로 땅에서 솟아났다고도 할 수 있는 일이다.

2)의 부분을 보면 한반도에서 남하해 온 것을 알 수 있다. 부족장의 이름이 고대 한반도 계열의 언어이고, 바다에서 어업에 종사하기보다 산간생활을 영위한 것으로 보아지기 때문이다. 구석기시대 후기(서기전 1만경)에는 수렵채취의 시대에 들어간 것으로 보면, 그 시대를 반영한 것이 아닌가도 싶다. 최소한 1만년 전의 것으로 추정되는(김공칠 1999 : 303 참조) 빌레못동굴의 유적도 참조된다. 이 때는 일본은 zyoomon(繩文)식 문화기의 초기에 해당한다. 동굴과 수혈(竪穴)의 주거생활 시대이다.

서기전 1500년에 이르러 중국에서도 황하 하류에 은(殷)왕조가 성립하고 청동기문명시대에 들어간다. 한국사연표에 의하면 동국통감(東國通鑑)에 의거 단군(檀君) 기원을 서기전 2333년으로 잡고 있는데, 이 때는 토기(土器) 문명의 시대이고 원시적 농경생활의 시대이다. 마제(摩製) 석기와 토기를 사용하기 시작하는 시대이기도 하다. 중국에서는 전설의

하(夏)의 시대이고 그 신화와 전설은 농경에 기반을 두고 있다. 중국에서 역사가 시작되는 것은 은나라 시대부터이고 고조선의 역사도 확실한 것은 연(燕)나라에서 위만(衛滿)이 고조선에 망명하고(서기전 195년) 고조선을 빼앗아 왕검성에 도읍하고 고조선왕 준(準)이 남쪽의 한(韓)으로 내려온 사건(서기전 194년) 이후이다. 그렇게 보면 제2장에서 진시황이 불사초를 구하기 위해 제주도로 서복을 보낸 제주도의 사건이 최초의 역사적 기록이라고 할 수 있다.

서기전 300년에는 일본에서도 도작(稲作)과 베틀이 행해지는 yayoi(彌生)문화가 시작되고 있으므로 이상의 시대 흐름의 정황을 볼 때는 2) 단락의 기록은 적어도 기원전 500년 이전의 일로 생각된다.

3)의 부분은 어느 특정시대로 지정할 수 없는 끊임없던 일본과의 교류의 하나의 상징으로 가라-제주도-왜의 삼각항로의 왕래중의 한 사례이다.

4)의 부분은 서기 3세기 중반 이후의 천손국의 침입의 시기로 본다. 5)의 부분은 부족연합국가를 세우는 것을, 6)은 3)에 이어질 수도, 5)에도 이어질 수 있는 것으로 좋은 일로 후미를 장식하는 구실을 하고 있다.

4)의 부분에 대해서는 필자는 김공칠(1999 : 198)에서 3신인과 신자 3인이 나타난 시기의 문화발달 단계가 다르다고 이미 언급한 바 있다. 앞에서는 전자는 1)에서, 후자는 4)에서 쓰이고 있다. 4)의 시기에 대하여 필자가 논의한 부분(김공칠 1999 : 201-)을 요약해 보면

「4세기초에 가라에서 북규우슈우에의 대대적인 이동이 일본에서의 제1차의 강림(주인공 숭신왕)(江上 1967 : 196)이고, 일본의 제2단계의 건국은 4세기말에서부터 5세기초에 걸쳐서 응신왕에 의한 기내(畿內)정복, 야마토(大和)정권의 수립으로 본(江上 1967 : 197)데 맞추어 신공왕후의 제주도 방문에서 제주도 3신자 사이에 혼인동맹에 의한 연합정권의

나라가 건립되고 신공왕후쪽은 그 아들 대에 일본의 중앙진출에 성공하게 되는 것이고, 삼석석(三射石)의 일전(一戰)은 4세기 중엽 이후의 사건으로 본다.」고 하였다.

이 일들은 숭신왕의 시기에서 비롯해서 그 다음의 신공왕후의 일까지 포괄해서 나타낸 것으로 볼 수 있다. 다만 신공왕후의 일은 신공왕후 설화를 어떻게 해석하느냐에 달려있어서 여기에 포함시킬건지는 좀 두고 볼 일이다. 4)의 부분을 확대했을 때 앞의 요약 부분의 취지는 그대로 유지된다고 보나 다만 이 책에서 지금까지 필자가 언급해 온 대로라면 연대에서 약간의 어긋남이 있다. 연대가 약간 앞당겨지는 차이이다. 숭신왕의 제1차 일본 침입은 4세기 초가 아닌 3세기 중반 이후로, 응신왕의 중앙진출은 4세기 말에서부터 5세기 초에 걸쳐서가 아닌 4세기 중반으로 보는 차이가 있다. 그것은 특히 숭신왕대의 연대를 확실하게 가늠할 수 있는 일본쪽 자료가 없기 때문이다. 어느 연대의 추정이 맞거나 틀리건 제주도와 일본과의 사건의 연계성에는 문제가 없다.

다시 말해서, 제주도쪽에는 기록이 남아 있는 것이 없고, 일본측의 것도 한국의 연기(年紀)와 대조적으로 맞추어서 비로소 어떻다고 말할 수 있는 것이어서 시기상의 어긋남은 있을 수 있다. 응신왕의 중앙진출의 시기를 앞당겨진 것은 일본서기에 15대 응신왕 16년 기사에 백제의 아화(阿花)왕이 돌아갔다는 기사와 그 해에 왕인(王仁)이 일본에 왔다는 것에서 온다. 삼국사기 백제본기에는 왕인의 기록은 없으나 백제 16대의 아신(阿莘)왕의 이름은 나온다. 일본서기의 '阿花王'의 기록은 '阿華王'과 같이 보고 백제기록의 '阿莘王'에 맞춰보기도 한다(岩波 1967 : 365 頭注 참조). 아신왕이 돌아가신 해가 서기 405년이니 그렇다면 응신왕 16년은 같은 해인 405년으로 맞춰볼 수 있다. 이에 대해 그 해에(그 전 해에 阿直岐), 왕인이 백제에서 왔다는 것은 삼국사기 백제본기의 '阿莘王'의 마지막 해(그 전후에도) 기록에 보이지 않으니 확실한 것은 아니다. 왕인이 405년에 논어10권과 천자문 열 권을 가지고 일본에 와서 백제의 경학(經學)을 전했다는 것인데 그 태생지가 월출산(月出山) 밑 영암구림이라고 전한다(한국정신문화연구원 2002 : 97).

한편 응신왕 8년(앞의 연대 대비로 보면 397년) 기사에 백제기 이름의 백제의 기사가 인용되어 있는데 그 내용은 백제의 '阿花王'(阿莘王)이 왕이 된 다음 귀국(貴國)에 무례하여 '枕彌多禮' 및 '峴南, 支侵, 谷那, 東韓'의 땅을 빼앗기니 왕자 직기(直岐)를 천조(天朝)에 보내어 마음을 풀도록 하였다는 것이다(왕자 직기를 아직기(阿直岐)로 보면 응신왕 15년에 일본에 와서 이듬해 16년 기사에 백제 아화왕(阿花王)이 죽고 응신왕이 직기(直岐, toki)왕을 만나는 일과는 연계지을 수 있다).

이 기사에는 여러 가지 문제점이 있다. 백제기라는 서명은 백제는 물론 한국측 기록에도 남아있지 않다. 그리고 귀국(貴國)과 천조(天朝)는 어디를 가리키는가, 또 여기서 나온 지명들이 어디를 나타내는가 하는 것이다. 지명은, 동한(東韓)이 그 앞의 지명을 총괄한다고 보면 마한의 동부지대로 볼 수 있다.

백제기에 대하여는 백제 이외의, 백제 사정에 정통한 나라 예컨대 제주도 혹은 전남 남부의 어떤 소국가에서 쓰여진 것이 아닌가도 생각할 수 있다. 그런 일이 가능하다면 제주도를 비롯한 전남 남부가 백제와는 별도로 움직이고 있었다는 것이 된다.

제주도쪽이나 전남 남부쪽에서도 따로 기록이 남아 있지 않고, 일본측에 남아있는 기록도 한국의 연기(年紀)와 대조적으로 맞추어 보고서야 비로소 어떻다고 말할 수 있는 것이어서 시기상의 어긋남이 생길 수 있는 일이다. 앞서의 응신왕 8년의 백제기의 기사는 삼국사기 백제본기에 있는 아신왕 6년(서기 397년) 5월에 아신왕이 왜국과 우호를 맺고 태자 전지(腆支)로써 인질로 삼게 했다는 기사와 유관한 것이 아닌가 싶다. 그러면 이 시기 이전에 백제의 압력에 의한 전남 남동부로부터의 승신왕의 일본 침입이 있었고 제주도에서도 부족연합국가가 성립한 것으로 볼 수 있다.

이 시기를 전후해서 삼국사기 백제본기의 기사와 일본서기의 기사가 연대상 맞아 들어간다고 생각되는 부분을 소개하면,

백제 13대 근초고왕 사망(서기 375년) – 일본 신공기 55년 백제 초고왕(肖古王) 사망.

근초고왕 30년 근구수(近仇首)왕 즉위(서기 376년) – 신공기56년 백제 왕자 귀수(貴須)가 왕이 되다.

근구수왕 10년 사망(서기 384년) – 신공기 64년 백제국 귀수왕 사망.

양쪽의 왕명의 표기에 좀 차이는 있어도 서로 맞아들어간다고 생각할 수 있고 이 대조되는 연대를 활용해 볼 수 있다.

신공왕후는 69년에 사망하였으므로 그 사망 연대는 서기 389년으로 추정할 수 있고 그 아들 응신왕 16년에 백제 아신왕이 죽었으니 그 해가 서기 405년이니 신공왕후가 죽어서 16년이 되는 해가 된다.

이러한 기록을 미루면, 신공기 원년(실은 9년)(서기 329년경)에 제주도를 방문했고 그 이듬해 곧 서기 330년에 신공왕후의 중앙진출 시도가 있었고, 응신왕의 중앙정권의 확립은 4세기 중반으로 볼 수 있다. 종전에 필자가 4세기 말로 본 것이 4세기 중반으로 앞당겨지는 결과가 된다.

이제 되돌아가서 5)의 사항 곧 삼사석(三射石)의 일에 대해서 언급하면 광활한 광양 땅(및 그 북쪽 바다쪽도)의 쟁탈을 위해 선주세력과 신진세력과 실지 일전을 치렀는지 서로간의 타협이 이루어졌는지는 알 수 없어도 일전을 벌이다가도 화해를 한 것으로 보인다. 만일에 분점지 제1도, 제2도, 제3도가 지금의 1, 2, 3도등과 거의 같은 장소였다면, 그리고 그 지역은 아주 옛적에는 늪 지역이었더라도 당시는 주거지로 변해

있었다고 했을 때 주민들의 피해를 생각해서 일전은 피했을 것이고, 선주민 세력은 연합부족국가의 1원으로 참여한 것으로 보인다. 제주도 특유의 3성의 연합은 그것을 암시한다고 보겠다.

6)의 부분은 서기전 300년경에 이미 일본에서 도작(稲作)이 시작된 것을 보면 제주도에서는 도작 외에는 농경이나 목축이 보다 앞섰다고 본다면, 3)의 부분부터는 연계되는 사항으로 삼성설화의 말미를 장식한 글로 보아진다.

이상과 같이 삼성설화가 여러 단계의 제주도의 역사적 변천상을 종합적으로 나타낸 것으로 본다면 제주도의 역사의 재구의 받침이 되고 있다고 할 수 있다.

이 장에서 다룬 서기 4-5세기의 부분에서 한반도에서의 북방세력의 남하로 인하여 서기 3세기말에는 용성국 정치체제에서 3부족 연합체제로 바뀌고 새로운 동력을 몰아 제주도계의 신공왕후를 도와서 4세기 중반에는 응신왕의 중앙진출을 이루도록 하였다는 것을 알려 주고 있다.

일본의 수인기(垂仁紀) 90년 기사에 상세(常世)의 국이면서 속인이 다가갈 수 없는 비구(秘區)로 표현된 것을 보면 당시까지(그 이후에도) 이상과 신비의 나라도 동경되어 왔음을 알 수 있고, 신공왕후 때도 보물의 나라로 일컬은 것을 보면 계속 경제력에서 비교우위에 있었던 것을 알 수 있다. 그리고 신공왕후로부터 백제에의 교통로의 중개역할을 간청받고 말과 말의 장비의 제공을 의뢰받을 정도로 당시로서는 매우 중요한 해운과 말 산업의 요지 구실을 한 것으로 보인다. 또한 한라산을 자기네들의 소원 성취를 들어주는 신산(神山)으로 받든 것을 보면 제주도가 경제적면에서만 아니라 정신적으로도 의지하는 곳이었음을 알 수 있다.

5. 맺는 말

여기서는 이상에서 장황하게 언급한 사항들을 간추리고 마지막에 그러한 사항들이 뜻하는 바를 새겨보기로 한다.

1. 서기 4－5세기는 한반도를 비롯하여 일본에서도 여러 가지 중요한 사건이 있었던 시기이다. 그것은 한반도의 북부로부터 밀려오는 흐름에 밀린 세력에 의하여 제주도와 일본에까지 침입당하는 일이 있게 되는데, 그 일로 일본에서는 기마민족이 정복하는 왕조가, 제주도에서는 연합부족국가가 성립하게 된다. 얼마 있다가는 일본의 신공왕후가 제주도를 방문하여 제주도의 후원을 얻어 아들 응신왕이 다시 일본의 중앙정권을 수립하는 등의 굵직한 일도 있게 된다. 이들 사건들은 모두가 국제적, 국내적 정세의 변동으로 연쇄적으로 일어난 일로 보고 이들을 연계적으로 고찰하였다.

2. 일본은 4세기에 들어서서 시대적 양상이 크게 달라지는데 그 증표가 고분문화의 변화이며, 이는 일본 자체내의 자생적 변화이기보다는 외부로부터의 일본 침입에 의해 야기된 결과로 보고 있다. 그 대표적인 주장이 기마민족정복설이다. 그 요지는 대륙계(퉁구스계)인 북방기마민족이 남한쪽으로 신라, 백제에 전파되고 가라를 통하여 일본의 북규우슈우에 침입하고 나아가서는 일본의 중심부에까지 진출하여 일본 최초의 통일국가를 실현하였다는 것이다.

3세기 후반의 한반도 정세로 볼 때는 북방에서 밀려오는 물결에 따라 그 곳에 살 수 없게 된 귀족, 호족들이 사병과 군사를 이끌고 해로로 전남 남부로 피신해 온 것을 가정할 수 있다. 전남 남부는 북방계 고인돌이 엄청나게 분포되어 있는 유서 깊은 지역이다. 또한 이 일대는 말과 관련된 지명이 가장 많이 남아 있는 곳이어서 옛적에 기마용의 말이 사육된 곳으로도 추정된다.

일본의 역사적 기록에서 서기 266년 이후의 공백기간에 이곳으로부터 숭신왕의 일본 침입이 있었지 않나 보고, 또 공백기간의 마지막에 가까운 시기에 응신왕이 일본의 중앙진출이 있었던 것으로 보는데 그 기점이 되는 제주도 역시 목마의 호적지였다.

숭신왕의 왕비나 왕자의 이름에 쓰인 mimaki, arakaha, tobe, irihi 등의 해명을 통하여 지명과 관련된 부분은 전남 남부적인 것과 제주도적인 것에 걸치는 부분이 있어 숭신왕의 집단이 전남 남부에서 제주도로, 일본으로(제주도 경유해서) 건너온 것이 아닌가 추정하는데 이것이 기마민족의 일본 침입에의 제1파로 보게 된다.

기마민족의 일본에의 침입의 제2파는 서기 340년대 곧 4세기 중반의 신공왕후와 그 아들의 응신왕대의 일이다.

신공왕후의 친정의 나라이며 보물의 나라인 제주도와의 경제협력과 후원을 받기 위해 응신왕을 잉태한 채 제주도에 가서 많은 지원을 받고 귀국한다. 신공왕후가 신라가 아닌 제주도로 간 것으로 보는 것은 기록에 보이는 도항(渡航)의 정황이나 왕비명, 지명, 신명 그리고 연합정권의 부족의 이름 등으로 미루어 알 수 있다. 또한 제주도의 한라산의 영산(靈山)과 신수(神水)의 샘의 신령에게 제사 지내어 그 수호를 빌었다. 신공왕후가 일본에 귀국 후 그 여세를 몰아 일본의 중앙부에 진출한다. 이 왕대를 기마민족 침입의 제2파로 보는데 필자는 제주도가 기점이 되어 기마의 은송이나 용병(用兵)이 있었다고 보고 있다.

3. 서기 329년 경 곧 4세기 초반에 일본의 신공왕후가 제주도에 왔을 때 신라, 백제, 고려의 3왕이 있었던 것으로 되어 있다. 이 때 고려, 백제 이름의 왕은 외부세력일 것이고 신라는 원래의 용성국의 터밭인 사라/새라의 이름을 바꿔 쓴 것으로 보인다. 곧 외부세력과 기존세력이 타합하여 연합부족정권이 이루어진 것으로 보인다.

소위 삼성설화에서 일본국왕이 왕녀 셋을 보내어 하는 말에서 1) 일본

국왕이 왕녀를 보내고, 2) 제주도에 3신자(神子)가 큰 산에 내려왔다는 것, 3) 대업을 이루다는 대목들이 그것을 반영한다 보겠다. 이 때의 일본국은 숭신왕 이후의 일본국을 지칭하고, 2)의 3신자의 강림은 같은 북방계열의 천손족임을 나타내고, 3)의 대업을 이루는 일은 부족연합국가의 수립을 뜻하는 것으로 해석된다.

그리고 이때의 천손족은 낙랑군 일대(고조선의 옛 터전)에 거주한 북방계열을 나타내고 넓게는 고구려, 백제, 신라도 이에 포함된다. 제주에 들어와서 성공한 연합정권은 중심 지역을 셋으로 나누어 분점(分占)하고 사제(司祭), 사정(司政), 대외적 정사(政事)를 번갈아 분담하고 연장의 사람을 성주(星主)로 삼았다고 생각된다.

이 시기에 대해서는 한국과 일본의 연대의 상대적 관계를 가늠하는 잣대에 따라 달라질 수 있으나, 신공왕후 말년의 연대와 삼국사기 백제본기에 있는 동일 사건의 연대의 대조로 어느정도 가늠할 수는 있다.

그리고 제주도가 탐라의 이름으로 역사에 등장하는 것은 백제 문주왕 2년(서기 476년)에 탐라 공물(貢物)의 기사에, 동성왕 20년(서기 490년)에 탐라 견사(遣使) 걸죄(乞罪)의 기사에 나온다.

한편 일본서기에는 일본의 무열왕 2년(서기 500년)에 탐라인이 처음으로 백제국에 통했다고 나온다. 이 때는 백제 동성왕 22년이고 이듬해 무령왕 대로 바뀐다. 무령왕은 섬에서 태어났기에 '섬의 왕'이라고도 하는데, 태어난 섬이 제주도와 유관한 듯싶다. 그런 면에서 제주도와 백제와의 국교 정상화는 이 때부터라고 보이며, 문주왕 2년 기사 및 동성왕 20년 기사는 당시 웅진쪽에 있던 백제가 전남의 남부 지대 특히 탐진 지대를 탐라의 일부 지역으로 혼동하고 그쪽과의 교류 혹은 침공을 염두에 둔 것이 아닌가 싶다. 당시로서는 백제가 절해고도의 제주도를 칠 정도의 국내적 사정이나 군사력 사정에 여유가 있지 못하였다고 본다.

4. 이상의 논의들의 근거로서 중요한 구실을 하는 어휘의 일람을 제

시하였고, 역사의 재구에 참고되는 제주도의 소위 삼성설화를 분석하여 앞의 3.에서 언급한 바와 같은 제주도의 역사적 발달 단계와 연계하여 생각해 봤다. 그리고 서기 4-5세기 이전의 일과 당시의 것과를 구별해 보았다. 4세기 말의 신공왕후의 기년(紀年)과 백제의 기년의 대비를 통하여 그 이후의 기록은 한국과 일본쪽의 것은 어느 정도 맞추어 볼 수 있게 된 것을 확인했다. 그 이전의 것도 이 시기로부터의 역산(逆算)으로 어느정도 가늠할 수 있으리라고 본다.

어떻든 4, 5세기의 제주도는 여전한 보물의 섬이며 남이 범접할 수 없는 신비의 나라였고 일본의 정치와 문화에 직접, 간접으로 큰 영향을 끼친 나라였다는 것을 알 수 있고, 대외적 활동 면에서도 중개적 역할을 수행하고 물론 교역면 특히 말의 사육·공급 면에서 큰 도움을 준 것으로 보인다. 종교적, 정신적 면에서도 제주도는 영산인 한라산이 큰 지주(支柱)가 된 것을 확인할 수 있다.

따라서 언어와 문화면에서도 일본은 한반도 남부와 제주도를 거쳐서 한반도 계열의 언어와 문화가 부단히 파급되었을 것이다. 이상에서는 이러한 파급의 루트가 가라와 전남 남부 그리고 제주도의 경우가 있을 수 있음을 보여주었는데, 그것도 북규우슈우-긴키(近畿) 지방의 경로였지만, 이외에도 한반도의 동해안 북부로부터의 일본의 호쿠리쿠(北陸)로, 동해안 남부로부터의 이즈모(出雲) 지방으로 전파되는 루트도 있었으니 이렇게 건너간 언어와 문화는 일본 각 지방의 특유의 방언과 지방문화로 분포하고 자체적인 변화를 거치면서 오늘의 일본의 언어와 문화가 형성되었다고 볼 수 있다. 뿌리는 한반도로부터의 북방계의 천손족의 것이다. 일본측에서는 한반도 계열을 여러 가지 다른 계열로 나누려 하거나 한국 이외의 것에 결부시키려는 움직임이 있으나 그럴수록 뿌리가 단일적인 근간으로 된 일본민족이나 인종 그리고 문화의 기원을 다종화시키는 결과를 가져오게 할 마이너스 면이 있다는 것을 유의할 일이다.

제7장 서기 6세기(중반)의 제주도

−가라 왕손의 제주도 망명과 일본 진출−

내 용

〈요지〉

서기 6세기에 제주도에 있었던 역사적인 사건으로, 서기 532년에 신라에 병합된 가라의 왕자 상손 졸지공이 제주도 출신으로 보이는 님과 함께 제주도에 피신하고는 제주도내의 반대 세력을 포섭한 후에 제주도의 경제력과 군사적 지원에 힘입어 일본으로 진출하여 차례로 섬의 부족과 일본의 중앙부를 포섭하고 일본의 흠명왕으로서 명실공히 일본의 야마토 정권을 수립하였다.

특히 그의 딸인 추고왕 때에 이르러서는 새로운 정치, 경제, 문화의 발전을 가져와 일본의 역사상의 일대 변혁을 가져온다. 이러한 변혁을 일본에서는 북방 계열의 기마민족에 의한 일본 침입의 사건으로 설명하기도 한다.

국가의 면목이 일신된 것을 계기로 삼아 추고왕 때 정권의 신통성(神統性)과 정당성을 내세우기 위해 일본 최초의 역사서 편찬을 위한 자료들을 수합하기 시작하는데, 그 속에 앞서의 정권 수립 과정을 일본의 창세기 신화로 투영시킨 기록이 일본의 고대 사서인 고사기와 일본서기의 신대(神代)의 기록으로 보인다. 고사기의 분석은 이전에 행한 바 있고 여기서는 일본서기를 중심으로, 그것에 나타난 신명, 지명, 왕명 등을 침사적 표기로 보고 분석한 결과 고사기의 분석에서 얻어진 것과 일부의 차이는 있어도 기본적으로 동일함을 확인할 수 있었고 앞에서 언급한 내용들을 재확인 할 수 있었다. 이와 더불어서 당시의 일들에 참여한 제주도의 정치적, 경제적 위상이나 신명과 지명 등의 분석을 통한 종교적 위상 그리고 부분적이기는 하나 당시의 언어의 목록 등을 재구할 수 있게 된다.

1. 머리말

서기 6세기에 들어서서는 한반도 남부에서 가라국이 신라의 공세에 견디지 못하여 신라에 항복하여 병합 당하는 일이 생긴다. 삼국사기 신라본기에 의하면 신라 법흥(法興)왕 19년(서기 532년)에 금관국주(金官國主) 곧 가라국의 제 10대 왕인 김구해(金仇亥)가 왕비와 세 아들(장남 奴宗, 차남 武德, 3남 武力)과 더불어 국탕(國帑, 국고)과 보물을 가지고 가서 신라에 항복한다. 법흥왕은 이들을 예(禮)로서 대우하고 높은 벼슬을 줌과 동시에 가라의 옛터를 그의 식읍(食邑, 조세권을 맡은 지역)으로 하고 아들 무력에게는 각간(角干)의 벼슬을 주었다(무력은 김유신의 조부).

이에 대해 삼국유사 가락국기에는 제10대 구형(仇衡)왕에는 아들 셋이 있었고(장남 世宗, 차남 茂刀, 3남 茂得), 신라 진흥왕 때에 항복한 것으로 되어 있다. 왕명이나 왕자명의 한자 표기가 두 사서에 차이가 있으나 음훈으로 미루어 동일인의 이표기(異表記)로 볼 수 있다. 다만 왕자의 차남과 3남의 순이 바뀐 것 같이 보인다.

여기서 관심이 가는 것은 왕자 상손(上孫) 졸지공(卒支公)(率友公, 率支公이라고도)의 이름이 가락국기에 보이는 것이다. 왕자 상손(上孫)이 장자(奴宗 혹은 世宗)를 가리키는 것인지 장자의 아들을 가리키는 것인지 확실하지 않으나, 왕자 상손의 표현은 손자를 가리키는 것으로 본다. 이 왕자 상손이 신라에 항복한 것으로 되어 있지만 삼국사기에는 왕자 상손(卒支公)에 관한 기사가 보이지 않는다. 그 점에서는 왕자 상손이 신라에 항복했다기 보다는 다른 곳으로 예컨대 제주도로 피신하지 않았나 하는 것이다.

필자는 이미 졸저(2004 : 335－7)에서 님과 함께 제주도로 피신하였다가 일본의 중앙부로 진출하여 중앙정권 수립에 성공하였다고 주장하였다. 그 근거는 일본의 일본서기와 고사기의 신대(神代)의 신화의 내용을 찬찬히 음미하고 졸지공과 선왕들의 왕명을 침사식(枕詞式)으로 분석함으로써 얻어진 것이다. 침사식 표기라는 것은 일본의 고대 사서나 가요 기타 기록에서 사용된 일본의 특유의 방식으로 한국어를 일본어로 빌려 쓸 때 직역한 대로 쓰지 않고 직역한 후 그것을 혹은 아예 처음부터 분절적으로 동음이의(同音異義)의 다른 말로 고쳐 쓰는 분절적인 번역식으로 쓰는 것과 같은 것이다. 예를 들면, 다음의 예시에서,

(1)			(2)		
원한국어	젖	어미(乳母)	달	글 (高)	관형형(피수식어 山)
일본어(직역)	ちち(乳)	はは(母)	たか(高)	(き)	관형형(피수식어 山)
일본어(한자어)	(う	ば)			
일본어(침사)	ちち(父)	はは(母)	あし(足)	ひき(引)(の)	관현형(피수식어 山)

(1)의 예는 가사에서 명사로 나온 예고, (2)는 가사에서 수식어로 나온 예다.

보통 침사(枕詞)는 수식어로 쓰인 예가 많아서 침사라는 말을 쓴다. 어느 것이나 원래의 한국어의 뜻대로 대역하여 쓰지 않고 원 뜻도 알기 어렵기도 해서 원래의 뜻과 동음이의의 다른 일본어로 굴절시켜서 사용하고 있는 것이다. 거꾸로 일본어쪽에서 관찰할 때, 앞의 'あし(足)ひき(引)のやま(山)'처럼 앞뒤의 수식 피수식 관계(침사와의 문맥관계)의 풀이가 분명치 않아서 그 뜻을 미상으로 남겨 놓은 것이다. 지금까지 미

상으로 남아 있던 것들을 필자가 앞에서처럼 맨 아래의 침사를 분절하여 분절마다 일본어의 동음이의의 다른 말로 바꿔서 맨 위의 원한국어로 환원시키니까 선후의 의미관계의 일치를 얻을 수 있어서 확연히 풀이할 수 있게 된 것이다.

이와 같이 일본어의 고전(사서 포함)에서는 원래의 한국어를 굴절시켜서 나타낸 표현들이 많다. 일본서기와 고사기에 나오는 신명(神名), 왕명, 인명에게도 보인다. 그 표기를 볼 때는 도대체 무슨 뜻을 간직하는 것인지 애매한 경우가 많았는데, 그것들을 침사적 표기로 보고 풀이하면 그 뜻이 확연해지는 경우가 있게 되는 것이다.

이미 그러한 방식을 이용하여 김공칠(2004)에서는 고사기의 기록을 중심으로 서기 6세기의 가라의 망명 왕손의 일을 다루었지만, 이 책에서 세기별 역사 서술의 체계상 그 사건을 빠뜨릴 수 없어서 여기서는 그것을 보충한다는 의미로 일본서기의 부분을 가지고 다루고자 한다. 그리고 고사기에 보인 신명, 왕명, 지명 등 언어자료도 일본서기의 것과 어떻게 맞추어지는지도 확인하고자 한다.

2. 가라 왕손의 제주 망명

2.1. 일본서기(神代上)의 원문과 풀이

먼저 일본서기(권1) 서두(神代上)의 원문과 번역문을 보이면

古天地未剖, 陰陽不分, 渾沌如鷄子, 溟涬而含牙, 及其淸陽者, 薄靡而爲天, 重濁者, 淹滯而爲地, 精妙之合搏易, 重濁之凝竭難. 故天先成而地後定. 然後, 神聖生其中焉. 故曰開闢之初, 洲壤浮漂, 譬猶遊魚之浮水上也. 于時, 天地之中生一物. 狀如葦牙. 便化爲神. 號國常立尊. 至貴曰尊, 自餘曰命, 並訓 美擧等也, 下皆効此 次國狹槌尊, 次豊斟渟尊. 凡三神矣, 乾道獨化. 所以, 成此純男.

(옛날에 천지가 아직 나누어지지 아니하고 음과 양도 나뉘어지지 않는 때 혼돈된 상태가 마치 계란과 같았는데 컴컴한 가운데 어떤 조짐이 보였다. 그 중에 맑고 밝은 양(陽)의 기운은 가벼이 나부껴서 하늘이 되고 둔탁한 것은 멈춘 채 땅이 되었다. 곱고 섬세한 것이 모아져서는 뭉치기 쉽고 무겁고 탁한 것은 엉켜서는 마르기 어렵다. 그래서 하늘이 먼저 이루어지고 땅이 나중에 이루어졌다. 그 다음에 신(神)이 그 가운데 생겼다. 그래서 말하기를 천지가 개벽하는 태초에 국토가 떠 움직이는 것은 비유컨대 노는 고기가 물 위에 떠 있는 것과 같다. 이 때 천지 가운데에 하나의 산 것이 나타났다. 모양이 갈대의 싹과 같았다. 이윽고 신으로 화한다. 국상입존(國常入尊, kunino-tokotatinomikoto)이라 일컫다. 이르기를 귀한 것을 존(尊)이라 하고 나머지를 명(命)이라 한다. 아울러 mikoto(美擧等)로 읽는다. 이하 이에 따를 것. 다음에 국협추존(國狹槌尊, kuninosatutinomikoto), 다음에 풍짐정존(豊斟渟尊, toyokumunomikoto) 모두 세 신이다. 양기(건도(乾道))가 혼자서 되었으니 그래서 이들 순수한 남성이 이루어지게 되었다.)

이 글의 앞부분은 중국의 고문헌에 보이는 문구를 짜깁기한 것 같다. 일본서기의 주석(岩波 1967 : 543-, 補注 2-4)에 의하면 회남자(淮南子, 假眞訓)의 「天地未剖, 陰陽不判(四時未分, 萬物未生)」에서, 예문유취(藝文類聚(天部)) 인용의 삼오역기(三五歷紀)의 「混沌狀如鷄子」에서, 또 삼오역기의 원문에는 「溟涬始牙」의 글귀가 있어 그것에서, 또 회남자(天文訓)의 「淸陽子薄靡而爲天, 濁音爲地」에서, 또 같은데서 「故天先成而地後定」 등을 빌어다가 신화의 첫머리를 장식한 것으로 보인다.

고사기 서두에는 이러한 장식구가 없다. 이 다음의 일본서기의 「천지가 개벽하는 태초에 국토가 떠움직인다 ……」는 대목은 고사기 서두에서의 「나라가 어려서 마치 뜬 기름과도 같이 해파리처럼 물 위에 떠돌 때

갈대의 새싹이 눈 트고 솟아나는 것과 같이(이루어진 신)」(國稚如浮脂而, 久羅下那州多陀用弊流之時 流字以上十字以音 如葦牙因萌騰之物而成(神名))」와 비슷한 뜻의 맥락으로 볼 수 있다(cf. 김공칠 2004 : 303).

이러한 부분은 서기전의 한반도, 제주도, 그리고 한반도 남부와 일본의 도서 등의 불안정한 상태를 암시한다고 하겠다. 그 이후의 그리고 6세기 초반의 일본에서의 군소 부족들의 유동상태도 가리키는 것으로 보인다.

어떻든 일본서기의 신대(神代)의 문식 부분을 뺀다면 태초에 혼돈스러운 때에 신이 나타났다는 것인데, 이는 삼성설화 서두의 「태초에 인물은 없었다. 삼신인이 땅에서 나타났다.」와 거의 같은 구조다. 제주도의 삼신의 이름은 양을나, 고을나, 부을나(고려사 지리지)로 나오는데 일본서기에서는 국상입존, 국협추존, 풍짐정존의 이름으로 나오는 차이이다. 이들 신명이 남성 독신임은 공통적이다.

2.2. 내용의 분석

이제, 일본서기에 나오는 삼신의 신명을 풀이해 보고자 한다. 첫 번째 신명인 국상립존(國常立尊)과 유사한 신명이 고사기에 나오는데, 차례에 차이가 있다. 고사기에서는 별천신오주(別天神五柱)의 다섯 신이 나오고 이어서 신세칠대(神世七代)의 일곱 신이 나오는데, 별천신오주의 마지막 신으로 천지상립신(天之常立神, amenotokotatinokami)이 나오고, 신세칠대의 첫 번째 신으로 국지상립신(國之常立神, kuni(no)tokotati(no)kami)이 나오는 구조이다. 하나에는 '天之'와 같이 '國'과 상대적으로 쓰이고 있으나 침사적 표기로 볼 때는 같은 뜻의 것이다.

이미 필자(2004 : 311, 315)가 풀이 한 것과 맞춰 보기로 한다. 이 신명은 상관적으로 동일하게 풀이될 수 있다. 존호에서 하나는 mikoto*(尊)의 차가 있다.

天之	常立	神	ame(no)	tokotati(no)	kami
國之	常立	神	kuni(no)	tokotati(no)	kami
國	常立	尊	kuni(no)	tokotati(no)	mikoto
			a) kan / kɯn	təkə tar*	
			b) pɐr	ɐrna*	1書의 異表記 '國底立尊' 참조.

해독의 근거에 대하여는 이미 필자가 자세히 언급한 바이고 여기서는 그 요점만을 적기로 한다. 제1항의 a), b)의 풀이는, '天'의 한국어(그리고 아이누어)의 kan(cf. 계림유사 漢捺), '大'의 kɯn, bɐr(伯)을 나타낸 것으로 보고, 제2항의 a)는 təkə(州胡)의 tar(山), b)는 '乙那'를 나타낸 것으로 본 것이다.

a)의 풀이로는 하늘의 / 큰 제주의 산(한라산)의 수호신의 뜻으로, b)의 pɐr'ɐrna*의 풀이로는 부을나(夫乙那)(제주도의 신명 / 부족장)의 신으로 풀이된다. 이 신명이 일본서기에 첫 번째 신명으로 나타나는데, 제주도 신명에서는 세 번째로 나타나서 어긋날 것 같으나, 앞에서 말한 대로 고사기에서는 별천신오주(別天神五柱)의 마지막에 나오는 점도 참작하여 신명의 차례는 서차(序次)를 나타냈다기보다 동위(同位)의 교체 표기로 볼 수 있다. 실지 제주도의 3신은 문헌에 따라 차례가 바뀌기도 한다. 어떻든 이러한 신명을 보아서 일본서기의 첫머리처럼 천지가 혼돈하고 국토가 유동하는 시기에 제주도가 중심적인 위치에 있었다는 것을 나타내는데 적절한 것이 아니었나 생각된다. 표기에 쓰인 한자도 하늘에(혹은 나라로서) 떳떳이 서 있음을 나타내고 있어 한라산의 위용(偉容)을 암시하는 듯싶다.

다음 일본서기에서의 두 번째 신명 국협추존(1書에서는 세 번째 신명으로)에 대해서는 필자로서 처음으로 분석해 보는 것인데,

國狹槌尊	kuni(no)	satuti(no)	mikoto
다른 표기(1書) 國狹立尊		satati(no)	

앞의 신명의 구조와 맞추어 보면 제2항의 sa(狹)의 차이다. 이 형식을 se와 동원어(同源語)로 보면 고전어에서 '좁다'(狹)의 뜻으로 쓰였다. 현대어에서는 semai의 형용사로 쓰인다(cf. 한국어 '좁-'). sema(狹)의 동음이의어로는 sema, sima로서 섬(島)을 나타낸다. 그래서 이 신명은 하늘의 / 큰 섬의 산(한라산)의 수호신의 뜻으로 풀이된다. 한편, 고전일본어의 sa*에는 '新'의 뜻도 있었던 듯하다. sa－otome(早 / 小－女) '처녀' 그리고 sa－nae(早苗) '묘판에서 옮겨심을 볏모'의 말에서 '묵은 것이 아닌 새것'의 뜻이 간직된 것으로 볼 수 있는데, 그렇다면 한국어의 새라, 새나(徐羅, 徐那－伐, 新羅)에 맞추어 볼 수 있다. 그런 뜻에서는 앞의 신명은 하늘의 / 큰 새라(새나)섬·산(또는 '原, 野' cf. 들)의 수호자로 풀이될 수 있어서 이 역시 제주도의 서울(cf. 西那의 땅, 산 cf. 紗羅峯)과의 결부도 가능하게 된다.(이상에서 tati(立)는 tar(tɐr), tak와 연관됨)

다음 세 번째의 풍짐정존의 신명의 풀이 역시 처음으로 시도하는 것이다. 형태별로 나누면,

豊斟渟尊 toyo | kumununo | mikoto

제1항의 toyo*는 여유있고 충만한 뜻을 나타내는 말로 일본에서는 고대로부터 왕명, 국명, 인명, 지명 등의 선두에 얹혀 쓰는 경우가 많다. 이 말의 유래는 필자는 '보물의 섬' 제주도의 옛이름 təkə(toyo)에서 어중자음 k의 탈락에서 오는 말로 풀이하고 있다. 고대의 제주도계 인명에 잘 얹혀 쓰이는 말이다.

제2항은 일본서기(岩波 1967 : 546－) 보주(補注)에 의하면 kumunu(斟渟), kumono(雲野), kumuno(組野)의 교체형이 있다.

고사기의 신세(神世) 칠대의 두 번째 신명인 다음에 맞춰볼 수 있다. 이 신명에 대하여는 이미 필자(김공칠 2004 : 315)는 다음과 같이 풀이하였다.

A 원문	豊	雲野	神
훈독	toyo	kumono(no)	kami
원한국어		kanna / kamana	

여기에 앞에 것을 갖다대면,

B	豊	斟 渟	尊
	toyo	kumunu(no)	mikoto

제3항의 존호(尊號)를 제외하면, 제2항은 A와 B가 교체형(o / u의 교체)으로 보고 동일 신명으로서 주호(州胡)의 kanna*(漢拏)의 수호신으로 풀이된다. '渟'의 한자의 훈은 '물의 고임'이나 '물가'이다. 그런 면에서 '渟'을 nu로 읽고 있다고 볼 수 있다. '沼'의 nu(고대어), numa(현대어)와도 관계된다. 아이누어의 na(水)와도 관련될 것이다. 그 선행어 kumo / kumu에 대해서는, 한국어의 '大' kɯn / kɯm의 뜻을 동음의 '雲' 또는 '斟'의 다른 뜻을 가지고 나타낸 것이 된다. 결국 전체적으로는 주호의 '大水, 大國'의 뜻 혹은 주호의 kanna의 뜻이 내포된 것으로 보인다. 여기의 한자의 용자도 운중(雲中)의 그리고 신수(神水)의 산 곧 한라산을 암시하고 있다.

일본서기에 일서(1書)가 많이 나오는데 그만큼 천지개벽에 나타난 삼신(三神)의 풀이에 대한 여러 가지 기록이 있었다는 것이 된다. 그중에 네 번째 1書(第4)의 다음 기록의 우왈(又曰) 이하는 고사기의 첫머리의 3신의 이름과 거의 같은 모양으로 나오고 있다.

「一書曰，天地初判，始有俱生之神．號國常立尊．次國狹槌尊．又曰，高天原所生神名，曰天御中主尊．次高皇産靈尊．次神皇産靈尊．皇産靈，此云美武須毗.」

(1서에 이르기를 천지가 처음으로 나누어질 때 처음에 같이 생겨난 신이 있다. 국상립존이라고 한다. 다음에 국협추존이다. 또 이르기를 고천원(高天原, takamanopara)에서 생겨난 신의 이름을 천어중주존(天御中主尊, amanomi nakanusinomikoto)라고 한다. 다음이 고황산령존(高皇産靈尊, takamimu subinomikoto)이다. 다음이 신황산령존(神皇産靈尊, kamumimusupinomi koto). 황산령(皇産靈)을 미무수비(美武須毗, mimusubi)라고 한다.)

여기서 우왈(又曰) 곧 또 이르기를 이하의 부분이 고사기의 첫머리의 신명 중의 첫 번째와 두 번째 것과 거의 동일하게 나오고 있다. 이에 대한 필자의 풀이(김공칠 2004 : 306－)를 제시하고, 여기 것과 대비해 보기로 한다.

원문	天之	御中	主	神	天御中主尊
훈독	ama(no)	minaka(no)	nusi(no)	kami	
원한국어		ɐr	ətna		

ɐr'ətna*를 제주도의 '良乙那'에 해당한다고 하였다. 신명의 대비에서는 수식의 '之'의 유무와 맨 끝의 존호의 차이다(ɐr / ər(魂)).

원문	高	御産巣	日	神	高皇産靈尊(皇産靈의 mimusubi의 주기 참조)
훈독	taka	mimusu	bi(no)	kami	
원한국어	a) tak(a)	ɐr	na		
	b) tak	na	pɐr		

여기 a)의 tak'ɐrna*에서는 제주도의 '高乙那'에 해당되기도 하고, b)에서는 일본의 천손 강림지 고천원(高天原)에 해당되기도 하는데 이것은 제주도 한라산의 이름과도 동일한 것이 된다. 일본에서는 고천원에 강림한 것으로 풀이할 수 있고, 제주도에서는 taknapɐr* 곧 '乇羅'의 pɐr(山 / 原)에 강림한 것으로 풀이할 수 있다. 신명의 대비에서 제2항에 차이가 보이나 일본서기 1서에서의 주석을 볼 때 같은 표현이라는 것을 알 수 있다. 앞의 두 신의 한자의 용자도 하늘(/바다)의 중심이고 신의 원향(原鄕)을 나타내는 데 쓰이고 있다.

고사기에서의 다음의 세 번째 신명은 여기에 나와 있지 않지만 참고로 아래에 소개하고 또 그에 대한 필자의 풀이를 보이면,

원문	神	巢	日	神
훈독	kan	musu	bi(no)	kami
원한국어	a) kɯn / kɐn	ɐr	na	
	b) kan	na	pɐr	

여기 a)의 kɐn'ɐrna*에서는 제주도의 부을나(夫乙那)로 보았고, b)의 kamnapɐr*은 신수(神水)의 산인 한라산과 관계되는 것으로 보았다. 앞에서의 두 번째 신명과 비슷하지만 제1항의 수식어가 다르게 되어 있다. 제2항의 musu에는 '生·産'의 뜻이 있다.

그런데 앞에서도 언급한 바 있지만, 일본서기에서 첫 번째 신명(國常立尊)과 비슷한 것이 고사기에서는 다섯 번째(別天神五柱의 마지막)인 국지상립신(國之常立神)으로 나오고 있다. 이들에 대한 상관적인 풀이는 앞에서 보였지만 이렇게 천지개벽시에 나타난 첫 신에 대한 기록이 책에 따라 달라질 수 있는지 궁금하지 않을 수 없다.

필자의 소견으로 일본서기의 문두에 있는 중국식 문식이 없는, 다음의 고사기의 서두의 것이 원초적인 것으로 보인다.

「天地初發之時, 於高天原成神名, 天之御中主神. 訓高下天云阿麻下効此 高御産巢日神. 次神産巢日神. 此三柱神者, 並獨神成坐而, 隱身也.」

(천지가 처음으로 개벽할 때 '高天原'에서 신이 된 이름은 '天之御中主神.' 高 다음의 天의 訓은 阿麻라고 한다. 이하 이에 따르라 다음은 高御産巢日神. 다음은 神産巢日神. 이 삼주(三柱)의 신은 모두 독신으로 있으시다가 몸을 숨겼다.)

앞에서 본대로 여기의 3신은 삼성설화에 나오는 양을나, 고을나, 부을나와 같이 분석되는 점에서 삼성설화의 첫 대목과도 같다.

고사기에는 이들 3신에 이어 두 신이 이어져서 이들을 모두 별천신오주(別天神五柱)라고 하고 있다. 필자는 이 두 신은 나중에 추가된 것으로 보는데, 그 마지막 신명(天之常立神)이 일본서기에서의 첫 번째 신명(國常立尊)으로 나타나 있는 것이다. 별천주오신에 이어서 신세칠대(神世七代)가 시작되는데 그 첫 신(國之常立神)이 바로 그 앞의 신명과도 같고 일본서기의 첫 신명과 같다. 앞 부분의 수식의 용자와 맨 끝의 존호가 다르게 나오지만 그 본 뜻은 동일하게 분석된다.

이렇게 본다면 고사기의 서두의 별천신 5주는(특히 그중에서 3주만은) 원초적인 것이고 그 다음의 고사기의 신세칠대나 일본서기의 신대가 공통적으로 시작되고 있음을 나타낸다.

여기서 고사기 신세칠대가 시작되는 신명과 일본서기의 신대(상)가 시작되는 신명을 대조해 보면,

고사기	일본서기
國之常立神	國常立尊
	國狹槌尊
豊雲野神(豊國野神)	豊國主尊(豊組野尊)

일본서기의 중간의 한 신명을 제외하면 서로 맞아 들어간다고 볼 수

있다.

이들을 이어서 고사기나 일본서기(神代 上 제2단)에는 몇 분의 신명이 나오고 마지막에 이장락존(伊奘諾尊, izanakinomikoto), 이장염존(伊奘冉尊, izanaminomikoto)의 신명이 나와서 끝난다.

일본서기에서는 여기까지 7대가 되고 고사기도 별천신 5주를 제외하면 여기까지 7대이다. 그래서 그 부분을 따로 신세칠대(神世七代)라고 한다. 고사기와 일본서기의 7대의 부분은 그 신명이 보다 구체적이고 특정적인 인상을 주는 점에서 역사적으로 실존한 천손족 예컨대 역대의 선왕을 지칭한 것이 아닌가 싶다. 필자는 졸저(김공칠 2004 : 319)에서 가라의 왕명(왕자)에 맞춰보고 이를 일본의 역대왕에 견주어 보았다.

	신세(神世)	가라	일본	
3대	宇比地邇神	鉗支(金鉗)		
4대	角杙神	仇衡	26대	継体王
5대	意富斗能地神	世宗	27대	安閑王
6대	於母陀流神	茂刀 / 茂得	28대	宣化
7대	伊邪那岐神	率支	29대	欽明

그것은 마지막 부분의 이사나기(伊邪那岐), 솔지공(率支公)과 흠명왕(欽明王)의 상관관계가 침사적 표기의 상관성에서 동일의 표현임을 알아내고 이를 기점으로 삼아 솔지공의 선대의 이름을 역추적하고 이들과 고사기의 신명 그리고 일본 왕명의 상관성을 구함으로써 이루어진 것이다.

여기서 참고로, 솔지공(率支公)과 이사나기(伊邪那岐) 그리고 흠명왕(欽明王)이 동일한 인명을 나타내는 것으로 풀이되는 근거를 간단히 언급해 두고자 한다(김공칠 2004 : 316－8 참조).

'率'의 일본어 훈(古訓)은 izanaki(誘, 率)이다. '사람을 데려가다 / 사람을 인도하며 안내하다'의 뜻이다. 솔지공의 한자명을 일본어로 그렇게 풀이하여 음차자로 나타낸 것이 '伊邪那岐'다.

한편 '欽'의 일본어 훈에 '좋아하다, 친하다, 사람 사이가 친밀하고 정이 얽혀 있다'는 뜻이 있어 앞의 '率'의 고훈의 뜻과 의미상의 연접 관계를 이루고 있다. 사람이 친밀하고 얽혀서 이끌어 갈 수 있는 일이다. '率支'와 '欽明' 서로 의 둘째 자는 (a)ki의 공통점을 지니며 '伊邪那岐'의 말미와도 일치하는 관계에 있다. 곧 '率支公'을 훈독하여 일본어의 훈으로 나타낸 것이 izanaki, 그것을 한자화한 것이 '欽明王'이 되는 것이다.

지금까지의 고찰에서, 앞에서 제시한 원문 부분은 천지개벽시의 세 사람의 조상신을 열거한 것이고, 뒤에 이어진 부분은 솔지공(=흠명왕)을 포함한 네 분의 현세의 선왕신을 열거한 것인데 모두 합쳐서 일본의 신대(神代) 곧 흠명왕조의 신통성(神統性)을 제시한 것이라고 볼 수 있다.

여기서 우리를 주목하게 하는 것은 앞서의 원문의 부분과 삼성설화의 공통성의 관계다. 설마 일본서기쪽에서 삼성설화를 모방했다 하기 어렵고, 그렇다고 삼성설화쪽에서 일본서기를 모방했다고 볼 수도 없다. 아마도 이들보다 선행하는 전설이나 사초(史草)가 있어서 그것을 양쪽에서 조금씩 다르게 물려받은 것으로 볼 수 있다. 그러면 그 선행자료는 어디 있었던 것일까. 여러 가지 출처를 가정할 수 있지만 여기서는 두 가지 내지 세 가지 경우를 가정해 본다.

그 첫 번째가 가라쪽의 자료이다. 특히 가라의 고령 지방은 그 이름 '高靈'의 일본어의 훈독이 takama여서 천손의 강림지 '高天原'와 같아지기 때문에 그 지방에서 전해진 것으로 가정하는 것이다. 이에는 하나의 문제점이 있다. 과연 '高靈' 지방을 현지에서 takama로 옛적에 불렀을까? 한국어에서 '靈'을 ma로 쓴 흔적이 보이지 않는다. '마가 끼다'의 말에서 이 '마'는 안 좋은 뜻으로 쓰이기에 영혼이나 신령을 나타내는 '靈'에 맞추기는 곤란할 것이다. 예전에는 좋은 말로 쓰이다가 현대에는 의미가 격하되어 나쁘게 쓰이는 경우가 비일비재하므로 이것도 그런 경우로 생각할 수 있으나 지금으로서는 확실하게 말하기는 어렵다.

두 번째는 제주도에서 고대로 내려온 전설이나 사초(史草)에서 온 것으로 보는 것이다. 신명이 제주도의 신명으로 풀이될 수 있으므로 능히 가정해 볼 수 있는 일이다. 필자는 용성국 시대에는 옛부터 내려오는 이야기를 수합·정리하거나 사초(史草)를 정리한 이는 있었다고 본다. 일본의 흠명왕이 제주도를 거쳐서 일본에 진출하여 중앙정권을 세운 후 그 딸이자 며느리(다음 임금이 친 아들이 아니면 며느리는 아니다)인 추고(推古, suiko)왕대에 고사기나 일본서기 편찬의 기초 자료를 수합했다고 보기 때문에 충분히 가라나 제주도의 전래 자료를 참조했다고 볼 수 있는 일이다.

세 번째는 두 번째의 경우를 확대해서 전남 남부지방(예컨대 탐진 지방 주변)까지 포함해서 생각하는 경우인데 이곳은 낙랑지방의 북방계 천손족이 해로로 건너온 곳으로 추정되고 또 한편으로 같은 천손족의 백제와의 접점이 되는 곳이다. 어쩌면 제주도의 세력 범위 안에 있었던 곳으로 추정되는 곳이기에 그쪽에서 일본쪽으로 관계 자료가 흘러갔을 수 도 있는 일이다.

일본의 응신왕 때에 백제에서 건너간 왕인(王仁)이 과연 어디에 있었던 사람인가에 대해 생각해 볼 여지가 있는 것인데, 백제본기에 관련기사가 없는 점에서 웅진쪽이 아닌 전남 남부(영암쪽이라는 말도 있다) 아니면 제주도일 수도 있는 것이다. 응신왕 이후에 제주도를 중개한 백제와의 교통로가 열린 것도 제주도와 전남 남부지역을 중심으로 했을 것으로 보이며 그 때부터 백제의 학자들이 일본에 왔다는 것은 이 지역에서 혹은 이 지역을 중개해서 갔을 것이니 이 지역의 자료도 함께 건너갔다고 하는 것도 충분히 예상할 수 있는 일이다.

따라서 이들 지역에서 건너간 자료들을 추고왕대에 추수를 때는 원초적인 내용이 가급적 반영되도록 했을 것이고, 그 이후에 일본서기(고사기는 33대 추고왕대에 끝나고 일본서기는 그 보다 7대가 더 이어진 40대 지통왕대에 끝난다)를 편찬할 때는 일본을 내세운다는 의도하에 원초적인 것을 수정한 것으로 볼 수 있다.

3. 가라 왕손의 일본 진출과 중앙 정권 수립

3.1. 일본서기 신대(神代)의 원문

앞에서 보인 일본서기(권1)의 제1단의 원문(제2단은 생략)을 보였는데 이어진 제2단에 대해서는 여러 신명이 있다고 간단히 언급했고, 여기서는 제3단의 원문을 보이고자 한다(여기의 단락의 구별은 독자를 위한 필자의 임의적인 것).

「伊奘諾尊 伊奘冉尊, 立於天浮橋之上, 共計曰, 底下豈無國歟, 廼以天之瓊 瓊玉也此云努 矛, 指下而探之. 是獲滄溟. 其矛鋒滴瀝之潮, 擬成一嶋. 名之曰磤馭慮嶋. 二神, 於時, 降居彼嶋, 因欲共爲 夫婦, 産生洲國. 便以磤馭慮嶋, 爲國中之柱, 柱此云美簸旨邏 而陽神左旋 陰神右旋. 分巡國柱, 同會一面. 時陰神先唱曰 憙哉, 遇可美少男焉. 小男此云烏等孤 陽神不悅曰, 吾生男子. 理當先唱. 如何婦人反先言乎. 事旣不祥. 宜以改旋.

於是, 二神却更相遇. 是行也, 陽神先唱曰, 喜哉, 遇可美少女焉. 少女此云烏等咩 因問 陰神曰, 汝身有何成耶. 對曰, 吾身有一雌元之處. 陽神曰, 吾神亦有 雄元之處, 思欲以吾身元處, 合汝身之元處. 於是, 陰陽始遘合爲夫婦.

及其産時, 先以淡路洲爲胞. 意所不快. 故名之曰 淡路洲. 廼生大日本, 日本此云耶麻騰下皆效此 豊秋津洲. 次生伊豫二名洲. 次生筑紫洲. 次雙生億岐洲與佐度洲. 世人或有雙生者, 象此也. 次生越洲. 次生大洲. 次生吉備子洲. 由是, 始起大八洲國之號焉. 卽對馬嶋, 壹岐嶋, 及處處小嶋,皆是潮沫凝成者矣. 亦曰水沫凝而成也.

次生海. 次生川. 次生山. 次生木祖句句廼馳. 次生草祖草野姬. 亦名野槌. 旣而伊奘諾尊伊奘冉尊, 共議曰, 吾己生大八洲國及山川草木. 何不生天下之主者歟. 於是, 共生日神. 號大日孁貴

大日孁貴, 此云於保比屢咩能武智. 孁音力丁反.
一書云, 天照大神. 一書云, 天照大日孁尊.

(izanakinomikoto·izanaminomikoto는 천부교(天浮橋, amanoukipasi) 위에 서서 함께 의논하여 말하기를 '밑에 어찌 나라가 없을 수 있겠는가' 하고 하늘의 경모(옥으로 된 세모진 창)로 아래쪽을 더듬었다. 이에 푸른 바다를 얻고 창 끝에서 바닷물의 물방울이 떨어져 엉켜서 하나의 섬을 이루었다. 이름은 은어려(磤馭慮, onogoro)섬이라고 한다.

두 신이 이에 그 섬에 내려와 함께 부부가 되어 섬나라를 품으려고 하였다. 곧 은어려섬으로써 나라 안의 기둥(柱 이를 美簸旨邏라고 한다)으로 해서 양신은 왼쪽으로 돌고 음신은 오른쪽으로 돌았다. 나라 기둥을 갈라서 돌다가 같이 한 곳에서 만났다. 이 때 음신이 먼저 말하기를 「아 기쁘구나, 멋진 젊은 남자를 만나서」라고 하였다. 小男 이를 烏等孤 라고 한다. 양신이 기뻐하지 않고 말하기를 「나는 다름아닌 남자다. 이치로는 마땅히 내가 먼저 말해야 하는 것이다. 어째서 부인이 도리어 말을 먼저 말하는 것인가. 일이 이미 상서롭지 못하므로 새로 돌아야 한다.」라고 하였다.

이에 두 신이 다시 돌아 새로이 서로 만났다. 이번에는 양신이 먼저 말하기를 「아 기쁘구나, 아름다운 소녀를 만나서」라고 하였다. 少女 이를 烏等咩 라고 한다 이어서 음신에게 묻기를 「그대의 몸에는 무엇으로 된 곳이 있습니까」라고 하였다. 대답하여 말하기를 「저의 몸에는 하나의 여인으로서의 근원이 되는 곳이 있습니다.」라고 하였다. 양신이 말하기를 「저의 몸에는 역시 남자로서의 근원이 되는 곳이 있습니다. 나의 몸의 근원이 되는 곳을 가지고 그대의 몸의 근원이 되는 곳을 합치려고 생각한다.」고 말하였다. 이에 음양이 비로소 만나 합쳐서 부부가 되었다.

(나라를) 품을 때에 이르러 먼저 담로주(淡路洲 ahadinosima, 지금의 淡路島)를 시초로 하였다. 마음에 들지 않는 곳이었다. 그래서 이름하여 담로주라고 한다. 이어 대일본 (日本 이를 耶麻騰이라고 한다. 이하 모두 이를 따르라) 풍추진주(豊秋津洲, toyoakidusima)를 품게 된다. 다음 이예이명주(伊豫二名洲, iyonoputananosima)를 품었다. 다음에 축자주(筑紫洲, tukunosima, 지금의 규우슈우(혹은 그 북부))를 품었다. 다음에 억기주(億岐洲, okinosima 지금의 隱岐島)와 좌도주(佐度洲, sadonosima)의 두섬을 품었다. 세상 사람들이 쌍생하는 것은 이와 같은 것이다. 다음에 월주(越洲, kosinosima, 지금의 北陸 지방)을 품었다. 다음에 대주(大洲, ohosima, 大島는 각지에 있어서 그중의 어딘지는 미상)를 품었다. 다음 길비자주(吉備子洲, kibinokosima, 지금의 岡山현 兒島반도)를 품었다. 이로써 비로소 대팔주국(大八洲國, ohoyasimanokuni)의 이름이 생겼다. 그리고 대마도(對馬嶋, tusima), 일기도(壹岐嶋, ikinosima) 및 여기저기의 작은 섬은 모두 바닷물 방울이 엉켜서 이루어진 것이다. 또는 물방울이 엉켜서 되었다고도 한다.

다음에 바다를 품었다. 다음에 강을 품었다. 다음에 산을 품었다. 다음에 나무의 선조 구구내치(句句迺馳, kukunoti)를 품었다. 다음에 풀의 선조 초야희(草野姫, kayanopime)를 품었다. 또는 야추(野槌, notuti)라고도 한다. 그런 다음에 이장락존과 이장염존이 함께 의논하여 말하기를「우리가 이미 대팔주국 및 산천초목을 품었다. 어찌 천하의 중심이 될 자를 품지 않을 수 있겠는가」라고 하였다. 이에 함께 일신(日神)을 품어 받들었다. 대일령귀(大日孁貴, ohopirumenomuti)라고 한다.

大日孁貴, 이를 於保比屢咩能武智라고 한다. 孁의 음은 力丁反. 1서에 말하기를 천조대신(天照大神, amaterasuohokami)라고 한다. 1서에 말하기를 천조대일령존(天照大日孁尊, amaterasuohopirumenomikoto)라고 한다.)

3.2. 내용의 분석

일본서기의 내용이 고사기의 내용과 좀 다르게 나와 있지만 기본적으로 큰 줄거리는 같다.

고사기에서는 천신과 선대신이 이장락존과 이장염존에게 물위에 떠도는 나라를 옳게 닦아서 굳히도록 하라는 분부를 내리는데 일본서기에서는 그것이 없다.

그리고 섬에 내려온 다음, 나라의 기둥을 돌 때 고사기에서는 남신과 여신이 한 번 돌아서 만날 때 여신이 선창한 것이나 포섭한 영역이 흡족하지 않아 남신과 여신이 다시 천신을 찾아뵈어 천명을 여쭈고 되돌아가 다시 신성한 기둥을 돌아 남신이 선창하게 된 다음에 일본의 섬들을 포섭하게 된다는 데에 차이가 있다. 곧 일본서기는 천신과 선왕신의 하명 없이 남신과 여신이 주도한 것으로 되어 있고, 고사기는 천신과 선조신의 하명에 의한 것의 차이도 있다. 곧 이는 두 사서의 기본태도의 차이라고 볼 수 있다. 고사기는 뿌리를 중시하여 원초적인 것에 가깝게 기술하고 있는데, 일본서기는 서명 그대로 원초적인 것을 제거하고 일본을 내세우는 취지를 살리려고 하고 있다.

고사기에서는 섬에 내려와서는 신성한 기둥 외에 큰 전각을 내세웠는데 일본서기에는 그 부분도 빠져 있다. 남신이 섬에 내려와서 그 전각에 거처하며 그 섬의 부족들을 포섭하는 일도 빠져있는 것이다. 그러한 포섭도 남신의 마음에 차지 않아 다시 천명을 청하게 되는 것인데, 일본서기에는 이러한 천신의 하명이나 재하명의 원초적인 사연이 빠져 있다는 것은 가급적이면 일본 외적인 요소를 제거하려는 의도가 담겨 있다고 볼 수 있다. 남신과 여신이 함께 하늘에서 섬에 내려와서는 바로 일본의 여러 섬을 포섭하기 시작한 것으로 되어 있다.

여기서 핵심이 되는 것은 천부교와 은어려섬이 과연 어디인가 하는 것이다. 일본 안에서 이와 직결되는 지명은 없다. 천부교는 하늘과 땅을 연결하는 사다리, 산에서 보이는 돌다리 혹은 군선(軍船) 등으로 생각하는 정도다. 은어려섬에 대해서는 그 단서조차 얻지 못하고 있다. 천부교의 풀이는 이미 김공칠(2004 : 330－331)에 보였다. 이 역시 침사적 표기로

원문	天	浮	橋
훈독	amano	uki	pasi
원한국어	kɯn, kan	頭無	岳
		圓	山
		듬(〉뜸)	다리 / 달

여기서 kan(/kɯm)－tɯm－tar(i)*는 결국 한라산을 가리키는데, 하늘에서 내려오는, 바다를 건너는 부교(浮橋)와도 같은 곳이다.

섬이름 은어려(onogoro)섬도 고사기에는 어능기려(淤能碁呂)섬으로 되어있는데, 이는 한글로 나타내면 '어너거러'($o_2no_2go_2ro_2$)의 표기이다. 김공칠(2004 : 333)에서 언급한 바와 같이 이는 가라의 아라가라(阿羅加羅) 혹은 아나가라(阿那加羅)의 친연(親緣) 국가를 a / ə 모음 교체 형식으로 나타낸 것으로, 결국 제주도를 가리키는 것으로 보았다. 제주 지명에도 kara와의 교체형과 같은 kəro 지명이 실존한다. 천부교와 '어너거러' 섬이 상관적으로 풀이될 수 있다.

이와 같이 일본서기와 고사기를 대조하고 핵심이 되는 천부교와 은어려섬의 해독을 통하여 앞서의 원문의 대의를 간추려 보면, 가라국의 망명왕손인 솔지공이 그 님(제주도 출신으로 예상됨)과 함께(천명을 받고) 제주도에 들어와서 님의 전각에 기거하며 제주도내의 반항 세력을 제압했으나 나라의 규모가 크지 못하여 결국 남주인공 솔지공의 주장대로 제주도의 오른쪽 방향인 일본으로 진출하여 맨 처음 담라(耽羅)의 이름과 비슷한 담로(淡路)섬을 포섭하고는 중앙부를 포섭하고 이어서 나머지 섬들도 차례로 포섭하고 또한 내륙부의 산천초목까지 모두 품었다는 것이 된다.

이에 대해 고사기에서는 제1차로 섬을 포섭하여 되돌아서서 다른 섬을 포섭하고 오른쪽으로 돌아 일본의 북쪽의 섬들을 포섭한 다음 중앙으로 진출하는 코스를 취하고 있다. 이것이 원래의 노정으로 보인다. 육지부에서는 반항세력이 완강히 버텼을 것이고 현지에서 호응을 얻을 수 있는 동해쪽의 북륙(北陸, hokuriku) 연안으로부터 바다와도 같은 큰 호수인 비파호(琵琶湖, biwako)로 파고들어 중앙부로 진격하는 코스를 택했을 것이다.

어떻든, 가라 멸망후(서기 532년) 망명 세손이 일본에 진출하여 흠명왕으로 즉위하기(서기 540년)까지의 8년간의 행적이 일본의 창세 신화에 투영되고 있는 것이다. 보다 자세한 것은 졸저(김공칠 2004 : 301－350)를 참조 바란다.

이러한 추론은 고사기에 나오는 천신의 이름과 선조신의 이름 그리고 근거한 지명 등이 제주도와 관련되고 주인공인 솔지공의 이름도 일본의 흠명왕의 이름과 연결되고 또한 일본에서의 지방 세력을 포섭하는 경로나 과정 등이 제주도로부터 시작되는 것을 시사하고 있는 점에 근거하는 것이다. 포섭 대상의 섬들도 그 이름이 제주도와 연관될 수 있는 tamro(淡路), iyo(伊豫), tukusi(筑紫), oki(億岐), sado(〈satak)(佐渡)인 점에서 주목된다.

원문에서는 '生'자를 써서 이들을 낳았다라고 되어 있지만, 이미 필자가 밝혔듯이(김공길 2004 : 337－8) 그 훈인 umu*는 어두 p－ 음의 탈락형으로 본다. 원시 알타이어의 *p－가 p(퉁구스어), f(만주어), ø(몽고어, 튀르크어)로 나타나는 경향에 맞추어 생각하면 일본어에서도 어두 양순음이 약화되어서 탈락한 것이 될 수 있다. 한국어는 원래 대로 pum－*(〉품다)을 유지하여 '안에 들였다'의 뜻이 환기된다. 일본어도 'umu'(生, 産)의 현대의 '아이를 지니고서 낳다'의 뜻을 가지고도 어느 정도 한국어의 '품다'와 의미상의 중복관계를 지닐 수 있다고 본다.

고사기에서의 'umu'를 풀이하는데 창세과정에서 헤아릴 수 없는 신들을 낳고 그것도 한 번에 두 신을 낳는 경우가 있다는 것은 너무 허황스럽게 느껴진다. 비유적으로 쓴 것으로서 본 뜻이 '포섭하였다'의 뜻이라면 이치에 맞는 이야기가 될 것이다. 여기서 앞에 나온 일본서기(神代上)의 마지막 부분에 나온 천조대신(天照大神)에 대해 언급하고자 한다. 이 부분은 망명 세손의 일본 진출 과정과는 직접 관계되지 않으므로 생략할 수 있었지만, 일본에서는 일본의 대조신(大祖神)으로 여기기도 하므로 원문의 말미에 보태서 소견을 보태두고자 한 것이다. 앞에서 보인 일본서기 원문의 기록으로 볼 때는 천하의 중심이 되는 자로서 망명세손의 포섭대상이었다. 신명으로 쓰인 용자(日, 照)와 일신(日神)이라는 기록으로 보아서는 삼국사기 고구려 본기 서두에 있는 고주몽의 출생의 사연의 일과도 연계되는 듯 싶다. 곧 천제(天帝)의 아들 해모수(解慕漱)의 정인(情人)인 유화(柳花)가 해의 영력으로 아이를 잉태하고 알을 낳았는데 어미가 이를 물건으로 덮어서 따뜻한 곳에 두었더니 골격이 준수한 고주몽이가 껍질을 깨뜨리고 나왔다는 이야기에서 천제인 해모수는 어쩌면 일신이 아니었나 생각되기 때문이다.

먼저, 천조대신의 이름이 일본서기에 대일령귀, 천조대일령존으로 나온다는 것은 앞에서 보았는데 이 세 이름을 통일적으로 파악해 볼 필요가 있다.

1.	원문	大	日	孁	貴	
	훈독	oho	piru	me(no)	muti	
2.	원문	天	照	大	神	
	훈독	ama	terasu	oho(no)	kami	
3.	원문	天照		大日	孁	尊
	훈독	ama terasu		ohopiru	me(no)	mikoto

1. 2. 뒤의 존호를 빼고 3.에서는 1.과 2.의 중복 표기로 본다면 다음의 분석이 중심이 된다. 존호로 본 孁의 한자는 靈(ma)의 여성 신령의 뜻으로도 사용한 것 같이 보인다. 일본서기에 대한 주석(岩波 1967 : 87)에 의하면 무녀(巫女)의 뜻으로 쓰인 문자로 보고 있다. 곧 靈의 무(巫)를 여(女)

로 고쳐서 여자의 무당임을 나타내려 한 것으로 보고 있다. 일본서기(神代上 6단)에서 소잔명존(素戔鳴尊, susanowonomikoto)과는 남매(혹은 연인) 사이로 나온 것을 보면 여신임에는 틀림 없을 것이다. 그 훈독의 ma*는 아이누어의 ma(女人)와 연관시켜서 여신의 존호로 쓰인 것으로 볼 수 있다.

大 天	日 照
kan	pɐr

이를 침사적 표기로 본다면 kan(/kɐn)pɐr*은 한국어로 '天山, 神山, 大山'을 나타낸 것이 되고 결국 이러한 성격을 띠는 지역의 종교적 지도자라는 것이 될 것이다.

솔지공이 일본의 산천초목을 품은 다음에 천하의 중심이 될 자를 품을 때 일신을 품어서 받들었다는 것은 당시의 일본의 현지인의 정신적, 종교적 지주를 품었다는 것이 되며 그 신은 그 존호로 볼 때 북방계의 샤머니즘계의 영험을 지닌 '天山, 神山, 大山'의 여성 지도자였다는 것을 알 수 있다. 여기에 '日, 照'의 한자의 용자를 사용함으로써 사방에 광명을 비쳐주는 구세주로서의 이미지를 부가시켜서 대조신(大祖神)으로서의 권위를 부여한 것으로 보인다.

다만 이 천신이 북방계의 다른 천신 예컨대 고황산령신(전출)보다 가벼운 위치에 있는 점에서 북방계 신화와 이질적인 인도, 중국 남부, 인도네시아 방면과 연결되는 남방계의 도작(稲作) = 모권(母權)사회 문화에서 유래한다고도 하고(岩波 1967 : 554), 혹은 에짚트 기타 여러 민족 사이에 보이는 태양 숭배와 관계짓고 그 문화가 전파된 것으로 생각하기도 한다(坂本外 1979 : 296).

지금까지의 원문 기록의 분석에서 오는 필자의 소견으로는 천조대신은 일본의 새로운 국가 창건의 주인공(신무왕 등)이 모시던 제주도계(혹은 가라계) 천신의 후예로서 궁중의 종교적, 정신적 지주가 되는 여신이다. 처음에는 궁중에 모셔졌으나 나중에 비제주도계의 숭신왕 때 와서는 다른 곳(倭笠縫邑, 그 다음에 伊勢로)으로 옮겨짐으로써 일반민중의 수호신화된 것으로 보인다. 그러기에 흠명왕의 일본 진출시의 포섭대상이 되지 않을 수 없었던 것으로 보인다.

이상의 일본서기의 신화적인 기술이 한반도 계열과 관련되는 북방계열이라고 하는 것은 몽고인의 전승에도 일본서기(神代上) 서두의 국토탄생과도 비슷하게 '하늘에서 내려온 신이 한 철봉으로 원초의 바다를 휘저으니 액체의 일부가 굳어서 대지(大地)가 되었다(岩波 1967 : 555 보주 32)는 것이 있는 점에서도 관련지을 수 있다고 본다.

4. 재구되는 언어와 역사

4.1. 어휘목록

6세기의 역사의 한 일면을 추론하는데 이용된 일본서기(神代上)의 신명(神名), 지명, 왕명 등을 정리하고 또한 이전에 고사기에서 논의된 것도 참조적으로 부기하여 보이기로 한다.

kɐn / kan 하ᄂᆞᆯ, 계림유사 漢捺, 아이누어 kan '上'

kɐn / kun 큰

kɐm / kan 왕(干) 일본어 $kami_2$(神), 아이누어 kamui(神)

pɐr 으뜸, 큰, 夫乙那, 百濟 = 十濟 = 伯濟 = kudara(百濟)

白이 ᄇᆞᆰ(ᄇᆞᆯ, ᄇᆡᆨ)의 음차(양주동 1960 : 57)

bɐr은 서차(序次) 혹은 경칭으로 '始, 大'를 나타낸다.

일본어 hatu(〈 patu) (初),

patukuni(波津久仁) (神武王)

始馭(patukuni)天下之天皇號曰神日本磐余彦火火出見天皇焉, 〈始馭天下之天皇 波津久仁志呂志女須倍良美己止〉(神武紀元年私記 丙本)(沢瀉 1967 : 384)

patukuni(御肇)(崇神紀 12년)(고사기 崇神記 말미에 初國)

təkə / taka 섬, 주호(州胡) cf. tokoyonokuni(常世國) təkə 〉 toyo(豊)

tar 산, 들 cf. 삼국사기 지리지 '達' (山, 高)

kan / kɯn təkətar (kɐm) 하늘의 / 큰 제주의 산(한라산)(의 수호신)

pɐr'ɐrna(kɐmi) 부을나(夫乙那) 제주도의 신명 / 부족장(의 신)

앞 표제어와 함께 한 침사적 표기

天之常立神(ame(no) tokotati (kami))

國之常立神(kuni(no) tokotati (kami))

國常立尊 (kuni(no) tokotati (kami))

sa / sɛ '新'

sana / sɛna 새나라 cf. 徐羅 = 徐那(伐) (新羅)

제주도의 西那

침사적 표기 (國)狹立(kunino) sa－tati

tɐr / tɯr '野, 原, 山'

침사적 표기 (國)狹立(kunino) (sa)tati

sjəm 섬 일본어 sema, sima

침사적 표기 (國)狹立((kunino) sa (tati))

kɐnna / kanna '大水, 大國, 神水, 漢拏(山)

침사적 표기 (豊)雲野 (toyo) kumono

(豊)斟渟 (toyo) kumuno

ɐr'atna 양을나(良乙那) 제주도의 신명(부족장)

침사적 표기 (天之)御中主(神) (ama(no))minaka(no)nusi(no)(kami)

tak'ɐrna 고을나(高乙那) 제주도의 신명(부족장)

침사적 표기 高御産巣日(神) taka mimusupi(no kami)

takna 탁라(乇羅)

takama(para) (高天(原)) cf. takama(高靈)

taknapɐr 탁라(乇羅)의 산 / 벌(原) cf. takanapara(高天原)

침사적 표기 高御産巣日(神) (전출)

kɐn'ɐrna 부을나(夫乙那)

침사적 표기 神巣日(神) kanmusubi(no kami)

kannapɐr 신수(神水)의 산, 한라산 cf. 일본어 kannabi

침사적 표기 神巣日(神) (전출)

kan / kɯn – tɯm / təm – tar(i) 신의 / 큰 두무악(頭無岳, 한라산)

침사적 표기 천부교(天浮橋) (amano – uki – pasi)

ərəgəro aragara(阿羅加羅)의 a / ə 교체형. 실존여부는 미상.

cf. 제주도의 지명 거로(巨老)

pum – 〉 p'um – '懷' 일본어 *pumu 〉 umu '生'

kɐn – pɐr 천산(天山), 신산(神山), 대산(大山)

침사적 표기 大日(孁貴) oho – piru(meno muti)

天照(大神) ama – terasu(oho kami)

天照 – 大日(孁尊) ama – terasu – ohopiro(me-nomikoto)

4.2. 역사의 재구

일본의 두 사서(고사기, 일본서기)의 창세기의 기록이 제주도와 관련지을 수 있음을 볼 때 이에 맞추어 제주도의 개벽의 역사를 재구할 수 있다. 제주도에 사람이 찾아올 수 있고 살 수 있게 된 먼 옛날 곧 혼돈시대에 그 곳의 지도자는 한라산록에 근거를 둔 3신인(神人)이었다. 북방계열의 천손족(天孫族)에 해당한다. 남방계의 사람, 남중국의 사람도 왕래하였겠지만 주도적인 인물은 북방계의 3신인이었다. 이 3신은 후세에까지 그 곳 사람들에게 천신으로 받들어졌고 그 근거지 한라산은 신산(神山) 또는 영산(靈山)으로 숭배되었다. 이 장에서 다룬 내용으로 보아서 서기 6세기에도 그러한 숭상의 정신은 변함이 없었던 것으로 보인다.

이 장에서는 6세기의 일로, 가라가 서기 532년에 신라에 병합되자 왕자 상손인 졸지공(솔지공)이 제주도 출신의 님과 함께 제주도로 망명하여 누각에 기거하면서 님의 원대로 제주도내의 반대 세력을 포섭하지만 규모로는 국가의 정도에 미치지 못하고 소국의 범위를 벗어날 수 없었다. 이에 왕손이 주장하여 나서서 일본에의 진출을 기도한다. 제주도의 경제적 지원력(기록에는 없지만 말, 마구, 배, 기타 군수품)과 왕손의 군사적 기획, 작전력과 함께 하여 일본쪽으로 나아가 군선으로 먼저 섬인 담로주를 포섭하고(그 다음은 사서에 따라 일본 중앙부를 먼저 혹은 중앙부는 맨 나중에) 나머지 섬들을(육지의 내부는 반항 세력이 점거) 포섭하고(지원도 받고) 마침내 중앙정권 수립에 성공하여 흠명왕으로 즉위한다(서기 540년).

연수로는 약 8년간의 사건이지만, 그 사건 이전에도 제주도와 가라는 꾸준히 가라 시조비의 친정인 제주도와 친선관계와 통상 관계를 맺어온 것은 사실이니 그때까지만 하더라도 제주도는 다른 군소지역에 비해 경제력이나 군사력에서 비교우위에 있었던 만큼 그런 일들을 수행할 힘은 있었다고 본다.

한편 당시의 제주도내에는 여러 소지역의 독자적인 세력이 있었음을 알 수 있고 망명 왕자 세손은 님의 요청대로 이들을 순복시켰고 그 통합된 힘을 가지고 일본 진출의 기회를 잡은 것으로 보인다.

일본의 진출에도 가라에서 끌고 온 군선과 제주도의 해군력을 빌어 반항세력의 거점인 내륙을 치기보다 포섭하기 쉬운 섬들을 차례로 포섭하고 그들의 지원으로 군비를 증강하여 깊숙한 중앙부를 일시에 제압하는 작전을 구사한 것으로 보인다.

이렇게 해서 수립한 일본의 중앙 정권은 흠명왕의 딸인 추고왕 때에 일본을 일신시키는 정치, 경제, 문화의 일대 혁신을 가져 온다. 그래서 일본쪽에서는 이러한 일들이 북방계열의 기마민족의 침입에 의해서 일본 역사에 큰 변동이 있었던 것으로 풀이하는 것인데 여기에는 제주도가 중심적인 역할을 수행한 것이 명확하다. 이러한 일을 계기로 제주도 사람들이 일본으로 많은 진출하였을 것이고 뛰어난 문사(文士)들이 일본 조정에 중용되고 일본의 일대 변혁에 많은 기여를 한 것으로 보인다.

5. 맺는말

1. 이미 일본의 고사기(神代)의 기록에 나오는 신명, 지명 등의 침사적(枕詞的) 분석을 통하여 그 기록들은 가라 왕자 상손의 졸지공이 가라 멸망후 제주도로 피신하였다가 제주도의 지원으로 일본으로 진출하여 일본의 중앙정권을 수립하였다는 것을 나타낸 것으로 밝힌 바 있는데, 여기서는 다시 그것을 보완하여 재확인하는 뜻으로 일본서기(神代上)의 기록을 같은 방식으로 분석하여 보았다.

2. 일본의 정사(正史)로 치는 일본서기의 원문을 검토한 결과 고사기와는 창세신의 신명이 약간 다르게 보이지만, 기본적으로 고사기의 것과 큰 다름이 없다. 고사기는 가급적이면 전승 자료의 원형을 살리려 했고, 일본서기는 그보다 일본적인 것을 내세우려 한 것처럼 보인다. 일본에서 국가다운 국가의 시초라고 할 수 있는 흠명왕의 야마토 정권의 신

통(神統)성과 정통성을 내세우려는 기색이 역력하다.

일본서기 서두의 나라의 개벽을 장식하는 어휘들은 중국 고전에서 보이는 점에서 그것들을 빌려 쓴 것으로 보이는데, 이 문식 부분을 제외하면 제주도의 삼성설화의 서두의 내용과도 비슷한 구조가 되며, 또 일본서기에 등장하는 신명은 침사적 표기로 보고 분석하면 제주도의 섬이나 산의 수호신 혹은 제주도의 신명(부족장)에 맞추어 볼 수 있고, 일본서기 1서(제4)의 우왈(又曰)에 나오는 3신의 이름은 고사기의 첫머리의 3신의 이름과 거의 같고 모두 제주도의 삼성설화의 신명과도 동일하게 풀이된다.

3. 계속해서 앞서의 일본서기의 서두에 이어지는 단락의 원문에 나오는 신명, 지명 그리고 왕명의 분석과 대비를 통해서 알 수 있는 것은, 가라의 망명 왕손이 제주도를 거쳐서 일본에 진출하여 먼저 섬인 담로주를 포섭하고 바로 일본의 중앙부를 포섭한 다음 차례로 다른 섬(부족)을 포섭하여 명실공히 일본의 중앙정권을 수립하였다는 것이다(고사기에는 이와 반대로 여러 섬을 먼저 포섭하고 마지막에 중앙부로 진출하는 것으로 되어 있다). 그리고 망명 왕손은 지방의 부족장을 포섭할 뿐만 아니라 현지의 정신적, 종교적 지주(支柱)가 되는 일신(日神)인 천조대신을 품었는데 그 신명 역시 침사적 표기로 보고 분석하니 천산(天山), 신산(神山), 대산(大山)의 영신의 이름이 되고 북방계의 제주도와도 관련지을 수 있었다.

4. 이상의 분석에서 고찰한 신명, 지명, 왕명에서 복원되는 제주도 언어(한국어)의 리스트를 제시하였다. 내용상으로 한반도와 제주도의 북방계열의 어휘들이고, 예로부터 신산(神山), 영산(靈山)으로 받들어지는 한라산 그리고 보물의 섬으로 동경되어온 제주도와 깊은 관련이 있는 것들이다.

그리고 제주도의 개벽설화인 삼성설화의 3신인(神人)의 이름과도 관련된다. 제주도와 일본에서도 신천지 개척의 주인공과 그 터전이 된 신산(神山), 영산(靈山)을 수호신으로 높여왔던 것을 엿볼 수 있다. 그 근원은 다름 아닌 제주도의 한라산인 것이다.

가라의 왕자 상손으로 추정되는 흠명왕이 명실공히 일본의 야마토 중앙 정권을 수립 후 자기네의 신통성(神統性)과 정통성을 내세우기 위해 그 딸인 추고왕 때에 역사 편찬의 자료를 수합할 때 신명, 지명, 왕명 등을 침사적 표기 방식을 이용하여 천신이나 강림의 주인공이나 장소 이름을 일본어화(州胡의 山神→國之常立神, 率支→欽命, (大/神) 頭無岳→天浮橋)하여 나타낸 것이 고사기와 일본서기 서두의 신대(神代)의 기록이 된다. 따라서 신대기 이하의 기록도 제주도의 사초(史草)를 많이 참작한 것으로 보이며 그 관점에 따라서는 당시의 제주도의 사정을 은연중 반영한다 할 수 있다.

어떻든 일본 침입의 주인공인 흠명왕의 딸인 추고왕 때에 이르러서는 일본의 정치, 경제, 문화의 현저한 발달을 보게 되는데, 이는 북방계열의 기마민족의 일본 침입으로 이루어진 역사상의 일대 변혁으로 보기도 하는데, 그만큼 가라와 제주도의 영향이 컸음을 나타낸다.

제8장 서기 6세기 후기의 제주도

—일본의 추고(推古)왕대와의 관계—

내 용

〈요지〉

5세기 말기에 성립한 일본의 Yamato 중앙 정권이 금관국의 망명세자와 제주도와의 연합 세력에 이루어졌다는 전제하에, 그것으로 일본의 역사에서 하나의 획을 긋는 문화국가의 발전의 실상을 파악하고 역으로 그 일에 영향을 끼친 당시의 제주도의 역사적 실상을 추론하여 보았다.

일본의 문화의 꽃을 피운 Asuka시대의 중심축은 Suiko왕과 그녀의 조카 성덕태자로서 정치·행정적으로는 관위제와 17조 헌법을 실시하고, 종교적으로는 불교를 도입하고 많은 불사(佛寺)와 불상을 만들었으며 그 연기(緣起)나 명문(銘文)도 남겼다. 학문적으로는 이들의 자료와 성덕태자의 기록 등에서 전대에 볼 수 없는 특출한 한문 수준과 불전의 한역(漢譯)에서 이용되는 가차식 표기 방법이 일본의 왕명, 인명, 지명 등에도 활용된 것을 엿볼 수 있다. 한문에 일본어적 어순을 고려한 변체한문의 사용된 것이라든지 사용 한자의 음이 고층성을 지닌 것도 큰 특색이다.

예술적으로도 불사의 건축과 불상의 제작에 수반하는 건축·공예·조각 등의 기법이 발달하였고 외교적으로도 중국의 수나라와 수교하는 등 신흥국가적 체제가 확립되어갔다.

이러한 일본 역사상에서 갑작스러운 발전은 그 원천이 일본 국내에서 서서히 한반도의 영향하에서 키워져 왔다고도 볼 수 있으나 직접적인 것은 금관국의 망명세력과 제주도의 협력 세력의 유식자의 영향이 컸던 것으로 보아진다. 특히 한문의 용자의 음가가 고층적이라는 것은 한반도의 변두리인 금관국이나 제주도에 남아있던 고음의 영향일 수 있다. 일본이 이 시기에 초안이 잡히기 시작하고 8세기에 성립한 일본의 역사서 일본서기에 나오는 초기의 백제의 호칭 Kudara는 원 거리의 웅진이나 사비성 백제를 가리켰다 보기보다는 백제와 친교를 맺고 있었고 백제의 관문이기도 한 제주도(어쩌면 전남 남부까지도)를 가리켰다고 본다. Kudara의 호칭 자체가 kun－dara 곧 大山, 大原(野)를 나타낸다 보면 제주도의 지세에 맞아 들어간다.

제주도는 일찍이 서기 1세기부터 불교가 부분적으로 행해진 곳이었기에 그 사이 불사, 불상의 건축이나 제조의 기술이 발달하여 왔을 것이니 일본의 신흥국가에서는 이를 받아들여, 정치 주도의 이념과 표상으로 불교 문화를 진작시킨 것으로 보인다.

한자의 변용(變用)의 사례는 서기 1세기의 제주도의 국명(琓夏國, 花廈國)에서 보이고 또 하나의 국명 '龍城國'이 마한의 국명에서 사용된 '月支國'과 용례와 비슷한 경우라면 城＝支의 관계에서 支의 상고음이 사용된 경우로 들 수 있다. 당시의 한문적 수준이 계속 향상 되어가면서 5세기 말기에도 상당 수준이었기에 Yamato 정권 수립에 참여한 제주도 유식자의 역할을 짐작할 수 있다.

그 이외에도 당시의 왕명이나 인명에 쓰인 어휘들은 제주도의 지명이나 지형어에 관련된 것이 많아서 제주도적인 영향을 인식할 수 있다.

이러한 여러 가지 점으로 역추적하면 제주도의 당시의 정치적·외교적·종교적·문화적·학문적인 실상을 알아낼 수 있다.

1. 머리말

일본의 고대사를 가늠할 수 있는 고사기(古事記)와 일본서기(日本書紀)의 원형(原型)은 추고(推古, suiko)왕대에 성립하였다고 본다(岩波 1982 : 318, 鳥越 1971 : 39). 따라서 일본의 추고왕대의 시대적 상황과 문화의 이해는 일본의 국가와 문화의 바탕을 이해하는 것이 된다.

추고왕은 일본서기상으로 제29대왕인 흠명(欽明, kinmei)왕의 딸이면서 며느리가 되는 이인데 제33대 임금이기도 하다. 그 부왕 흠명왕은, 고사기의 신세(神世) 7대에 관한 필자의 풀이로는(김공칠 2004 : 319) 신세7대의 마지막인 이사나기(伊邪那岐, izanagi)신에 해당하고, 이는 가락국 멸망 후 제주도를 거쳐 일본에 진출하여 Yamato(大和)국으로서 일본의 중앙정권을 수립한 가락국 12대 솔지공(率支公)에 해당하는 이다.

솔지공의 일본 진출과 정권수립 과정은 고사기에서의 국토의 수리고성(修理固成)－두 신의결혼－대팔도(大八嶋)의 분단(分段) 제목(岩波 1958)을 단 부분에 그려 있다. 이에 대한 필자의 해석(2004)의 요지는 천신과 조상신으로부터 솔지공과 그 님의 두 신이 흐트러진 해상의 나라를 잘 수습해서 다스리라는 명을 받고 제주도의 한라산에 내려와 두 신이 합심하여 제주도에서 다른 부족집단을 포섭하여 보다 큰 강력한 국가를 이루는 것을 기약하고 그것을 이루어 내지만, 국가로서의 규모에 못 미치기에 두 신이 다시 천신에게 여쭈어서 솔지공의 뜻대로 일본 진출을 꾀하는데, 제주도의 지원에 힘입어 일본의 여러 해안 부족을 포섭하고 일본의 중심부를 품어서 새 왕조를 수립한다는 내용이다. 이때가 540년의 일로서 가락국(금관국)이 신라에 항복한지(532년) 8년 후의 일이다. 그 때는 마침 일본의 사정도 제 25대 무열(武烈)왕이 죽어서(506년), 계파가 다른 26대 계체(継体)왕이 계승하고 그리고 계체왕의 자식들이 왕위 계승의 싸움을 벌이는 등의 30년이 지난 일로서 따라서 솔지공이 일본의 해상의 나라가 흐트러진 것을 수습하는 일과도 관련이 된다.

솔지공이 일본의 흠명왕으로서 군림한 그 중심지는 Yamato(大和)의 Asuka(飛鳥)이다. Asuka의 지명은 고조선의 왕도 아사달(阿斯達)의 이름에 상응한다(김공칠 1995). 일본사에서 아스카시대는 보통 불교가 도래한 흠명왕 때부터 그 자녀들이 집권한 시대가 지난 다음에 이들을 교체시킨 새 세력이 이루어낸 대화개신(大化改新)(645년)까지의 약 100년간을 일컫는다.

흠명왕의 자녀들 중에서 세 아들이 차례로 임금이 된 후 마지막에 딸인 추고왕이 왕위를 이어받는데(593년) 이가 일본 최초의 여왕이며 36년간 재임한다.

추고왕은 조카 성덕태자(聖德太子)를 황태자로 삼아 섭정하게 하고 새로운 정치기반을 구축하고 제도의 개혁을 추진한다.

이 글에서의 관심사는 그러한 정치적인 측면보다는 부왕인 흠명왕을 도와준 제주도가 추고왕대의 문화 발전에 어떤 기여가 있었는가 하는 사항이다.

추고왕 때 곧 6세기 말로부터 7세기 초에 걸치는 시대에 많은 금석문 자료 곧 추고조 유문(推古朝 遺文)을 남겼다. 그러한 유문 중에 쓰인 인명 등에 쓰인 한자음이 일본 한자음의 고층을 반영하는 것으로 보고 있는데, 그와 관련된 인명어휘(일본서기의 기록도 참조하여)들이 제주도와 관련되는 것으로 보이는 부분이 있어서 이들의 해명을 통하여 제주도와의 관련성 여부를 가늠해 보고자 하는 것이다.

2. 일본의 추고왕대

2.1. 흠명왕 이후의 계보와 그 이전의 사정

먼저 일본서기상으로, 제29대 흠명왕으로부터 제33대 추고왕에 이르기까지의 계보와 일본식 이름을 보기로 한다.

29대 흠명(欽明, kinmei)왕 天國押波留岐広庭(天皇) amekuniosiparukipiro-niha　부인 石比賣(命) isipime
이 두 분 사이에서 제2자가 30대의 왕이 되었다
30대 민달(敏達, bidatu)왕 渟中名倉太玉敷(命) nunakakuranoputotamasiki
31대 용명(用明, yoomei)왕 橘豊日(命) tatibananotoyopi(no mikoto)
이 분은 흠명왕의 또 다른 부인 岐多斯比売 kitasipime 사이에 태어난 아들이다.
32대 숭준(崇峻, susyun)왕 長谷部若雀(命) patusebenowakasazaki(no mikoto)
이 분은 흠명왕의 또 다른 小見比売 omipime 사이에 태어난 아들이다.
33대 추고(推古, suiko)왕 豊御食炊屋比売(命) toyomikekasikiyapime(no mikoto) (幼名 額田部(皇女) nukatabe(no pime miko))
이 왕은 흠명왕의 딸(岐多斯比売 사이에서 태어난)이면서 30대 민달왕의 이모매(異母妹)로 왕비가 되기도 하였다

이렇게 살펴보건대 흠명왕의 세 부인에서 태어난 자녀가 번갈아 가며 30대-33대 왕이 되고 제34대 왕은 30대왕(敏達王)의 아들(舒明王)이 왕이 된 셈이다. 곧 흠명왕의 정권수립에 공헌한 자녀들이 왕위를 이어 받은 것이다.

앞서의 왕명들은 이전의 왕명에 비해서 다른 인상을 받는다. 이전의 왕명은 매우 토착적인 것으로 느껴지는데 왕명과 함께 근거하는 지명도 토착적이다. 그러한 어례를 모아보면,

倭 yamato, 長谷 patuse, 春日 kasuga, 難波 naniha
磐余 ipare, 葛城 katuraki, 磯城 siki

이에 대해 앞서 열거한 왕명들은 외래적인 것으로 인상받는다.

天國 amekuni　橘 tatibana　豊(御食) toyo(mike)

그럼 흠명왕이 획을 긋는다고 볼 수 있는 앞 정권은 어떤 상태였을까? 계보상으로는 26대 계체(継体, keitai)왕의 아들들의 27대(安閑王), 28대(宣化王)를 거쳐서 29대의 흠명왕이 계승된 것으로 되어 있으나 계체왕의 한자 이름 그대로 그 정권 수립에 어떤 의미가 있는 것으로 보인다. 그것은 25대 무열(武烈, burecu)왕이 서거하자 뒤를 이을 자녀가 없어서 14대 중애(仲哀, cyuuai)왕의 5세손을 계체왕으로 삼았다는 것이다.

중애왕은 친 제주도 계의 신공(神功, zinguu)왕(후)의 남편이다. 왕위에 오르는 것을 몇 번 기피하였다가 신하들의 강요에 의해 왕위에 오른 거나 마찬가지다. 왕위의 정통성 회복에 문제가 있었던 것으로 보인다. 원비(元妣) 目女媛 menokopime에서 27대 안한(安閑, ankan)왕과 28대 선화(宣化, senkwa)왕을 낳고 다른 부인에서 29대 흠명왕을 낳은 것으로 되어 있다. 그 외에도 수많은 부인에서 많은 자녀를 낳은 것으로 되어 있다.

다음 임금 안한왕도 재위 2년에 사망하고, 그 다음 선화왕도 재위 4년에 사망하였다. 일본서기에서는 안한왕과 선화왕을 한데 묶은 것을 보아도 그 양대는 일본의 혼란기며 공백기였다고 볼 수 있다. 여기에 흠명왕이 나타나는데 계보의 연결상 다른 계체왕의 부인에서 나온 것으로 되어 있으나 공백기와 혼란기를 흠명왕이 외부에서 와서 잘 수습하여 정권을 확립한 것으로 보인다. 필자의 풀이로는 흠명왕 이전의 안한왕과 선화왕은 계보를 채우는 의미에서 솔지공의 부왕이 되는 세종(世宗)의 동기간인 무력(武力)과 무득(武得)의 이름을 중역(重譯)하여 채운 것으로 보고 있다(김공칠 2004 : 319).

따라서 흠명왕대는 그러한 공백기를 바로 잡은, 앞 정권과는 다른 획을 그은 시대였다고 볼 수 있다. 다시 말해서 신공왕(후)조부터 맺어온 친 제주도 세력이 일시 중단된 것을 흠명왕이 도로 되찾은 결과가 된 것으로 볼 수 있다.

흠명왕은 14대 중애왕의 5세손인데 중애왕과 부인 신공왕(후) 사이에서 태어난 제15대 응신(應神, oozin)왕의 계열이다. 응신왕은 필자의 해석대로라면(김공칠 1999 : 223) 제주도계(외손)이다. 따라서 흠명왕은 제주도계의 후예로서 다른 계열에 밀렸던 것을 원래의 왕통으로 복귀시킨 것이 된다. 오랫동안 친 제주도계의 후계 정권을 제대로 세우지 못했기에 가라의 솔지공이 천신과 조상신의 명에 따라 흐트러진 해상의 나라(일본)를 수습하기 위해 제주도와 협력하여 일본에 진출한 것이 되는데, 계체왕과 그 자녀의 이름으로 모처럼 왕통에 복귀한 제주도계의 정권을 계승하는 형식을 취한 것으로 보인다. 시기적으로도 시대상황에서도 그리고 명분상으로도 충분히 성립할 수 있는 해석이다.

2.2. 추고왕대

이러한 상황에서 출발한 일본의 Yamato(大和)정권의 중심 시기는 33대의 추고(推古)왕 시대이다. 추고왕은 흠명왕과 정치적 실력자인 소아도목(蘇我稲目)의 딸인 왕비(堅鹽姫 kitasipime(岐多斯比売))사이에 태어났다. 30대 민달왕의 이모매(異母妹)이면서 그 왕비가 된다. 이모 남매끼리 결혼한 것이 된다. 31대 용명왕과도 이모매의 관계이다. 흠명왕의 왕권수립에 일조한 자녀들이 차례로 왕이 된 셈인데 추고왕 때 이르러 나라의 기반이 굳건하게 되었다.

추고왕의 일본명은 '豊御食炊屋姫(天皇)' toyomikekasikiyapime(일본

서기) 혹은 '額田部(皇子)' nukatabe(no pimemiko)라고 한다. 조카인 성덕(聖德)태자를 황태자로 삼아 섭정하게 하여 국사를 잘 처리하여 나갔다. 일본서기에서 그 중요한 내용들을 보면,

1. 사천왕사(四天王寺)(1년)를 비롯하여 절(法興寺)(4년)을 짓게 하고,
2. 임나(任那)를 친 신라를 치고(8년),
3. 12 위계의 관위(冠位)제를 실시하고(11년), 종래의 가문과 족벌에 의한 승진보다는 개인의 능력에 의해 서열을 매기려고 하였다.
4. 헌법 17조를 만들고(12년), 관리들의 행동규범을 제시하여 왕의 권위를 내세우려고 하였다.
5. 원흥사(元興寺)에 장륙(丈六) 불상을 만들고,
6. 법륭사(法隆寺, 班鳩寺)를 짓고(15년)(이는 일본서기에는 안 보이고 법륭사 금당약사상(金堂藥師像) 광배명(光背銘)에 의함).
7. 당에 유학생 보내고 많은 저수지도 만들었다(16년). 중국의 신흥국 수나라(589년 성립)와 외교 채널을 열고 많은 유학생과 승을 보냈다.

추고왕의 뒤는 큰 오빠이면서 남편이었던 민달왕의 아들 서명(舒明, zyomei)왕(민달왕의 또다른 부인 '糠手姫皇子' (aratepime(no)mikoto) 사이의 태생)이 계승하였다. 둘째 오빠의 용명왕의 아들인 성덕태자가 황태자였으나 추고왕 재위 중에 서거하였기에 왕위를 잇지 못하였고 그의 아들 '山背大兄'(王)(yamasiro(no)ohoe)에는 나서지 않도록 하여 결국 서명왕이 계승하게 된 것이다. 장자 계승의 원칙을 지킨 듯이 보인다.

이 시대 곧 Asuka(飛鳥)시대가 앞 시대와 유별하게 달라지게 된 것은 불교 문화에 기반을 두고 중국과의 문물교류를 하고 귀족문화가 번성하게 되고 문자 사용이 발전한 것 등을 들 수 있다. 이러한 발전은 역시 흠명왕의 외부로부터의 중앙진출의 성공으로 가능한 것으로, 여기서 제주도와의 상관성을 상기시키게 한다. 불교문화는 일찍이 불교가 유포된 제주도에서 들어 왔을 것이고 이별한(여원) 흠명왕의 연인이며 부인을

(또한 추고왕의 모친이 되기도 하는데) 공양하기 위한 뜻도 있었을 것이다.

또한 중국과의 교류는 제주도를 매체로 해서 가능했을 것이고, 귀족 문화의 번성은 신흥국가의 정권 수립에 기여한 이들이 누릴 수 있는 혜택에서 나왔겠지만 일찍이 제주도에서 볼 수 있는 28 용왕제와 같은 제도에 영향을 받았을 수도 있다.

성덕태자의 섭정시대는, 한문이 일본에 도래한지 채 200년이 안 되었는데도 그의 일련의 수준 높은 한문의 저술이 놀라운데(築島 1981 : 20) 그것은 아버지의 동기간이 가라-제주도에서의 한문에 숙달한 데 계몽되고 인접 중국과의 문물에 밝고 불교 경전에도 익숙하고 있었기 때문으로 보아진다.

2.3. 성덕태자

성덕(聖德)태자는 흠명왕의 정권수립(540년) 후 33년이 지난 573년생이어서 그 손자로서의 연대는 맞아들어서 제주도에서의 수학 기회는 없었던 것이 되지만, 부왕과 조정의 주변에는 제주도에서 데려오거나 스스로 찾아온 학자들이 있어서 그들의 지도를 받았을 수도 있다. 일본서기 추고왕 원년 기사에 태자가 외전(外典)을 박사 kakuka(覺哿)에게 배웠다고 하는데 그 박사가 미상인 것을 보면 그것과 관련될 수 있다.

성덕태자는 흠명왕의 제2자 용명왕과 용명왕의 이모매(異母妹) '穴穗部間人'(皇女) amapobe(no)pasipito 사이에 태어났으며 당시의 실세의 대신인 소아마자(蘇我馬子, soga umako) (섬의 대신이라고 함)의 딸(刀自古良女)과 결혼하여 '山背大兄'(王)을 낳은 것으로 되어 있다.

장인인 소아마자는 불교를 적극적으로 도입하려는 처지였는데 태자도 이와 동일한 처지였다고 보며 불교 배척파(物部守屋)를 타도하기도 하였다.

태자의 호칭에 대하여는,

1. 等與乃彌彌(大王) toyonomimi 豊耳
2. 廏戸皇子 umayatonomiko 有麻移刀(元興寺露盤銘)
3. 馬屋門, 馬屋戸(元興寺緣起)
4. 豊聡耳法大王 toyotomimi(no)nori(no)ohokimi
5. 法主王 norinusi(no)ohokimi
6. (上宮)廏戸豊聡耳(太子) (kamitumiyano)umayato(no)toyotomimi

등 여러 가지가 있다. 앞의 2, 3의 호칭에 대하여 이와나미(岩波 1965 : 155 頭注)에 의하면 태자와 관계 깊은 지명 또는 씨족명에 의한 것으로 보고 있다. 이러한 호칭을 보아도 태자가 제주도계 인물이라는 것을 알 수 있다. 그 호칭에 반영된 toyo(豊)는 추고왕의 그것과 마찬가지로 출신 지명을 가리키는 것으로 볼 수 있다.

여기서 toyo*(豊)는 제주도의 고명(古名) 주호(州胡)와 연계되는 것으로 본다. 이 음형을 상고음으로 t̂Vk(a)(tak / tək / tuk / tok) 교체형이 가능한 것이다(김공칠 1999 : 203). 곧 tak(乇, 託 닭섬(=거제도)) tək(a)(州胡, 德) tuk(a)(竹, 對海), tok(獨), tik(a)(値嘉) 등의 제주도와 남해안과 동해안, 일본 해안에 분포하는 도명에서 볼 수 있다.

그 중에서 제주도의 고형 təko가 중심적으로 본다. 고사가(垂仁記)의 tokoyo 〈 təkəyo(常世)하고 상응한다. 그 곳 일본에서 tazimori(多遲毛理)를 보내서 겨울에도 열매맺는 귤(多知婆奈)을 구하는데 그 곳은 제주도가 확실하다(김공칠 2007 : 114).

toko(〈 təkə)의 어형에서 어중 k음이 탈락한 형이 too가 되는데, 고대에는 이러한 모음연속이 허용되지 않아서 모음충돌을 막기 위해 삽요음이 개재한 형이 toyo형이 되는 것이다. 또한 고대 일본어의 o모음은 ə모음으로 추정되기 때문에 실지는 təyə의 형이 되어 기본형의 təkə형의 k음 탈락형과 일치한다. 어중 k음의 탈락형의 예는 현대 일본어의 5단동사의 ka행의 i음편을 들 수 있다.

kaki → kai '書'

중세 한국에서 'ㄱ'이 모음 사이에서 탈락하는 경우가 있다(ᄒᆞ거든 → ᄒᆞ야든, 주거늘 → 주어늘).

Omodaka(沢潟)외(1967 : 507)에 의하면 to_2yo_2(豊)는 많은 것을 나타내고 그것이 전항이 되어 복합어를 만들면 치켜세우는 말로 쓰인다. 지명에도 많이 보이는데, '豊國, 豊秋津洲, 豊嶋, 豊葦原, 豊浦' 등 허다하다.

제주도의 고칭 탁라(羅) takra(/na)가 일본의 takara(寶)와 동형인 것처럼 또 하나의 제주도의 고칭 탐라(耽羅)의 təm(耽)은 일본어의 təmi(富)와 동형이 되는데, 마찬가지로 앞서의 제주도의 고칭 təkə의 k탈락형이 풍부의 말과 동형이 되는 것과도 같은 것이다.

그렇게 본다면 성덕태자의 또 하나의 toyotomimi(豊聡耳)는 제주도의 təkə와 təm(i)의 복합어와 같은 형식이다. 강조적으로 중복적으로 쓰일 수 있는 것인데 일본어의 왕명에서 그와 같은 여러 요소(지명과 관명)의 복합 형식의 것으로 볼 수 있다. 따라서 풍성한, 부(富)한 어휘가 복합적으로 성씨로 사용되었다고 이상할 것은 없다. '豊耳'의 toyonomimi의 mimi는 위지 왜인전의 '投馬國'의 관리를 나타낸 '彌彌'하고 동일한 형식으로 mimi 〉 nim(i) 혹은 mimi－nim(i)의 관계로 추정할 수 있다. 태자의 또 하나의 이름 umayato(廏戸)(有麻移刀)도 역시 제주도 목마장의 관리자와 같은 경력을 상징하는 것으로 보인다. 이렇게 성덕태자는 그 이름이 나타내듯 중국 문물제도와 불교에 접한 제주도에 익숙하고 제주도의 목마(牧馬)에도 정통하는 그러한 가문에서 자랐기에 일본의 정치적 문화적 변혁기에 두각을 나타낼 수 있었던 것으로 보인다.

2.4. 제주도와 관련된 왕명

용명왕의 '橘豊日(命)' tatibana(no)toyopi(no mikoto)의 이름도 지명

이 두 개 겹친 형식이다. 전 항의 tatibana는 제주도를 가리키는 것에 쓰였다고 본다.

신라의 제4대왕 석탈해(昔脫解)의 본국명이 삼국사기에 tabana(多婆那)국 삼국유사에 용성국(龍城國)으로 되어 있는데 그 위치는 두 책 모두 왜의 동북 1천리로 되어 있어서 동일국으로 보고 있다. 왜의 동북의 방향은 왜를 일본 규슈의 서남부로 가정하고 그쪽으로 지형상 일단 남쪽의 해협으로 빠져나와 한반도 방향으로 틀 때의 방향 감각에서 왔거나 아니면 서북과 혼동했거나 한 것이다(김공칠 2007 : 108).

tabana의 음형은 어중 b음의 m / b 교체가 있었다고 보면 제주도의 고칭 탐부라(耽浮羅), 탐모라(耽毛羅), 탐라와 교체 관계가 될 수 있고 tatibana(橘)의 산지(産地)의 이름이 국명으로 전용되었다고도 볼 수 있다. ta(ti)bana에서 ti는 촉음 구실을 했다고 보는 것이다. 그렇게 되면 그 음형은 tat(龍)－ba(城)－na(國)과도 분석할 수 있어서 앞서의 용성국과 동일시되는 가능성이 있다.

이 tatibana에 이어지는 toyo(豊)도 제주도를 가리키는 것이 되어 성덕태자의 복합적인 지명 구성의 이름과도 같아진다. 옛적에는 암기하기 쉽게 또 강조하기 위해서 여러 말을 겹친 명명(命名)을 많이 쓴 것이 된다. 맨 끝의 pi(日)는 '불'의 침사적(枕詞的) 표기로 산을 뜻하였다고 본다. 제주도는 바다의 나라이면서 산의 나라이기도 한 것이다.

민달(敏達)왕의 nunakura*(渟/沼名倉) 역시 다음과 같이 분석된다.

nu(na) kura
水 / 沼 山

nu 혹은 na는 한국어의 늪(沼), 일본어의 numa(沼), 아이누어의 na(水), numa(沼)와도 관계된다. 한국어에서 na의 용례는 지명에 물의 고을의 이름 나주(羅州)의 na의 경우를 들 수 있다. 두 번째의 na는 일본어의 연체격처럼 관형어로 쓰이는 경우일 것이다.

kura는 아이누어에서 산(山)의 뜻이다. Batchelor(1938 : 282)에 kur, kuran의 예가 보인다.

현대의 일본어의 산명에 kura(駿, 倉), kuro(黑), kuri(栗) 등의 산명이 그 남아 있는 것이 그 예다.

민달왕의 한자명 자체도 그러한 뜻을 지닌다. '민달(敏達)' '敏'의 음은 오음(吳音) min이고(한음(漢音) bin) 한국어의 경우도 이와 같다. 그렇게 되면 다음과 같이 분석되는데,

mi(n)	tar*
水	山

전항의 mi는 한국어의 mɐi(〉mi), 일본어의 mi(du)에 상응한다. 일본서기에서는 '민(敏)'을 bi로 읽고 있으나 그 경우도 '정(井)'(bi 〉 wi)과 관계된다. tɛr*은 고구려에서 '達'(山·高)에서 유래하며 현대 일본어에서는 take(岳), tate(館, 岳), tati(達), tatu(達), tara(多良) 등으로 반영되고 있다(김공칠 2006 : 320). 일본서기(應神紀)에 보이는 '枕瀰多禮'도 təmi-tare* '島山'으로 풀이된다(김공칠 1999 : 258－259).

산의 어휘에는 유래가 다른 yama, take, puru(puri) 등이 있는데 앞서의 '豊日'의 경우 침사식인 '日'은 한국어의 '夫里'(/卑離)형의 반영이다.

제주도 지명에는 kur(山房굴), tar(達山), tari(긋달이, 終達, 地尾山)의 흔적으로 반영되기는 하나 오름의 형식으로 다용되고 있다. 앞 예의 '水山'의 경우 물오름으로 쓰이는 곳이 있는가 하면 매오름(예전엔 산의 중복에 용천수가 있었다), 민오름(산의 고지의 민가에 용천수가 있음을 목격)으로 쓰이는 곳이 있다.

'豊浦'로 쓰인 예를 추가한다면 소아마자(蘇我馬子)의 아들의 이름 '蘇我豊浦蝦夷臣(大臣)'(sogatoyouraemisi(no)omi)이 있고 여기에 함께 emisi

(蝦夷)도 침사식 표기로(김공칠 2006 : 287) 식블이(東土, 東原)에서 오는 것인데, 신라의 '徐伐－徐那', 탐라의 '西那'로 교체되었다고 보는 것이다. 그렇다면 '豊浦'의 '셔나'의 제주도계 지명과도 연관될 수 있다.

한편 추고왕의 '(豊)御食'((toyo) mike)와 '額' nuka*, 용명왕의 (池(辺)) ike*(be)는,

mi	ke
nu	ka
i	ke

와 같이 상관적으로 볼 수 있지 않을까 한다. 전항의 mi(水), nu(水), I (〈mi)(水))는 '물'로 후항의 ke*－ka는 지경의 뜻으로 풀이된다. 이러한 지경어에서 그러한 곳에서 일어선 집안(家)이라는 의미로 바뀐 것으로 보아진다.

이와 같이 왕명이나 인명의 풀이를 단편적이기보다 상관적으로 풀이하는 방식을 취한다면, 흠명왕의 osiparuki(押波留岐)와 추고왕의 kasi와도 대비해 볼 수 있다.

전자에 대해서는 먼저 '波留'(paru(/parɯ*))에 대해서는 1.바다(제주방언 바ᄅ / 바르), 2.벌(일본어 hara), 3.산(부리), 4.수장(首長)(pɐr*)의 의미가 환기될 수 있다. 1.은 제주방언 '바ᄅ'를 기저로 했을 때 bara / baru의 음 실현이 가능하다. 일본어에 unabara(海原)(〈mu(水)na baru(原))가 있다. 2.는 한국어의 벌 / 블, 일본어의 hara(〈para)를 생각하면 그러한 해석이 가능하다. 3.은 일본어의 huru(〈puru)가 한국어의 puri / piri에 상응한다고 보는 것은 삼한 지명의 '卑離', 백제어의 '夫里'가 이에 상응한다고 보기 때문이다. 4.는 신라 시조 혁거세(赫居世), 고구려 시조 동명(東明), 북부여 해모수의 자인 부루(扶婁), 하백(河伯)의 '블', 고대 부족명, 왕휘(王諱)의 '블'(日子) (양주동 1960 : 698), '角干'의 '블', 일본어의

'日子'의 hi(〉〈pur) '春'(歲之始, 四時首)의 haru(〈paru)에서 추려낼 수 있다. 현대어의 'ho'(穗, 秀)는 한국어의 '볼'에서 유래한다고 본다. 'hara'(大角)의 예도 들 수 있다.

그렇다면 흠명왕의 osiparuki는 다음과 같이 분석될 수 있다.

osi		原	
mi	haru(paru)	海	ki
(水·龍)		山	(城)

osi는 일단 침사(枕詞)적 표기로 보아 한국어의 밀(推↔水)로 볼 수 있다. 그렇다면 바다나 넓은 벌 아니면 산에 임하는 성을 나타내는 것이 된다. 이러한 자연환경에 딱 들어맞는 곳은 제주도이다.

전항의 mi를 miri / miru로 보게 되면 중세 한국어의 용(龍)과 같아지므로 어쩌면 제주도의 고명 용성국(龍城國)에도 상응하게 될 수도 있다.

mibaru가 앞서의 4.의 수장의 뜻을 간직한 '수(水) / 용(龍)(神)'의 뜻이 있다고 볼 수 있으며 일본어의 haru(張)에는 지킨다(cf. miharu, 守, 監視)는 뜻을 생각하면 용(首長)이 관할하는 성과 같이 되어 비슷한 뜻의 말로 귀일된다.

이러한 해석으로 추고왕의 mike kasiki(ya)(炊屋)와 상관적으로 파악할 수 있게 된다.

앞서의 분석에 맞추면,

mi	haru(paru)	ki
mike	kasiki	

곧 바다(/벌 / 산)의 수장(首長)성 곧 용의 성으로 용성국과 같아지며 결국 추고왕은 그 곳의 공주라는 뜻이 되는 것이다. 이렇게 본다면, 흠명왕은 물론 그 대를 이은 자녀들의 이름이 모두 제주도의 고명과 무관하지 않

다는 것을 확인할 때 그 이전의 왕명과는 확연히 구별되는 것으로 생각할 수 있다.

3. 추고왕대의 문화와 문자

3.1. 한자의 일본 전래

불교의 도입으로 유력한 호족들에 의해서 사탑(寺塔) 건립의 일들이 행해졌으니, 이러한 데서 건축기술의 발달도 또 불상의 조각이나 유품 등의 공예·회화 등의 예술의 발달도 보게 된다. 또한 사탑의 유래를 기록하는 연기(緣起) 또는 명문(銘文)이 금속문으로 남아 있어서 당시의 문자 사용의 특색을 살펴 볼 수도 있다.

일본에의 한자의 전래는 한반도로부터 일본으로 건너간 한국인에 의한다. 일본에서는 이들을 귀화인(歸化人)이라고 하지만 당시 일본에는 국가다운 국가가 없어 지방에 분산된 상태였기에 귀화인이라 하기보다 이주민 또는 개척민이라고 하는 게 마땅할 것이다. 내부적으로는 한문에 관한 한, 유식자(지식계급)였으니 이주 유식자라고 할 수 있다.

일본에 한자를 전한 이주민의 물결은 다음과 같은 3단계로 나누기도 한다(築島 1981 : 189).

첫 번째 귀화인(이주민) 낙랑군과 대방군의 멸망(313년)으로 한반도 남부로부터 일본에 4세기 후반에서 5세기에 걸쳐 전파되었다는 것.

두 번째 귀화인(이주민) 백제 쇠망과 고구려 멸망(668년)으로 6세기 후반으로부터 7세기 후반에 걸쳐 일본에 전파되었다는 것

세 번째 귀화인(이주민) 백제의 피난민 뿐만 아니라 직접 중국의 장안에서 온 중국인까지 포함시켜서 새로운 중국의 한자음을 전파한 이들에 의한 것.

이렇게 3단계로 나누는 것은 1단계에서는 중국의 상고음이, 2단계에

서는 오음(吳音)이, 3단계에서는 중고음이 파급해서 일본음의 한자음이 혼재(混在)하게 되었다고 본 데서 오는 것이다. 한반도로부터의 일본에의 파급은 수시로 있었을 것이고 앞서의 1단계보다 앞서서,

서기전 194년의 위만조선의 성립과 준왕의 남으로의 피난,
서기전 128년에 예왕이 한(漢)에 내속하고,
서기전 108년에 위만조선의 멸망과 한 사군 설치,
서기전 57년(신라), 36년(고구려), 18년(백제)에 이어,
서기 42년에 가락국 흥기 등의 일련의 정치적 변동의 여파로 인한 일본에의 파급이 있었다고 본다.

서기 1세기 – 3세기는 중국의 후한시대, 3세기 – 6세기는 위진(魏晋)시대로 본다면, 이 시대에 사용된 한자음은 상고음이므로 앞서의 첫 번째 이주민의 유식자는 물론 그 이전의 이주민의 유식자가 습득한 한자음은 상고음이었다고 할 수 있다. 5, 6세기 이래 일본에 쓰인 남조(南朝)식의 한자음을 오음(吳音)으로 보기도 하는데 그것은 백제를 통하여 중국의 남조(南朝)의 오(吳)나라 음을 받아들인 것으로 가정하기 때문이다.

한국어의 처지로서는 오히려 오음이 한국의 한자음 체계에 보다 근접한다고 보기 때문에 오음은 그 이전으로부터 6세기 말의 수·당의 왕조의 수도 장안(長安)의 한자음에 이르기까지의 영향을 받았던 것으로 볼 수 있어서 북방음쪽이 아니었나 싶다. 만일 남조의 한자음의 영향이 있었다면 그것은 제주도를 통한 경로에서 온 것으로 생각할 수 있다.

수당(隋唐)시대에는 중국에서 중고음 체계(8세기 – 10세기)로 바뀌는데 일본의 8세기의 역사서인 고사기와 일본서기의 한자음도 그렇다고 할 수 있다. 그러한 시기에 일본어도 일본어 자체의 음운체계의 변화도 있었을 것이니 중국의 중고음을 받아들이는 체계도 변동이 있는 것은 당연하다. 그 변모된, 어떻게 보면 일본어 나름의 새로움을 가미한 것이 한음(漢音) 그렇지 않은 그 이전의 것이 오음이라고 본다. 보통 고사기는

오음체계이고 일본서기는 한음체계로 대조적으로 보기도 하는데 한음이 일본 한자음의 본 바탕을 바꿀 수는 없었다고 본다. 그것은 현존하는 한음은 오음에 비해 비중이 약한 데서 알 수 있다. 여기서 앞에서 언급한 일본에의 한자음 전래의 패턴과 다른 또 하나의 파급의 경로를 필자는 추가하는 것이다. 그 경로는 앞에서 말한 대로 아주 오래전부터의 북중국으로부터 한반도의 고조선－낙랑군－한반도－일본으로의 것(그 경로는 삼국시대에도 계속된다)과 중(中)중국과 남중국으로부터 제주도 경유의 경로이다. 후자의 경로는 중국과의 직접적인 교역과 외교적인 접촉에서 온다. Karlgren(1949 : 43)도 이(耳) (ni̯əg / ńźi, 필자주)의 한자의 예를 들어서 원래의 구개음인 ńi($n^y i$)가 중고(中古)의 북방 방언(서기 500－600년경)에서 기생(寄生)적 파찰음(parasitic aftricative) ńźi를 얻고 그 파찰음이 원래의 ń을 없애버렸기 때문에 źi만 남았다. 이것이 일본어의 zi의 유래라 하였다. 곧 일본어는 2회에 걸쳐 처음에는 동남 중국에서 ni(필자주 吳音)가 왔고 나중에 북방 중국에서 zi(필자 漢音)가 들어왔다고 하였는데 그 정부(正否)는 차치하고 동남중국에서의 경로를 우선시하는 점을 미루어 볼 때 제주도의 경로는 무시할 수 없는 일이다.

이미 서기 1세기의 신무왕의 동정(東征) 그리고 서기 4, 5세기의 숭신왕, 응신왕의 동정에 뒤따르는 유식자의 문자 사용의 영향도 당연히 고려해 보아야 할 것이다.

특히 금관국의 신라 복속(532년) 후에 제주도는 금관국의 망명세자의 일본 진출을 지원하여 일본의 중앙정권 수립에 일조를 하였고, 일찍부터 앞서의 일들을 통하여 불교문화와 중국문화의 일본 전파의 중계 역할을 해 온 점에서 충분히 중중국 그리고 남중국－제주도－일본의 경로를 생각할 수 있다. 한반도 최남부의 가락국이나, 한반도와 큰 거리를 둔 제주도에 중국 한자음의 고층이 언어지리학적으로도 남아있을 가능성은 충분히 있고 해서 그것이 추고왕 시대의 사용문자의 특이성에 반영되어 있다고 볼 수 있는 일이다.

3.2. 한자의 특이한 사용례

Suiko시대에 사용된 문자 중에서 특이한 음가를 지닌 한자가 쓰여진 자료로 Ooya(大矢透, 1970 : 23－24)에 의해 다음 아홉 개가 제시되었다.

1. 伊豫道後溫湯碑 추고왕 4년(596년). 실물은 없어졌다고 하나 비문의 내용이 '釈日本紀'(14)에 인용된 '伊予國風土記' 안에 있다.
2. 元興寺塔露盤銘 (大和元興寺塔露盤銘) 추고왕 4년(596년). 실물은 없어졌다고 하나 전문이 '元興寺 緣起'에 수록되어 있고 그 고사본(醍醐寺藏本 1165년 書寫, 중요문화재)이 전해져 있다(築島 1981 : 15).
3. 法隆寺金堂藥師光背銘 (法隆寺金堂本尊金銅藥師如來像光背銘) 추고왕 15년(607년)으로 보았지만 요즈음은 천지(天智, tenci)왕 6년(667년)으로 보기도 한다(築島裕 1981 : 20).
4. 元興寺丈六光背銘 (元興寺丈六釋迦光背銘) 추고왕 13년(605년). 불상은 전해지지 않는다. 앞에서의 2.의 노반명과 함께 '元興寺緣起'의 끝에 수록되어 있다.
5. 法隆寺金堂釋迦佛光背銘 (法隆寺金堂本尊金銅釋迦如來像光背銘) 추고왕 31년(623년).
6. (法隆寺)天壽國曼多羅繡帳銘 추고왕 30년(622년). '中宮寺'에 일부분 남아있고 '上宮聖德法王帝說'에 전문(銘文과 釋文)이 남아 있다.
7. (法隆寺)三尊佛光背銘 추고왕 36년(628년)?
8. 上宮記逸文 '釋日本紀(卷13)'에 남아 있다. '上宮記'는 성덕태자 재세(在世)중 또는 사망 후에 곧 성립하였다고 본다.
9. 上宮太子系譜 성덕태자 사망후 곧 만들어진 것으로 보이나 연대가 확실하지 않다. '上宮聖德法王帝說'에 남아 있다.

이제 이들의 자료에 표음문자로 나타나는 예를 하나씩 살펴 보기로 한다.

1. 이예도후온탕비(伊豫道後溫湯碑) '夷與村' (地名) 夷 i, 與 yo

이러한 표음문자는 본래의 표의문자로서의 구실을 버리고 사용하는 것이다. 고대문헌 중에서 만엽집(万葉集)에서 많이 볼 수 있어서 그러한 용법의 한자를 Mannyookana(万葉仮名)라고 한다. 만엽집 이전의 문헌에 쓰인 그러한 표기에도 그와 같은 이름을 붙이고 있다. 여기의 촌명에 쓰인 Kana의 음가는 한국 한자음이나 일본 한자음과 거의 같은 것이므로 특이한 용례가 되지 않는다.

2. (대화)원흥사탑노반명((大和)元興寺塔露盤銘)

大和國天皇斯歸斯麻宮治天下名阿米久爾意斯波羅支比里爾波彌己等世奉仕巷宜名伊那米大臣時, 百濟國正明王上啓云, 萬法之中佛法最上也. 是以 天皇并大臣聞食之宣, 善哉. 則受佛法造立倭國. 然天皇大臣等受報業盡. 故, 天皇之女佐久羅韋等由良宮天下名等已彌居加斯支夜比彌乃彌己等世, 及甥名有麻移刀等已刀彌彌乃彌己等等時奉仕巷宜名有明子大臣爲領. 及諸臣等 ……(이하생략)

이를 우리말로 직역하면,

「大和國의 sikisima(敷島)의 궁(宮)에서 천하를 다스리신 이름은 amekuni(天國) osipiraki(排開) pironiwa(廣庭)(no)mikoto(尊)(欽明王)의 때에 받들어 모시는 soga(蘇我) 이름은 iname(稲目) 대신 때에 백제국의 정명왕이 상계(上啓)하여 말하기를 만법 중에 불법이 최상이다 하였다. 이를 천황 및 대신이 함께 들으시고 좋은 일이다 하고 곧 불법을 받아들여 왜국에 (절을) 만들어 세웠다. 그렇지만 천황, 대신 등이 혜택을 받지 못하게 되어 그래서 천황의 딸인 sakurai(桜井) toyora(豊浦)의 궁에서 천하를 다스리는, 이름은 toyomikekasikiyapime(no)mikoto(豊御食炊屋媛尊)(推古王)의 세상에 조카의 이름 umayado(廐戸) toyotomi(no)mikoto(豊聡耳尊)(聖德太子)의 때에 받들어 모시는 soga(蘇我) 이름은 umako(有明子)(蘇我馬子)가 우두머리로 여러 신하들로 하여금 (절 건립의 공을 이루다) …… (이하 생략)

위의 원문에서 밑줄 친 부분이 궁명이나 왕명 그리고 태자명, 대신명에 쓰인 표음문자이다. 여기서의 soga의 iname와 umako는 부자간이며 흠명왕의 새 정권에 공을 세운 당시의 정계의 실권자들이다. umako는 불교를 적극적으로 도입하려고 했고 그의 사위인 성덕태자도 이에 따라서 배불파(排佛派)를 타도하였다.

3. 법륭사금당약사광배명(法隆寺金堂藥師光背銘)

이 명문은 그렇게 길지 않기에 그 전문과 그 직역문을 보이기로 한다.

池邊大宮治天下天皇, <u>大御身勞賜時,</u> 歲次丙午年, 召於大王天皇與太子而, <u>誓願賜,</u> 我<u>大御病太平欲坐</u>故, 將造寺<u>藥師像作</u>仕奉詔. 然當時<u>崩賜造不堪者</u>, 小治田大宮治天下大王天皇, 及東宮聖王<u>大命受賜</u>而, 歲次丁卯年仕奉.

「池辺大宮에서 천하를 다스리시는 천황(用明王)의 존체가 아프실 때, 병오년(586년)에 대왕천황(推古王)과 태자(성덕태자)를 불러 서원(誓願)하시기를 나의 병이 낫기를 바라고 있다고 하므로, 이에 절을 만들고 약사상(藥師像)을 만들어 바치기를 분부하시다. 그러나 당시에 돌아가셔서 만들어 내지 못하였으니 '小治田大宮'에서 천하를 다스리시는 대왕천황(推古王)이 동궁성왕(성덕태자)과 대명을 받드셔서 정미년(推古王 15년)에 이루어내다.」

광배(光背) 이면의 기록인데 이 명문에서는 표음문자로 쓰인 한자의 예는 없다. 다만 밑줄 친 부분과 같이 한문에서 일본어적인 표현이 섞여 있는 중요한 예문이 되어서 인용해 두었다. 곧 5세기 이후에 일본어를 정격(正格)의 한문으로 나타내고 왔던 것을 군데군데 일본어적인 표현을 섞어쓴 변체한문(变体漢文)의 대표적인 것이다.

밑줄 친 부분의 일본어화된 부분을 차례로 풀이하면,

大御身 존체가 (접두사가 쓰임)
勞賜時 아프실 때 (경어 조동사가 쓰임)
誓願賜 誓願하시다 (경어조동사가 쓰임)
大御病 병환이 (접두사가 쓰임)
太平欲坐故 (병이) 낫기를 바라고 있으시다고 하므로(경어 조동사가 쓰이고 일본어 어순으로 됨)
藥師像作 약사상을 만들어 (일본어 어순)
崩賜 붕어하시니 (경어 조동사가 쓰임)
造不堪者 만들어 내지 못하였으니 (일본어 어순으로 됨)
大命受賜 대명을 받으셔서 (경어조동사가 쓰이고 일본어 어순으로 됨)

4. 원흥사장륙광배명(元興寺丈六光背銘)

여기서는 명문이 길어서 표음문자식 곧 Kana로 쓰인 것만 열거하기로 한다.

斯歸斯麻(宮) sikisima(宮名)
巷奇伊奈米 sogainame(蘇我稲目)(大臣名)

多知波奈止與比(天皇) tatibanatoyopi(no)(橘豊日(天皇))(用明王)
夷波禮 ipare(지명 또는 관명)(여기서는 궁명으로 추정)
止與彌擧奇斯岐移比彌 toyomikekasikiyapime(豊御食炊屋姬)(推古王)
由羅 yura(宮名)
等與刀彌彌 toytomimi(no)(大王)(豊耳)(성덕태자)
有明 uma(子)(大臣名)(蘇我馬子)

5. 법륭사금당석가불광배명(法隆寺金堂釋迦佛光背銘)
끝부분에 다음 것이 보인다.

止利(佛師), tori(佛師名)

6. (법륭사) 천수국만다라수장명(法隆寺)(天壽國曼多羅繡帳銘)

斯歸斯麻(宮) sikisima(宮名)
阿米久爾意斯波留支比里爾波乃彌己等 amekuniosiparuki piro-nihanomikoto (天國排開廣庭尊)(欽明王)
巷奇伊奈米足尼 soga(no)iname(no)sukune (蘇我稲目宿禰)(大臣名)
吉多斯比彌乃彌己等 kitasipimenomikoto (堅鹽媛)(왕비명)(蘇我稲目의 딸, 用明王을 낳음)
多至波奈等已比乃彌己等 (tatipananotoyopinomikoto)(橘豊日尊)(用明王)
等已彌居加斯支移比彌乃彌己等 toyomikekasikiyapimenomikoto (豊御食炊屋姬尊)(推古王)

등등이 있다. 거의가 앞에 나온 예들이다. 여기에 쓰인 만엽kana는 거의가 1자 1음식의 표음문자로 쓰고 있는데 '蘇我'의 대신명에 '足 suku'는 1자 2음식으로 쓰인 예가 된다.

7. 법륭사 삼존불광배명(法隆寺 三尊佛光背銘)

嗽加 soga(no)(大臣) (蘇我) (蝦夷) (大臣) (蘇我馬子의 아들)

soga(蘇我)의 표기에 앞에서는 巷宜, 巷奇가 보였는데 여기서는 동일한 음표기에 다른 문자가 쓰인 예가 된다.

8. 상궁기일문(上宮記逸文)

凡牟都和希 pomutuwake (誉田別(天皇)) (應神王)
經俣那加都比古 kuhimatanakatupiko (河派仲彦) (日本武尊의 손자명)

여기서의 '經'은 '滛'(kaha)의 오자로 보고 있다.
이외에도 왕명, 국명, 여성명(미칭 pime(姫)), 궁명, 인명, 촌명 등이 다양하게 보인다. 일부 말고 거의 예시하면,

麻和加 mawaka
母母思己麻和加(中)比(彌) momosikimawaka(nakatu)pi(me)
伊波都久和希 ipatukuwake (磐揰別(命))
久留比(彌) kurupi(me)(命) (黑日売)
彌乎(國) miwo(no)
伊波礼(宮) ipare(no) (宮名)
布利比売 puripime (振媛)
乎富等(no)(大公王) oputo(no) (男大迹(天皇)) (継体王)
比陁斯 pitasi (人名)
多加牟久(村) takamuku(no) (村名) (高向)

9. 상궁태자계보(上宮太子系譜)

1. 加多夫古(臣)(katabuko)의 딸 (菩支支彌(女郎), pokikimi(no)) 을 취하여 7자녀(法王帝說에는 8자녀) 낳았다. 한 예. 己乃斯里(王) konosiro(no), 久波多(姓) kubata
2. 蘇我馬子의 딸 '刀自己(郎女)' (toziko) (冐古郎) 사이에서 山尻王(山代大兄王) 등 4자녀를 낳았다.
3. 또 다른 이를 취하여 2자녀 그래서 모두 14자녀를 낳은 것으로 기록되어 있다. 이어서 '山代大兄王'의 자녀 (성덕태자의 손자)의 이름이 나온다.

이상과 같은 성덕태자의 자녀명과 손자명중에서 만엽kana로 쓰여진 것들이 한자음의 자료가 된다.

3.3. 특이한 사용한자의 음가

앞에서의 만엽 kana 중에서 그 음이 고층적인 것으로 볼 수 있는 것은 다음의 글자들이다. 이들 용자(用字)의 상고 재구음과 중고 재구음의 음가를 참고로 보이기로 한다. 상고음은 Dongtonghe(董同龢, 1975)의 것을 색인화한 것(慶谷壽信 1978, Ⓣ로 표시)을 이용하였다. Karlgren(1940)에서는 상고음 / 중고음을 이용하였다(Ⓚ로 표시).

支 ki Ⓣ k̑i̯eg ㊣, Ⓚ t̑i̯ĕg / tśie̯ (Kor. ci, Jap. si(吳音·漢音) 支韻)
상고음에서 성모가 갈리고 있으나 k̑i̯ 〉 t̑i̯가 t̑i̯ 〉 k̑i̯보다 구개음화의 관점에서 순리적이므로 ki쪽이 고층적인 것으로 볼 수 있다. 支를 한국에서도 ki(〈kɯi)로 읽은 것으로 보이는 것도 있다. 위지동이전 마한의 '月支國'의 '月支'를 닥긔(高城)로 읽을 수 있기 때문이다.

里 ro Ⓣ lịəg ㊤, Ⓚ lịəg / lji (Kor. ri, Jap. ri(吳音·漢音) 支韻)

일본음의 ro는 실지는 을류의 rə음을 나타낸다. 상고음에서 개모음이 강하게 반영되어(상성에 유의) li(ri)음으로 되어 있으나 그것이 약하게 반영되면 주모음의 lə(rə)음이 되는 것인데, 그러한 음으로 추고왕 유문으로 쓰인 것이다. 고층적인 음임에 틀림없다.

巳 yo Ⓚ zịəg / i (Kor. i, Jap. i(吳音·漢音) 止韻)

상고음에서 어두 자음(邪母)이 약화된 것인데 한국이나 일본의 한자음은 그것으로부터 개모음이 중심적으로 실현된 음이다. 따라서 yo는 고층의 반영으로 볼 수 있다.

宜 ga Ⓣ ngịa 平, Ⓚ ngịa / ngjie (Kor. ɯi(新增類合), Jap. gi(吳音·漢音) (支韻))

이 역시 상고음에서 개모음이 약하게 반영되었다면 a음으로 되었을 것인데 강하게 반영되어(평성인데도) 한국의 한자음이나 일본의 한자음과 같이 되었다. 추고왕대 유문은 주모음 중심의 것이므로 고층적인 음임에 틀림없다.

奇 ka Ⓣ kịa(gịa도) (平), Ⓚ g'ia / g'jię(Kor. ki(〈 kɯi(新增類合), Jap. ki(吳音·漢音)), gi(吳音)(支韻)

앞의 '宜'의 경우와 마찬가지로 개모음의 ị가 (평성인데도) 중심이 되는 음으로 남았다. 이에 대해 추고왕대 유문에서는 주모음의 a로 실현되어 있으니 고층적인 음임에 틀림없다.

移 ya Ⓣ dịa (平), Ⓚ dia / ię(Kor. i(新增類合), Jap. i(吳音·漢音) (支韻))

이 역시 '宜, 奇'의 경우와 같은 것이다. 다르다면 상고음에서의 어두의 설음 d가 탈락한 경우다. 그런 면에서 중고음에 가까운 음이나 어떻든 후세음과 달리 개모음과 주모음을 보존한 형식이니 고층적인 것으로 볼 수 있다.

意 o Ⓣ i̯əg ㊎, Ⓚ i̯əg / i(Kor. ɯi(新增類合), Jap. i(吳音·漢音)(志韻))

일본의 만엽 kana에는 a행의 o의 갑류 / 을류의 구별은 없으나 일본어의 o음의 후발달성으로 볼 때 분명히 을류의 음 곧 ə 이다. 따라서 추고왕대 유문의 o는 중국의 상고음의 주모음으로 발음된 것이므로 고층적인 음에 틀림없다.

止 to Ⓣ t̑i̯əg ㊤, Ⓚ t̑'i̯əg / tś'i(Kor. ci, Jap. si(吳音·漢音))

여기의 to의 o도 만엽 kana로 to의 을류로 쓰이므로 tə의 용자이다. 역시 개모음이 약하게 발음되어 이루어진 것인데, 만엽집에서도 그렇게 쓰인 것을 보면 오래 사용된 것을 알 수 있다. 고층성을 띠는 것은 분명하다.

希 ke Ⓣ xi̯ə̆d (平), Ⓚ xi̯ər / xjẹi (Kor. hɯi, Jap. ke(吳音), ki(漢音))

모음 e는 əi에서 왔다면 ke는 kəi가 되는데 그렇다면 상고음의 주모음 중심으로 되는 소리라고 할 수 있다. 성모의 x－k 교체는 흔히 있는 것으로 한국어의 경우와 달리 일본어는 k음으로 실현된 것이다. 오음(吳音)과 같은 음이므로 그렇게 고층적인 것이라고 볼 수 없으나 현행음(한음)으로 볼 때는 특이한 것이 된다.

侈 ta Ⓣ t̑'i̯a (上), Ⓚ t̑ia / tś'iẹ (Kor. c'i, Jap. si(吳音·漢音)(紙韻))

이 역시 상고음에서 개모음이 약화되고 주모음으로 실현된 경우가 되는데 한국이나 일본의 한자음은 개모음이 중심이 되고 있다. 성모는 파찰음화와 마찰음화의 자연적인 음 변화에서 갈리고 있다. 어떻든 ta의 음은 현존음과는 특히 모음에서 다른 고층적인 흔적이라 볼 수 있다.

이상의 외에도 특이하게 쓰인 것으로 볼 수 있는 다음 한 자들이 있지만 현재의 한자음에 계승되어온 점에서 참고로 제시해 둔다.

斯 si Ⓣ sịeg ㊀, Ⓚ sịeg / sieg̨(Kor. sa(〈 sɐ 新增類合), Jap. si(支韻))

모음 ɐ〉i의 변화는 흔히 보이는 일이다. 한국한자음은 상고음의 주모음에, 일본한자음은 개모음에 중심을 두고 있다.

等 to Ⓣ tə̂ng ㊤ tə̂g㊤, Ⓚ təng / təng(Kor. tɯŋ(新增類合), Jap. tou(吳音·漢音)(等韻))

고대의 일본어의 o는 을류이므로 ə와 같으므로 상고음에서 운미가 절단된 형태와 같다.

乃 no Ⓣ nə̂g ㊤, Ⓚ nəg / nə̣́i(Kor. nɛ(新增類合), Jap. no(吳音 no / nai, 漢音 dai, 海韻))

'乃'는 만엽집에서도 을류의 no로 쓰이었다. 상고음 그대로라고 할 수 있다. 일본어의 오음(吳音)은 그것을 이어 받았고, 또 하나의 nai와 한국 한자음은 중고음에 가깝다.

己 ko Ⓣ kịəg ㊤, Ⓚ kiəg / kji(Kor. ki(〈 kɯi 新增類合), Jap. ko(吳音) ki(漢音)(止韻))

일본음의 ko도 실지는 을류의 kə음을 나타낸다. '里'의 경우와 마찬가지로 상고음에서 개모음이 강하게 반영되면(상성에 유의) ki으로 실현되고, 그것이 약하게 반영되면 주모음의 kə가 된다. 현재의 일본어 한자음에서 두 가지로 갈리는 것은 그 어느 한 가지를 취하였느냐의 차이이다. 추고왕대 유문으로 쓰인 음은 고층적인 음으로 볼 수 있다.

有 u Ⓣ rịwə̌g ㊤, Ⓚ gịŭg / jịə̯u(Kor. yu(新增類合), Jap. u(吳音), yu(漢音)(有韻))

상고음에서 Ⓣ는 '匣母'가, Ⓚ는 '群母'가 약화된 것으로 본 것인데 추고왕대 유문의 u음은 주모음이 반영된 음이다. 일본의 오음은 그것을 계승받고 있으며 한음과 한국 한자음은 개모음 유지형이다.

明 ma Ⓣ mịwăng (平), Ⓚ mịăng / miwɐng (Kor. myəŋ(新增類合), Jap. miyau > myəu(吳音), mei(漢音)(庚韻))

ma는 상고음에서 개모음이 약화되고 운미가 절단된 것이다. 이것은 어떻게 보면 상고음이 반영된 한국한자음의 개모음의 a분화로 볼 수 있다. 어떻든 특이한 용례라 할 수 있다.

3.4. 한자음의 유래

이상의 용자들 외에 기타의 추고왕대 유문의 용자까지 포함해서 16류로 분류하고 있는데(大矢 1970 : 87－) 그 중에서 앞에 제시한 것에 해당된 부분만 보이면,

제2류 1) 宜(ga), 奇(ka), 移(ya), 侈(ta)

이들은 중고음의 운경(韻鏡)의 지섭(止攝)에 속한 문자로 a운으로 실현되고 있는 것.

2) 里(ro), 己(ko), 巳(yo), 意(o), 止(to)

이들은 운경의 지섭에 속한 문자로 o운으로 실현되고

있는 것.

이들은 같은 지섭이라도 里, 己, 止는 지운(止韻)이고 已, 意는 지운(志韻)이다.

제14류 支(ki) 이에 대해 아무 언급이 없으나 지섭의 지운(志韻)이다.

또 앞서의 용자 중에서 '希'자는 분류되어 있지 않으나 이는 운경상 지섭의 미운(微韻)이다.

그러면 이들 음에 대해 각도를 달리해서 선진(先秦(周)(－서기전 222), 한대(漢代)(－서기 219년), 남북조(－서기 583년)의 음의 경우를 Wangli(王力, 1987 : 60－)에서 인용하면,

선진음 1. 宜, 侈 } 歌部(ai) 開3 (i̯ɐi) (p. 72) { ngi̯ai, t̑ʻi̯a

奇는 Dongtonghe(董同龢 1975 : 185)에 歌部 開口(i̯a) (平)로 되어 있다. ki̯ɐ의 음

移도 이와 같이 되어 있다. di̯a의 음.

2. 里, 己, 止 } 之部(ə) 開3 (i̯ə) (p. 65) { li̯əg, ki̯əg, t̑i̯əg

'已'는 예시가 안 보인다. 운경에서 앞 용자와 동일한 지섭이면서 다음의 지운(志韻)에 속한다. 이에 준해서 생각할 수 있다(董同龢 1975 : 125에서는 之部 陰聲 開口 －i̯əg).

3. 意 職部(ək) 開3 (i̯ək) (p. 6) i̯əg의 음.

4. 支 支部(e) 開3 (i̯e) (p. 61) ȶi̯e의 음.

5. 希 微部(əi) 開3 (i̯əi) (p. 66) xi̯əi의 음.

이들 음의 특수성은 개모음(介母音) i의 개재성이다. 곧 개모음에 악센트가 있다든지 강하게 발음되면 주모음이 i음으로, 개모음이 약하면 주모음이 중심적으로 발음된다는 것을 알 수 있다. 예컨대 리(里), 기(己), 등(等)에서 기(己)와 등(等)은 일본의 만엽kana에서도 주모음의 ə(을류의 o)로 남아 있으나, 리(里)는 개모음이 주음화된 i로 남아 있다. 따라서 우리가 보통 ri로 생각하는 리(里)가 Suiko시대에 ro(정확히는 rə)로 발음되었다는 것이 특이하여 상고음의 흔적으로 생각하는 것과 같다. 상고 재구음으로 볼 때 Dongtonghe(董同龢), Karlgren, Wangli(王力)에 큰 차이가 없으나 '支' 자에 차이가 있다. Karlgren, Wangli(王力)는 비슷하나 Dongtonghe(董同龢)는 구개음화 이전의 고형을 재구하고 있다.

여기의 용자들에 한해서 말해서, 이들 선진음은 한(漢)대에 들어와서 가부(歌部)가 ai에서 a로(남북조시대에도) 바뀐 것 외에는 나머지는 그대로 유지된다. 남북조 다음의 수(598년－), 당 시대에 중고음의 체계로 바뀌게 된다(그 체계는 절운(切韻)(601년)에 나타나고 있다). 절운(切韻)은 1008년 광운(廣韻)으로 개칭되고 교정(校正)되었지만 양자는 거의 일치한 체계를 지닌다.

이상의 고찰을 통해서 추고왕대의 앞서의 용자들은 확실히 고형을 반영하고 있다고 볼 수 있다. 그것을 주대(周代) 고음, 고한음(古韓音) 또는 일본 고음, 왜음(倭音) 등의 이름으로 부르기도 하는데 고층성이 어데서 유래하는가의 관점의 차이다.

일본에서의 한자음 전래 경로는 앞에서도 본 대로 중국－요동－한반도－일본 혹은 중국 중남부에서 혹은 한반도에서 제주도－일본 등의 경로가 있을 수 있는데 그 어디에 중점(변용을 가정)을 두는가에 따라 앞서의 명칭이 있게 되는 것으로 본다.

요동으로 전래된 한자의 보급은 처음은 속도가 느렸겠지만 한반도에서의 삼국의 정립과 국력의 신장으로 그 속도는 빨라진 것으로 본다. 한반도와는 바다를 사이에 둔 일본에서는 상대적으로 속도가 느릴 수밖에 없으니 일본 고음 혹은 왜음으로 상고음적 특성을 유지했을 가능성도 없지 않다. 추고왕대 유문의 자료들은(보다 더 후세의 것으로 보기도 한다) 6세기 후반으로부터 7세기 전반에 걸치는 자료들이다. 그 시기에는 발전 속도가 빠른 한반도에서도 상고음에서 중고음으로 넘어가는 과도기인 남북조시대(420－583년)의 한자음을 겪은 것으로 예측된다. 곧 중고음의 체계로 변용되고 있었다고 보는 것이다. 601년에 성립한 중고음 운서(절운(切韻))는 이미 중고음화되어 가는 것을 기록한 선행 운서를 집대성한 것으로 보면 더욱 그렇다. 곧 중고음화되어가는 시기에 일본의 추고왕대에 상고음의 흔적이 남아 있는 것은 당시에 상고음이 씌었다는 것이 된다.

여기서 추고왕대의 한자음은 한반도의 최남방의 가락국이나 변방의 제주도에서 사용된 것을 옮겨 온 것으로 볼 수 있다. 곧 고형은 변두리에 남는다는 언어지리학적 이론에 입각하면 그럴 수 있고 앞서 살펴본 대로 추고왕대의 왕명, 인명 등이 제주도의 지명 혹은 지형어에 많이 닮아 있다는 데서 그렇게 풀이할 수 있다.

4. 고대 제주도와 비교될 수 있는 것

4.1. 한자 전래의 제주도 경로

앞에서 일본의 제29대(代) 흠명왕 때로부터 왕명이 전대의 것과는 달라지게 제주도적인 것이 나타난다고 하였다. 또한 일본에서는 불교문화가 갑자기 나타나고 중국 경전의 수입이나 한문 수준이 높아지는 것이다.

흠명왕 13년(552년) 10월 백제의 성명(聖明)왕이 석가불 금동상(金銅像) 1구(軀)와 경론(經論) 약간권을 헌납한 기록이 있는데 이는 불교 전래의 기록으로 그리고 불교 경전의 도래의 기록으로 유명하다.

한역불전(漢譯佛典) 중에 사용된 중국 한자의 차자식(借字式) 음역(音譯)의 방법이 다른 어떤 방법보다 일본의 고유의 지명·인명을 나타내는 데 더 영향을 미친 것으로 보고 있는데(築島 1951 : 18), 이러한 일들은 당시 외교적으로 알력이 있는 신라나 원거리의 백제를 통했다기보다 근접한 제주도를 통해서만이 가능했다고 본다. 필자는 기원 1세기에 이미 제주도에는 해상교통로를 통해서 불교가 부분적으로 보급되었다고 보고 있으며(이 책 제4장 6절 참조), 6세기에 이르는 동안에 상당한 불교의 경전의 해독의 한문 수준이나 불상(佛像) 제조술이 발달되어 있었다고 본다.

흠명왕 13년(552년)의 백제 성명(聖明)왕이라면 삼국사기 백제본기에 맞춰보면 성왕(聖王) 30년(552년)이 되는데 성왕은 32년에 신라와의 전투에서 해를 입어 돌아가셨는데(다음 임금은 威德王), 당시의 정세상 일본에 불상이나 경전을 보낼 정황이 아닌 것으로 보아지는데 또 그러한 실지 기록도 남아있지 않다. 곧 흠명왕 13년의 기록에는 성왕이 아닌 성명왕(聖明王)으로 되어 있고 그 왕이 '西部姬氏達率 怒唎斯致契(nurisitikei*)' 등을 보내어 금동상 1구와 경론 약간권을 바친 것으로 되어 있다. 그래서 흠명왕이 군신(群臣)에게 일일이 숭배 여부를 물으니 대신(蘇我稲目)이 서번(西蕃)의 나라들이 숭례하는데 일본만이 않을 수 있겠는가 하니 여러 신하들이 따랐다고 했다.

이들 기록에서 특이한 어휘들을 주워보면, 백제에서의 '서부(西部)'의 명칭의 행정구역은 원래는 있었으나 백제 성왕 당시에는 다른 명칭의 것이 사용된 것으로 알고 있으며, 이는 글자 그대로 서부의 지역이나 나라의 뜻으로 나타낸 것으로 볼 수 있다. 그렇다면 제주도 자체를 지칭한다고 볼 수 있다. '姬氏'도 백제의 성(姓)으로서는 일본서기에도 삼국사기에도 안 보이며 성씨로 쓰였다고 보기보다는 딸이나 여인의 뜻으로 쓰인 것으로 볼 수 있다. 졸지공(欽明王)이 여왕과 함께 연합군을 형성하여 일본에 진출한 근거지의 제주도의 남겨둔 여왕의 일가를 가리킬 수 있다. 달솔(達率)은 백제 관명에 쓰인 것이지만 신하의 위명(位名)으로 붙인 것으로 볼 수 있다.

'노리사치계(怒唎斯致契)'의 해독은 지금으로서는 난해하지만 중간의 '사(斯)'의 용자를 사이시옷과 같은 구실을 한다고 보면, '怒唎'는 성, 나머지 '致契'는 접미사와 같은 구실을 하는 것으로 볼 수 있다. '怒'는 일본 한자음으로 nu(吳音), do(漢音), 중국 상고음으로 Ⓣ nâg, Ⓚ no / nuo이다.

이렇게 보면 고대에서는 na / no, 그 뒤에는 nu / do로 교체된 것으로 볼 수 있다. 연상될 수 있는 음과 뜻과의 연관에서는, '怒唎'에서 nari나 nuri, dori가 있을 수 있다 nari는 내(川), 상전, 관리의 뜻이, nuri라면 세상, 치정(治政)의 뜻이, dori 라면 고기잡는 도랑 등의 뜻이 연상될 수 있다. 이 모두를 한 가지로 추상화한다면 제주도에서의 치정(治政) 관계자(내와 도랑의 관리)로 생각할 수 있다. 그 다음의 '致契'는 현대어의 '사람 / 몫'의 뜻일 것이다. 어느 지방의 것임을 나타내는 형식명사 '치'가 접미사적으로 쓰인 것으로 볼 수 있다 대개 고대어에서의 경어의 접미사로 쓰인 것이 후세에 평칭 / 비칭의 접미사로 쓰이게 된 것이 있다. 맨 끝의 '契'(ke(i)*)는 알맞은 말이 연상되지 않으나 아이누어 / 제주방언의 ke(지경), 고대 일본어의 ke(나무 / 사람을 세는 단위)나 현대 일본어의 ke(家, 가계나 관직의 칭호에 대한 경어, 성의 아래에 붙어서 소속을 나타냄)와 같이 어느 관할지역이나 관직, 소속을 나타내는 접미사로 쓰인 듯이 보인다.

이와 같이 하나의 인명의 뜻이 제주도적인 치정(治政)을 맡은 사람의 풀이에 어느 정도 받아들여지는 것은 단순한 우연은 아닐 것이다.

4.2. 정명왕(正明王)의 호칭과 소아(蘇我)의 일문

다음은 문제의 '聖明王'의 호칭에 대하여 검토해 보면, '大和元興寺塔露盤銘'에는 백제국의 정명왕(正明王)으로 나온다. 양자를 일본어 한자음으로 읽으면 '聖'은 오음 syou, 한음 sei인데, '正'은 일본어음으로는 같다. 중국의 상고음 (그리고 Ⓚ의 중고음)을 대비했을 경우,

聖 Ⓣ śi̯eng Ⓚ śi̯ěng / śi̯äng
正 Ⓣ t̂i̯eng Ⓚ t̂i̯ěng / tśi̯äng

운모는 같아도 성모는 엄연히 다르다. 한국 한자음은 '聖'은 sjəng 〉 səng, '正'은 cjəng 〉 cəng으로 전자는 치경의 마찰음, 후자는 경구개의 파찰음으로 엄연히 구별된다.

이러한 사실을 미루어 동일한 왕명을 표현하는데 쓰였다고 보기 어렵다. '正玥(國)'의 이름은 삼국유사 가락국기에 제주도의 고명(古名)으로 나온다. 삼국사기(권1 탈해니사금)에는 '多婆那國', 삼국유사(권1, 제4탈해왕)에는 '龍城國'(正明國, 琓夏國, 花厦國)으로 나오는데 모두 왜(倭)의 동북1천리에 있다는 데는 일치한다. 위치는 지도상 왜의 서북에 위치하는데 동북에 위치한다고 기술되고 있다. 그 연유도 풀이하고 또 이들의 국명은 전자는 음표기로, 후자는 정훈(正訓)표기(괄호안의 琓夏國, 花厦國은 변용자(變用字)의 특별한 풀이(아이누어의 이용))로 təm(의미상 보물의) 섬으로 풀이되어 결국 제주도의 tamna, təmna(耽羅)를 나타내는 것으로 보았다(김공칠 2007)(이 책 제3장 참조).

용성국은 정용자(正用字)로 풀이하여도 사면이 바다인 제주도의 중심지로서의 호칭으로 어울릴 수 있고, 변용자(變用字)로 풀이하더라도 현존 지명(龍潭洞 서편)의 분석 곧 tat(龍)－kɯi(城)－na(國)*의 해석도 가능하다. 본래는 위지동이전 마한에 나오는 진왕(辰王)의 도읍지 '월지국(月支國)'의 호칭과 같은 뜻을 지닌 것으로서 제주도의 왕의 도읍성인 고

성국(高城國)이라는 뜻이었다고 본다.

'지(支)'의 음은 앞에서 본대로 ki / ci의 음이 있어 본래 ki였던 것이 구개음화된 것으로 보인다. ci는 일본어에서는 si로 바뀐다. 한국에서는 kɯi의 음형으로 '성(城)'의 뜻이, 일본에서는 ki, si(〈ci)(ro)의 형태로 '성(城)'의 뜻으로 지방의 지명에 남아 있다(김공칠 2006 : 276). 그렇게 본다면 제주도에서 '지(支)'의 상고음의 형태가 남아 있는 것이 되고 '龍城國 = 月支國 = 高城國'의 상관 관계도 구할 수 있게 된다.

tat / tar / tak의 교체는 '龍 = 月 = 高'와도 같다. 특히 지명에서 한일공통적으로 '高'는 물론이고(김공칠 2006 : 319) 일본어의 tuk(i) '月', tat(u) '龍'도 모음교체형으로 관련된다.

'支'의 용자는 마한〉가라에도 사용되었고 (闕城郡 本闕支郡 景德王 改名今江城縣 (지금의 산청군 丹城)(구개음화된 只(城)도 보인다.)) 제주도에도 간접적으로 사용되었다고 보면 이러한 한자음이 일본 추고왕대의 유문에 영향을 끼친 것으로 볼 수 있다. 제주도는 제주도 지형의 특수성으로 '月支國, 高城國'이기보다 '龍城國'의 변용자를 선택한 것으로 보인다. 따라서 이상의 유래를 가진 제주도의 '正明國'의 왕으로 보는 것이다.

더 한 가지 보태둘 것은 '聖德太子'의 장인인 당시의 정계의 실력자 '蘇我馬子'(sogaumako)의 이름도 제주도적이라는 점이다. '蘇我'는 중국 상고음으로 읽으면,

蘇 Ⓣ sâg, Ⓚ so / suo
我 Ⓣ ngâ, Ⓚ ngâ / ngâ

이중에서 비음만 약하다면 saga로 읽을 수 있다. 백제방언의 asaka(島)와도 비슷하고, 제주도 옛 이름의 州胡 t̂əka가 파찰음화와 마찰음화를 거치면 또한 비슷한 음이 되는데 그러한 섬나라 제주도의 고칭에서 유래할 가능성이 있다 '蘇我馬子'를 섬의 대신(大臣)이라 부르는 것도 이

와 무관하지 않을 것이다. 그 이름 '馬子'의 표기도 '馬, 頭, 首'의 mɐr(i), məri의 음형과도 유관하다고 본다. "'蘇我家'는 원래 '武內'(takeuti)(家)에서 왔으며 '大和國 高市(takaiti)郡'을 본거지로 하는 대호족이다. taka는 '州胡, 乇(羅)'의 제주도 고칭과도 연계되며 takɐra(乇羅, 高乙那)와도 연계된다. 제주도로부터의 이주 집단으로 보아진다. saga도 제주도 출신으로 보는(김공칠 2007) '昔(脫解)'의 '셕'과 동일한 것으로 그것이 개모음분화에 의해서 saga로 호칭될 수 있다.

'蘇我家'가 제주도 출신의 선주(先住)집단이었기에 제주도에서 진출한 흠명왕을 도왔다고 본다. '소아마자(蘇我馬子)'의 부친 '소아도목(蘇我稻目)'은 흠명왕의 장인이니 소아마자는 흠명왕비하고는 남매간이 되는 셈이다.

'蘇我馬子'의 아들도 '蘇我豊浦蝦夷臣(大臣)' (sogatoyouraemisi(no)omi)라고 하고 그 호칭도 제주도적임을 전술한 바 있다. 그의 아들 '蘇我入鹿'(sogairuka)는 궁중에서 '中大兄'태자(후일의 天智왕)를 중심으로 한 세력에 암살되고(蘇我蝦夷도 자살)(645년), '蘇我'씨 일문이 잠시 사라지는데, 이는 중국의 수나라와 한반도의 백제와 가깝던 시대 상황이 당과 신라의 시대 상황으로 바뀜에 따르는 시대변화와 맞물리는 것이다(당에서 유학해서 돌아온 새 세력에 의해 새 시대가 열리는 것과 같다). 금관국의 망명 세자인 흠명왕으로 비롯한 친 제주도 세력이 추고왕, 서명(舒明)왕을 거치고 새 세력의 뒤로 밀리게 되는 것과 같다.

4.3. 불상의 제작 그리고 비구(比丘)의 호칭

다음 불상의 제작에 대해 생각해 보면, 삼국유사(권3)의 황룡사 장륙(丈六)의 기록을 종합적으로 보건대 천축의 무우왕(無憂王)(서기전 3세기의 阿育王의 의역)이 자기 나라에서 석가상의 주조를 시도했으나 이루지 못하고 황금과 철을 모아서(불상의 모형과 함께) 바다에 띄워서 연이 닿는 나라에 흘러가서 이루어지기를 빌어 배를 보냈다. 황철을 실은 배가 16대국, 500중국, 십천(十千) 소국이며 8만 취락을 모두 돌아도 석가삼존상의 주조의 뜻을 이루지 못하다가 1천 300여년이 지나 결국 신라에 이르러 비로소 진흥왕 35년(서기 574년)에 주조가 이루어졌다는 것이다.

그러한 해상(해안)국가 순회에서 제주도가 빠질 수 없는 것이고 제주도에는 이미 부분적으로 불법이 전래되었다고 보기 때문에 더욱이 그러한 일을 맡아 보았다고 볼 수 있다. 일본의 추고왕대에서의 불상 주조가 7세기 초로 본다면 중간 경로에서의 불상의 주조가 6세기 중반에 시도되었었다고 볼 수 있다.

앞서의 삼국유사(권3)의 장륙의 기록을 그대로 받아들일 수 없더라도 불상의 주조가 어렵고 그 수행에 오랜 시일이 걸린 점을 미루어 그 바탕이 되는 불법의 홍법(弘法)이나 주조의 기법(비록 미완성이었을지도 모르지만)이 제주도를 거쳐서 신라에도 일본에도 전승되어진 것은 예상되는 일이다.

그리고 일본서기((권1, (神代(上) 一書(第2))에 '國常立尊'에 앞서는 신명 '可美葦牙彦舅尊' umasiasikabipikodinomikoto가 나오고, 또 일서 제3에 '彦舅 此云 比古尼'의 기록이 있는 것을 보면 '尊'의 존칭과 함께 piko(彦)가 쓰인 것을 알 수 있다. '尼'의 음에 대하여 Iwanami(岩波 1967, 보주(補注) 1-36)에 의하면 고사기의 한자음은 백제를 경유하여 전래하였는데 5, 6세기경에 양자강 하류지역의 발음에 의지하고 일본서기의 것은 이보다 뒤져서 중국북방의 장안 낙양의 지방음에 의거하였다고 하고 있다.

'尼'의 중국의 상고음은 Ⓣ ni̯ed, Ⓚ ni̯ər / ńi 이다. 일본 한자음은 오음(吳音)은 ni, 한음(漢音)은 di(ʤi)이다. 앞의 풀이대로라면 오음은 남방계, 한음은 북방계가 되는데 일본서기의 음은 ʤi(ヂ)로 읽고 있는 셈이다. '고(古)'의 상고음은 Ⓣ kâg, Ⓚ ko / kuo로 갈리나 중고음은 ku에

가깝다. 필자는 당시에 ku로 읽은 것으로 본다. 그렇게 되면 범어에서의 Bhikṣu의 음역 '比丘'에 비슷하게 된다. '比丘尼'는 여승을 가리킨다.

Bhikṣu는 '行乞, 乞士'로 의역되는데 곧 불(佛)에 참(參)하여 '법(法)'을 걸(乞)하고 시주(施主)에 대해 '식(食)'을 걸하는 자 곧 승이다. 승이 아닌 일반인에도 그러한 행실을 하면 비구로 불릴 수 있다고 필자는 듣고 있다. Nakamura(中村 1975 : 1132)에 의하면 불교에서 계율의 체계가 확정된 시대에 출가 득도(得道)하여 구족계(具足戒)를 받는 남자를 '比丘'(piku*)라고 부르게 되었다고 한다.

위시동이전 왜인조의 '일대(一大)국(國)'의 관(官)을 '卑狗'라고 하는 대목이 나오는데 필자는 모두 동일한 어휘로 보고 싶다. 제주도는 일찍이 해상교통로를 통하여 불교가 들어와서 부분적으로 믿게 된 것으로 보아지며, 승려에 대한 호칭인 존자(尊者), 비구(比丘)의 호칭이 민간지도자의 호칭으로 전용된 것으로 본다. 그렇다면 왜의 '一大國'(壹岐國)에도 자연히 그러한 호칭이 전파될 수 있는 일이다. 그것은 오랜 예전에는 국가나 행정체계가 위계적으로 잡혀 있지 않았고 지도자에 붙이는 호칭이 지방마다 정연하게 잡혀있지 못하였다고 본다. 지방에 따라서는 민간에 봉사하는 비구승의 호칭을 빌려 쓸 수도 있는 일이다. 또 실지 비구였는지도 모른다. 고대의 신을 보게 되면 거의 단신으로 등장한다.

앞서의 일본서기의 '比丘尼'를 보면 글자 그대로 여자 지도자에게도 '比丘尼'의 호칭을 사용하였을 수도 있으나 '彦舅 比丘尼'의 경우는 일반적으로 '彦'(piko)가 남자에게 쓰이므로 여자에게 해당되지 않는다 치면 독음이 di(ʤi)인 점에서 Bhikkṣu의 뒷부분에 상응하거나 아니면 한국어에서 사람을 가리키는 형식명사 치(tʃi)에 상당한 것으로 볼 수 있다. '치'는 현대는 속된 말로 쓰이나 옛날에는 경칭에 쓰였지 않았나 싶다. 옛 경칭이 현대에는 속칭이 되는 경우가 많다.

그렇게 되면 piku〉piko의 변화를 가정해야 하는데 음리상 가능한지 생각해 보기로 한다. 원시모음 체계는 3모음(a, i, u) 혹은 4모음(a, i, u, ə)으로 가정했을 때 o음은 이들 보다 후세의 발달음이 된다. 한국어와 일본어의 어휘 대응에서 Kor. u : Jap o의 예가 잘 없는 것은 o가 후발달음이기 때문이다. 그래서 u나 a로 받는 경우가 많은 것이다. Kor. o : Jap u의 대응 (Kor. kom : Jap. kuma 能) 예가 많은 것은 한국의 선발달음은 일본어는 그대로 원래의 음으로 받기 때문이라고 본다.

어휘의 분포와 분화 그리고 변화는 개별적인 현상의 경우도 많은 일이니 예외도 얼마든지 있을 수 있다. piku〉piko 의 경우는 ① piku : piku로 받아들였다가 일본어 자체가 후발달음화 되어서 그럴 수 있고, ② 아예 piku : piko로 후발달음으로 받아들였을 수 있다. 어떻든 왜인조의 '卑狗'는 '比丘'와의 맞대응으로, 일본서기의 '比古'는 후발달음으로 대응되는 것으로 보인다. 일본서기의 '比古'가 '比跪'로 나타나는 경우가 있다. 앞에서 보인 신공기(神功紀) 62년의 백제기에 나오는 사지비궤 '沙至比跪'가 그것인데 '比跪'를 piko로 읽고 있다. 이는 본문의 '襲津彦'와 상응하므로 '比跪 = 彦'가 성립한다. 흠명왕 5년의 백제 본기의 '己麻奴跪'는 komanako로 읽으면서 발음이 잘못된 것으로 보고 있다. '跪'는 Ⓣ k'ɨwa, g'ɨwa, Ⓚ g'wia / g'jwe이고 오음은 gi(gui), 한음은 ki(kui)이다. 한국 한자음은 kwe(훈몽자회)로 한일 한자음을 볼 때 합요음이 개재한 것은 확실하다. 이들로 추론하건대 원래 kwe－kwi 였음을 알 수 있고, 옛적에는 합요음에 치중해서 u－o로 읽었고 후대는 주모음에 치중해서 ki / gi로 읽게된 것으로 풀이할 수 있다.

따라서 '比跪'는 piku(卑拘, 比丘)－piko로 읽을 수도 있었을 것이며, pikwe의 어느 지방의 특유한 발음으로 읽었을 가능성도 있다. 백제본기에 사투리투의 발음이 있음을 나타낸 것으로 보인다. 그러한 지방의 발음으로 제주도의 경우를 들 수 있다. 한국어에서의 －래(빨래), －개(마개), －내(아내)와 같은 －애 형 명사도 어쩌면 이와 연관이 있을지 모르겠다.

이미 이숭녕(李崇寧 1960 : 287)에서는 육지어의 고어에 어간 말음이 －아, －ᄋᆞ, －오 음인 것이 제주방언에서 －i를 첨가하여 애(E, e), －ᄋᆡ(e), －외(we)로서의 형성이 있음을 보여주었다. 그 예로서 다음을 들었다.

쇼(牛) → 쇠 (swe:)
모(苗) → 뫼 (me:)
孔子(ᄌᆞ) → 공ᄌᆡ → 공제

쇼, 모의 고형이 슈, 무로 보더라도 i 첨가로 오는 e, we의 실현은 무리라고 생각한다. 다만 주격형 i의 발음이 고대에서는 i와 e 사이로 약간 하강된 상태였다면 그렇게 풀이될 수 있다고 본다. 곧 e형의 주격형, 명사형이 있었다고 볼 수 있다. 어떻든 제주 방언 －u / o형이 we로 발음된 것을 확인할 수 있다.

이상과 같이 관원을 지칭하는데 쓰인 '卑狗'(왜인전), '比古'(일본서기)가 불교에서의 '比丘'에서 유래하고 앞서서 '比跪'가 이와 관련되고 이것이 제주방언적인 표기라면 제주도에 전래된 제주의 사서가 백제3서로 참조되었거나 일본으로 건너간 제주 출신에 의하여 구술(口述)되거나 기록된 것을 참조 형식으로 인용하는 격식을 갖춘 것으로 볼 수 있다.

그런데 과연 그 당시 불교가 널리 전파되어서 불교에서 쓰이는 '비구(比丘)'가 대민 봉사하는 이의 호칭으로 쓰였는가에 대해 의문을 품을 수 있고 다른 각도에서 해석될 수도 있다. 곧 piko(彦)와 pito(人)와는 k : t 교체관계로 보고 그런 관계에서는 일본어쪽에서 k로 교체하는 경우가 많으므로 그런 가능성을 제기할 수 있다. 다만 아직까지는 pito가 pito-tu(하나)나 pirot(始)에 연관될 가능성만 이야기될 뿐 사람으로서의 그 어원이나 비교 어휘가 설명되지 못해서 지금으로서는 하나의 과제로서만 제기될 수 있을 뿐이다. 어떻든 piko(彦)는 사람에 관한 호칭인 것만은 틀림없는 것이다. 그 점에서 아이누어의 pen(上)－ku(r)(人)에서 유래하였을 가능성(김공칠 1995 : 205)도 없지 않다.

4.4. kudara의 호칭의 풀이

이들 문제와도 관련이 있을 수 있는, 일본서기에 나오는 초기의 백제의 호칭에 대해 생각해 보기로 한다.

일본서기에 나오는 백제의 호칭에는 주로 웅주(熊州)와 사비성에 근거를 둔 백제를 지칭하는 경우도 있지만 넓게는 전남 남부 그리고 백제와 친교를 맺고 백제의 관문과도 같은 위치에 있던 제주도를 가리킨 경우가 있는 것으로 본다.

제주도와 백제와의 교류의 기록은 삼국사기에,

> 백제 문주왕(文周王) 2년 (476년) 탐라 공물(貢物)
> 동성왕(東城王) 20년 (498년) 탐라 견사(遣使) 걸죄(乞罪)

가 보이는데 이러한 제주도와 백제와의 관계를 미루어 외국에서는 제주도를 백제의 일부로 오인할 수도 있다.

백제라는 이름은 고려(高麗)(일본에서 koma로 읽음)와 함께 신공왕후(神功王后)의 섭정기인 중애(仲哀, cyuuai)왕 9년의 신라 정토(征討)의 기사의 끝부분에 나온다. 중애왕 9년의 봄 2월에 중애왕이 죽은 다음 이를 비밀로 하고 신공(神功)왕후가 섭정하여 왜의 서쪽에 있는 takara(寶)의 나라(제주도의 탁라(乇羅))를 치고 신라의 왕은 물론 koma*(高麗), kudara(백제(百濟))의 왕이 굴복하고 조공을 바치게 된다는 스토리 중에 백제의 훈이 kudara*로 나온다.

이 스토리는 필자가 추구한 바로는 제주도와 유관한(아마도 그 출신) 신공왕후가 출산을 위해 친정인 제주도에 가서 그 곳에 있는 신라, 고구려, 백제계의 3부족장의 선사(후원도)를 받고 되돌아오는 것이 정토(征

詩) 설화로 둔갑한 것으로 본다(김공칠 1999 : 206－).

백제의 훈인 kudara의 어원에 대해서는 알맞은 풀이가 아직은 이루어지지 못하는 것 같다. 위지 동이전의 변진 12국 중에 있는 고순시국(古淳是國)이라든지 삼국사기지리지에 있는 거타주(居陁州)(晋州), '居烈郡'(居陁)(居昌郡), 혹은 '古陁耶'(安東)에 비정(比定)하기도 하지만(岩波 1967 : 613), 그곳은 내륙지의 깊숙한 데에 있고 신라 영역일 수 있는 위치라는 점에서 무리한 풀이로 본다.

필자는 kudara는 형태상 ku－dara로 2분하고 전항은 근(〉큰'의 종성이 생략된 것, 후항은 tara(達)(高, 山) 혹은 tɐr(〉tɯr (原·野))에 기생모음이 첨가된 것으로 본다. 일본어의 음절은 개음절이 기본이기 때문에 종성을 탈락시키거나 모음을 첨가하여 개음절화하는 것이 보통이다. 만엽집 1329번가의 '吾田太良'(真弓) 그리고 3437번가 '安太多良(真弓)'은 adatara로 읽는데, 후쿠시마현(福島縣) nihonmacu(二木松)시에 있는 '安達太郎山' 이름이다. 따라서 kudara는 의미로 큰 산, 큰 '原·野'의 곳이 되는데 제주도의 지형 특성에 알맞은 호칭이다. 제주도라는 한 지역의 이름이 백제 영역의 일부라는 인식이 확대되어 백제를 가리키게 된 것으로 본다. 아니면 실지로 제주도가 전남 남부에까지 세력이 미치고 있었다고도 볼 수 있다. 초기의 이러한 명명이 그대로 계속 이어진 것으로 보아진다. 예로부터 3부족장이 제주도를 다스리고 온 것으로 전해오는데(三姓說話) 그것이 신라, 고려, 백제로 나타낸 것이다. 이 때의 '高麗'는 그 훈 그대로 koma(熊州쪽의 백제, 그리고 같은 kɐm계의 고구려까지 포함)일 것이고 kudara의 훈은 토박이의 제주도를 가리키면서 전남 남부계열도 포함되는 것으로 본다. 이들 국명에 상응하는 지명의 흔적이 제주도에서 보인다.

신라(斯盧 / 斯羅)에 상응하는 '西那'가 탐라지에 '以京西那'의 기록으로 보인다. 삼국유사(권1) 신라시조에 '今俗訓京字徐伐'이 있고 '徐伐'은 삼국사기에 '徐那伐'로 되어 있어서 '徐那 = 西那'의 대응을 구할 수 있다. 지금의 제주도의 현관인 제주시의 동편에 사라봉이 있고 그 서편에 서사라가 있는데 모두 옛적에 동쪽의 땅(서부 부족에는), 갈대의 우거진 땅, 늪지(아이누어 sari 葦原, 濕原)에 상응하는 곳이었다(김공칠 1999 : 140, 217).

koma 혹은 kɐma의 지명은 샘 이름(泉名)으로 많이 남아 있다. 특히 현재의 제주시 남쪽의 아라동의 ᄀᆞ마로(錦泉, 錦山, 금산물)가 유명하다. 용천수(湧泉水)이며 예전에 큰 취락의 중심지였다고 보는 곳이다(김공칠 1999 : 301). 이와 관련해서 kudara는 후세의 지명 '大村, 廣壤' 혹은 한라산(〈 kanna산)을 지칭하였다고 볼 수 있다.

이와 같이 신공 왕후의 스토리에 나오는 '新羅, 高麗, 百濟' 등의 국명은 모두 제주도와 관련된 것으로 믿어서 좋을 것이다. 그렇다면 다음의 백제의 이름의 기록도 제주도와 관련되는 것으로 볼 수 있다.

4.5. 소위 백제 3서에 대해서

일본서기에 가끔 백제기(百濟記), 백제신찬(百濟新撰), 백제본기(百濟本紀)의 분주(分注)가 보이는데 그것은 신공(神功)왕후와 흠명왕대에 걸치는 시기에만 나오는 게 주목된다. 연대순으로 내용을 간략히 보이면,

신공(神功, zinkoo)왕

47년 신라에 보내는 사신 '千熊長彦'(tikumanagapiko)에 대한 '職麻那那加比跪'(tikumananagapiko)의 kana(만엽 kana) 표기

응신(応神, oozin)왕

8년 제주도의 '枕彌多禮'의 kana 표기가 보인다.(백제기)

25년 왕이 어려서, 정사를 잡은 백제 '木滿致'의 횡포에 대하여 언급하고 있다. (백제기).

주목되는 것은 '來入我國 往還貴國' (와서는 我國에 들어와서 貴國에 왕래하다)의 대목이다. 목만치가 '我國'으로 오고 귀국(일본)에 왕래

하였다는 것인데 '我國'은 과연 백제기 작자편에서는 어느 곳인가라는 것이다. 그 '我國'이 백제, 일본도 아닌 제3국이 될 수 있다.

이에 대해 Akane(茜史郎 1955)는 백제와 왜국을 연결시키면서 가라국에 근접하는 지역으로 생각하고 전남의 해남, 강진 지역으로 보고 있다. '枕彌多禮'의 위치도 그 곳으로 본다. 그리고 백제기는 430년전부터 475년에 걸친 시대의 왜·백제의 교섭사를 해남, 강진 지방에 있던 옛 마한의 일국의 처지에서 쓴 사서로 비편년대(非編年代)의 것으로 보고 있다. '枕彌多禮'는 제주도로 보고 한편으로 kudara의 초기 호칭을 제주도로 보는 필자의 처지로서는 당시 제주도가 전남 남부지역보다 국가적 체계가 굳건했던 점을 미루어 제주도의 역사기록일 수 있다고 본다.

웅략(雄略, yuuryaku)왕

2년 기사년에 개로왕이 즉위하다. 일왕이 '阿禮奴跪' arenako를 보내어 미녀를 요청 하고 백제는 모니(慕尼, muni) 부인의 딸을 보냈다는 것이다(백제신찬).

5년 신축년에 개로왕의 아우 곤지군(昆支君)을 일본에 보내어 일왕을 모시게 했다는 것이다(백제신찬).

20년 개로왕이 을묘년에 고구려의 대군이 와서 큰성(漢城)을 7일 동안 밤낮 공격하여 왕성이 함락하고 마침내 위례성(漢城)을 잃고 국왕, 왕비, 왕자가 모두 적의 손에 죽었다고 하였다(백제기).

무열(武烈, burecu)왕

4년 백제의 말다(末多)왕이 무도하여 국민이 제거하고 무령(武寧)왕이 섰는데 휘명(諱名)은 사마(斯麻, 일본음은 sima)왕이다. 아들 곤지(琨支)왕자의 아들이다. 곧 말다왕의 이모형(異母兄)이다. 곤지(琨支)가 왜에 향했을 때 왜의 '筑紫島'에 이르러 사마왕을 낳았다. 그래서 그런 이름이 있다 지금 '各羅'(미상)의 해중에 nirimusema(主嶋)가 있다. 왕(斯麻王)이 낳은 곳이다. 그래서 백제인은 이름하여 nirimusema(主嶋)라고 한다. 지금 생각하면 '嶋王'(斯麻王)은 개로왕의 아들이다. 말다왕은 곧 '琨支王'의 아들이다. 이를 이모형(異母兄)이라고 하는 것은 미상이다.(백제신찬)

참고로 무열왕 2년(500년) 12월에 남해중에 있는 탐라인이 처음으로 백제국과 통하였다고 기록되어 있다. 삼국사기 백제본기에는 문주(文周)왕 2년 (476년)에 탐라가 백제에 방물(方物)을 보낸 것으로 되어 있다. 그것을 수교의 증표로 본다면 연대가 맞지 않는 예가 되는데, 일본의 무열왕 2년은 백제의 동성왕 22년이고 그 다음해가 무령왕 1년이다. 따라서 동성왕 다음의 무령왕이 들어서서 백제와 탐라가 국교가 정상화되었는지 모른다. 그런 뜻에서 무령왕이 낳은 곳이 각라이고 또한 왕의 호칭에 '섬의 왕'이 있는 것을 보면 제주도와 유관한 관계가 있는 것으로 보아진다. 각라 kak-ra / na의 지명은 미상이나 제주도의 tak-ra / na의 어두 교체의 실현이 아닌가도 생각된다. 혹은 '各'의 k입성을 줄여서 kara를 나타낸 것 일 수 있다.

이상의 백제신찬의 기록 내용도 백제의 이면사와도 같은 것이어서 백제 자체의 기록(백제 신찬의 이름 자체도 나오지 않는다)이라기보다 백제의 내막을 아는 딴 나라(제주도와도 같은)의 기록을 참조한 것으로 생각된다.

계체(继体, keitai)왕

3년　봄 2월에 사자를 백제에 보냈는데 백제본기에 말하기를 '久羅麻致支彌'(kuramatikimi)가 일본에서 왔다고 하였다.

7년　여름 6월에 백제에서 두 사신을 보내왔는데 '穗積臣押山'(백제본기에 말하기를 委(yamto)의 '意斯移麻岐彌'(osiyamakimi라고 한다)에 딸려서 오경박사 단양이(段楊爾)를 보내왔다.

9년　봄 2월(갑술) 정축(4일)에 백제의 사자 문귀(文貴)장군 등이 귀국을 청하다. 이에 칙명을 내려 '物部連'(monobenomurazi)(이름이 빠짐)을 따르게 해서 돌려보냈다(백제본기에 말하기를 '物部至至連'(monobeno-titinomurazi)라고 한다).

25년　봄 2월에 계체왕이 병으로 돌아가셨는데 나이는 82세였다. 혹본(或本)에는 28년(갑인년)에 돌아가셨다고 하였다. 그것을 여기에 25년(신해년)에 돌아가셨다고 한 것은 백제본기를 취하여, 문을 썼기 때문이다.(그 문에 말하기를 신해년 3월에 군사가 '안라(安羅)'에 나아가 '乞乇城'을 만들다. 이 달에 '高麗'(koma, 고구려)가 그 왕 '安'(安藏王)을 죽였다. 또 들으니 일본에서도 왕 및 태자, 왕자가 함께 다 죽었다고 한다). 이에 따르면 신해년은 25년에 해당한다. 후에 교감(校勘)할 자는 알지니라.

흠명(欽明, kinmei)왕

2년　가을 7월에 별도로 '안라(安羅)'의 '日本府'의 '河內直'(kahutinoatahi)이 계략을 신라에 내통한 것을 심하게 책망하였다. (백제본기에 말하기를 加不至費直(kahutinoatahi), '阿賢移那斯'(ake'enasi), '佐魯麻都'(saromatu) 등을 말한다. 아직 미상이다).

5년　2월 또 '津守連'(tumorinomurazi) 일본에서 와서(백제본기에 말하기를 '津守連'(tumorinomurazi), '己麻奴跪'(komanako)라고 한다. 그러나 말이 방언투여서 정확지 않다. 미상이다). 따로 '河內直'(백제본기에 말하기를 '河內直', '移那斯(enasi)', '麻都'(matu)라고 한다. 사투리투여서 아직도 올바른 것은 모른다)에게 이르기를 「옛적부터 지금에 이르기까지는 오직 그대의 나쁜 것만 들었다. 그대의 선조들(백제본기에 말하기를 그대의 선조 '那干陀甲背'(nakandakahuhahi), '加臘直岐甲背' (karahudikikahi)라고 한다. 또 那奇陀甲背(nagadakahuhahi), '鷹奇岐彌'(yoogakimi)라고 한다(사투리 말투여서 미상이다). 함께 간계를 품고 꾀어서 말하였다. '爲哥可君'(wikakanokimi)(백제본기에 말하기를 '爲哥奇彌' (wikakimi), 이름은 '有非岐'(uhiki)라고 말했다고 한다.) 오직 그 말을 믿고 국난(國難)을 걱정하지 않았다.

3월에 사신을 보내어 일본부(日本府) (백제본기에 말하기를 '烏胡跛臣' (ugohano'omi)를 불렀다고 한다. 아마 이는 '的臣' ikuhano'omi일 것이다)와 '任那'를 불렀다(的臣은 관리명).

'安羅人'은 '日本府'를 '天' (kazo, 父의 뜻)으로 삼는다. 오직 그 뜻에만 따를 뿐이다(백제본기에 말하기를 '安羅'를 '父'(kazo)로 삼는다. '日本府'를 '本'으로 삼는다고 한다).

'印支彌'(ikimi)의 다음에 온 '許勢臣'(koseno'omi)의 때에 (백제본기에 말하기를 우리가 '印支彌'를 머무르게 한 후 온 '既酒臣'(koseno'o mi)의 때라

고 한다. 모두 미상이다.) 신라가 다시 남의 경계를 침범하는 일은 없다.

겨울 10월에 백제의 사신인 '奈率得文', '奈率奇麻' 등이 돌아갔다. (백제본기에 말하기를 겨울 10월에 '奈率得文', '奈率奇麻' 등 일본에서 돌아와서 말하기를 여쭌 바의 '河內直'(kahutinoatahi), '移那斯'(enasi), '麻都'(matu) 등의 일은 돌이켜 말씀하시지 않으셨다고 한다.)

6년 이 해 고려가 크게 혼란하여 주살되는 자가 많았다(백제본기에 말하기를 12월의 갑오에 고려국의 '細群'(saigun)과 '麁群'(sogun)이 궁문(宮門)에서 싸웠다. 북을 치며 전투하였다. '細群'이 패하여 병사를 풀지 않은지 3일, '細群'의 자손은 모두 잡아서 죽였다. 무술(戊戌)에 "狛國"(komanokuni)의 '香岡上王'이 돌아가셨다고 한다).(香岡上王은 고구려 安原왕)

7년 이해에 고려가 크게 혼란하였다. 싸워서 죽은 자가 모두 2천여명이다(백제본기에 말하기를 고려 정월의 병오(丙午)에 중(中)부인의 아들을 세워서 왕으로 하였다. 나이 8살이다 '狛王'에 셋의 부인이 있었다. 정부인은 아들이 없다. 중부인이 세자를 낳았다. 그 외척은 '麁群'(sogun)이다. 작은 부인이 아들을 낳았다. 그 외척이 '細群'(saigun)이다. '狛國'의 왕이 병들어서 '細群·麁群'이 각각 자기쪽의 부인의 아들을 세우려고 하였다. 그래서 '細群'이 죽은 자가 2천여 명이었다고 한다.) (앞의 6년 12월의 기사와 같다.)

11년 봄 2월의 신사삭(辛巳朔) 경인(庚寅, 10일) 사신을 보내 백제에 알리기를 (백제본기에 말하기를 3월 12일 신유(辛酉)에 일본의 사신 '阿比多'(ahita)가 세 척의 배를 거느리고 도성에 이르렀다고 하였다.) 짐(일왕)은 ……

여름 4월의 경진(庚辰)의 초하루에 백제에 있는 일본의 왕인(王人, 왕의 사자)이 돌아오려고 하였다(백제본기에 말하기를 4월 1일 경진에 일본의 '阿比多'가 돌아간다고 하였다). 백제의 왕 '聖明' …….

17년 봄 정월 백제의 왕자 혜(惠)가 돌아가려고 청하였다 ……. 따로 '筑紫火君'(tukusinohinokimi)(백제본기에 말하기를 '筑紫君'(tukusinokimi)의 아들 '火中君'(hinonakanokimi)의 동생이라고 한다)를 보내어 용사 1천명을 거느리고 수호하여 …….

이상 계체왕으로부터 흠명왕에 이르기까지에 보이는 백제본기는 삼국사기의 백제본기와는 다른 것으로 일본서기에만 보이는 것이며 백제쪽의 기록에도 없는 것이다.

이상의 백제3서의 분주(分注)는 그 표기법 체계가 추고왕대 유문의 것과 극히 높은 근사성을 보여주는 점에서, 추고왕대를 중심으로 하는 시기에 Yamato 조정에서 추고왕대 유문을 남긴 사람들에 의해 만들어졌고 그러한 문화인으로는 일본·백제의 역사에 족적을 남긴 사람들의 후예나 귀화인으로 보기도 한다(木下 1961 : 722). 흠명왕이 금관국에서의 망명에 수행한 유식자 그리고 제주도에서 동행한 수행원의 유식자로 보는 것이 더 바람직하다. 왜냐 하면 이상의 기록들을 보면 공식적으로 제주도와의 국가간의 교통을 튼 신공왕후의 시기에서 비롯해서 더욱 긴밀해진 흠명왕 시대에 미치고 거기서 끝나고 있기 때문이다.

여기서 먼저 추고왕대 유문의 용자와 같은 용례를 백제3서에서 주워보면,

支 ki 계체왕 3년 久羅麻致支彌 kuramatikimi
계체왕 5年 印支彌 ikimi

里 ro

己 ko

宜 ga

奇 ka 흠명왕 5년 那奇陀甲背 nagadakahuhai, 鷹奇岐彌 yo-ogakimi

移 ya 계체왕 7년 意斯移麻岐彌 osiyamakimi
e 흠명왕 2년 阿賢移那斯 ake'enasi
흠명왕 5년 移那斯 enasi

意 o 계체왕 7년 意斯移麻岐彌 osiyamakimi
止 to
希 ke
侈 ta

여기서 예가 안 보이는 것은 백제3서에 용례가 없을 뿐 다른 음으로 읽는 것은 아니다. '移'가 ya / e로 읽히고 있지만 후자는 중고음화의 반영이다. 백제3서의 분주가 아닌 본문에서는 그 쓰인 예들이 보인다.

용자의 예에서 추고왕대 유문과 동일한 것이 계체왕과 흠명왕 시대에 집중된 점에서 흠명왕(-추고왕) 측근의 유식자와 무관하지 않을 것이다.

한편, 백제3서가 백제의 사서로 보기도 하는데 삼국사기 백제본기에는 이에 대한 언급이 전연 없는 것을 보면 그러한 가능성은 희박하다. 백제 아닌 제3국 예컨대 제주도의 탐라의 기록을 참조하였을 것이라는 추측은 할 수 있다. 앞에서 해남·강진 지역의 옛 마한의 일국의 사서일 수 있다는 주장도 있음을 보았지만 그것은 거의 가능성은 없다고 본다. 다른 마한의 제국의 기록도 단편적으로 남아 있어야 하는데 그렇지 않고 실지로 남았다면 구태여 백제의 이름을 얹힐 필요 없이 본래의 국명으로 나타냈을 것이다. 이들 소국과는 달리 제주도는 삼국사기에 백제와의 교류의 역사가 명기될 만큼 국가적 체계가 단단하였으니 당연히 사관이 있고 국사를 기록하였다고 봄은 당연하다. 백제의 호칭 kudara가 제주도를 가리켰을 가능성이 크고 백제3서의 기록이 제주도와 관련되기 시작하는 신공왕후 때부터 보인다는 것도 당시의 제주도의 기록을 참조하기 시작한 것으로 볼 수 있다.

그리고 여기에서 부언해 두고자 하는 것은 신공왕후가 제주도를 방문했을 때 신라왕이 마중나가서 도적(圖籍)을 바친 것으로 되어 있는 부분인데 이 도적의 내용이 과연 무엇인가 하는 점이다. 제주도가 왜와 백제(전남 남부)와의 교통로를 풀어준 것과 관련하면 그 일부분이 해상교통로의 지도일 수 있고 또 일부가 제주도에 대한 소개를 담은 것이었다면 역사적 기록물일 수도 있다. 어떻든 제주도에 기록물이 존재한 것은 확실하다.

그리고 백제3서의 분주가 신공왕후, 응신왕의 모자 시대에 백제기, 응신왕에서 두 자녀의 계열로 갈려서 웅략왕, 무열왕계 때는 백제신찬, 다른 계열인 계체왕, 흠명왕 때는 백제본기로 이름이 달라진 것을 인용한 것을 보면 왕의 측근의 유식자의 이용이 다름에서도 올 수 있다고 본다. 탐라를 백제의 일부분으로 인식하기 시작한 때 일본의 유식자는 백제의 이름을 얹히면서 시대적 변천에 따른 탐라의 사서에 별개의 이름을 부여한 것으로 보인다.

앞서의 백제3서의 내용을 보면 거의가 인명에 대한 정보나 그렇지 않으면 가라나 백제 그리고 고구려의 내막의 비화(秘話)의 제공이다.

응신왕은 신공왕후가 제주도에 가서 돌아오다 낳은 아들이고, 웅략왕은 어릴 때 '幼武尊'(wakatakerunomikoto)(日本書紀 권14, 雄略紀 4년)이라 했다. takeru는 제주도의 3신인(神人)의 신명 '고을나(高乙那)'(takɐrna)에 상응하는 이름이다. waka*는 아이누어의 '물'의 뜻과 연계되면 웅략왕은 수자원을 지배한 이로 보인다. 계체왕은 다른 이름에 '彦太尊'(piko-putomikoto)라 하였다. 이들 이름에 쓰인 '尊'(mikoto) 대신 '命'(mikoto)를 쓰기도 한다. Omodaka(沢潟 1967)에 의하면 $mi_1ko_1to_2$(美許登, 美己等)는 신이나 사람을 높일 때 그 이름 아래 no를 개재하여 붙이는 것으로서, mi는 접두사, koto는 '事'로서 원래는 누구의 것으로 하여 그 사람을 가리키는 것이라고 하였다. 한국어의 '것'과 같은 것인데 이것은 사물의 뜻 외에 사람을 얕잡아 일컫는 뜻 (제까짓것)도 있다. 사람에 대한 비칭은 예전에는 존칭이었던 점을 감안하면 고대일본어의 ko_2to_2의 용법과 같았다고 볼 수 있다. 존대의 mi와 함께 쓰인 $miko_2t(o_2)$*은 존대어로 쓰인 것이 된다.

일본서기(神代紀)(上)의 '(國常立)尊' 至貴日尊自余日 命並訓美擧登也 의 기록을 보면 구별하기도 한 모양이다. 어떻든 이들 왕대에 백제 3서의 기록이 단편적이나마 보인다는 것은 그 나름대로 사정이 있었다고 보게 된다.

5. 재구되는 언어와 역사

5.1. 어휘목록

다음에 이글의 논의중에서 언급된 제주도 관련 어휘의 리스트를 제시해 보고자 한다. 자세한 것은 본문 중에 언급되어 있고 또 이 책자의 말미에 전체적인 리스트를 작성할 때 종합적으로 언급될 것이다.

ke　nurisitike 奴唎斯致契

　아이누어 / 제주방언 ke(지경), 고대일본어 1) ke (사람을 세는 단위), 2) ke (家) 가계나 관직의 칭호에 대한 경어. 성의 아래에 붙여서 소속을 나타냄.

ike, 池 i (< mi) 池邊大宮治天下天皇(用明王), ke는 전항 참조.

kak－na / ra (各羅) tak－na / ra(乇羅)의 두음교체?

koma(高麗) 고마나루(熊津)의 백제 → 고구려

　cf. 제주도의 ᄀᆞ마로(錦泉, 錦山, 금산물)

kudara 큰 산, 큰 '原野'. 초기엔 제주도 → 전남 남부 → 백제

mike 물(水)－지경　cf. 豊御食 toyomike(推古王)

i	ke
mi	ke
nu	ka
水	지경 / 집안

mikoto 尊, 命 $mi_2ko_2to_2$(美己等, 美擧登) 尊者의 대칭

mi	koto
접두사	事 (사람)
높은	것(사람)

일본서기 神代紀上의 '(國常立)尊' 至貴曰尊, 命並訓美擧登也

mintar(敏達王)

min	tar
水	山

nirim 〉 miim 〉 nim 님

nirimusema 主嶋

nuka 水 지경 / 집안. cf. 전항 ike, cf. na 水, nup 沼,

額田部 nukatabe (推古王)

nunakura (沼名倉) (敏達王)

nu (na) kura

水 연체격

水(沼) 山

nurisitike 怒唎斯致契 물이나 내(수자원) 관리계의 사람

nuri si ti－ke(지경, 가계·관직)

1) nari(川), 관리 사이시옷 사람

2) no

3) dori

piku (彦, 比古) 범어에서의 Bhikṣu의 음역인 '比丘'에 비슷하게 된다. Bikṣu는 '行乞, 乞士'로 의역. 곧 '佛'에 '參'하여 '法'을 '乞'하는 시주(施主)에 대해 '식(食)'을 '걸(乞)'하는 자. 곧 승이나 중이 아닌 일반인도 그러한 행실을 하면 비구로 불릴 수 있다고 필자는 듣고 있다.

cf. piko puto mikoto (彦太尊) (男大迹天皇) (21代 継体王)

比丘 1) 佛 尊者

2) 블

2)는 필자는 神代의 4代 '角杙神'에 견줌. 姓氏錄의 角凝魂命·角凝命과 같은 신(김공칠 2004 : 320). 침사적 표기. 블올나

tuno	guhi(no)kami
경칭	杙·(仇)衡의 古訓 kuhi(ki), 杙 = 凝魂
블(伯·太)	올나

osiparuki (天國) 押波留岐 (広庭) (天皇) 欽明王

osi	paru	原	
mi	paru	海	ki 城
		山	

(miri, miru 중세 한국어 龍)

바다나 넓은 벌·산에 임하는 성. 龍城國에 상응

paru(波留) cf. 전항의 osiparuki

1) 바다(제주방언 바ᄅᆞ / 바르), 일본어 unabara (海原)

2) 벌(原), 일본어 hara

3) 山(부리) 삼한지명 卑離, 백제 夫里

4) 首長(블) 신라시조 '赫居世', 고구려시조 東明王, 동부여 扶婁 角干의 블, 河伯의 블

pikwe (比跪) 彦 〈比丘〉

神功紀 62년 백제기에 나오는 '沙至比跪'의 比跪를 piko로 읽고 있다. 이는 본문의 '襲津彦'와 상응하므로 比跪 = 彦가 성립한다.

soga (蘇我) '蘇我馬子'(sogaumako) 섬의 대신이라고 한다.

'蘇我'는 상고음으로 saga로 읽을 수 있다. 백제방언의 asaka(島)와 비슷하고 제주도의 고명 '州胡' t͡ʃəka가 파찰음화와 마찰음화를 거친 것으로 보인다. 제주도 출신의 '昔(脫解)'의 '셕'과 동일한 것으로 그것의 개모음 분화에 의해서 saga로 될 수 있다.

sɐira(新羅) 신공왕후의 신라(실은 제주도) 정토 (실은 친방) 이야기에 siraki의 이름으로 나온다.

신라의 '斯盧 / 斯羅'에 상응하는 '西那'가 탐라지(以京西那)의 기록

에 보인다. 지금의 제주도 현관인 제주시의 동편에 사라봉이 있고 그 서편에 서사라가 있는데 모두 옛적에 동쪽의 땅 (서부측에서) 갈대의 우거진 땅, 늪지(아이누어 sari 葦原, 濕原)에 상응하는 곳이었다.

삼국유사(권1) 신라시조에 今俗訓京字徐伐이 있고 삼국사기에 '徐那伐'로 되어 있어서 徐伐 = 徐那伐 = 西那의 대응을 구할 수 있다.

sama(斯麻(王)) (일본음은 sima) 백제 25대 무령(武寧)왕 (501－522년간 재위)

한국어 sjəm* < sama / sima 개모음의 여하에 의한 분화(分化)

takara(寶) takara(乇羅)의 나라(제주도)에서 유래.

신공(神功)왕후가 섭정하여 왜의 서쪽에 있는 takara의 나라를 친다고 나온다.

takeru(武) 幼武尊 waka tekeru no mikoto, 高乙那 takɐrna에 상응.

tatibana(橘) 귤의 산지의 나라이고 석탈해의 본국명(삼국사기) '多婆那'(tabana)국.

tatibana의 ti는 촉음구실을 한다고 본다.

'龍 城 國'으로도 풀이된다.
tati ba na

tatibana(no)toyopi (橘豊日(命)) (用明王)

tatibana는 석탈해의 본국명 '多婆那國'(삼국사기). '龍城國'(삼국유사)에 상응.

toyopi는 toyobɐr 곧 toyo(〈təkə)의 bɐr(山 / 海)에 상응

t̑əkə (州胡) 모음교체형 taka(ra) '乇羅'

təm(耽(羅)) '耽羅'(təmna) '寶(təmi) cf. 花厦國

ti 〉c'i 사람 cf. nurisitike (전출)

toyo(豊) 〈 t̑əkə(州胡) 어중 k음 탈락 too(təə) 모음충돌 회피 toyo

많은 것도 나타낸다. 복합어의 전항으로 쓰이면 치켜세우는 말.

豊國, 豊嶋, 豊浦

toyopi(豊) tatibananotoyopi(用明王)

toyopi는 toyobɐr 곧 toyo(〈 təkə 州胡)의 bɐr(山 / 海)에 상응. 제주도의 크고 넓은 산 또는 바다

toyotomi(mi)(豊聰耳) 1) toyo tu mimi 성덕(聖德)태자의 이름

mi 〈 mimi 관리 (위지동이전 投馬國의 관리 彌彌)

mimi 〉 nimi 어두 m / n 교체, 님(主).

2) toyo－tomi '州胡一耽' 제주도의 이중 표현.

toyo(u)ra(豊浦) '蘇我豊浦蝦夷臣(大臣)' (sogatoyouraemisi(no)omi) 제주도의 3중 표현

toyo의 ura toyo 〈 təkə (州胡)의 ur(浦).

ura는 한국어의 ur에서 유래하나 일본어에서는 ura(浦)라고 한다. 해안이 육지쪽으로 깊이 들어가 있는 형상.

waka 물

'幼武尊'(wakatakeru(no)mikoto) (21대 雄略王)

cf. takeru, cf. mikoto

수자원을 지배한 이의 뜻을 지닌다.

tat－kɯi－na '龍城國'

tat(龍)－kɯi(城)－na(國)

tat(月)－kɯi(支)－na(國) 위지동이전 마한조의 '月支國'과 같은 뜻

= 高城國

正明王 (이는 한자의 正用字이다) 正明國(제주도)의 왕

이를 백제의 '聖明王'으로 보기도 하나 제1字의 성모의 음가가 다르다.

5.2. 역사의 재구

앞서의 추고왕조의 전후의 일본사정과 문화에 대한 논의 그리고 고대 제주도와 비교될 수 있는 것의 논의를 간추리면서 당시의 역사적 상황을 재구해보고자 한다. 간명하게 하기 위해서 조목적으로 나열하는 식으로 서술한다.

1. 당시의 제주도는 금관국의 망명 세자인 솔지공을 받아들이고 그의 일본 진출을 지원하여 연합세력을 구축하였다.

2. 당시 일본은 제주도계의 신공왕후 후예의 일본의 지배세력의 내분으로 혼란에 빠진 시기이기도 하다.

일본의 Asuka 지방에는 이미 제주도 출신의 이주 집단이 큰 세력을 차지하고 있었는데 그 대표가 소아(蘇我) 일문이다. 솔지공은 이들의 지지를 얻어 중앙정권 수립에 성공한다.

3. 당시에 제주도에는 부분적으로 불교를 신봉하고 있었으며 중국의 문물을 일찍부터 받아들여 학문과 공예의 기술이 상당 수준에 있었다. 곧 불교 경전 해독의 한문 수준이나 불상 제조 기술이 발달되어 있었다. 그러기에 추고왕 때의 사찰의 건립, 불상의 제조 기타 공예의 발달이 가능하였을 것이고 이와 관련된 명문(銘文)을 남길 수 있었을 것이다. 명문에 남아있는 변체한문이나 인명 등 표기에 사용된 한자의 변용(變用) 등은 이미 서기 1세기의 제주도의 국명(완하국(琓夏國), 화하국(花廈國))에서 훈용(訓用)의 변용(變用) 곧 침사(枕詞)적 표기가 이미 행해지고 있음을 보여준다(김공칠 2007).

4. 솔지공이 일본의 흠명왕이 된 후 일본에서 한 일은 떠나온 금관국에 대한 미련을 떨치지 못하고 그쪽을 공략하려 한 것이다. 한편으로 불교를 도입하고 제주도(넓게 전남 남부지방까지) 출신으로 보이는 고승과 학자를 초청해서 일본에서의 불교문화와 한문 문화를 진흥시킨 것인데 이는 역으로 말해서 제주도에서의 불교와 한문의 문화가 수준급 이상이

었던 것을 시사한다.

5. 흠명왕의 딸이자 며느리인 추고왕 때는 조카 성덕태자를 황태자로 삼아 섭정하게 하여 관위제(官位制)의 실시, 17헌법 제정 등 선진적인 제도 개혁을 이룬 것이라든지 그의 놀라운 한문 실력은 당시 일본의 사정으로 보아서는 갑작스러운 일인데, 이 모두가 제주도에서의 선진문화를 익혔기 때문일 것이니 태자 이름 자체의 '德'의 음은 제주도의 고명과도 연계되는 점에서도 관련성은 제기될 수 있다.

6. 추고왕대에 남긴 금석문 자료에 쓰인 한자음은 '古韓音 / 古音-倭音(吳音)'으로 불리는 것인데 중국 한자음의 상고음 체계가 반영되는 것으로 보고 있다. 시기적으로는 중고음 체계로 넘어가는 시기지만 한반도 변두리의 가라나 제주도 그리고 중국의 동남 연안에는 상고음이 남아 있었다고 볼 수 있어서 제주도로서는 자연히 상고음의 흔적이 남아 있을 수 있는 일이다. 불전의 한역(漢譯)에서 사용된 가차식(假借式) 방법도 일본으로 전해져 일본의 고유의 인명·지명 표기에 영향을 미쳤다고 생각할 수 있다. 법륭사금당약사광배명에 쓰인 변체한문의 일본어 어순식 표현도 금관국과 제주도에서의 사용의 연장임을 짐작할 수 있다.

7. Asuka(飛鳥)시대는 앞 시대와 유별하게 구별되는데 그것은 불교문화에 기반을 두면서 중국과의 문물교류와 귀족문화의 번성을 가져온 점이다. 불교문화는 일찍이 불교가 유포된 제주도에서 들어왔을 것이고 중국과의 교류도 제주도를 매체로 해서 가능했을 것이다. 귀족문화의 번성은 신흥국가의 정권수립에 기여한 이들이 누릴 수 있는 혜택에서 나왔을 것이다. 흠명왕 후의 왕위가 자녀들이 번갈아 차지한 점도 정권 수립에 기여한 자녀들의 특권으로 볼 수 있다. 제주도는 서기 1세기의 석탈해의 모국 '正明國'시대부터 28용왕들의 지방통치 세력이 있었다고 보면 그러한 세력의 실권 여하에 따라 지배의 위서가 형성되었을 것이다. 그것이 귀족계급을 이루는 정도가 아니었더라도 상대적으로 보다

나은 정치적, 경제적, 종교적, 문화적 혜택을 입고 있었다고 볼 수 있다.

8. 흠명왕을 비롯해서 그 자녀 및 손자의 왕명에서 제주도적인 지명이 사용된 것을 보면 제주도에 대한 긍지를 지녔던 것을 볼 수 있다.

흠명왕 (天國排開 amekuniosiparaki)
민달왕 (渟中倉 nunakura)
용명왕 (橘豊日 tatibananotoyopi)
추고왕 (豊御食炊屋姬 toyomikekasikiyapime)
서명왕 (息長足日廣額 okinagatarasipipironuka)
황극왕 (天豊財重日足姬 ametoyotakaraikasipitarasipime)

모두가 하늘과 바다의 나라에서 귤과 재물이 풍성한 나라임을 암시하고 있다. 이때까지만 하더라도 신라가 강성하지 못하고 제주도를 압박할 정도가 아닌 시기이다.

9. 일본서기 신공기(神功紀) 이후에 보이는 일본서기 내의 '百濟記, 百濟新撰, 百濟本紀'의 분주(分注)는 제주도와 연관되는 '神功紀'로부터 시작하고 또한 제주도와 연관되는 흠명왕대에 끝나는 것은 주목된다. 그 내용은 앞에서 보인 대로 고구려와 백제의 궁중의 비사적인 내용의 것들이 많은 것을 보면 그들 나라에 정통한 이가 쓴 것이 분명한데 고구려, 백제쪽의 기록에 그러한 사서의 이름이 안 보이는 점에서 기타의 국가 즉 금관국이나 제주도의 사서와 연관될 가능성이 크다. 이 역시 그러한 사서의 언급이 없으므로 문제가 있겠으나 지금까지 보아온 대로 고대 제주도가 국가적 체제를 갖추고 상당한 학문적 수준에 놓여 있던 것을 보면 충분히 그러한 가능성은 있다. 백제3서라는 이름은 제주도를 백제의 일부로 인식한데서(신공왕후가 제주도에 온 때도 백제의 이름이 있었다) 혹은 나중에 제주도의 국가 체제가 무너짐으로 해서 초기 제주도의 이름을 바꿔 쓸 수도 있는 일이다.

솔지공(흠명왕)이 제주도에서 일본에 진출할 때나 한 후에도 사관(史

官)을 데리고 또는 역사 기록을 가져갔을 것이고 이들을 중앙정권 수립 후 정치가 안정된 천무(天武 tenmu)왕 시기에 일본의 역사기록(일본서기)을 수합할 때 참조하였을 것이다. 소위 백제3서 역시 그러한 역사기록에서 연유하는 면도 없지 않다. 백제 것도 아니고 일본 것도 아닌 백제3서의 분주가 흠명왕 17년(556년)(백제멸망은 660년)에 뚝 그친 것은 그러한 사실을 방증한다 하겠다.

10. 신공왕후가 제주도에 와서 돌아가는 길에 낳았다는 아들인 응신왕 때에 kudara에서 학자가 와서 일본의 문명이 열리기 시작하였고, 6세기의 흠명왕때에 kudara에서 역(曆)박사가 내조(來朝)한 것이 처음이고, 7세기초 추고왕 때에 와서 비로소 조정에서 역(曆)을 천하에 보였다는 것이 일본에서의 역(曆)의 기원이라고 하는데(井上 1965 : 252-253), 이는 바꿔 말해서 제주도에서는 당시에 이미 역학자가 있었고 역(曆)이 사용되었다는 것을 말해준다. 만일 제주도에서 오지 않았다 하더라도 그 정보는 제주도에 전해졌을 터이니 사용되어지는 것은 마찬가지다.

이상의 논의에서 제주도 부분은 일본측 옛 자료에 의거하여 추론하는 일이지만 지금까지 이용된 자료를 상대적으로 시간의 축의 흐름(이 책에서의 논의)에서 본 대로라면 충분히 이해될 수 있으리라 본다. 앞으로의 연구에 따라서는 더욱 구체화될 수 있는 것으로 기대된다.

6. 맺는말

이상에서 일본의 역사에서 하나의 획을 그은 Asuka시대의 정치적, 문화적 상황과 제주도와의 관련성 여부에 대해 장황하게 언급하였는데 여기서 요약적으로 마무리 짓고자 한다.

1.의 머리말에서, 일본의 Asuka 시대 특히 추고왕대는 불교를 바탕으로 해서 문화의 발전과 새로운 통치제도를 확립한 하나의 획기적인 시대

였다. 또한 그 시대에 많은 금석문자 곧 Suko조 유문을 남겼는데, 그것에 쓰인 한자음에 고층적인 것이 반영되어 있는 것도 특이한 일이다. 그러한 한자로 쓰인 왕명이나 인명의 어휘부분이 제주도와 관련될 가능성이 있어 그것들의 해명을 통해서 제주도와의 관련성 여부는 물론 당시의 제주도의 역사를 추론하여 보았다.

2.의 추고왕 시대에 대해서, 1) 먼저 Asuka의 Yamato 중앙정권을 수립한 흠명왕과 그 뒤를 차례로 이어서 왕위에 오른 자녀들의 왕명을 일별해 보면 전래의 왕명과는 획 다르게 외래적인 인상을 준다.

2) 그들의 정권수립과정도 다른 계열의 왕통을 제주도계의 왕통으로 되찾아 흐트러진 일본의 혼란상을 수습하는 것으로, 마치 고사기의 신대(神代)에 보이는 국토의 수리고성(固成)과도 같다.

3) 이러한 시대적 상황에서 일본의 Yamato정권을 바로 세우고 꽃을 피운 중심 시기는 추고왕대이다.

추고왕은 조카인 성덕태자를 섭정으로 삼아 많은 일을 하였다. 불교문화를 받아들이고 귀족문화를 피우고 정치제도를 정비한 것을 들 수 있다. 당시의 정치, 문화의 핵인 성덕태자의 한문 실력이 전대와는 확 다르게 출중한 것은 제주도와 중국과의 인접성에서 오는 중국 문물은 물론 불교 경전에 직접 접할 수 있었기에 가능했을 것이다.

4)성덕태자의 일본어의 이름 그리고 아버지 용명왕의 이름, 조부 흠명왕의 이름인 Osiparuki, 장인인 Sogaumako의 이름 (또 그 아들의 이름 Sogatoyouraemisi) 그리고 고모인 추고왕의 Toyomikekasiki의 이름에 대한 대조적인 분석에서 모두 제주도와의 관련 어휘가 추출되었다. 삼촌인 민달왕의 nunakura도 마찬가지다. 그 왕명과 인명에 쓰인 어휘의 한국어적 요소는 거의가 제주도의 고칭이나 지형어에 관계되는 어휘들이어서 제주도와의 관련성을 받쳐준다.

3. 일본의 추고왕 시대의 문자와 문화에 대해서 1) 추고왕대는 불교의 도입으로 많은 사탑(寺塔)을 세우면서 사탑의 유래를 기록하는 연기 또는 명문의 금속문도 남기게 되어 당시의 문자 사용의 특색도 살펴볼 수 있게 되었다.

그 문자들의 음가에는 당시가 중국한자음의 중고음 시기인데도 상고음의 흔적이 보인다. 그러한 흔적은 한반도의 변두리인 금관국이나 제주도에 남아 있었을 가능성이 있고 중국의 남조(南朝)의 오나라 지방에 있었던 것이 일본에 전해졌을 가능성도 생각할 수 있다. 어떤 경우든 그러한 고음의 잔존은 제주도를 거쳐서 들어간 것으로 볼 수 있다.

2) 추고왕 시대에 특이한 음가의 한자가 씌어진 자료를 일별하고 실지 왕명이나 인명, 지명 등의 표음 표기의 예를 정리해 보았다.

3) 상고음이 반영되었다고 보는 용자를 뽑아보면,

支, 里, 已, 宜, 奇, 移, 意, 止, 希, 侈 등이 있고
斯, 等, 乃, 己, 有, 明도 이에 포함시킬 수 있다.

4) 선진음(先秦音) 체계로 볼 때, 문제의 운모만을 보이면,
宜는 歌部(ai) 開3 (i̯ɐi)
侈, 奇(학자에 따라), 移도 歌部 開口 (i̯a)
里, 已, 止는 之部(ə)의 開3 (i̯ə)
意는 職部(ək) 開3 (i̯ək) (已도 이에 준해서 포함)
支는 支部(e) 開3 (i̯e)
希는 微部(əi) 開3 (i̯əi)

이들 음의 특수성은 개모음(介母音)(i̯)의 개재성이다. 개모음이 있고 거기에 악센트가 있다든지 강하게 발음되면 개모음이 i로 실현되고, 개모음이 약하면 주모음이 중심으로 발음된다는 것을 알 수 있다. 예컨대,

里, 己, 等에서 己와 等은 일본의 만엽 kana에서도 주모음의 ə(을류의 o)로 남아 있으나 里는 개모음이 i로 남아있다. 따라서 우리가 보통 ri로 생각하는 里가 추고왕대에 ro(정확히 rə(을류))로 발음되었다는 것이 특이하여 상고음의 흔적으로 생각하는 것과 같다.

5) 그래서 추고왕시대의 한자음을 주대(周代) 고음, 고한음(古韓音), 왜음 등의 이름으로 부르기도 하는데 고층성이 어디서 유래하는가의 관점의 차이다. 추고왕 시대의 왕명, 인명 등이 제주도의 지명 혹은 지형어와 많이 닮아 있는 점에서 제주도에서 사용된 고음이 유입한 것으로 볼 수 있다.

4. 고대 제주도와 비교될 수 있을 것으로서 1) 흠명왕 때부터 일본에 불교가 갑자기 나타난 것은 당시 외교적으로 알력이 있던 신라나 원 거리의 웅진의 백제를 통해서 그렇다기보다 근접한 제주도를 통해서 가능했다고 본다. 제주도는 이미 1세기경에 해상교통로를 통해서 불교가 부분적으로 보급되었다고 보는 곳이다.

2) 흠명왕 13년에 '西部姬氏達率怒唎斯致契'(nurisitikei) 등을 보내서 금동상 1구와 경론 약간권을 바친 것으로 되어 있는데, 여기서의 '西部', '姬氏', '怒唎斯致契'의 풀이가 웅진쪽의 백제쪽보다는 제주도쪽의 치정(治政)을 맡은 사람으로 볼 수 있다.

3) '元興寺露盤銘'에 보이는 '正明王'의 호칭은 보통 '聖明王'에 맞추기도 하지만, '正'과 '聖'자의 성모는 엄연히 다른 점에서 구별된다. 삼국유사(권1, 제4 탈해왕)의 본국 명에 '正明國'이 나오는 점에서 이는 제주도의 '正明國'의 왕이라는 뜻으로 쓰인 것으로 본다. 별칭 '龍城國'에서 '龍城國 = 月支國 = 高城國'의 음과 의미상의 상관관계가 성립한다면 제주도에서도 '城 = 支'의 상관성을 구할 수 있고 고층음이 사용된 예로 들 수 있다.

4) 삼국유사(권3)의 황룡사 장륙(丈六)의 기록에서 서기전 3세기에 석가상의 주조를 위해 제작처를 찾기 위해 배를 띄울 때 많은 나라와 취락을 모두 돌아서 마지막에 신라에 와서 진흥왕 35년(574년)에 이루어졌는데, 그 과정에서 불교가 이미 들어온 제주도를 거쳐서 주조의 기법이 신라에도 일본에도 전승되었다고 볼 수 있다.

5) 일본서기에 나오는 초기의 백제의 호칭 kudara는 원거리의 웅주(熊州)와 사비성에 근거를 둔 백제를 지칭하였다기보다 넓게 백제와 친교를 맺은, 백제의 관문과도 같은 위치에 있던 제주도 그리고 전남 남부를 지칭하는 시기가 있었다고 본다.

백제가 kudara로 보이는 것은 신공왕후가 제주도에 가서 만난 그 곳의 신라, 고구려, 백제계의 3부족장중의 호칭에서이다. 이와 관련되는 지명으로 '서나(西那)', kɐmaro가 있고 kudara는 후세의 지명 '大村, 廣壤', 한라산(〈kanna山) 등과 관련지을 수 있다.

백제의 호칭으로 쓰인 kudara는 ku－dara로 2분되는데 전항은 근(〉큰)의 종성의 생략형, 후항의 tara(達)는 고(高), 산(山)으로, 혹은 tɐr(〉tɯr)로 '原·野')에 기생모음이 부가된 것으로 보게 된다. 따라서 kudara는 큰 산, 큰 '原'(高原, 野)의 곳이 되는데 제주도의 지형 특성이나 전남 남부(특히 영암지방)에 알맞은 호칭이다. 백제 영역의 일부라는 인식이 확대되어 백제를 가리키는데 쓰인 것으로 본다.

6) 일본서기에 나오는 백제기, 백제신찬, 백제본기의 분주(分注)는 제주도와 국가 간의 교통을 연 신공왕후 때 비롯해서 후세에 더욱 긴밀해진 흠명왕대의 시기까지 나오는 게 주목된다. 그러한 사서명은 백제의 기록에도 안 보이고 일본의 다른 사서에도 나오지 않은 것이다. 백제와 왜국을 연결시키면서 그 내용이 일본과 백제 그리고 고구려, 가라와 간혹 신라하고도 연관되는 사건에 관련된 인명의 표기 혹은 국가 사정의 내막사, 이면사와도 같아서 이들 나라의 내막을 아는 열외의 나라 곧 제

주도의 기록을 참조한 것이 아닌가 한다. 그 표음의 체계도 추고왕 시대의 유문의 것과 비슷한 점에서, 금관국 혹은 제주도 출신의 유식자의 손을 거쳤다 볼 수 있다. 또 가라(금관국)라는 이름이 아닌 백제라는 이름이 얹혀있는 점에서 가라의 사서와는 무관할 것이고 제주도의 사서 혹은 기록을 참조한 것으로 보인다.

7) 음 표기에 쓰인 용자의 체계에서 추고왕 시대의 유문과 동일한 것이 계체왕(継体王)과 흠명왕 시대에 집중된 점에서 흠명왕(－추고왕)의 측근의 유식자와 무관하지 않음을 말해 준다. 제주도는 다른 소국들과는 달리, 삼국사기에 백제와의 교류의 역사가 명기된 만큼 국가적 체계가 단단하였으니 당연히 사관이 있고 국사를 기록하였다고 봄은 당연하다. 신공왕후가 제주도 방문 시에 신라쪽(제주도내의 한 부족)에서 도록(圖錄)을 건네받은 것은 당시에 제주도에도 기록물이 있었다는 것이 된다. 백제의 호칭 kudara가 원래는 제주도를 가리키는 데서 비롯되었다면 제주도의 기록에 백제라는 수식어를 얹힐 수 있었다고 본다.

8) 고대일본어의 신명이나 인명에 잘 나오는 '彦' piko 그리고 위지동이전 왜인조의 '一大國'의 비구(卑狗)는 승려에 대한 호칭인 존자, 비구(比丘)가 민간 지도자의 호칭으로 전용된 것으로 보인다. 오랜 예전에는 국가의 행정체계가 위계적으로 잡혀있지 않았고 지방에 따라서는 민간에 봉사하는 비구 등의 호칭을 빌려 쓸 수도 있는 일이다. piku〉piko의 변화는 음리상 무리한 것이 아니다. 그런데 '彦', '比古'가 '比跪'로 나타나는 경우가 있다. 신공기(神功紀) 62년의 백제기에 나오는 '사지비궤(沙至比跪)'가 그것이다. 그것을 piko로 읽고 있으나 '跪'자의 상고음의 w개모음을 생각할 때 kwe－kwi로 읽었을 가능성이 있고 그것이 제주도의 방언적인 발음으로 볼 수 있어서 그러한 기록들은 역시 일본에 건너간 제주 출신에 의한 구술(口述)이든 기록이든 참조한 것으로 보인다.

9) 한 가지 보태둘 것은 성덕태자의 장인인 당시의 정계의 실력자 '蘇

我馬子'(sogaumako)의 이름도 제주도적이라는 점이다.

soga(蘇我)는 상고음으로 saga로 읽을 수 있으며 그렇게 되면 고대어의 섬인 asaka 그리고 서기 1세기의 제주 출신 왕자의 성인 '昔'(脫解)과도 연계된다. 실지 이 대신은 '섬의 대신'이라 불린 것도 이와 무관하지 않을 것이다. 이름 '馬子'(umako)의 표기도 제주도적이며 '馬頭·首'의 mər(i), mɐr(i)의 음형과도 유관하다. 그의 아들 '蘇我豊浦蝦夷(大臣)'(sogatoyour-aemisi(no)omi)의 이름의 요소 하나하나가 모두 제주도적이다. 소아가(蘇我家)의 성쇠도 친 제주도 왕권의 부침(浮沈)과 운명을 같이 한 것도 단순한 우연은 아닐 것이다.

5. 이상의 고찰에서 당시의 제주도의 역사와 문화 그리고 언어의 실상을 재구하여 본다면,

1) 제주도계의 신공(神功)왕후 후예의 일본지배 세력의 내분시에 금관국의 망명세자 솔지공(率支公)을 받아들이고 일본 진출을 지원하여 연합세력을 구축한 것으로 보아 당시의 제주도의 군사력 특히 수군력이 뛰어났음을 말해준다. 또한 일본의 Asuka 지방에는 제주도 출신의 이주 집단이 큰 세력을 차지하고 있었는데 그 대표가 소아(蘇我) 일문이다. 솔지공은 이들의 지지를 얻어 그곳에 일본의 중앙정권을 수립한 것으로 보아 제주도 사람들의 해외진출과 상호 교류가 보통이 아니었음을 말해준다.

2) 당시에는 제주도에는 부분적이나 불교가 신봉되고 있었으니 민간 지도자에게는 비구(比丘)의 호칭도 사용되었던 것으로 보아진다. 중국의 문물도 일찍부터 받아들여 학문 그리고 건축 공예의 기술도 상당 수준에 있었다. 그러기에 추고왕 때의 사찰의 건립, 불상의 제조 기타의 발달이 가능하였다고 본다. 명문에 남아있는 한문이나 인명 등 표기에 보이는 한자의 변용 등은 이미 서기 1세기의 제주도 국명의 표기에도 사용되고 있었다. 제주도에도 불전의 한역(漢譯)에서 사용된 가차(假借)식 방법이

나 변체한문의 사용도 있었던 것으로 보아진다.

3) 또한 당시의 제주도는 선진국인 중국과도 교래를 통하여 정치적, 행정적, 문화적 선진제도를 익히고 있었다. 그러기에 추고왕대의 관위제 실시, 17조 헌법의 제정 등이 가능하였다. 그것을 주도한 성덕태자의 놀라운 한문 실력도 그러한 맥락에서 생각할 수 있다.

4) 추고왕대의 한자음의 음가로 볼 때 제주도에서 사용된 한자음도 언어지리학적으로 변두리에 고어가 남는다는 정리대로 중국의 상고음 체계가 일부분 유지되고 있었다고 볼 수 있다.

5) Asuka시대의 귀족문화의 번성을 보게 되면 제주도에도 서기 1세기의 석탈해의 모국 '正明國' 시대부터 28용왕제가 있던 것을 참조하면 중심부든 변두리든 통치세력이 두각을 이루어 경제적, 문화적, 종교적 혜택을 입은 계층이 서서히 형성되고 있었음을 짐작할 수 있다.

6) 흠명왕을 비롯해서 그 자녀, 손자들의 왕명에 제주도적인 지명이 사용된 것을 보면 당시의 제주도의 국격이 손색이 없었던 것으로 보인다. 당시는 백제 멸망 이전이고 제주도는 신라의 침공을 받기 이전이기에 그럴 수 있었다고 본다.

7) 일본서기에 보이는 백제3서는 제주도의 역사 기록과 관련될 수 있음을 볼 때 제주도도 당시는 어엿한 국가 체제를 갖추었던 만큼 사관(史官)이 었었고 역사 기록을 남기고 있었다고 본다. 흠명왕(15년) 때에 역(曆)박사가 일본에 왔고 추고왕 10년에도 백제승이 와서 역법(曆法) 등의 책을 바치고 서생(書生) 3, 4인을 선발해서 배우게 하였는데 그 중에 '大友村主高聡'의 이름이 보인다. 12년에는 천하에 역(曆)을 시행한 것을 보면 당시의 제주도에도 역 박사가 있고 역(曆)이 부분적으로나마 이용되고 있었음을 알 수 있다.

제9장 서기 7세기의 제주도

-탐라의 신라에의 내항과 신라의 탐라 경략-

내 용

〈요지〉

7세기에 들어서서는 한반도의 정세는 급변하기 시작한다. 고구려, 신라, 백제의 3국이 각축을 벌였고 특히 고구려와 백제는 신라를 압박한다. 신라는 이를 타개하기 위해 근공원교책(近攻遠交策)으로 중국의 수나라 그 다음에 당나라에 접근하여 적극적으로 도움을 청하여 드디어는 나당연합군이 백제와 고구려를 차례로 멸망시킨다.

백제가 망하자(서기 660년) 백제와 가까운 관계에 있던 탐라는 신라에 항복한다(서기 662년). 어떻게 해서라도 나라의 파멸을 막고 화평을 지탱하기 위해서였을 것이다.

신라로서는 백제의 고토(故土)를 완전히 제압하고 그 곳과 일본과의 교통을 차단하기 위해 그 요로가 되는 제주도를 무력으로 굴복시키지 않을 수 없었던 것으로 보인다. 드디어 문무왕 19년(서기 679년)에 탐라를 경략한다. 이로 인해서 제주도는 신라의 통제하에 들어갔고 자주 독립 국가로서의 지위의 상실로 대외적 경제교역 활동이나 문화 교류 활동에 타격을 받았을 것이고 이로부터 쇠퇴의 길에 들어선 것으로 볼 수 있다. 한편 일본은 한반도의 정세의 변화와 백제와의 친교관계의 변화에 따른 왕대의 변동은 있었으나 추고왕 이후의 역대왕의 이름을 볼 때 일관해서 친 제주도계의 왕가로서의 명맥을 유지한 것으로 보인다.

1. 머리말

탐라가 서기 679년에 신라에 경략당함으로써 자주국가로서의 지위를 상실하게 된 시대적 상황과 이에 대한 탐라의 대처와 그 이후의 변화에 대해 알아보기로 한다.

7세기에 들어서면서부터 한반도의 정세가 크게 요동을 치게 되고 덩달아서 제주도의 처지도 다급해질 수밖에 없게 된다. 그 동안 한반도는 고구려, 백제, 신라의 삼국이 나름대로의 균형을 유지하면서 상호 침공이 일진일퇴하는 상태를 지속하여 왔는데, 이러한 삼국의 질서가 갑자기 무너져 신라쪽으로 유리하게 된 사정과 백제가 망한 다음의 탐라의 대처방법이 매우 궁금하지 않을 수 없다.

결과적으로 탐라는 먼저 신라에 투항하는 식으로 수습하는 듯 하였으나 끝내 신라에게 무력으로 경략당하고 자주국가로서의 탐라의 시대는 막을 내리게 되었으니 그러한 경위에 대해서도 알아볼 필요는 있다.

당시의 시대적 변화의 양상을 한반도와 일본의 정세로 나누어 생각해 보고 탐라가 신라에 투항하고 신라에게 경략당하는 경위도 상관적으로 알아보려고 한다.

그리고 탐라의 자주국가로서의 멸망후의 사정 그리고 그것이 후대에까지 어떤 영향을 끼쳤는지도 음미해 보고자 한다. 그러한 고찰중에서 얻어지는 언어 자료가 있으면 정리해 보고 종합적으로 당시의 역사 재구에 도움되는 사항이 있으면 제시해 보고자 한다.

2. 서기 7세기의 한반도와 일본의 정세

2.1. 한반도 정세

서기 7세기(601-)는 한반도에서는 고구려 영양왕(嬰陽王) 12년 이후, 신라는 진평왕(眞平王) 23년 이후, 백제는 무왕(武王) 2년 이후의 시대에 해당한다. 일본은 서기 592년 때부터 추고왕(推古王)의 시대이다. 7세기 초기부터 한반도의 삼국은 상호 침탈이 시작된다. 백제가 신라의 아막산성(阿莫山城)을 치고(서기 602년), 고구려가 신라의 북한산성을 치고(서기 603년), 신라는 백제의 동부를 치고(서기 605년) 하는 일들이 벌어진다. 고구려도 백제의 송산성(松山城), 석두성(石頭城)을 치고(서기 607년) 이어서 신라의 북부를 그리고 우명산성(牛鳴山城)을 치는 등(서기 608년) 고구려의 압박도 강해진다. 이에 백제와 신라는 수나라에 고구려를 쳐줄 것을 요청하기에 이르는데 이로부터 한반도에 외세의 개입이 시작된다.

수나라에서는 군사들을 패수(浿水)에 들어가게 했고, 서기 612년에는 수나라 병사들이 을지문덕 장군에 의해 살수(薩水)에서 섬멸당하는 일도 있게 된다. 그럼에도 수나라는 서기 613년, 614년에도 다시 고구려를 침공하는 일이 있었다. 일본서기의 추고왕 26년(서기 618년)의 기사에 의하면 고구려 사신이 일본에 와서 토산품을 바치면서 수 양제가 고구려의 침공에 실패한 사실을 알려주고 있다.

서기 618년에 고구려는 영류왕(榮留王)대로 바뀌고 중국은 수나라에서 당(唐)나라로 바뀐다. 고구려의 신라에 대한 압박은 여전하였기에 신라는 당에 사신을 보내어 방물(方物)을 바치고(621년), 고구려가 신라의 당에의 조공의 길을 막고 번번이 침입한다고 당에 호소한다(625년). 다음 해도 당에 사신을 보내어 조공하니 당에서는 사람을 보내어 고구려와의 화친을 권유할 정도이다.

한편으로 신라는 가야의 옛 지방을 평정하는데 애쓴 듯이 보인다. 일본의 추고왕 31년(서기 623년)의 기사에는 신라가 임나를 치고 복종시켰다고 하였다. 이 일에 대해 일본 조정에서는 신라를 쳐서 임나를 빼앗아 백제에 귀속시키자는 의견과 이를 반대하는 의견으로 나뉘어 결국 신라를 치는 일이 불발이 되었다고 한다.

그러다 서기 629년에 일본은 서명왕(舒明王)의 시대가 시작된다. 신라도 서기 632년에 선덕왕의 시대로, 백제는 641년에 의자왕의 시대가 시작된다. 이때부터가 지금까지의 삼국이 서로 치고 박고 하는 일진일퇴의 만성적인 싸움의 연속에서 격화된 전황이 전개되고 국제 정세도 급하게 돌아간다.

서기 642년에 백제는 신라의 대야성(大耶城)을 함락시켜 성주와 그 처자를 모두 죽여 그 목을 잘라 신라의 서울로 보내고 남녀 1천여명을 사로잡는 일대 사건이 생긴다. 또한 백제는 고구려와 함께 신라의 당항성(黨項城, 南陽)을 공격하여 신라의 당에의 통로를 차단하려 하였다. 신라는 이에 다급하여 이 사실을 당에 알린다.

이 해에 고구려는 연개소문이 영류왕을 시해(弑害)하고 왕의 조카인 보장왕(寶藏王)을 내세우는 사건이 일어난다. 마침 일본도 황극왕(皇極王)대로 바뀐 때다. 고구려에서 일본에 보낸 사신에 의해서 고구려의 시해 사건이 황극왕 원년(서기 642년)에 일본에도 알려진다.

서기 645년에는 일본의 황극왕대도 효덕왕(孝德王)대로 바뀌고 이 해에 당나라는 고구려의 안시성(安市城)을 공격하였으나 실패에 돌아간다. 서기 647년에는 신라도 선덕여왕에서 진덕여왕으로 바뀌고 그 이듬해에 김춘추가 그 아들과 함께 당나라에 간다. 이 때 김춘추는 신라의 당에의 입조(入朝)를 백제가 막고 있어서 조공을 못하고 있다고 전한다. 서기 649년에는 신라는 처음으로 당의 의관(衣冠)을 사용하고 그 이듬해에 당의 연호를 사용하는 등 적극적인 친당정책을 수행한다.

이때부터 국내외 정세가 급전직하(急轉直下)로 급변한다. 서기 652년에는 고구려, 백제, 신라 모두가 당에 사신을 보내고 이듬해에 백제는 왜국과 수교를 통하였다. 일본서기 효덕왕(孝德王) 대화(大和) 1년(651년)에는 고려, 백제, 신라가 사신을 보내고 조부(調賦)를 바친 것으로 되어 있다(고구려나 신라쪽에는 이러한 기록이 안 보인다). 이 다음의 역사의 전개로 볼 때 당은 신라편에, 일본은 백제편에 있고 고구려는 고립된 처지에 있게 된 것으로 보인다.

서기 654년에 신라는 무열왕(김춘추)이 왕이 되고 난 후부터 당의 지원을 요청하면서 적극적인 공세에 나선다. 서기 656년에는 백제의 충신 성충(成忠)이가 임금에게 간언하다 죽게 되고 급기야 신라 무열왕 7년(660년)에 황산벌 싸움에서 신라에 패배함으로써 그 해에 백제는 멸망하기에 이른다. 다음 해에 신라는 문무왕대로 바뀌고 백제에서는 유민들의 복구 활동이나 일본으로부터의 백제 구원의 시도(일본 齊明王 6년(660년))도 있었으나 모두 실패에 돌아갔다. 신라와 백제의 틈바귀에 있던 탐라는 한반도가 백제가 아닌 신라 주도하의 정세로 바뀜에 따라 문무왕 2년(662년)에 신라에 항복한다.

한편 고구려에서는 막리지(莫離支) 연개소문이 죽자(666년) 자식들 간의 내분이 있게 되고 결국 서기 668년에 평양성이 함락함으로써 고구려도 멸망한다. 그 후에도 백제, 고구려의 옛 영내에서의 갈등이나 당나라와의 알력으로 시끄러웠으나 신라가 그것을 잘 수습하여 일단락되고 나서는 서기 679년(신라 문무왕 19년)에 신라는 탐라를 경략하기에 이른다.

이렇게 해서 한반도에서의 전란은 끝나고 신라는 한반도의 최북부를 제외한 전지역의 통치자로 군림하게 된다.

그 동안 전란으로 얼룩진 한반도의 7세기는 그래도 서기 699년의 대조영(大祚榮)의 진(震)의 건국으로 말년을 장식하게 되고 8세기의 남북조시대가 시작된다.

2.2. 일본의 정국

한편 일본의 정국도 급하게 돌아간다. 서기 645년에 제 36대 효덕왕이 즉위하자 그 때까지 일본의 정국을 주름잡던 소아(蘇我, soga) 일문을 제거해 버린다. 소아 일문은 일찍이 흠명왕이 일본의 중앙정권을 세울 때 협조한 세력으로 친 제주도계로 보이는 선주민 호족의 명문이었다. 이들 세력을 몰아내고 새로운 혁신의 대화개신(大化改新)을 주도한 이들은 중신겸족(中臣鎌足, nakatomino kamatari)과 당에서 귀국한 유학생들인데 친백제 계열이 아닌가 싶다. 효덕왕을 이은 제37대 제명왕이 백제가 신라에 망하자(660년) 백제의 구원을 시도한 것이 그 명맥으로 볼 수 있으며 그 일이 실패하자 이어서 천지(天智, tenci)왕대로 바뀌고 있다(서기 662년). 천지왕도 백제유민의 복구활동을 지원하고 있다. 그러나 말년에 신하들이 왕의 앞에서 그의 아들에게 충성을 맹세할 때에 신라(문무왕)에 공물(貢物)을 보내고 있다.

서기 672년에 천지왕이 죽자 그의 동생(大海人皇子, ohosiamanomiko)은 왕위 승계 예정인, 형의 아들(大友皇子, ohotomomiko)을 타도하는 쿠데타 곧 임신(壬申)정변을 일으켜 제40대 천무(天武, tenmu)왕이 되었다(제 39대로 홍문왕(弘文王)을 내세운 듯). 천무왕의 또 하나의 이름 천정중원영진인천황(天渟中原瀛真人(天皇), amanonunapara okinomapito)과 유명(幼名)인 대해인황자(大海人皇子)의 호칭을 아울러 볼 때 제주도계의 호칭이다.

이러한 일본에서의 정국의 개편은 한반도의 정세 곧 백제의 멸망 그리고 신라의 탐라에 대한 공략등과 무관하지 않을 것이다. 일본은 일본대로 살길을 찾아 한반도와 유관한 구 호족 세력들을 몰아내고 새로운 관료, 귀족을 배출시켜 왕의 권위를 높이려 했고, 새로운 지식세력들이 율령(律令)을 제정함으로써 왕의 통치 체제를 정비하려고 하였다. 자연히 한반도의 새로운 주인공인 신라와도 친화(親和)를 도모하려 한 것으로 보인다. 천지왕 때 도와준 소아(蘇我) 일문이 두각을 나타낸 듯 하더니 천무왕이 들어서서는 이들을 축출하고 있다. 이렇게 정국은 바쁘게 돌아갔지만 그 중심이 되는 왕가(王家)의 중심핵은 역시 제주도계였다.

7세기 초반까지 왕위에 있던 추고왕은 제주도계임을 이미 밝힌 바 있으며 그 뒤를 이은 서명왕의 또 하나의 이름 식장족일광액(천황)(息長足日広額, okinagatarasipironuka)은 신공왕후의 '氣長足(姫)'(okinagatarasi)와 같고, 그것에 후접한 pironuka는 아마도 '넓은 늪가'라는 지형적 지명을 나타내는 것으로 보인다. 왕자일 때의 호칭 전촌(황자)(田村)(皇子), tamura(miko)도 탐라의 호칭과도 유관한 듯 보이며 이 왕자를 왕위에 오르게 한 소아(蘇我, soga) 일문도 친 제주도계다.

서명왕의 뒤를 이은 황후였던 황극(皇極, koogyoku)왕의 또 하나의 이름 천풍재중일족(희 천황)(天豊財重日足(姫 天皇), ametoyotakaraikasipi-tarasi(pime))은 그 다음 임금인 효덕(孝德, kootoku)왕의 다른 이름 천만풍일(천황)(天萬豊日(天皇), ameyorodutoyopino))과도 비슷하다. 같은 어머니의 남매간이다. 이들 명명에서의 ame(天), takara, toyo(豊)는 제주도계의 지명 특히 탁라, 주호(州胡)(təka 〉 təyo)와도 유관하게 쓰여 왔음을 앞에서 본 바 있다. 그 뒤를 이은 제명(齊明, saimei)왕의 또 하나의 이름은 황극왕의 이름과 동일하게 천풍재중일족(희 천왕)(天豊財重日足(姫 天皇), ameto yotakaraikasipitarasi)이다. 역시 서명왕의 또 하나의 왕후로서 아들 둘 (후일의 천지왕과 천무왕)과 딸 하나(間人皇女)를 낳았다. 황극왕과 제명명의 왕명의 요소 kasipitar의 해석 여하에 따라 kasipər* / kasitar*이 추출된다. 그 다음 지통(持統, zitoo)왕은 천지왕의 3녀이면서 천무왕의 왕비가 된 다음 왕위를 계승하였다. 왕명의 다른 이름 고천원광야(희 천황)(高天原広野(姫 天皇), takamanoparapiro(no pime))나 유명(幼名)인 노야찬량(황녀)(鸕野讚良(皇女), unosarano) 모두가 제주도계 지명으로 되어 있다.

takama(no para)(高天原)는 이미 제주도와의 관련 지명임을 언급한 바 있고 parapiro(広野)는 한라산록의 광양벌에 상응하는 어휘이다. uno-sara(no)에서 '鸕'는 가마우지(가마우지과의 새(물새))이다. 이를 일본쪽에서는 '鵜'의 한자로도 나타내는데 일본어 훈은 같은 u다. 한국어에서는 후자는 사다새과의 새(물새)로 구별한다. 그러한 물새가 드나드는 sara*의 땅의 출신임을 뜻하는 것으로 보인다. 제주도의 sara의 지명과도 어울린다. 아이누어의 sari에는 '葦原, 濕原, 沼地'의 뜻이 있다.

지금까지 보아온 대로라면 7세기의 일본의 왕명 곧 추고왕 – 서명왕 – 황극왕 – 제명왕 – 천지왕 – 천무왕 – 지통왕(–696년)으로 볼 때 모두 제주도계의 지명에 입각한 왕명으로 되어 있음을 알 수 있고, 일본의 왕통은 일관적으로 흠명왕 / 추고왕의 전통을 계승하고 있음을 알 수 있다. 일본의 정사(正史)인 고사기는 추고왕에서 끝나고 일본서기는 지통왕에서 끝난 것을 보더라도 제주도계의 초대의 신무왕으로 시작되는 일본의 왕통은 제주도하고 밀접한 관계에 있는 것은 분명하다.

2.3. 탐라의 처지

한반도 정세가 탐라에게 불리하게 돌아가는 판국에(백제는 660년에 멸망) 탐라로서는 그 처신에 난감하지 않을 수 없었을 것이다. 탐라의 한반도 관문인 전남 남부 특히 탐진 지역도 마찬가지다. 신라와 고구려와의 항쟁에 지쳐 있던 백제의 치세 때에도 완벽한 지배의 통제하에 있지 않았던 하나의 자유 교역지대이다. 백제와 각처에 산재하는 남도의 구가야 그리고 탐라의 상권이 교차되는 곳이었고 신라가 백제를 병합한 후에는 신라의 상권이 가세하는 교역 자유 구역이었을 것이다. 원래부터 국가적 체제를 갖추지 못한 이곳은 탐라와의 교역, 교류가 활발하여 오히려 탐라의 영향권에 있었다고 해도 과언이 아닐 것이다 일본에서 일컫는 초창기의 백제의 kudara의 호칭은 제주도를 포함한 이곳을 지칭한 것으로 보인다. 백제의 또 하나의 호칭 koma(高麗)는 내륙 깊숙이 있는 지금의 공주의 웅진(熊津)을 가리키고(梁書의 固麻) 있었다 보면 상대적으로 파악될 수 있다. 물론 나중에는 kudara*가 확대되어 본연의 백제를 가리키게 된 것은 사실일 것이다. koma*의 호칭은 천지왕의 즉위원년의 기사를 보면 백제를 가리키는데 쓰였는데 백제라는 말도 쓰이고 있다. 이런 점을 미루어 당시의 일본에서의 백제에 대한 인식이나 호칭이 혼돈스러웠던 것을 알 수 있다. 백제가 망하자 신라로서는 서로의 자유교역지의 접점으로 우호관계에 있던 탐라를 곱게 볼 리가 없고 탐라의 영향권에 있던 전남 남부 해안지대도 적극적으로 제압하가 시작하였을 것이다. 탐라는 원래부터 해로상 신라보다는 가야가 가까워 보다 가야와의 우호관계의 유지에 힘써 온 것은 틀림없는 일이니 이전부터 곱게 보아오지 않았을 것이다.

탐라는 처음으로 제명왕 7년(661년)에 왕자 아파기(阿波伎)를 보내어 일본에 공부(貢賦)를 바친다. 일본과는 친밀한 관계에 있었고 굳이 의무적인 공부를 바칠 처지는 아니었어도 다급한 나머지 일본의 협조를 구한 것으로 보인다. 그 다음해 곧 탐라가 신라에 항복한 서기 662년에는 일본은 천지왕으로 바뀌고 또 서기 673년에 천무왕으로 바뀐다. 이러한 왕대의 교체는 한반도의 정세와도 무관하지 않을 것이다. 이 두 임금 때는 탐라에서 왕래가 잦았다. 서기 673년에는 탐라는 신라에게 경략(經略)을 당한다. 일본의 천무왕 7년의 일이다. 그 이후의 일본서기의 기록에는 지통왕 때까지 탐라의 왕래가 있던 것을 보면 탐라는 신라에게 경략을 당한 이후에도 비록 신라의 속국의 처지이지만 대외적인 교류는 할 수 있었던 것으로 보인다. 신라의 일본의 왕래도 현저하게 자주 나타난다. 신라가 한반도의 주역이 된 이상 일본으로서는 어쩔 수 없는 일이다.

어떻든 믿고 의지했던, 제주도 선주민이 개척한 일본도 국제정세의 급변에는 어쩔 수 없이 제 살길을 찾아 국내정치의 혁신과 통합에 힘을 경주할 수밖에 없었고, 탐라는 탐라대로 한반도에서는 연고자를 잃었으니 일본에 접근을 시도하여 살길을 모색한 이들도 없지 않았을 것이다. 이 시기에는 마치 북방계열의 고조선 유민들이 한반도 남부 혹은 일본으로 피신하였듯이 탐라에서도 일본에 있는 친 제주도 관련 선주민 연고자를 찾아서 권력층과 학자를 비롯해서 문화인이나 일반인도 많이 흘러 간 것으로 추정된다. 탐라의 전래의 여러 가지 사초(史草), 문서, 서책들도 신라에 약탈되기도 했지만 그 이전에 그리고 그 이후에도 일본쪽에 반출된 것으로 예상된다.

천지왕 4년의 기사에 백제의 남녀 400여명을 oomi(近江)국에 살게 한 기사가 보이는데 이 백제인은 거주환경으로 보아 해안지대의 주민이었던 것으로 추정된다.

그 다음해는 백제의 남녀 2천여 명을 동국(東國)에 살게 하였다. 아마도 백제의 북부의 주민이 아니었던가 생각된다. 6년에는 탐라가 좌평(佐平) 연마(椽磨) 등을 보내어 공물을 바쳤다고 한다. 천지왕 8년에는 당나라에서 2천인을 보냈다라고 했는데 당 점령지역의 백제인으로 수도 주변의 백제 사람들일 것이다.

9년에는 이주민인 좌평 사택소명(沙宅紹明)(法官大輔), 귀실집사(鬼室集斯)(學識頭), 달솔(達率) 곡나진수(谷那晋首)……(모두 兵法에 능한 사람), 귀실집신(鬼室集信)……(모두 藥에 능함), 허솔모(許率母)(五經에 밝음), 각복모(角福牟)(陰陽에 통함) 등을 우대한 기사가 있다. 나머지 달솔 50여명도 마찬가지다.

그래서 당시에 다음과 같은 동요(童謠)가 유행하였다고 한다.

多致播那播 於能我曳多曳多 那例例騰母
陀麻爾農矩騰岐 於野兒弘儞農俱 (紀歌謠 125番歌)

이는 다음과 같이 읽힌다.

tatipanaha onogaedaeda narereedomo
tamaninukutoki oyaziwoninuku

그 풀이는 다음과 같다.

「橘は 己が枝枝 生れれども
玉に貫く時同じ緒に貫く」

이를 Cucihasi(土橋 1976 : 373)는 '귤의 열매는 각각 다른 가지에 달려(생겨) 있지만 / 구슬로서 실에 꿸 때는 같은 실에 꿴다'와 비슷하게 풀이하고 그것에 담겨 있는 뜻은 '신분이나 재능이 각각 달라도 한 가지 작위(爵位)를 받았다. 축하할 일이다.'로 보고 있는데, 필자는 그 외에 외지인도 한데 모이면 공동체화된다는 뜻이 내포되어 있지 않은가 생각하며, 동요를 부른 이는 이주민의 아이들이 아닌가 생각한다. 이 동요에서 주목되는 것은 '귤'의 어휘이다. 당시는 제주도에서 아니면 생산되지 못한 것으로 알고 있다. 특히 어린이들에게 사용되었다는 것은 자기네에게 매우 친근한 것이었다고 생각한다면 어떤 연줄이든 제주도와 관련된 것으로 생각된다. 동요를 부른 시기도 춘정월(春正月)인데 마침 귤이 나오는 시기다.

여기서 한 마디 보태면 당시에 일본에 이주한 이들을 일본에서는 귀화인(歸化人)이라는 말을 쓰는데 그 때까지는 부분적으로 호적 정리는 시행되기는 했지만 천지왕 9년(670년)에 이르러야 최초로 전국적인 조적(造籍)이 시작되었으므로 내국인 / 외국인의 구별이 엄격하지 않은 시기이다. 오히려 이주민들의 일본의 사회적, 문화적 기반의 조성에 기여하고 일본의 국가다운 국격 조성에 이바지하였으니 귀화인이란 호칭은 알맞지 않다고 생각된다.

다시 돌이켜 보면 탐라로서는 가라의 멸망 후에는 신라쪽보다는 교역 기타 관계로 백제쪽으로 기울었으니 신라로서는 달갑지 않는 존재였다고 볼 수 있다. 더욱이 가야의 망명세손이 제주도를 거쳐 일본으로 진출하여 친가야, 친제주의 정권을 획득했으니 일본에 있는 친신라계 주민은 물론 신라 본국으로부터도 눈에 가시격이었을 것이다. 그리고 전남 남부의 완전한 장악을 위해서도 어떤 방식으로든 탐라를 제압하려 들었을 것이다. 백제의 멸망과 동시에 일어난 이러한 형세의 변동은 일본국에서의 정권 교체의 사정과 전연 무관하다고 할 수 없을 것이다. 신라를 의식하지 않을 수 없었던 천무왕으로서는 즉위 전후와 그 후에도 자주 신라의 조공의 왕래가 있었고 해서 신라쪽에 기울이기 시작한 것으로 보인다. 어떻든 탐라는 일본의 천무왕 7년 곧 서기 679년에 신라에게 경략(經略)을 당함으로써 한 시대의 막을 내리게 된다.

3. 탐라의 대외관계

3.1. 신라에의 내항(來降)

역사상 탐라에서 신라로 처음으로 찾아가는 기록이 세종실록(권 151) 지리지(1454년), 동국여지승람(新增, 권38)(1530년), 해동역사(권16), 탐라지에도 보이는데 이들보다 가장 연대가 앞서는 고려사(권 57, 志卷 11) 지리지(2)(1454년)의 해당부분을 보이기로 한다. 여기서 A, B 표시는 다른 자료와의 대비를 위해 필자가 붙인 것이다.

> A「至15代孫高厚高淸昆弟三人, 造舟渡海, 至于耽津, 盖新羅盛時也, 于時, 客星, 見于南方, 太史奏曰, 異國人來朝之象也遂朝新羅, 王, 嘉之, 稱長子曰星主, (以其動星象也), 二子曰王子, (王令出胯下, 愛如己子, 故名之) 季子, 曰都內.

邑號曰耽羅, 盖以來時, 初泊耽津故也. 各賜寶盖衣帶而遣之, 自此, 子孫蕃盛, 敬事國家, 以高爲星主, 良爲王子, 夫爲徒上, 後又改良爲梁 ……」

B「百濟旣滅, 新羅文武王元年, 耽羅國主佐平徒冬音律來降.」

(A 15대손인 고후와 고청 그리고 곤제의 세 사람이 배를 만들어 바다를 건너 탐진에 이르렀는데 때는 신라의 성시(盛時)다. 이때에 객성(客星, 혜성, 신성과 같은 것, 필자주)이 남방에 보이므로 태사(太史, 천문, 역관)가 아뢰기를 다른 나라 사람이 내조(來朝)할 징조입니다.라고 하였다. 신라에 입조하니 왕이 이를 가상하게 여겨 장자를 성주 그 움직인 성상으로 라 칭하고 차자를 왕자 왕이 청으로 하여금 가랑이 밑으로 지나게 하여 사랑하기를 자기 아들처럼 하였기에 그렇게 부른 것이다. 라 칭하고 계자를 도내라 하였다. 읍을 이름하여 탐라라 하니 그것은 올 때 처음 탐진에 머물렀기 때문이다. 각자에게 보개(寶盖)와 의대(衣帶)를 주어 보냈다. 이로부터 자손이 번성하여 국가를 공경하니 고(高)를 성주로 삼고 량(良)으로 왕자를 삼고 부(夫)로 도상(徒上)을 삼았다. 뒤에 또 량(良)을 고쳐 량(梁)으로 하였다. ……

B 백제가 이미 멸하니 신라 문무왕 원년에 탐라의 국주 도동음률이 와서 항복하였다.)

이들 기록에서 제일 먼저 생각해 볼 것은 이것은 어느 시기의 기록인가 하는 점이다. 그 단서는 15대손과 신라 성시의 기록에 있다.

삼국사기(권6)의 문무왕 2년(662년)의 다음 기록을 보면,

A 耽羅國主佐平徒冬音律(一作津)來降, 耽羅自武德以來, 臣屬百濟故以佐平爲官號. 至是降爲屬國.(탐라국주 좌평 도동음률(률은 진이라고도 함)이 와서 항복하였다. 탐라는 무덕 이래로 백제에 신속하니 이에 좌평으로써 관호를 삼았다 지금에 이르러 신라에게 항복하여 속국이 되었다)

이 기록을 보아서는 탐라가 가라의 무덕(武德) 이후에 백제에 신속(臣屬)한 것을 알 수 있다. 무덕은 바로 가라국 최후의 군주 제10대 김구해(金仇亥), 또는 구형(仇衡)의 제2자이다. 곧 가락국이 망하자 탐라는 백제쪽으로 기울었고 백제에서는 좌평이란 관호를 내린 것으로 보인다. 따라서 이 기록은 고려사지리지 A보다 뒤지고 B의 기록에 상응하는 것으로 볼 수 있다. 곧 가야의 무덕 이후의 것이다.

여기서의 가라의 무덕은 가라의 세계(世系)상의 위치는 가락국기에 의하면,

(1)首露王…(9)鉗支王 –(10)仇衡王–(11)世宗 –(12)卒支公 –(13)庶云 –(14)文明皇后

(10)仇衡王 ─ 桂花, 武刀, 武得

(14)文明皇后 ─ (15)文武王 / 武烈王

(三品 1964 : 117에 의함)

(10)구형(仇衡)왕은 삼국사기(법흥왕 19년)에 '金仇亥'로 나타나고, (11)세종(世宗)은 장자로 '奴宗'으로, 두 번째 무도(武刀)는 '武得'으로, 세 번째는 무력(武力)으로 나타나는데 음형과 자형으로 볼 때 두 번째와 세 번째는 뒤바뀐 것으로 보인다. '世宗'과 '奴宗'은 '누리〉뉘'의 훈으로 볼 때는 공통적이다. 어떻든 삼국사기상으로는 신라에 투항한 구형왕의 아들의 위치에 '무덕'이 있음을 알 수 있다. (12)의 졸지공은 '率支公', '率友公'으로 기록에 나오기도 하는데 '卒'과 '率'은 동일하다고 볼 수 있고 '支'와 '友'는 어느 한쪽(아마도 '友'쪽이)이 잘못 쓴 것으로 본다.

(13)의 서은은 김유신의 부친이다. 위의 계보상으로는 졸지공의 뒤에 이어져 있지만 삼국사기에는 서현(舒玄)의 이름으로 (10)구형왕의 세 번째 아들인 '무력(武力)'의 자로 되어 있다.

(14)의 문명황후는 김유신의 누이동생으로 태종무열왕인 김춘추와 결

혼하여 문무왕을 낳았다. 이와 같은 가라의 세보상의 순서로 따져볼 때에 문무왕은 15대손이 되는 셈이다.

한편 앞서의 가라의 세계와 삼국사기에 보이는 신라의 세계와 맞춰보면

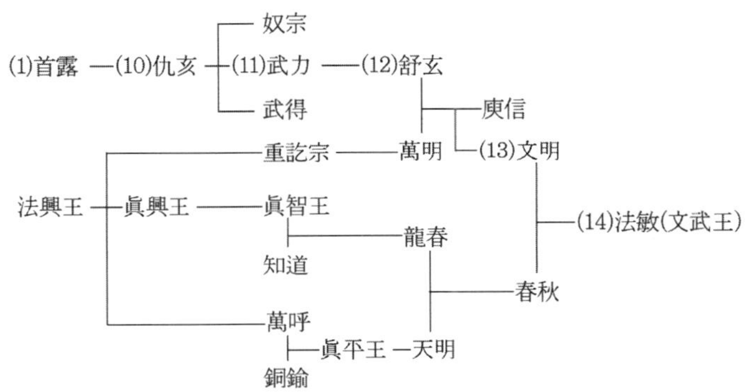

(三品 1964:118에 의함)

가라와 산라와는, 가라 (12) 서현에서 신라의 법흥왕계의 만명을 취해서 유신과 문명을 낳았고, 문명이 역시 신라의 법흥왕계의 춘추와 결혼하여 문무왕을 낳고 있다.

삼국유사의 가라국기에는 문무왕이 15대손이 되지만 삼국사기에 의하면 14세손이다. 그것은 가라의 (12)의 '卒支公'이 빠져 있어서 1세의 차이가 나고 있다. 졸지공이 망명해버렸으니 당연히 신라쪽에서는 빼버릴 수 있다. 가라는 신라, 백제보다는 늦게 일어났지만, 어느 나라든 서기 1세기에 국가적 체제를 갖추고 확실한 세계(世系)가 섰다고 생각하면 또 가라의 시조 왕비가 제주도 출신임을 고려할 때 제주도에서도 세계의 헤아림도 이들과 맞출 수 있는 것으로 생각된다. 그렇다면 탐라에서의 15대손은 신라의 문무왕대에 맞춰볼 수 있다.

그런데 동국여지승람(新增東國與地勝覽, 권38)의 기록(濟州牧, 建置沿

革)을 보면 15대손의 기록이 빠져있다.

A 本耽羅國或稱乇羅. …… 初有稱良乙那高乙那夫乙那三人分處其地. 名其所居曰都. 新羅時高乙那之後高厚與其弟二人, 渡海來朝. 新羅王喜, 號厚曰星主, 其仲曰王子, 其季曰都內. 仍賜國號曰耽羅.

(본래 탐라국인데 혹은 탐라라고 일컬었다. 처음에 양을나, 고을나, 부을라라고 일컫는 세 사람이 있어 그 땅에 나누어 살고 그 사는 곳을 이름을 도(都)라고 하였다. 신라 때에 고을나의 후손 고후가 그 동생 두 사람과 함께 바다를 건너서 신라에 내조(來朝)하였다. 왕이 기뻐하여 후(厚)에게 칭호하여 성주라하고 그 둘째 아우는 왕자라 하고 그 다음 아우는 도내라 하고 이에 국호를 하사하여 탐라라 하였다.)

앞에서 보인 고려사 지리지의 기록과 대조해 볼 때 15대손과 (신라)성시가 빠져있다.

이에 이어지는 다음 기록을 볼 때,

B 其後, 服事百濟. 東城王21年, 以耽羅不修貢賦, 親征至武珍州, 其主聞之遣使乞罪, 乃止. 及百濟滅, 新羅文武王元年, 耽羅國主佐平徒冬音律來降.

(그 뒤에 백제에 복종하여 섬겼는데 동성왕 21년에 탐라가 공부(貢賦)를 바치지 않으므로 친히 정벌하려고 무진주에 이르니 (탐라국)주가 이를 듣고 사신을 보내어 사죄하니 그만 두었다. 백제가 멸망하여 신라 문무왕 원년에 탐라국주의 좌평 도동음률이 와서 항복하였다.)

이들의 기록들을 종합적으로 볼 때, 동국여지승람의 A의 기록의 내용이 가장 선행하는 것으로 일단 가정하고 보면 신라의 어느 때에 탐라가 신라와 교통한 것이 된다. 그런데 그 이전의 3성의 서차가 '良, 高, 夫'로 된 것이 주목된다.

이 시기는 아마도 신라 23대 법흥왕(法興王)대로 보아진다. 그것은 법흥왕 19년(532년)에 금관국을 병합하였기 때문이다. 탐라로서는 친교 관계를 맺고 있던 가라를 잃었으니 어떤 형식으로든지 그쪽 지방과의 교역권을 보전하기 위해서도 신라와의 화평을 요청하지 않을 수 없었을 것이다. 법흥왕은 김알지(金閼智)계로 김씨계의 왕대로는 거의 15대째에 해당한다. 김수로왕이 가라를 건국한 해가 서기 42년이고, 신라에서 탈해왕(석탈해)이 계림에서 김알지를 얻은 것은 서기 65년이니 어느쪽을 기점으로 삼아도 세계의 헤아림은 비슷해진다.

이 때 신라를 방문한 이는 고려사지리지 A로 볼 때 3성의 각 대표가 아닌 고씨 형제 3인인 듯이 보인다. 여지승람의 A로서는 고씨 형제가 확실하다. 고려사지리지 A에서는 좀 애매하기는 하다. 이름으로 볼 때는 고씨 형제로 볼 수 있다. 다만 후미에 고, 양, 부의 이름이 나오지만 나중의 일로 보아진다. 곧 찾아 간 이는 고씨의 3형제이고 그 3형제에게 성주, 왕자, 도내의 칭호를 주지만 후일에는 고량부 3성이 그 칭호를 나누어 가졌다는 것이 된다. 도리로 볼 때는 탐라로서는 생존의 기로를 모색하는 대국사이기에 3성이 함께 찾아서 화친을 맺고 신라에서는 각 3성에게 탐라의 국사를 분담시켰다고 봄이 도리이지만 여기서는 그 반대의 순서의 기술로 되어있다. 그 때의 기록을 잘못한 것인지 나중에 고쳐진 것인지는 알 수 없으나 흥미로운 추리가 생길 수 있는 대목이다.

탐라에서 신라를 찾아가는 징조라든지 도착한 곳이 탐진이라고 한, 고려사 지리지의 부분은 그대로 받아들일 수 있다. 신라로서는 당시에 전혀 손이 미치지 못하는 먼 곳의 탐라에서 찾아온다는 그 자체가 하나의 기적과 같은 이변으로 느꼈을 것이고, 상륙지가 탐진이라는 것은 당시에 탐진은 탐라국의 한반도 출입의 자유항과 같은 곳이었기에 당연하다. 다만 처음에 탐진에 머물렀기에 탐라의 이름이 있게 되었다고 보는 것은 잘못된 것으로 보아진다. 이미 서기 476년의 백제 문주왕 2년에 탐라의 이름으로 공물을 바친 기록이 있기 때문이다. 여기서의 문맥도 도읍 이름은 탐라라 하는데 그것은 올 때에 늘 탐진에서 머물러서 그렇다는 정도로 풀이된다.

고려사 지리지에서의 탐라국주 '徒冬音律'과 삼국사기 A에서의 탐라국주 '徒冬音律(一作津)'의 기록에서 탐라국주의 칭호와 '耽津'의 지명과 유사함을 볼 때 탐라에서 사용했던 국주에 대한 호칭이나 탐진 지방의 호칭을 신라에서 그대로 받아들인 것으로 해석된다. '律'은 법 그리고 짓다(述也)의 뜻이 있어 그러한 일을 맡는 '나리'를 나타냈다고 보면, '津'의 '나루'의 말모음 전설화(보기. 마루→마리 '床')로 '나리'와도 같아진다. 일본어도 nəri는 '法令'이며 nəru는 '宣, 告, 言'이다. 최상위의 관의 말이 법이 되는 것이다. 이 '나리'는 나리〉내의 변화에서 보듯 '川'의 뜻도 있는데 실지 탐진에는 탐진강이 흐르고 있다. 관명 '나리'는 원초적인 호칭으로 서기 3세기의 왜국의 관명에도 보이는 것이다. 그 외에 문제되는 부분 곧 고려사 지리지 A의 기록에서 15대손도 그 해석의 기점을 어디로 보느냐에 따라, 그리고 신라 성시(盛時)도 법흥왕대가 신라의 발전 궤도에 들어선 때이므로 그러한 표현들을 쓸 수 있었다고 본다.

필자는 일찍이 이 신라 성시의 시기를 문무왕대로 보고 선사신라 후사백제설(先事新羅後事百濟說)이 잘못이라고 지적한 바 있지만(김공칠 1999 : 24) 신라성시를 법흥왕대로 보아도 그 취지에는 변동이 없다.

제주도는 서기 1세기에 용성국(龍城國)의 왕자 석탈해(昔脫解)가 가라를 거쳐 신라로 건너가서 제4대 임금까지 오르게 됨으로써 제주도와 신라의 교통이 트이기는 하였으나, 가라에 비해 교통로가 멀고 마땅한 개항지를 얻지 못하였다고 본다. 이에 비해 제주도의 허황옥 공주가 가라의 김수로왕비가 됨으로써 신라쪽에 비해 교통로나 개항지 면에서 유리하여 그쪽으로 많이 이용한 것으로 보인다. 그리고 이러한 교통이나 왕래 교역은 국가 차원이 아닌 민간 차원의 것이었으므로 특정 국가를 섬겼다고 말할 수 없는 것이다.

그러나 백제 문주왕 2년(476년)에 탐라가 공물을 바쳤다는 것은 국가적인 외교정책의 차원의 일이고, 법흥왕 19년(532년)에 만일 탐라에서 고씨 형제가 찾아가서 탐라로서의 대우를 받았다면 이미 그것은 국가적인 차원의 일로 볼 수 있기에 이 두 교섭의 연대순으로 보더라도 선사백제후사신라(先事百濟後事新羅)쪽이 맞는다고 생각한다.

3.2. 신라의 탐라 경략과 그 이후

다음 고려사 지리지의 B의 부분과 삼국사기 A의 부분을 보기로 한다. 지리지의 B에서는 백제가 이미 망하였다고 하였으니 B의 기술은 백제 멸망(660년) 이후의 일로 보게 된다. 필자는 15대손의 대수에 구애된 나머지 지리지의 A와 B를 동시대적으로 보았으나(김공칠 1999 : 23 참조), 따로 나누어 생각하는 것이 좋을 것 같다. 동국여지승람의 A의 기록과 B의 기록을 맞춰보아도 지리지의 A는 백제에 복종하기 이전의 일 곧 삼국사기상으로 동성왕 20년(498년) 이전의 일인 것 같고, 서기 662년의 문무왕대와 동시대적으로 보기에는 연대의 격차가 너무 크다. 여지승람의 B의 기록대로 백제가 멸망 후의 신라의 문무왕대로 따로 생각하는 것이 맞는다고 본다.

앞의 세 기록 모두의 A의 기술은 법흥왕대에 가라가 병합된 이후의 일로, B의 기록은 a) 문무왕 2년의 탐라의 내항(來降) 때 아니면, b) 문무왕 19년(679년)의 탐라 경략의 일의 때의 어느 하나일 것이다. B의 기술상 탐라국주가 내항했다는 점으로 보아서는 a)의 때일 것이다. 필자의 이전의 견해 a)가 A의 기술 부분, b)가 B의 기술 부분으로 생각한 것인데 어떻든 여러 가지로 생각해 볼 필요는 있다.

a)의 문무왕 2년의 탐라의 내항은 탐라의 처지로서는 백제가 멸망 직

후이니 신라에의 복종을 다짐할 수밖에 없고, b)의 문무왕 19년은 신라의 처지로서는 삼국을 통일하고 마무리 작업으로 서기 675년에 백제와 고구려의 옛 땅에 있던 당병이나 웅진도독부 그리고 안동도호부도 물러가게 했으니 그 여력으로 마지막 남은 나라 탐라를 경략할 수밖에 없었을 것이다. 한편 제주도내에서는 신라에의 항복에 반대하는 세력도 있었을 것이나 그것을 진압하기 위한 목적도 있었는지 모른다.

제주도의 후세에게 아쉬운 것은 문무왕 2년의 내항 때의 사절이 외교적 수단을 발휘하고 제주도내의 여러 세력과도 협력하여 비구(秘區)로서의 제주도를 어떻게 해서라도 잘 지켜내어 문무왕 19년에 경략을 당하는 일을 피했어야 하지 않았을까 하는 것이다. 희생자도 적지 않았을 것으로 생각된다.

제주도 비구의 무너짐으로 해서 제주도의 자주성과 경제력은 무너질 수밖에 없었을 것이다. 탐라의 국주에게 어느 정도의 자치권이나 조세징수권을 부여하였겠지만 파견관리의 간섭이나 횡포는 당연히 예상되는 일이고, 전남 남부의 관문인 탐진 지역과는 그 상대적 위치가 역전될 수밖에 없었을 것이다. 교역권의 독점권이 넘어가고 따라서 교역품의 규제도 예상되는 일이다. 그러나 장기적으로는 제주도와의 교역의 감소와 교역 중심지의 변동으로 강진 지역도 크게 발전하지 못한 것으로 본다. 탐라의 방위 동원 체제나 인원은 대폭 개편, 축소되었을 것이고 치안 유지의 실권은 당연히 파견 관리에 통제 하에 들어갔을 것이다. 대형선박의 제조도 금지되고 그 항로도 탐진이나 김해쪽의 국내 항로로 제한되었을 것이다. 대형 선박 건조기술에 능했던 것은 후세에 고려 현종(顯宗 3년, 1012년) 때에 탐라에서 대선(大船) 2척을 헌납하고 있는 것을 보아도 알 수 있다. 주식량인 쌀의 공급이나 생필품의 공급은 독점당했을 것이고 가격도 상대적으로 도내의 다른 상품과의 비교 가치에서 높았을 것이다. 따라서 제주도 특산물을 가지고 가격대비 경쟁력도 약화될 수밖에 없었다고 본다. 이전의 비교우위의 자리에서 비교열위의 자리로 전락하여 제주도의 후진성과 이 낙후성이 시작되는 것이다. 이 상태는 신라－고려－이조－일제 36년－해방 후의 시대까지 이어진 것이다. 그래도 그 오랜 기간에 제주도 사람들이 끈질긴 명맥을 유지해 온 것은 대단하다 하지 않을 수 없다.

제주도의 역사에서 필자가 궁금히 여기는 것을 여러 가지로 꼽아 본다면 다음과 같다. 어떻게 보면 수수께끼와 같은 것이다. 첫째는 제주도의 서기전 3세기부터 기원후 7세기까지 약 천년을 하나의 비구(秘區)로서 정치적 결집체를 이루고 국가를 경영한 제주도의 위정자들이 어떤 형식으로든지 그들의 경영의 행적을 기록에 남겼을 것인데 안 보인다는 점이다. 신라에 병합된 가라도 자신의 직접적인 기록은 남기지 않았어도 삼국유사의 가라국기와 삼국사기 그리고 일본의 사서에 단편적이나마 흔적을 남기고 있다. 물론 제주도도 고려사지리지, 세종실록지리지, 동국여지승람 등에 비슷한 삼성설화적인 내용을 남기고 있지만 그것은 하나의 구전의 전승기록에 불과하다고 본다. 그래서 제주도 선조가 지중에서 용출했느니 하늘에서 내려왔느니 그 유래조차도 말이 나누어져 있는 형편이다. 삼국유사에 보이는 용성국의 여러 이명(異名)들이 동일한 뜻을 나타내고 있는 점으로도 한문기록 수준이 상당하였다고 보는데 급변하는 한반도 정세에 대한 정보나 외교적 기록을 최소한 갖추고 있었을 것으로 보는데 아쉬운 일이다.

필자는 제8장에서 일본의 정사인 일본서기에 인용된 백제 3서의 기록이 제주도에서 유래했을 가능성을 조심스럽게 시사한 바 있으나 어떻든 지금으로서는 제주도의 역사적인 고대기록이 전무하다는 것은 하나의 수수께끼로 생각한다.

둘째는 제주도가 통치조직을 가지고 또 통치자가 존재했다면 그 궁궐의 자취는 어디로 사라졌을까 하는 것이다. 서기전 3세기의 중국측 서복에 관한 기록중에도 또 서기 6세기의 가라 망명세손이 님과 함께 제주도에 왔을 때도 대궐같은 집이 있었던 것으로 기록되고 있다. 아무리 제주도가 다부족 합의제로 정국을 운영했다 하더라도 그 중심 협의장이 있었을 것이 아닌가 싶다. 그 곳이 과연 제주시내인지 시외인지 시내든 시외든 그 곳이 어느 곳인지 지금의 21세기에 이르기까지의 기나긴 동안에도 짐작도 못 하는 처지니 정말 귀신이 곡할 노릇이다.

셋째로 그 오랜 동안에 수많은 통치자가 있었을 터인데 통치자를 내세우고 그럼으로써 국가 권위를 공고히 하고 왕권을 강화하기 위해서도 왕묘 같은 부족장 묘를 지었을 것인데 그런 흔적도 보이지 않고 있다. 앞에서 말한 대로 제주도는 오랜 비구로서 그러한 통치자와 피통치자의 구별을 유별히 내세울 필요도 없었고 통치권의 윤번제로 특정적인 거대 분묘를 만들 필요는 없었겠지만 천손족의 신라나 가라의 선인들은 거대 분묘의 자취를 남기고 있다. 하다못해 제주도에서는 부족장이 그 부족 내지 가문의 대표적 상징이므로 부족별로도 어떤 형식으로든 만들었을 것인데 그러한 흔적조차 남아있지 않다는 것은 필자로서는 매우 궁금하게 여겨지는 것이다. 다만 둘째와 셋째의 문제를 아울러 생각할 때 제주도에서의 주도권 쟁탈의 소외세력의 반란 등의 내부적 분쟁에 의한 화를 입어 손상되었을 가능성도 없지는 않을 것이다. 비록 후세의 일이지만, 1374년의 제주도에서의 목호(牧胡)의 난 때 조정에서 최영장군 등을 보내어(전함 314척, 군사 약 2만5천) 평정하였을 때 그 난의 규모나 전투의 격화상을 알 수 있는데 그와 같은 일들의 영향도 생각해 볼 수 있다. 가라의 망명왕손이 제주도에 왔을 때 님의 제안에 따라 지방의 반대 세력 제압에 나선 듯한 기록도 보이는데 참고가 된다. 그 외에도 묘가 산간지대에 있었다면 화산 폭발 시(한국사 연표에 의하면 서기 1007년(고려 목종 10년)에 탐라 해중에서 산이 용출하는 일이 있었지만 그 규모나 영향이 미친 장소는 미상이다)에 파손, 매몰될 수도 있기는 하다. 그리고 일제시대의 도

굴도 한 요인일 수 있다.

한편 아이누인들의 분묘를 참고하면 제주도도 고대에는 대규모적으로 형성된 것은 없었다고 볼 수 있다. Huzimoto(藤本 1964 : 85)에 의하면 북해도의 토기(土器)문화의 가장 최후를 장식하는, 곧 굵개로 문지른 흔적을 보여주는 찰문(擦文)토기가 출토하는 유적이 북해도에 대단히 많이 있고 동북부 해안에는 수백의 수혈(竪穴)이 나란히 있어 많은 사람이 살고 있었음을 짐작할 수 있는데도 분묘는 거의 발견되지 않았었다고 한다. 분묘가 있어야 인골이 있는 것인데 과연 이들 문화를 지녔던 사람이 어떻게 생긴 사람인지 알 길이 없는 것이다. 아마도 이 찰문(擦文)인은 풍장(風葬)을 하지 않았나 하기도 한다. 이들이 아이누인의 조상이라면 Zyoomon(繩文)시대의 어떤 것은 길이가 직경 2m 혹은 1m의 소형이고 굴장(屈葬)의 것이 있고 돌로 쌓인 것(積石塚) 그리고 어떤 데서는 신전장(伸展葬)도 있다. 고분시대의 것도 직경 3－6m 정도의 소형의 것이다. 후세는 거의 신전장이다. 매장의 방법에서 서두위(西頭位)와 동두위(東頭位)가 있는데 후자가 보다 후세적인 것으로 보고 있다. 원향(原鄕)을 바라보는 것이 아닌가 싶다. 어떻든 묘의 자취를 남기고 있는 것이다.

이러한 점을 참조하면 제주도에서도 풍장의 시기도 있었고 돌을 모아 놓고 그 안에 묻을 때도 있었고 봉토를 만들어 묻기도 한 것으로 보인다. 그것도 그렇게 큰 것이 아니기에 오랜 세월에 봉토가 훼손되기도 해서 자취가 사라진 것이 아닌가도 생각된다. 북해도에서 찰문인의 묘가 없는 것으로 생각했었는데 다른 데서 고교의 남학생이 우연히 발견하여 실상을 알게 된 것을 보면 우연한 기회에 제주도에서도 발견, 발굴될 수 있을 지도 모른다.

최근의 신문 보도(동아일보 2014.10.24.일자)에 의하면 전남 나주시에서도 다시면 복암리의 고분군 근처에서 랑동마을의 야트막한 언덕에서 도굴 흔적이 없는 정촌고분이 발견되어서 금동 신발 등 유물이 대량 출토되었다고 한다.

넷째로 제주도 일원에서 산간부에 비해서 제주도 해안가의 취락 형성이 일반적으로 늦게 나타났다는 점이다. 제주도의 위치환경으로 보아서 먼저 해안가에 정착하고 해안가에서 어로를 하면서 생업을 유지하였을 터이고 그러다보면 큰 취락이나 큰 어항 그리고 대형어업이 자연적으로 형성되었을 터인데 해안가의 일부의 마을들의 연혁을 보더라도 거의가 이조시대에 들어서서 정착되기 시작한 듯이 보인다. 해상 교통 요로인 북촌리나 상모리에 유적이 남아 있는 것이나 서기 1세기의 용성국 시대의 28용왕의 존재를 보면 분명히 해안가에 근거를 둔 세력들이 있었던 것 같은데 어찌된 영문인지 알 길이 없다. 흔히 제주도의 해안가의 취락 형성의 요인으로 해안 지대의 용천수의 분포에서 온다고 하는데 이러한 것은 고대에도 마찬가지이니 그러한 이점이 있었음에도 고대 취락 형성의 자취가 없는 것은 기이한 일이다. 왜구의 영향에 의한 것으로 생각되기 쉬우나 옛날의 제주도 초창기의 서양고지도에도 제주도가 도적섬의 오명으로 기록될(김희숙 2003 : 57) 정도로 제주도의 근해는 범접하기 어려운 곳이었다. 일본의 설화집(今昔物語 卷31, 서기 11－12세기 성립)에도 제주도에 접근하면 봉변을 당하는 이야기가 있을 정도이다. 물론 제주도 자체로는 이전과 같은 방위 체제를 운영할 수 없으니 그렇게 된 이후의 왜구의 귀찮은 일들이 있었다면 자연히 해안가는 떠났을 수도 있다. 그리고 탐라가 대외 교역권을 상실한 이후에는 어로를 많이 해 봐야 판로가 막혀 있고 해서 자족하는 데에 만족할 수밖에 없었기 때문에 크게 성장할 수 없었던 것이 아닌가도 여겨진다.

후세의 고려사의 다음 기록들을 보면 제주도에는 분명 대형선박 건조의 기술이 있었고 그렇다면 그것은 이전에는 그렇게 건조한 대형 선박을 이용한 대외 교역활동이 활발하였다는 것을 뜻한다.

고려사(권4) 현종 2년 (서기 10121년)에 탐라가 주(州), 군(郡)의 예에 의

하여 주기(朱記)(朱印)를 하사할 것을 간청하여 허락을 받은(탐라(耽羅)乞依州郡例, 賜朱記, 許之) 일이 있고 현종 3년에 탐라인이 대선(大船) 두 척을 바쳤다(耽羅人來獻大船2艘)라고 하고 있다.

또 고려사(권8) 문종 12년(서기 1058년)에 왕이 송과 교통하고자 탐라와 영암에 대해 재목을 베어 큰 배의 건조를 명하였는데, 문하성에서 상주(上奏)하기를 탐라는 땅이 척박하고 백성들이 빈곤하여 오직 해산물과 배를 타는 것으로 생계를 꾸려 삶을 도모하고 있으니 왕년에 재목을 베어 바다에 실어 보내어 불사를 새로 지었기에 피로가 이미 많아졌으니 지금 다시 거듭 괴롭히게 되면 다른 변이 생길까 두려우므로, (나라로선) 상선이 꾸준히 드나들고 진보(珍寶)가 날로 들어오니, 중국하고는 실로 자뢰(資賴)할 일이 없으므로 거란과 국교가 끊기지 않는 한, 구태여 송조(宋朝)와는 통할 필요가 없습니다라고 해서 (왕이)이를 들어 주었다(곧 대형선박 건조가 중지되었다).

(王欲於耽羅及靈巖伐材造大船, 將通於宋, 內史門下省上言 …… 旦耽羅, 地瘠民貧, 惟以海產, 乘木道, 經紀謀生, 往年秋, 伐材過海, 新創佛寺, 勞弊已多, 今又重困, 恐生他變, …… 商船絡繹, 珍寶日至, 其於中國, 實無所資, 如非永絕契丹, 不宜通使宋朝, 從之.)

이러한 내용을 음미할 때는 예전에는 제주도는 물론 영암지방에도 대형 선박 건조소가 있었고 또 이들 지역이 중국과의 활발한 교역 내지 중개지 구실을 한 것을 알 수 있다.

이상의 여러 가지 일에 대해서 궁금히 여기는 필자로서는 필자 나름의 억측을 한 가지 내놓는다면 결국 신라 문무왕 19년의 탐라 경략 이후의 신라의 억제 정책에서 오지 않았나 생각되는 것이다. 신라로서는 가급적이면 유별하게 눈에 띄는 탐라의 흔적은 지울 수밖에 없었을 것이고 자기 휘하에 탐라를 묶어 두려면 바다를 통한 역외 진출을 막을 수밖에 없었을 것이다. 해중에서의 신라측 세력에 대한 방해나 습격도 방지할 필요도 있었지 않았나 싶다.

신라의 탐라 지우기는 탐라 경략 이후에 탐라에 관한 기사가 삼국사기에서 사라진 것을 보아도 알 수 있다.

어떻든, 이상의 논의는 탐라가 경략당한 후의 정황을 필자 나름대로 추측해 본 것이고, 이 책의 제1장 제3절의 탐라의 일본 왕래의 기사대로 일본에 탐라 혹은 탐라왕으로서 왕자 혹은 사인(使人)을 파견한 것을 보면 어느 정도의 자치권이나 외교권은 신라에서 인정한 듯싶다.

여기서 필자로서의 아쉬움을 토로한다면 7세기에 신라에 경략 당하기까지의 약 10세기 동안 제주도에서의 수전(水田)을 개발한 노력이 과연 있었는가 하는 것이다.

제주도에는 하천(옛적은 건천(乾川)이 아니었을 것, 소하천)도 많았고 습지도 산재해 있었고 용천(湧泉)이 많았으므로 수전 개발이 전연 불가능한 일은 아니었다고 본다. 수전개발의 기술은 당시의 제주도의 해상활동을 보아서는 얼마든지 받아들일 수 있었다고 본다. 다만 그러한 수전 개발에 동원되는 인력이나 재력의 부족 그리고 강력한 통치력이 결여해서 성공하지 못한 것이 아닌가도 싶고 혹은 해상교역에 주력했던 나머지 소홀히 했던 것이 아닌가도 생각된다. 너무나 지형과 지질상의 애로와 태풍이 많은 탓에서도 그렇다고 생각되기는 하지만 매우 아쉽게만 생각된다.

끝으로 한 가지 더 보태둔다면, 제주도 일부 지역에 전해오는 소위 설문대할망 설화는 일부에서 말하듯 창세신화로서 아주 옛적의 일에 소급되는 성질의 것이 아니고, 제주도의 영산 한라산을 엉덩이로 깔아 앉아서 제주도의 정기를 누르고 여러 곳에 다리를 뻗쳐서 밟았다는 것을 보면(cf. 김공칠 2013b) 거대세력에 의해 통치되고 외지와의 교통이 막히기 시작한 시대 이후에 생겨난 것으로 생각한다. 연륙(連陸)을 빌미로 대가성을 바란 것도 그렇다 할 수 있다.

4. 재구되는 언어와 역사

4.1. 어휘목록

지금까지의 논의 중에 나왔던 왕명, 인명 기타에서 추출되는 어휘목록을 이하에 제시해 보기로 한다. 그러한 어휘 분석에서 상당 부분이 앞에서 이미 보인 것과 중복되는 경우가 있는데, 전출(前出)의 표시를 달기도 하고 중복해서 제시하는 경우도 있음을 말해 둔다. 이 책의 말미에 총목록을 제시할 것이므로 그것을 참조하면 대비될 수 있다.

oki(-na)(*otki-na)(前出) '島國' 제주도의 옷귀(衣貴), 일본어의 oki(隱岐(島名), 沖繩), iki(壹岐(島名))

천무왕(天武王)의 일명 천정중원영진인(천황)(天渟中原瀛真人(天皇), amanonunapara<u>oki</u>nomapito)

okinagatar(a(si)) '島山'

서명왕(舒明王)의 일명 식장족일광액(息長足日(広額)), okinagatarasi(pironuka)

신공왕후(神功王后)의 일명 기장족(희)(氣長足(姬)), okinagatarasi

tar 고구려어 '達'(山, 高), 일본어 tara(山), take(岳), tate(館), tawa(峠)

ŋɐi 관형격 고대한국어 ɐi-ŋɐi(hiatus 회피의 ŋ)

고대일본어 ga

s 관형격 촉음, 일본어 si

kamatar 제주도의 '釜岳' cf. kannatar '漢拏山' 山水 / 神水의 산, 가마오름(제주도 청수리)

중신겸족(中臣<u>鎌足</u>, nakatomino <u>kamatari</u>)

tomo(〈təmo) təm(耽羅) '島' 대우황자(大<u>友</u>皇子, oho<u>tomo</u>nomikoto) tamra(耽羅) 서명왕(舒明王)의 왕자때 이름 전촌(황자)(田村(皇子), tamura (mikoto))

kasitar(/kasipɐar) '首山' 황극왕(皇極王)의 일명 천풍재중일족(희천황)(天豊財重日足(姬天皇), ametoyotakara ikasipitarasipime) 제명왕(濟明王)의 이름도 이와 같다.

ame(前出)

toyo(前出)

takra / təka(前出) '乇羅 / 州胡'

cf. takara(no kuni) '寶國' tokoyo(no kuni) '常世國'

yərə '衆, 諸, 多' 일본어 yoro(du) (〈yərə(du))

t 관형격 촉음 일본어 du

효덕왕(孝德王)의 일명 천만풍일(천황)(天萬豊日(天皇), ameyorodu-toyopi(no))

takama(前出)

pər '原' 신라어 '伐'(原), 일본어 hara(〈para) '原'

지통왕(持統王)의 일명 고천원광야(희천황)(高天原廣野(姬天皇), takama-noparapiro(nopime))

sara(前出) 제주지명 '紗羅(峯), 西사라', 아이누어 sari '葦原, 濕原, 沼地',

지통왕(持統王)의 유명(幼名) 노야찬랑(황녀)(鸕野讚良(皇女), unosa-ra(no))

təmnari '島官' (冬音律)

한국어 nari 왕자, 고관에 대한 호칭

고대일본어 nari(那利) 왜(倭)의 고관

təmnaru '島津' (冬音津)

4.2. 재구되는 역사

탐라에 관한 전승 기록의 내용을 7세기에 맞추어 필자 나름대로 해석하여 시대 순으로 맞춰본다면,

원래 탐라는 량, 고, 부의 3성이 분거하여 영위되어 왔는데(여지승람 A의 앞부분), 한반도 동부쪽에는 석탈해가 신라에 진출하고 남부쪽에는 허황옥 공주가 가라 시조비로 출가하여, 제주도는 신라하고 가라와는 오래전부터 교통하여 왔었지만 보다 근접한 가라쪽에 외교와 통상이 치중되어 온 것으로 보인다. 한편 한반도 서부쪽으로는 국가체제를 갖추지 못한 전남 남부 해안지방과도 통상의 왕래가 있었고 그럼으로써 내륙쪽에 있는 백제하고도 외교 관계를 맺어 온 것으로 보인다. 백제의 동성왕 20년(서기 498년)에 탐라가 조공하지 않는다고 정벌하겠다고 한 것을 보면 탐라의 영향권에 있던 전남 남부쪽에서의 활발한 상거래의 텃세를 노린 것이 아닌가 싶기도 한다. 당시의 내륙에 있던 백제로서는 절해고도의 제주도를 친다는 것은 거의 불가능한 일로 보인다.

그러다가 신라가 법흥왕 19년(서기 532년)에 가라를 병합하니 가라와 친교를 계속해온 탐라로서는 신라에 접근하여 상권의 기득권을 보전하려 한 것은 명약관화한 일이다.

15대손인 고후 등 3인이 탐진을 거쳐 신라에 입조하여 각각 성주와 왕자 그리고 도내의 칭호를 받는 등의 환대를 받는다. 한반도에서 고구려, 백제와 각축을 벌이는 신라로서는 탐라에 대한 친화 정책을 펴지 않을 수밖에 없었을 것이다. 탐라의 호칭을 처음으로 부여한 듯한 기술이 보이기는 하나 그것은 이미 이전의 백제의 기록에 사용된 것을 보면 그대로 답습한 것으로 해석된다.

이 이후에 제주도에서는 고씨가 성주로, 양씨가 왕자, 부씨가 도상(徒上)으로 된다(삼국사기 A, 여지승람 A의 뒷부분, 지리지의 A).

제주도내에서의 부족 간의 여러 논의도 있었을 터이고, 탐라의 위치

상 신라는 멀고 그래서 왕래 교역도 덜했을 것인데, 이에 대해 백제는 보다 근접해 있어서 가라의 멸망 후에도 신라쪽보다는 백제쪽에 가까웠는데(삼국사기 A의 앞부분 참조, 여지승람의 B의 앞부분), 백제가 신라에게 공멸당하자 바로 신라의 문무왕 원년(혹은 2년)(서기 661년)에 탐라국주 동음률(冬音律)이 신라에 항복하여 신라의 속국이 되었다(지리지 A, 삼국사기 A, 여지승람 B의 뒷부분).

신라는 문무왕 2년에 탐라의 항복을 받고 탐라에 관한 충분한 사전준비로 19년(서기 679년)에는 무력으로 탐라를 경략하기에 이른다. 이때에 많은 희생자가 생겼을 것이고, 도외로 끌려가는 사람과 이주하는 사람도 있었을 것이고 해외로 피신하는 자도 있었을 것이니 제주도의 인구가 급격히 감소된 것으로 보인다.

탐라는 이후 자주국가로서의 지위를 상실하고 서서히 경제적으로나 문화적으로 낙후지역으로 변해간다. 과거에 탐라의 영향권에 있던 전남의 남부지방이 신라의 영지(領地)화 됨으로써 그쪽으로 상권이나 교역권의 중요한 몫이 넘어가게 되었을 것이고(그 곳도 다른 곳에 밀리게 되고) 이로써 서로의 우열의 상대적 지위가 바뀌기 시작한 것으로 보인다. 그리고 제주도 자체도 신라의 통제하에서 모든 면이 위축되고 쇠퇴하여질 수밖에 없었다고 본다. 그러나 탐라가 신라의 속국이 된 후에도 일본에의 사신의 왕래가 계속된 것을 보면(제1장 참조) 집권층의 대외 활동은 용인된 것으로 보아진다. 가라가 신라에 병합된 때처럼 탐라의 집권자에게는 조세권같은 것이 부여된 것으로 보아진다.

5. 맺는말

1. 탐라가 서기 679년에 신라에게 경략당하게 되는 시대적 상황과 이

에 대처했던 탐라의 처지를 알아보고 경략당한 이후의 탐라의 사정을 점쳐보았다. 그리고 그러한 고찰 중에 얻어지는 언어자료가 있는지 살펴보고 당시의 탐라의 대처사항의 해석을 통해서 역사의 재구에 도움이 되는 사항이 있는지 알아보았다.

2. 7세기의 한반도는 급변의 격동기였다. 고구려, 백제, 신라의 3국이 균형을 유지하다가 고구려와 백제의 공세에 밀린 신라가 원교근공책으로 중국의 수 그리고 당나라의 힘을 빌게 되어서는 백제와 고구려를 쳐서 한반도의 주인공이 된다. 이미 가라가 신라에 망한 이후는 탐라는 백제편에 섰으나 백제가 멸망 후 바로 신라에 투항하는 식으로 국가의 파멸을 피하려 한 것으로 보인다. 백제 편에 있던 일본도 이후 일본과 신라의 사신의 왕래가 자주 있게 된 것으로 보아서는 신라쪽으로 기울인 것을 알 수 있다. 신라는 백제의 고토(故土)와 그 곳과 일본과의 교통로가 되는 탐라를 완전히 제압하기 위해 탐라를 무력으로 경략하기에 이른다. 탐라쪽에서는 활로를 일본쪽에 찾았으나 여의치 못하고 많은 이들이 일본에 이주한 것으로 보인다. 이주민 사이에 부른 동요에 탐라의 귤의 어휘가 나오는데 주목되는 일이다.

일본은 한반도의 급변하는 정세에 따라 외교정책이나 왕대가 여러 번 바뀌었겠지만 그러나 왕가(王家)는 추고왕 이후 일관적으로 친 제주도계가 지탱한 것으로 보인다. 그것은 당시의 역대의 임금의 왕명의 풀이에서 알 수 있다.

3. 당시의 탐라와 관련된 문헌 중에서 고려사지리지, 삼국사기, 동국여지승람에 있는 전승 기록을 종합적으로 검토하여 볼 때 탐라는 원래 고, 량, 부의 3성이 분거(分居)하여 서로가 성주, 왕자, 도내의 역할을 번갈아 분담하여 다스려 온 것으로 보인다.

가라가 신라에 병합당할 때에는 고씨의 형제가 신라에 내항하여, 성주, 왕자, 도내의 일을 맡게 되었다가 나중에 고씨가 성주, 량씨가 왕자,

부씨가 도내의 일을 도로 분담하게 된다.

가라가 멸망 후에 탐라는 보다 근접한 백제쪽에 치중했고 백제가 멸망한 후(660년)에는 문무왕 2년(662년)에 탐라국주 동음률(冬音律)이 신라에 항복하여 신라의 속국이 된다. 이어서 문무왕 19년에 경략을 당한 이후로는 탐라는 자주국가로서의 지위는 상실한 것으로 보이며 서서히 신라의 통제 아래 경제적으로나 문화적으로 낙후하기 시작하여 모든 분야의 활동이 위축되고 쇠퇴의 길로 들어서게 된 것으로 해석된다.

4. 마지막으로 이상의 논의 중에서 추출된 어휘자료를 모아보았고 논의된 내용의 시대순의 배열을 통해서 탐라가 한반도의 여러 나라와의 섭외활동의 시작으로부터 가라와 백제의 멸망에 따르는 탐라의 처신과 끝내는 신라에 경략을 당하기에 이르는 과정을 재구해 보았다. 그리고 탐라가 경략당한 이후의 지위 격하에 따르는 경제적, 문화적 쇠퇴에 대해서도 생각해 보았다.

끝맺음

지금까지 고대의 제주도의 언어와 역사의 문제에 대하여 서기전 3세기부터 서기 7세기까지의 각 세기별 고찰을 보여왔다. 이 중에서 언어분야는 따로 어휘목록으로 제시하기로 하고, 여기서는 각 장에서 언급한 역사의 재구 사항을 시대 순으로 큰 줄기를 잡고 서술하기로 한다.

고대 제주도의 호칭에는 여러 가지가 있었다. 그 중심은 위지동이전 마한에 나오는 주호(州胡)의 təka형, 삼국유사에 나오는, 일종의 침사적 표기인 təm형(정명국(正明國), 완하국(琓夏國), 화하국(花廈國))이다 전자는 tak(a), 후자는 tam형으로 교체되기도 한다. 앞서의 təka형과 təm형은 별개의 근원에서 유래한다기보다 전자에서 유래한다고 본다. 기본의는 모두 섬(島)이다. 이들 음형에서 유래하여 제주도를 tokoyo(常世)의 섬, takara(寶物)의 섬, taka(a)na, (乇羅, 섬의 나라), təm(富)의 섬, təm-na(耽羅, 섬의 나라), təmitare(島山 / 邑 cf. 제주도의 頭無岳)로 불리었다. 그 외 제주도의 지세와 지형상에서 '高城國'을 뜻하는 '龍城國'(위지동이전 마한조의 月支國과 동류), 하늘에 닿는 다리(天浮橋)의 섬, kama(釜岳), kamna(漢拏 / 上水 / 神水)의 산의 섬(종교적 숭배의 대상)이라고 불리어 오기도 하였다. 이러한 호칭들로 볼 때 제주도가 주변 지역으로부터 선망과 신성시되는 지역이었다는 것을 알 수 있다.

또한 təka / təm 형이 한반도 그리고 일본의 여러 도명의 기본을 이루는 기저형이 되고 있다. 거제도의 큰 닭섬, 기타의 뚝섬, 독도, 일본의 대마도의 təka(i)(對海), take(taka(i))(竹島), tama(玉島), taku(度島), tika(値嘉)…… 등을 들 수 있다. 특히 일본의 도명 중에는 앞서의 기저형에 -i가 후첩된 형식의 것이 있는 것을 미루어 제주도의 그것보다 후발달적인 것임을 알 수 있다.

지명의 지속성이나 보수성을 생각하면 이상의 제주도의 호칭들은 사용 당시보다 훨씬 이전부터 사용되어 온 것으로 추정할 수 있다. 그리고 해외의 기록에 다양하게 남아 있다는 것은 그만큼 제주도가 널리 알려져 있다는 것이 되고 그것은 또한 제주도를 중심으로 한 해상 왕래는 물론 해운업과 해상교역이 활발하였다는 것을 말해준다(이상 제1장에서).

서기전 3, 4세기 이전의 제주도의 역사는 알 길이 없다. 후세에 전승되는 소위 삼성설화의 첫 대목(태초에 인물이 없었다)을 보면 이는 서기전 몇 세기전의 이야기라고 말 할 수 없는 제주도 태초의 이야기다. 표류를 해서 혹은 탐험으로 혹은 피신하여 오기는 왔는데 어디서부터 온 것이라고 딱 잘라서 말할 수 없는 부분이라 할 수 있다. 그래서 3신이 땅에서 용출하였다는 표현도 있는 것이다. 이것을 남방계의 전설이나 설화에 관련된다고 해서 그쪽으로 결부시키기도 하지만 확실하게 말할 수 있는 것은 아니다. 3신이 황량한 벽지에서 수렵을 하면서 가죽옷을 입고 육식을 하고 있었다는 점을 미루어 한반도에서 남하해 온 것을 알 수 있다. 3신인(아마도 부족장)의 이름이 고대 한반도 계열의 언어이고 바다에서 어업에 종사하기보다 산간생활을 영위한 것으로 보아지기 때문이다.

구석기 시대 후기(서기전 1만 년경)에는 수렵 채취의 시대에 들어간 것으로 보면 그 시대를 반영한 것이 아닌가도 싶다. 최소한 1만년전의 것으로 추정되는 빌레못 동굴의 유적(김공칠 1999 : 303 참조)도 참조된다. 이때는 일본은 zyoomon(繩文)식 문화기의 초기에 해당한다. 동굴과 수혈(竪穴)의 주거 생활의 시대이다.

그러한 시대에 여러 곳에서 한 둘씩 모이기 시작한 곳이 있었을 것이며 그렇게 되면 씨족을 이루고 부족을 이루게 된다. 씨족은 혈연과 종교로 뭉치고 부족은 씨족이 합쳐져서 이루어지는데 이 때는 특출한 정치적, 종교적 영도자가 등장할 것이다.

일본의 두 사서(고사기, 일본서기)의 창세기의 기록이 제주도와 관련이

될 수 있음을 볼 때 이에 맞추어 제주도의 개벽의 역사 곧 공동체로서 새출발하는 역사를 재구할 수 있다. 태초에 사람이 없던 제주도에 나타나 제주도 지역의 혼돈시대를 수습한 그 곳의 지도자는 한라산록에 근거를 둔 3신인이었다. 북방계열의 천손족(天孫族)에 해당한다. 남방계의 사람, 남중국의 사람도 왕래하였겠지만 주도적인 인물은 북방계의 3신인이었다. 이 3신은 후세에까지 그 곳 사람들에게 천신으로 받들어졌고 그 근거지 한라산은 신산(神山) 또는 영산(靈山)으로 숭배되었다.

소위 삼성설화에 나오는 고을나, 양을나, 부을나의 3신은 일본에서는 침사적 표기로 일본의 창세기의 별천신(別天神)의 이름으로 나오고 일본에서 천신으로 모시는 점에서 적어도 부족사회에서 받들던 3신이었지 않았나 생각된다.

중국에서는 서기전 1500년에 이르러 황하 하류에 은(殷)왕조가 성립하고 청동기 문명시대에 들어간다. 한국사 연표에 의하면 동국통감(東國通鑑)에 의거 단국 기원을 서기전 2333년으로 삼고 있는데 이때는 토기(土器)문명의 시대이고 원시적 농경 생활의 시대이다. 마제(磨製)석기와 토기를 사용하기 시작하는 시대이기도 하다. 중국에서는 전설의 하(夏)의 시대이고 그 신화와 전설은 농경에 기반을 두고 있다.

중국에서 역사가 시작되는 것은 은 나라시대부터이고 고조선의 역사도 확실한 것은 연(燕) 나라에서 위만(衛滿)이가 고조선에 망명하고(서기전 195년), 고조선을 빼앗아 왕검성에 도읍하고 고조선왕 준(準)이 남족의 한(韓)으로 내려간 사건(서기전 199년) 이후이다.

그렇게 보면 서기전 3세기에 진시황이 불로약을 구하기 위하여 제주도로 서복을 보낸 제주도의 사건이 최초의 역사적 기록이라고 할 수 있다(이상 제6장, 제7장의 일부분에서).

제주도는 일찍부터 주변지역과의 왕래는 물론 해운과 해상교역이 활발했음을 볼 때, 중국의 은-주-진-한 왕조의 변천과 특히 진-한의 동진정책과 더불어 한반도에서의 고조선–위만조선–한반도 4국의 발흥의 변천에도 민감하게 대처하여 왔다고 보아진다.

은의 제사와 청동기, 주의 주거형태와 교역술, 동주(東周)의 춘추시대의 공자의 예법, 전국시대의 제자백가의 여러 사상, 진의 군사의 철제용구, 법지식, 도량형, 화폐의 통일 등의 정보를 남중국으로부터의 전파에 맞추어 이미 얻고 있었고 이를 이용한 자체적인 자생능력을 키워온 것으로 보인다. 제주도의 선인(仙人)은 일찍부터 유명하였다.

서기전 3세기에 서복 일행이 제주도에 내도시에 그들을 대적할 만한 힘은 이미 비축한 것으로 보인다. 서복의 제1차 내도시에는 탐사차로 와서 일부 사람이 해신의 궁궐의 안내를 받고 돌아갔고, 제2차 내도시에는 불로약을 구하기 위한 성의 표시로 선남선녀와 오곡종자 그리고 백공을 바친다. 이때는 많은 군사를 데리고 왔기에 제주도민의 강력한 저항에 부딪힌 것으로 보이며, 방비가 허술한 곳을 이용하여 상륙하였다. 현존 지명의 풀이를 통하여 서귀포 정방폭포 근처나 대평리 수상절리 근처로 추정된다.

서복 일행은 상륙은 했어도 본국의 추적을 두려워 노약자와 병약자를 남겨놓고 곧 일본의 태평양 연안에 따라 일본의 중심의 최남단의 kumano(熊野)쪽에 가서 정착한 것으로 보인다. 이 때 제주도의 장정들도 많이 동행하여 일본에 가서 정착지를 개척한 것으로 보인다.

이들 이주민은 나중에는 서로 뭉치지 못하고 불화하여 기대했던 활동이 미흡하여 이를 수습하기 위해 일본명(침사식)으로 경경저존(瓊瓊杵尊, niniginomikoto)을 보내서 일본 진출의 경로와 촌읍(村邑)을 닦았지만, 이들 역시 기대에 못 미쳐 그 손자가 되는 일본명으로 신무(神武, zinmu)왕이 일본의 동정(東征)에 나선다. 일행을 데리고 일본의 각처(日向–竺紫–安岐–吉備)에서 몇 년씩 머물면서 동조세력을 규합하고 오사카쪽에서 중앙부 진출을 시도하나 실패하고 역시 서복이 취한 코스대로 kumano쪽으로 돌아 해안의 주상절리 지대에서 상륙에 성공하고 산등성이를 타서 그리고 도처에서 제주도계의 선주민의 협조를 얻어 중앙부 공략에 성공하여 일본의 역사상 초대왕으로 등극한다.

이러한 사실로 미루어 당시의 제주도는 이국(異國)의 침공에 대처하는 방어태세를 갖추고 있었고 일본 진출의 진취성과 전투력마저 갖추고 있었음을 알 수 있다.

서기전 3-1세기는 일본에서는 Yaoi(彌生)식 문화기의 전기(서기전 300-100년)에 해당한다. 그 이전의 Zyoomon식 문화기는 zyoomon식 토기와 마제석기 그리고 수혈(竪穴) 주거의 시대이다. 집락(集落)의 확대, 생활규모의 확대와 후기 그리고 그 만기(晩期)(-서기전 300년)를 거친 시기로서 도작(稲作)과 기직(機織)이 행해지기 시작하는 시기이다. 이 이후에 yayoi식 토기와 도작 농경이 시작되고 청동기·철기의 금속기의 사용이 시작된다.

서복의 제주도 내도와 일본 도항이 이러한 전환기에 어떤 영향을 주었는지 알 수 없으나 서복이가 여러 직종의 백공을 데려왔다면 어떤 형식으로든 영향을 끼친 것은 사실일 것이다.

고대 한국은 당시의 일본보다 적어도 1세기를 앞섰다고 보기 때문에 당시의 제주도 사람들은 지질이 도작(稲作)에 부적합하였다 하더라도 육도(陸稲)와 직작(稷作) 등의 농경문화나 기직(機織)도 시작하고 있었다고 보며 청동기·철기의 무기도 사용하고 있었다고 볼 수 있다.

신무왕의 아버지 이름 '彦波瀲武鸕鷀草葺不合尊'의 풀이를 미루어 볼 때는 신무왕의 아버지대는 해변가에서 초가집에 사는 시대였다고 본다. 물론 움막집도 새로 덮기는 하나 산간이 아닌 해변가에서 또 산옥(産屋)을 만들었다는 기사 등을 볼 때 가옥쪽에 가깝다고 생각된다. 서복이 내도한 서기전 3세기에 이미 해신의 거처로 궁궐이 있었다고 했으니, 서기 1세기에는 민간에도 초가가 많이 보급된 것으로 보인다(이상 제2장에서).

서기 1세기의 한반도 정세의 대변동기에 아마도 제주도의 각 부족이 살아남기의 합종연횡이었었음을 가히 짐작할 수 있다. 삼국유사의 기록을 볼 때는 제주도에 28용왕이 존재하고 있었음을 말해 주는데 이는 여러 부족이 혼재하고 있었음을 사사한다.

어떤 부족은 한반도 남쪽의 신흥국가인 가라 또는 신라와의 연계를 꾀하고 어떤 부족은 일본에 있는 친 제주도계의 선주족과 연계를 꾀하고 직접 진출하는 활동으로 타개하여 나간 것으로 볼 수 있는데 후자의 일은 앞에서 언급한 바 있다.

이 중에 신라로 진출한 것은, 삼국유사의 가락국기를 보아서는 당시의 용성국에 위기가 감도는 가운데 왕자 석탈해가 가라를 거치고 신라로 진출한 것을 들 수 있다. 용의 경면(혹은 가면)을 쓴 휘하의 보호아래 가라에 당도하나 가라에서는 포용하지 않으므로 신라로 진출하여 신생 신라의 국가 기반 확립에 크게 기여하여 왕위에까지 오른다. 당시는 그만큼 제주도든 신라든 정치, 사회면에서 개방적이었다고 할 수 있다. 중국에서 볼 수 있는 현자에의 제위 선양제와 같은 것이 있었다고 할 수 있다. 그리고 석탈해의 신라에서의 거동으로 보아서는 제주도에는 선진 중국의 정치적, 법률적, 군사적 지식이 보급되고 그 수준도 높았다고 볼 수 있다. 그리고 당시의 국명 용성국의 호칭을 보아서는 위지동이전 마한조의 월지국(月支國)과 같은 부류의 고성국(高城國)으로 자리잡고 있었음을 알 수 있다. 그리고 제주도는 용의 경면(혹은 가면)을 한 수중 무사들이 지키는 난공불락의 곳이었으며 한라산을 숭배하고 보호받는 신국(神國)이었음을 알 수 있다.

그리고 용성국의 이명(琓夏國, 花廈國, 正明國)의 중의적(重義的) 표기로 보아서는 한문 지식 문화가 발달하고 있었고 그 국명 그대로 재물이 부(富)한 섬의 나라였다는 것을 알 수 있다(이상 제3장에서).

한편으로 가라쪽에서는, 김수로왕과 허황옥공주와의 혼인으로 가라와 아라 지역과는 일종의 혼인동맹 관계에 있게 된다. 서기 1세기의 정치적 대변동기에 가락국은 해상교역국이며 해상·해운의 왕국이면서 문화국인 제주도와의 연계와 지원의 필요에서 가라쪽에서 허락을 받는 형식으로 혼인은 이루어졌다. 가락국의 기록에서 공주가 가락국에 실어간 금은보화의 내용이나 양으로 볼 때 당시의 공주국의 국격이나 경제력을 알아볼 수 있다.

가라인에게는 당시의 제주도는 먼 이역인 서역으로 여겼을 것이고 불교가 전래된 당시의 제주도가 크고 풍성한 국가로 인식하여 소문에 듣던 인도의 명망국 아유타국명과도 마침 유사하여 그와 같은 이름을 부여한 것으로 보인다. 허공주가 가락국에 건너올 대 풍파를 만나서 되돌아가 석탑을 싣고 건너갔다는 것은 허공주의 모국이 원거리의 인도나 중국쪽이 아니며 인도의 아유타국과는 무관하다는 것을 말해준다. 그리고 허공주와 김수로왕의 대화의 소통에 아무 지장이 없었다는 것은 언어 공통권의 지역이었으며 그들의 혼인과정의 모습으로 볼 때 인도나 중국계가 아닌 고구려에 반영된 원시적인 한국적 습속에 닮은 것으로 보아 한반도와도 동일 문화권역임을 알 수 있다.

한쪽으로는 남인도로부터의 해로를 통한 불교의 전래과정을 생각할 때 한국어와도 친연성이 있는 드라비다어와 그 방언인 타밀어의 전파도 뒤따른 것으로 보인다. 그것은 일본에까지 파급된 점에서 미루어 볼 수 있다. 또한 전래적으로는 제주도는 원시 한국어에 내포되는 아이누어도 지명의 유래나 인명의 성씨나 호명 등에 반영되어 있는 점에서 일찍부터 사용되어온 것으로 본다(이상 제4장에서).

서기 3세기의 중국 문헌인 위지동이전 마한조(州胡)와 왜인조(倭人)의 기술을 종합적으로 고찰할 때 제주도의 사정을 다음과 같이 말할 수 있다. 당시의 왜인육국(六國)의 국명이 모두 제주도의 언어로 풀이되고 연관되는 점에서 제주도와 왜국과는 서로가 왕래가 빈번하였음을 알 수 있

다. 제주도 사람(州胡人)은,

1. 키가 작았고,
2. 언어는 한(韓)과 같지 않았고,
3. 머리를 깎았고,
4. 가죽으로 된 옷을 입었다. 웃옷은 있고 아래옷은 없었다.
5. 화전(火田)이나 밭에 농사를 하고 소와 돼지를 길렀고 길쌈도 하였다.
6. 경면, 문신으로 잠수하고 어로하였다.
7. 말타기를 좋아했다.
8. 배를 타기에 능숙하여 중한에 왕래하였다.

기록의 소급성을 고려하면 이상의 일들은 당시보다 훨씬 이전의 일로 서기 2, 3세기에는 많이 변모된 것으로 보인다.

앞에서 1., 3., 4.는 주로 어로인을 대상으로 말한 것 같고 이 점은 왜인도 마찬가지다. 2.는 제주방언의 특이성을 지적한 것 같다. 6.의 경면, 문신의 일은 제주도에서 행해졌는지는 확실하지 않으나 위지동이전 한조의 기술에서 왜에 가까운 지역에서는 문신하는 자가 있었다는 것, 삼국유사의 탈해왕 기사에 석탈해를 바다에서 호위한 적룡(赤龍)이라든지, 진의 서복이 제주도에 접근할 때에 방해한 교룡(蛟龍)은 아마도 경면, 문신한 제주도의 수중 무사로 생각하면 그러한 습속이 기록 이전에 있었던 것으로 볼 수 있다.

왜인도 각지에서의 경전(耕田), 잠수(潛水), 경면, 문신, 단발, 관통의, 양잠, 직적(織績), 병사의 무기, 가옥생활의 기록이 있으니 이로 미루어 제주도의 당시의 상황도 이와 비슷했다고 말할 수 있다.

왜는 당시 대방군과의 왕래가 있었는데 서기 238년, 244년의 진상품의 내역(生口, 綿布, 帛布, 木弓)과 이에 대한 대방군의 답례품(刀鏡, 采物,

銀印, 銅鏡, 진주)을 보게 되면 제주도에서도 그와 같은 수준의 왕래나 답례품의 수수가 있었다고 볼 수 있다. 이미 서기 1세기에 허황옥 공주가 가락구에 출가할 때 이에 못지않은 예물을 지참한 바 있다.

왜의 대방군에의 교통은 제주도－가락국－왜의 삼각항로에서의 제주도 중계지(온평, 성산)를 이용한 것은 확실한 일이니 서로의 진상, 답례, 교역의 내막은 환하게 제주도·왜가 서로 숙지하고 있었다고 볼 수 있다.

제주도는 서기전 3세기 이전부터 중국과의 교통, 교역이 있었다고 볼 수 있고, 서기 1세기에 있었던 제주인의 일본 진출의 일들을 생각하면 왜는 제주도의 주도권 아래에서 외교나 교역의 진로를 모색한 것으로 보는 것이 순리이다. 그리고 일본이 독자적인 항로를 확보하게 된 것은 후세의 신공(神功)왕후의 제주도 방문 이후의 일이다.

그리고 위지동이전(왜인)에 적혀있는 6국 중에서 북규우슈 일대의 나라의 인구의 호수를 보면,

matura(末盧)국	4천여호	
ito(伊都)국	천여호	
na(奴)국	2만여호	
pumi(不彌)국	천여호	합계 2만 6천여호

이들 나라의 분포 영역은 제주도와 가락쪽의 삼각항로에 집중되는 곳으로 해안가로 볼 때는 제주도의 규모와는 비슷하겠지만 왜의 내륙지방의 호수까지 포함되는 것이면 제주도는 이 보다는 적었던 것으로 보여진다. 제주도도 서기 1세기 때만 하더라도 28용왕이 분국(分國)을 이루고 있었다고 보면 제주도의 인구도 적지는 않았던 것으로 추정된다.

후한서 왜인조의 말미 부분의 전언(傳言) 기사에 「진나라의 서복이가 신선을 구하기 위해 제주에 와서 구하지 못하고 본국에 돌아가지 못했는데 그 자손이 대대로 이어져 수만호가 되었다」는 것이다. 서복의 동행

(東行)은 서기전 3세기의 일이고 후한서의 성립은 5세기다. 그 중간의 기원후 3세기의 일로 「장군 위온(衛溫)이가 군사 1만 명을 데리고 제주에 왔으나 제주도를 얻지 못하고 사람만 수천 명이 돌아왔다.」(서기 231년)는 기록이 있다. 군사 1만 명을 물리칠 정도면 제주도는 무력도 강했겠지만 인구도 수만호에 달한 것을 알 수 있다. 서복이가 데려온 동남동녀의 후예들 수천 명을 돌려보내도 제주도로서는 아무 일도 없었던 것으로 보인다(이상 제5장에서).

서기 4－5세기는 한반도를 비롯하여 일본에서도 여러 가지 중요한 사건이 있었던 시기이다. 한반도 북부로부터 밀려오는 세력에 의해 제주도와 일본까지 침입을 당하는 일이 있게 된다. 그 일로 제주도에서는 용성국 정치 체제에서 3부족 연합체계로 바뀌고 일본에서는 기마민족이 정복하는 왕조가 성립한다. 그 다음에는 일본의 신공왕후가 제주도를 방문하여 제주도의 후원을 얻고 그 아들 응신왕이 또다시 일본의 중앙정권을 수립하는 등의 굵직한 국제적인 사건이 있게 된다.

제주도에의 외래의 침입은 가라쪽 아니면 전남 남부쪽에서 온 것으로 의견이 갈릴 수 있으나 필자는 전남 남부에서 온 것으로 보고 있다. 그것은 당시의 전남 남부는 한반도 북부에서 피신해 온 고급문화세력(왕인(王仁), 고흥(高興) 등도 그 곳 출신인 듯)이 점유하고 있었던 것으로 보며 백제의 남진의 강압이 심해져 부득이 제주도와 일본쪽으로 침입할 수밖에 없는 정황이었다.

3세기 중반 이후의 이러한 가라 혹은 전남 남부(제주도 경유)로부터 일본에의 대량 이동은 일본에서의 제1차의 기마민족 침입(주인공은 승신왕)으로, 4세기 말에 신공왕후의 아들의 응신왕의 중앙진출은 제2차적인 기마민족의 침입으로 보고 있다. 이러한 일로 일본에 고분문화의 변화를 가져오게 하고 특히 후자에서는 제주도의 협조로 백제와의 교통로가 트이게 되고 외교활동이나 학자의 영입이 활발하게 되는 계기가 된다.

4세기의 신공왕후의 제주도 방문 시에는 신라, 고려, 백제의 이름의 3부족제가 확립되어 있었다고 본다. 아마도 제주도 기존세력(용성국)과 외부세력의 타협으로 이루어진 것으로 추정된다. 신라의 호칭은 제주도의 사라 지대의 서나(西那)에서, 고려와 백제는 낙랑지역에서 넘어온 세력과 백제의 웅진 지역에서 내려온 세력으로 보여진다.

그리고 신공왕후가 일본으로 돌아갈 때 제주도에서 많은 지원물자를 얻고 간 것을 미루어 4-5세기의 제주도는 여전히 보물의 섬이었음을 알 수 있다. 제주도가 신비의 나라(秘區)였지만 외부세력과의 타협으로 개방화되는 새로운 제주도 역사의 전기가 마련된다.

대외적 활동 면에서 일본과 중국과의 교통의 중개적 역할을 수행하고 교역 면에서는 특히 말의 사육과 공급 면에서 일본에 큰 도움을 준 것으로 보인다. 종교적 정신적 면에서도 제주도가 일본에게 한라산의 영산으로 해서 큰 지주(支柱)가 된 것을 확인할 수 있다.

또 신공왕후 때 제주도에서 얻은 도적(圖籍)에는 제주도와 한반도 국가의 사초(史草)가 포함되었다고 보면 일본의 정사(正史)인 일본서기에서 신공왕후 때부터 흠명왕 때에 이르기까지의 역사기록 중에 백제3서의 주기(注記)가 간간이 보이는데 이 두 임금 모두가 친 제주도계임을 감안할 때 그 제주도의 기록물을 참조하였을 가능성을 비쳐준다고 할 수 있으며, 어떻게 보면 그것이 삼국(그리고 가라)의 역사 기록이나 일본의 역사 기록에 참조된 점이 많았을 것으로 생각된다(이상 제 6장에서 (그리고 제8장의 일부)).

서기 6세기에는 가라가 서기 532년에 신라에 병합되자 왕자 상손인 솔지공(졸지공)이 제주 출신의 님과 함께 제주도로 망명하여 누각에 함께 기거하면서 님의 원대로 제주도내의 반대 세력을 포섭하지만, 규모로는 국가의 정도에 미치지 못하고 소국의 범위를 벗어날 수 없기에 왕손의 원대로 일본 진출의 일이 있게 된다. 당시의 일본은 친제주도계의 신공왕후 후예의 일본 지배세력의 내분으로 혼란에 빠진 시기이기도 하다.

제주도의 경제적 지원력(기록에는 없지만 말, 마구, 배 기타 군수품)과 왕손의 군사적 기획, 작전력이 함께하여 일본쪽으로 나아가 군선으로 먼저 섬들을 포섭하고 그들의 지원으로 군비도 증강하여 마침내 중앙부 진출에 성공하여 야마토 중앙정권을 수립하여 흠명왕으로 즉위한다(서기 540년).

연수로는 약 10년간의 사건이지만 그 사건 이전에도 제주도와 가라는 꾸준히 가라 시조비의 친정인 제주도와 친선 관계와 통상관계를 맺어온 것은 사실이니 그 때까지만 하더라도 제주도는 다른 군소지역에 비해 경제력이나 군사력에서 비교 우위에 있었던 만큼 그런 일들을 수행할 힘은 있었다고 본다.

한편 당시의 제주도내에는 여러 소지역의 독자적인 세력이 있었음을 알 수 있고 망명 세손은 님과 함께 이들을 순복시켰고 그 통합된 힘을 가지고 일본 진출의 기회를 잡은 것으로 보인다.

가라의 왕손으로 추정되는 흠명왕이 명실공히 중앙정권을 수립후 자기네의 신통성(神統性)과 정통성을 내세우기 위해 그 딸인 추고왕 때에 역사 편찬의 자료를 수합하면서 신명, 지명, 왕명 등을 침사적 표기 방식을 이용하여 천신이나 강림의 주인공이나 장소의 이름을 일본어화하여 나타낸 것이 고사기와 일본서기 서두의 신대(神代)의 기록이 된다. 따라서 신대기 이하의 기록도 제주도의 사초(史草)를 많이 참작하였을 것이니 관점에 따라서는 앞 두 사서의 내용에는 제주도의 사정을 은연중 반영하고 있다고 볼 수 있다.

어떻든 일본 침입의 주인공인 흠명왕의 딸인 추고왕 때에 이르러서는 일본의 정치, 경제, 문화의 현저한 발달을 보게 되는 데, 이를 일본에서는 북방계열의 기마민족의 침입으로 이루어진 역사상의 일대변혁으로 보기도 하는데 그만큼 가라와 제주도의 영향이 컸음을 나타낸다(이상 제7장에서).

6세기 중반에 가라왕손인 솔지공(졸지공)이 일본의 흠명왕이 된 후 일본에서 한 일은 떠나온 금관국에 대한 미련을 떨치지 못하고 그쪽을 공략하려 든 것이었다. 한편으로 불교를 일본에 도입하고 제주도(넓게는 전남 남부지방) 출신으로 보이는 고승과 학자를 초빙해서 일본에서의 불교문화와 학문을 진흥시킨 것인데 이는 역으로 보면 제주도에서의 불교와 학문의 문화가 수준급이었음을 시사한다.

당시에 제주도에는 불교가 신봉되고 있었고 중국의 문물을 일찍부터 받아들여 학문은 물론 공예의 기술도 상당 수준에 있었다고 보아진다. 곧 불교 경전의 해독의 한문 수준이나 불상 제조 기술이 발달되어 있었기에 추고왕 때의 사찰의 건립, 불상의 제조 기타 공예의 발달이 가능하였을 것이고 이와 관련된 명문(銘文)을 남길 수 있었을 것이다. 명문에 남아있는 변체한문이나 인명 등 표기에 사용된 한자의 변용(變用) 등은 이미 서기1세기의 제주도의 국명의 표기에서 훈용(訓用), 변용(變用) 곧 침사적 표기가 행해진 데서 연유하는 것이다.

흠명왕의 딸이자 며느리인 추고왕 때(6세기 말에서 7세기 초까지)는 역시 제주도계의 조카 성덕태자를 황태자로 삼아 섭정하게 하여 관위제(官位制)의 실시, 17헌법의 제정 등 선진적인 제도 개혁을 이룬 것이라든지 태자의 놀라운 한문 실력은 당시의 일본의 사정으로 보아서는 갑작스러운 일인데 이 모두가 가라 혹은 제주도에서의 선진문화를 익혔기 때문일 것이다. 태자의 이름 자체의 '덕(德)'의 음은 제주도의 고명과도 연계되는 것으로 보아진다.

추고왕대에 남긴 금석문 자료에 쓰인 한자음은 '古韓音 / 古音 – 倭音(吳音)'으로 불리는 것인데 중국한자음의 상고음 체계가 반영되는 것으로 보고 있다. 시기적으로 중고음 체계로 넘어간 시기지만 한반도 변두리의 가라나 제주도 그리고 중국의 동남연안에는 상고음이 남아 있었다고 볼 수 있어서 그것과 관련된다 할 수 있다. 그리고 불교 경전의 한역

(漢譯)에서 사용된 가차(假借)식 방법도 일본에 전해져서 일본의 고유의 인명, 지명 등의 표기에도 영향을 미쳤다고 생각할 수 있다. 법륭사금당약사광배명에 쓰인 변체한문의 일본어 어순식 표현도 금관국과 제주도에서의 사용의 연장임을 짐작할 수 있다.

이 시기의 아스카(飛鳥)시대는 앞 시대와 유별하게 구별되는데 그것은 불교문화에 기반을 두면서 중국과의 문화교류와 귀족문화의 번성을 가져온 점이다. 모두 제주도를 중계해서 이루어진 것으로 귀족문화의 경우는 신흥국가의 정권 수립에 기여한 가라계, 제주도계 그리고 일본내 협조 세력들이 누릴 수 있는 혜택에서 나왔을 것이다.

흠명왕의 뒤를 잇는 왕위가 자녀들이 번갈아 차지한 점도 정권 수립에 기여한 자녀들의 특권으로 볼 수 있는데 그 측근들도 영예를 누린 것은 물론일 것이다. 흠명왕을 비롯해서 그 자녀 및 손자의 왕명에서 제주도적인 지명이 사용된 것을 보면 제주도에 대한 긍지를 지녔던 것을 엿볼 수 있다.

흠명왕 (天國排開, amekuniosiparaki)
민달왕 (渟中倉, nunakura)
용명왕 (橘豊日, tatibananotoyopi)
추고왕 (豊御食炊屋姬, toyomikekasikiyapime)
서명왕 (息長足日廣額, okinagatarasipipironuka)
황극왕 (天豊財重日足姬, ametoyotakaraikasipitarasipime)

모두가 하늘과 바다의 나라에서 귤과 재물이 풍성한 나라임을 암시하고 있다. 이때까지만 하더라도 신라가 제주도를 압박할 수 있는 정도가 아닌 것이다.

솔지공(흠명왕)이 제주도에서 일본에 진출할 때나 한 후에도 사관(史官)을 데리고 또 역사 기록도 가져갔을 터인데 소위 백제3서 역시 그러한 기록에서 연유되는 면도 없지 않을 것이다. 또한 흠명왕 때에 kudara에서 역(曆)박사가 내조(來朝)한 것이 처음이고 7세기초 추고왕 때에 와서 비로소 조정에서 역(曆)을 천하에 보였다는 것이 일본에서의 역(曆)의 기원이라 하는데(井上 1965 : 252-3), 이는 바꿔 말해서 kudara가 한때 제주도를 가리킨 때가 있었다고 보면 제주도에서는 당시에 이미 역(曆)학자가 있었고 역(曆)이 사용되고 있었다는 것을 말해 준다. 만일 제주도에서 오지 않았다 하더라도 그 정보는 제주도에 전해졌을 터이니 사용되어지는 것은 마찬가지다.

이상의 논의에서의 제주도의 부분은 일본측 옛 자료에 의거 추론하는 것이지만 지금까지 이용된 자료를 상대적으로 또 시간의 흐름에 맞춰 본다면 충분히 이해될 수 있는 일로 생각된다(이상 제8장에서).

탐라에 관한 전승 기록의 내용을 7세기에 맞추어 요약해 부연해 보면 원래 탐라는 량, 고, 부의 3성이 분거하여 오다가 후세에는 서로가 성주, 왕자, 도내의 역할을 번갈아 분담하였다.

서기 1세기에 한반도 동부쪽에 석탈해가 신라에 진출하고 남부쪽에는 허황옥 공주가 가라 시조비로 출가하여 신라 그리고 가라와는 오래전부터 고통하여 왔었지만 보다 근접한 가라쪽에 외교와 통상이 치중하게 된다. 한편 한반도 서부쪽으로는 국가 체제를 갖추지 못한 전남 남부 해안지방과도 통상의 왕래가 있었고 그럼으로써 내륙쪽에 있는 백제하고도 외교 관계를 맺어 온 것으로 보인다. 백제의 동성왕 20년(서기 498년)에 탐라가 조공하지 않는다고 정벌하겠다고 한 것을 보면 제주도의 영향권에 있던 전남 남부쪽에서의 활발한 활동에 끌린 것으로 보인다.

그러다가 신라 법흥왕 19년(서기 532년)에 가라를 병합하니 가라와 친교를 계속해온 제주도로서는 신라에 접근하여 상권이 기득권을 보전하려 한 것은 명약관화한 일이다.

15대손인 고후 등 3인이 탐진을 거쳐 신라에 입조하여 각각 성주와 왕자 그리고 도내의 칭호를 받는 등의 환대를 받는다. 한반도에서 고구려, 백제와 각축을 벌이는 신라로서는 제주도에 대한 친화정책을 펴지 않을 수밖에 없었을 것이다. 탐라의 호칭을 처음으로 부여한 듯한 기술이 보이기는 하나 그것은 이미 이전의 백제의 기록에 사용된 것을 보면 그것을 답습한 것으로 해석된다.

이 이후에 제주도에서는 고씨가 성주로, 양씨가 왕자, 부씨가 도내(徒內)로 된다. 그러한 전환기에 제주도내에서도 부족 간의 협의와 조정도 있었을 것이고 갈등을 빚기도 하였을 것이다.

탐라의 위치상 신라는 멀고 그래서 왕래와 교역이 덜 했을 것이고 이에 대해 백제는 보다 근접해 있어서 가라의 멸망 후에도 신라쪽보다 백제쪽에 가까웠는데 백제가 신라에 공멸당하자 바로 신라의 문무왕 원년(혹은 2년)(서기 661년)에 탐라국주 동음률(冬音律)이 신라에 항복하여 신라의 속국이 되었다.

신라는 탐라의 항복을 받은 후 탐라에 관한 충분한 사전 준비를 마친 후 문무왕 19년(서기 679년)에 무력으로 탐라를 경략하기에 이른다.

탐라는 이후 자주국가로서의 지위를 상실하고 서서히 경제적으로나 문화적으로 낙후지역으로 변해간다. 과거에 탐라의 영향권에 있던 전남의 남부지방이 신라의 영지(領地)화 됨으로써 그쪽으로 상권이나 교역권이 중요한 몫이 넘어가게 되었을 것이고(그곳도 다른 곳에 밀리게 되어) 서로의 우열의 상대적 지위가 바뀌기 시작한 것으로 보인다.

그리고 제주도 자체도 신라의 통제하여 모든 면이 위축되고 쇠퇴하여 질 수밖에 없었을 것이다.

그러나 탐라가 신라의 속국이 된 후에도 일본에의 사신의 왕래를 보면(이 책 제1장 참조) 집권층의 대외활동은 용인된 것으로 모아진다. 가라가 신라에 병합된 때처럼 탐라의 집권자에는 조세권같은 것이 부여되었을 것으로 보인다(이상 제9장에서).

이상과 같이 제주도의 역사의 굴곡을 돌아볼 때 바로 이러한 굴곡이 일본에 직접 간접으로 큰 영향을 미친 것을 알 수 있다.

1) 서복의 동행과 함께 한 제주도 사람의 일본 진출
2) 그 뒤에 천조의 명에 따른 닛김(nilligi)의 규우슈우 지방의 개척
3) 이어서 천손의 닥올나(takeru 곧 신무왕)의 일본 중앙부의 진출
4) 백제에 쫓긴 전남(혹은 가라) 세력과의 연합에 의한 숭신왕의 일본 진출과 통치 영역의 확대
5) 제주도의 지원하에 신공왕후와 그의 아들 응신왕의 일본 중앙부의 진출
6) 그리고 가라 망명 세자와 제주도와의 연합에 의한 Yamato 중앙정권의 수립
7) 끝으로 제주도에 대한 신라의 경략에 의한 일본에의 망명 또는 이주

등의 7번의 큰 물결이 요동친 것을 알 수 있다. 이외에도 한반도 동남부로 부터의 규우슈우 북부 그리고 일본 혼슈우(本州) 북안(특히 izumo(出雲))에의 파급 등을 생각하면 얼마나 일본에 한반도로부터 언어, 문화의 파급이 계속 파상적으로 이루어졌음을 알 수 있다. 내부적으로 방언적 특성을 내포한 한반도계의 언어가 일본에 파급되고 연대의 흐름에 따라 현지의 방언형을 이루고 또 이들이 융합하면서 나름대로의 특성을 지니다가 그것이 일본에서의 중앙정권 수립후 공통화가 진행되어 일본어로써 성립하여 간 것은 분명한 일이다.

그러나 현대에도 공통어와 거리가 먼 지방언어 곧 방언들이 일본의 방방곡곡에 산재하고 있으며 옛적의 흔적도 남기고 있다고 볼 것이다.

어휘목록

본문의 문헌 중에서 추출되는 언어적 요소 곧 관련 어휘의 고찰에서 얻어지는 재구어 목록을 알파벳순으로 배열하였다(재구어 표시*는 알타이어 외에는 생략). 모든 항목마다 본문에 나오는 페이지를 표시하였고 본문에서 해당 항목에는 우견(右肩)에 *를 붙였다. 어휘해석에 참조되는 비교사례와 설명을 가하기도 하였다. 침사적 표기인 경우 그 분석의 예의 페이지를 표시하였다.

비교 어례의 부분에서 알타이제어의 재구어(원시의 명칭은 생략)는 Starostin et al.(2003)을, 일본어는 Omodaka 외(沢瀉 外 1967)를, 만주어는 Yamamoto(山本 1969)와 Haneda(羽田編 1972)를, 에벤키어는 Cumagari(津曲 1993)를, 몽골어는 Ozawa(小沢編 1983)를, 튀르크어는 Hony (1957)를 이용하였다.

해당 어휘와 관련되는 다른 어휘(항목)는 함께 참조할 수 있도록 cf.로 나타냈다.

ɐr'ətna(p. 356) 양을나(良乙那)의 원칭. 제주도의 3신명의 하나(부족장).
　　침사적 표기 ((天(之))御中主神)(p. 356) cf. ɐrna

ɐrna(/ɐtna)(p. 353) 을나(乙那) (高乙那, 良乙那, 夫乙那) 부족장
　　한국어 ərɯn(〈ər'un) 어른 uttɯm 우뜸
　　아이누어 ottena 추장(酋長)
　　일본어 otona(〈ətəna) 대인(大人), 족장, otto 남편
　　만주어 erecun 덕망있는 사람
　　에벤키어 ətxəŋ 노인, 남편

몽골어 эрхэн 지위가 높은, 최상위의

эрхтэн 지배자, 권력자, 주권자

튀르크어 eren 현자(賢者)

알타이어 재구어 *ā́ri(-* ḗra) 사람

몽고어 *ere 남자

튀르크어 *ër 남자, 남편

알타이어 재구어 *i̯ŏ̀t'ā(mu) (-*i̯ắt'ò-) 머리

퉁구스어 *utumak 머리 뒤

일본어 *atama 머리

한국어 *utu (우두머리)

만주어 uju 두부(頭部), 목

에벤키어 utatsi 선조

ama(tu)kəm(〉amatukami)(p. 116) 천신(天神) 일본어 (ama (天 / 女 / 海)-tu(관형격)-kami(神)

am이 여성의 뜻으로는,

알타이어 재구어 ĕ̀me 부인, 여성

퉁구스어 *emV 장모 / 시어머니

몽골어 *eme 여성, 부인

튀르크어 *eme 여성, 노부인

일본어 *mia 부인, 여성

한국어 *amh 부인, 여성

여기서 일본어의 *mia는 불명, 아마도 ma / me(女, 雌)를 염두에 둔 듯. 이는 아이누어의 ma(女, 雌)와 관련된다. 여승의 ama 이외에 일본어의 ama에는 '海人, 尼, 天'의 뜻이 있는데 복합어로는 '天'의 뜻의 것이 많다('尼'의 ama는 범어의 amba(女)에서 유래한다고 한다).

한편 몽고어의 aмaa는 친족의 연장자를 존경하여 부르는 호칭이고, 만주어의 ama는 아버지를 가리키는 점에서 이 항목의 ama는 '天' 곧 씨족의 으뜸의 족장을 가리킨 듯하다. 모계 사회에서는 여성의 신 혹은 바다의 신을 가리킬 수 있었지만, 부계 사회에 들어서서는 남성의 지도자, 천손계(天孫系)에서는 '천(天)'의 쪽으로 사용된 것으로 보아지며 여기서는 천손계의 씨족 조상신을 가리킨 것으로 생각된다.

kɐm에 대해서는,

한국어 kəm((王)(儉)), kan(干), kɯm((尼師)今)

아이누어 kamui '神'

일본어 $kami_2$ '神'

만주어 (문어 wang)

에벤키어 xaaŋ, wan, atama

몽고어 xan(汗) '王'

만주어의 경우 한자어 '王'의 차용어 일 수 있으나 이상의 어례를 통하여 kan 〉 xan 〉 wan의 변화도 예상할 수 있다.

aptɨ̯ak(a) 〉 apsak(a)(p. 173) 앞섬

ap는 앞(前)의 뜻이지만 일본어에서 다음의 변화로 '大'의 뜻이 된다.

apusaka 〉 afusaka 〉 ofosaka 〉 oosaka(大阪)(김공칠 2006 : 392)

p 〉 f 〉 ø와 au 〉 ɔu 〉 o : 의 현상에서 온다.

sak(a)는 백제방언의 asaka '島', '昔(脫解)'의 sɨ̯ək 참조. 이 어형은 tjəka(州胡)에 소급된다.

ar(a)(p. 215)

1. 샘(泉)

고구려지명 ər(於乙)

신라지명 ɯr(乙)

제주도지명 알(샘)

에벤키어 bular 샘

일본어 ido (井), idu－mi(泉)

알타이어 재구어 *bi̯ujri 우물, 샘

통구스어 *bira 강, 샘

몽골어 *bürü－dü 늪, 우물

일본어 *bi 우물

한국어 *ù－ 우물

2. 좋다(良), 왕. ar(ɐrna) 良(乙那) 족장

아이누어 aara '好'

아이누어 ara '1, 美'

아이누어 aragur '美, 王' (gur '人')

백제어 'ɐraha' (於羅瑕) 왕

고대일본어 arapito '王' (pito 人)

araka '王殿' (ka 장소)

중세한국어 아름답다 '美' (답다 접미사)

3. 아래(下) (低, 內, 後의 뜻도 내포)

알타이어 재구어 ale 아래

튀르크어 *ăl 낮은쪽, 아래

일본어 *ərə́－내린다

한국어 *àrái 아래

알타이어 재구어 *ǎra 後

퉁구스어 *arka 뒤

몽골어 *aru 뒤

튀르크어 *arka 뒤

일본어 *àtuà (〉ato) '後 跡'

arakaha(p. 307) 강 이름(荒河) cf. arnɛ

ara cf. ar(a) 2., 3.

kaha(河) 〈 kafa 〈 kapa

알타이어 재구어 *k'ébà 강, 만(灣)

퉁구스어 *xebe 만, 호수

일본어 *kápà 강

한국어 *kai 강어귀

aramitam(a)(p. 319) ara－mi－tam(a) '荒御魂'

ara cf. ar(a)

mi 1) 3 고구려 지명(密)

일본어 3

2) 존대접두사(일본어)

tam(a) 일본어의 tama에는 구슬(玉)과 영혼·신령의 뜻이 있다(아이누어 tama 구슬). 양자는 어원을 같이 하여 전자는 구체적인 것, 후자는 추상적인 것을 상징하는 것으로 초자연적이고 은총의 뜻이 간직된 것으로 본다. 일본어의 tamahu(hu는 동사형성접사)가 '내리시다, 베풀다'의 뜻이 있는 것을 보아 예전에는 한반도에도 그런 말이 있었는지 모른다. 다음의 알타이어 재구어 두 가지가 참조된다.

1) *t'ằma 주다, 부여하다

퉁구스어 *tama－기원하다

일본어 *tàmap̊－주다

2) *t'ámu 집어놓다, 모우다

퉁구스어 *tama－모우다

몽골어 *tama－모우다

일본어 *tum－쌓다

한국어 *tām－담다

3) *tèmò 뿌리, 정신력, 혼

몽골어 *daŋ－gi(〈*dam－gi) 뿌리, 근원

튀르크어 *dạmor 중추, 뿌리

일본어 *tàmà 혼

한국어에서는 담력의 준말로 담(膽)이 쓰이므로 한자어 유래의 말 여부의 분간이 필요하다.

한편 tama가 구슬의 침사적 표기로 보아 한국어의 굿(巫)으로 풀이할 여지도 없지 않다. 한국어의 구슬에 '珠'의 뜻도 있다.

이러한 어례들을 참조할 때 ara의 세 신령 / 굿(巫)으로 풀이할 수 있다.

ar'arna(p. 316) 침사적 표기 底筒男(soko tuno wo) 김공칠(1999 : 220)

soko(=ar)－tuno(=ar)－wo(=na)

ar 제주방언 '下'

arna cf. ɐrna(교체관계)

이러한 호칭으로 '良乙那'는 제주도의 ara 지대(알샘, 알내), 아래 지대, 내부지대의 족장으로 미루어 볼 수 있다. cf. ɐr'atna

arata, arana(p. 215) 1. ara 지역 / 족장의 나라 阿踰陁國

ara cf. ar(a)

ta 한국어 sta〉t'aŋ '地'

아이누어 toi '地'

에벤키어 sirattang '土'

몽골어 дэв 작은 언덕, 대지(台地)

дэвсэг 평탄한 대지

дэвсгэр 地

na cf. na 2.

2. 섬의 나라

에벤키어 aragan '섬'

튀르크어 arazi '國, 地'

알타이어 재구어 ā́r 공지(空地)

퉁구스어 *ara- 공간, 공개 의식(儀式)장

몽골어 *ar- 공간, 섬

튀르크어 *(i)ara 공간

3. 새(新) 일본어 arata(si) 新

한국어도 ar(a)답지가 있었지 않았나 생각된다. cf. ar(a)의. 2.

arnɛ(p. 214) 내 이름. 제주도에서 아라리, 온평리, 화북리 등에서 보인다.

ar cf. ar(a) 아라(지역)의 ar에는 '작은(小)'의 뜻도 있다.

알타이어 공통어 *ā́ŕa 작다, 드물다

퉁구스어 *ara- 드물다

몽골어 *araj- 드물게, 적은

튀르크어 *Āŕ 적은, 약간

일본어 *àrà-(ta) 새로운

한국어 *àrǎi 어제

일본어나 한국어의 예는 어색하다. 제주도에서는 작은 산을 알오름이라고 한다. 한국어의 접두사 알은 아주 작은 것을 나타낸다. 또 '알'은 작은(그리고 둥근) 것의 낱개를 나타내므로 이 말에 맞춰볼 수 있다.

'阿利那禮河' (일본서기 권 9. 仲哀王 9년 (神功王后에 이어짐))

양주동(1960 : 339)은 이를 '볼내'의 전음(轉音)으로 보고 경주의 알천에 맞추고 있으나, 한자음 그대로 ar(i)로 볼 수 있지 않을까한다. 이어지는 nare는 (〉nai〉nɛ) '河'의 전음으로 본다.

nɛ cf. na의 1.

asɐtar(p. 30) 단군왕검의 도읍지(阿斯達). 한국어의 아흠(朝), 일본어의 asa(朝)와도 관련되는, 양광(陽光)을 잘 받는 좋은 터전이다. 일본에서는 어중의 t : k 교체에 의한 asuka의 음형으로 산의 동남쪽에 있는 지역명 / 신사(神社)명으로 일본 각처에 분포하고 있다.

asuga(阿須賀). singuu(新宮)시의 지명 / 신사명

asuka(飛鳥). 고대 일본의 도읍지. 촌명 / 신사명 / 하천명으로 남아 있다.

asodani(阿蘇谷). 구마모토(熊本)현의 aso(阿蘇)산의 북부에 있다. 많은 고분군(古墳群)이 있고 aso의 이름의 정명(町名), 산명, 신사명들이 많다. dani(/tani 谷)는 고구려 지명 tɐn(旦, 呑, 頓) '谷'과 비교된다.

be(p. 307) → pe

ər(/n)əgərə(p. 368) aragara(阿羅加羅) / anagara(阿那加羅)의 a / ə 교체형으로 추정된다. 실존 여부는 미상이나 전후의 서술 내용으로 보아 제주도를 지칭하는 것으로 보여진다. 제주도의 지명 거로(巨老)를 예로 들 수 있다. cf. ar(a)의 3.에서 알타이재구어의 일본어 부분에 *ərə- '降,下'를 고려하면 가라의 아래쪽의 지역(제주도)을 가리키는데 쓰인 것으로도 볼 수 있다.

camait / camatə(p. 274) 일본어의 고대 여왕국의 소재지의 한자표기의 邪馬壹 / 邪馬臺에서의 말미의 독음에 따라 나누어진다. 이중에서 '邪'를 ya로 읽어서 yamait / yamato로 읽기도 하나, '邪'에는 상고 중국 한자음에 zi̯ăg / gi̯ăg의 두 음이 있어 (慶谷 1978 : 164) 전자로 읽었을 경우가 된다.

camait 여왕의 神市

camatə 여왕의 거처지

아이누어의 ca '大', ma '여성'를 고려한 것이고, it는 神市의 kɐm-it와 평행시킨 것이다. 원시 퉁구스어에 *(x)iti '질서, 조직, 준비'가 있고 일본어의 iti-ba(市場)를 고려하면 iti는 사람이 많이 모이는 곳으로 풀이될 수 있다.

hɐimuka(p. 110) 해맞이(곳)

일본 규우슈우 동남안 hyuuga(日向). 내륙지대가 고대 일본 여왕국의 소재지. 그 고산지대에서 보면 해맞이 곳이 된다. 외부에서 해로를 통한 일본 진출의 근거지가 되기도 하였다.

ka 아이누어 ke 곳
일본어 ka 장소
한국어 kot 곳
제주방언 ke 지명

muk- 1) '向' : maz-'迎'
2) 침사적 표기로 보면 mu(産) × na(出)가 되어 제주도 동안의 성산포의 '日出峰' 지명으로 볼 수 있다.

ike(<mike, '물의 곳')(p. 390) 못(池). 왕명에 쓰이고 있다.

i-ke '池' 池邊大宮治天下天皇(用明王)
mi-ke '물의 곳' 豊<u>御食</u>(toyo<u>mike</u>) (推古王)
mi(n)-tar '水山' 敏達(王) mintar
과 같이 종합적으로 포착할 수 있다.

고구려지명 mɐi(買) '水'
가라지명 mur(勿) '水'
만주어 muke '水'
에벤키어 mʉʉ '水'

몽골어 mөpөн '河'

고대일본어 midu '水'

알타이어 재구어 *mi̯ūri 물

퉁구스어 *mū

몽골어 *mören

일본어 *mi(−n−tu)

한국어 *mɨr

mɐi 〉 mi 〉 i의 변화를 예상할 수 있다.

i	ke
mi	ke
nu	ka
물	지경 / 집안

nu에 대해서는 cf. na 1.과 nu(na)kur(a)

ipar(a)(p. 108) 관명과 지명에 보인다.

일본의 초대 임금 신무왕(神武王)의 왕명의 일부에 나온다.

神日本磐余彦天皇의 ipare(고사기에는 왕명에서 日本이 아닌 倭로 쓰이고 있다.)

이것을 yamato(大和)에 있는 지명과 같은 것으로 보기도 한다. 다음을 볼 때 관명 혹은 존호로 쓰인 것이 분명하다.

신라의 관명 '伊伐−湌'

현대 일본어 ibaru '威'

아이누어 ibehe '칼, 힘'

iri(−ər(i)) / ar(p. 307) 샘

고구려 연개소문의 이름이 일본문헌에 반영된 형으로 미루어 볼 수 있다.

伊梨柯須彌 = 淵蓋蘇文 = 泉蓋蘇文

三毛入野命 (神武王의 형)

高木之入日賣命 (應神왕비)

일본어 i－do(井) cf. ar(a)의 1.

i(tu)se(p. 112) 훌륭한(관형격) 형

ituse(五瀨) 신무(神武)왕의 형(전투 중에 부상 입어 사망)

한국어 it－좋다

səŋ(방언 se, si) 형(김공칠 2006 : 91－)

일본어 itu(尊嚴)

itosi(愛)

se(兄)

iyo(p. 189) 성씨명 / 지명

일본에서 옛 성씨의 하나(伊與部 (右京神別下)).

지명으로 제주도의 이여도, 일본 시코쿠(四國)의 '伊豫(島)'

아이누어의 iyotta '가장 많다', 한국어의 yərə '諸, 多數' 일본어의 yərədu '多數'와도 관련된다고 본다.

제주도에서는 이여도가 동경의 섬으로 생각되는 것도 여유러움을 희구하는 것이 아닌가도 싶다.

kɐm, kɐn(p. 180)

1. 하늘 kɐn / kan 계림유사 漢捺, 아이누어 kan '上'
2. 큰 kɐn / kɯn
3. 신(神), 왕

아이누어 kamui '神'

한국어 kɐm((王)儉) '王'

kan(干) '王'

kəm(今) '王'

몽고어 χan(汗) '王'

일본어 kami₂ '神'

4. 한편 다음과 같은 알타이어 재구어를 보면,

*ki̯ằmò 귀신, 영혼, 망령

퉁구스어 *kum-악령

몽골어 *keme-사신(死神)

튀르크어 *kiam 무당

일본어 *kàmùi 신, 영혼

일본어에서는 정교(政教)분리 후에도 神·무당·왕의 호칭이 kami로 통용된 것을 알 수 있다.

kɐm(a)it / kɐmtə(p. 274) '神市 / 神·王'의 터전

cf. kam(a)itna, kamait / kamatə의 어중모음 생략형

1) kɐm cf. kɐm, kɐn의 3.

2) tə cf. yamatə의 2.

kɐmmɐrɐ(p. 31, 67, 69) 大村, 大山, 중심 읍성

제주도 ᄀᆞᄆᆞᄅᆞ, 신라 健牟羅, 가라 龜旨峰(ᄀᆞᆷᄆᆞᄅᆞ)

백제 金馬山, 夢村(土城), 고조선 今彌達(阿斯達)

kɐmpɐrɐm(p. 97) 큰 절벽

침사적 표기 神風(kamukaze(no))(p. 96)

제주도 대평리(大坪里)(주상절리)

kɐmtar(p. 180) 神山, 大山

今彌達(白岳山, 阿斯達의 다른 호칭)

含達-(婆) 석탈해의 부왕성(姓), 여기의 婆 pa는 아이누어로 추장, 단체장

cf. tar 1.

kɐmtarpa(p. 181) 含達婆(석탈해의 부왕명)

cf. kɐmtar pa는 아이누어로 추장

kɐn'ɐrna(p. 357) 부을나(夫乙那). 제주도의 3신인(神人) 중의 하나. 부족장.

침사적 표기 神巢日(神) kanmusubi(no kami) (p. 357)

kɐnna / kanna(p. 355) '大水, 大國, 神水' 漢拏(山)

침사적 표기 (豊)雲野 (toyo) kumono(p. 355)

(豊)斟渟 (toyo) kumuno(p. 355)

cf. kɐm, kɐn

cf. na

kɐn(/kan)pɐr(p. 369) 천산(天山), 신산(神山), 대산(大山) (神市의 市를 '불'로 읽는 경우도 생각할 수 있다.) 침사적 표기로,

大日(孁貴) oho－piru(menomuti)(p. 368)

天照(大神) ama terasu(oho kami)(p. 368)

天照大日(孁貴) amaterasu ohopiru(meno mikoto)(p. 368)

cf. kɐm, kɐn

cf. pɐr

kam(a)it(神市)(p. 274) → kɐm(a)it / kɐmtə

kam(a)iːna(p. 274) cf. kɐmit 여기에 na(國)가 결합한 형태 '神(市)의 나라'

왜인 6국 중의 여왕국 '邪馬壹國 / 邪馬臺國'의 '邪'를 어떻게 읽느냐에 따라 세 가지로 나뉜다. 중국의 상고 한자음의 gi̯ăg에 따르면 kamait / kamatə 神市의 나라 / 神·王의 소재지로, 역시 중국의 한자음의 또 하나의 zi̯ag에 따르면 camait / camatə '女王의 神市 / 소재지'으로, 중고 한자음 ya로 읽으며 yamait / yamatə '山間의 神市 / 터전'으로 읽게 된다.

cf. camait / camatə, kɐmit

kamatar(p. 68) 釜岳, 가마오름(제주도 청수리)

cf. kɐmtar

kamatə(〈 kɐmtə)(邪馬臺)(p. 274) '神 / 王 所居地' → kɐmit / kɐmtə

kanna(p. 355) → kɐnna

kannabɐr, kamnapɐr(p. 121, 319, 357) '神水의 산' 한라산

일본어 kannabi '神水의 산'(神奈備)

침사적 표기 神巢日(神) (kanmusubi(no kami)(p. 357)

天日矛 (amanopipoko)(p. 316), 大日孁尊(p. 120, 368)

天照 (amaterasu)(p. 121, 368)

鸕野(unono)(持統王의 유명(幼名), 墨江大神)(p. 319)

kan / kɯn təkə tar(i) (kɐm)(p. 353) 하늘의 / 큰 제주의 산(한라산)(의 수호신)

침사적 표기 天之常立神 (p. 353)

國之常立神 (p. 353)

cf. təkə

tar

kan(/kɯn)－tɯm(/təm)tar(i)(p. 366) 신의 / 큰 두무악(頭無岳). 한라산

침사적 표기 天浮橋(amano ukipasi)(p. 366)

cf. tum

karu'ɐ(/a)rna(p. 316) 高乙那 제주도의 3신인(神人) 중의 하나. 부족장

침사적 표기 中筒男(nakatunowo)(김공칠 1999 : 220)

naka(=karu)－tuno(=ar)－wo(=na)

cf. takɐrna

kas(i)pər(p. 130, 451) 으뜸의 들 / 산

일본지명 kasipara(橿原) 지금의 kasihara(橿原) 시의 unebi정(町) 신무왕(神武王)의 입도지(立都地)다.

아이누어 ka(上), kasi(위에)

일본어 kasira(上部人, 頭目), hara(原)

한국어 kasi(首, 上), kas(冠), pər(原)

어떻게 보면 여기의 kasipər은 cf. pɐr에서의 2.의 '槵觸' kusipuru (高千穗의 천손의 강림지)의 후 발달형일 수 있다. 그러면 ku(/a)의 뜻이 문제되는데 현대어의 '굿'에는 무당의 의식이 있고 '굿것'에는 귀신의 뜻이 있는데 후세에 모두 비하(卑下)된 것이라면 kus도 kas과 비슷한 뜻을 지니고 있었다고 볼 수 있다. 고대 한반도의 관명에 渠帥(동옥저, 변진), 가(加)(부여), 궁(宮)(고구려 왕명, 왕자명에 쓰이고 있다) (居西(干))(신라 혁거세) 등을 참조할 때 ka / kə / ku의 변동형을 예상할 수 있다.

cf. pɐr, pər

kasitar(p. 451) '首山'

침사적 표기 (天豊財)<u>重日足</u>(姬天皇)(ametoyotakara)<u>ikasipitara</u>-

si(pime) (황극왕(皇極王)의 일명) (p. 451) (제명왕(齊明王)의 이름도 이와 같다)의 한 요소로 보인다.

ame(천(天))와 toyo(풍(豊))는 미칭(美稱)

takara(財)의 호칭은 딴 데서 '寶(皇女)' (舒明紀 2年)로 나온다. 제주도의 takna와 연관된다. (i)kasi(pi)tar(asi)의 (pi)의 부분을 침사적으로 '불'로 보게 되면 cf. kas(i)pər에 비길 수 있고 말음적인 첨기로 보게 되면 표제의 풀이가 성립된다. 황극왕은 추고왕의 다음 임금인 서명(舒明)왕의 황후였다가 남편 서거후 왕위에 올랐다. 제주도계임이 분명하다.

tar cf. tar

ke(i)(p. 390, 410) 지경(地境)

아이누어, 제주 방언 ke '지경'

고대 일본어 ke '家' 가계나 관직의 칭호에 대한 경어, 성의 아래에 붙어서 소속을 나타낸다. 원초적으로는 지경명에서 유래한 듯.

사람을 세는 단위로도 쓰였다. 奴唎斯致契 nurisitikei

이 중에 ti 요소는 알타이어의 명사 형성접미사 (튀르크어 －či, 몽골어 －či, 퉁구스어 －či, 한국어 －chi (김영일 1999 : 42－))와 관련되는 듯.

cf. hɐi(mu)ka

ike

kipɐr(p. 111) '城山'

백제지명 悅城縣 : 悅己縣 (삼국사기 (권36))

일본지명 磐城 : 伊波岐 (倭名類聚抄 郡名)

pɐr 山

일본 지명 kibi(吉備), gipu(岐阜)는 성산(城山)에서 유래한 듯.

kibi는 오카야마(岡山)현의 오카야마시 서편의 tukubo(都窪)군 kibi군 kibi고원의 옛 지역으로 추정된다. 그 일대는 고대 문화의 발상지로 헤아린다. 큰 규모의 고분을 비롯하여 곳곳에 고분군이 있다.

gipu(〉gihu)는 시가지가 kinkazan(金華山, 339m) 산 위의 산성 아래에 형성된 만큼 성산과 관련된다고 본다.

koma(高麗)(p. 418, 453) 고마나루(熊津)의 백제를 가리킨다. 확대되어 고구려를 가리키기도 한다.

일본의 고지명에서 동명의 것이 많다(武蔵國 高麗郡등).

제주도의 지명 ᄀ마로(錦泉, 錦山, 금산물)도 비슷한 패턴이다.

kudara(p. 418, 453) cf. ku(n)dar(a)

ku(〈 kɯn 大) – dara (〈 tar (山) / tɯr (原))

제주도 → 전남 남부(영암) – 백제

kumamit(/kumamoto)(p. 272) kuma족(kɐm)의 본거지

현재의 일본 규우슈우의 구마모토(熊本)현의 내륙지대(aso(阿蘇)산 일대도 포함해서)가 kumaso(熊襲)의 본거지로 보아진다.

kuma – moto에서 moto는 '本, 下'의 뜻을 지닌다. '본래'의 뜻에 치중하면 한국어의 mɐn(본래의) (〉mɛn '가장')에, '아래'의 뜻에 치중하면 mit(밑)에 맞춰볼 수 있다.

곧 kuma의 mə(ntə)(mətə 〉 moto) 혹은 kuma의 mit(/mət)에서 오게 된다.

알타이어 재구어에서는 일본어의 *mətə(根, 元)를 알타이어의 *ŋiü-ŋt'e 뿌리 (퉁구스어 *ŋüŋte '뿌리', 몽골어 *ündü – sü) '뿌리'에 맞추고 있으나 무리한 대응이다.

에벤키어의 제일, 가장의 miiŋ이 참조된다. 김공칠(2006 : 453)의

어휘대조에서는 한국어 mɐt '嫡', 伯' : 일본어 moto(mötö)의 예도 예시되고 있다.

kumanɐi(>kumano)(p. 116) kuma((/kom 〈 kɐm) (熊)계열 주민의 근거지, 큰 들 / 나라의 뜻도 내포)

kumano(熊野)의 이름이 일본 각지에 산재한다. 특히 kii(紀伊)반도의 남안부의 kumano시 일대는 kumano강이 흐르고 kumano 본궁(本宮)이 있다. 신무왕의 일본 중앙부로 향한 상륙지로 유서깊은 곳이다.

고사기에서 신무왕이 이곳에 다다랐을 때 큰 곰(신)(大熊髮)이 나타났다(곧 사라지고)는 기사에서 그러한 지명의 유래가 생겼다고 한다. 그러나 그 때 신무왕이 갑자기 병들고 군사도 피폐한 것을 보면 근거가 없는 것 같다. 아마도 토착의 kɐm계의 저항에 부딪힌 곳인 듯하다.

nɐi cf. na 1., 2.

kumaso(p. 276) 남규우슈의 지명 / 족명으로 쓰인다. 熊襲

위지 왜인전의 구노국(狗奴國)에 맞추게 되면 kuma－kuna의 어중 n / m 교체가 있는 것이 된다.

말미의 so는 su의 후발음이기에 그것은 아이누어의 shut '선조, 뿌리'에서 온 가능성이 있다. 북부여의 시조 해모수(解慕漱) (고주몽의 부(父))는 천제(天帝)의 아들로 자칭한 점에서 천손족계이며 그 음형이 kɐmasu와 같아서 kumaso와 같은 기원으로 볼 수 있다. cf. kɐm.

kumaso는 남규우슈우 일대를 지배하였었는데 일본의 오오사카쪽에 중앙정권이 들어선 다음에는 이에 순종하지 않고 해서 공략의 대상이 되기도 하였다.

kuma의 호칭에 대해서는 한국어의 곰(웅(熊)), 그리고 공주(公州)의 고마나루(熊津)와 연계되기도 하고 그 일대를 일본에서 koma(일본에서 u / o 교체)로 부르기도 하여 옛적에 한반도와 일본에 그러한 호칭이 널리 분포된 것을 미루어 볼 수 있다. 일본에서 kuma(肥), kume(久米)의 호칭도 보인다.

kum(/kɯm)pɐr(p. 319) '大山, 神山, 天山'

침사적 표기 墨江(大神)(p. 319)

cf. kɐm, kɐn

cf. pɐr

ku(n)dar(a)(p. 418) 큰 산 큰 '原, 野'

초기에는 제주도를 가리킨 것으로 보며 나중에는 전남지역으로, 백제로 확대되어 간 것으로 본다.

cf. tar, kudara

kuni(tu)kuri(p. 112, 129) 지방 장관

옛적에 일본에서는 지방 장관을 '國造'와 같이 쓰고 kuninomiyatuko로 읽었는데, miya(宮)-tu(연체격)-ko(子)의 어구성이 부자연스럽다. 필자는 '國造'의 한자 그대로 kuni(國)-tu(연체격)-kuri(人)로 분석하여 지방을 다스리는 사람으로 풀고 있다.

아이누어로 kur(u)는 사람이다. 한국어의 -kun(지금은 의미가 저하)에 대비할 수 있다.

아이누어의 kur(u)는 다음의 2.에, 한국어의 -kun은 다음의 1.에 가깝다.

1. 몽고어 xʏн

한국어 -kun, -k'un 사람을 뜻하는 접미사

알타이어 재구어 *ki̯úne 사람, 나라

퉁구스어 *kün- 친척, 만주 씨족

몽골어 *küɣün 중세몽고어 gu'un

튀르크어 *kün 사람

일본어 *kúni 나라, 지방

2. 알타이 재구어 *k'i̯uĺe 사람

퉁구스어 *(x)ile 사람

몽골어 *kulunča 선조

튀르크어 *kiĺi 사람

mɐrɯ(p. 128) 산마루, 산

일본 지명 moru(牟婁)

ma / me(p. 323) 눈

한국어 ma(ŋur) (눈)망울

일본어 me / ma 눈

눈의 외형적인 형태보다는 핵심적인 부분에 초점을 두었다고 볼 수 있다.

알타이어 재구어 *ni̯ā 눈

퉁구스어 *ńia－sa 눈

몽골어 *nid 눈

튀르크어 *jāí 눈물

일본어 *mài 눈, *mi－보다

한국어 *nún 눈

여기서는 일본어의 대응에는 어형상 문제가 있다. 그래서 남양의 말레이반도어의 med, mat, mot에(cf. 김공칠 1999 : 72) 맞춰보기도 한다.

ma(/me)(p. 120, 369)

1. 여성

아이누어 ma 여성, 암컷

일본어 me 여성, 암컷, meko 처자

일본의 신명 大日孁尊(天照大神, 天照大日孁尊)의 孁을 me로 읽고 무녀(巫女)의 뜻으로 풀이하기도 하는데 이 글자는 일본 특유의 용자로 령(靈)(ta)ma을 여성화시킨 것이다.

me－ma의 교체가 흔하다고 보면 다음의 ma로도 풀이된다.

2. ma '鬼, 魔' 일본어의 마(魔)의 뜻에는 넋의 뜻도 있다.

곧 ma에는 좋은 뜻(영혼)과 나쁜 뜻(악, 악마, 악귀)으로 쓰인다고 보면 흔히 쓰는 말에 마가 끼다(악령, 액운이 끼다)의 ma에 대비할 수도 있다.

그렇게 되면 신명에 쓰인 kami의 호칭은 cf. kɐm, kɐn에서의 4.와 연관되는 것으로 보인다.

mak－(p. 323)

한국어 막다(塞)

일본어 maku, (卷, 圍)

아이누어 muk－막힌, mukka 막히다

알타이어 재구어 *bȍki 막다

통구스어 *bòk－멈추다, 방해하다

몽골어 *bögle－막다, 방해하다

튀르크어 *bȍk－막다

matna(/ra)(p. 266) 일본의 왜인 6국의 하나(首國, 宗主國) 末廬

한국어 mat(〈 mɐt) '嫡, 伯'

일본어 moto(〈 mo_2to_2) '本, 元'

matu(〉mazu) '先'

na cf. na 2.

miko$_2$t(o$_2$)(p. 352, 427) 님, 존대의 것

일본서기(神代紀上)의 (國常立)尊 至貴曰尊自余曰命 訓美擧登也 miko$_2$to$_2$는 신이나 사람을 높일 때 그 이름 아래 no를 개재하여 붙였다. 한자로 命, 尊이 쓰인다.

그러한 용법으로 볼 때는 한국어의 nim / im 접미사의 용법과도 같다. 곧 nim(i) kət에서 어두 ni의 탈락으로 볼 수 있다. 두음 n의 탈락에서 오는 것이다. 곧 일본어의 miko$_2$to$_2$는 다음과 같이 분석되는데,

일본어	mi	ko$_2$to$_2$	높은 것 / 사람
	존칭접두사	事, 人	

선두의 mi를 nim(i)의 ni 탈락형으로 보는 것이다. 이러한 mi가 후접하는데만 쓰이지 않고 명사의 앞에 붙어서 경어의 접두사로 다용된다. 그 때는 nim의 생략형으로 볼 수 있는 경우도 있고 그렇지 않은 경우도 있어서 다음과 같은 알타이어에서 유래하였을 경우도 상정할 수 있다.

먼저 에벤키어에서 보이는 miiŋ '제일, 가장'처럼 좋은 말을 앞에 갖다 붙여서 썼다고 생각해 보는 것이고, 다음의 만주어, 몽골어에서 쓰인 1인칭 소유격 대명사와 같은 것이 있어 '나의'를 강조해서 쓴 것으로 보는 것이다.

만주어 min(i) 나의 (명사형 物主 대명사는 miniŋə)

몽골어 миний 나의

몽골어의 소유 표현에서는 다음과 같은 표현방식도 있다(김공칠 2013 : 627).

номы   минъ

책을   나의 (1인칭 소유격)

이 예에서 몽골어의 mi－형에 ko_2to_2(것)가 붙인 형태가 －$miko_2to_2$로 볼 수 있다. 존대 대상의 신명이나 인명 뒤에 나의 (것)이라는 소유 표현을 붙인 것이 －$miko_2to_2$라 할 수 있다.

$mimaki_2$(p. 300)

1. mi－ma－ki_2 目支(國) '水城'

고구려어 mɐi (買) '水, 川'

신라어, 가라어 mur(勿) '水'

알타이어 재구어 *mi̯ūri 물 cf. ike

백제어 kɯi (己) '城'

가라어 ci (只) (〈ki〈kɯi) '城'

일본어 kɯi(基) '城'

2. mimaki(〈nimaki) (任那城 / 地域)

(〈nimuki) 〉 imuki '蛇 / 龍'

1.과 2.는 생각 여하에 따라 제주도의 '龍城國'에 결부시킬 수 있다.

3. 전남지역명, 전남 화순의 여미현(汝湄縣)과 보성(寶城)지대와도 관련될 가능성도 없지 않다.

cf. nimna 2.

mi(n)tar (p. 389) 水山

mɐi 〉 mi 고구려어 買(水, 川)

가라어 勿(水)

일본어 mi(du)(水)

제주도 지명 민오름, 매오름, 물오름

알타이어 재구어 *mi̯ūri cf. ike

tar 산 cf. tar

mirhhjərkɛ(p. 113) 바닷물이 밀고 다리(推引)는, 조류의 세가 급한 곳.

침사적 표기 押照哉(ositeruya)(김공칠 2004 : 17)

지금의 오오사카시(上町台地 북단)의 '難波崎'의 '難波'의 이름에 얹힌다.

mi(tu)pɐr(p. 122) 水山, 水原

瑞穗(國)(mitupo(no kuni))는 서나벌의 침사적 표현(p. 122)

mosirike(p. 161) 서쪽, 제주도의 모슬(포)

아이누어 mosir(i) 나라, 세계

mosirigesi 서쪽

한국어 mɐzɐr 〉 mɐsɯr 마을, 제주도 지명 모슬(포)

일본어 mura '村' (한국어의 어중 s 탈락형, 말모음은 기생모음)

ke 지경 cf. ke

na(p. 269)

1. 물, 내(川) 일본 na(奴)국 '江 / 水國'

naka(那珂)川, (ari)nare (阿利)(那禮)河

한국의 나주(羅州) 강(/물)의 고을

*알타이어 재구어 najV 호수, 강
퉁구스어 *niāru 호수, 늪
몽골어 *naɣur 호수
한국어 *nāih 강

한국어 *nari 〉 nai 〉 nɛ(川), karam(江), kor(谷)
에벤키어 nəəxi '川岸'
몽골어 roʌ 강, 하천, 하곡(河谷)
아이누어 nai
튀르크어 Nehir

2. 땅, 나라 제주도 nɐi(徒)
고대한국어 nɐ / nu 內, 腦, 乃
고대일본어 no(奴), / no_2(能) '野'
만주어 naa '地'
몽골어 нутаг 지역
에벤키어 na
알타이어 재구어 *nal '地'
퉁구스어 nā '地'
몽골어 *nala '廣'
튀르크어 *jalaŋ '野'
한국어 *nàráh '國'

naruto(p. 111) 일본의 시코쿠(四國)의 awazisima(淡路島) 사이에 있는 해협. 한국의 울두(鳴梁)목에 상응한다.

제주도의 비양도(飛揚島)도 날들(목)섬에서 왔는지도? naru(鳴)에는 소리가 나다 / 울다(naku)와 관련되며 나들다의 출입의 뜻도 있게 된다. 해협은 물살이 빠르고 소리가 나며 그런데도 드나들어야하는 길목

(to)이라면 앞서와 같은 풀이가 있을 수 있다.

그 곳을 관장하는 udu－piko에서 udu는 mu－dur(물 돌), udu(여울)－dur(물소용돌이)과 관련되는 듯 보인다.

nimna(p. 299) 님의 나라

1. nimana(任那) 가라 nim(主 / 主君)－na(國)
   nimkɛ (主浦) 금관국의 포구
   한국어 *nirim 〉 niim 〉 nim
   일본어 *nirimu 〉 niimu 〉 nimo 〉 imo / imu (김공칠 2006 : 86)
   na cf. na 2.
2. nima 전남 화순의 여미현(汝湄縣) 〉 nimaki 〉 mimaki로 비정(比定)해 볼 수 있다. cf. $mimaki_2$

일본어 ni '瓊' (玉의류), '土'

ma 근처, 주변

옛적에는 보성(寶城)지구까지 통칭하고 있었는지 모른다.

nima 〉 mima의 어두 n / m 교체도 예상할 수 있다 cf. $mimaki_2$

niskɐm(p. 122) 왕, 임금

삼국사기·삼국유사 尼師今, 尼叱今, 爾叱今, 齒叱今(齒는 훈차)

이들 호칭이 제주도 출신인 석탈해가 왕위승계를 양보한 儒理왕과 자신부터 쓰인 점이 주목된다.

제주도의 천손으로 추정되는 (天津彦火) 瓊瓊杵(尊)는 침사적 표기이다(p. 122). 이 천손은 일본의 규우슈우의 '高千穗' (cf. tak(ti)pɐr)에 강림하였다.

nuka(p. 390) 1. 눈가, 2. 늪가

추고왕의 이름 額田部(nukatabe)의 한 요소.

nuka(額) 〈 nunka 眼側

알타이어 재구어 *ni̯ä̀ 눈

cf. ma / me 알타이어 재구어

몽골어 нүд가 있고 에벤키어의 namatti / namugta형은 일본어 namida에 가깝다 일본어의 *màì는 적절하지 않고 오히려 *na－쪽이 나은 듯하다.

－ka에 대하여는,

알타이어 재구어 *k‘ada 곁

퉁구스어 *χadaga－뒤로 돌다

몽골어 kadawara 곁으로 움직이다.

튀르크어 *kadir－돌다

를 참조했을 때 어두음절 ka－와 관련되는 듯.

다음의 예도 참조된다.

한국어 ka(端)

일본어 kata(wara) 한쪽, 옆, 곁

만주어 xetə 옆, 가로

몽골어 хажуу 옆

지형어 ‘沼邊’과도 관련될 수 있다

한국어 늪

일본어 numa

아이누어 na ‘水’ cf. nunakur(a)

nunakur(a)(p. 388) ‘水山’

왕명(敏達王)의 요소. nu－na－kura

水 연체격 산

沼

1. 한국어 늪 ‘沼’

아이누어 na '水'

2. 아이누어 kuru 山, 丘

kuran 山, 丘

고구려어 kuru(溝婁) '城'

kor(忽) '城'

만주어 hotəN '邑, 城'

에벤키어 xoto, goorat 읍, 성

몽골어 хот 도시, 읍

알타이어 재구어 *kadV 바위, 산

퉁구스어 *kada 바위

몽골어 *kada 바위

튀르크어 *k(i)aja 바위, 산

다음의 예를 보면,

알타이어 재구어 k'ori 언덕, 둑

퉁구스어 *xurē 산

몽골어 *küri 바위

튀르크어 *korum 바위

일본어 *kurua 둑, 도랑

한국어 *kòráŋ 고랑

퉁구스어의 예는 어울리지 않고 오히려 앞서의 '城'의 예에 맞추어 볼 것이다. 옛적에 성이라면 곧 산성이고 읍락은 산지에 있었다고 보기 때문이다.

왕명을 일본어식으로 풀어 읽지 않아도 왕명의 한자음 그대로가 '水山'이 될 수 있다. '敏'의 mi(n)은 물, cf. mimaki에서의 mi(알타이어 재구어 참조) '達'의 tar은 山. cf. tar의 1.

nurisitike(i)(怒唎斯致契)(p. 409) 물 / 강 (수자원) 관리계의 사람

일본의 사서(일본서기)에 일본에 불상과 경론(經論)을 전한 점에서 (백제)의 중으로 보기도 하나 이름으로 볼 때 중은 아닌 듯 싶다.

1. nuri ① nari (내(천(川)), 관리)

② dori dor (梁)

*怒 Ⓣ nâg, Ⓚ no / nuo 일본 한음(漢音) do

2. si 사이시옷

3. ti 사람

명사에 붙어서 사람을 지칭하는 구실을 한다.

알타이어계 접미사의 예 (김영일 1999 : 42)

튀르크어 či

몽골어 –či

퉁구스어 –či

한국어 –chi

4. ke cf. ke

okina(p. 71) 섬 이름, 제주도 지명. otki 〈 totki 〈 toka 〈 təka 州胡

1. oki otki 제주도의 衣貴

oki 일본의 隱岐 oki

壹岐 iki

沖繩 okinaha

일본의 왕명의 일부로 쓰인다.

천무왕(天武王)의 일명 天渟中原瀛眞人(天皇) (amanonunaparaoki(n–o)mapito)에서 밑줄 친 부분이 마치 제주도의 별칭 영주(瀛州)의 한자와 대응하는 것도 주목된다.

2. na cf. na의 2.

okinagatar(asi)(p. 313) '島山'

1. okina cf. okina

2. ga *ŋɐi 관형격

고대 한국어 ŋɐi－ɐi

고대 일본어 ga

3. tar 산, 들 cf. tar

4. (asi) 기생모음과 관형격 촉음, 한국어 ㅅ, 일본어 si.

이 어휘는 일본의 왕명의 일부 요소로 쓰인다.

신공(神功)왕후의 일명 氣長足(姫) okinagatarasi

서명왕(舒明王)의 일명 息長足日(廣額) okinagatarasi(pironuka)

pɐr(p. 114, 122, 390) 으뜸, 큰

pɐr은 서차(序次) 혹은 경칭으로 '始, 大'를 나타낸다. 百이 ᄇᆞᆰ(ᄇᆞᆯ, ᄇᆞᆨ)의 음차(양주동 1960 : 57)

百濟 = 十濟 = 伯濟 = kudara(百濟)

제주도의 신명 '夫乙那' cf. pɐr'ɐrna

신라시조 '赫居世', 고구려 시조 '東明王'의 '赫, 明'이 'ᄇᆞᆰ'의 훈독

일본어 hatu(〈 patu) '初'

patu kuni(波津久仁) 신무왕 왕명과 관련된다. '初國'

(始馭(patukuni) 天下之天皇 號曰神日本磐余彦火火出見天皇焉 〈始馭天下之天皇<u>波津久仁</u>志呂志女須倍良美己等〉(神武紀元年私記丙本)) (沢瀉 1967 : 384)

patukuni(御肇) (崇神紀 12년)(고사기 崇神記 말미에 初國으로)

다음의 알타이어 재구어도 참조된다.

*bàri 正, 直

퉁구스어 *bāru －방향에

몽골어 *baraɣun 오른쪽

튀르크어 *bɛr 바른쪽

일본어 *pita 바로

한국어 *pàrǎ- 바르게

pɐr(p. 27, 316) 산(그리 높지 않은 산), 벌(原)

1. 한국의 고지명 夫里(백제), 卑離(마한)

   國內城 = 慰那巖城 = 不而城 (山城의 뜻인 듯)

   환웅(桓雄)이 내린 곳 '신시(神市)'의 市를 '불'로 읽을 수도 있다.

2. 일본에의 반영형 槵日(kusipi) (高千穗의 봉우리 이름)

   槵觸(kusipuru) (高千穗의 봉우리 이름)

   高千穗 taka(高) - pi - po(/pɐr) 높고 많은 산, 천손 닛ᄀᆞᆷ(瓊瓊杵尊)이 강림한 곳.

3. 한국의 卑離 piri에서 어중 r 탈락형이 pi형으로 본다면 일본에서 kannabi(〈 kannapi) '神水山'의 bi와도 연관된다.

   cf. kas(i)pər

pɐrɐmnari(p. 97) 절벽의 폭포, 제주도 서귀포의 정방(正房)(폭포)은 침사적 표현인 듯.(p. 97)

1. pɐrɐm, param 벽

2. *nari 〉 nɛ '川' cf. na의 1.

   nari '降'

pɐr'ɐ(/a)rna(p. 316, 353) 부을나(夫乙那) 제주도 3신의 하나. 부족장

1. pɐr '始, 大, 初' cf. pɐr

2. ɐrna 추장, 족장 cf. ɐrna

   고사기(神功왕후) 上筒男과 일본서기 (神功왕후) 表筒男의 표기는

침사적 표기로, 모두 다음과 같이 분석된다(김공칠 1999 : 220).

uha cucuno wo
벌 알 나

일본의 창세기의 신명들에도 침사적 표기로 나타나 있다(김공칠 2004 : 311-, 이 책 p. 353).

天之	常立	(神)	ame(no)	tokotati(no)	(kami)
國之	常立	(神)	kuni(no)	tokotati(no)	(kami)
國	常立	(尊)	kuni(no)	tokotati(no)	(kami)
			a) kɐn(na)	təktɐr	
			b) pɐr	ɐrna	

곧 '神, 大, 初'의 제주섬(의 신)과 부족장(乙那 여기서는 夫乙那)을 가리키고 있다.
'新撰姓氏錄'의 角凝魂命·角凝命도 벌올나 류이다.

pɐrkəmɯi(p. 114) 우두머리의 지주(蜘蛛, 거미)족
awo(靑)-kumo(雲)는 침사적 표현.(p. 114)
pɐr '伯, 大' cf. pɐr
kəmɯi 중세 한국어 거믜(蜘蛛) 〉 거미
일본어 kumo
일본의 토착 원주민의 하나, 신 정권에 저항하고 천시당함.
cf. kɐm, kumaso의 계열과도 관련이 있는 것으로 보인다.
참고로 거미의 알타이어 재구어를 보면,
*kumi 벌레
퉁구스어 *kumke 이, 벌레
몽골어 *kömörege 벌레

튀르크어 *kumir－개미

일본어 *kùmu

한국어 *kəmɨi 거미

pɐrmɐi(na)(p. 269) 不彌(國) 왜인 6국의 하나

pɐr 穩 제주방언 pɐr(ta) '海穩'

mɐi 水

고구려 지명 믹(買) 水谷城縣一云買旦忽

cf. ike(〈mike)에서의 '물'의 알타이어 재구어 기타

물결이 잔잔한 해변국을 가리킨 듯.

물결은 일본어로 nami, 고구려어 nɐimi(內未)는 연못이다.

nami에 상응하는 알타이어 재구어로는,

*lằm 바다, 물결

퉁구스어 *lāmu 바다, 물결

몽골어 *namug 늪, 연못

일본어 *nami 물결

만주어 문어(福田 1987 : 631)에 namu '바다, 해양'이 보인다.

물 / 믹〉mi처럼 관련된다고 보면 na도 '水'에서 온 가능성은 있다.

같은 말의 반복으로 규모가 큰 것을 나타냈다고 볼 수 있는 일이다.

cf. na의 1.

naka, nari, nare 강

nami 물결

pɐrniskɐm(p. 123) 首王

火瓊瓊杵命은 침사적 표현(p. 123)

pɐrtakɐrna(p. 124) 伯 / 首의 高之那

신무왕(神武王)의 아버지 이름은 그 침사적 표기(p. 124)

parɯ(p. 390) 바다

흠명왕의 일명의 일부요소로 나타난다.

(天國) 押波留岐 (広庭) (天皇)

osi (mir)	paru {原 / 海 / 山}	ki
용 (miru, miri)	벌판 / 바다 / 산	성 / 지경

곧 용의 벌판 / 바다 / 산 의 성 / 지경의 뜻이 간직된다. paru와 연관될 수 있는 어례를 든다면,

1. 바다. 제주방언 바ᄅ / 바르, 일본어 unabara(海原)
2. 벌(原). 일본어 para(>hara)
3. 산. 한국의 고지명 夫里(백제) 卑離(마한)
4. '首長' (벌). cf. pɐr

바다와 관련된 알타이어 재구어

*bétà / *bédà 바다, 얕은 여울

퉁구스어 *pedē 건너다

일본어 *bát 바다, 건너다

한국어 *pàtà-h, *pàdȁ 바다

그리고 바다와 유음(類音), 유의(類義)인 밭(그리고 벌)과 관련된 알타이어 재구어는, *p'át'à 미간지, 벌

몽골어 *(h)atar 미간지

튀르크어 *Atiŕ 관개지

일본어 *pátà / *pàtá 들, 밭

한국어 *pàt(h) 밭

또 벌(原)과 연계되는 알타이어 재구어는 cf. pər

고대 일본어에서 넓은 바다를 unapara라 하고 한자로 '海原'을 쓴다. 이에 대해 두 가지 해석이 가능하다. 첫째는 전항을 kɐn(대(大))에서 어두 k음 탈락형으로, 후항을 parɯ(해(海))의 교체형을 보고 큰 바다로 풀이하는 것이고, 두 번째는 전항을 mur(水)의 어두 m 탈락형으로, 후항을 pər(원(原))로 보고 물의 벌(판)으로 보는 것이다. 어느쪽이든 넓은 바다를 가리키는 것은 같고 분석의 옳고 그름은 앞으로의 과제다.

parɯtsarɐm(p. 264) 해인(海人), 어민(漁民)

고대의 규우슈 남부의 종족인 隼人(payapito)의 표기는 하나의 침사적 표현이다.(p. 264)

그리고 고대에 어부를 ama라 하고 해인(海人) 혹은 白水郎이라 표기하였는데 후자의 白水郎도 침사적 표기이다.(p. 277)

cf. ama(t)kɐm의 am(a)

pata(p. 189) 바다

일본에서 옛 성씨의 하나로 '波多祝'(新撰姓氏錄, 未定雜姓)이 보이는데 바다에서 유래하는 것으로 추정된다. 신찬성씨록에는 제주섬에 관련된 성씨들이 더러 보인다. cf. parɯ

pər 벌(판)(p. 27)

신라어 '伐'(原)

일본어 hara(〈para) 原

지통왕의 일명 高天原廣野(姬 天皇)의 일요소로 나온다.(p. 453)

(takamano)para

알타이어 재구어 *p'ăla 原

퉁구스어 *pāla-n 목장

튀르크어 *ala-n 평원

일본어 *pàrà 평원

한국어 *pər(h) 벌(原)

pe(/be)(p. 307) 가(畔, 邊), 바(場)

에벤키어 bog 장소

만주어 baa 장소

몽골어 бaйp 위치, 장소

일본어 ba '場'

한국어 pa '所'

알타이어 재구어 *baja 장소

퉁구스어 *bia 장소 (에빈키어 bê, 만주어 boixon)

몽골어 *baji 위치한

piku(p. 415) 比丘, 卑狗

범어에서의 Bhikṣu는 '行乞, 乞士'로 의역된다. 곧 '佛에 參'하여 法을 乞하는 시주(施主)에 대에 '식(食)을 걸(乞)하는' 자 곧 중이다. 중이 아닌 일반인도 그러한 행실을 하면 비구로 불릴 수 있다고 필자는 듣고 있다. 위지동이전 왜인조의 iki(壹岐)국의 관명 '卑狗'를 이에 맞추기도 한다. 옛적에 특히 섬에서 관료 계급이 뚜렷하지 않을 재 민간에서의 지도자를 불교에서 쓰는 말을 빌려 쓸 수도 있다.

다만 '卑狗'에 대해서는 이외에도 다음 의견이 있을 수 있다. 하나는

piku가 사서에 '比古, 彦' 등으로 나오는 점에서 pito(人)의 t : k 교체에 의한 것으로 보는 것이고, 또 하나는 아이누어의 pen(上)－ku(人)에서 '上人'을 뜻하는 말이 아니었나 보는 것이다. 神功紀 62년의 백제기에 나오는 '沙至比跪'의 比跪를 piko로 읽고 있는데(본문의 襲津彦와 상응하므로 比跪 = 彦), 이는 piku의 방언적 발음으로 보아진다 예컨대 제주도 방언에서 말미의 u형을 ue(we)로 발음하는 습관과도 같은 것이다.

piko(彦)형은 귀인의 인명의 뒤에 오는데 다음처럼 앞에 오는 경우도 있다.

<u>piko</u> <u>puto</u> <u>mikoto</u> (彦太尊) (男大迹天皇) 계체왕의 일명
比丘 pɐr 존자(尊者)
(불(佛)의 putə 일수도)

왕명에서 彦 = 男, 太 = 大迹의 대응을 얻을 수 있는데 '迹'을 미루어 puto는 putə임을 알 수 있다. '太'의 일본어도 putə(i) 〉 huto(i)이다.

pima / piba(ri)(p. 263) 성처녀

고대 일본어 pime(〈 pimai) '姬'(귀한 집의 처녀)

제주도 pibari 처녀

pibari에서 어중 r음의 탈락이 있게 되면 pibai, 여기서 어중 b / m 교체가 있게 되면 pimai, 어말의 ai 축약이 있게되면 pime의 어형이 있게 된다.

고대의 왕실 및 귀족계는 친제주도 계열로 보면 자녀의 호칭도 제주도의 것을 따라 쓸 수 있는 것으로 본다.

pimeko / pimaka(p. 262) 일본의 규우슈우 Yamato국의 여왕 '卑彌呼'

pime / pima cf. pima / piba

ko / ka

呼의 중국 재구음 Ⓣ xâg, Ⓚ xo / xuo 으로 미루어 볼 때 ko / ka / ku로 읽었을 가능성이 있다. 특히 말모음이기 때문에 듣기에 때로 혼동될 수도 있다. ko / ku의 경우는 모음 교체가 수시적이고 통시적으로는 u 〉 o 이다. 한편 일본어의 o는 ə에서 오므로 ə / a 교체도 있게 되는 것이다. 그렇게 보면 pimeko는 다음을 참조할 때 여성(처녀) 아이었다고 볼 수 있다.

알타이어 재구어 *kūŋ 아이

퉁구스어 *kuŋa 아이

몽골어 *kow 아이

튀르크어 *güŋ 여성, 노예

일본어 *kúa 아이 (중세 일본어 kó)

한편 한국어에서는 고대의 부여의 관명에 -加(고구려도), 고대 일본의 왜인6국의 관명으로 '奴, 伊都國'에 觚 Ⓚ kwo / kuo, '對馬, 壹岐國'에 狗 Ⓣ kûg, Ⓚku / kəu 등이 보이는 점에서 지역에 따라서 '上人'을 지칭하는데도 ka / ku / ko(〈kə)형이 쓰인 것으로 미루어 볼 수 있다. 그러면 여성의 '上人'으로 풀이될 수 있다.

pom-(p. 322) 뽐(내다)

'譽'(田天皇)의 일명 品(陀和氣命) pomu(da wakenomikoto)의 일부분.

일본어 pomeru(〉homeru) 譽, 讚

pum－ 〉umu(p. 367)

1. pum－ 〉p'um '懷'

에벤키어(抱) xʉmʉlirəŋ, kumlirəŋ

한국어(제주방언) 큼다(抱)

일본어 hukum－(〈pukum－) '含'

알타이어 재구어 *p'òme 가슴

퉁구스어 *pum－te 흉부

몽골어 *(h)ün－külčig 흉부

튀르크어 *ömül－dürük 가슴받이

한국어 *púmh 가슴, 품다

2. pum〉umu '産'

알타이어 재구어 *bŏga 임신

퉁구스어 *bogī－배다(사생아)

튀르크어 *bogár 임신(동물)

한국어 *pɐi－배다

에벤키어(産) baldiraŋ

일본어 umu 生, 産

pum－ 과 um－는 동원어의 변화형이거나 포섭관계에 있는 유의어다.

sɐipər(p. 122) 新土, 東土, 東原

침사적 표기 asipara(葦原)(p. 122)

sa(－na) / sɛ(－na)(p. 354) '新, 東, 葦' 새

1. 新 sa(/ə)(na) / sɛ(na) 새(나라) 새(新, 東, 葦)(나라)(p. 122)

斯盧〉新羅

徐羅 = 徐那(伐) '新羅'

제주도의 西那(京)

신명 (國)狹立 (kunino)sa－tati의 일요소로 나온다.(p. 354)

아이누어 asiri, asin 新

알타이어 재구어 *zèjńa 新

퉁구스어 *seńe－생 것

몽골어 *sine－新

튀르크어 *jaŋi / *jeŋi 新

한국어 *sái 新

2. 東 한국어 샛ᄇᆞ름 東風

앞의 1.(新)에서 신라를 '東國'의 호칭이 내포된 것으로 보기도 한다.

3. 葦(갈대) 이는 습지나 냇가에 자라는데 이에 대해 산이나 들에서 자라는 띠나 억새 따위를 통틀어 '새'라 한다.

아이누어 sari '葦原, 濕原'

일본어 asi '葦'

일본 북해도 kusiro(釧路)는 큰 습원지대다. 아마도 한국어의 ku(n)siro(〈 sɐira)에서 온듯하다. 신라도 습원지대를 개척하여 나라의 터전을 이루었다고 전한다. 그런 의미에 앞의 1. 2. 3.의 뜻이나 음형이 상통하는 바가 있다고 본다.

sara(p. 42, 452) / sɐina(cf. s(i̯)əna)

1. 제주도 지명, (西)사라, 사라(마을), 사라봉(紗羅峯)

지금의 제주도 현관인 제주시의 동편에 사라봉이 있고 그 서편에 서사라가 있는, 모두 옛적에 서부세력에서 보면 동쪽의 땅이고 갈대가 우거지고 늪지의 땅이었다. 탐라지에 있는 '西那'(京)는 이 땅으로 보인다. 그 기록 '以京爲西那'은 삼국유사(권1) 신라 시조에 있는 '今俗

訓京字徐伐' 그리고 삼국사기에 '徐那伐'에 맞추어 볼 때 徐伐 = 徐那伐 = 西那의 대응이 성립한다. 신라의 斯盧 / 斯羅에도 상응한다.

일본서기(神代)의 일서(一書)에 일본의 신무왕은 세 번째 아들이며 어릴 때 狹野(尊) sano(mikoto)라고 했는데 여기의 sano는 성장지의 지명으로 보이며 제주도 지명과 관련된다고 본다. 지통왕(持統王)의 유명(幼名) '鸕野讚良'(皇女) unonosara(no)의 일부분.

2. 신라 sɐira

일본 문헌에 나오는 sira(ki)는 어중 ɐ음의 탈락에서 온 듯.

cf. sa / sɛ의 1. 2. 3.

s(i)əna(p. 122) 西那(京), 탐라지의 '以京爲西那'

침사적 표기 瑞穗國(p. 122)

sin(p. 137) 한반도의 옛 호칭의 하나

한국어 sin(辰). 한서조선전(漢書朝鮮傳)에 '眞番辰國'의 이름이 나온다. 위만조선말에 우거왕이 '眞番辰國'과 중국 한(漢)과의 교통을 막았다는 기록을 보아서는 한반도 중부 이하의 전역에 걸친 것으로 보인다. 그래서 여러 부족의 연맹사회로 보기도 한다.

일본의 원주족 '土蜘蛛'의 이름을 sino(志努)로 부른 점과 지금 일본 전국에 sinano(信濃), sino(篠) 등의 이름이 분포한 것을 보면 한반도에서의 영향(정치적 연장, 移住)이 컸던 것으로 보인다. 수서(隋書) 왜국전에 전하는 고대 규우슈우의 '秦王國'도 그 정치적 연장선에 있다고 할 수 있다.

한반도에서는 辰 韓

sin (一. 衆) kɐn 〉 hɐn (大, 1)

으로 중국의 '秦 – 漢'처럼 바뀌지만 의미적으로 승계하고 있다. 이

러한 점에서 다음의,

아이누어 sin 세계, 육지, 땅

sine 하나

의 승계로 볼 수 있다. 제주도에는 '辰王'의 도읍지 '月支國'의 tat-kina의 호칭이 龍城國의 한자(훈)에 반영되어 있다.

sinkur(p. 101) 신족(辰族)의 지역·사람

sin cf. sin

kuru 아이누어에 사람을 가리키기도 하고 언덕이나 산을 가리키기도 한다.

일본의 kii(紀伊) 반도의 남동부의 singuu(新宮)시의 후항 guu는 어중 r음의 탈락에서 이루어진 것으로 볼 수 있다.

배경의 산 kannokura(神倉山)의 호칭이나 주변의 kumano(熊野), yosino(吉野)도 모두 한반도 선주민의 호칭이나 거주지와도 관련된다. 시내에 있는 asuga(阿須賀) 신사명도 고조선의 수도명과도 연계된다. cf. asɐtar

sirakata(no)tu(p. 112) 白肩津 '登美毘古'의 저항지.

1. sira cf. sa, se, sara

성(城), 습원(濕原)

일본어 siro(城)

백제어 ki(城)

가라어 ci(城) (〉si) ki 〉ci 〉si 의 변화

2. kata (側)

한국어 kjət(側) 개모음 분화 규칙에 의해 kata (김공칠 2006 : 96-)

3. tu(津) to(門)와 관련되는 듯. 하구와 바다의 내안(內岸)이 좁혀지면서 to(문(門))와 같은 지형이 일본의 tu(진(津, 항구나루터)라고 할

수 있다. 통시적으로는 tu〉to로 보아진다.

이상으로 보면 sirakatatu는 성이나 습지가 곁에 있는 하구(河口)로 풀이된다. 거기의 추장 '登美毘古'가 신무왕의 상륙에 완강히 저항해서 물리쳤다.

sjəktar(p. 186) '도산(島山)'

1. sjək 섬

제주도의 고명 州胡 t̂əka에서 유래. cf. təka

백제방언 섬 asaka

오오사카의 호칭 apusaka〉ahusaka〉oosaka
(앞섬) (큰섬)

일본의 규우슈우 saga(佐賀)

일본의 고대 호족 중에 '蘇我馬子'(sogaumako)가 있는데 이를 섬의 대신이라고 하였다.

'蘇我'를 중국 상고음으로 saga로 읽을 수 있다. 제주도 출신의 신라 제4대왕 '昔(脫解)'의 'sjək'과 동일하다고 보는데 그것은 개모음 분화 규칙에 의해 sjək은 saka(saga)로 변한다.

2. tar 산 cf. tar, tak

sjəm(p. 431) 섬

한국어의 sjəm ＜ sama / sima 개모음 분화 규칙에 따라 갈린다.

sama(斯麻王) (일본음은 sima) 백제 25대 무령왕(서기 501－522년 재위)이 섬에서 태어났다고 해서 그 이름이 있다.

일본의 신명 國狹槌(kunino)sa(tuti)의 한 요소로 보이는 sa는 sa(ma)에서 또 '狹'은 일본어 sema(i)인 점에서 일본의 섬의 말 sema를 침사적 표기로 나타낸 것으로 볼 수 있다.(p. 354)

알타이어 재구어 *š(i)ɐmi '島, 林'

통구스어 *šumi '岬, 얕은 곳'

튀르크어 *simek 林

일본어 *sima 섬

한국어 siə̄m 섬

일본어, 한국어 외는 음형과 의미에서 맞지 않다고 본다. 참고로 만주어는 섬을 tuN이라고 하는 제주도의 屯(羅)에 맞춰볼 수 있다. 몽고어는 apaʌ인데 제주도의 '아라'의 호칭과 관련이 되는지 모르겠다.

supɐr(p. 108) 지배·통치(하다). 높은 관직과 그 관직이 다스리는 곳을 이른다.

신라의 관명 舒發(翰) = 角(粲)干 지배·통치를 맡은 이(神·大人)

일본어 sumera(mikoto) 왕

sumeru / suberu '統' 지배·통치하다

subu '統' 지배·통치하다

osameru '治' 다스리다

만주어 dasəmə '治'를 보면 한국어의 '다스리다'와도 비슷하다.

tɐr / tɯr → tar(tɐr) 3.

칭사적 표기 (國)狹立 (kunino)sa－tati(p. 354)

tak'ɐrna(p. 109, 119, 357) 高乙那 제주도의 신명(부족장)

칭사적 표기 高御産巢日(神) taka mimusupi(no kami) (p. 119)

고대 일본에서 부족장 takeru(建, 魁帥)

신무왕(神武王)의 왕명의 '무(武)'와 관련된다고 본다. 신무왕 아버지의 이름도 이와 관련된 칭사적 표기(p. 124)

웅략왕(雄略王)의 왕명의 일부의 '幼武'도 wakatake로 읽고 있다.

그 외에도 熊曾建(kumaso takeru), 倭建(yamato takeru, 日本武尊), 出雲建(idumotakeru)처럼 takeru로 읽는 예가 보인다(景行記). '建'의 훈은 tateru인데 어중의 t / k 교체를 이용해서 takeru를 나타내고 있는 것이며 앞 예 倭建 = 日本武(尊)의 대응에서도 확인된다.

cf. tar, tak

ɐrna(/ɐtna)

takakur(p. 116) 주호인(州胡人)

takakurazi 고대 일본의 기주(紀州, kii(紀伊)국)의 kumano(熊野)의 추장. '高倉下'로 표기한 점으로 미루어 고창(高倉)을 관장하는 이로 풀이된다. 그 훈 taka－kur(a)에는 '高一山', 또는 '州胡一人'의 뜻이 간직되어 있다고 볼 수 있다. 아이누어 kuru에는 '山'과 '人'의 뜻이 있다.

－zi는 알타이어에서 보이는 명사형성 접미사로 한국어에서 사람 이름에 많이 나타나는 ʒi와도 같다 (김영일 1999 : 49) (cf. nurisitike의 3)

cf. tar, tak

nukakur(a)의 2

ta(/ə)kna(p. 49, 72) 제주도의 고칭 '州胡國, 積女國, 乇羅'

1. tak 섬 cf. tVk(a)
2. na cf. na의 2.
3. 일본 사서에서 보이는 반영형
   1) 일본의 신명 '高木' (p. 119)
   2) 지명의 takama(para) 高天(原)

   한반도의 '高靈' 지방을 takama로 보기도.

   일본의 tokusima(德島)시의 '多家良' 지구에 託(taku)羅가 있다.

3) 국명의 takara(no kuni) 寶國

신공(神功)왕후가 왜의 서쪽에 있는 나라(제주도)를 그렇게 부름

toko(yo)(〈 təkə(yə))(no kuni) 常世(國) a / ə 교체에 의함.

takna와의 두음 교체로 볼 수 있는 kakna(各羅)도 보인다.

taknapɐr(p. 119, 357) 탁라(乇羅)의 산 / 벌, 일본 takama(no)para(高天原)

1. takna cf. takna

2. pɐr cf. pər (원(原))

cf. pɐr

침사적 표기 高御産巣日(神)(p. 119)

tak(ati)pɐr(p. 109)

taka(高) – ti – po(pɐr 山) 高千穗. 높은(많은) 산

이 산명과 관계된 곳은 두 군데가 있다. 하나는 '高千穗町'이고 또 하나는 '高千穗峯'이다. 전자는 미야자기현(宮崎県) 북부의 '五ヶ瀬川'의 상류지에 있고 후자는 가고시마현(鹿兒島県)과 미야자키현(남서부)의 경계에 있다. 어느쪽이나 천손 '瓊瓊杵(尊)' (cf. miskəm) 강림의 전설이 있다. 전자에 전설에 얽힌 유적이 많다. 후자는 강림 산봉을 내세운다. 모두 일본 나라가 처음으로 열리는 터전이다.

t(i̯)amna, təmna(p. 69, 81, 159) 탐라(耽羅)

təmna / tɐmna 〉 təmna

1. təm cf. təm

2. na cf. na의 2.

반영형 서명왕(舒明王)의 왕자 때 이름 '田村(皇子)' tamura (mikoto)

'玉(依姬)' tama(yoripime) (yori는 (起點))

tar(tɐr), tak(tɐk)(p. 30, 186, 389)

양자는 말자음 교체형으로 *tat으로 소급한다고 본다.

1. 산

고구려 지명 松山 = 夫斯達

제주도의 頭無岳 (= 일본 기록의 忱彌多禮), 긋달(地尾峰, 終達)

일본지명 岳 take, tate, tati

2. 높다

고구려 지명 高城 = 達忽 tɐt(/tɐk)형으로 '月支國'의 예를 들 수 있다.

일본 지명 高城 = 太加木(takaki)

알타이어공통어 *tēga 높다, 산

퉁구스어 *deg-날다(飛)

몽골어 *dere-위

튀르크어 *dāg 산

일본어 *tàkà 높다, 산

한국어 *tə- 더(하다) 加

여기서 한국어의 예는 적절하지 않으며 고대어가 제시됐어야 하고 퉁구스어와 몽골어의 예도 맞지 않아 보인다.

에벤키어의 ʉr / oroonŋ / ʉrə '산' 그리고 몽골어의 yyʌ '산'을 볼 때는 제주도의 orɯm쪽이다. 튀르크어에도 숲(森)을 orman이라 하는 것도 참조된다.

3. tɐr / tɯr 형으로 '野, 原, 山'을 나타낸다.

에벤키어 tal, tala 평야, 평원

한국어 들, 고대어 들 (阿斯達)

침사적 표기 國狹立 (kunino) satati (p. 354)

tatipana(p. 168) 귤의 생산지

일본어 tazibana 귤(橘), 원래 귤의 생산지의 이름에서 산물의 이름이 지어지는 경우가 있다. 그렇다면 제주도일 가능성이 크다.

1) 多婆那國 tapana (삼국사기 권1. 탈해나사금) 석탈해의 본국, 제주도로 추정된다.

2) 龍城國 (삼국유사 권1. 제4 탈해왕) tati－pa－na로 풀이된다. 역시 제주도로 추정된다.

1)은 촉음 ti가 반영되지 않는 것이고, 2)는 그것이 반영된 것이다.

반영형 橘豊日(命) tatibana(no) toyopi (일본의 31대 용명왕(用明王))

(p. 387)

tatkɯina(p. 411) 고성국(高城國)

제주도의 '용성국(龍城國)', 마한의 '월지국(月支國)'

모두 tat－kɯi－na로 분석된다.

tat(龍)－kɯi(城)－na(國)

tat(月)－kɯi(支)－na(國)

cf. tatipana (어중 pa(場)를 kɯi (지경의 뜻도 있다)로 견줌)

t(i̯)əka(/ə)(p. 61) 주호(州胡) 제주도의 고명

1. 섬 cf. tVka

州胡 (위지동이전 마한조)

積女(國) ti̯əkna (삼국유사 권1 왕력)

2. 상세(常世)의 나라 təkə 〉 təyə (어중 k음 탈락) '풍(豊)'

일본어 təkəyə(常世) no kuni(國)

풍부하고 여유있는 이상향을 常世鄕으로 나타냈다. 고대 일본인에게는 제주도를 그런 곳으로 동경한 듯 보인다.

təm(〉tam), t(i̯)əm(−na)(p. 69, 80, 159, 193)

1. 섬 təm(na) 耽(羅) '島國'

반영형 tam(a) 일본어의 '玉', tum '圓'

전남 강진의 고지명 冬音(縣) = 躭(津縣)

응신(應神)왕의 이름 大鞆(和氣(命) oho tomo(wakeno(mikoto))

登美能那賀須毘古((=登美毘古) tominagasupiko)(p. 114)

təm(a) 投馬(國) '島國' 왜인 6국의 하나

일본의 성이름 (大)伴 (oho)tomo (左京神別中)

玉(祖) tama (右京神別上)

2. 보물

아이누어 tomi(〈təmi) '寶, 財, 寶物', '富'의 명사 어근.

일본어 tomi(〈təmi) '富'

한국어 təm, təmi '富'의 획득 또는 축적

앞의 1.에서의 '那賀'(naga)(登美能那賀)는 '川, 地 (cf. na)'의 뜻으로 보아 옛적에 일본의 오오사카 일대가 섬과 같은 지형이었던 점에서 그 사이가 마치 강과도 같았을 것이니 강이나 그 지역을 관장하는 이를 그렇게 부른 것으로 볼 수 있다. 신무왕의 그 일대에의 진격을 저지시킨 족장의 이름이다.

təmipiko(〉tomipiko)(p. 112) 제주계(təm)의 일본 토착 부족장, 신무왕에 대항하다. 일명 '登美那賀須毘古', 那賀 naga(su)는 川, 江, 그러한 지역을 관장하는 이. 인명 nagasunepiko(長髄彦)도 이와 동류.

təm(i)sak(a)(p. 173) '寶·富'의 섬

1. təmi cf. təm의 2.

2. sak(a) 섬

백제방언 asaka '島', 일본의 oosaka(大阪) 옛적은 섬이었다.

cf. sjəktar 1.

반영형 제주도의 고칭 正明國, 琓夏國, 花廈國은 그 침사적 표기로 볼 수 있다.(p. 170, 173)

正明王(正明國의 왕) 이를 백제의 '聖明王'으로 보기도 하나 제 1자의 성모의 음가가 다르다.(p. 411)

təm(i)tar(e)(p. 30, 72, 389) 섬산, 탐라의 산

일본의 神功紀의 '忱彌多禮'

제주도의 '頭無岳' (p. 366), (天)浮橋

cf. təm

tar

təmmɐra(/ɯ)(p. 66) 섬뫼

1. təm cf. təm

2. mɐrɯ

ᄆᆞᄅᆞ 山嶺

모로 山 (피모로 椵山) (양주동 1960 : 69)

모리 〉 뫼

알타이어 공통어 *mūro 나무, 숲

퉁구스어 *mō 나무

몽골어 *mo–du 나무

일본어 *məri 숲

한국어 *mōi(h) *mòró 산, 나무, 숲

다음을 보아도 한국어, 일본어 외의 예는 대응이 맞지 않는다.

고대 일본어 mure 산

몽고어 мод 숲

에벤키어 moo 나무, 숲

한자의 표기예로 təmmora의 耽牟羅, 躭浞羅가 있다.

옛적에 '城'을 牟羅로 부른 적이 있다(梁書新羅傳). 옛 성은 높은데 있었다고 보면 산(*mori 〉 moi)과 기원을 같이 하는 높은 데의 뜻도 있었다고 본다(김공칠 1999 : 139).

təmna → tamna

təmnari(p. 45) '島官'

삼국사기, 고려사, 동국여지승람 등의 '冬音律'을 덤나리로 해석(p. 45).

投馬國(왜인 6국의 하나)의 부관(副官)에 (彌彌)那利가 보인다.

한국어 나리, 왕자 〉 지체높은 사람 〉 주인과 같은 의미 변화 (上 〉 下)가 있다.

cf. təm의 1.

toyo(p. 122, 354, 386) 풍부함

1. 아이누어 toye, toe 많음

2. toyo(〈 təyə) 〈 təkə(州胡)의 어중 k음 탈락과 모음충돌 회피로 오는 말.

təkə 〉 təə 〉 təjə tokoyonokuni(常世國)(p. 48) toyokumono(kami)(豊雲野(神))(p. 355)

곧 보물의 섬 제주도의 호칭에서 유래하여 여유롭고 많음을 나타내는 말로, 주로 지명의 복합어의 전항으로 쓰이고 그 곳을 치켜세우는 말로 쓰인다.

豊國, 豊島, 豊浦……

사용례를 보면

1) 橘豊日(天皇) (用明王) tatibananotoyopi

2) 廏戸豊聡耳(皇子) (聖德太子) umayatonotoyotomimi

3) 蘇我豊浦蝦夷臣(大臣) soga toyouraemisi(no)omi

밑줄 친 부분이 제주도의 지명, 특산물과 관련된다.

1)의 toyopi는 toyobɐr 곧 toyo의 bɐr(山, 海)에 상응하여 제주도의 크고 넓은 산 또는 바다를 가리키고,

2)의 toyo－tom(i)은 州胡의 '耽' 곧 제주도의 이중 표현일 수 있고 mimi를 따로 떼어 내면 제주도의 고명과 유사한 投馬國의 관리 mimi(彌彌)와 같아진다. mimi ＞ nimi로 풀이된다.

3)도 제주도의 2중의 표현이 된다. ura(浦)는 한국어의 ur에서 유래하는 말로 해안이 육지쪽으로 깊숙이 들어가 있는 형상을 나타낸다.

tu(＞to)(p. 268) 입구

제주방언 to(戸) 입구, 문, 밧도(田口)

만주어 duka 門

에벤키어 tor 문지방

튀르크어 duhul 입구

일본어 반영형 ito(伊都)국, '關門(國)'

tu 고대일본어 '津'(선착장)

to '門'

tum(p. 71) 원(圓)

tum 원, 사위(四圍), 冬音＝道武 둠(圓)

冬音(양주동 1960 : 108) (신태현 1958 : 96)

tumkor 산이 두른 땅, 지명 道武郡 = 躭津 (신태현 ibid.)

頭無岳 又云 圓山 (세종 실록지리지). 頭無 = 圓 (頭의 용자는 중국의 상고 / 중고음이 Ⓚ d'u / d'əu 이므로 tum(u)나 təm(u)로도 읽었을 가능성이 있다)

tVk(a)(p. 25, 48) 섬

tak(a) – tək(a) – tok(a) – tuk(a) – tik(a)
① ② ③ ④ ⑤

① 의 예. 탁(라) (乇羅), 닭섬, 일본 taka(sima) (高(島)), take(sima) (竹(島))

② 의 예. 일본 대마도 對海, toku(sima) (德(島))

③ 의 예. 독(도) (獨(島))

④ 의 예. 뚝(섬) 듁(〉죽 竹) 섬, 일본 tukusi(筑紫)

⑤ 의 예. 일본 tika (値嘉, 東松浦郡)

이들을 볼 때 몬·크멜어의 tka '島'와 같은 어형이 기저형으로 생각할 수 있다.

이들의 파찰음화와 마찰음화를 거친 것들이 다음 것이다.

asaka(백제 방언 섬), saga(〉soga) 蘇氏(馬子) 섬(의 대신), ti̯əkə(州胡), si̯ək(tar)昔(脫)

um(u)(p. 367)

1. 낳다

알타이어 공통어 *umu 낳다

퉁구스어 *omu / *umu 알을 낳다

몽골어 *(h)umaj 장궁, 태내

튀르크어 *umaj 태반, 후산(後産)

일본어 *um-낳다

한국어 *um-종자의 발아, 삭

에벤키어 baldiraŋ, boldiraŋ 產, 出

2. 품다(抱, 懷)

앞의 알타이어 공통어의 몽골어, 튀르크어도 참고로 해서 pum-(懷)의 어두 p음의 약화 내지 탈락으로 um-이 된 것으로 볼 수 있는 경우가 있다.

일본의 신화에서 각지의 신들을 umu(낳았다)로 풀이하기보다 품었다고 풀이하는 것이 자연스럽기 때문이다.

한국어 품다(〈붐다)

만주어 banj-

에벤키어 xʉmʉliren '抱'

kumlirəŋ '抱'

제주방언 품다 / 쿰다 (抱, 懷)

cf. pum 〉 umu

unebi(/inebi)(p. 130) 제4산, (畝火(山))

신무왕이 정도(定都)한 kasipara(橿原)의 배경이 되는 산.

1. une 아이누어의 ine(4)와 관련된 것으로 본다.

이곳의 행정구역이 白橿村 大字 4條, 4條村, 4條町의 이름과 관련이 있는 것으로 보았다(김공칠 2000 : 179-180).

2. bi 산 cf. pɐr의 3.

usi(p. 306) 상인(上人)

1. 제주방언 usi. 결혼하는 날 보호자로서 신랑, 신부를 사돈집에 데려가는 사람.

2. 일본어 usi 소(우(牛)). 다음의 관명-인명의 구성으로 볼 때 침사적 표기로 볼 수 있다.

tuno(角) 都怒我阿羅斯等

usi(우(牛)) 于斯岐阿利叱智干岐

3. 한국어 쇼〉소(牛) 쇼 (〈슈)가 관명으로 쓰인 예는 부여의 '우가(牛加)'가 있다.

한국어의 '쇼'와 일본어의 'usi'와의 관계는 sjo에서 성조가 거성(去聲)이기에 개모음이 두드러지게 된데서 온 것이 아닌가도 생각된다. 혹은 '쇼'의 고형 '슈'의 주격 쉬에서 단모음화되는 데서 올 수 있다.

usi 앞의 u는 미상이나 us(上), mur(水) (어두 m탈락)에서 연유한다고 볼 수 있다. 다음을 볼 때는 본래부터 u-가 쓰였는데 한국어에서 탈락한 것처럼 보인다.

몽골어 ҮХЭР 소

에벤키어 ʉxʉr, xukur, ukur

알타이어 재구어 *usu 동물, 소

퉁구스어 *us-소 등의 짐승의 무리

일본어 *usi 소

한국어 *sjo 소

wa(i)na(p. 103) 왜(倭)의 나라, 왜노국(倭奴國)

서기 3세기의 중국문헌(위지동이전 왜인조)에 의하면 일본 규우슈우에 6국이 분포하고 있었다.

1. wa 1)왜노국이 6국인 점에서 아이누어의 6(iwan)에서 유래하여 wanna(6國)에서 왔다고 볼 수 있다.

2) 한편 고대에는 동방(한반도) 사람은 자기를 a라 불렀기 때문에 (東方人名我爲阿, 위지동이전 진한) 지금 아이누인들이나 고

대일본인들이 사용하는 다음 어휘와 맞춰볼 수 있다.

아이누어 a 나, 우리 (口傳詞曲)

일본어 a, wa 나, 우리

이러한 어휘나 ainu란 말 자체가 사람을 뜻하는 점에 이러한 말들에서 wa(i)na가 쓰였다고도 볼 수 있다.

2. na 나라 cf. na의 2.

waka(p. 427) 물

아이누어 wakka 물

일본어 waku(湧) 이를 참조했을 때 솟는 물인 듯.

한국어에서는 물 끓는 소리를 wakɯr－wakɯr 혹은 pakɯr－pakɯr이라고 하는데 이와 관련되는지 모르겠다. 가능성으로 제시해 둔다.

반영형으로 <u>幼</u>武(尊) <u>waka</u>takeru(no mikoto) (21대 웅략(雄略)왕) 수자원을 지배한 이로 보아진다.

북해도 최북단의 wakkanai(稚內)의 지명과도 관계가 있는 듯. 바글거리는 해안의 물결을 형용한 듯 보인다. 일본어의 waka－i(젊다)도 혈기가 넘치는 데서, baka(어리석음)도 그러한 데서 경솔함을 나타낸 듯 싶다. 이에 대해서는 다음의 알타이어 재구어에도 보인다.

*bàka 젊다, 단기간

퉁구스어 *bekte 단기간

몽골어 *baga 젊다, 작다

일본어 *bàkà 젊다(고대어 waka－)

wata(〈 pata)(p. 109) 바다

wataru(渡)는 wata+ru 로 동사형된 것으로 본다.

반영형 海(童) wata(tu umi), watatukami(海神)(玉依姫)(p. 116)

海(神) wata(tu mi)

알타이어 재구어 *bétà / *pédà 바다, 얕은 개울·여울(을 건너다)

퉁구스어 *pedē－건너다

일본어 *bátá 바다, 건너다

한국어 *pàtá(h), *pàdǎr 바다

에벤키어 ədəldəŋ, xədərəŋ 건너다

yama(p. 274) 산간(山間)

아이누어 yama 산

일본어 yama 산

한국어 옛 지명 예맥(濊貊, 梁貊)이 산간 지역으로 풀이된다(김공칠 2006 : 271).

알타이어 재구어 *dàpà 가로지르다, (산을)넘다

퉁구스어 *dāb－가로지르다, (강을)넘다

몽골어 *daba－가로지르다, (산을)넘다

일본어 *dama 산(〉yama 산)

Miller(1971 : 85－6)에서도 다음이 예시되고 있다.

원퉁구스어 *daw－

몽골어 daba 산에 오르다, 산을 넘어간다

만주어 daban (의미 표시의 Übermass 불명, 아마도 넘어간다?)

일본어 yama 산

일본어와의 연결고리인 한국어에서 관련됨직한 어례가 안 보이고 일본어의 d〉y의 변화의 설명이 어렵지 않나 생각된다. 일본어에서 zjama(邪魔)(방해)가 혹이면 통행에 산이 방해가 된다고 한데서 온 말이면 d의 구개음화를 거쳐서 어두자음의 약화와 탈락을 거쳤다고 할 수는 있다.

yamatə(p. 274) 왜인 6국의 하나

1. 한자 표기에서 邪馬臺의 '邪'의 읽기에 따라 몇가지 풀이가 있게 된다.

邪 Ⓣ zi̯ăg, gi̯ag, Ⓚ zi̯a / i̯a

1) ya로 읽으면 산간(山間)의 터 혹은 나라로 풀이된다. cf. yama

2) 중국의 상고 한자음과 비슷하게 ka로 읽게 되면 kama 곧 신(神)의 터 혹은 나라로 풀이된다.

3) 중국 상고 한자음의 또 하나의 ca와 비슷하게 읽게 되면 여왕의 터 혹은 나라로 풀이된다.

2. tə(〉t'ə) '跡, 基'

알타이 공통어 *'t'ége' '端, 境'

퉁구스어 *tegē-r(/n) '端'

몽골어 *teg '側'

튀르크어 *tegre '圍'

일본어 *tókárá '所'

한국어 *tóh '基'

yərəgarasu(p. 129) 여러 (/많은) 가라족

1. yərə '衆, 諸, 多'

일본어 yoro(du) (〈yərə(du)) '多, 萬'

yata, yatu, yati '8, 多數'

반영형 天萬豊日(天皇) ameyorodutoyopi(孝德王)

2. garasu 여기서는 일본의 선주족을 나타내는 점에서 제주도와 우호적인 가라족을 나타낸 것으로 보인다.

반영형 八咫烏 yatagarasu, 신무왕을 yamato(大和)까지 길 안내한 부족이다. yasotakeru(八十梟帥)는 신무왕에 대항하였다.

yərrɯni(p. 218)

일본의 3신녀(神女)가 당도한 '閼雲里' 지금의 溫平里

관련어휘 아이누어 yarui (배를 젓다), yara(시키다)

yorun (청하다)

일본어 yaru (遣, 給), yara(시키다)

yuru (許)

중세한국어 얼다, 얼이다(嫁)

얼우다(제주방언 얼루다)(嬌)

이들 어휘는 일본에서 제주도의 3신인을 찾아와서 혼인에 이르는 과정을 반영하는 어휘들이다. 이러한 어휘의 전승에서 지명으로 남은 것으로 보아진다.

yəsinɐi(p. 129) 굴곡(屈曲)의 내, 그러한 지역

1. yosi(〈yəsi) 아이누어의 굴곡의 천류(川流)를 의미하는 yosi에서 유래하였다고 본다.

   제주도의 '禮村', 충남의 '禮山', 서울 여의도의 여우나루, 경기도 포천(抱川)의 여우고개의 이름을 예시할 수 있다.

   일본에서 각지에 많이 보이는 yosino(吉野)의 강 혹은 지역 등의 이름이 그 반영형으로 볼 수 있다.

2. nɐi cf. na 1., 2.

yuru(s) hwaŋ(no)ar(p. 219)

가락국 시조비 '許黃玉'의 본 이름으로 추정되는 것.

1. yuru(s)

cf. yərrɯni의 관련어휘 yuru(許)

유서깊은 제주도의 온평리의 유래에 얽힌 어휘 중에서 성씨화에 격이 맞는 yuru(許)를 택한 것으로 본다.

2. hwaŋ(no)ar

온평리의 해안가 지명.

그 지경에 거주했거나 바닷일을 하는데서 그곳을 이름으로 삼은 듯 생각된다.

이상은 이 책에서 다룬 문헌기록에서 추출된 것이고 다음은 남방 경로를 통하여 제주도에 불교가 전파될 때에 함께 알타이어계로 추정되는 드리비다어 그리고 그 방언 타밀어가 남인도-제주도(/한국)-일본으로 전래되었을 가능성이 있는 어휘목록을 의미상으로 분류하여 수합한 것이다. 언어 표시에서 Drav.는 드라비다어, 괄호에 묶은 것은 그 방언, Kor.은 한국어, Jap.은 일본어를 가리킨다. 공란 표시는 적절한 대응어가 안 보인다는 것을 나타낸다.

父	Drav.	appa	Kor. abi, aba	Jap.	abi
族		kāl	kyəre		kara
耳		kivi	kui		kiku(聞)
腹	(Malto)	pura	pɐi(〈 pɐri)		para
足	(Tamil)	aṭi	par		asi
齒	(Tamil)	pal	ippal		pa
脚	(Tamil)	taḷ	tari		tati(立)

顏		kav－ul	____	kafo
女陰	(Tamil)	poccu	poci	pöto
	(Malayalam)	pocci		
太陽		nayir	nar(日)	____
雨		pei	pi	____
地	(Tamil)	ñâl－am	na	na
田		paṭ－uvam	pat	pata
		paṭ－ukar	pat－(s)kui	patake
草		pul	pul	____
栗		kuru	____	kuru
粟		av－ai	____	afa
糠		nukk－u	____	nuka
蛇	(Tamil)	pām－pu	pɛm(〈 pɐim)	pemi
語		marru	mar	mawosu(言)
居	(Tamil)	iru	it－	wiru
打		tatta	tuturi－	tataku
知		ari	ar－	____
抱		an, anei	an－	____
擧		tu	tɯr－	____
行		kada	ka－	____
切	(Tamil)	kiṛi	kɯnɯr－	kiru
搔	(Kolami)	kok	kɯrk－	kaku
結	(Tamil)	muṭi	muk－	musubu
吐	(Parji)	pēpip	pat－	paku

步	(Telugu)	arugu	_____	aruku
飮	(Telugu)	nuṅku	nəmki－	nömu
		nongu		
飼	(Tamil)	kai	_____	kau
黑		karu	kəm－, kurum(雲)	kuro
內·裏		ul, üṭ－u	ul	ura, utu
上		uyar	uh	uhe
舟		pa－da－gu	pɛ	pe
等(접미사)		tal	tɯr	tati

참고문헌

姜仁求(2001), 昔脫解의 吐含山 그리고 石窟庵, 정신문화연구 24-1.

高昌錫(1995), 耽羅國史料集, 新亞文化社.

김공칠(1983), 日本語音韻論, 學文社.

______(1987), 日本語語彙論, 學文社.

______(1989), 한·일어의 공통어휘연구-공통어휘의 발견과 설명-, 한글 203.

______(1990), 耽羅語研究,-古代日本語와의 比較, 第1部 耽羅語와 倭人語, 日本學報 25.

______(1992), 韓日 共通語彙의 새로운 探索, 일본연구 7.

______(1995), 원시한일공통어연구, 한국문화사.

______(1996), 만뇨슈(萬葉集) 마쿠라코토바(枕詞)해독을 위한 한국어적 접근, 日本學報 34.

______(1999), 耽羅語研究, 한국문화사.

______(2000), 아이누語研究, 한국문화사.

______(2001), 일본의 古事記에 있어서의 創世神話의 고찰-제주도 神名과의 관련성을 곁들여-, 韓國學報 102.

______(2002), 古事記神話에서의 일본의 創世 과정의 고찰-제주도 관련 지명의 해독을 통해-, 韓國學報 107.

______(2004), 일본의 萬葉集·古事記 해독의 연구-枕詞的 표기에 차용된 韓國語의 복원-, 한국문화사.

______(2006), 한일공통어휘연구, 한국문화사.

______(2007), 昔脫解の 出自と名義を解く, 東アジアの古代文化 133号, 大和書房.

김공칠(2008), 신라 제4대왕 석탈해는 제주인인가?, 제주도 112호.

_____(2009), 탐라의 명칭, 耽羅史 그 분야별 연구서, 제주사정립사업추진협의회.

_____(2013), 일본어현대문법, 백산출판.

_____(2013b), 설문대할망설화를 고쳐 생각해 본다. 제주매일(6월 15일자).

金斗奉(1936), 濟州道實記, 濟州道實蹟研究社.

金錫翼(1918), 耽羅紀年, 耽羅文献集所載, 제주도교육위원회(1976).

김영덕(2001), 七俱지佛母所說准提다羅尼經 外, 東國譯經院.

김영일(1999), 알타이제어접미사 비교연구, 도서출판 사람.

金在鵬(1970), 脫解攷－三品彰英先生に答える－, 朝鮮学報 56.

金貞培(1978), 蘇塗의 政治史的 意味, 歷史學報 56.

金鐘權(1960), 完譯三國史記 附原文, 先進文化社.

金泰能(1964), 耽羅呼稱에 대한 私考, 제주도 13.

김희숙(2003), 서양고지도 속의 제주도, 濟州文化 9.

동북아역사재단(2009), 後漢書外國傳譯注 上.

朴炳采(1971), 古代國語의 研究 音韻篇, 고려대학교 출판부.

박용후(1960), 제주방언연구, 동원사.

_____(1968), 耽羅名義考, 제주도 34.

蘇在英(1967), 駕洛國記說話攷－그 比較的인 考察－, 고려대, 語文論集 10.

申叔舟(1471), 海東諸國記, 民昌文化社(影印)(1989).

서귀포시(2000), 자료집 서불과지.

辛兌鉉(1958), 三國史記地理志의 研究, 宇鐘社.

梁柱東(1960), 古歌研究(訂補版), 博文書館.

劉昌惇(1964), 李朝語辭典, 延世大出版部.

윤내현(1994), 고조선연구, 一志社.
李基文(1972), 改訂國語史槪說, 民衆書館.
李能和(1918), 朝鮮佛敎通史 下, 新文館.
李崇寧(1960), 濟州道方言의 形態論的硏究, 東洋出版社.
李鍾崎(1977), 駕洛國探査, 一志社.
張三植(編著)(1975), 大漢韓辭典, 博文出版社.
정신문화연구원(2002), 전라남도의 향토문화 (상).
震檀學會(1959), 韓國史年表, 乙酉文化社.
河廷龍外(1997), 三國遺事校勘硏究, 新書苑.
韓致奫(－1914), 海東繹史(崔南善藏本), 景仁文化社.
玄容駿(1980), 濟州道巫俗資料事典, 新丘文化社.
현평효(1972), 「탐라」의 어의(語義)에 대하여, 제주도 53호.
高麗史地理志(1454).
三國遺事(재간본 1512)(崔南善, 增補三國遺事, 民衆書館, 1966).
新增東國輿地勝覽(1530).
增補耽羅誌(1954), 淡水契.
耽羅巡歷圖(1702－1703), 제주시(1994).

茜史朗(1985), 「百濟記」「百濟新撰」の史料的価値 (上), 東アジアの古代文化 42, 大和書房.
秋本吉郎(校注)(1958), 風土記, 岩波書店.
新井白石(1717), 東雅, 新井白石全集 第4, 吉川半七(1906).
壱岐一郎(1996), 徐福集団渡来と 古代日本, 三一書房.
井上光貞(1965), 日本歴史 1, 神話から歴史へ, 中央公論社.
岩木裕(1966), サンスクリット文法綱要, 山喜房書林.
岩波書店(1958), 古事記·祝詞.

岩波書店(1965), 日本書紀（下）
________(1967), 日本書紀（上）
________(1982), 古事記, 日本思想体系.
內田吟風外(訳注)(1971), 騎馬民族史 1. 正史北狄伝, 平凡社.
江上波夫(1949), 日本民族＝文化の原流と日本国家の形成, 民族学研究 13－3.
________(1967), 騎馬民族国家, 中央公論社.
________(1983), 対論騎馬民族說, 德間書房.
大野晋(1981), 日本語とタミル語, 新潮社.
______(1994), 日本語の起源 新版, 岩波書店
小沢重男(編)(1983), 現代モンゴル語辞典, 大学書林.
太田亮(編)(1928), 日韓古代史資料, 磯部甲陽堂.
大林太郎(1977), 民族学から見た古代九州, 東アジアの 古代文化 別册 77, 大和書房.
大矢透(1970), 仮名源流考及証本写真, 勉誠社.
岡崎敬外(1971), 古代の日本 9 研究資料, 角川書店.
岡田英弘(1950), 倭国, 東アジア世界の中で, 中央公論社.
長日夏樹(1979), 邪馬台国の言語, 学生社.
沢泻久孝外(1967), 時代別国語大辞典, 上代篇, 三省堂.
木下礼仁(1961), 百済書紀にみえる百済史料の史料的価値について, 朝鮮学報 21·22 合併号.
金田一京助(1961), アイヌ文化志, 金田一京助選集 2, 三省堂.
楠原佑介外(編)(1981), 古代地名語源辞典, 東京堂出版.
久保寺逸(編)(1992), アイヌ語·日本語辞典稿, 北海道教育委員会.
慶谷壽信(編)(1978), 董同龢「上古音韻表稿」索引, 文海出版社.
江実(1980), パプア語と 日本語との比較研究 —基礎語彙による—, 日

本語の系統 所收，至文堂.
斉籐忠(1974)，日本古墳の研究，吉川弘文館.
坂本太郎外(編)(1979)，国史大辞典，第1巻，吉川弘文館.
芝烝(1980)，ドラウィダ語と日本語，日本語の系統 所收，至文堂.
白鳥庫吉(1894)，朝鮮古伝說考，白鳥庫吉全集 3，岩波書店.
小学館(1975)，日本国語大辞典.
______(1971)，万葉集 (1).
______(1973)，万葉集 (3).
______(1989)，日本方言大辞典 下巻.
瀬川清子(1972)，アイヌの婚姻，未來社.
高橋亨(1956)，済州島名考，朝鮮学報 9.
田村すず子(1996)，アイヌ語沙流方言辞典，草風館.
築島裕(1981)，仮名，日本語の世界 5，中央公論社.
津田左右吉(1924)，古事記及日本書紀の研究，岩波書店.
土橋寛(1976)，古代歌謠全注釈 日本書紀編，角川書店.
坪井九馬三(1924)，三韓地名考，史学雜誌 35－12(鮎貝房之進，「雜攷日本書紀朝鮮地名攷」，国書刊行会，1971).
津曲敏郎(編)(1993)，朝克著，「エウンキ語基礎語彙集」索引，小樽商科大学言語センター.
藤堂明保(編)(1978)，漢和大字典，学習研究社.
德川宗賢(編)(1989)，日本方言大辞典，小学館.
島越憲三郎(1971)，古事記は偽書か，朝日新聞社.
那珂通世(1915)，外交繹史 (那珂通世遺書) 岩波書店.
________(1897)，上代年紀考，史学雜誌 8編 8－12号.
中村元(1975)，佛教語大辞典 下巻，東京書籍.
日本史年表(1973)，日本歴史大辞典編集委員会編，河出書房新社.

服部四郎(1964), アイヌ語辞典, 岩波書店.
羽田亨(編)(1972), 滿和辭典, 国書刊行会.
林羅山(1618), 神武天皇論, 羅山林先生文集 25, 弘文社(1930).
福田昆之(1987), 滿洲語文語辭典, FLL.
藤井貞幹(1781), 衝口發.
藤本英夫(1964), アイヌの墓, 日本経済新聞社.
前野長發(1892), 普通蝦夷語捷徑, 玉振堂.
馬渕和夫(1970), 韻鏡校本と廣韻索引(新訂版) 巖南堂書店.
三品彰英(1962), 百済記, 百済新撰, 百済本紀について, 朝鮮学報 24.
________(1964), 三国遺事考証, 朝鮮学報 30.
________(1972), 脫解伝説·東海竜神の信仰, 增補日鮮神話伝說の研究, 平凡社.
________(1975), 三国遺事考証 上, 塙書房.
水谷真成訳(1971), 大唐西域記, 平凡社.
水野裕(1987), 評釈魏志倭人伝, 雄山閣.
森博達(1985), 倭人伝の地名と人名, 日本の 古代 1, 中央公論社.
諸橋轍太(1986), 大漢和辞典 第12巻, 大修館書店.
山尾幸久(1972), 魏志倭人伝, 講談社.
山本謙吾(1969), 滿洲口語基礎語彙集, 東京外国語大学アジアアフリカ言語文化研究所.
吉川忠夫(訓注)(2005), 後漢書 第10册 列伝 8, 岩波書店.
吉田巖(1989), 北海道あいぬ方言語彙集成, 小学館.
吉田東伍(1893), 日韓古史斷(全), 富山房書店.
渡辺光外(編)(1967), 日本地名大事典, 朝倉書店.
類聚名義抄(觀智院)(1251?), 風間書房(1978).

丁度等撰(考正者 李成珪)(1968), 集韻：附考正 10(集韻卷之 10) 台灣商務印書館.

董同龢(1944), 上古音韻表稿, 中央研究院歷史言語研究所(單刊甲種) 21.

李方桂(1980), 上古音研究, 商務印書館.

孫楚金(660～), 翰苑, 亞細亞文化社(1974).

唐作藩(編)(1982), 上古音手册, 江蘇人民出版社.

王力(1980), 漢語史稿(上) 中華書局.

____(1987), 漢語語音史, 王力文集 10, 山東教育出版社.

余迺永(1985), 上古音系研究, 中文大學出版部.

大阿羅漢難堤密多羅所說法住記.

大唐西域記(660～664) 卷第5(史料三編 大唐西域記(上) 廣文書局(1969).

唐會要(961년경), 國學寶庫.

Batchelor, J.(1901), アイヌ人及其說話 中篇, 教文館.

____________(1938), An Ainu－English－Japanese Dictionary, Iwanami－Syoten.

Baxter, W. H.(1992), A Handbook of Old Chinese Phonology, Mouton de Grayter.

Caldwell, R.(1856), A Comparative Grammar of the Dravidian of South－Indian Family of Language, Asian Educational Services(1998).

Cincius, V. I.(1975), Sravnitel'nyi slovar'tunguso－manczurskix ja zykov, Tom I. NAUKA.

Griffis, W. E.(1887), The Mikado's Empire, New York.(近世亞細亞資料叢書, 景仁文化社(2000)).

Hony, H. C.(1957), A Turkish－English Dictionary, Oxford.

Hulburt, H. B. A.(1905), Comparative Grammar of the Korean Language and the Dravidian Language of India, Seoul.

Karlgren, B.(1940), Grammata Serica, Paragon Book Gallary.

__________(1949), The Chinese Language－An Essay on its Nature and History, The Ronald Press Company.

Miller, R. A.(1971), Japanese and The Other Altaic Languages, The Univ. of Chicago Press.

Parker, C. K. A.(1934), A Dictionary of Japanese Compound Verbs, Maruzen.

Shorto, H. L.(1971), A Dictionary of the Mon Inscription from the Sixth to Sixtenth Centuries, Oxford University Press.

Starostin, S. et al.(2003), Etymological Dictionary of the Altaic Languages 8 (1－3), Brill.

Webb, E.(1861), Evidence of the Scythian Affinities of the Dravidian Languages, Journal of the American Oriental Society 7.

저자 연구 실적

필자의 1963년부터 2000년까지의 연구 실적(연구발표, 논문, 저서)는 김공칠(2004 : 403－7)(고희기념호)에 제시되어 있다. 그것을 간추리면 연구 발표는 모두 19회(국내 11회, 국외 8회)며, 논문(일부 발표용 포함)은 모두 43편(학외 30편, 학내 7편, 국외 6편)이고 저서는 모두 16권(국내 15권, 국외 1권)이다. 여기서는 그 이후의 연구실적을 8순 기념을 계기로 해서 추가 기록하는 것이다.

1. 연구발표

- ❑ 2005. 12. 17. 격의 실현기제와 문구조, 한국일어일문학회, 2005년도 동계 학술발표회(상명대).
- ❑ 2007. 10. 20. 술어의 형성기제, 한국일어일문학회, 2007년도 추계 학술대회(건국대).
- ❑ 2013. 8. 8. 방언의 대응에서의 빈자리와 그 보충, 제주방언연구회, 2013 정기학술 모임(제주대).

2. 논문

- ❑ 2001. 8. 31. 未解讀枕詞에 대한 試讀, 민성홍교수정년퇴임기념논총.
- ❑ 2001. 3. 일본의 古事記에 있어서의 創世神話의 고찰－제주도 神名과의 관련성을 곁들여서, 韓國學報 102, 一志社.

- ❑ 2002. 6. 古事記神話에서의 일본 創世과정의 고찰－제주도 관련 지명의 해독을 통해, 韓國學報 107, 一志社.
- ❑ 2003. 2. 10. 難解の枕詞の解読を試みる―アリランとあずまの連係にも―, 東アジアの 古代文化 114号, 大和書房.
- ❑ 2007. 11. 15. 昔脫解の出自と名義を解く, 東アジアの 古代文化 133号, 大和書房.
- ❑ 2009. 12. 탐라의 명칭, 耽羅史 2 분야별 연구서, 제주사 정립사업 추진협의회.
- ❑ 2013. 8. 8. 방언의 대응에서의 빈자리와 그 보충(발표용), 제주방언학회 2013 정기학술모임자료집.

3. 저서

- ❑ 일본의 萬葉集·古事記 해독의 연구－枕詞的 표기에 사용된 韓國語의 復元―, 2004. 10. 30. 한국문화사.
  (2006년 학술원 기초학문 육성 우수학술 도서로 선정됨)
- ❑ 한일공통어휘 연구 2006. 12. 22. 한국문화사.
  (2007년 학술원 기초학문 육성 우수학술 도서로 선정됨)
- ❑ 제주방언통사론－비교통사론－, 2011. 3. 11. 백산출판.
  (2011년 문화관광부 우수학술도서로 선정됨.)
- ❑ 일본어 현대문법 2013. 3. 28. 백산출판.
  (2014년 학술원 우수학술 도서로 선정됨)
- ❑ 고대 제주도의 언어와 역사－일본 등 주변지역과의 비교를 통한 재구－, 백산출판.

※ 지금까지의 저서 중에서 내용상 한국어와 일본어의 비교연구에 관련되는 다음 것을 필자의 저작집의 이름을 부여하였다.

1.원시 한일 공통어의 연구, 2.탐라어 연구, 3.아이누어 연구, 4.일본의 만엽집·고사기의 연구, 5.한일공통어휘연구, 6.제주방언통사론, 7.일본어 현대문법, 8. 고대 제주도의 언어와 역사.

찾아보기

일본의 신명(神名), 인명, 지명 등의 원음을 알고자 하면 본문에서 찾아보도록.

ㄱ

ㅅ

ㅇ

ㅈ

ㅊ

ㅌ

ㅍ

ㅎ

김공칠
1934년생
공주사범대학 국문과 졸업
일본 동북대학 대학원 언어학과에서 연구
한국외국어대학 대학원 일본어과 수료(문학석사)
일본 동경대학 대학원 일어일문과정에서 연구
중앙대학교 대학원, 동국대학교 대학원 일문과 강사 역임
일본 북해도대학 문학부에서 외국인연구자로서 연구
제주대학교 인문대학 교수 정년퇴임

[저서]
방언학(1977), 일본어학개론(1978), 일본어고전문법(1981), 일본어어휘론(1987), 언어연구의 기초이론(1989), 일어학개론(1994), 일어통사론(1995), 일어생성음운론(1996), 萬葉集と古代韓國語(1998), 고대일본어-문법의 기술과 비교(1998), 김공칠 저작집(1~8)

김공칠 저작집 8(팔순기념)

고대 제주도의 언어와 역사
-일본 등 주변지역과의 비교를 통한 재구-

2014년 12월 30일 초판 1쇄 펴냄

저 자 김공칠
출판인 김공칠
발행처 백산출판

책임편집 권송이
표지디자인 황효은

등록 2010년 9월 17일 제 651-2010-000018호
주소 제주시 이도이동 1172번지 11
전화 (064) 722-0238
팩스 (064) 722-0238
메일 imongil@kornet.net

ISBN 978-89-966229-2-5 93710

정가 30,000원

이 도서의 국립중앙도서관 출판예정도서목록(CIP)은 서지정보유통지원시스템 홈페이지(http://seoji.nl.go.kr)와 국가자료공동목록시스템(http://www.nl.go.kr/kolisnet)에서 이용하실 수 있습니다. (CIP제어번호 : CIP2014036396)